美術家人名事典
―工芸篇―
古今の名工2000人

日外アソシエーツ

Japanese Artists

A Biographical Dictionary

of

2000 Industrial Artists and Craftsmen

Compiled by

Nichigai Associates, Inc.

©2010 by Nichigai Associates, Inc.

Printed in Japan

本書はディジタルデータでご利用いただくことができます。詳細はお問い合わせください。

●編集担当● 吉本 哲子／河原 努／森岡 浩
装 丁：赤田 麻衣子

刊行にあたって

　"japan"と呼ばれる蒔絵、"Imari"と呼ばれる有田焼のように、日本には世界に誇れる工芸品が数多くある。これらの品々は、各時代の権力者や風流人に愛されただけでなく、近世以降には夥しい数の作品が海を渡り、西洋や中東で珍重された。古来よりその伝統の技は名工たちによって受け継がれ、現代に至るまで連綿と続いている。
　しかし、これらの作品を手がけた作家について調べようとしても、これまでは陶芸家や刀工など、限られた特定分野の事典しかなく、工芸家全般について調べられるツールは存在しなかった。本書は、陶芸、染織、漆芸、金工、木竹、人形、ガラス、七宝、和紙などの様々な工芸の分野において、古代から現代までに活躍した物故作家2,065人を収録した初の人名事典である。巻末には分野別に収録人物を一覧できる「分野別索引」を付し、検索の便を図った。
　なお、小社では物故画家を収録した「美術家人名事典」や、絵画・工芸品を含めた美術全集の掲載図版索引「日本美術作品レファレンス事典」シリーズ、各種展覧会カタログの詳細が分かる「展覧会カタログ総覧」を刊行している。本書と併せてご利用いただき、日本の美術家や美術作品の調査・研究のお役に立てていただければ幸いである。

2010年5月

日外アソシエーツ

凡　例

1. 基本方針

    本書は、日本の美術工芸史上に業績を残した工芸家・職人を収録した人名事典である。古代から現代までの工芸分野の物故者を収録し、現存者は対象外とした。収録人数は2,065人である。

2. 人名見出し

    1) 見出し人名は、本名・通称・号などのうち、作家として一般的に最も多く使用されているものを採用した。
    2) 漢字は原則として常用漢字、新字体に統一した。
    3) 西洋人名は姓・名の順でカタカナで表記した。

3. 見出し人名の排列

    1) 見出し人名は、姓・名をそれぞれ一単位とし、姓・名の順に読みの五十音順に排列した。
    2) 濁音・半濁音は清音扱い、促音・拗音は直音扱いとし、長音符は無視した。ヂ→ジ、ヅ→ズとして排列した。

4. 記載事項

    記載事項およびその順序は以下の通り。

    見出し人名／人名よみ／アルファベット表記／職業／肩書／生年月日／没年月日／国籍・出生地・出身地／本名／旧姓名／別名・別号等／学歴／学位／資格／専門／所属団体／経歴／家族／親族／師／受賞歴／叙勲歴／墓所／記念館／記念碑

5. 分野別索引

    1) 本文収録作家を分野別に排列し、見出し人名と本文掲載ページを示した。
    2) 各作家は、「陶芸」「染織」「漆芸」「金工」「木竹」「人形」「その他」に分類した。

6. **参考資料**
    「データベース WHO」日外アソシエーツ
    その他、各種事典、人名事典、名鑑、年鑑、美術全集、展覧会カタログなど

目　　次

【あ】

会田 富康 ……………… 3
相原 三有楽 …………… 3
青 家次 ………………… 3
青貝 長兵衛 …………… 3
青木 栄五郎 …………… 3
青木 滋芳 ……………… 3
青木 木米 ……………… 4
青木 龍山 ……………… 4
青戸 慧 ………………… 5
青峰 重倫 ……………… 5
粟生屋 源右衛門 ……… 5
粟生屋 源兵衛 ………… 5
青山 勘四郎 …………… 5
赤井 陶然（1代目） …… 5
赤井 陶然（2代目） …… 6
赤井 陶然（3代目） …… 6
赤井 陶然（4代目） …… 6
赤井 みさよ …………… 6
明石 朴景 ……………… 6
赤地 友哉 ……………… 6
明石屋 初太郎 ………… 7
県 有 …………………… 7
赤塚 自得 ……………… 7
赤塚 平左衛門（6代目）
　　　　……………………… 8
上野 喜蔵 ……………… 8
秋山 逸生 ……………… 8
秋山 平十郎 …………… 9
浅井 一毫 ……………… 9
浅蔵 五十吉 …………… 9
浅瀬 善也 ……………… 9

浅田 家彦 ……………… 9
浅野 陽 ………………… 10
浅野 惣三郎 …………… 10
旭 玉山 ………………… 10
朝日 明堂 ……………… 10
朝日軒 棚吉 …………… 10
朝比奈 為之丞 ………… 11
浅見 五郎助（1代目）… 11
浅見 五郎助（2代目）… 11
浅見 五郎助（5代目）… 11
浅見 隆三 ……………… 11
芦川 真七 ……………… 11
東 翠明 ………………… 12
安達 新兵衛 …………… 12
安達 陶仙 ……………… 12
安達 直次 ……………… 12
新敷 孝弘 ……………… 12
油田 治雄 ……………… 13
安倍 郁二 ……………… 13
安部 栄四郎 …………… 13
阿部 勝義 ……………… 13
阿部 なを ……………… 13
安部 由蔵 ……………… 14
安部井 櫟堂 …………… 14
天川 七兵衛 …………… 14
天国 …………………… 14
天田 貞吉 ……………… 14
天野 可淡 ……………… 14
天野 金重 ……………… 15
天野 房義 ……………… 15
飴也 …………………… 15
新井 謹也 ……………… 15
新垣 栄三郎 …………… 15
新垣 栄徳 ……………… 16
荒川 豊蔵 ……………… 16
荒木 高子 ……………… 16

荒木 東明 ……………… 17
有江 金太郎 …………… 17
有国 …………………… 17
有村 碗右衛門 ………… 17
有山 正夫 ……………… 17
淡島 雅吉 ……………… 17
粟田口 国綱 …………… 18
粟田口 吉光 …………… 18
安藤 重寿 ……………… 18
安藤 重兵衛 …………… 18
安藤 知山 ……………… 18

【い】

伊阿弥 ………………… 18
飯塚 小玕斎 …………… 19
飯塚 桃葉 ……………… 19
飯塚 鳳斎（2代目） …… 19
飯塚 琅玕斎 …………… 19
飯田 広斎 ……………… 20
飯田 助左衛門 ………… 20
飯田屋 八郎右衛門 …… 20
井浦 深泉 ……………… 20
家長 方親 ……………… 21
五十嵐 喜三郎 ………… 21
五十嵐 健二 …………… 21
五十嵐 次左衛門 ……… 21
五十嵐 信斎 …………… 21
五十嵐 信平（3代目） … 21
五十嵐 随歩 …………… 22
五十嵐 太兵衛 ………… 22
五十嵐 道甫（1代目） … 22
生島 藤七 ……………… 22
生田 和孝 ……………… 22

池田 逸堂	……………	22	市川 広三	……………	32	井上 富夫	……………	41
池田 源兵衛	…………	23	市川 通三	……………	32	井上 治男	……………	41
池田 源兵衛	…………	23	一元	…………………	32	井上 楊南	……………	41
池田 作美(1代目)	…	23	一田 正七郎(1代目)	‥	32	井上 良斎(1代目)	…	41
池田 重治郎	…………	23	市野 利雄	……………	32	井上 良斎(2代目)	…	41
池田 泰真	……………	23	一宮 長常	……………	33	井上 良斎(3代目)	…	42
池田 八郎	……………	24	市橋 敏雄	……………	33	今泉 今右衛門(10代		
池田 弥七	……………	24	市橋 とし子	…………	33	目)	……………	42
伊砂 利彦	……………	24	市原 峴山	……………	33	今泉 今右衛門(12代		
伊佐地 勉可	…………	25	市原 定直	……………	34	目)	……………	42
石井 昭房	……………	25	一官	…………………	34	今泉 今右衛門(13代		
石井 吉次郎	…………	25	一空	…………………	34	目)	……………	43
石井 康治	……………	25	伊藤 允譲	……………	34	今泉 俊光	……………	43
石井 修理亮	…………	25	伊藤 一広	……………	34	今岡 晃久	……………	44
石井 昌次	……………	25	伊藤 圭	………………	35	今村 三之丞	…………	44
石井 方二	……………	26	伊藤 幸三郎	…………	35	今村 繁子	……………	44
石井 勇助(1代目)	…	26	伊藤 実山	……………	35	今村 弥次兵衛	………	44
石井 勇助(2代目)	…	26	伊東 翠壺	……………	35	井村 嘉代子	…………	44
石岡 庄寿郎	…………	26	伊東 陶山(1代目)	…	35	入江 長八	……………	44
石川 光明	……………	26	伊東 陶山(2代目)	…	36	入江 美法	……………	45
石黒 政常(1代目)	…	27	伊東 陶山(3代目)	…	36	入山 白翁	……………	45
石黒 宗麿	……………	27	伊藤 松次	……………	36	岩井 平之丞	…………	45
石塚 国保	……………	27	伊藤 隆一	……………	37	岩尾 光雲斎	…………	45
石田 英一	……………	27	伊藤 鐐一	……………	37	岩城 倉之助	…………	45
石田 平蔵	……………	28	伊奈 長三(1代目)	…	37	岩城 滝次郎	…………	45
石野 竜山	……………	28	伊奈 長三(2代目)	…	37	岩木 裕軒	……………	46
石橋 荘次郎	…………	28	伊奈 長三(4代目)	…	37	岩崎 狂雲	……………	46
石原 種	………………	28	伊奈 不動山	…………	37	岩崎 新定	……………	46
石村 春荘	……………	28	稲垣 稔次郎	…………	38	岩田 糸子	……………	46
伊志良 不説	…………	29	稲川 尚子	……………	38	岩田 藤七	……………	47
井関 宗信	……………	29	稲木 東千里	…………	38	岩田 久利	……………	47
磯井 如真	……………	29	稲葉 七穂(2代目)	…	39	岩月 捨吉	……………	47
磯谷 利右衛門	………	29	井波 喜六斎	…………	39	岩野 市兵衛(8代目)	‥	47
磯崎 眠亀	……………	29	井上 猪治	……………	39	岩野 平三郎(1代目)	…	48
磯村 白斎	……………	30	井上 伊兵衛	…………	39	岩野 平三郎(2代目)	…	48
磯矢 阿伎良	…………	30	井上 延年	……………	39	岩淵 重哉	……………	48
磯矢 完山	……………	30	井上 和彦	……………	40	岩本 昆寛(6代目)	…	48
井田 吉六	……………	30	井上 松坪	……………	40	岩本 清左衛門	………	48
井高 帰山	……………	31	井上 真改	……………	40			
板谷 波山	……………	31	井上 僊智	……………	40			
板谷 まる	……………	31	井上 伝	………………	40			
一阿弥	…………………	32	井上 稔夫	……………	41			

【う】

上田 郁夫	49
上田 宗品	49
上田 恒次	49
上田 直方(4代目)	49
上野 清二	49
上野 為二	50
植松 包美	50
植松 抱民	50
上村 信吉	50
上村 白鴎	50
魚住 為楽(1代目)	51
魚住 幸兵	51
鵜飼 菁	51
鶯谷 庄米	51
牛島 ノシ	51
内島 北朗	52
内田 邦夫	52
内田 秀一	52
内山 一夫	52
内山 興正	52
内山 光弘	53
内海 吉造(4代目)	53
宇野 三吾	53
宇野 宗甕(1代目)	53
宇野 仁松(1代目)	54
宇野 仁松(3代目)	54
梅田 正弘	54
埋忠 明寿	54
梅原 半助	54
梅村 鉱二	55
有来 新兵衛	55
浦上 善次	55
浦川 一斎	55
浦野 乾哉	56
瓜生 啓一	56
海野 清	56
海野 勝珉	56
海野 建夫	57
海野 珉乗	57
海野 盛寿	57
海野 美盛(2代目)	57
雲林院 文蔵(11代目)	57
雲林院 文造(16代目)	58

【え】

永楽 回全	58
永楽 正全	58
永楽 即全	58
永楽 得全	59
永楽 保全	59
永楽 和全	59
江口 秀山	59
江崎 一生	59
江崎 栄造	60
榎本 宗五	60
江馬 長閑	60
江里 佐代子	60
円阿弥 武宗	61
延均師	61
遠藤 虚籟	61
遠藤 忠雄	61

【お】

及川 鉄	62
老子 次右衛門(7代目)	62
仰木 政斎	62
扇田 泰彦	62
大饗 五郎左衛門	62
大饗 仁堂(1代目)	63
大饗 仁堂(2代目)	63
大出 常吉	63
大江 宇兵衛	63
大江 定橘	63
大江 忠兵衛	63
大江 宣秀	64
大江 文象	64
大江 巳之助(4代目)	64
大垣 昌訓	64
大角 勲	65
大喜 豊助	65
大喜 豊助	65
大木 秀春	65
大国 柏斎	65
大久保 婦久子	66
大蔵 清七	66
大迫 みきお	66
大塩 昭山(3代目)	66
大塩 正人	67
大島 黄谷	67
大島 如雲	67
大城 広四郎	67
大城 志津子	67
大須賀 喬	67
大隅 俊平	68
太田 喜久太郎	68
太田 熊雄	68
太田 左近	68
太田 芝山	69
太田 比古象	69
太田 博明	69
太田 光則	69
太田 良治郎	69
大塚 啓三郎	69
大塚 秀之丞	70
大月 光興	70
大坪 重周	70
大伴 二三弥	70
大西 重太郎	70
大西 浄久	71
大西 浄元	71
大西 浄元	71
大西 浄玄	71
大西 浄玄	71
大西 浄寿	71

大西 浄心 ……………… 72	岡本 一太郎 ………… 80	尾崎 直政 ……………… 88
大西 浄清 ……………… 72	岡本 玉水 …………… 80	長船 長光(1代目) …… 88
大西 浄雪 ……………… 72	岡本 欣三 …………… 80	小関 伊佐美 …………… 88
大西 浄頓 ……………… 72	岡本 静太郎 ………… 81	小田部 庄右衛門(36代目) …………………… 88
大西 浄入 ……………… 72	小川 卯平 …………… 81	越智 健三 ……………… 88
大西 浄本 ……………… 72	小川 勝男 …………… 81	音丸 耕堂 ……………… 89
大西 浄林 ……………… 73	小川 久右衛門 ……… 81	小野 元立 ……………… 89
大西 定林 ……………… 73	小川 松民 …………… 81	小野 光敬 ……………… 89
大西 忠夫 ……………… 73	小川 セイ …………… 82	小野 為郎 ……………… 90
大野 昭和斎 …………… 73	小川 善三郎 ………… 82	尾野 敏郎 ……………… 90
大野 孝晴 ……………… 74	小川 破笠 …………… 82	小野 珀子 ……………… 90
大野 貢 ………………… 74	小川 半助 …………… 82	小野塚 キイ …………… 90
大庭 一晃 ……………… 74	小川 喜数 …………… 83	小原 治五右衛門(14代目) …………………… 90
大橋 秋二 ……………… 74	置鮎 与市 …………… 83	小尾 悠希生 …………… 91
大橋 庄兵衛 …………… 74	奥磯 栄麓 …………… 83	生水 幹一 ……………… 91
大橋 豊久 ……………… 74	奥川 忠右衛門(1代目) …………………… 83	
大橋 桃之輔 …………… 75	奥田 頴川 …………… 83	【か】
大林 蘇乃 ……………… 75	奥田 陶器夫 ………… 84	
大樋 勘兵衛(4代目) … 75	奥田 木白 …………… 84	貝賀 金蔵 ……………… 91
大樋 勘兵衛(5代目) … 75	奥田 康博 …………… 84	懐玉斎 正次 …………… 91
大樋 長左衛門(1代目) ……………………… 75	奥平 了保 …………… 84	海部 ハナ ……………… 91
大樋 長左衛門(9代目) ……………………… 76	小口 正二 …………… 84	各務 鉱三 ……………… 92
	奥村 霞城 …………… 84	加賀屋 久兵衛 ………… 92
大平 可楽 ……………… 76	奥村 吉右衛門 ……… 85	香川 勝広 ……………… 92
大村 玉山 ……………… 76	奥村 吉五郎 ………… 85	柿谷 誠 ………………… 92
大森 英秀 ……………… 76	奥村 吉次郎 ………… 85	鍵野 為吉 ……………… 93
大森 照成 ……………… 76	奥村 吉次郎 ………… 85	鍵屋 喜兵衛 …………… 93
大森 光彦 ……………… 76	奥村 吉兵衛 ………… 85	角谷 一圭 ……………… 93
岡 行蔵 ………………… 77	奥村 吉兵衛 ………… 86	鶴亭 …………………… 93
岡崎 雪声 ……………… 77	奥村 吉兵衛 ………… 86	神楽岡 文山 …………… 93
岡田 章人 ……………… 77	奥村 吉兵衛 ………… 86	景長 …………………… 94
岡田 和美 ……………… 77	奥村 吉兵衛 ………… 86	景光 …………………… 94
岡田 久太 ……………… 78	奥村 松山 …………… 86	鹿児島 寿蔵 …………… 94
尾形 乾山 ……………… 78	小椋 久太郎 ………… 86	籠橋 休兵衛 …………… 94
尾形 光琳 ……………… 78	小倉 建亮 …………… 87	可西 泰三 ……………… 94
尾形 周平 ……………… 79	小倉 千尋 …………… 87	梶 佐太郎 ……………… 95
岡田 雪峨 ……………… 79	桶村 正夫 …………… 87	梶 常吉 ………………… 95
岡田 仙舟 ……………… 79	小合 友之助 ………… 87	梶 芳蔵 ………………… 95
岡部 覚弥 ……………… 79	尾崎 治良右衛門 …… 88	
岡部 達男 ……………… 80		
岡部 嶺男 ……………… 80		

かしか　　　　　　　　目　次

梶川 久次郎	95	加藤 溪山（1代目）	103	加藤 唐九郎	112
梶川 彦兵衛	95	加藤 溪山（2代目）	103	加藤 唐左衛門（4代目）	112
梶川 文龍斎	95	加藤 賢司	103	加藤 唐三郎	112
梶田 恵	95	加藤 幸兵衛（5代目）	104	加藤 唐三郎（30代目）	112
鹿島 一谷	96	加藤 五助（1代目）	104	加藤 陶仙	112
鹿島 一布	96	加藤 五助（4代目）	104	加藤 友太郎	113
梶山 関山	96	加藤 五助（5代目）	104	加藤 土師萌	113
梶山 重次郎	96	加藤 五郎	104	加藤 平八	113
梶山 伸	97	加藤 作助（1代目）	105	加藤 杢左衛門（2代目）	114
賀集 三平	97	加藤 作助（2代目）	105	加藤 杢左衛門（3代目）	114
賀集 珉平	97	加藤 作助（4代目）	105	加藤 元男	114
梶原 菊三郎	97	加藤 繁十	105	加藤 紋右衛門（5代目）	114
春日井 秀大	97	加藤 繁十（2代目）	105	加藤 紋右衛門（6代目）	114
嘉介	98	加藤 重右衛門	105	門田 二篁	114
上総屋 留三郎	98	加藤 重吉（1代目）	106	香取 秀真	115
加田 半六	98	加藤 重吉（2代目）	106	香取 正彦	115
片岡 華江	98	加藤 周左衛門（3代目）	106	金井 清吉	116
片岡 二光	98	加藤 周兵衛（1代目）	106	金岡 宗幸	116
片岡 光春	98	加藤 周兵衛（2代目）	106	金ケ江 和隆	116
片山 行雄	99	加藤 春宇	106	金沢 専治	116
嘉長	99	加藤 春暁	107	金林 真多呂（1代目）	117
勝 公彦	99	加藤 春二（2代目）	107	金森 映井智	117
勝尾 青龍洞	99	加藤 春岱	107	金家 五郎三郎（1代目）	117
勝木 盛定	99	加藤 春丹	107	金家	117
月山 貞一（2代目）	99	加藤 春鼎（2代目）	107	金児 禎三	117
月山 貞一（1代目）	100	加藤 舜陶	108	金子 孫六	118
月山 貞勝	100	加藤 春珉	108	兼定	118
勝光	100	加藤 鈔	108	金重	118
勝目 正範	100	加藤 新七	109	金重 宗四郎	118
桂 光春	101	加藤 助三郎	109	金重 素山	118
角 偉三郎	101	加藤 菁山	109	金重 陶陽	119
加藤 偉三	101	加藤 善治（1代目）	109	金重 道明	119
加藤 巌	101	加藤 善治（2代目）	109	金田 兼次郎	119
加藤 英一	102	加藤 善治（3代目）	109	兼田 三左衛門（7代目）	119
加藤 景秋	102	加藤 宗巌	110		
加藤 景貞	102	加藤 滝川	110		
加藤 景延	102	加藤 卓男	110		
加藤 景久	102	加藤 内匠	111		
加藤 景正	102	加藤 辰之助	111		
加藤 華仙	103	加藤 達美	111		
加藤 勘六（1代目）	103	加藤 民吉	111		
加藤 勘六（2代目）	103				

（10）

金田 昇 …………… 120	川崎 幽玄 …………… 129	菊池 一男 …………… 137
包永 ……………… 120	川島 甚兵衛（2代目） 129	菊地 熊治 …………… 138
包平 ……………… 120	川尻 一寛 …………… 129	菊池 五介 …………… 138
兼光 ……………… 120	川澄 喜太郎 ………… 130	菊地 序克 …………… 138
兼元 ……………… 121	川瀬 竹翁 …………… 130	菊山 当年男 ………… 138
叶 敏 …………… 121	川瀬 竹春（2代目） … 130	岸 光景 …………… 138
加納 夏雄 ………… 121	川出 柴太郎 ………… 130	岸 雪圃 …………… 139
叶 光夫 …………… 121	川浪 竹山 …………… 130	岸 伝蔵 …………… 139
鎌倉 芳太郎 ……… 122	川之辺 一朝 ………… 130	岸沢 武雄 …………… 139
釜本 晟一 ………… 122	河原 徳立 …………… 131	岸田 竹史 …………… 139
神坂 雪佳 ………… 122	川原 芳工 …………… 131	岸本 景春 …………… 139
神坂 祐吉 ………… 122	河辺 篤寿 …………… 131	喜田 寅蔵 …………… 139
上出 喜山（3代目） 123	川俣 芳洲 …………… 132	紀太 理兵衛（1代目） 140
神吉 寿平（1代目） 123	河村 熹太郎 ………… 132	紀太 理兵衛（3代目） 140
亀井 直斎 ………… 123	川村 賢次 …………… 132	紀太 理兵衛（4代目） 140
亀井 半二 ………… 123	河村 若芝 …………… 132	北大路 魯山人 ……… 140
亀井 味楽 ………… 123	河村 鯖山 …………… 132	北川 伊平 …………… 141
亀倉 蒲舟 ………… 123	河村 碩山 …………… 133	北川 伊兵衛 ………… 141
亀女 ……………… 124	河本 五郎 …………… 133	喜田川 宗典 ………… 141
鴨 政雄 …………… 124	川本 治兵衛（1代目） 133	喜多川 平八 ………… 141
鴨下 春明 ………… 124	川本 治兵衛（2代目） 133	喜多川 平朗 ………… 142
加守田 章二 ……… 124	川本 惣吉 …………… 134	北川 北仙 …………… 142
唐杉 涛光 ………… 125	川本 禎二 …………… 134	北島 栄助 …………… 142
唐物 久兵衛 ……… 125	川本 半助（4代目） … 134	北出 塔次郎 ………… 142
河合 卯之助 ……… 125	川本 半助（5代目） … 134	北野 七左衛門 ……… 143
河合 栄之助 ……… 125	川本 半助（6代目） … 134	来野 月乙 …………… 143
河井 寛次郎 ……… 125	川本 桝吉（1代目） … 135	北原 千鹿 …………… 143
川合 修二 ………… 126	川本 桝吉（2代目） … 135	北原 三佳 …………… 143
河合 秀甫 ………… 126	川本 利吉 …………… 135	北村 静香 …………… 144
河合 瑞豊 ………… 126	河本 礫亭 …………… 135	北村 大通 …………… 144
河合 誓徳 ………… 126	幹山 伝七 …………… 135	北村 与三右衛門 …… 144
河井 武一 ………… 127	菅野 暎子 …………… 136	吉向 治兵衛 ………… 144
河合 紀 …………… 127		城戸 徳蔵 …………… 145
川上 桂司 ………… 127		紀 助正 …………… 145
河上 伝次郎 ……… 127		亀文堂 正平 ………… 145
川上 南甫 ………… 128	【き】	木村 一陽 …………… 145
川北 浩一 ………… 128		木村 一郎 …………… 145
川喜田 半泥子（1代目）	木内 綾 …………… 136	木村 雨山 …………… 145
……………… 128	木内 喜八 …………… 136	木村 梅 …………… 146
川口 文左衛門 …… 128	木内 省古 …………… 137	木村 熊治郎 ………… 146
河口 三千子 ……… 128	木内 半古 …………… 137	木村 州宏 …………… 146
川崎 プッペ ……… 129	基永師 ……………… 137	木村 祥刀 …………… 146

(11)

木村 宗得（16代目）・ 146	草薙 重一 ・・・・・・・・ 154	黒田 乾吉 ・・・・・・・・ 162
木村 表斎 ・・・・・・・・ 147	草場 茂也 ・・・・・・・・ 154	黒田 光良 ・・・・・・・・ 162
木村 平八郎 ・・・・・・ 147	楠田 撫泉 ・・・・・・・・ 154	黒田 正玄（1代目）・・ 162
木村 芳雨 ・・・・・・・・ 147	楠部 弥弌 ・・・・・・・・ 155	黒田 タツ ・・・・・・・・ 162
久怡 ・・・・・・・・・・・・ 147	九谷 庄三 ・・・・・・・・ 155	黒田 辰秋 ・・・・・・・・ 163
久兵衛 ・・・・・・・・・・ 147	口石 長三 ・・・・・・・・ 155	桑原 浜子 ・・・・・・・・ 163
久味 ・・・・・・・・・・・・ 147	国包（1代目） ・・・・・・ 155	
久楽（1代目） ・・・・・・ 147	欅田 幸吉 ・・・・・・・・ 155	
久楽（2代目） ・・・・・・ 148	欅田 善九郎 ・・・・・・ 156	【け】
刑部 太郎 ・・・・・・・・ 148	国貞（1代目） ・・・・・・ 156	
清川 守光 ・・・・・・・・ 148	国俊 ・・・・・・・・・・・・ 156	玄斎 ・・・・・・・・・・・・ 163
巨関 ・・・・・・・・・・・・ 148	国俊 ・・・・・・・・・・・・ 156	原子 光生 ・・・・・・・・ 163
清野 如眠 ・・・・・・・・ 148	国広 ・・・・・・・・・・・・ 156	乾哉 ・・・・・・・・・・・・ 164
清原 英之助 ・・・・・・ 148	国光 ・・・・・・・・・・・・ 156	
清原 千代 ・・・・・・・・ 149	国光 ・・・・・・・・・・・・ 156	
清人 ・・・・・・・・・・・・ 149	国宗（1代目） ・・・・・・ 157	【こ】
清水 九兵衛 ・・・・・・ 149	国行 ・・・・・・・・・・・・ 157	
清水 七兵衛 ・・・・・・ 150	国行 ・・・・・・・・・・・・ 157	鯉江 高司 ・・・・・・・・ 164
清水 石僊 ・・・・・・・・ 150	国吉 ・・・・・・・・・・・・ 157	鯉江 方寿 ・・・・・・・・ 164
清水 六兵衛（1代目） 150	久野 正伯 ・・・・・・・・ 157	小泉 仁左衛門（9代目）
清水 六兵衛（2代目） 150	久野 道也 ・・・・・・・・ 157	・・・・・・・・・・・・ 164
清水 六兵衛（3代目） 150	久保 金平 ・・・・・・・・ 158	幸阿弥 宗正 ・・・・・・ 164
清水 六兵衛（4代目） 150	久保 佐四郎 ・・・・・・ 158	幸阿弥 宗伯 ・・・・・・ 164
清水 六兵衛（5代目） 151	久保 祖舜 ・・・・・・・・ 158	幸阿弥 長晏 ・・・・・・ 165
清水 六兵衛（6代目） 151	久保 竹外 ・・・・・・・・ 158	幸阿弥 長救 ・・・・・・ 165
桐谷 天香 ・・・・・・・・ 151	久保田 一竹 ・・・・・・ 158	幸阿弥 長玄 ・・・・・・ 165
金海 ・・・・・・・・・・・・ 152	久保田 保一 ・・・・・・ 159	幸阿弥 長重 ・・・・・・ 165
錦光山（2代目） ・・・・ 152	熊谷 好博子 ・・・・・・ 159	幸阿弥 長清 ・・・・・・ 165
錦光山（6代目） ・・・・ 152	熊谷 紅陽 ・・・・・・・・ 159	幸阿弥 長善 ・・・・・・ 166
錦光山（7代目） ・・・・ 152	熊倉 順吉 ・・・・・・・・ 159	幸阿弥 長法 ・・・・・・ 166
欽古堂 亀祐 ・・・・・・ 152	熊沢 輝雄 ・・・・・・・・ 160	幸阿弥 長房 ・・・・・・ 166
金城 一国斎（1代目） 153	倉崎 権兵衛 ・・・・・・ 160	幸阿弥 道清 ・・・・・・ 166
金城 一国斎（3代目） 153	倉谷 渓司 ・・・・・・・・ 160	幸阿弥 道長 ・・・・・・ 166
金城 一国斎（5代目） 153	栗田 征夫 ・・・・・・・・ 160	幸阿弥 良清 ・・・・・・ 167
金城 次郎 ・・・・・・・・ 153	栗原 彦三郎 ・・・・・・ 160	高貴 ・・・・・・・・・・・・ 167
金道 ・・・・・・・・・・・・ 154	栗本 幸阿弥 ・・・・・・ 161	康吉 ・・・・・・・・・・・・ 167
	栗本 宗清 ・・・・・・・・ 161	高鶴 夏山 ・・・・・・・・ 167
	栗山 文次郎 ・・・・・・ 161	光存 ・・・・・・・・・・・・ 167
【く】	暮田 延美 ・・・・・・・・ 161	甲田 栄佑 ・・・・・・・・ 167
	黒井 一楽 ・・・・・・・・ 161	迎田 秋悦 ・・・・・・・・ 168
空願 ・・・・・・・・・・・・ 154	黒川 市五郎 ・・・・・・ 161	
	久呂田 明功 ・・・・・・ 162	

(12)

合田 好道 ……… 168	小林 清 ……… 176	佐伯 孫三郎 ……… 184
河野 鉄朗 ……… 168	小林 尚珉 ……… 176	早乙女 家貞 ……… 184
河野 通介 ……… 168	小林 如泥 ……… 176	坂 高麗左衛門（1代目）
郷 義弘 ……… 168	小林 末三 ……… 176	……… 184
河面 冬山 ……… 169	小林 平一 ……… 177	坂 高麗左衛門（9代目）
神山 賢一 ……… 169	小林 正和 ……… 177	……… 184
高麗𤭯 ……… 169	古満 寛哉（1代目） ……… 177	坂 高麗左衛門（11代目） ……… 184
九重 年支子 ……… 169	古満 寛哉（2代目） ……… 178	坂 高麗左衛門（12代目） ……… 185
越田 宗次郎 ……… 170	古満 休意 ……… 178	
小柴 外一 ……… 170	古満 休伯 ……… 178	坂 新兵衛 ……… 185
小島 兼道 ……… 170	古満 巨柳 ……… 178	酒井 巨山 ……… 185
小島 与一 ……… 170	駒沢 宗源 ……… 178	坂井 岱平 ……… 185
越谷 喜明 ……… 170	駒沢 利斎（4代目） ……… 178	酒井田 柿右衛門（1代目） ……… 185
五条 兼永 ……… 171	駒沢 利斎（7代目） ……… 178	
五条 国永 ……… 171	小松 芳光 ……… 179	酒井田 柿右衛門（11代目） ……… 186
古館 忠兵衛 ……… 171	小松 康城 ……… 179	酒井田 柿右衛門（12代目） ……… 186
児玉 博 ……… 171	五味 文郎 ……… 179	
後藤 一乗 ……… 171	小宮 康助 ……… 179	酒井田 柿右衛門（13代目） ……… 186
後藤 学 ……… 172	小宮 四郎国光 ……… 180	
後藤 顕乗 ……… 172	小森 忍 ……… 180	酒井田 渋右衛門 ……… 187
後藤 光乗 ……… 172	小山 冨士夫 ……… 180	堺谷 哲郎 ……… 187
後藤 才次郎 ……… 172	小山 文三郎 ……… 180	阪上 節介 ……… 187
後藤 俊太郎 ……… 172	小山 もと子 ……… 181	阪口 宗雲斎 ……… 187
後藤 少斎 ……… 173	小山 保家 ……… 181	坂倉 源次郎 ……… 187
後藤 乗真 ……… 173	是一（8代目） ……… 181	坂倉 新兵衛（12代目） ……… 188
後藤 清吉郎 ……… 173	五郎八 ……… 181	坂倉 新兵衛（14代目） ……… 188
後藤 省吾 ……… 173	近藤 道恵 ……… 181	坂本 晴蔵 ……… 188
後藤 太平 ……… 173	近藤 悠三 ……… 181	相良 清左衛門 ……… 188
後藤 通乗 ……… 173	近藤 豊 ……… 182	鷺谷 義忠（4代目） ……… 189
後藤 程乗 ……… 174	昆布 一夫 ……… 182	崎山 利兵衛 ……… 189
後藤 徳乗 ……… 174		佐久間 藤太郎 ……… 189
後藤 久美 ……… 174		佐久間 実 ……… 189
後藤 祐乗 ……… 174	【さ】	佐久間 八重女 ……… 189
小道二 ……… 174		佐倉 常七 ……… 190
小西 陶古（1代目） ……… 175	斎田 梅亭 ……… 182	桜井 霞洞 ……… 190
古波蔵 良州 ……… 175	斎藤 宇兵衛 ……… 183	桜井 勇次郎 ……… 190
小橋川 永昌 ……… 175	斎藤 悦子 ……… 183	桜岡 三四郎 ……… 190
小橋川 源慶 ……… 175	斎藤 実堯 ……… 183	佐々木 英 ……… 190
小橋川 仁王 ……… 175	斉藤 文石 ……… 183	佐々木 高保 ……… 190
小林 愛竹 ……… 175	財福師 ……… 183	佐々木 象堂 ……… 191
小林 章男 ……… 175	佐伯 春峰 ……… 184	
小林 菊一郎 ……… 176		

(13)

佐々木 二六（1代目） 191	塩多 慶四郎 198	清水 柳景 207
佐々木 二六（3代目） 191	塩塚 豊枝 198	清水 隆慶 207
佐々木 宗彦 191	塩見 政誠 199	下口 宗美 207
笹田 友山 192	四方 龍文（1代目） 199	下沢 土泡 207
佐治 賢使 192	四方 龍文（2代目） 199	下田 生素 208
貞次 192	四方 龍文（3代目） 199	下間 庄兵衛（1代目） 208
貞次 192	四方 龍文（6代目） 199	下間 庄兵衛（2代目） 208
定利 192	四方 龍文（7代目） 199	下間 庄兵衛（3代目） 208
貞宗 192	治五右衛門（1代目） 200	赤鶴 208
佐々 文夫 193	治五右衛門（11代目） 200	捨目師 208
佐藤 丑蔵 193	治五右衛門（12代目） 200	珠徳 208
佐藤 佐志馬 193	志津 兼氏 200	春慶 209
佐藤 灼山 193	自然斎 200	春若 209
佐藤 潤四郎 193	篠崎 保平 200	城 秀男 209
佐藤 忠雄 194	篠田 義一 201	正阿弥 勝義 209
佐藤 竹邑斎 194	笹田 月暁 201	盛阿弥（1代目） 209
佐藤 もとい 194	篠井 秀次（1代目） 201	庄司 竹真 210
佐藤 陽雲 194	篠原 能孝 201	定秀 210
佐藤 吉房 194	柴崎 重行 201	正田 章次郎 210
里中 英人 195	柴田 一光 201	正田 治郎右衛門（28代目） 210
真景 195	柴田 真哉 202	正田 利一郎 211
真恒 195	柴田 是真 202	生野 祥雲斎 211
真光 195	柴田 善平 202	城ノ口 みゑ 211
真守 195	柴田 長一郎 202	松風 栄一 211
真守 195	柴田 政太郎 202	庄米 212
佐野 猛夫 196	柴田 令斎 203	将李 魚成 212
佐野 長寛 196	芝山 宗一 203	祥瑞 五郎太夫 212
左 行秀 196	志布 正治 203	白井 孝一 212
沢田 惇 196	渋江 終吉 203	白井 半七（1代目） 212
沢田 舜山 196	島岡 達三 203	白井 半七（2代目） 212
沢田 宗山 197	島田 孫市 204	白井 半七（9代目） 213
沢田 宗沢 197	島田 満子 204	白山 松哉 213
沢田 痴陶人 197	島野 三秋 204	城倉 可成 213
沢田 由治 197	島袋 信次 205	城間 栄喜 213
三文字屋 九右衛門 198	清水 卯一 205	新村 和憲 214
	清水 亀蔵 205	新村 長閑子 214
	清水 嘉門 206	
【し】	清水 幸太郎 206	
	清水 甚五郎 206	
椎名 吉次 198	清水 直乗 206	
椎原 市太夫 198	清水 美山 206	
	清水 勇助 207	

【す】

須賀 松園（2代目）‥ 214
須賀 松園（3代目）‥ 215
菅 蒼圃 ……………… 215
菅沼 政蔵 …………… 215
菅原 精造 …………… 215
杉浦 行宗 …………… 215
杉浦 乗意 …………… 215
杉浦 那智子 ………… 216
杉江 寿門 …………… 216
杉江 淳平 …………… 216
杉田 禾堂 …………… 216
杉野 土佐右衛門 …… 216
杉林 古香 …………… 216
杉村 キナラブック … 217
杉村 満 ……………… 217
杉山 裏白 …………… 217
助真 ………………… 217
助綱 ………………… 217
助延 ………………… 218
助則 ………………… 218
助平 ………………… 218
祐平 ………………… 218
助光 ………………… 218
助宗 ………………… 218
鈴鹿 雄次郎 ………… 219
鈴木 磯吉 …………… 219
鈴木 黄哉 …………… 219
鈴木 治 ……………… 219
鈴木 嘉助 …………… 219
鈴木 旭松斎（1代目） 220
鈴木 清 ……………… 220
鈴木 金蔵 …………… 220
鈴木 健司 …………… 220
鈴木 治三郎 ………… 220
鈴木 青児 …………… 221
鈴木 青々 …………… 221
鈴木 素興 …………… 221

鈴木 多喜雄 ………… 221
鈴木 長吉 …………… 221
鈴木 八郎 …………… 222
鈴木 表朔（1代目）‥ 222
鈴木 表朔（2代目）‥ 222
鈴木 文吾 …………… 222
鈴木 盛久（13代目）‥ 222
鈴木 盛久（14代目）‥ 223
鈴木 安族 …………… 223
鐸木 能子 …………… 223
鈴木 利助 …………… 223
鈴田 照次 …………… 224
須田 菁華（1代目）‥ 224
須田 桑月 …………… 224
須田 桑翠 …………… 224
須藤 八十八 ………… 225
隅谷 正峯 …………… 225
諏訪 重雄 …………… 225
諏訪 蘇山（1代目）‥ 226
諏訪 蘇山（2代目）‥ 226
諏訪 蘇山（3代目）‥ 226

【せ】

青海 勘七 …………… 226
青海 源兵衛 ………… 226
清風 与平（1代目）‥ 227
清風 与平（2代目）‥ 227
清風 与平（3代目）‥ 227
清兵衛 ……………… 227
是閑 吉満 …………… 228
関谷 四郎 …………… 228
瀬島 熊助 …………… 228
瀬戸 浩 ……………… 228
瀬戸助 ……………… 228
芹沢 銈介 …………… 229

【そ】

増阿弥 久次 ………… 229
宗四郎 ……………… 229
宗伯 ………………… 230
相馬 貞三 …………… 230
相馬 羊堂 …………… 230
副田 喜左衛門（1代目）
 ……………………… 230
副田 杢兵衛 ………… 230
曽我 竹山 …………… 230
曽我 徳丸 …………… 231
園田 湖城 …………… 231
園田 武利 …………… 231
杣田 光正 …………… 231
染川 鉄之助 ………… 231
染谷 知信 …………… 232

【た】

帯山 与兵衛（1代目） 232
帯山 与兵衛（9代目） 232
大進房 ……………… 232
大眉 ………………… 232
大明京 ……………… 233
平 助永 ……………… 233
高井 白陽 …………… 233
高井 宏子 …………… 233
高江洲 育男 ………… 233
高木 敏子 …………… 233
高久 空木 …………… 234
高澤 英子 …………… 234
高田 茂三郎 ………… 234
高田 義男 …………… 234
高綱 ………………… 235
高取 静山 …………… 235
高取 八蔵 …………… 235

(15)

たかな　　　　　　　　　　目　次

高中 惣六	235	武田 秀平	245	田村 雲渓(1代目)	253
高野 松山	235	竹田 縫殿之助	245	田村 金星	253
高橋 因幡	236	武智 光春	245	田村 耕一	254
高橋 介州	236	竹中 微風	245	田村 吾川	254
高橋 一智	236	竹林 薫風	246	田村 権左右衛門	254
高橋 敬典	236	建部 宗由	246	為次	254
高橋 貞次	237	竹本 隼太	246	田原 友助	255
高橋 節郎	237	田代 清治右衛門	246	俵 萠子	255
高橋 忠蔵	238	田付 栄助	246	丹山 青海	255
高橋 道八(1代目)	238	田付 長兵衛	246	丹山 陸郎	255
高橋 道八(2代目)	238	田付 寿秀	247	谷田 忠兵衛	256
高橋 道八(3代目)	238	龍村 徳	247		
高橋 道八(4代目)	239	龍村 平蔵(1代目)	247		
高橋 道八(7代目)	239	龍村 平蔵(2代目)	247	【 ち 】	
高橋 楽斎(3代目)	239	伊達 幸太郎	248		
高浜 かの子	239	伊達 弥助	248		
高原 五郎七	240	立川 善太郎	248	近田 精治	256
高平	240	館林 源右衛門(6代目)		チカップ 美恵子	256
高松 七郎	240		248	遅塚 久則	256
高村 豊周	240	立松 山城	249	千葉 あやの	257
高谷 晴治	241	田所 芳哉	249	千葉 よしの	257
高柳 快堂	241	田中 一米	249	千村 鷺湖	257
滝 一夫	241	田中 清寿	249	中条 峰雄	257
滝川 鉦一	241	田中 宗慶	249	中堂 憲一	258
滝沢 政蔵	241	田中 稲月(2代目)	249	長義	258
滝田 椿渓	241	田中 陶山	250	帖佐 美行	258
田口 育子	242	田中 友三郎	250	長寿	258
田口 逸所	242	田中 宗継	250	陳 元贇	259
田口 善国	242	田辺 一竹斎	250	沈 寿官(12代目)	259
宅間 裕	242	田辺 竹雲斎(1代目)	250	珍慶(2代目)	259
武居 星華	243	田辺 保平	251		
武石 勇	243	谷井 直方	251		
竹内 英輔	243	谷口 幸珉	251	【 つ 】	
竹内 吟秋	243	谷口 良三	251		
竹内 清九郎	243	胤吉	251		
武内 晴二郎	243	田畑 喜八(3代目)	252	筑城 良太郎	259
竹内 忠兵衛	244	田畑 喜八(4代目)	252	堆朱 伝次郎	259
竹内 碧外	244	田原 陶兵衛(12代目)	252	堆朱 養清	260
武腰 善平	244	玉置 びん	252	堆朱 楊成(1代目)	260
竹園 自耕	244	玉楮 象谷	253	堆朱 楊成(18代目)	260
竹田 有恒	244	玉水 弥兵衛	253	堆朱 楊成(19代目)	260
武田 喜平	245	玉屋 庄兵衛(7代目)	253	堆朱 楊成(20代目)	260

塚田 秀鏡 ………… 260	津根 蛟人 ………… 268	徳田 八十吉(1代目) 275
塚谷 竹軒 ………… 261	恒次 ……………… 268	徳田 八十吉(3代目) 275
塚原 芥山 ………… 261	鶴田 和三郎 ……… 268	徳見 知敬 ………… 276
塚本 快示 ………… 261	鶴巻 三郎 ………… 269	徳山 嘉明 ………… 276
塚本 貝助 ………… 262		徳力 牧之助 ……… 276
塚本 儀三郎 ……… 262		徳力 孫三郎 ……… 276
塚本 乾也 ………… 262	【て】	戸沢 弁司 ………… 276
槻尾 宗一 ………… 262		利岡 光仙(1代目)‥ 277
月岡 勝三郎(2代目) 262	手柄山 正繁 ……… 269	利岡 光仙(3代目)‥ 277
月形 那比古 ……… 262	出口 尚江 ………… 269	俊長 ……………… 277
辻 一堂 …………… 263	手代木 幸右衛門 … 269	戸島 一彦 ………… 277
辻 勝蔵 …………… 263	鉄元堂 正楽 ……… 270	戸田 柳造 ………… 277
辻 協 ……………… 263	寺 利郎 …………… 270	百々 玉翁 ………… 277
辻 鉦二郎 ………… 263	寺井 直次 ………… 270	百々 玉泉 ………… 278
辻 晋六 …………… 263	寺池 陶烋 ………… 270	鳥羽 鐐一 ………… 278
辻 清明 …………… 263	寺石 正作 ………… 271	戸畑 恵 …………… 278
辻 毅彦 …………… 264	寺内 信一 ………… 271	土肥 刀泉 ………… 278
辻 常陸(14代目)… 264	寺内 洪 …………… 271	富木 伊助 ………… 278
辻 光典 …………… 264	寺尾 市四郎 ……… 271	富木 庄兵衛 ……… 279
辻 与次郎 ………… 264	寺尾 恍示 ………… 271	富田 幸七 ………… 279
辻村 松華 ………… 265	寺西 宗山 ………… 272	富永 源六 ………… 279
津田 信夫 ………… 265	照井 蔵人 ………… 272	富本 憲吉 ………… 279
津田 助広(2代目)‥ 265	天下一喜兵衛 …… 272	友田 安清 ………… 280
土田 宗悦 ………… 265	天狗久 …………… 272	朝忠 ……………… 280
土田 友湖(1代目)‥ 265	天狗弁 …………… 272	友成 ……………… 280
土田 友湖(2代目)‥ 266	天野 わかの ……… 272	倫光 ……………… 280
土田 友湖(3代目)‥ 266		豊川 光長(2代目)‥ 280
土田 友湖(4代目)‥ 266		豊田 勝秋 ………… 280
土田 友湖(5代目)‥ 266	【と】	鳥巣 水子 ………… 281
土田 友湖(6代目)‥ 266		
土田 友湖(7代目)‥ 266	戸出 政志 ………… 273	
土田 友湖(8代目)‥ 266	東郷 寿勝 ………… 273	【な】
土田 友湖(9代目)‥ 267	道明 新兵衛(6代目) 273	
土田 友湖(10代目)‥ 267	堂本 漆軒 ………… 273	内藤 四郎 ………… 281
土田 友湖(11代目)‥ 267	道楽 ……………… 273	内藤 春治 ………… 281
土木 悠子 ………… 267	富樫 光成 ………… 274	直胤 ……………… 282
土谷 一光(2代目)‥ 267	渡嘉敷 貞子 ……… 274	仲 伊市 …………… 282
土屋 佐吉 ………… 267	常盤木 隆正 ……… 274	中 武久 …………… 282
土屋 善四郎(1代目) 267	徳右衛門 ………… 274	中 儀延 …………… 282
土屋 善四郎(2代目) 268	徳田 百吉 ………… 274	中内 節 …………… 283
土屋 安親(1代目)‥ 268		中尾 宗言 ………… 283
綱俊(2代目) ……… 268		

中尾 米吉	283	長野 横笛	290	柳楽 泰久	298
中大路 茂永	283	中野 恵祥	290	名倉 鳳山(4代目)	299
中大路 茂房	283	中野 親夫	290	名越 家昌	299
長岡 住右衛門(1代目)	283	中野 常次郎	290	名越 三昌	299
		長野 垤志	291	名越 三典	299
長岡 住右衛門(2代目)	283	中ノ子 勝美	291	名越 善正	299
		中ノ子 タミ	291	名越 弥七郎	299
長岡 住右衛門(3代目)	284	永原 雲永房則	291	名定 一呂	300
		永原 英造	292	濤川 惣助	300
長岡 住右衛門(4代目)	284	中原 末恒	292	並河 靖之	300
		永原 与蔵(1代目)	292	波平 行安	300
長岡 住右衛門(5代目)	284	長町 天道	292	奈良 貞利	300
中川 伊作	284	中村 衍涯	292	奈良 雪勝	301
永川 勝治	284	中村 勝馬	292	奈良 利輝	301
中川 耕山	284	中村 光哉	293	奈良 利寿	301
中川 紹益(1代目)	285	中村 貞雄	293	成井 立歩	301
中川 浄益(6代目)	285	中村 秋塘	293	成瀬 誠志	301
中川 浄益(7代目)	285	中村 翠恒	293	鳴海 要	302
中川 浄益(10代目)	285	中村 宗哲(1代目)	294	南紀 重国(1代目)	302
中川 浄益(11代目)	285	中村 宗哲(2代目)	294	難波 仁斎	302
中川 哲哉	285	中村 宗哲(3代目)	294	南部 勝進	302
中川 二作	286	中村 宗哲(4代目)	294	南部 芳松	302
長倉 三朗	286	中村 宗哲(5代目)	294		
中里 末太郎	286	中村 宗哲(6代目)	295	**【に】**	
中里 太郎右衛門(1代目)	286	中村 宗哲(7代目)	295		
		中村 宗哲(8代目)	295	二唐 広	303
中里 逢庵	286	中村 宗哲(9代目)	295	西浦 円治(3代目)	303
中里 無庵	287	中村 宗哲(10代目)	295	西垣 勘四郎(1代目)	303
中里 安吉郎	287	中村 宗哲(11代目)	295	西垣 勘四郎(2代目)	303
永沢 永信(3代目)	287	中村 宗哲(12代目)	296	西川 宗悦	303
中島 兼吉	288	中村 陶吉	296	西沢 吉太郎(8代目)	304
中島 三郎	288	中村 道年(2代目)	296	西嶋 武司	304
中島 秀吉	288	中村 道年(3代目)	296	西塚 栄治	304
中島 均	288	中村 富栄	296	西田 潤	304
永末 吉右衛門	288	中村 梅山	297	西出 大三	304
長曽禰 虎徹	289	中村 鵬生	297	西出 宗生	305
中田 兼秀	289	中村 勇二郎	297	西頭 哲三郎	305
永田 友治	289	中村 六郎	297	二科 十朗	305
中台 瑞真	289	中山 江民	298	西村 九兵衛	305
中西 一順	290	中山 胡民	298	西村 治兵衛	306
中庭 茂三	290	仲村渠 致元	298		
		名木 広行	298		

目次　ひか

西村 善五郎（1代目）　306
西村 荘一郎　306
西村 宗雲　306
西村 総左衛門　306
西村 宗善　307
西村 宗筌　307
西村 宗全　307
西村 道仁　307
西村 道冶　307
西村 道弥　308
西村 道爺　308
西村 徳泉（3代目）　308
西村 敏彦　308
西村 彦兵衛　308
西村 了全　308
二宮 桃亭　309
二橋 美衡　309

【ぬ】

沼波 弄山　309
沼田 一雅　309
漆部造 弟麻呂　310

【ね】

根来 実三　310

【の】

納富 介次郎　310
野上 隆　310
野口 三四呂　311
野口 真造　311
野口 園生　311
野口 彦兵衛　311
野口 光彦　312

野口 明豊　312
野崎 佐吉　312
野崎 比彩映　312
野々村 仁清　312
野原 カメ　313
信家　313
信田 洋　313
信房　313
野村 正二　313
則重　314
則房　314
則宗　314
野路 善鏡　314

【は】

萩谷 勝平　314
硲 伊之助　315
箸尾 清　315
橋爪 彩子　315
橋本 市蔵（1代目）　315
橋本 市蔵（2代目）　316
橋本 一至（1代目）　316
蓮田 修吾郎　316
長谷川 一望斎　316
長谷川 重美　316
長谷川 兵夫　317
畠 春斎（2代目）　317
秦 蔵六（1代目）　317
秦 蔵六（2代目）　317
羽田 登喜男　317
畠山 三代喜　318
畑中 宗兵衛　318
服部 杏圃　318
服部 香蓮　318
服部 唯三郎　319
服部 正時　319
羽田 五郎　319
羽淵 宗印　319
浜 達也　319

浜田 庄司　319
浜田 義徳　320
浜野 矩随（1代目）　320
浜野 矩随（2代目）　320
浜野 政随（1代目）　320
浜野 政随（2代目）　320
早川 謙之輔　320
早川 尚古斎（1代目）　321
早川 尚古斎（3代目）　321
早川 尚古斎（4代目）　321
林 景正　321
林 喜兵衛　321
林 小伝治　322
林 尚月斎　322
林 二郎　322
林 谷五郎　322
林 泥平　322
林 平八郎　323
林 又七　323
林 沐雨　323
早見 頓斎　323
原 呉山　323
原 照夫　324
原 米洲　324
原 安民　324
原 羊遊斎　324
原田 嘉平　324
針生 乾馬（3代目）　324
張間 喜一　325
張間 麻佐緒　325
播磨屋 清兵衛　325
春名 繁春　325
番浦 省吾　325
繁慶　326
板東 陶光　326
般若 侑弘　326

【ひ】

比嘉 乗昌　326

(19)

東端 真筰	326	
飛来 一閑(15代目)	327	
樋口 富蔵	327	
日下田 博	327	
肥後 新造	327	
久田 吉之助	328	
菱田 房貞	328	
菱田 安彦	328	
肥前 忠吉(1代目)	328	
肥前 忠吉(2代目)	328	
肥前 忠吉(3代目)	328	
一柳 友善(1代目)	329	
人見 城民	329	
日根野 作三	329	
日野 厚	329	
氷見 晃堂	329	
飛来 一閑	330	
平井 千葉	330	
平石 晃祥	330	
平岡 利兵衛	330	
平田 郷陽(1代目)	331	
平田 郷陽(2代目)	331	
平田 通典	331	
平田 道仁	331	
平田 彦三	332	
平田 宗幸	332	
平田 陽光	332	
平塚 茂兵衛	332	
平中 歳子	332	
平沼 浄	333	
平野 吉兵衛(2代目)	333	
平野 善次郎	333	
平野 敏三	333	
平野 利太郎	333	
平松 宏春	334	
広江 紋次郎	334	
広川 青五	334	
広川 松五郎	334	
広瀬 治助	334	
樋渡 瓦風	335	
樋渡 ヨシ	335	
牝小路 又左衛門	335	

【 ふ 】

武一 勇次郎	335
深海 墨之助	335
深海 竹治	336
深海 平左衛門	336
深川 栄左衛門(8代目)	336
深川 忠次	336
深見 重助(13代目)	336
深海 宗伝	337
福岡 縫太郎	337
福沢 健一	337
福島 親之	337
福蔵	337
福田 憲史	338
福田 力三郎	338
福地 三松	338
福地 宗実	338
福地 復一	338
福原 達朗	338
福来石 王兵衛	339
藤 和人	339
藤井 観文	339
藤井 達吉	339
藤川 黒斎	340
藤沢 栗山	340
藤重 藤厳	340
藤代 松雄	340
藤田 喬平	340
藤田 清正	341
藤田 龍峰(1代目)	341
藤田 龍峰(2代目)	341
藤林 昌吉	342
藤村 国俊	342
藤村 時雄	342
藤村 与兵衛	342
藤本 陶津(1代目)	342
藤本 陶津(2代目)	342

藤本 能道	342
藤原 兼房(23代目)	343
藤原 啓	343
藤原 建	343
藤原 貞経	344
藤原 鋳造	344
藤原 孚石(1代目)	344
藤原 雄	344
藤原 楽山(1代目)	345
藤原 楽山(2代目)	345
二木 成抱	345
舟掛 宗四郎	345
舩木 道忠	345
船木 与次兵衛	346
船越 春珉	346
船田 一琴	346
船橋 玄悦	346
船橋 舟珉	346
降旗 正男	347
古庄 理一郎	347
古瀬 堯三(3代目)	347
古谷 道生	347
古野 一春	347
文蔵	348

【 へ 】

別所 吉兵衛	348
逸見 東洋	348

【 ほ 】

法阿	348
宝山 文蔵(1代目)	348
北条 きの	349
宝来 甚四郎	349
朴 正意	349
朴 正官	349

朴 平意 ……………… 349	前田 南斉 …………… 357	松本 喜三郎 ………… 366
細井 順子 …………… 349	前田 正範 …………… 357	松本 佐吉(2代目) ‥ 366
細田 育宏 …………… 350	前原 利男 …………… 357	松本 佐平 …………… 366
細野 実 ……………… 350	蒔絵師源三郎 ……… 357	松本 佩山(1代目) ‥ 366
甫竹 …………………… 350	真葛 長造 …………… 357	丸田 正美 …………… 367
法華三郎 信房(8代目)	正木 文京 …………… 358	丸谷 端堂 …………… 367
………………………… 350	マサコ・ムトー …… 358	丸山 不忘 …………… 367
堀 浄政 ……………… 350	正恒 ………………… 358	万右衛門 …………… 367
堀 浄知 ……………… 350	正恒 ………………… 358	万年 三郎 …………… 367
堀 山城(1代目) …… 351	正宗 ………………… 358	
堀 山城(2代目) …… 351	真清水 蔵六(1代目) 358	【 み 】
堀 山城(3代目) …… 351	真清水 蔵六(2代目) 359	
堀 山城(5代目) …… 351	増井 和 ……………… 359	
堀 山城(8代目) …… 351	増田 三男 …………… 359	
堀 柳女 ……………… 351	増田 宗介 …………… 360	三浦 乾也 …………… 367
堀井 清司 …………… 352	増村 益城 …………… 360	三浦 小平二 ………… 368
堀井 胤次 …………… 352	松井 康成 …………… 360	三浦 常山 …………… 368
堀江 興成 …………… 352	松井 道珍 …………… 361	三浦 小平 …………… 369
堀尾 卓司 …………… 352	松枝 玉記 …………… 361	三浦 竹軒 …………… 369
堀川 光山 …………… 352	松枝 一 ……………… 361	三浦 竹泉 …………… 369
堀川 次男 …………… 353	松尾 徳助 …………… 361	三浦 明峰 …………… 369
堀部 久次郎 ………… 353	松枝 不入 …………… 361	三上 栄次郎 ………… 369
本阿弥 光悦 ………… 353	松方 ミエ …………… 362	三上 勝三 …………… 369
本阿弥 光瑳 ………… 353	松崎 仙石 …………… 362	三木 清 ……………… 370
本阿弥 光甫 ………… 353	松下 一身 …………… 362	水内 杏平 …………… 370
本阿弥 日洲 ………… 354	松下 三光(1代目) ‥ 362	水川 陶影 …………… 370
本荘 義胤(1代目) ‥ 354	松田 華山(3代目) … 362	水越 与三兵衛(1代目)
本多 貞吉 …………… 354	松田 華山(4代目) ‥ 362	………………………… 370
本田 与三郎 ………… 354	松田 喜代次 ………… 362	水越 与三兵衛(2代目)
本間 蓀華 …………… 355	松田 権六 …………… 363	………………………… 370
本間 琢斎 …………… 355	松波 保真 …………… 363	水谷 美三 …………… 371
	松林 長兵衛 ………… 363	水野 銀治 …………… 371
【 ま 】	松林 豊斎(14代目) … 364	水野 愚陶 …………… 371
	松林 松之助 ………… 364	水野 源左衛門 ……… 371
	松原 定吉 …………… 364	水野 源六 …………… 371
毎田 仁郎 …………… 355	松原 新助 …………… 364	水野 佐紀 …………… 372
前 大峰 ……………… 355	松原 利男 …………… 365	水野 瀬戸右衛門 …… 372
前田 桑明 …………… 356	松原 八光 …………… 365	水野 梅寿 …………… 372
前田 竹房斎(1代目) 356	松村 九助 …………… 365	水野 博 ……………… 372
前田 竹房斎(2代目) 356	松村 八次郎 ………… 365	三田村 自芳 ………… 372
前田 千代松 ………… 357	松村 弥平太 ………… 365	三田村 秀芳 ………… 372
	松本 雅亮 …………… 365	御手洗 佑美 ………… 373

(21)

三井 安蘇夫 373
三井 義夫 373
満田 弥三右衛門 373
光忠 373
三橋 鎌山 374
光世 374
皆川 月華 374
皆川 泰蔵 374
南 汎 375
三根 暁 375
三村 昌弘 375
宮入 行平 375
宮内 フサ 376
宮川 香山（1代目）.. 376
宮川 香山（2代目）.. 376
宮城 勝臣 377
宮口 一寛斎 377
宮坂 房衛 377
宮崎 寒雉 377
宮崎 彦九郎 377
宮地 允則 377
宮下 善寿 378
宮島 勇 378
宮田 藍堂 378
宮田 藍堂（3代目）.. 378
宮永 東山（1代目）.. 379
宮永 東山（2代目）.. 379
宮之原 謙 379
宮林 宣 379
宮本 包則 379
明珍 信家 380
明道 長次郎 380
三好 貞三 380
三善 長道 380
三好 木屑軒也二 380
三好 木屑（1代目）.. 380
三好 美明 381
弥勒 381
三輪 栄造 381
三輪 休雪（1代目）.. 381
三輪 休和 381
三輪 雪山 382

三輪 ミトリ 382

【む】

向井 一太郎 382
向井 和平（2代目）.. 383
武蔵川 建三 383
牟田 久次 383
武藤 金悦 383
宗近 383
宗広 力三 384
村岡 菊治 384
村上 九郎作 384
村上 如竹 385
村上 正典 385
村上 道太郎 385
村上 元彦 385
村越 道守 385
村下 信吉 386
村瀬 美香 386
村田 英晤 386
村田 金次郎 386
村田 元 386
村田 弘道 386
村田 整珉 386
村田 比呂乎 386
村田 吉生 387
村正 387
村松 万三郎 387
村山 一壺 387

【め】

面竹 正太郎 388
面屋 庄三 388

【も】

茂右衛門 388
茂山 388
望月 半山 388
元井 三門里 389
本野 東一 389
元橋 音治郎 389
桃井 英升 389
森 市松 389
森 一正 389
森 香洲 390
森 露子 390
盛 秀太郎 390
森 正洋 390
森 夜潮 391
森 有節 391
森 如野 391
守家 391
森川 杜園 392
森口 華弘 392
森崎 昌弘 392
森下 一雄 392
森田 久右衛門 392
森野 嘉光 393
盛光 393
森本 助左衛門（1代目）
.... 393
守屋 松亭 393
森山 富吉 393
森山 トヨノ 394
森山 虎雄（1代目）.. 394
主水正 正清 394

【や】

矢加部 アキ 394

矢加部 六郎	395	山崎 覚太郎	403	山本 与興	413
八木 一艸	395	山崎 光洋	404	山本 利兵衛(1代目)	413
八木 一夫	395	山崎 鶴亀	404	山本 利兵衛(2代目)	413
八木沢 啓造	396	山崎 信為	404	山本 利兵衛(3代目)	413
安井 如苞	396	山崎 平内	404	山本 利兵衛(4代目)	413
保井 抱中	396	山下 恒雄	404	山本 利兵衛(5代目)	413
安江 孝明	396	山下 豊蔵	405	山本 柳吉	414
保田 勝久	396	山下 め由	405	山脇 洋二	414
安田 茂郎	397	山下 八百子	405		
康継	397	山科 宗甫	405		
安綱	397	山田 栄一	405	【 ゆ 】	
安原 機芳	397	山田 寒山	406		
安原 喜明	397	山田 常嘉	406	由水 十久	414
安本 亀八(1代目)	398	山田 常山(1代目)	406	行光	414
安本 亀八(2代目)	398	山田 常山(3代目)	406	柚原 恒蔵	414
安代	398	山田 喆	407	由良亀(3代目)	415
矢田部 通寿	398	山田 朝春	407		
柳川 直政	398	山田 光	407		
柳 悦孝	399	山田 貢	407	【 よ 】	
藪 明山	399	山田 稔	408		
藪 六右衛門	399	山田 宗光	408	横石 臥牛	415
矢部 富右衛門	399	山田 宗美	408	横倉 嘉山	415
山打 三九郎	399	大和 松緑	408	横萩 一光(1代目)	415
山内 春樹	399	山永 光甫	409	横萩 一光(2代目)	415
山浦 清麿	400	山中 忠左衛門	409	横谷 宗珉	416
山浦 真雄	400	山中 篤一	409	横山 一夢	416
山尾 侶延	400	山根 寛斎	409	横山 嘉兵衛	416
山尾 光侶	400	山村 松庵	409	横山 白汀	416
山岡 古都	400	山室 百世	410	横山 弥左衛門孝茂	417
山岡 三秋	401	山室 光子	410	横山 弥左衛門孝純	417
山鹿 清華	401	山本 安曇	410	横山 幸文	417
山川 永徳斎(3代目)	401	山本 春正(1代目)	410	吉賀 大眉	417
山川 孝次	401	山本 春正(2代目)	411	好川 恒方	417
山岸 堅二	402	山本 春正(3代目)	411	吉田 明	418
山岸 盛	402	山本 春正(4代目)	411	吉田 源十郎	418
山口 伊太郎	402	山本 春正(5代目)	411	吉田 至永	418
山口 貞次郎	402	山本 春正(6代目)	411	吉田 醇一郎	418
山口 善造	402	山本 春正(7代目)	411	吉田 丈夫	418
山口 照次	403	山本 春正(8代目)	412	吉田 たすく	419
山口 縫造	403	山本 正年	412	吉田 忠七	419
山口 通恵	403	山本 陶秀	412		
山口 安次郎	403	山本 八郎	412		

よした　　　　　　　　　目　次

吉田 楳堂 ………… 419
吉田 文之 ………… 419
吉田 実 …………… 420
芳武 茂介 ………… 420
吉野 竹治 ………… 420
吉原 昭夫 ………… 421
吉平 ……………… 421
吉房 ……………… 421
吉村 周山 ………… 421
四本 貴資 ………… 421
与那覇 朝大 ……… 422
与那嶺 貞 ………… 422
米沢 蘇峰 ………… 423
米沢 弘正 ………… 423
米沢 弘安 ………… 423
米田 昭 …………… 423
米光 光正 ………… 424
萬屋 仁兵衛（1代目） 424

【ら】

楽 一入 …………… 424
楽 覚入 …………… 425
楽 慶入 …………… 425
楽 弘入 …………… 425
楽 左入 …………… 425
楽 常慶 …………… 426
楽 惺入 …………… 426
楽 宗入 …………… 426
楽 旦入 …………… 426
楽 長次郎 ………… 426
楽 長入 …………… 427
楽 道入 …………… 427
楽 得入 …………… 427
楽 了入 …………… 427

【り】

李 参平 …………… 428
李 勺光 …………… 428
リーチ，バーナード． 428

【ろ】

六谷 梅軒 ………… 428
六角 紫水 ………… 429
六角 大壌 ………… 429

【わ】

和賀 仙人 ………… 429
若林 寿山 ………… 430
若林 彦一郎 ……… 430
若藤 源治郎 ……… 430
脇中 芳男 ………… 430
涌井 辰雄 ………… 430
涌井 弥兵衛 ……… 430
ワグネル，ゴットフリート …… 431
和気 亀亭（4代目）‥ 431
和沢 含山 ………… 431
鷲頭 ヨシ ………… 431
和田 一真 ………… 432
和田 国次 ………… 432
和田 重太郎 ……… 432
和太 守卑良 ……… 432
渡部 儀右衛門 …… 432
渡辺 喜三郎 ……… 432
渡辺 喜三郎（6代目） 433
渡辺 幸平 ………… 433
渡辺 隆 …………… 433
渡辺 武 …………… 433

渡辺 銅意 ………… 433
渡辺 桃船 ………… 433
渡辺 粟三 ………… 433
綿貫 萌春 ………… 434

分野別索引 ……… 435

美術家人名事典

工芸篇

【あ】

会田 富康　あいだ・とみやす
鋳金家　工彩会会長

[生年月日] 明治34年（1901年）3月15日
[没年月日] 昭和62年（1987年）6月19日
[出生地] 千葉県　[本名] 伊原明治郎

鋳金家山本安曇に師事し、日本美術協会展、東京鋳金会展、商工省工芸展などに出品。昭和23年「魚文青銅花瓶」で日展特選、25年より日展審査員。35年日展評議員、53年より日展参与。この間、27年発足の研究団体・工彩会に参加し作品を発表、同会会長も務めた。古印についての造詣が深く、著書に「日本古印新改」「日本古印鋳造技法」などがある。

[師弟] 師＝山本安曇
[受賞] 日展特選〔昭和23年〕「魚文青銅花瓶」

相原 三有楽　あいはら・さうら
水晶工芸士

[生年月日] 文政11年（1828年）11月25日
[没年月日] 没年不詳
[出生地] 山梨県甲府市

甲斐巨摩郡御岳村（山梨県）金桜神社の神主の長男として生まれる。天保5年（1834年）頃から御岳に伝わる水晶玉・印材の研磨の技術を習得。その後、細工加工の技術を研究し、第1回内国勧業博覧会にはアクセサリー、美術工芸品などを出品した。甲州水晶の名を広めた水晶工芸界初期の名工の一人。明治34年東京市へ転居後に没した。

青 家次　あお・いえつぐ
鏡師

[生没年] 生没年不詳

京都の人。鏡師の第一人者として織田信長から天下一の号を受けたといわれ、戦国時代に始まった柄鏡の様式を完成させた名工として知られる。のち、青家は代々続き、江戸時代には禁裏御用鏡師を務めた。

青貝 長兵衛　あおがい・ちょうべえ
螺鈿工師

[生没年] 生没年不詳
[出生地] 肥前国長崎（長崎県）　[別名等] 別表記＝青海

寛永年間（1624～43年）中国人から薄貝による螺鈿法を会得し、従来の螺鈿に唐風を合わせた独特の表現を確立。わが国の青貝師の元祖と称せられる。

青木 栄五郎　あおき・えいごろう
陶工

[生年月日] 弘化2年（1845年）
[没年月日] 明治39年（1906年）
[出生地] 加賀国（石川県）　[別名等] 号＝東郊, 栄亭, 別名＝青木源右衛門

再興九谷焼の名工・粟生屋源右衛門の子に生まれる。のち源右衛門を名乗る。父の陶風を学び、楽焼きを得意とした。文久2年（1862年）加賀金沢藩主・前田斉泰に招かれ、能美郡小松から金沢に移った。養嗣子・二三郎は中村東洸と称し京都に移った。

青木 滋芳　あおき・しげよし
染色家

[生年月日] 大正3年（1914年）5月25日
[没年月日] 昭和58年（1983年）4月17日

[出生地]東京・四谷　[学歴]東京美術学校（現・東京芸術大学）工芸科図案部〔昭和13年〕卒

千葉中学在学中から川端画学校に通い、16歳のとき千葉美術協会の創立に参加。昭和13年東京美術学校工芸科図案部を首席で卒業、同年新文展初入選。以後新文展、日展で活躍。57年紺綬褒章受章。代表作に「雪原」（46年・第3回日展内閣総理大臣賞受賞作）などがある。

[家族]四男＝青木三四郎（彫刻家）
[師弟]師＝堀江正章, 広川松五郎
[受賞]日展内閣総理大臣賞〔昭和46年〕「雪原」
[叙勲]紺綬褒章〔昭和57年〕

青木 木米　あおき・もくべい
陶工, 南画家

[生年月日]明和4年（1767年）
[没年月日]天保4年（1833年）5月15日
[出生地]京都祇園　[別名等]名＝佐兵衛, 幼名＝八十八, 号＝九九鱗, 百六山人, 古器観, 聾米

京都・祇園の茶亭の長男。幼名の八十八を縮めて"米"とし、茶亭の屋号・木屋の"木"と合わせて"木米"と名のったという。幼い頃より篆刻家として名高い高芙蓉の元に出入りし、大坂の文人・木村蒹葭堂が所蔵していた中国・清の朱笠亭「陶説」に啓発されて陶工の道を選ぶ。奥田頴川や11代目雲林院文造に師事したといい、粟田口青蓮院に窯を開き、文化2年（1805年）青蓮院御用焼物師を拝命した。3年には加賀金沢に赴き、4年同地に春日山窯を開いた。中国趣味豊かな煎茶器、抹茶器などを作り、京焼を代表する文人陶工と評される。また、絵画もよくし、代表作に重要文化財「兎道朝暾図」がある。

[師弟]師＝奥田頴川

青木 龍山　あおき・りゅうざん
陶芸家

[生年月日]大正15年（1926年）8月18日
[没年月日]平成20年（2008年）4月23日
[出生地]佐賀県西松浦郡有田町　[本名]青木久重　[学歴]多摩美術大学日本画科〔昭和26年〕卒　[資格]日本芸術院会員〔平成4年〕　[専門]天目釉　[団体]日展, 日本現代工芸美術家協会

有田で窯元と焼き物商社を生業とする家に長男として生まれる。多摩美術大学の日本画科を出た後、横浜で高校の美術教師を2年間勤めた。昭和28年帰郷して作陶活動に入り、龍山と号し独立。染付絵師・水町和三郎に師事。29年「染付花紋大皿」で日展初入選。これは当時の有田焼の若手としては初の快挙となった。42年日展出品作「流響」以降、染付から天目釉に移る。有田焼の伝統にとらわれない、黒を基調とした独自の世界を開拓し、57年有田焼作家としては唯一の日展会員となった。平成3年日展理事、5年常務理事。また日本現代工芸美術家協会理事、現代工芸九州会会長、佐賀県陶芸協会副会長などを務め、佐賀陶芸界の重鎮として知られた。11年文化功労者、17年文化勲章を受章。

[家族]長男＝青木清高（陶芸家）
[師弟]師＝水町和三郎
[受賞]日本芸術院賞（第47回）〔平成3年〕「胡沙の舞」, 文化功労者〔平成11年〕, 佐賀県芸術文化賞（第1回）〔昭和47年〕, 有田町文化功労者賞〔昭和48年〕, 佐賀県教育委員会芸術文化部門功労者表彰〔昭和58年〕, 佐賀県県政功労者芸術部門表彰〔平成3年〕, 西日本文化賞（第52回）〔平成5年〕, 佐賀県民栄誉賞〔平成18年〕, 日本現代工芸美術展文部大臣賞〔昭和48年・63年〕「豊延」「天目韻律」
[叙勲]文化勲章〔平成17年〕

青戸 慧　あおと・さとし
人形作家

[生年月日]大正7年（1918年）
[没年月日]平成16年（2004年）1月
[出身地]鳥取県安来市

陶芸家だった父や、人間国宝の紙塑人形作家・鹿児島寿蔵の作品に影響を受け、国内で数少ない紙塑人形作家として活躍した。淡い感じの風合いに特徴があり、天皇家に献上された作品もある。
[家族]父＝青戸鉄太郎（陶芸家）

青峰 重倫　あおみね・しげみち
木工芸家

[生年月日]大正5年（1916年）
[没年月日]平成13年（2001年）
[出生地]香川県　[学歴]香川工芸学校木彫科〔昭和7年〕修了, 川端画学校

昭和7年香川工芸学校の木彫科を修了後、上京して川端画学校に学び、洋画家の猪熊弦一郎に師事。12年新制作派協会に参加し、31年の第20回展まで絵画を出品した。一方、29年東京・日本橋の丸善で個展を開催し、本格的に木工芸に転向した。
[師弟]師＝猪熊弦一郎
[受賞]生活工芸展受賞（第2回・3回）〔昭和29年・30年〕

粟生屋 源右衛門　あおや・げんえもん
陶工

[生年月日]寛政4年（1792年）
[没年月日]安政5年（1858年）
[出生地]加賀国小松（石川県）　[別名等]号＝東郊

若杉窯の本多貞吉に学び、文政5年（1822年）小松の材木町で開窯。7年本多貞吉の養子らと共に吉田屋窯を開窯して主工を務め、また蓮代寺窯・松山窯・小野窯などでも指導にあたり、九谷焼諸窯の発展に尽力した。硯箱・文庫・箪笥など木工品的な作品を得意とした。

粟生屋 源兵衛　あおや・げんべえ
陶工

[生年月日]生年不詳
[没年月日]文化6年（1809年）
[出生地]加賀国（石川県）　[別名等]号＝東郊

京都の五条坂で楽焼を学び、加賀国小松に帰郷。寛政10年（1798年）東郊と号し、亡くなるまで楽焼を焼いた。主に茶道具を制作した。
[家族]子＝粟生屋源右衛門（陶工）

青山 勘四郎　あおやま・かんしろう
蒔絵師

[生年月日]文化6年（1809年）
[没年月日]明治11年（1878年）
[出生地]江戸　[別名等]別名＝堺屋勘四郎

京都に上って、蒔絵師として研鑽を積む。8代中村宗哲の蒔絵を手掛けたといわれる。

赤井 陶然（1代目）　あかい・とうぜん
陶工

[生年月日]宝暦12年（1762年）
[没年月日]文政12年（1829年）12月
[出生地]尾張国常滑（愛知県）　[本名]赤井新六　[別名等]号＝陶然軒　[専門]常滑焼

総心寺の青洲和尚に学び風炉（ふろ）を作った。のち尾張徳川藩主から陶然の二字額を賜り、尾張徳川家の御風炉師を務めた。茶事を好み、奈良風炉、南蛮写しの水指、備前風の菓子鉢など端正で上品な茶器をつくった。のち職を辞し、脱俗清貧の茶人として生涯をすごした。
[家族]子＝赤井陶然（2代目）

赤井 陶然(2代目) あかい・とうぜん
陶工

[生年月日]寛政8年(1796年)
[没年月日]安政5年(1858年)7月19日
[出生地]尾張国常滑(愛知県)　[専門]常滑焼
初代陶然の子。尾張徳川家の御風炉師としてつかえる。のち職を辞して茶器、酒器を作ったが、私欲のない人で、売る際に価を言わなかったといわれる。天保14年(1843年)尾張藩士徳川斉荘の作陶上覧を受けた。
[家族]父=赤井陶然(1代目), 弟=赤井陶然(3代目)

赤井 陶然(3代目) あかい・とうぜん
陶工

[生年月日]文政1年(1818年)7月19日
[没年月日]明治23年(1890年)1月11日
[出生地]尾張国常滑(愛知県)　[別名等]通称=専次郎　[専門]常滑焼
2代目陶然の弟。急須、硯、蘭鉢など砂南蛮風の雅器を作り、特に轆轤の跡を大胆に残す力強い作風で知られた。茶酒を友として生涯独身をとおした。
[家族]兄=赤井陶然(2代目)[親族]甥=赤井陶然(4代目)

赤井 陶然(4代目) あかい・とうぜん
陶工

[生年月日]天保14年(1843年)
[没年月日]大正3年(1914年)11月
[出生地]尾張国常滑(愛知県)　[本名]赤井弥八郎　[専門]常滑焼
3代目赤井陶然の甥で、養子となり、のち4代目を襲名する。花瓶・茶器など雅陶を製作。名は弥八郎で、その作品は俗に弥八陶然と呼ばれた。
[親族]叔父=赤井陶然(3代目)

赤井 みさよ あかい・みさよ
稲畑人形製作技術伝承者

[生年月日]明治35年(1902年)
[没年月日]昭和56年(1981年)10月21日
[出身地]兵庫県
伏見、博多人形と並び日本の伝統人形である稲畑人形の唯一の製作者。戦後、滅びかけていた稲畑人形の復興に尽力した。

明石 朴景 あかし・ぼくけい
漆芸家　高松短期大学名誉教授

[生年月日]明治44年(1911年)10月1日
[没年月日]平成4年(1992年)2月10日
[出生地]香川県高松市百間町　[本名]明石聖一　[学歴]東京美術学校(現・東京芸術大学)図案科〔昭和9年〕卒　[団体]日展、現代工芸美術家協会、香川県美術家協会(会長)、現代工芸四国会
和歌山県漆器試験場に勤務後、昭和17年高松工芸学校教師に。21年復員したのち漆芸の創作活動に入り、日展初入選、35年日展特選、41年日展審査員となる。現代工芸展審査員など歴任。蒟醬、存星などの伝統技法により、筥、屏風を多数制作。傍ら、京都市立美術大学助教授、高松市立美術館学芸員、高松短期大学教授、香川県美術館学芸委員、香川県文化会館協議委員を歴任。
[受賞]四国新聞文化賞〔昭和38年〕, 香川県文化功労者〔昭和49年〕, 日展第4科特選(昭33年度)「夜を聞くレコードキャビネット」, 日展第4科会員賞(昭62年度)「薫風婉然」

赤地 友哉 あかじ・ゆうさい
漆芸家

[生年月日]明治39年(1906年)1月24日
[没年月日]昭和59年(1984年)6月30日
[出生地]石川県石川郡上金石町　[本名]赤地外次　[学歴]馬場尋常小卒　[資格]重要

無形文化財保持者(髹漆)〔昭和49年〕　[専門]髹漆　[団体]日本工芸会
家は代々曲物の素地屋で、塗物一家に育つ。はじめ金沢の塗師・新保幸次郎につき、さらに東京の渡辺喜三郎について髹漆(漆塗り)の修業を重ね、昭和9年独立。遠州流の茶器の制作などにより、堅牢な下地法と多様な上塗法を体得した。18年三井化学目黒研究所、21年太平通商に勤務するが、28年より制作に専念する。31年第3回日本伝統工芸展に初出品、36年第8回同展で日本工芸会総裁賞受賞。37年日本工芸会理事。木工の曲物技法を応用した曲輪造(まげわづくり)の素地(きじ)制作から、主として塗立花塗を多用する上塗まで、自ら一貫して行い、堅牢で近代的感覚にあふれた独自の作風を確立した。42年芸術選奨文部大臣賞受賞、49年人間国宝に認定された。代表作に「曲輪造彩漆鉢」「檜溜塗枠造肴重」「緑漆金彩八角食籠」「曲輪造朱食籠」など。
[師弟]師=新保幸次郎、渡辺喜三郎
[受賞]芸術選奨文部大臣賞(昭和41年度)〔昭和42年〕「曲輪造平棗」、日本伝統工芸展日本工芸会総裁賞(第8回)〔昭和36年〕「曲輪造彩漆鉢」
[叙勲]紫綬褒章〔昭和47年〕、勲四等旭日小綬章〔昭和53年〕

明石屋 初太郎　あかしや・はつたろう
陶工(湖東焼)

[没年月日]明治8年(1875年)
[出身地]播磨国明石(兵庫県)

はじめ京都産寧坂で陶業に従事していたが、明治2年彦根藩が湖東焼を円山に再興、その主工となる。4年7月廃藩とともに廃窯となり再び京都に帰り、幹山の工場に入った。

県 有　あがた・たもつ
陶芸家, 俳人

[生年月日]明治39年(1906年)12月19日
[没年月日]平成5年(1993年)8月1日
[出生地]静岡県引佐郡三ケ日町　[別名等]俳号=県多須良　[学歴]東京高等工芸学校(現・千葉大学工学部)工芸図案科卒　[専門]有田焼　[団体]佐賀県陶芸協会, 日本新工芸家連盟

昭和4年瀬戸の山茶(つばき)窯で小森忍らに師事。名古屋の輸出向陶器会社でデザイナーを10年つとめた後、16年招かれて佐賀県技師となり、有田窯業試験場技師、同指導部長、「幸楽」銘の徳永陶磁器会社で技師長をつとめる。36年退職。この間27年以来、日展、現代工芸展の常連。布や和紙による模様付け、古城をモチーフにした作品など独創に富む。また、中学生の頃から叔父・富安風生の指導を受け、「若葉」同人の俳人でもある。
[親族]叔父=富安風生(俳人)
[師弟]師=小森忍、加藤土師萌、加藤唐九郎
[受賞]日展入選(13回), 日本現代工芸展入選(第10回)

赤塚 自得　あかつか・じとく
漆芸家

[生年月日]明治4年(1871年)3月
[没年月日]昭和11年(1936年)2月1日
[出生地]東京市芝区浜松町(東京都)　[別名等]通称=赤塚平左衛門　[資格]帝室技芸員〔昭和5年〕, 帝国美術院会員〔昭和5年〕　[専門]蒔絵

代々漆芸を家業とする赤塚家に生まれ、7代目平左衛門を襲名。蒔絵を父に、日本画を狩野久信・寺崎広業に学び、さらに白馬会洋画研究所で洋画を学ぶ。明治35年「芙蓉図蒔絵手箱」が漆工会展で金賞を受賞し、宮内省買い上げとなる。以後、大正にかけ

て博覧会、展覧会で活躍。大正元年日本美術協会展審査員、12年日本工芸協会理事。昭和2年より帝展審査員を務め、5年帝国美術院会員、帝室技芸員となる。また帝展工芸部創設に尽力した。伝統的な蒔絵技法に西洋画の写生を取り入れるなど漆芸の近代化につとめた。代表作に「竹林図蒔絵文台及硯箱」（京都国立近代美術館蔵）、「蒔絵硯箱 菊文様」「四季草花蒔絵提簞笥」など。
［師弟］師＝赤塚平左衛門（6代目）、狩野久信、寺崎広業
［受賞］漆工会展金賞（第6回）〔明治35年〕「芙蓉図蒔絵手箱」

赤塚 平左衛門（6代目）　あかつか・へいざえもん
蒔絵師

［生年月日］弘化2年（1845年）3月
［没年月日］明治33年（1900年）7月
［出生地］江戸

赤塚家は宝暦年間創業の蒔絵師で、代々平左衛門を称した。漆芸家・赤塚自得の父。鳳船斎帯雪を号した父に蒔絵を、岡島林斎に絵画を学び、鳳船斎林抱と号し東京・芝浜松町に住し蒔絵師として活躍。明治10年内国勧業博覧会で花紋賞牌を受け、その後も博覧会・共進会などで受賞した。19〜22年の皇居造営の際、蒔絵装飾を担当した。
［家族］息子＝赤塚自得（漆芸家）

上野 喜蔵　あがの・きぞう
陶工　上野焼・八代焼の祖

［生没年］生没年不詳
［別名等］名＝高国、別名＝尊楷、尊階　［専門］上野焼、八代焼

朝鮮の人で、慶尚南道の出身とも、釜山の城主・尊益の子ともいわれるが、詳細は不明。文禄・慶長の役に際して、戦国武将・加藤清正に伴われ朝鮮半島から渡来。慶長7年（1602年）豊前小倉藩主となった細川忠興に招かれ、小倉城下に菜園場窯を築いたといわれる。その後、忠興の命により上野に釜ノ口窯を築いて上野喜蔵を名のった。上野焼の祖とされる。寛永9年（1632年）細川家が熊本に移封されると同地に移り、奈良木窯を築いて八代焼を創始したといわれる。尊楷、尊階ともいう。

秋山 逸生　あきやま・いっせい
木工芸家

［生年月日］明治34年（1901年）9月27日
［没年月日］昭和63年（1988年）5月22日
［出生地］東京市南葛飾郡隅田村（東京都）
［本名］秋山清　［資格］千葉県無形文化財保持者（木象嵌）〔昭和45年〕，重要無形文化財保持者（木象嵌）〔昭和62年〕　［専門］木象嵌

大正7年芝山象嵌の島田逸山に入門。大正末に逸山に従って千葉県市川に転居。その後、兄の秋山聴古に木画技法を、桂光春に彫金技法を学ぶ。昭和17年第5回新文展に「銀線文象嵌箱」が初入選。戦後、日展に参加、41年日本伝統工芸展に「蝶貝象嵌箱」が初入選、56年には「輪華文縞黒壇印箱」が同展NHK会長賞を受賞。49年日本工芸会正会員となる。55年芝山象嵌技術記録映画が完成。62年人間国宝に認定された。貝、象牙などの他に金銀赤銅を用いた象嵌を追求し、単純明快な独自の木象嵌世界を開花させた。
［家族］兄＝秋山聴古（木工芸家）
［師弟］師＝島田逸山，秋山聴古，桂光春
［受賞］伝統工芸新作展奨励賞（第15回）〔昭和50年〕「金彩香合」，日本伝統工芸展NHK会長賞（第28回，昭56年度）「輪華文縞黒壇印箱」
［叙勲］勲五等瑞宝章〔昭和53年〕

秋山 平十郎　あきやま・へいじゅうろう
生人形師

[生年月日] 生年不詳
[没年月日] 慶応3年（1867年）6月
[出身地] 肥後国（熊本県）

松本喜三郎の門下として人形製作にたずさわる。安政4年（1857年）より江戸で秋山平十郎を名乗り、浅草奥山で生人形の見世物興行をした。田舎源氏人形、男女相性の生人形、懐胎婦人腹内の人形などを製作。

浅井 一毫　あさい・いちごう
陶画工

[生年月日] 天保7年（1836年）
[没年月日] 大正5年（1916年）12月
[本名] 浅井幸八　[別名等] 号＝相鮮亭一毫
[専門] 九谷焼

加賀大聖寺藩士浅井長右衛門の二男。はじめ幸八とよばれる。14歳の頃から製陶を志し、宮本窯に入って八郎手の赤絵を習う。明治2年山代窯で永楽善五郎と陶器を改良。4年大蔵清七と製陶、10年京都の池田清助らのために輸出品をつくる。12年九谷陶器会社画工部長。14年独立。

浅蔵 五十吉　あさくら・いそきち
陶芸家

[生年月日] 大正2年（1913年）2月26日
[没年月日] 平成10年（1998年）4月9日
[出身地] 石川県能美郡寺井町　[本名] 浅蔵与作　[学歴] 八幡高小卒　[資格] 日本芸術院会員〔昭和59年〕　[専門] 九谷焼

父磯吉、初代徳田八十吉、北出塔次郎に師事。伝統的な古九谷の技法を踏まえつつ現代的な上絵加飾の感覚を身につけ独自の世界を確立。白生地をみせず色絵でぬりつぶした塗埋手に特徴がある。現代陶芸界の第一人者として知られた。日展常務理事を経て、平成5年顧問。8年文化勲章を受章。代表作に「釉彩華陽 飾皿」などがある。
[家族] 父＝浅蔵磯吉（陶芸家），長男＝浅蔵与成（九谷焼作家）
[受賞] 日本芸術院賞〔昭和56年〕「佐渡の印象」，文化功労者〔平成4年〕，日展北斗賞〔昭和27年〕「色絵方形水盤」，日展北斗賞〔昭和30年〕「窯変交歓花器」，日展特選・北斗賞〔昭和32年〕「構成ノ美花器」，北国文化賞〔昭和43年〕，小松市文化賞〔昭和47年〕，日展内閣総理大臣賞〔昭和52年〕「釉彩華陽飾皿」，石川テレビ賞〔昭和59年〕，中日文化賞（第41回）〔昭和63年〕
[叙勲] 勲四等旭日小綬章〔昭和59年〕，文化勲章〔平成8年〕

浅瀬 善也　あさせ・ぜんや
木工芸家

[生年月日] 昭和7年（1932年）
[没年月日] 昭和55年（1980年）
[出身地] 京都府

京都で生まれたが、幼い頃に石川県珠洲郡へ移り住み、高等小学校を卒業後は同地の船大工に弟子入り。19歳で京都に戻ると初瀬川柳庵に師事して指物や漆工芸を学ぶ一方、独学で刳物を修めた。黒田辰秋の勧めで日本伝統工芸展に出品、昭和41年「欅盛器」で初入選。日本工芸会正会員となった。
[師弟] 師＝初瀬川柳庵

浅田 家彦　あさだ・いえひこ
工芸家

[没年月日] 平成18年（2006年）5月1日
[出身地] 鹿児島県鹿児島市伊敷町　[専門] 薩摩錫器

17歳から錫器製造の技術を習得。昭和27年鹿児島市樋之口町に店を構え、伝統工芸・薩摩錫器の育成発展に長年努めた。

[受賞]南日本文化賞（産業経済部門）〔昭和60年〕

浅野 陽　あさの・あきら
陶芸家, 料理研究家　東京芸術大学名誉教授

[生年月日]大正12年（1923年）3月11日
[没年月日]平成9年（1997年）8月25日
[出生地]東京・本郷　[学歴]東京美術学校（現・東京芸術大学）工芸科〔昭和21年〕卒
[団体]日本工芸会, 新匠会
昭和16年東京美術学校（現・東京芸術大学）工芸科に入学、磯矢陽より漆工を学ぶ。22年同校工芸技術講習所に勤務、富本憲吉らの影響のもとに、陶芸の世界に入る。東京芸術大学講師、助教授、教授を歴任。料理と陶器の一如の美を追求し、料理研究家としても知られる。著書に「酒呑のまよい箸」「技法入門シリーズ―陶器をつくる」など。
[師弟]師＝磯矢陽, 土師萠
[受賞]バロリス国際陶芸展名誉参加賞〔昭和45年〕

浅野 惣三郎　あさの・そうざぶろう
漆芸家

[生年月日]安政3年（1856年）
[没年月日]昭和7年（1932年）
[出生地]加賀国金沢（石川県）　[別名等]号＝可秀　[専門]蒔絵　[団体]日本漆工会
金沢で鶴来又右衛門、高田茂三郎に師事し、蒔絵を学ぶ。明治23年石川県立工業学校（現・石川県立工業高校）美術工芸部描金科助教諭試補となるが、25年退職し、漆器業を営む。33年金沢漆器奨励会委員。35年田中合名会社の委嘱により大阪へ移住。この間、26年シカゴ・コロンブス万博、28年第4回内国勧業博覧会、33年パリ万博に出品。その後、日本漆工会の漆工競技会に出品し、受賞を重ねた。代表作に「団扇蒔絵手箱」（東京国立博物館蔵）など。
[師弟]師＝鶴来又右衛門, 高田茂三郎

旭 玉山　あさひ・ぎょくざん
工芸家

[生年月日]天保14年（1843年）
[没年月日]大正12年（1923年）
[出生地]江戸・浅草今戸　[専門]牙彫
僧籍にあったが、少年時代から細工物に優れ、24歳のとき嵌入（はめ込み）彫刻に転じた。明治10年第1回内国勧業博覧会で「髑髏」が龍紋賞（最高賞）受賞。18年石川光明らと彫刻競技会（東京彫工会）を結成。また早くから日本美術協会に参加し、28、36年の勧業博では審査官となり、明治牙彫界に重きをなした。他に「官女」「髑髏置物」などがある。
[受賞]内国勧業博覧会龍紋賞（第1回）〔明治10年〕「髑髏」, 日本美術協会特別賞状〔明治34年〕

朝日 明堂　あさひ・めいどう
牙彫作家

[生没年]生没年不詳
[出生地]東京　[本名]朝日発
明治14年第2回内国勧業博覧会以降、数々の博覧会に牙彫人物置物などを出品、受賞を重ねる。30～44年日本美術協会会員として活動したほか、東京彫工会でも活躍した。

朝日軒 棚吉　あさひけん・たなきち
陶工

[生没年]生没年不詳
明治12年伊勢山田に陶窯を築き、万古の押印、朝日軒造の欹印を使い、茶器などつくった。

朝比奈 為之丞　あさひな・ためのじょう
陶工

[生没年] 生没年不詳
伊勢山田で旭焼をつくる。東京工業大学の前身の工業学校にもワグネル製の旭焼があり、登録商標で交渉事件があったという。

浅見 五郎助(1代目)　あさみ・ごろすけ
陶工

[生没年] 生没年不詳
[出生地] 京都　[別名等] 別名＝浅見五郎介, 号＝祥瑞　[専門] 清水焼
江戸後期の陶工。天保12年(1841年)より京都五条坂の2代目・3代目清水六兵衛に師事し、嘉永5年(1852年)京都五条東四丁目に開窯。白釉の模範的な清水焼を製作し、また祥瑞風の染付磁器を作り、祥瑞五郎介と銘印した。
[師弟] 師＝清水六兵衛(2代目), 清水六兵衛(3代目)

浅見 五郎助(2代目)　あさみ・ごろすけ
陶工

[生年月日] 文久1年(1861年)
[没年月日] 昭和3年(1928年)
[出生地] 京都　[別名等] 幼名＝豊三郎, 別名＝浅見五郎介　[専門] 清水焼
抹茶・煎茶器・食器などの陶器を幅広く手がけた。富岡鉄斎や大田垣蓮月とも親交があった。

浅見 五郎助(5代目)　あさみ・ごろすけ
陶芸家

[生年月日] 大正12年(1923年)10月6日
[没年月日] 昭和61年(1986年)12月2日
[出生地] 京都府京都市　[学歴] 京都工芸繊維大学窯業科卒　[団体] 京都伝統陶芸作家協会
京都陶磁器試験所で4代目五郎助に師事。昭和43年5代目を襲名、茶陶を制作した。
[家族] 長男＝浅見睦之(陶芸家)

浅見 隆三　あさみ・りゅうぞう
陶芸家

[生年月日] 明治37年(1904年)9月26日
[没年月日] 昭和62年(1987年)7月23日
[出生地] 京都府京都市　[本名] 浅見柳三
[学歴] 京都市立美術工芸学校工芸図案科〔大正12年〕卒
陶技は祖父・2代目浅見五郎助に学び、昭和4年帝展に初入選、21年、26年には日展で特選となる。26年に楠部彌弌、叶光夫、滝一夫、宮下善寿ら革新的な意識をもつ陶芸家たちと"搏埴会"を結成した。30年日展会員。晩年はマット風の白磁に特色ある線文を施したものが多い。現代日本陶芸展、チェコスロバキアのプラハ国際陶芸展で受賞、42年には壺「爽」で日本芸術院賞を受ける。京都工芸繊維大学講師などもつとめた。
[家族] 父＝浅見五郎助(3代目), 祖父＝浅見五郎助(2代目)
[師弟] 師＝浅見五郎助(2代目)
[受賞] 日本芸術院賞〔昭和42年〕「爽」, 京都府美術工芸功労者, 京都市文化功労者, 日展特選〔昭和21年・26年〕, 日展文部大臣賞〔昭和39年〕
[墓所] 寂光寺

芦田 真七　あしだ・まさしち
指物師

[生年月日] 弘化4年(1847年)
[没年月日] 大正2年(1913年)8月9日

工芸指導所嘱託なども務めた。明治・大正・昭和初期の九谷上絵業界の指導的役割を果たした。代表作に「釉下色絵鯛図花瓶」など。
[師弟]師＝友田安清、吉村又男、松本佐平

安達 直次　あだち・なおじ
染色作家

[生年月日]明治30年(1897年)11月30日
[没年月日]昭和52年(1977年)7月20日
[出生地]東京・神田

明治45年伯父伊東平五郎に染織の手ほどきを受け、大正8年紫藤玉庭、12年桜井霞洞に師事。昭和22年商工省主催絹製品展示会手描部門で受賞、同年日本染織美術協会結成に参加し理事となる。30年日本伝統工芸展に出品、翌31年染織部門正会員、36年には新協美術協会工芸部審査員を務めた。42年染芸展で振袖「光琳梅」が東京商業共同組合賞となるなど受賞を重ね、東京友禅界の長老として活躍した。主な作品に訪問着「梅林」「夕映え」など。
[叙勲]勲五等双光旭日章〔昭和52年〕

新敷 孝弘　あたらし・たかひろ
漆工芸家　金沢美術工芸大学名誉教授

[生年月日]昭和9年(1934年)1月21日
[没年月日]平成16年(2004年)3月1日
[出身地]富山県富山市　[学歴]金沢美術工芸短期大学(現・金沢美術工芸大学)卒

昭和35年静岡市工芸指導所、39年富山県工業試験場を経て、60年より金沢美術工芸大学に勤務、教授を務めた。58年、62年、平成元年日本新工芸展審査員嘱託。日展会友、日本新工芸家連盟評議員も務めた。
[受賞]日展特選〔昭和51年〕、日本新工芸展会員賞(第1回)〔昭和54年〕

[出身地]大坂(大阪府)

大坂梶本町の指物師・天王寺屋の二男として生まれ、文久元年(1861年)分家。過書町の通称"さし真"の名で知られた。50人にのぼる弟子を養育した。
[墓所]宝善庵(京都府宇治市黄檗山)

東 翠明　あずま・すいめい
陶芸家

[没年月日]平成19年(2007年)4月23日
[本名]東影明　[団体]新槐樹社

東翠恒に師事。日展入選、内閣総理大臣賞ほか。創造美術展運営委員・審査員を務めた。
[師弟]師＝東翠恒

安達 新兵衛　あだち・しんべえ
陶工

[生没年]生没年不詳

万古焼の創始者・沼浪弄山の手代。天明年間(1781～1789年)に弄山の築いた江戸向島小梅の窯を管理した。伊勢万古に対して江戸万古といわれる。

安達 陶仙　あだち・とうせん
陶画工

[生年月日]明治7年(1874年)
[没年月日]昭和19年(1944年)
[出生地]石川県江沼郡大聖寺　[本名]安達正太郎　[別名等]前号＝丈坂　[学歴]石川県立工業学校(現・石川県立工業高校)卒　[専門]九谷上絵

友田安清、吉村又男に陶画と顔料製造法を学び、明治26年から小松の松本佐平に陶画を学ぶ。30年独立。また37年から母校の教師を務める。この間、商工展、帝展に出品し入選多数。傍ら、石川県立工業試験場の図案技師、石川県窯業指導所技師、石川県

油田 治雄　あぶらた・はるお
木工芸家

[生年月日] 明治44年（1911年）10月6日
[没年月日] 昭和60年（1985年）4月6日
[出身地] 神奈川県

箱根細工の継承・保存に尽した。浮世絵をモチーフとした象眼木画を得意とし、輸出された作品は海外でも好評を博した。

安倍 郁二　あべ・いくじ
漆芸家　日本漆工協会理事長

[生年月日] 明治39年（1906年）
[没年月日] 昭和63年（1988年）2月1日
[出身地] 岩手県一関市　[学歴] 東京美術学校（現・東京芸術大学）漆工科〔昭和5年〕卒

昭和23年から商工省産業工芸試験所東北支所（現・東北工業技術試験所）の支所長を務め、39年退職。40年から62年まで三島学園女子大学教授。この間、日本漆工協会理事長、日本民芸協会理事、宮城県民芸協会長なども歴任し、宮城県内だけでなく全国の漆工芸の技術指導、振興に尽力した。

[受賞] 仙台市政功労者〔昭和39年度〕
[叙勲] 勲三等瑞宝章〔昭和51年〕

安部 栄四郎　あべ・えいしろう
手漉和紙製作者

[生年月日] 明治35年（1902年）1月24日
[没年月日] 昭和59年（1984年）12月18日
[出生地] 島根県八束郡八雲村　[資格] 重要無形文化財保持者（雁皮紙）〔昭和43年〕　[専門] 雁皮紙

幼いころから家業の紙漉きを手伝い、出雲国製紙伝習所で修業。大正12年島根県工業試験場紙業部勤務を経て、14年独立。昭和6年からすたれていた雁皮紙（がんぴし）作りを始め、河井寛次郎や棟方志功らに自作の紙を提供しながら技術を磨いた。同時に柳宗悦、バーナード・リーチらとともに民芸運動を推進し、出雲民芸紙を生み出した。また全国各地の和紙を調査研究すると共に、35～42年宮内庁の依頼により正倉院宝物中の紙を調査研究した。43年人間国宝に認定。晩年には和紙の真価を海外に普及するため、フランス、米国、中国で個展を開いた。58年自宅近くに安部栄四郎記念館、手漉き和紙伝習所を建立。著書に「出雲民芸紙譜」「出雲民芸紙の由来」「和紙三昧」「紙漉き七十年」など。

[受賞] 日本民芸館賞〔昭和42年〕
[叙勲] 勲四等瑞宝章〔昭和47年〕
[記念館] 安部栄四郎記念館（島根県松江市）

阿部 勝義　あべ・かつよし
陶芸家

[生年月日] 大正14年（1925年）1月15日
[没年月日] 平成6年（1994年）11月25日

昭和22年に花巻市の伝統陶芸の鍛冶丁焼を復活させた。

[受賞] 岩手県卓越技能章〔昭和60年〕
[叙勲] 黄綬褒章〔昭和61年〕

阿部 なを　あべ・なお
料理研究家, 人形作家　みちのく料理・北畔経営

[生年月日] 明治44年（1911年）10月1日
[没年月日] 平成8年（1996年）9月27日
[出生地] 青森県青森市　[本名] 阿部チヨ
[学歴] 青森高女卒

26歳の時から人間国宝・堀柳女に師事し、人形作家として活躍。昭和34年上野松坂屋に山菜料理の店を持ち、上野駅前にみちのく料理店"北畔"（ほくはん）を開店。おかみとして店に立つ傍ら、NHK「きょうの料理」や雑誌で全国的人気を集めた。著書に「おばあちゃんの台所修業」「小針の心意気」などがある。私生活では23歳の時に太宰治

の親友で反戦画家といわれた阿部合成と結婚、1男2女をもうけた。
[家族]夫＝阿部合成（画家）、長男＝阿部和唐（陶芸家）、娘＝山口絵里（料理研究家）、孫＝河合真理（料理研究家）
[師弟]師＝堀柳女

安部 由蔵　あべ・よしぞう
たたら製鉄の村下

[生年月日]明治35年（1902年）
[没年月日]平成7年（1995年）9月5日
[出生地]島根県仁多郡鳥上村（奥出雲町）
[資格]玉鋼製造の選定保存技術者

15歳で日本刀に使われる玉鋼製造の見習いとなり、22歳の若さで村下（むらげ）と呼ばれる最高職になる。その後、洋式の製鉄法に押され製炭業に転職したが、昭和52年5月"玉鋼製造"の選定保存技術者に認定され、たたら吹きが復活、後継者の養成にあたった。
[受賞]キワニス文化賞（第18回）、伝統文化ポーラ賞（大賞、第14回）〔平成6年〕

安部井 櫟堂　あべい・れきどう
篆刻家

[生年月日]文化5年（1808年）
[没年月日]明治16年（1883年）9月16日
[出生地]近江国（滋賀県）　[本名]安部井奔
[旧姓名]岡　[別名等]字＝大介、音門、音人

京都に住み、朝命を奉じて孝明天皇の御璽を水晶に刻む。明治1年11月15日印司に任命され諸官印を刻む。7年大日本国璽、天皇御璽の二金印を刻んで金帛を賜る。鉄筆の巨匠。

天川 七兵衛　あまかわ・しちべえ
竹籠師

[生没年]生没年不詳

千利休時代の摂津有馬の竹籠師。弟子の天下一喜兵衛は南都元興寺郷で元興寺籠（箕形の炭斗）をつくった。

天国　あまくに
刀工

[生没年]生没年不詳

刀剣書「観智院本銘書」などよれば、大宝年間（701～03年）を主に活躍し、大和国宇陀郡に住したとされる。天国作と伝えられる太刀に平氏重代の宝刀「小烏丸」がある。日本刀剣師の祖とされる。

天田 貞吉　あまだ・ていきち
刀匠

[生年月日]明治33年（1900年）
[没年月日]昭和12年（1937年）4月21日
[出身地]新潟県北蒲原郡中浦村

道具鍛冶より苦心して刀工となる。のち日本刀の研究の権威者となり、昭和9年帝展に初出品、入選。直ちに無鑑査となる。

天野 可淡　あまの・かたん
人形作家

[生年月日]昭和28年（1953年）
[没年月日]平成2年（1990年）11月1日
[出生地]東京都世田谷区　[本名]大作紀美子　[学歴]女子美術大学〔昭和49年〕卒

大学では洋画を専攻し、在学中より人形制作を開始。粘土や樹脂などを使って手足、髪の毛、目まで自分で作り、創作人形の世界で新境地を切り開く。昭和60年国立に創作人形教室設立。62年齣展会員に。個展、グループ展、出版物装幀のほか、現代舞踏の仮面の制作も手がけるなど幅広い活動を行った。
[家族]夫＝吉田良一（人形作家・写真家）

[受賞]創作人形協会展グランプリ(第2回)〔昭和59年〕,人形達展審査員特別賞(第1回)〔昭和60年〕,人形達展テクニック賞(第2回)〔昭和61年〕

天野 金重　あまの・きんじゅう
陶工

[生没年]生没年不詳
[出身地]陸奥国(福島県)　[別名等]銘=相馬　[専門]相馬焼

明治時代に活躍し、福島県の相馬焼の伝統を伝えた。大堀相馬焼とは若干異なる。名は"かねしげ"ともよむ。

天野 房義　あまの・ふさよし
織物工

[生没年]生没年不詳
[別名等]通称=儀助,作十郎,阿波公方

綴錦の名匠として知られ、文政年間(1818〜29年)に活躍。"綴錦中興の祖"といわれた紋屋次郎兵衛と並び称され、代表作には次郎兵衛との合作とされる西本願寺の「五帝の図」、松尾神社、稲荷神社の神輿の胴巻などがある。門人に弟の弥助、その妻もん、家臣の生駒兵部などがいる。

飴也　あめや
陶工

[生没年]生没年不詳
[本名]田中　[別名等]別名=阿米也,阿米夜,宗慶　[専門]楽焼

戦国時代の陶工で楽焼初代長次郎の父とされ、楽焼創始の基礎を築いた元祖とされる。中国大陸からの渡来人。

新井 謹也　あらい・きんや
洋画家,陶芸家

[生年月日]明治17年(1884年)7月31日
[没年月日]昭和41年(1966年)5月9日
[出身地]三重県　[別名等]号=孛鮮　[学歴]聖護院洋画研究所,関西美術院　[団体]黒猫会,仮面会

津中校在学中に洋画家の鹿子木孟郎から画の手ほどきを受ける。のち京都に出て、牧野克次や浅井忠に師事、また聖護院洋画研究所や関西美術院でも洋画を学んだ。水彩画を得意とし、たびたび関西美術会展に出品。40年に師の浅井が没すると次第に新傾向芸術に関心を寄せるようになり、43年日本画家の土田麦僊らと黒猫会(シャ・ノアール)を結成。44年の仮面会(ル・マスク)結成にも参加した。大正7年より神戸関西学院で教鞭を執ったが、9年京都の中尾万三から陶器制作の研修を受けて以降は作陶に専念し、孛鮮陶画房を開いた。その絵画的表現を絵付けに用いた陶磁器は高い評価を受け、帝展や農商務省工芸展などにも出品。代表的な作品に水彩画の「川辺」、油彩画の「伊吹の残雪」などがある。

[師弟]師=鹿子木孟郎,牧野克次,浅井忠,中尾万三

新垣 栄三郎　あらかき・えいさぶろう
陶芸家　琉球大教育学部助教授

[生年月日]大正10年(1921年)5月1日
[没年月日]昭和59年(1984年)1月20日
[出身地]沖縄県那覇市　[学歴]沖縄一中卒,台中師範卒　[団体]国画会

沖縄一中卒業後、浜田庄司、河井寛次郎に師事。その後、台湾の台中師範を出て、壺屋初等学校教員となる。のち、陶芸に専念し、沖縄の伝統的焼き物である壺屋焼を代

表する陶芸家の一人となった。昭和25年国画会に入選した。
［師弟］師＝浜田庄司, 河井寛次郎

新垣 栄徳　あらかき・えいとく
陶芸家

［生年月日］明治24年（1891年）10月24日
［没年月日］昭和24年（1949年）1月29日
［出身地］沖縄県那覇市

家は代々沖縄県那覇市壺屋で陶業に従事。金沢、瀬戸、京都などで修業を重ねる。戦前、沖縄を訪れた浜田庄司らに伝統的な壺屋焼の技法を紹介。戦後、壺屋焼の復興に力をつくした。

荒川 豊蔵　あらかわ・とよぞう
陶芸家

［生年月日］明治27年（1894年）3月21日
［没年月日］昭和60年（1985年）8月11日
［出生地］岐阜県土岐郡多治見町　［別名等］号＝斗出庵　［学歴］多治見尋常高小〔明治39年〕卒　［資格］重要無形文化財保持者（志野・瀬戸黒）〔昭和30年〕　［専門］志野焼、瀬戸黒、黄瀬戸　［団体］日本工芸会

少年時代は神戸、名古屋の陶器貿易商に勤務。大正11年京都の宮永東山窯に就職して陶芸の道に入り、昭和2年北大路魯山人に招かれ星岡窯（鎌倉）で働く。5年岐阜県大萱の牟田洞（むたほら）にある古窯跡から桃山時代の志野焼の陶片を発見、志野の発祥地が通説の瀬戸でなく美濃であることを確認した。8年には牟田洞に窯を築き、陶芸家として独立後、志野や黄瀬戸・瀬戸黒の復元に生涯をかけ、「豊蔵の志野は桃山期のものを超える」というまでの評価を受ける。17年川喜田半泥子のもと、金重陶陽、三輪休和と陶器研究会・からひね会を結成。21年多治見で水月窯を始める。30年志野・瀬戸黒の重要無形文化財保持者に認定され

る。同年日本工芸会結成に参加。46年文化勲章受章。59年4月自宅近くに作品・陶片など2300点を集めた豊蔵資料館を開いた。代表作に「志野筒絵茶埦 銘 随縁」「瀬戸黒金彩木の葉文茶埦」「志野山の絵水指」「志野波に千鳥絵鉢」「黄瀬戸杵形花生」など。著書に「志野」がある。
［家族］息子＝荒川武夫（陶芸家）
［師弟］師＝宮永東山, 北大路魯山人
［受賞］中日文化賞〔昭和32年〕, 多治見市名誉市民, プラハ国際陶芸展金賞〔昭和37年〕
［叙勲］紫綬褒章〔昭和40年〕, 勲四等旭日小綬章〔昭和43年〕, 文化勲章〔昭和46年〕
［記念館］豊蔵資料館（岐阜県可児市）

荒木 高子　あらき・たかこ
陶芸家

［生年月日］大正10年（1921年）11月7日
［没年月日］平成16年（2004年）3月15日
［出生地］兵庫県西宮市

華道未生流宗家に生まれる。昭和27年須田剋太に師事。35年渡米、アート・スチューデント・リーグに2年間学ぶ。帰国後、40歳を過ぎてから西宮の自宅に築窯して作陶研究をはじめる。シルクスクリーンで陶土に文字を転写する技法で知られ、53年〈聖書〉シリーズ（3部作）で美術界の注目を集めた。平成2年三田市藍本にアトリエを築く。8年西宮市大谷記念美術館で「いきざまを焼く—荒木高子展」を開催。のち脳梗塞を患うが快復した。他に〈楽譜〉シリーズなどがある。

［受賞］女流陶芸展女流陶芸賞（第2回）〔昭和43年〕, 日本クラフト・コンペ京都優秀賞〔昭和53年〕, ファエンツァ国際陶芸展第2席〔昭和54年〕, 日本陶芸展最優秀作品賞（第5回）〔昭和54年〕「聖書シリーズ砂の聖書、燃えつきた聖書、黄金の聖書」

荒木 東明　あらき・とうめい
　　　装剣金工家

[生年月日] 文化14年（1817年）
[没年月日] 明治3年（1870年）
[出生地] 京都十二組大猪熊町　[別名等] 初名＝秀信、芳之進、号＝一斎、今松亭、白玉堂、基仲

13歳で後藤東乗に師事し、のち後藤一乗の門下となり、"東明""一斎"の名をゆるされる。鐔、縁頭、目貫などを作り、代表的作品に画工林蘭雅との交際により完成した「粟穂図揃金具」など。

有江 金太郎　ありえ・きんたろう
　　　鋳造家

[生年月日] 安政5年（1858年）
[没年月日] 大正2年（1913年）
[出身地] 加賀国金沢（石川県）

父は書工万次郎。明治18年函館に渡り鍋釜、諸器械の鋳造に従事。道庁勤業課に技術を認められ錬釜の製造を命じられる。更に硫黄製煉釜の鋳造をはじめ内地に供給、富をなした。

有国　ありくに
　　　刀鍛冶

[生年月日] 天暦2年（948年）
[没年月日] 寛仁3年（1019年）
[出生地] 山城　[別名等] 別名＝在国、助友

同名の刀工が多く、山城粟田口に住し伊勢神宮に伝わる太刀を製作した者、信濃小路に住し獅子有国と称した者などが確認される。河内有盛の子、あるいは「観智院本銘尽」では国家の五男ともいわれ、また三条宗近の門人、兼平の弟子などの諸説もあるが、いずれも格調高い作風を示し、渡辺綱が羅生門で鬼の腕を斬った名刀の作者であるとも伝えられる。

有村 碗右衛門　ありむら・わんえもん
　　　陶工

[生没年] 生没年不詳
[出生地] 薩摩国（鹿児島県）　[別名等] 初名＝久兵衛　[専門] 薩摩焼

江戸前期の薩摩竪野冷水窯の陶工。申武信（田原万助）の嫡子碗助の弟子で、陶技が優秀なことから慶安元年（1648年）藩主島津光久から碗右衛門の名を賜る。その後、京都の御室窯で錦手を習得。さらに聚楽焼・唐物茶入などの陶法を習得して帰国。焼物方主取役となり、薩摩焼に京焼の作風を導入し、竪野冷水窯を主導した。

有山 正夫　ありやま・まさお
　　　陶芸家　長太郎焼2代目窯元

[生年月日] 明治32年（1899年）7月10日
[没年月日] 昭和63年（1988年）2月14日
[出身地] 鹿児島県鹿児島市　[学歴] 森山尋常小卒

小学校より初代である父の助手を務める。スズを含む土に砂鉄などの釉薬を使った独特の肌合いを持つ黒薩摩で長太郎焼の名を高めた。
[受賞] 鹿児島県民表彰〔昭和40年〕

淡島 雅吉　あわしま・まさきち
　　　ガラス工芸家

[生年月日] 大正2年（1913年）3月17日
[没年月日] 昭和54年（1979年）5月28日
[出生地] 東京市（東京都）　[本名] 淡島正吉
[旧姓名] 小畑　[学歴] 日本美術学校図案科〔昭和8年〕卒　[専門] ガラスデザイン

昭和8年日本美術学校卒業後、広川松五郎の助手となり、昭和9年講師になる。10年各務クリスタル製作所に入所。22円保谷クリスタル硝子製作所工芸部長を経て、25年

淡島ガラスデザイン研究所を設立。次いで29年淡島ガラスを創立した。同年日本インダストリアル・デザイナー協会(JIDA)創立会員、初個展開催。"しづくガラス"を創案し、国井喜太郎賞など多くの賞を受賞した。47年日本ガラス工芸協会副会長。著書に「工業意匠」がある。
[師弟]師＝広川松五郎
[受賞]通産省生活産業局長賞〔昭和53年〕「ニッカ・ブランデー・ボトルのデザイン」、国井喜太郎賞産業工芸賞(第6回)〔昭和53年〕「しづくガラスの創案」

粟田口 国綱 あわたぐち・くにつな
刀工

[生没年]生没年不詳
[出生地]山城国(京都府) [別名等]別名＝藤六左近国綱
国友を長兄とする国安、久国ら六人兄弟の末弟。建長年間(1249～55年)北条時頼に招かれて鎌倉で作刀を行い、鎌倉鍛冶の源流とされる。鍛えが板目で強く、焼幅が広い直刃で小乱れを交えた沸(にえ)の強い作風で、代表作に古来天下五剣の一つといわれる"鬼丸国綱"がある。

粟田口 吉光 あわたぐち・よしみつ
刀工

[生没年]生没年不詳
[別名等]別名＝粟田口吉光, 通称＝藤四郎
山城粟田口派の刀工で、特に短刀作りの名手として知られ、正宗、義弘と共に"名物三作"と称された。代表作に足利尊氏が立花家に贈ったといわれる「包丁藤四郎」、御物「一期一振」の刀などがある。

安藤 重寿 あんどう・じゅうじゅ
七宝作家

[生年月日]明治6年(1873年)
[没年月日]昭和28年(1953年)
[別名等]幼名＝重三郎
初代安藤重兵衛の子。明治10年父が亡くなると、重兵衛を襲名。32年重寿と名のったが、昭和11年再び重兵衛と改名した。明治から大正年間にかけて七宝作家として活躍し、様々な展覧会で受賞を重ねた。
[家族]父＝安藤重兵衛(1代目)

安藤 重兵衛 あんどう・じゅうべえ
七宝作家

[生年月日]安政3年(1856年)
[没年月日]昭和20年(1945年)
[旧姓名]前田松吉 [別名等]後名＝安藤重左右衛門
煙草商に奉公に出、やがて店が安藤七宝店となり、店主没後は幼い安藤重寿をもり立て、店舗の拡大に貢献。明治32年重兵衛を名のったが、昭和11年重左右衛門に改名した。

安藤 知山 あんどう・ちざん
陶芸家 土岐市立陶磁器試験所長

[生年月日]明治42年(1909年)
[没年月日]昭和34年(1959年)
[出生地]岐阜県 [本名]安藤知治 [専門]美濃焼
日根野作三と小谷陶磁器研究所を設立し、美濃焼の発展に貢献。土岐市立陶磁器試験所の初代所長も務めた。

【い】

伊阿弥 いあみ
畳師

[生没年]生没年不詳

京都で畳師を家業とする。豊臣秀吉から天下一の号を許され、のち徳川将軍家の御畳師となった。元禄時代には伊阿弥筑後・同飛騨の両家が知られる畳師の草分けの家系。

飯塚 小玕斎　いいずか・しょうかんさい
竹工芸家

[生年月日]大正8年（1919年）5月6日
[没年月日]平成16年（2004年）9月4日
[出生地]東京市本郷区湯島（東京都）　[本名]飯塚成年　[学歴]東京美術学校（現・東京芸術大学）油絵科〔昭和17年〕卒　[資格]重要無形文化財保持者（竹工芸）〔昭和57年〕
[団体]日本工芸会

竹工芸家の飯塚琅玕斎の二男として生まれる。東京美術学校（現・東京芸術大学）で油絵を専攻するが、昭和17年繰り上げ卒業し南方戦線に従軍。戦後復員し、22年から父に師事、同年日展に初入選。24年小玕斎と号す。28年独立。37年日展会員。49年からは日本伝統工芸展に出品。57年人間国宝に選ばれた。54年より宮内庁委属の正倉院宝物調査委員も務めた。代表作に「竹刺編菱繋文飾箱」「竹刺編菱文提盤」「網代まんじ繋文高盤」「白錆花籃 銘 大海」などがある。
[家族]父＝飯塚琅玕斎（竹工芸家）
[師弟]師＝飯塚琅玕斎
[受賞]日展北斗賞〔昭和28年〕「丸葉文花籃」、日展特選〔昭和29年〕「竹小屏風」、日展菊華賞〔昭和35年〕、日本伝統工芸展文部大臣賞〔第21回〕〔昭和49年〕「竹刺編菱繋文飾箱」、日本伝統工芸展朝日新聞社賞〔第22回〕〔昭和50年〕「竹刺編菱文提盤」
[叙勲]紫綬褒章〔昭和59年〕、勲四等旭日小綬章〔平成1年〕

飯塚 桃葉　いいずか・とうよう
蒔絵師

[生年月日]享保4年（1719年）
[没年月日]寛政2年（1790年）
[別名等]通称＝源六、号＝観松斎

明和年間（1764～1772年）ごろ阿波藩主蜂須賀重喜に蒔絵を下駄に施すよう命じられたが拒否、その気骨を気に入られてお抱え蒔絵師となり、江戸の藩邸に移り住んだ。特に印籠蒔絵を得意とし、高蒔絵に金貝や切金を併用した精細で華麗な作風で知られる。代表作に「芦雁蒔絵印籠」「鶏蒔絵印籠」「葦鷺蒔絵印籠」「宇治川螢蒔絵料紙硯箱」「朝日群鶴図」など。子孫も代々蒔絵師を継ぎ、観松斎と号した。

飯塚 鳳斎（2代目）　いいずか・ほうさい
竹工芸家　東京美術竹工会会長

[生年月日]明治5年（1872年）
[没年月日]昭和9年（1934年）
[出生地]栃木県下都賀郡栃木町　[本名]飯塚菊次　[専門]籠

籠師として知られた初代鳳斎（のちの鳳翁）の長男。末弟弥之助（のちの琅玕斎）も竹工芸家。父に竹工芸などを学び、鳳斎襲名後、上京して田端に住む。大正4年の大正天皇即位大嘗祭に「神服入目籠」一対の制作依頼を受け、その後、農商務省工芸展に入選・入賞を重ねる。15年東京美術竹工会を結成し、会長に就任。緻密な編み込みによる重厚な作品に定評があった。
[家族]父＝飯塚鳳斎（1代目）（籠師）、弟＝飯塚琅玕斎（竹工芸家）
[師弟]師＝飯塚鳳斎（1代目）

飯塚 琅玕斎　いいずか・ろうかんさい
竹工芸家

[生年月日]明治23年（1890年）3月15日
[没年月日]昭和33年（1958年）12月17日

[出生地]栃木県下都賀郡嘉右衛門新田　[本名]飯塚弥之助　[別名等]別号＝友右　[学歴]栃木第一尋常小学校〔明治36年〕卒

12歳ごろから父の初代飯塚鳳斎に竹工技術を学び、13歳で上京、書道、生花を修業。琅玕斎友右と号し大正11年に平和記念東京博覧会に出品、銀賞、14年パリ万博で銅賞を受賞。15年日本工芸美術会の結成に参加。昭和2年に新設された帝展美術工芸部に作品を発表、6年の第12回展で初入選し、7年の第13回展、9年の第15回展で特選。11年文展招待展、12年の第1回新文展から無鑑査招待となり、14年の第3回新文展では竹工芸界から初の審査員となる。28年日展参事。33年新日展の発足で同展を離れ、日本竹芸家協会会長、日本工芸会理事を歴任。これまでの籠師から近代的竹工芸へと、竹工芸界に新風を吹き込んだ。代表作に「花籃・鳴門」「花籃・富貴」「花籃・あんこう」などがある。

[家族]父＝飯塚鳳斎(1代目)(籠師)、二男＝飯塚小玕斎(竹工芸家)、長兄＝飯塚鳳斎(2代目)

[師弟]師＝飯塚鳳斎(1代目)

[受賞]帝展特選(工芸部、第13回・第15回)〔昭和7年・9年〕「竹製筥」「竹風炉先」

飯田 広斎　いいだ・こうさい
木工芸家

[生年月日]明治23年(1890年)
[没年月日]昭和35年(1960年)
[出生地]静岡県

高等小学校卒業後、中山富五郎に挽物を学ぶ。のち京都で、父を助けて茶道具専門店を経営。父没後はそのあとを継いだ。昭和31年第3回日本伝統工芸展に「松木地丸盆」が初入選。以後、4回、5回展に入賞、入選。

[師弟]師＝中山富五郎

飯田 助左衛門　いいだ・すけざえもん
釜師

[生没年]生没年不詳
[別名等]名＝重次, 宗三

小堀遠州の釜師と言われ、慶長19年(1614年)京都方広寺の梵鐘鋳造の際は、名越三昌と共に棟梁を務めた。釜の確かな作は伝わっていないが、寛永～承応年間(1624～55年)に竜安寺、三室戸寺などの梵鐘を制作した。

飯田屋 八郎右衛門　いいだや・はちろうえもん
陶画工

[生年月日]文化1年(1804年)
[没年月日]嘉永5年(1852年)7月14日
[出生地]加賀国江沼郡大聖寺(石川県)　[専門]九谷焼

染物の絵付師であったが、天保年間に加賀大聖寺藩の吉田屋窯を引き継いだ宮本屋宇右衛門に主工として迎えられ、陶画工として活躍。吉田屋窯で行われてきた緑釉の塗潰手の技法を改良し、白磁に赤色顔料を主とした中国調の細密画を描き金彩を加えた赤絵金襴手を生み出した。赤絵金襴手はその名をとって"八郎手"とも称され、九谷焼の一大様式となった。また、宮本窯の作品がほとんど"八郎手"であったことから同窯は"飯田屋窯"とも呼ばれた。

井浦 深泉　いうら・しんせん
染絵師

[没年月日]平成10年(1998年)12月11日
[出生地]長野県　[本名]井浦時雄　[学歴]東京美術学校(現・東京芸術大学)中退　[資格]墨田区無形文化財〔平成10年〕　[専門]江戸友禅

長野県の農家に生まれる。東京美術学校に入学するが、父親の猛反対で3ケ月後に中退。高田馬場の模様絵師、富塚呉丘に弟子入り。25歳の時独立。昭和55年隅田川で友禅流しを実現させ、すみだ川染と名付けた。
[受賞]東京都優秀技能者知事賞〔平成6年〕

家長 方親　いえなが・まさちか
陶工

[生年月日] 永禄12年(1569年)
[没年月日] 慶安2年(1649年)
[旧姓名] 恵永　[別名等] 通称＝彦三郎、号＝吉内　[専門] 家長焼(蒲池焼)

野見宿禰の子孫とされ、父・恵永方載は室町幕府第15代将軍・足利義昭に仕えた後、肥前国に移って同地の戦国大名・龍造寺隆信と鍋島直茂に仕えた。文禄・慶長の役に際し、直茂に従って朝鮮半島へ出陣。同地で陶工から技法を口授され、数人の陶工を連れて帰国。肥前国の名護屋城にいた豊臣秀吉に、自ら作製した土器を献上して出来を讚えられ、朱印状と家長彦三郎の名を授けられた。慶長9年(1604年)筑後柳河藩主・田中吉政に望まれて同国へ移って土器司役に就任。同家改易後は同地に封じられた立花宗茂に仕え、引き続いて藩の土器司役を務めた。「九州土器司」の黒印がある家長焼(蒲池焼)は、朝廷・幕府・藩主への献上以外は、一般への販売が禁じられ、珍重された。

五十嵐 喜三郎　いがらし・きさぶろう
蒔絵師

[生没年] 生没年不詳
[別名等] 別名＝五十嵐喜三郎道甫

道甫の子で五十嵐家4代。一説には幸阿弥清三郎の弟で、五十嵐家の養子になったともいわれる。父と同じく加賀藩主前田利常に招かれて加賀に赴き、永住して加賀蒔絵の発展に力を尽くした。
[家族]父＝五十嵐道甫

五十嵐 健二　いがらし・けんじ
窯業技術者

[生没年] 生没年不詳

明治20年京都で染付銅版の印画を試みた。22年東京の瓢池園に招かれ、銅版盛上絵付法を完成させた。琺瑯焼を手がけたことでも知られる。

五十嵐 次左衛門　いがらし・じざえもん
陶工

[生没年] 生没年不詳
[専門] 筑前高取焼

もと肥前(佐賀県)唐津城主寺沢広高の家臣。寛永年間(1624〜1644年)筑前博多に赴き、帰化朝鮮陶工の八蔵と協力して製陶に従事。福岡藩主黒田忠之より扶持を受け、高取に築窯して茶器類を焼いた。

五十嵐 信斎　いがらし・しんさい
蒔絵師

[生没年] 生没年不詳

足利義政に仕え、研出蒔絵、高蒔絵の手法を駆使し宋元画を蒔絵化して幸阿弥と並び称される。五十嵐派の始祖とされる。東山殿御物の中に信斎の作品が含まれているといわれるが、どれであるかは不明。

五十嵐 信平(3代目)　いがらし・しんぺい
陶芸家

[生年月日] 天保4年(1833年)

[没年月日]明治15年（1882年）10月
[出生地]摂津国島上郡古曽部（大阪府高槻市）

2代目五十嵐信平の子に生まれ、明治15年家業の陶工を継ぎ、祖父再興の茶器・花生けなどに古曽部の3文字を刻む古曽部焼を製作した。先代と異なり釉薬を一変し、中国の辰砂風の小器など、各地の陶磁器を模した種々の製品を作り出した。

五十嵐 随歩　いがらし・ずいほ
蒔絵師

[生年月日]嘉永5年（1852年）
[没年月日]明治36年（1903年）
[出生地]加賀国金沢（石川県）　[本名]五十嵐他次郎

父は蒔絵師の五十嵐祐甫。父に蒔絵を学び、明治5年金沢の木倉町に工房を構えた。14年第2回内国勧業博覧会や、33年パリ万博などに出品した。
[家族]父＝五十嵐祐甫（蒔絵師）

五十嵐 太兵衛　いがらし・たへえ
蒔絵師

[生没年]生没年不詳

将軍徳川家綱に仕え、寛文9年（1669年）鷹司教平の娘が入内の際や、徳川綱重の婚儀の際の調度品などの蒔絵を手掛けた。

五十嵐 道甫（1代目）　いがらし・どうほ
蒔絵師

[没年月日]延宝6年（1678年）5月26日

代々京都須磨町で蒔絵を家業とする五十嵐家の2代甫斎の子。天正年間（1573～1591）頃に京都に住したが、寛永年間（1624～1643）頃に前田利家に招かれて金沢に赴き、蒔絵御用を担って加賀蒔絵の基礎を築く。のち京都に戻ってから没した。代表作に「秋野蒔絵硯箱」など。
[家族]父＝五十嵐甫斎（蒔絵師）

生島 藤七　いくしま・とうしち
細工師

[生没年]生没年不詳
[出生地]肥前国長崎（長崎県）

明や朝鮮から伝えられた螺鈿の技法をよく学び、細工師として江戸前期に名を成す。また享保5年（1720年）に刊行された「長崎夜話草」によれば、「海外に渡った長崎の商人浜田弥兵衛が、ガラスおよびメガネの製法を持ち帰って藤七に伝えた」とあり、日本におけるメガネ・ガラス作りの嚆矢とされる。洋風画家の兄生島三郎左と共に元和～寛永年間（1615～44年）頃に活躍し、文政2年（1819年）の「先民伝」などに名前が見えるが、経歴などの詳細は未詳。

生田 和孝　いくた・かずたか
陶芸家

[生年月日]昭和2年（1927年）5月18日
[没年月日]昭和57年（1982年）
[出身地]鳥取県

戦後、京都の藤平窯で見習い工として働く。河井寛次郎の助手を務めた後、北条町愛媛県砥部、丹波立杭で修業。昭和35年下立杭で独立。日本民芸館展奨励賞。作品は茶陶、壺、徳利など。
[師弟]師＝河井寛次郎
[受賞]日本陶芸展文部大臣賞（第3回）

池田 逸堂　いけだ・いつどう
鋳金家

[生年月日]大正3年（1914年）
[没年月日]平成11年（1999年）5月4日
[本名]池田実　[資格]新潟県無形文化財〔昭和53年〕

象堂、藍堂に師事。ハチの巣から採れる蜜ろうと松脂を練り合わせたろう型を使った鋳金技術で、昭和53年新潟県無形文化財指定を受けた。
［師弟］師＝佐々木象堂, 宮田藍堂

池田 源兵衛　いけだ・げんべえ
漆工

［生年月日］生年不詳
［没年月日］享保7年（1722年）
［専門］津軽塗

若狭国小浜の人。寛文10年（1670年）から陸奥弘前藩主に仕え、貞享2年（1685年）江戸に赴いて青海太郎左衛門に師事した。貞享3年（1686年）病没したため、元禄12年（1699年）子の源太郎が江戸で太郎左衛門に師事、帰藩後は姓を青海と改めて津軽塗の基礎を築いた。
［家族］息子＝池田源兵衛
［師弟］師＝青海太郎左衛門

池田 源兵衛　いけだ・げんべえ
塗師　津軽塗の創始者

［生年月日］延宝3年（1675年）
［没年月日］没年不詳
［別名等］幼名＝源太郎、後名＝清海源兵衛

若狭国小浜から陸奥弘前藩主・津軽信枚に召し抱えられた池田源兵衛の子。津軽の蒔絵師・山野井四郎右衛門に師事した後、元禄10年（1697年）上京して父と同様に青海太郎左衛門に入門。伝統的な漆芸や新しい技法の他、一子相伝の青海塗も伝授された。宝永元年（1704年）津軽に戻り、津軽塗の創始者となった。享保2年（1717年）に師が亡くなった後、その名跡を継いで清海源兵衛を名のった。

池田 作美（1代目）　いけだ・さくみ
木工芸家　金沢美術工芸協会会長

［生年月日］明治19年（1886年）
［没年月日］昭和30年（1955年）
［出生地］石川県江沼郡作見村　［本名］池田二三吉

木挽業の二男。尋常小学校を卒業後、大阪の木彫師・竹村栄楽に唐木細工を師事。金沢で独立し、大正11年第1回石川県工芸奨励会美術工芸展に入選。14年商工省工芸展に入選し、昭和3年には「黄楊木透彫刻釣香炉」で帝展初入選。9年金沢美術工芸協会発足に際して初代会長に就任。12年の石川県工芸指導所開設にも尽力した。石川県工芸界で指導的な地位にあったが、戦後は戦時下における美術工芸統制に協力したことを深く受け止め、作家活動から手をひいた。代表作に「黄楊木透彫華実春秋文宝石筥」「紫檀硯匣」などがある。

池田 重治郎　いけだ・じゅうじろう
刀鍛冶

［生年月日］文政8年（1825年）
［没年月日］明治12年（1879年）
［出生地］大和国宇陀郡三本松村（奈良県）
［別名等］字＝重光

9歳より刃物師嘉助の弟子となり、18年間修業に励んだ後、宇陀で天国流秘伝刀剣師元光に師事し、嘉永5年（1852年）28歳で皆伝を受け重光を称す。刀鍛冶として郡山、柳本、芝村、小泉藩等の刀剣用命を受ける。廃藩とともに、隠居。明治41年明治天皇の奈良行幸いの際、その名刀を献上した。

池田 泰真　いけだ・たいしん
漆工家

［生年月日］文政8年（1825年）7月7日
［没年月日］明治36年（1903年）3月7日

[出生地]江戸・赤坂　[別名等]幼名＝久三郎
天保6年(1835年)に11歳で漆工家・画家の柴田是真に入門。以後、25年に渡って蒔絵と絵画を修業し、安政6年(1859年)に独立して蒔絵の製作に専念した。明治6年にはウィーン万博に出品して進歩賞牌を獲得。次いで第1回内国勧業博覧会で花紋賞、第2回同博覧会で妙技賞を受けるなど、その作品は内外で高く評価された。また、第3回同博覧会審査員や宮内省御用なども務め、29年には帝室技芸員に選ばれた。33年パリ万博で金牌を受賞。門下生の指導にも熱心で、東京・薬研堀に居宅を構えたことから、その門葉は薬研堀派と呼ばれた。代表作に「江之島蒔絵額」などがある。
[師弟]師＝柴田是真
[受賞]ウィーン万博進歩賞牌〔明治6年〕、内国勧業博覧会花紋賞(第1回)、内国勧業博覧会妙技賞(第2回)、パリ万博金牌〔明治33年〕
[墓所]称福寺(東京都台東区)

池田 八郎　いけだ・はちろう
漆器職人

[生年月日]昭和3年(1928年)1月23日
[没年月日]平成14年(2002年)1月7日
[出身地]高知県高知市
昭和49年造船所製図技師から転じ、衰退していた土佐古代塗の道に飛び込み、製造技法を継承。鮫肌づくりと呼ばれる独特の技法を確立した。平成9年現代の名工に選ばれた。長年高知県伝承工芸協同組合理事長も務めた。
[受賞]現代の名工〔平成9年〕、産業技術功労賞、伝統的工芸品振興協会会長賞、卓越技能章、伝統文化ポーラ特賞

池田 弥七　いけだ・やしち
陶工

[生年月日]享和3年(1803年)
[没年月日]明治10年(1877年)
[出生地]播磨国(兵庫県)　[専門]東山焼
播磨国東山村の興福寺山窯で橋詰藤作のもとで働いたのち、文政7年(1824年)に姫路城下の小利木町に移る。山野井町の男山に東山御用陶器所が開設されると姫路藩の陶工として活躍した。文久元年(1861年)職を辞して独立。陶器製の"弥七焜炉(姫路焜炉)"を考案した。

伊砂 利彦　いさ・としひこ
染色家　新匠工芸会代表, 沖縄県立芸術大学名誉教授

[生年月日]大正13年(1924年)9月10日
[没年月日]平成22年(2010年)3月15日
[出生地]京都府京都市　[学歴]京都市立絵画専門学校(現・京都市立芸術大学)図案科〔昭和20年〕卒　[専門]型絵染　[団体]新匠工芸会
京都の友禅染の3代目に生まれたが、家業をきらって旧制中学では彫刻を勉強。昭和28年新匠会(現・新匠工芸会)入選を機に染の世界に入り、制約の多い型染を選んで〈松〉〈水〉シリーズの後、52年頃から音楽シリーズを制作。立体感覚で音を染め上げるもので、ムソルグスキーの「展覧会の絵」やドビュッシーの「プレリュード」、長唄「娘道成寺」をテーマに数回の個展を開催した。平成元年～7年沖縄県立芸術大学教授を務め、17年客員教授、18年名誉教授。同大教授退任後は幾何学的抽象の〈無機的〉シリーズを始め、「燦」などを発表。11年、15年フランスにて個展。17年東京国立近代美術館工芸館にて個展。「伊砂利彦作品集」がある。
[師弟]師＝稲垣稔次郎, 富本憲吉

[受賞]新匠会入選〔昭和28年〕「松」、新匠工芸会40周年記念大賞、富本賞〔昭和46年〕、京都市芸術文化協会賞〔昭和63年〕、京都府文化賞功労賞（第7回）〔平成1年〕、京都美術文化賞（第2回）〔平成1年〕、京都市文化功労者〔平成4年〕
[叙勲]紺綬褒章〔昭和56年〕、フランス芸術文化勲章シュバリエ章〔平成2年〕

伊佐地 勉可　いさじ・つとむ
刀剣研師

[生年月日]大正12年（1923年）12月2日
[没年月日]平成16年（2004年）11月29日
[出身地]岐阜県関市　[学歴]富岡村農業青年学校〔昭和16年〕卒　[資格]岐阜県重要無形文化財

昭和10年叔父の伊佐地茂に刀剣研師の見習いとして弟子入り。15年刀剣研師として独立。55年岐阜県重要無形文化財の指定を受けた。

[受賞]現代の名工〔昭和52年〕、東海テレビ文化賞〔平成10年〕
[叙勲]黄綬褒章〔昭和54年〕、勲六等単光旭日章〔昭和59年〕

石井 昭房　いしい・あきふさ
刀匠

[生年月日]明治42年（1909年）10月3日
[没年月日]平成5年（1993年）10月26日
[出身地]千葉県　[本名]石井昌次　[学歴]高小〔大正13年〕　[資格]千葉県無形文化財保持者（日本刀鍛冶）　[専門]日本刀

栗原昭秀の日本刀鍛練伝習会に学ぶ。27歳の時に新作日本刀展で文部大臣賞を受賞し、30歳で独立。鎌倉一文字派の助真風の作風で、伊勢神宮などに太刀を奉納した。

石井 吉次郎　いしい・きちじろう
東京美術学校漆工本科助教授

[生年月日]明治5年（1872年）
[没年月日]昭和2年（1927年）2月

東京美術学校卒業後、母校の助教授となる。彩漆を研究。幹漆木地の応用、陶漆、石膏漆器など発明。

石井 康治　いしい・こうじ
ガラス工芸家

[生年月日]昭和21年（1946年）
[没年月日]平成8年（1996年）11月19日
[出身地]千葉県　[学歴]東京芸術大学美術学部工芸科卒

東洋ガラスを経て、昭和52年ガラス作家として独立。手吹き技法を駆使した繊細な作品が人気を博した。

石井 修理亮　いしい・しゅりのすけ
鋳物師

[生没年]生没年不詳

佐竹氏家臣・石井和泉守の子。実名は不詳だが、元亀3年（1572年）佐竹氏の重臣・車斯忠から「忠」の一字書出を受けた。父祖同様に金役を徴収する権限を佐竹義重より認められ、鋳物師の棟梁として地位を保証されたほか、本知行と併せて200石の知行を与えられた。

石井 昌次　いしい・しょうじ
刀匠

[生年月日]明治42年（1909年）10月3日
[没年月日]平成5年（1993年）10月26日
[資格]千葉県指定無形文化財

鎌倉中期の備前一文字助真風の"重花丁字（ちょうかちょうじ）乱れの刃文"で知られる。

石井 方二　いしい・まさじ
　　三弦の駒・撥製作者　熊本県伝統工芸協会会長

[生年月日] 大正10年(1921年)2月26日
[没年月日] 平成17年(2005年)3月23日
[出生地] 熊本県宇土郡宇土町(宇土市)　[本名] 石井政次　[学歴] 宇土高小〔昭和10年〕卒　[資格] 熊本県伝統的工芸品指定者〔昭和54年〕　[団体] 熊本県文化協会, 熊本県邦楽協会

江戸時代より地唄三弦の駒・撥製作を家業とする家に生まれ, 小学校5年の時から駒・撥作りを始める。昭和11年父の死により15歳で家業の石井和楽器店を継ぐ。全国唯一といわれる九州地唄三弦の駒・撥製作者で, 材料の象牙やべっこうに金や銀をはめ込む技法を考案した。昭和59年〜平成5年熊本県伝統工芸協会会長を務めた。
[受賞] 熊本県芸術祭30周年記念特別表彰(平1年度), 伝統文化ポーラ特賞〔平成1年〕, 熊本県芸術功労者(平5年度), 熊本県優秀技能者表彰(平7年度), 吉川英治文化賞(平10年度), 熊日賞〔平成12年〕, くまもと県民文化賞(特別賞, 第11回)〔平成13年〕

石井 勇助(1代目)　いしい・ゆうすけ
　　漆芸家

[生年月日] 文化7年(1810年)
[没年月日] 没年不詳
[出生地] 越中国高岡(富山県)

指物師の家に生まれ, 中国・明代の漆器を研究, 独自の勇助塗を生み出す。艶消塗の上に隆窪起伏をつけた彩漆, あるいは箔絵や存星, 密陀絵の技法を特長とした。直系に彼谷芳水がいる。
[家族] 息子=石井勇助(2代目)

石井 勇助(2代目)　いしい・ゆうすけ
　　漆芸家

[生年月日] 天保14年(1843年)
[没年月日] 明治30年(1897年)9月8日
[出生地] 越中国高岡(富山県)　[本名] 石井勇吉　[専門] 髹漆(きゅうしつ)

父勇助は指物・塗物などで加賀藩に仕えた。少年時代から父に漆芸技術を学び, 長じて勇助を襲名, 弟の与三吉とともに父を助けて独創的な漆芸, いわゆる勇助塗を編みだした。明治に入ってから新政府が奨励した博覧会, 共進会に活躍の場を求め, 明治6年のウィーン万博を皮切りに各博覧会に出品, 多くの賞を受賞。これにより勇助塗の名声は海外にまで鳴り響き, 入門者も増え, 日本の代表的特産産業としての基盤を確立した。没後の明治31年農商務省より功労を追賞。
[家族] 父=石井勇助(1代目)

石岡 庄寿郎　いしおか・しょうじゅろう
　　漆芸家

[生没年] 生没年不詳

一説に能代春慶の祖と伝えられる。宝永年間(1704〜1711年)に春慶塗を考案, 藩主に召され, 代々俸禄を受けたといわれる。

石川 光明　いしかわ・こうめい
　　彫刻家　東京美術学校教授

[生年月日] 嘉永5年(1852年)8月18日
[没年月日] 大正2年(1913年)7月30日
[出生地] 江戸・浅草松山町(東京都台東区)
[本名] 石川光明　[旧姓名] 藤太郎　[別名等] 号=豊勇斎光明　[資格] 帝室技芸員〔明治23年〕　[専門] 牙彫, 木彫

狩野素川に絵画を学び, 慶応2年(1866年)菊川正光に入門して牙彫を習得。牙彫から

のち木彫に転じた。はじめは主に煙管筒を作り、明治維新後は牙刻花瓶を制作。明治9年頃独立。19年東京彫工会を設立、旭玉山とともに牙彫の第一人者として同会と日本美術協会で指導的役割を果たした。23年帝室技芸員、24年東京美術学校教授となり、文部省美術展覧会審査員も務めた。人物や動物を題材にした置物に優れ、代表作には26年シカゴ万博に出品した浮彫「白衣観音」の他、「魚籃観音」「軍鶏」「牧童」「古代鷹狩置物」「聖徳太子」などがある。
[師弟]師＝狩野素川、菊川正光
[墓所]竜福院（東京都台東区）

石黒 政常(1代目) いしぐろ・まさつね
装剣金工家

[生年月日]宝暦10年（1760年）
[没年月日]文政11年（1828年）7月4日
[別名等]幼名＝善蔵、通称＝周助、号＝東嶽子、東岳子、石黒斎、石黒翁、寿谷斎、寿命

加藤直常およびその師柳川直政に師事。直常から是常の名をゆるされたが、独立後、直常・直政の両師から一字ずつをもらい政常と改名。赤銅魚々子地に花鳥を多くの色金を用いて表した写実的で華麗な作風を得意とし、石黒派を開いた。子弟の養成にも力を注ぎ、是常、政美、是美、政明らの優工を輩出した。

石黒 宗麿 いしぐろ・むねまろ
陶芸家

[生年月日]明治26年（1893年）4月14日
[没年月日]昭和43年（1968年）6月3日
[出生地]富山県射水郡作道村久々湊　[別名等]号＝仏山、栩庵　[学歴]福山中中退　[資格]重要無形文化財保持者（鉄釉陶器）〔昭和30年〕　[専門]鉄釉陶器　[団体]日本工芸会

大正6年頃実家の窯で楽焼を試作。26歳の時に専門家に師事することなく独学で始める。東京、埼玉、金沢を経て、昭和3年京都・蛇ケ谷、11年八瀬に陶房を建て、18年頃"木の葉天目"の再現に成功したのをはじめ、柿天目など宋代の陶技の研究を完了した。この間、12年パリ万博に「唐津風大鉢」を、15年ニューヨーク万博に「柿釉金彩大鉢」など出品。22年日本陶磁振興会理事。30年鉄釉の人間国宝に認定される。同年日本工芸会の設立に尽し、その常任理事として活躍した。32年皇居仮宮殿の装飾用置物の制作を宮内庁から委嘱される。代表作に「黒釉褐斑鳥文壺」「木葉天目茶碗」「白地チョーク描バラ文鉢」「鉄絵筒茶碗」など。
[受賞]パリ万博銀賞〔昭和12年〕「唐津風大鉢」
[叙勲]勲三等瑞宝章〔昭和43年〕
[墓所]妙伝寺（京都）

石塚 国保 いしづか・くにやす
織物師

[生没年]生没年不詳
[出生地]下野国那須郡興野村（栃木県）

代々医師の家であったが、やがて養蚕を始め、村民にも桑の栽培を奨励。寛延3年（1750年）京都に出て西陣で織布の技術を学ぶ。帰郷後、郷里で龍紋織と呼ばれる織布業を開始。これはその後様々な改良が加えられて、幕末期の綿繻子、さらに明治期の烏山黒錦繻子へと発展する基礎となった。

石田 英一 いしだ・えいいち
鍛金家　東京美術学校教授、鍛金会会長

[生年月日]明治9年（1876年）4月11日
[没年月日]昭和35年（1960年）12月3日
[出生地]東京　[別名等]号＝素瑛　[学歴]東京美術学校卒

鍛金家の平田宗幸に師事。長らく母校東京美術学校で教鞭を執り、同助教授を経て大正3年には同教授となる。昭和2年から約2年間フランスに留学。鍛金家として、主に官展や日展に作品を出品し、3年から帝展審査員を務め、のちには鍛金会会長に就任した。代表的な作品に、「打物家鴨香炉」「鎚起黄銅花瓶」などがある。
［師弟］師＝平田宗幸

石田 平蔵　いしだ・へいぞう
陶画工

［生年月日］弘化1年（1844年）
［没年月日］明治25年（1892年）
［出生地］加賀国能美郡小松（石川県）　［専門］九谷焼

明治初年、石川県松任町の画家松泰に学び、19年上京。第7回観古美術会で炭焼即席絵付けを供覧、献納。21年帰郷、小松町で陶画を業とし「青九谷」の名手として当時松本佐平と並称された。

石野 竜山　いしの・りゅうざん
陶芸家

［生年月日］文久2年（1862年）
［没年月日］昭和11年（1936年）3月6日
［出生地］加賀国河北郡八田村金沢（石川県）
［別名等］初名＝兵太郎　［専門］九谷焼

絵画を中浜龍淵、垣内雲嶙に、陶画を八田逸山に習う。明治16年陶画業を営む。31年松原新助について製陶術を修め、35年より彩料を工夫、42年に清朝康熙風の赤彩画を創成。大正5年石川県より表彰。

石橋 荘次郎　いしばし・しょうじろう
蒔絵師

［生年月日］弘化4年（1847年）8月
［没年月日］没年不詳

［出生地］江戸湯島（東京都）　［別名等］号＝平秀斎

蒔絵師の父・源次郎のもとで11歳から修業を積む。東京・神田美土代町に居住し、精細な蒔絵を得意とした。

石原 種　いしはら・たね
錦織物改良者

［生年月日］天保12年（1841年）11月15日
［没年月日］明治42年（1909年）6月12日
［出生地］尾張国海部郡佐織村（愛知県海部郡佐織町）

進取の気に富み、明治の初めごろ信濃に赴いて綿織物の研究に従事。4年間の修業を経て郷里・海部郡佐織村に戻ったのち、野口林吉や野口富ら協力者を得て綿織物の改良に着手。特に、原料の精選・機械の導入及び改良・新製品の開発などにあたり、佐織地方の綿織物工業発展に大きな足跡を残した。この綿織物は日露戦争後に繊維工業の発達のため衰微するが、その功績から存命中に顕彰碑が澪の松下に建立された。

石村 春荘　いしむら・しゅんそう
漆芸家，郷土史家

［生年月日］明治33年（1900年）1月23日
［没年月日］平成4年（1992年）2月21日
［出生地］島根県今市町（出雲市）　［本名］石村理蔵　［学歴］八雲漆器研究所卒　［専門］島根県史

はじめ八雲漆器株式会社図案部に勤務するが、大正10年同社が解散したため八雲塗の制作を開始。以来、八雲塗の改良を進め、商工省主催工芸展やベルギー万博・国展などに作品を出展して好評を博すなど、八雲塗の芸術的地位の向上に努めた。昭和19年農商務大臣から技術保存作家の指定を受けた。他方、郷土史や民俗学にも明るく、「八

雲塗と其の変遷」「松江と小泉八雲」「松江の伝説」などの著書がある。
[受賞]農商務大臣技術保存作家〔昭和19年〕,「山陰中央新報」地域開発賞文化賞

伊志良 不説　いしら・ふせつ
工芸家　鎌倉彫協同組合理事長

[生年月日]明治40年（1907年）3月31日
[没年月日]昭和63年（1988年）3月17日
[出生地]神奈川県　[本名]伊志良貞次郎

鎌倉彫白日堂店主。伝統工芸の鎌倉彫三大流派のうち三橋系の重鎮。昭和50年から51年まで鎌倉彫高等職業訓練校の初代校長を務めた。

井関 宗信　いぜき・むねのぶ
能面師

[生年月日]生年不詳
[没年月日]元亀3年（1572年）
[出生地]近江国（滋賀県）　[別名等]通称＝上総介

横山城主三田村左衛門大夫国定の子で、初めは手慰みとして能面の製作を行ったという。織田信長が浅井長政を攻めた際に、浅井氏と縁故があったことから小谷城で討死した。室町時代頃より、越前出目家、大野出目家などの能面師の家系が本格的に活動を行うようになったが、そのうち近江井関家（現・滋賀県長浜市）の祖とされる。

磯井 如真　いそい・じょしん
漆芸家　岡山大学教授

[生年月日]明治16年（1883年）3月19日
[没年月日]昭和39年（1964年）8月23日
[出生地]香川県香川郡宮脇村　[本名]磯井雪枝　[学歴]香川県工芸学校（現・香川県立高松工芸学校）用器漆工科〔明治36年〕卒
[資格]重要無形文化財保持者（蒟醬）〔昭和31年〕　[専門]蒟醬

明治37年大阪の貿易商社、山中商会に入社。42年高松に戻り自営。江戸末期の漆芸家・玉楮象谷の作品を研究、蒟醬（きんま）技法を修業。大正5年香川県工芸学校教授嘱託となる。昭和4年第10回帝展に初出品し入選。11年文展選奨。この間、8年工会（たくみかい）を結成、主宰する。従来の線描彫りを点描で立体的に表現、戦後は新感覚の作品を日展や日本伝統工芸展に発表した。24年日展審査員、28年岡山大学教育学部教授。31年"蒟醬"で重要無形文化財保持者に認定され、36年紫綬褒章を受章。代表作に「彫漆草花文 皷箱」「サボテンにホロホロ鳥 彫漆 飾棚」「乾漆 花瓶」「蒟醬草花文八角食籠」など。
[家族]三男＝磯井正美（漆芸家・人間国宝）
[受賞]山陽新聞社賞〔昭和25年〕、香川県文化功労者〔昭和32年〕、文展選奨〔昭和11年〕「サボテンにホロホロ鳥 彫漆 飾棚」、日本伝統工芸展文部大臣賞（第2回、昭和30年度）
[叙勲]紫綬褒章〔昭和36年〕、勲四等旭日小綬章〔昭和39年〕

磯谷 利右衛門　いそがや・りえもん
漆芸家

[生年月日]天保13年（1842年）7月
[没年月日]明治37年（1904年）5月
[出身地]駿河国（静岡県）

年少にして江戸に上り、幕府の用達木屋五郎左衛門に刀剣鑑定を、田村治兵衛に刀剣粧飾鑑定を学ぶ。維新後、転業して漆器改良に没頭、多くの着色法を創案。

磯崎 眠亀　いそざき・みんき
発明家, 実業家

[生年月日]天保5年（1834年）4月1日
[没年月日]明治41年（1908年）1月14日
[出生地]備中国都宇郡帯江新田村（岡山県）
[本名]磯崎正賀　[別名等]幼名＝与三郎, 諱

=正賀、通称=什三郎、号=眠亀、瓢翁　[専門]花筵、錦莞筵

生家は小倉織を扱う商人・織元。明治9年より筵織物の改良を志し、織人の手を省き繊細な織方を発明。また紋様挿織器を発明し、11年海外で"ジャパンカーペット"と呼ばれた「錦莞筵（きんかんえん）」を完成させた。20年代には岡山市天瀬に磯崎製筵所を設立したほか、製筵6工場、織機650台余、従業員1200人を擁するまでに成長した。また、花筵は対米輸出品の主要品目になったが、高い関税をかけられたことなどで次第に衰退、昭和9年同製筵所は閉鎖された。代表作に「極彩牡丹唐獅子模様錦莞筵」がある。

[叙勲]緑綬褒章〔明治30年〕
[記念館]磯崎眠亀記念館（倉敷市茶屋町）

磯村 白斎　いそむら・はくさい
陶工

[生年月日]嘉永4年（1851年）9月11日
[没年月日]大正9年（1920年）8月
[出生地]尾張国常滑（愛知県）　[本名]磯村孝太郎

平野七兵衛の長男。明治24年磯村家に入夫。慶応年間2代松下三光に学び、20年ころ伊勢の万古焼に赴く。帰郷ののち朱泥の茶器に白釉をだし、22年には黒泥焼を案出。のち鯉江高司陶場に入り釉薬を研究。

磯矢 阿伎良　いそや・あきら
漆芸家　東京芸術大学名誉教授

[生年月日]明治37年（1904年）2月1日
[没年月日]昭和62年（1987年）5月30日
[出生地]東京市（東京都）　[本名]磯矢陽　[学歴]東京美術学校（現・東京芸術大学）漆工科〔大正15年〕卒

昭和5年以降、帝展や新文展に入選を重ねる。6年无型（むけい）同人、30年生活工芸展同人、42年三艸会同人、44年玄艸会同人。この間、6年から東京美術学校に勤務、25年同教授、34年より東京芸術大学教授。46年退官後、名誉教授。同年第1回個展を開催。生活に根ざした"用即美"の漆工芸を唱え、朱文筵工房を主宰し、51年第1回朱文筵展を開催した。

[家族]父=磯矢完山（漆芸家）
[叙勲]勲三等旭日中綬章〔昭和49年〕

磯矢 完山　いそや・かんざん
漆芸家

[生年月日]明治8年（1875年）
[没年月日]昭和12年（1937年）10月4日
[出身地]大阪府　[学歴]東京美術学校（現・東京芸術大学）漆工科〔明治30年〕卒　[専門]蒔絵

明治23年に小川松民に蒔絵を学び、のち川之辺一朝に師事。30年東京美術学校漆工科卒業。六角紫水とともに色漆の研究を進め、色漆用の顔料製造に成功し、34年小石川に日進塗料工場を設立。45年明治天皇御大葬に際し、御装具を謹製する。大正3年御料車の蒔絵に従事。8年木白社を組織し展覧会を開催。代表作に「更紗乳箱」「猫の香合」「百合花香合」「草花文蒔絵鏡」など。

[家族]子=磯矢阿伎良（漆芸家）
[師弟]師=小川松民, 川之辺一朝

井田 吉六　いだ・きちろく
陶工

[生年月日]寛政4年（1792年）
[没年月日]文久1年（1861年）
[出身地]下総国海上郡布間村（千葉県）　[別名等]号=乾斎、己斎、橘六、橘禄

9歳で江戸に出、日本橋の灰商・小林宗兵衛の丁稚となる。その後、骨董商を営む傍らで陶器も焼き、文政8年（1825年）浅草蔵前で自作を販売した。天保5年（1834年）には

浅草寺の境内に店を出して古陶磁器の写しを制作、第11代将軍・徳川家斉の面前での作陶も命じられるなど、声望も高かった。7年父を亡くした甥の三浦乾也に楽焼などの作陶を教え、安政元年（1854年）頃から乾也と長崎の亀山窯に赴いて染付を制作している。伊勢国の射和万古焼の再興に力を貸した他、武蔵国の飯能焼でも作陶した。

井高 帰山　いだか・きざん
陶芸家

[生年月日] 明治14年（1881年）
[没年月日] 昭和42年（1967年）
[出生地] 兵庫県　[学歴] 津名郡立陶器学校〔明治32年〕卒

兵庫県の出石郡立陶磁器試験場に勤務。所長の友田安清につき、明治36年からはその紹介で宮川香山に師事。友田から白磁、宮川からは青磁の技術を学んだ。37年セントルイス万博に出品して銀牌を受賞。38年より長野県の信州軽井沢製造所に勤め、41年日本硬質陶器技師に転じて、同時に友田組陶器顔料製造所にも招かれた。大正9年東京・目黒の帰山窯を築くと、茶道具を中心に作陶した。

板谷 波山　いたや・はざん
陶芸家

[生年月日] 明治5年（1872年）3月3日
[没年月日] 昭和38年（1963年）10月10日
[出生地] 茨城県真壁郡下館町　[本名] 板谷嘉七　[別名等] 号＝勤川　[学歴] 東京美術学校（現・東京芸術大学）彫刻科〔明治27年〕卒　[資格] 帝国美術院会員〔昭和4年〕, 帝室技芸員〔昭和9年〕

醬油醸造業の三男。当初軍人を志望したが体格検査で不合格となり、軍人の道を断念。河久保正名の画塾に通い、明治23年東京美術学校（現・東京芸術大学）に入学、彫刻科に学んだ。卒業制作は木彫の「元禄美人」。29年石川県工業学校に木彫科主任教諭として赴任。31年木彫科廃止のため辞職を決めたが校長の要望により陶磁器科を担当、勤川と号して自らも焼物研究に没頭した。36年陶芸家となるため上京。東京・田端に窯を築き、郷里の筑波山にちなんで波山と号した。以来、東洋古陶磁の技術を研鑽し、モダンな葆光彩磁の技法を創始。内国勧業博覧会、東京府工芸展、日本美術協会展などに出品する一方、多くの展覧会で委員や審査員を歴任。昭和2年帝展に工芸部が設置されるとその審査員となった。4年帝国美術院会員、9年帝室技芸員。28年香取秀真とともに工芸家として初めて文化勲章を受章した。33年日本橋三越で初の個展を開催。

[受賞] 下館市名誉市民〔昭和26年〕, 茨城県名誉県民〔昭和29年〕
[叙勲] 文化勲章〔昭和28年〕
[記念館] 板谷波山記念館（茨城県下館市）

板谷 まる　いたや・まる
教育者, 陶芸家

[生年月日] 明治3年（1870年）
[没年月日] 昭和33年（1958年）8月7日
[出生地] 福島県河沼郡坂下町（会津坂下町）
[旧姓名] 鈴木　[別名等] 号＝玉蘭　[学歴] 共立女子職業学校卒

上京して社会事業家・瓜生岩の内弟子となり、共立女子職業学校に学ぶ。また、閨秀画家の跡見花蹊の門人として日本画も嗜んだ。同校を卒業後に帰郷し、明治25年には瓜生の指導により会津若松に女子職業学校を創立した。28年には瓜生を仲人に陶芸家の板谷波山と結婚。以来、夫から陶芸を教わって自作するようになり、世間から"夫婦窯"と賞された。農商務省の第4回展に出展したほか、大正5年の日本美術協会では皇后の御前において夫婦共作の「磁器梅花形

31

菓子器」を実演・制作している。作品は他に「さねかづら葆光彩磁花瓶」「菊花模様彩磁花瓶」などがある。
[家族]夫＝板谷波山（陶芸家）
[師弟]師＝瓜生岩, 跡見花蹊
[墓所]大竜寺（東京都北区）

一阿弥　いちあみ
柄杓師

[生没年]生没年不詳

柄杓作りに長け、豊臣秀吉から天下一の号を賜ったといわれる。京都五条の醒ケ井の水守。

市川 広三　いちかわ・こうぞう
陶芸家

[生年月日]昭和5年（1930年）3月31日
[没年月日]平成21年（2009年）7月7日
[出身地]京都府京都市　[学歴]京都市立第二工窯業科卒

楠部弥弌に師事。昭和27年日展に初入選。28年青陶会創立同人となる。56年「閑日」、平成12年「仰光」で日展特選。磁器に柔らかい印象をもたらすため、泥漿を用いた独自の作陶を行なった。
[師弟]師＝楠部弥弌
[受賞]京都府工芸美術展知事賞〔昭和30年〕, 京展市長賞〔昭和41年〕, 京展京展賞〔昭和49年〕, 日展特選〔昭和56年・平成12年〕「閑日」「仰光」, 日工会展文部大臣賞〔平成12年〕

市川 通三　いちかわ・つうぞう
陶芸家

[生年月日]大正6年（1917年）9月12日
[没年月日]平成9年（1997年）5月20日
[出身地]京都府京都市　[学歴]京都美術学校卒

日展入選、特選。現代工芸展入選などを受賞。京展、府展の審査員も務めた。
[師弟]師＝楠部弥弌

一元　いちげん
陶工

[生年月日]寛文2年（1662年）
[没年月日]享保7年（1722年）
[別名等]通称＝弥兵衛　[専門]玉水焼

楽家4代一入の庶子。元禄元年（1688年）母と南山城の玉水に戻り、南楽家を称したといわれる。楽の脇窯である玉水焼を興し、赤楽・黒楽ともに光悦の写しや倣ったものを焼いた。
[家族]父＝楽一入（陶工）

一田 正七郎（1代目）　いちだ・しょうしちろう
人形細工師

[生年月日]生年不詳
[没年月日]文政5年（1822年）9月23日
[出身地]大坂（大阪府）

籠を使っていろいろな人形をつくり、見世物とすることを家業とした。文政2年（1819年）に評判となった涅槃像をはじめ、文政期の大坂・名古屋・江戸における興行で大当たりをとった。

市野 利雄　いちの・としお
陶芸家

[没年月日]平成15年（2003年）11月9日
[出身地]兵庫県篠山市　[別名等]号＝市野丹窓　[専門]丹波焼

丹波焼（丹波立杭焼）陶芸の草分けで、柳宗悦、バーナード・リーチ、河井寛次郎らと交流し、全国民芸ブームの先駆的役割を果たした。万葉がなを作品に書き込む手法で高い評価を得、丹波立杭陶磁器協同組合理

事長を2度務めた。平成9年現代の名工に選ばれた。
[家族]長男=市野茂良(陶芸家),弟=市野弘之(陶芸家)
[受賞]神戸新聞平和賞〔昭和53年〕,兵庫県技能顕功賞〔昭和58年〕,現代の名工〔平成6年〕

一宮 長常　いちのみや・ながつね
装剣金工家

[生年月日]享保7年(1722年)
[没年月日]天明6年(1786年)
[出生地]越前国敦賀(福井県)　[別名等]初名=忠八,通称=雪山,号=蟻行子,含章子
幼少時に鍍金師一宮長芳の養子となる。京都に出て太刀金具師保井高長に入門。また、円山応挙の師である石田幽汀に画を師事して自ら下絵を描き、写生味あふれた独自の作風を確立した。明和7年(1770年)越前大掾に任じられる。大月光興、鉄元堂正楽と共に"京都金工三傑"の一人に数えられ、また彫技についても"東の横谷宗珉、西の長常"と並び称された。

市橋 敏雄　いちはし・としお
鋳金家

[生年月日]大正8年(1919年)3月31日
[没年月日]平成17年(2005年)12月11日
[出生地]新潟県両津市(佐渡市)　[学歴]陸軍航空士官学校〔昭和16年〕卒,東京芸術大学美術学校〔昭和26年〕卒　[専門]工芸材料学　[団体]日展
昭和32年東京芸術大学文部教官、34年武蔵野美術大学講師、47年東海大学講師。また、46年、57年、61年日展審査員、56年世界クラフト会議・日本工芸協議会理事、60年日本新工芸家連盟理事を歴任し、61年より鋳金家協会副会長。著書に「工芸材料・技術概論」。

[受賞]日本新工芸展文部大臣賞〔昭和61年〕
[叙勲]勲四等瑞宝章〔平成4年〕

市橋 とし子　いちはし・としこ
人形作家

[生年月日]明治40年(1907年)8月21日
[没年月日]平成12年(2000年)10月26日
[出生地]東京市神田(東京都)　[本名]市橋登志　[学歴]東京女高師(現・お茶の水女子大学)卒　[資格]重要無形文化財保持者(桐塑人形)〔平成1年〕　[専門]桐塑人形
[団体]日本工芸会,日本伝統工芸展
在学中17歳でエンジニアと結婚するが昭和30年死別、下宿を営む傍ら、桐のおが屑と生麩糊(しょうふのり)をこねた練り物、桐塑(とうそ)を素材に、和紙を張り肌を仕上げる桐塑人形を創作。21年第1回現代人形美術展で特選第1席を受賞。47年白内障で手術。日本工芸会理事・人形部会長、現代人形美術展審査員を務めた他、人形劇スライド「つるのおんがえし」の人形、セット製作で3回に渡り文部大臣賞を受賞。平成元年3月人間国宝に認定される。少女像が多い。代表作に「未来を語らう」「穂波」「きれいな空」など。
[師弟]師=今村繁子,金子篤司
[受賞]現代人形美術展特選第1席(第1回)〔昭和24年〕「午さがり」
[叙勲]勲四等瑞宝章〔昭和60年〕

市原 峴山　いちはら・けんざん
陶工

[生年月日]文政9年(1826年)6月6日
[没年月日]明治42年(1909年)7月18日
[出生地]土佐国土佐郡鴨部村(高知県高知市)　[本名]市原定通　[別名等]通称=小市,壱助,代佐,別号=渓猿,竹仙,青一,青奴,喜一,喜叟

土佐藩の足軽であったが、青年時代から作陶を志し、高知城下能茶山の陶工・足達専次の指導で陶器を試作。維新後、藩の御趣向焼物方の廃止を期として能茶山近くに窯を築き、主に日用雑器を手がけた。明治7年に近衛軍曹を務めていた養嗣子・定直が帰郷してからは共に茶器や置物などを制作し、能茶山焼の発展に尽力。10年に隠居。24陶器店を開き、自窯の製品を販売しながら地道に製陶を続けた。俳句・彫刻・絵画もよくした。
[家族]養子＝市原定直（実業家）
[師弟]師＝足達専次
[墓所]能茶山（高知市）

市原 定直　いちはら・さだなお
実業家, 陶工　高知銀行頭取

[生年月日]弘化4年（1847年）
[没年月日]明治42年（1909年）10月
[出生地]土佐国（高知県）　[別名等]通称＝温三郎, 号＝烟山

土佐藩の足軽で、陶工の初代市原峴山の養子。慶応4年（1868年）歩兵七番小隊銃手として松山藩攻撃や戊辰戦争に従軍した。維新後、近衛兵として皇居の周囲を警護するが、明治6年郷土の先達・板垣退助の下野と共に退官・帰郷。以後、養父とともに能茶山焼の製作・発展に従事した。その傍ら、板垣の主宰する立志社に加わり、自由民権運動に挺身。のちには実業家としても活躍し、高知銀行頭取を務めるなど、その活動は多岐に渡った。また、陶芸の方面では、土佐陶器組合を組織し、販路の拡大に力を注いだことでも知られる。
[家族]養父＝市原峴山（陶工）

一官　いっかん
陶工

[生没年]生没年不詳

[出身地]朝鮮

文禄の役の際に、朝鮮より薩摩へ渡来した陶工で、琉球陶業の創始者の一人。元和2年（1616年）一六、三官らとともに、琉球王の世子尚豊に随行し、琉球で陶学を伝える。その後、一六を残して薩摩に召還され、島津氏のもとで製陶に従事したといわれる。

一空　いっくう
陶工

[生年月日]宝永6年（1709年）
[没年月日]享保15年（1730年）
[別名等]通称＝弥兵衛　[専門]玉水焼

玉水焼をおこした一元の長男。玉水焼2代を継いだともいわれるが、若くして没した。
[家族]父＝一元（陶工）

伊藤 允譲　いとう・いんじょう
陶工

[生年月日]天保3年（1832年）
[没年月日]明治43年（1910年）8月8日
[出身地]伊予国砥部（愛媛県）　[別名等]号＝五松斎　[専門]砥部焼

砥部焼の再興をめざして、明治10年に有田焼の職人をまねき、染め付け、金襴手の磁器を作成した。

伊藤 一広　いとう・かずひろ
ジュエリーデザイナー

[生年月日]昭和23年（1948年）
[没年月日]平成9年（1997年）
[出生地]愛媛県　[学歴]多摩美術大学絵画科油絵専攻〔昭和46年〕卒

父、祖父ともに大工。多摩美術大学に進み、油絵を専攻。卒業間際に妻となる女性の祖父であった画家・河井清一より"どうやって孫を食べさせていくのか"と問われたこと

からミキモトのデザイン室に入り、ジュエリーデザインの道へ進む。2年後に独立し、昭和48年帝国ホテルで初の個展となる高橋裕二との二人展を開催。4年後、英国ロンドンのエレクトラム・ギャラリーで光安孝夫との二人展を開催。以降、ヨーロッパのジュエリーデザイナーたちと交流を持った。また、ヒコ・みづのジュエリーカレッジの講師となり、「アース・ジュエリー」「シー・ジュエリー」「ファイヤー・ジュエリー」といった"環境ジュエリー"や、廃材を利用した「ジャンク・ジュエリー」などの実践を行った。

伊藤 圭　いとう・けい
陶芸家

[生年月日]昭和12年（1937年）5月12日
[没年月日]平成10年（1998年）1月18日
[出生地]三重県　[本名]伊藤桂三　[学歴]四日市工窯業科卒　[団体]日本工芸会

信楽の土で古伊賀風をかみ合わせた技法を主として作陶に入る。叩きの技法を高度に用い、薄地のシャープな作風を創出。三重県菰野町に陶芸村を開いた。日本伝統工芸展、朝日陶芸展、中日国際陶芸展などに入選、受賞多数。
[師弟]師＝清水卯一

伊藤 幸三郎　いとう・こうざぶろう
彫金師

[没年月日]平成1年（1989年）4月5日

家代々が水戸家下屋敷のおかかえ彫金師で、自身も跡を継ぎ、60人の弟子を育てた。

伊藤 実山　いとう・じつざん
陶芸家

[生年月日]明治41年（1908年）1月14日
[没年月日]平成1年（1989年）4月2日

[出身地]三重県桑名郡長島町　[本名]伊藤実　[専門]万古焼

太田豊太郎に師事。万古手造急須一筋、とくに鈴入透しの急須が高く評価されている。皇室御使用品や通産大臣賞など。万古焼の第一人者。
[受賞]四日市市文化功労者〔昭和58年〕、現代の名工〔昭和59年〕

伊東 翠壺　いとう・すいこ
陶芸家

[生年月日]明治27年（1894年）10月30日
[没年月日]昭和55年（1980年）11月11日
[出生地]京都府相楽郡瓶原村　[本名]伊東義治　[旧姓名]村井　[学歴]京都市陶磁器試験場附属伝習所

13歳で陶芸家を志して京都に出て、初代・2代目伊東陶山に師事、大正7年24歳で2代陶山の婿養子となる。昭和4年帝展初入選。以後連続出品。6年五条坂に開窯。10年に京都の新人工芸家団体・蒼潤社設立に参加し、12年京都工芸院を創立、理事となり、京都の工芸界に確固たる地位を築く。戦後も日展一筋に発表を続け、27年審査員、33年会員、39年評議員、45年参与を務めた。
[家族]養父＝伊東陶山（2代目）、長男＝伊東慶（陶芸家）
[師弟]師＝伊東陶山（1代目）、伊東陶山（2代目）
[受賞]京都府美術工芸功労者〔昭和50年〕、京都市文化功労者〔昭和54年〕、パリ万博金賞〔大正15年〕

伊東 陶山（1代目）　いとう・とうざん
陶芸家

[生年月日]弘化3年（1846年）4月10日
[没年月日]大正9年（1920年）9月24日

35

伊東 陶山（初代）

［出生地］京都粟口（京都府）　［本名］伊藤幸右衛門　［別名等］幼名＝重太郎　［資格］帝室技芸員〔大正6年〕　［専門］粟田焼

18歳より作陶に入り、五条坂の亀屋旭亭らに師事。慶応3年（1867年）京都粟田白川畔に開窯、陶山と号し、茶器・酒器などを制作した。明治12、13年頃より粟田焼の改良を志し、24年には本焼絵付の技術を完成。27年粟田、清水五条坂が合同した組合組織、京都陶磁器商工組合の結成に参加し、のち組合頭取となった。また、29年京都市陶磁器試験所の開設にも寄与。宇治の朝日焼の復興や粟田焼の改良に貢献し、45年久邇宮家から陶翁の印を賜る。大正6年帝室技芸員に選ばれた。

［家族］養子＝伊東陶山（2代目）
［師弟］師＝小泉東岳，亀屋旭亭
［受賞］内国勧業博覧会銀牌（第4回），アムステルダム万博銀牌〔明治16年〕
［叙勲］緑綬褒章〔明治32年〕

伊東 陶山（2代目）　いとう・とうざん
陶芸家

［生年月日］明治4年（1871年）
［没年月日］昭和12年（1937年）9月7日
［出生地］滋賀県膳所　［旧姓名］本多　［別名等］号＝小陶，陶山　［専門］膳所焼

初め日本画を志すが、20歳頃に初代伊東陶山に師事し、作陶を始める。のち陶山の養子となる。大正7年山科に開窯、8年膳所焼を復興し、9年初代没後、2代目陶山を襲名。13年京都美術工芸会設立に参加。昭和3年帝展推薦となり、第12回・14回帝展審査員。画才を発揮した色絵陶器で知られる。

［家族］養父＝伊東陶山（1代目），長男＝伊東陶山（3代目）
［師弟］師＝伊東陶山（1代目）

伊東 陶山（3代目）　いとう・とうざん
陶芸家

［生年月日］明治33年（1900年）2月4日
［没年月日］昭和45年（1970年）3月6日
［出生地］京都府京都市　［本名］伊東信助
［学歴］京都市立美術工芸学校絵画科〔大正7年〕卒

粟田焼の2代目陶山の長男。祖父、父に陶技を学んだ。大正15年聖徳太子奉賛展に出品、入選。昭和4年帝展に初入選、7年無鑑査、8年特選となった。13年3代目陶山を襲名した。このころ中国、朝鮮へ陶磁研究視察のため3回旅行をした。戦後日展に出品、昭和31、37年審査員に挙げられた。36年京都パリ交歓陶芸展に出品、37、38年現代美術京都秀作展に選抜された。粟田焼の伝統を守りながら、現代感覚を盛り込んだ意欲的な作品を制作した。

［家族］父＝伊東陶山（2代目）
［師弟］師＝伊東陶山（1代目），伊東陶山（2代目）
［受賞］帝展特選〔昭和8年〕

伊藤 松次　いとう・まつじ
樺細工職人

［生年月日］大正13年（1924年）6月10日
［没年月日］平成17年（2005年）10月21日
［出身地］秋田県　［学歴］角館小高等科〔昭和14年〕卒

父の伊藤松之助に師事して樺細工の職人となる。昭和29年角館工芸協同組合に入る。51年秋田県優良技能者として知事表彰を受け、同年伝統工芸士に認定。58年現代の名工に選ばれた。

［受賞］秋田県芸術選奨（工芸部門）〔昭和54年〕，現代の名工〔昭和58年〕
［叙勲］黄綬褒章〔平成2年〕，勲六等単光旭日章〔平成14年〕

伊藤 隆一　いとう・りゅういち
　　工芸家　北海道教育大学名誉教授, 北海道デザイン協議会会長

[生年月日]昭和8年(1933年)3月3日
[没年月日]平成12年(2000年)7月9日
[出生地]北海道札幌市　[学歴]東京芸術大学美術学部工芸科卒, 東京芸術大学大学院芸術学研究科工芸専攻修士課程修了　[専門]漆工芸, 美術・工芸科教育　[団体]日本美術教育学会, 北海道美術協会

東京芸術大学美術学部, 公立高校に勤務。昭和33年北海道学芸大学(現・北海道教育大学)に転じ, 58年札幌分校各科教育科教授。のち, 北海道教育大学札幌校美術科教授を経て, 道都大学教授。漆工芸が専門で現代風な明るい作品が多い。北海道フィンランド協会理事長, 副会長を務め, 800年以上の歴史を誇る冬の先進国に学び続けてきた北欧通。59年日本デザイン会議のメンバーに選ばれ, 北海道デザイン協議会会長も務めた。

[受賞]読売新聞コンクール緑の都市賞(第6回)〔昭和61年〕

伊藤 鐐一　いとう・りょういち
　　鋳物工芸家

[没年月日]平成5年(1993年)8月20日
[出身地]愛知県名古屋市東区

"茶どころ"といわれる名古屋で数少ない釜師の一人。戦災で焼け落ちた名古屋城の金のしゃちほこの破片を使い, 金の茶釜を作った。

[師弟]師=香取秀真
[受賞]愛知県教育表彰〔平成1年〕

伊奈 長三(1代目)　いな・ちょうざ
　　陶工

[生年月日]延享1年(1744年)

[没年月日]文政5年(1822年)1月5日
[出生地]尾張国(愛知県)　[本名]伊奈長三郎　[別名等]陶名=長三　[専門]常滑焼

尾張・知多半島の陶業家伊奈長兵衛の子として生まれる。明和3年(1766年)分家し, 甕の製造に従事していたが, のち抹茶器などを製作した。

[家族]子=伊奈長三(2代目)

伊奈 長三(2代目)　いな・ちょうざ
　　陶工

[生年月日]天明1年(1781年)
[没年月日]安政5年(1858年)6月5日
[出生地]尾張国(愛知県)　[本名]伊奈長三郎　[専門]常滑焼

初代長三の子。家業を継ぎ, 轆轤のすぐれた技を生かして茶器や煎茶器を作った。新技術の開発にも努め, 天保年間に板山土による白泥焼を創製し, ついで器の表面に海藻を貼り付けて焼成する藻掛け(藻薬焼)を考案した。

[家族]父=伊奈長三(1代目), 養子=伊奈長三(3代目)

伊奈 長三(4代目)　いな・ちょうざ
　　陶芸家

[生年月日]天保12年(1841年)10月9日
[没年月日]大正13年(1924年)4月
[出生地]尾張国(愛知県)　[本名]伊奈長三郎　[専門]常滑焼

父業を継いで, 轆轤, 手捻りなど巧みにし, 火色焼, 火欅焼の茶器, 酒器など得意とする。明治11年には清の金士恆について中国式茶注の製法を習う。

伊奈 不動山　いな・ふどうさん
　　陶芸家

[生年月日]明治30年(1897年)

［没年月日］昭和36年（1961年）
［出生地］愛知県常滑市　［本名］伊奈寛攀
［学歴］陶器学校（現・常滑高セラミック科）中退

陶工だった父の影響を受ける。陶器学校（現・常滑高セラミック科）中退後、地元の名工・山田陶山に師事。のち、耳が2つ付いた「双耳壺」や、口や胴がゆがんだつぼや茶わんなど野獣派（フォービズム）風の作品を多数制作。素地が並んでいる中に猫を放りこんで傷をつけさせて文様にしたなどのエピソードから、奇行の陶工として知られた。当時の陶芸界には受け入れられなかった。昭和36年死去。平成10年故郷・常滑市の市民俗資料館で「伊奈不動山展—常滑の野獣派陶芸」が開催された。
［師弟］師＝山田陶山

稲垣 稔次郎　いながき・としじろう
染色家　京都市立美術大学教授

［生年月日］明治35年（1902年）3月3日
［没年月日］昭和38年（1963年）6月10日
［出生地］京都府京都市下京区俵町　［学歴］京都市立美術工芸学校（現・京都市立銅駝美術工芸高校）図案科〔大正11年〕卒　［資格］重要無形文化財保持者（型絵染）〔昭和37年〕　［専門］型絵染

大正11年松坂屋京都支店の図案部に入り、型友禅の図案制作を約10年担当。昭和6年独立、創作活動を始め、15年国画会展に「西瓜の図」を出品し、国画奨学賞受賞。16年同会同人となった。同年より新文展に3度特選。21年第1回日展に特選。富本憲吉に認められ、富本をリーダーに22年新匠美術工芸会の設立に参加。23年から型染の作品を発表、31年から日本伝統工芸展に出品。32年日本工芸会正会員、33年同会理事。37年人間国宝（型絵染）に認定される。京都の風物を題材に、詩情豊かな図柄を型染で表現した。また物語や説話を題材とした「平家物語屏風」などの作品も残した。一方、京都市立美術大学教授として後輩の指導にも当たった。代表作に「結城紬地型絵染着物 竹林」「信州紬地型絵染着物 風」「和紙地糊絵染二曲屏風 牡丹図」「木綿地型絵染壁掛 竹取物語」など。他に「壁掛・ソング・オブ・グリーン」「ねずみ草紙」などもある。
［家族］父＝稲垣竹埠（日本画家・工芸図案家）、兄＝稲垣仲静（日本画家）
［受賞］国展国画奨学賞〔昭和15年〕「西瓜の図」、新文展特選〔昭和16年・18年・19年〕「善隣譜」「牡丹図」、日展特選〔昭和21年〕「松の図屏風」
［墓所］通妙寺（京都・鳥辺山）

稲川 尚子　いながわ・なおこ
染織家　絲音会主宰

［生年月日］昭和10年（1935年）3月18日
［没年月日］平成9年（1997年）7月29日
［出生地］愛知県名古屋市　［学歴］名古屋市立女専（現・名古屋市立女子短期大学）卒　［団体］新綜工芸会、燦々工芸会

大学時代から染織に関心を持ち昭和28年からこの世界に入る。東京・八王子で、その土地の老女から銘仙を織る大正初期の織機の使用法、織り方を習う。新綜工芸会展、産業工芸会展などで受賞。染織研究のためベルギーやスペインなどヨーロッパを歴訪、個展も開催した。

稲木 東千里　いなき・ひがしせんり
木工芸家

［生年月日］明治25年（1892年）2月22日
［没年月日］昭和54年（1979年）6月5日
［出生地］静岡県　［本名］稲木千代作　［別名等］旧号＝春千里

父に木工を習い、大正3年上京して星野克斎に師事。独立後日本美術協会賞を受賞、脚光を浴びた。東京美術学校長・正木直彦

の知遇を得て、14年美校聴講生となった。昭和3年昭和天皇即位大典に献上の桑材調度を制作。5年帝展初入選以来、帝展、新文展に、戦後も日展、日本伝統工芸展に出品。木材についての博識、江戸指物や唐木指物の伝統的な卓越した技術、秀逸な意匠など、江戸指物最後の名人といわれた。
[受賞]日本美術協会賞〔大正6年〕、帝展入選〔昭和5年〕、帝展特選〔昭和6年〕「鋲装笥」、帝展推奨〔昭和11年〕「細線文象嵌桑製箱」、キワニス文化賞〔昭和42年〕

稲葉 七穂(2代目) いなば・しちほ
七宝作家

[生年月日]明治18年(1885年)
[没年月日]昭和51年(1976年)

初代稲葉七穂が創業した錦雲軒稲葉を受け継ぐ。明治37年のセントルイス万博以降、6年間にわたって米国に滞在し、42年帰国。大正14年にはパリ万博に六角形宝石箱を出品してグランプリに輝き、受賞作はベルギー王室へ献上された。国際的な感覚を生かした作品を手がけ、京都を代表する七宝作家として知られた。

井波 喜六斎 いなみ・きろくさい
漆芸家

[没年月日]昭和56年(1981年)2月25日
[出身地]岐阜県 [本名]井波寿平 [専門]輪島塗蒔絵 [団体]重要無形文化財輪島塗技術保存会, 日本工芸会

典型的な加賀蒔絵の技法を実用的な輪島塗に導入、現在の輪島の美術漆器の基礎を作った。昭和8年帝展に初入選。
[家族]長男＝井波唯志(漆芸家)

井上 猪治 いのうえ・いじ
指物師

[生年月日]明治44年(1911年)2月13日
[没年月日]平成2年(1990年)7月16日
[出身地]新潟県 [資格]荒川区無形文化財保持者

上京し、立川喜之助に師事。昭和11年東京・浅草で開業、28年東日暮里に移る。キハダ、桜、桧を素材に鏡台、机、座卓などを製作した。

井上 伊兵衛 いのうえ・いへえ
織物職人

[生年月日]文政4年(1821年)
[没年月日]没年不詳

明治5年新政府の工業近代化施策に則って京都府知事・長谷信篤が西陣織職人のヨーロッパ派遣を決定した際、織工の佐倉常七・吉田忠七と共に選ばれてフランス・リヨンに渡る。この時、自身はすでに50歳を越えており、一行の引率者のような立場にもあった。同地では、まず機業家のリガールに西洋式織物技術の教えを乞うが、リガールが指導に熱を入れなかったため、独自で織機を購入し技術の研究・修得を進めたという。6年11月にジャガード織機・絞彫機などを携えて帰国。その後、京都の官営織物工場で後進の指導に当たり、工場の民営化後も西陣の職人として活躍した。

井上 延年 いのうえ・えんねん
陶工

[生年月日]天保13年(1842年)10月
[没年月日]大正3年(1914年)8月9日
[出生地]尾張国瀬戸(愛知県) [本名]井上園七

南新谷の轆轤の名手。明治20年京都陶器会社に勤めたが解散、清水坂下で雅物を作

る。33年頃には東京工業学校の模範工もつとめた。

井上 和彦　いのうえ・かずひこ
博多人形師

[生年月日] 昭和43年（1968年）
[没年月日] 平成19年（2007年）3月25日
[出生地] 福岡県福岡市

井上博多人形工房の4代目で、大学4年の時に父に入門。平成3〜7年にかけて5年連続で博多人形師の登竜門となる与一賞を受賞し、10年29歳の時に博多祇園山笠の人形師としてデビュー。11年イタリアに留学。若年ながら博多祇園山笠の西流の舁き山を担当、将来を嘱望されたが、19年38歳で急逝した。
[家族] 父＝井上栄和（博多人形師）、祖母＝井上あき子（博多人形師）
[受賞] 与一賞〔平成3〜7年〕

井上 松坪　いのうえ・しょうへい
陶工

[生年月日] 天保2年（1831年）
[没年月日] 明治28年（1895年）7月6日
[出身地] 尾張国瀬戸（愛知県）　[本名] 井上松兵衛　[別名等] 旧名＝辰次

尾張瀬戸の陶工。彦根藩主井伊直弼に湖東焼に招かれる。のち京都に行き、ダミ（塗りボカシ）筆をはじめる。明治10年頃より松坪製とか玉松園松坪などの銘をいれ海外輸出。また京都の陶業組合に尽力して最初の組合長にあげられた。

井上 真改　いのうえ・しんかい
刀工

[生年月日] 寛永8年（1631年）
[没年月日] 天和2年（1682年）11月9日
[出生地] 日向国飫肥（宮崎県）　[別名等] 別名＝国貞、真改

和泉守国貞の門に学び、のち養子となる。国貞の死後、承応2年（1653年）23歳で2代目を襲名。万治4年（1661年）朝廷から許され、茎（なかご）に十六葉の菊花文を刻む。寛文12年（1672年）井上真改と改名。新刀（慶長以降の刀剣）中の名工として名高く、沸（にえ）の深くついた大湾（のた）れの刃文を得意とした。大坂正宗と称賛され、津田越前守助広と名声をわけあった。

井上 僊智　いのうえ・せんち
古代塗考案者

[生年月日] 生年不詳
[没年月日] 明治1年（1868年）

奥州仙台藩主が駿河国蒲原宿（静岡県）を通過した時に随行していたが、発病して蒲原宿にそのまま住み着き、庶民に学問武芸を教えるようになる。特に漆塗りに巧みで、古代塗りを創案して地元の職人にも技法を伝授。自身も"僊智山人"の銘で優れた作品を手掛けた。没後、明治30年頃から古代塗りは大量生産されて全国に広まり、米国にも輸出された。

井上 伝　いのうえ・でん
久留米絣創始者

[生年月日] 天明8年（1788年）12月30日
[没年月日] 明治2年（1869年）4月26日
[出生地] 筑後国御井郡久留米通外町（福岡県久留米市）

米屋の娘として生まれる。幼い頃から織物が好きで、15歳頃には弟子が数十人いたという。創意工夫にもすぐれ、ある日、着古した着物に白い斑点があるのを探究し始めたのがきっかけとなり、久留米絣を考案した。

井上 稔夫　いのうえ・としお
和紙漉き職人　高知県手すき和紙協同組合理事長

[生年月日] 昭和18年（1943年）3月14日
[没年月日] 平成16年（2004年）9月10日
[出身地] 高知県土佐市

昭和33年から家業の手漉き和紙製造に従事。文化財修復用紙製造などの技術に優れ、平成6年文部省（現・文部科学省）から選定保存技術保持者に認定された。9年より高知県手すき和紙協同組合理事長を務めた。

井上 富夫　いのうえ・とみお
染色家

[没年月日] 平成16年（2004年）12月18日
[資格] 奈良県伝統工芸士　[専門] 笠間藍染

奈良県指定工芸品・笠間藍染の作家として、数少ない本格藍染め技法を伝承した。

井上 治男　いのうえ・はるお
陶芸家

[生年月日] 明治42年（1909年）12月1日
[没年月日] 昭和50年（1975年）4月18日
[出生地] 京都府京都市　[学歴] 京都市立陶磁器講習所

大正13年京都市立陶磁器講習所に学び、5代・6代清水六兵衛に師事。昭和7年帝展に初入選、帝展、文展に出品を続けた。23年京都陶芸家クラブ発足に参加、総務となった。27年日展で北斗賞、29年特選。同年朝日新聞社主催の日本現代陶芸展で「青白磁花器」が朝日新聞社賞を受賞。その後、日展出品委嘱となり、審査員、評議員をつとめたのち、47年文部大臣賞を受賞した。
[師弟] 師＝清水六兵衛（5代目）、清水六兵衛（6代目）

[受賞] 日展北斗賞〔昭和27年〕「白磁花瓶」、日展特選〔昭和29年〕「白磁花瓶」、日展文部大臣賞〔昭和47年〕

井上 楊南　いのうえ・ようなん
陶芸家

[生年月日] 明治2年（1869年）
[没年月日] 昭和31年（1956年）
[出生地] 愛知県　[本名] 井上房太郎　[専門] 常滑焼

医者の家に生まれる。日本美術院などで絵画を学んだ後、明治33年より常滑陶器学校に勤務して作陶を開始。土練りから窯焚きまでの全行程を一人でこなし、茶器や食器、火鉢など幅広く制作。特に絵付けに優れた腕を持った。大正5年農商務省工芸展覧会に初出品して入選。14年パリ万博に傘立てを出品し、名誉賞を受けた。
[受賞] パリ万博名誉賞〔大正14年〕

井上 良斎（1代目）　いのうえ・りょうさい
陶工

[生年月日] 文政11年（1828年）
[没年月日] 没年不詳
[出生地] 尾張国瀬戸（愛知県）　[本名] 井上良吉　[別名等] 別号＝東玉園

尾張藩御用庭焼師・川本治兵衛の下で技を学ぶ。のち江戸四谷の松平摂津守家に仕え、独立後は浅草・橋場に窯を構える。瀬戸原料を遣い斬新な意匠と写実的で精巧な磁器を制作、輸出も行った。
[家族] 養子＝井上良斎（2代目）
[師弟] 師＝川本治兵衛

井上 良斎（2代目）　いのうえ・りょうさい
陶工

[生年月日] 弘化2年（1845年）

[没年月日]明治38年（1905年）8月4日
[出生地]尾張国瀬戸（愛知県）
尾張藩御用庭焼師・川本治兵衛の子として生まれる。初代井上良斎の養子となり、その跡を嗣ぐ。明治10年第1回内国勧業博覧会に作品を出品して賞を受け、名声を確立。白磁の釉下着彩法を極めた、明治を代表する名工として知られる。
[家族]息子＝井上良斎（3代目），父＝川本治兵衛（陶芸家），養父＝井上良斎（1代目）

井上 良斎（3代目） いのうえ・りょうさい
陶芸家

[生年月日]明治21年（1888年）9月4日
[没年月日]昭和46年（1971年）2月6日
[出生地]東京・浅草　[本名]井上良太郎　[資格]日本芸術院会員〔昭和41年〕
陶技を父の2代目井上良斎に学び、明治38年板谷波山に師事。大正3年横浜市高島町に窯を移した。昭和3年帝展に初入選、その後帝展、文展に出品、4年には三越本店で個展を開くなど多くの個展を続けた。18年文展無鑑査。戦後は日展に所属、26年日展出品委嘱、28年から5回審査員を務めた。33年日展評議員、41年理事。同年日本芸術院会員。43年陶人会を主宰、後進の指導に当たった。
[家族]父＝井上良斎（2代目）
[受賞]日本芸術院賞〔昭和35年〕

今泉 今右衛門（10代目） いまいずみ・いまえもん
陶芸家

[生年月日]嘉永1年（1848年）
[没年月日]昭和2年（1927年）9月27日
[出生地]肥前国（佐賀県）　[本名]今泉藤太
[専門]色鍋島

10代目を継ぐ。稲富武平の二男で、今泉家の養子となり明治初期にドイツ人化学者・ワグネルや陶画家の服部杏圃に学ぶ。更に本窯を築き、もっぱら古陶を模造。色鍋島の製作に長じた。

今泉 今右衛門（12代目） いまいずみ・いまえもん
陶芸家　色鍋島今右衛門技術保存会会長

[生年月日]明治30年（1897年）9月25日
[没年月日]昭和50年（1975年）5月2日
[出生地]佐賀県有田町　[別名等]幼名＝平兵衛　[学歴]有田工窯業科〔大正5年〕卒
[専門]有田焼, 色鍋島　[団体]日本工芸会, 色鍋島今右衛門技術保存会
11代目今右衛門の長男。父に従って家業に就き、昭和8年秩父宮家、9年宮内省、大宮御所の御用命を受けた。23年父の死で12代目を襲名。古伊万里、柿右衛門と並ぶ色鍋島の技術保存と向上に生涯をかけた。27年色鍋島の技術に対して助成の措置を講ずべき無形文化財の選定を受け、29年第1回日本伝統工芸展に出品、30年日本工芸会が発足、正会員となった。以降、同展に毎回出品。45年色鍋島今右衛門技術保存会を結成、会長に就任。46年同会は重要無形文化財の保持団体に認定された。また43年色鍋島・古伊万里の収集品を展示する今右衛門古陶磁美術館を設立した。
[家族]父＝今泉今右衛門（11代目），息子＝今泉今右衛門（13代目・人間国宝），孫＝今泉作知香（インテリアコーディネーター），今泉今右衛門（14代目）
[受賞]佐賀県文化功労者〔昭和41年〕，ブリュッセル万博グランプリ「色鍋島芙蓉絵皿」ほか
[叙勲]紺綬褒章, 紫綬褒章〔昭和42年〕，勲四等旭日小綬章〔昭和47年〕

[記念館]今右衛門古陶磁美術館（佐賀県西松浦郡有田町）

今泉 今右衛門(13代目) いまいずみ・いまえもん

陶芸家　佐賀県立有田窯業大学校校長、色鍋島今右衛門技術保存会会長

[生年月日]大正15年（1926年）3月31日
[没年月日]平成13年（2001年）10月13日
[出生地]佐賀県有田町　[本名]今泉善詔
[別名等]幼名＝胏太　[学歴]東京美術学校（現・東京芸術大学）工芸科〔昭和24年〕卒
[資格]重要無形文化財保持者（色絵磁器）〔平成1年〕　[専門]有田焼、色鍋島　[団体]日本工芸会、佐賀県陶芸協会（会長）

色鍋島の伝統を受け継ぐ今右衛門窯の長男として生まれる。20歳代は伝統に反発して前衛的な作品を作る。昭和32年「色絵水草文花器」が日展入選。37年初出品の「色絵有織文花器」で日本伝統工芸展初入選。40年日本工芸会正会員。この頃から日本伝統工芸展などを舞台に、現代感覚を盛り込んだ秀作を発表。50年父の12代目今右衛門死去により13代目今右衛門を襲名。51年には、会長を務める色鍋島今右衛門技術保存会が重要無形文化財の総合指定を受けた。同年日本工芸会理事、58年佐賀県陶芸協会会長を務め、西日本の伝統工芸界のリーダーとなる。平成元年人間国宝に認定された。5年佐賀県立有田窯業大学校校長に就任。色絵の新しい世代を代表する作家として呉須を全面に吹き付ける"吹墨（ふきずみ）"、酸化ウランを使う"薄墨"、両者を重ねる"吹重ね"などの技法を色鍋島の品格に組み合わせ、新しい世界を作り出した。他の代表作に「色絵手毬花文鉢」「色鍋島笹輪文鉢」「色絵薄墨露草文大鉢」「色絵薄墨珠樹文蓋付瓶」「色絵吹重ね草花文蓋付瓶」など。

[家族]父＝今泉今右衛門（12代目）、妻＝今泉泰子（有田商工会議所副会頭）、娘＝今泉作知香（インテリアコーディネーター）、二男＝今泉今右衛門（14代目）
[受賞]佐賀県芸術文化賞〔昭和54年〕、西日本文化賞〔昭和59年〕、毎日芸術賞（第29回、昭62年度）〔昭和63年〕、MOA岡田茂吉賞（第1回）〔昭和63年〕、日本陶芸協会金賞（第33回、昭63年度）〔平成1年〕、日本伝統工芸展日本工芸会会長賞〔昭和40年〕「色絵手毬花文鉢」、日本伝統工芸展NHK会長賞〔昭和54年〕「色絵薄墨草花文鉢」、日本陶芸展最優秀作品賞（秩父宮賜杯）〔昭和56年〕「色絵薄墨露草文大鉢」
[叙勲]紫綬褒章〔昭和61年〕、勲四等旭日小綬章〔平成11年〕
[記念館]今右衛門古陶磁美術館（佐賀県西松浦郡有田町）

今泉 俊光 いまいずみ・としみつ

刀匠

[生年月日]明治31年（1898年）4月21日
[没年月日]平成7年（1995年）8月28日
[出生地]佐賀県　[本名]今泉済　[学歴]福岡県立工業学校（旧制）卒　[資格]岡山県重要無形文化財保持者〔昭和34年〕

大正13年岡山県の紡績会社に技師として勤務。昭和7年独自鍛刀研究に入り、9年備前国長船住祐包の門人である護国師に"備前伝鍛刀技術"の口伝を受ける。以後会社を辞め、備前伝と呼ばれる長船鍛治の伝える作刀技法に本格的に取り組む。戦時中には陸軍受命刀匠として軍刀を製作。19年招かれて備前・長船の地に赴き、備前刀の復興に力を尽くす。34年岡山県重要無形文化財保持者。45年新作名刀展に出品、のち無鑑査となる。没後、岡山県長船町の民俗資料館に工房が再現された。
[受賞]吉川英治賞〔昭和43年〕、新作名刀展優秀賞、新作名刀展長官賞、新作名刀展正宗賞、新作名刀展名誉教授会長賞

今岡 晃久　いまおか・あきひさ
陶芸家, 歌人

[没年月日]昭和56年（1981年）12月4日
[出身地]三重県上野市大野町

鎌倉・円覚寺で毎年、作陶展を開催したほか、短歌でも活躍した。同人雑誌「炎」の主宰者。

今村 三之丞　いまむら・さんのじょう
陶工

[生年月日]慶長15年（1610年）
[没年月日]元禄9年（1696年）
[別名等]名＝正一

慶長の役の際、平戸藩主松浦鎮信が朝鮮より連れ帰り、製陶に従事させた巨関の子。寛永年間（1624～43年）に磁器製法の基礎を築き、三ツ岳の白磁鉱を発見し、白磁や青磁を焼造したと伝えられる。

今村 繁子　いまむら・しげこ
人形作家

[生年月日]明治41年（1908年）
[没年月日]昭和45年（1970年）
[出生地]京都府

鏑木清方に美人画を、高畠華宵に挿画を学ぶ。昭和13年から人形の制作を始め、童宝美術院展、日展、日本伝統工芸展などに出品した。

今村 弥次兵衛　いまむら・やじべえ
肥前平戸藩士, 陶工

[生年月日]正保2年（1645年）
[没年月日]享保2年（1717年）
[出生地]肥前国（長崎県）　[別名等]名＝正名, 正景, 法名＝如猿

祖父は初代肥前平戸藩主・法印鎮信の朝鮮役帰陣に伴われて平戸に来住した朝鮮人・巨関。父は平戸領南部の三川内村に三川内窯を開いた初代三之丞正一。祖父、父の代より良質の陶土を探究し、寛文2年（1662年）三川内近傍の陶土に加え、肥後の天草陶石を得て、白磁の焼成に成功した。4年には幕府への、元禄12年（1699年）には禁裏への進物の焼成を拝命。享保2年（1717年）三川内で死去しこの地に葬られたが、天保13年（1842年）には藩命により如猿大明神として同地に祀られた。3代以降は代々弥次兵衛を襲名し、白磁の技法を伝えた。

井村 嘉代子　いむら・かよこ
人形作家

[生年月日]大正9年（1920年）
[没年月日]平成15年（2003年）11月18日
[出生地]三重県　[団体]光風会

桐の木の粉で形を作り、彩色や布、小物などで仕上げた"桐塑人形"を制作した。
[受賞]現代人形展朝日賞

入江 長八　いりえ・ちょうはち
鏝絵師　鏝絵の創始者

[生年月日]文化12年（1815年）8月5日
[没年月日]明治22年（1889年）10月8日
[出生地]伊豆国松崎村（静岡県松崎町）　[旧姓名]上田　[別名等]通称＝伊豆の長八, 播磨屋金兵衛, 号＝乾道

農家に生まれる。幼い頃から鏝工を好み、文政9年（1826年）同郷の左官の棟梁・関仁助から技を学ぶ。天保4年（1833年）上京。狩野派の絵画や彫塑の技を修めて左官の業に応用し、鏝絵と呼ばれる立体的な漆喰壁画を大成、"伊豆の長八"として名声を博した。花鳥人物に秀で、特に龍に優れた。明治10年第1回内国勧業博覧会に出品、褒状を得た。

[記念館]長八記念館（静岡県松崎町）, 伊豆の長八美術館（静岡県松崎町）

入江 美法　いりえ・よしのり
能面師

[生年月日] 明治29年(1896年)1月8日
[没年月日] 昭和50年(1975年)9月3日
[出生地] 栃木県宇都宮市

下村観山の弟・下村豊山(清時)に師事し、その女婿となる。明治以降の能面は新面として、差別されていたが、能面技法の芸術性を強調、「能面検討」などの著書も出版、能面作家の地位を確立した。印を押すに価する作品はないとして、在印面は存在しないといわれる。
[師弟] 師=下村清時, 下村観山

入山 白翁　いりやま・はくおう
日本画家, 漆芸家

[生年月日] 明治37年(1904年)1月6日
[没年月日] 平成3年(1991年)11月11日
[出生地] 新潟県　[本名] 入山平太郎　[学歴] 東京美術学校(現・東京芸術大学)漆工科選科〔昭和8年〕卒

昭和14年第3回新文展美術工芸部門で初入選。以後、紀元二千六百年奉祝美術展ほかで入選を重ねる。戦後は、21年第1回日展から第6回日展まで入選した。のち、漆画、版画などを手掛けた。

岩井 平之丞　いわい・へいのじょう
鍛冶職人

[生年月日] 安永7年(1778年)
[没年月日] 万延1年(1860年)1月7日
[出身地] 陸奥国盛岡(岩手県)　[別名等] 号=湛鍛廼音成

手掛けた鉄硯は独特の創意鍛練に成り、かつ精巧で、藩主より幕府に献上された。諸大名からの注文にも気分によって応じず、生活は常に困窮していたといわれる。主に学者・文人と交わり、湛鍛廼音成と号して狂歌をよくした。
[墓所] 教浄寺(岩手県盛岡市北山町)

岩尾 光雲斎　いわお・こううんさい
竹工芸家　別府市美術協会会長

[没年月日] 平成4年(1992年)1月21日
[本名] 岩尾直

12歳で弟子入りし、昭和62年頃まで制作活動を続けた。別府竹製品協同組合相談役、大分県竹製品協同組合連合会長なども務めた。

岩城 倉之助　いわき・くらのすけ
ガラス工芸家

[生没年] 生没年不詳
[学歴] オハイオ大学(米国)

我が国最初の民間ガラス工場を設立した岩城滝次郎の二男。米国のオハイオ大学で硝子工業を学び、父の後を受け岩城硝子株式会社を経営した。光学ガラス分野の第一人者で、昭和6年「鼎形硝子器」で第12回帝展に入選。
[家族] 父=岩城滝次郎(ガラス工芸家)

岩城 滝次郎　いわき・たきじろう
ガラス工芸家

[生年月日] 安政4年(1857年)
[没年月日] 大正4年(1915年)
[出生地] 安房国館山(千葉県)

安房国館山の駄菓子問屋に生まれる。明治8年上京、沢定次郎に弟子入りしてガラスの和吹き技法を習得。10年工部省の品川工作分局に入り、25歳で職工長となった。16年独立して我が国最初の民間ガラス工場である岩城硝子製造所を設立、和吹きと工作分局で身につけた舶来吹きを併用して精巧なガラス器を制作。18年には困難とされて

いた赤色舷灯ガラスとエッチングガラスを発表。23年第3回内国勧業博覧会に「切子製玻璃花盛器」を出品、二等有功賞を受けた。32年渡米してステンドグラスを研究、同国のステンドグラス技術を修め帰国した。
[家族]二男=岩城倉之助(ガラス工芸家)[親族]女婿=岡本一太郎(ガラス工芸家)

岩木 裕軒　いわき・ゆうけん
指物師

[生年月日]明治8年(1875年)
[没年月日]大正15年(1926年)
千家十職の指物師駒沢利斎に師事。大正天皇の即位式の高御座や椅子を製作。また裏千家十三代円能斎の指導で吉野棚、猿臂棚などつくった。

岩崎 狂雲　いわさき・きょううん
狂言師(大蔵流)、面打ち師

[生年月日]大正13年(1924年)3月10日
[没年月日]平成17年(2005年)9月3日
[本名]岩崎精治　[学歴]京都大学　[団体]能楽協会、京都能楽会
高校時代から謡を始め、大学進学後、8代目片山九朗右衛門の指導で能狂言に熱中。昭和28年3代目茂山千作に師事。29年「清水」のシテで初舞台。その後、高校の化学教師を辞め、38年からプロの狂言師として活躍。同時期から狂言面作りにも着手し、戦後の面作りの第一人者といわれた北沢如雲に師事。以後、面打ち師としても活躍。平成11年京都文化博物館で初の個展を開催した。
[親族]岳父=茂山千作(3代目・狂言師)、義兄=茂山千作(4代目・狂言師)、義弟=茂山千之丞(2代目・狂言師)
[師弟]師=茂山千作(3代目)、北沢如雲

岩崎 新定　いわさき・しんじょう
陶芸家　膳所美術館理事長, 膳所窯元代表取締役

[生年月日]大正2年(1913年)7月4日
[没年月日]平成21年(2009年)10月26日
[出身地]滋賀県大津市　[学歴]京都高等工芸学校陶磁器科卒　[専門]膳所焼
遠州七窯の一つである膳所焼を作陶。昭和62年膳所焼美術館を開館した。

岩田 糸子　いわた・いとこ
ガラス工芸家　岩田工芸硝子社長

[生年月日]大正11年(1922年)
[没年月日]平成20年(2008年)9月25日
[出生地]旧満州・大連　[学歴]三輪田高女卒　[団体]グラス・アート・ソサエティ
ガラス工芸家の岩田久利と結婚、2児の母となってからガラス工芸家となり、昭和50年岩田工芸硝子社長に就任。一方、37年以降、ガラス芸術の自由な表現法の素材として位置付ける"スタジオ・グラス・ムーブメント"の日本への普及に努める。47年日本ガラス工芸協会創立に参加、事務局長として運営にあたった。55年には米国のニューヨーク・コーニング美術館理事、59年より米国ピルチャック・グラス・スクールのインターナショナル評議員を務める。平成6年米国グラス・アート・ソサエティの最高栄誉とされる終生功労賞を日本人で初めて受賞。他にデンバー美術館建築国際委員会委員、日本硝子製品工業会副会長なども務めた。
[家族]夫=岩田久利(ガラス工芸家)、長女=岩田ルリ(ガラス工芸家)[親族]義父=岩田藤七(ガラス工芸家・岩田工芸硝子創業者)
[受賞]米国グラス・アート・ソサエティ終生功労賞〔平成6年〕

岩田 藤七　いわた・とうしち
ガラス工芸家　岩田工芸硝子会長

[生年月日] 明治26年（1893年）3月12日
[没年月日] 昭和55年（1980年）8月23日
[出生地] 東京市日本橋区（現・東京都中央区）　[別名等] 幼名＝東次郎　[学歴] 東京美術学校（現・東京芸術大学）金工科〔大正7年〕・洋画科〔大正12年〕卒　[資格] 日本芸術院会員〔昭和29年〕

師事していた岡田三郎助のすすめでガラス工芸の道に進み、工芸界に新風をもたらすとともに、昭和6年東京・葛飾に岩田硝子製作所を設立、その後は岩田工芸硝子会長としてガラス工芸の輸出なども手がけて独特の領域を確立した。26年日本芸術院賞、44年毎日芸術賞、45年文化功労者。主な作品に「吹き込みルビー色硝子花瓶」「硝子製水槽」「はぎ合わせ硝子スタンド」「光の美」「皇居新宮殿壁画」など。著書に「岩田藤七ガラス作品集」がある。

[家族] 長男＝岩田久利（ガラス工芸家）
[師弟] 師＝岡田三郎助
[受賞] 日本芸術院賞〔昭和25年〕「光の美」、文化功労者〔昭和45年〕、帝展特選〔昭和3年～5年・31年〕、毎日芸術賞〔昭和43年〕

岩田 久利　いわた・ひさとし
ガラス工芸家　岩田工芸硝子会長

[生年月日] 大正14年（1925年）12月18日
[没年月日] 平成6年（1994年）1月8日
[出身地] 東京都新宿区弁天町　[学歴] 東京美術学校（現・東京芸術大学）工芸部図案科〔昭和25年〕卒　[団体] 光風会、日展、日本ガラス工芸協会

東京美術学校を卒業後、東京工業大学窯業硝子研究室でガラスの組成を研究。昭和24年から日展に連続入選。38年窯業協会理事。47年日本ガラス工芸協会を創立、初代会長として工芸界をまとめ、欧米との交流を図る。また日展評議員、武蔵野美術大学講師なども務めた。赤、黒、青などの色彩を簡潔かつ鮮やかに調和させる繊細な作風で、色ガラスによる宙吹きガラスは国際的な評価を受けた。作品に「孔雀文大皿」「聖華」「湧く」などがある。

[家族] 妻＝岩田糸子（ガラス工芸家・岩田工芸硝子社長）、父＝岩田藤七（ガラス工芸家）、長女＝岩田ルリ（ガラス工芸家）
[受賞] 日本芸術院賞〔昭和56年〕「聖華」、日展特選〔昭和30年・31年〕、日展文部大臣賞〔昭和51年〕「孔雀文大皿」、毎日芸術賞（第23回）〔昭和56年〕
[叙勲] 紺綬褒章〔昭和54年〕

岩月 捨吉　いわつき・すてきち
陶画工

[生年月日] 弘化2年（1845年）
[没年月日] 大正7年（1918年）8月21日
[出生地] 近江国彦根（滋賀県）

安政4年（1857年）藩窯湖東焼の御抱稽古人となり幹山伝七に陶画を習う。文久2年（1862年）廃窯後、幹山と京都に移り工場で絵付けをする。有職模様に長じ、宮内省御用の染付も手がけた。幹山の会社の廃止後は清水坂で陶磁器の貿易に従事した。

岩野 市兵衛（8代目）　いわの・いちべえ
手漉和紙製作者　全国手漉和紙連合会理事長

[生年月日] 明治34年（1901年）9月14日
[没年月日] 昭和51年（1976年）10月7日
[出生地] 福井県今立郡今立村大滝　[本名] 岩野栄一　[学歴] 清慎尋常小高等科〔大正5年〕卒　[資格] 重要無形文化財保持者（越前奉書）〔昭和43年〕　[専門] 越前奉書

小学校を卒業するころから父・7代市兵衛や親族の岩野平三郎から奉書の技法を習い、

47

大正15年工夫のすえ、浮世絵木版画用の紙を完成した。昭和16年8代市兵衛を襲名。応召先の中国で紙漉き工場を見学、復員後は全国を歩いて研究。23年これまでの加賀楮に代わる那須楮(茨城県)を探し当てた。35年桂離宮松琴亭の襖紙を漉く。木材パルプ混入の世相の中で、純楮を原料の越前奉書を守り続け、43年人間国宝に認定。35年には桂離宮松琴亭の襖壁紙を抄造した。また福井県和紙工業協同組合理事長、全国手漉和紙連合会の指導者として和紙界の向上に貢献した。著書に「紙漉のこと」がある。
[家族]父=岩野市兵衛(7代目)
[師弟]師=岩野市兵衛(7代目)、岩野平三郎

岩野 平三郎(1代目) いわの・へいざぶろう
手漉和紙製作者

[生年月日]明治11年(1878年)7月30日
[没年月日]昭和35年(1960年)8月19日
[出生地]福井県今立郡今立町大滝 [本名]岩野平二郎 [別名等]号=茂山 [専門]越前和紙

家業の紙漉きを継ぎ、楮とともに雁皮や麻の原料を研究、優れた日本画用紙の鳥の子紙や麻紙を開拓した。竹内栖鳳の愛用した大滝紙、横山大観の使用した大徳紙などが有名。早稲田大学図書館の依頼で世界最大級の和紙を製作。越前和紙の中興の祖といわれる。著書に「紙漉平三郎手記」。
[家族]父=岩野藤之助(和紙製作者)、長男=岩野平三郎(2代目)

岩野 平三郎(2代目) いわの・へいざぶろう
手漉和紙製作者

[生年月日]明治34年(1901年)2月19日
[没年月日]昭和49年(1974年)8月22日
[出生地]福井県 [本名]岩野敬三 [専門]越前和紙

昭和24年法隆寺金堂壁画復元のための壁画紙を製作。打電、飛雲、水玉の手法をもち、42年第1回吉川英治文化賞受賞。
[家族]父=岩野平三郎(1代目)、二男=岩野平三郎(3代目)
[受賞]吉川英治文化賞(第1回)〔昭和42年〕

岩淵 重哉 いわぶち・しげや
陶芸家 嵯峨美術短期大学名誉教授

[生年月日]大正14年(1925年)6月13日
[没年月日]平成5年(1993年)9月17日
[出生地]京都府京都市 [学歴]京都市立美術大学卒 [団体]日本工芸会

富本憲吉、近藤悠三に師事。昭和35年日本伝統工芸展に初入選。以来塩釉、天目などの陶芸作品を発表、受賞を重ねた。
[師弟]師=富本憲治、近藤悠三

岩本 昆寛(6代目) いわもと・こんかん
装剣金工家

[生年月日]延享1年(1744年)
[没年月日]享和1年(1801年)
[出生地]江戸 [別名等]姓=浅井、初名=良云、通称=喜三郎、別号=白峰亭、春曙堂、南浦、朝雲斎

岩本家4代昆寛の弟子であったが、5代昆寛が夭折したため、師の養子となり6代目を相続。魚貝、鳥獣、人物などを題材に横谷風、奈良風、写実風と諸派の特色を取り入れた独自の作風を確立した。主な作品に「鯉図縁頭」「螢籠に団扇図目貫」など。

岩本 清左衛門 いわもと・せいざえもん
刀工

[生年月日]享和2年(1802年)
[没年月日]慶応3年(1867年)
[出生地]周防国岩国(山口県) [別名等]名=盛俊、号=青竜軒

代々岩国の金工師の家に生まれる。天保4年(1833年)32歳の時、江戸に出て米沢家中加藤綱俊に弟子入り。修業ののち帰国し、9年領主吉川経章により諸細工人組に召された。その後、諸国の蹈鞴現場や刀工師らを訪ね、研究に従事。11年一人扶持三石をもって吉川家雇細工人となり、嘉永元年(1848年)には二人扶持に加増、文久3年(1863年)には世襲を許された。青竜軒の号は広く知れ渡り、鍛刀の注文が殺到したといわれる。
[墓所]善福寺(山口県岩国市)

【う】

上田 郁夫　うえだ・いくお
鋳金家　岩手大学名誉教授

[生年月日]昭和2年(1927年)5月23日
[没年月日]平成14年(2002年)2月1日
[出身地]岩手県盛岡市　[学歴]東京美術学校(現・東京芸術大学)工芸科卒

岩手大学教授を務めた。分担執筆に「いわての手仕事」。

上田 宗品　うえだ・そうほん
風炉師

[生年月日]生年不詳
[没年月日]安永7年(1778年)
[別名等]通称=源七

山城国(京都府)上梅谷に窯を持ち、雲華焼の風炉、手焙、火入などを制作。特に灰器と蓋置は茶人の間でもてはやされた。宗品の名を小判形の枠で囲んだ大印を用いた。

上田 恒次　うえだ・つねじ
陶芸家

[生年月日]大正3年(1914年)1月25日
[没年月日]昭和62年(1987年)5月20日
[出身地]京都府室町　[学歴]京都市立第二工業陶磁器科卒　[団体]日本工芸会

昭和8年18歳の時、河井寛次郎に入門。12年洛北・岩倉木野町に工房「木野皿山窯」を完成。18年浜田庄司らの満州民芸調査団に参加、残留し、磁器工場で試作、朝鮮各地を巡訪する。河井寛次郎の練上手の技法を特別に継承。李朝風の白磁に独自の作風を示した。

上田 直方(4代目)　うえだ・なおかた
陶芸家

[生年月日]明治31年(1898年)
[没年月日]昭和50年(1975年)
[出身地]滋賀県　[資格]商工省信楽焼技術保存資格者〔昭和18年〕、滋賀県指定無形文化財技術保持者〔昭和39年〕　[専門]信楽焼

3代目上田直方の長男。古信楽に着目し、衰退していた信楽焼の伝統技法による茶道具制作に従事。古信楽に倣いながらも、独自の繊細な造形感を持った作品を制作した。昭和39年信楽焼で初めて滋賀県指定無形文化財技術保持者に認定された。
[家族]長男=上田直方(5代目)、父=上田直方(3代目)

上野 清二　うえの・せいじ
染織作家

[没年月日]昭和58年(1983年)7月3日
[出身地]京都府　[団体]新匠工芸会

手描き友禅の人間国宝だった上野為二の二男で日本伝統工芸展などで活躍した。
[家族]父=上野為二(染織作家・人間国宝)

上野 為二　うえの・ためじ
染色家

[生年月日] 明治34年（1901年）4月16日
[没年月日] 昭和35年（1960年）9月4日
[出生地] 京都府京都市下京区　[学歴] 京都市立美術工芸学校〔大正3年〕中退、関西美術院〔大正14年〕卒　[資格] 重要無形文化財保持者（友禅）〔昭和30年〕　[専門] 京加賀友禅

京加賀友禅の確立者上野清江の息子。日本画を西村五雲に学び、関西美術院で油絵を習い、友禅の基礎を修得。父の指導で本格的な手描友禅の修業に入る。昭和4年上野研究所を設立、図案から彩色など一貫制作に取り組む。5年頃から加賀友禅を研究。10年図案集「余情ひながた」「徒然草」を刊行。29年第1回日本伝統工芸展に出品、以後同展で活躍。30年重要無形文化財保持者に認定された。代表作に「一越縮緬地友禅訪問着『歓喜』」「鉄色紋縮緬地晴秋紅柿文様訪問着」「白朱子縮緬地孔雀更紗文様友禅振袖」など。
[家族] 父＝上野清江（京加賀友禅作家）、孫＝上野真（染色家）
[師弟] 師＝西村五雲、上野清江

植松 包美　うえまつ・ほうび
漆芸家

[生年月日] 明治5年（1872年）11月1日
[没年月日] 昭和8年（1933年）11月16日
[出生地] 東京　[本名] 植松弥太郎

代々蒔絵師で、父の抱民に蒔絵の技法を、図案意匠は岸光景に学ぶ。古典の妙味を生かした伝統的で技巧に優れた作品を制作。パリ万博や東京大正博などに出品し、帝展審査員も務め、漆工界の指導的役割を果たした。
[家族] 植松抱民（蒔絵師）

植松 抱民　うえまつ・ほうみん
蒔絵師

[生年月日] 弘化2年（1845年）12月24日
[没年月日] 明治32年（1899年）6月15日
[出生地] 江戸四谷荒木町（東京）　[別名等] 幼名＝弥吉

江戸四谷荒木町に呉服商の子として生まれる。安政5年（1858年）から蒔絵を上田喜三郎、明斎梶山清兵衛に学び一家をなす。明治4年（1871年）に独立し、11年頃精工社の嘱託となる。門下に保井抱中などの名手をだし、子・植松包美が後を継いだ。代表作に、第4回内国勧業博覧会で受賞した「角田川蒔絵香棚」がある。
[家族] 子＝植松包美（漆芸家）
[師弟] 師＝上田喜三郎, 梶山清兵衛

上村 信吉　うえむら・しんきち
陶工

[生年月日] 文化11年（1814年）
[没年月日] 文久2年（1862年）
[専門] 常滑焼

尾張国常滑の陶工で、上村白鷗の孫。祖父に倣って手捻りで茶器を制作。また、水盤や植木鉢などに動植物の浮き文をつけることを考案した。文久2年（1862年）旅先の秩父で病死した。
[家族] 祖父＝上村白鷗（陶工）

上村 白鷗　うえむら・はくおう
陶工

[生年月日] 宝暦4年（1754年）
[没年月日] 天保3年（1832年）
[専門] 常滑焼

尾張国常滑の窯元で、甕類を製造した。隠居後は俳句と陶芸にいそしみ、自作陶器を京都の九条家に贈った際、白鷗の銘を賜っ

たとされる。手捻りで鉢や徳利、香合を作り、蝦蟇仙人像なども制作した。
[家族]孫＝上村信吉（陶工）

魚住 為楽（1代目） うおずみ・いらく
彫金家

[生年月日] 明治19年（1886年）12月20日
[没年月日] 昭和39年（1964年）7月15日
[出生地]石川県小松市　[本名]魚住安太郎
[資格]重要無形文化財保持者（銅鑼）〔昭和30年〕　[専門]銅鑼

明治40〜41年大阪久保田鉄工所に入って金工業を、41年〜大正5年山口徳蔵に師事して仏具製作を学び、仏鈴（ぶつりん）の鋳造を研究。24歳の時、金沢で銅鑼を独学研究。昭和10〜19年正木真彦、香取秀真について砂張鋳造を学んだ。この間11年第1回帝展に1尺2寸の銅鑼を出品、12年1尺8寸、余韻1分16秒の銅鑼銘「雲の井」を完成した。13〜14年法隆寺夢殿厨子ヤリカンナ施工。24年現代美術展に出品した「砂張八角銅鑼」が最高賞受賞。27年銅鑼制作の技術で無形文化財に選定され、28年石川県知事賞、30年人間国宝に認定された。
[家族]息子＝魚住幸兵（金工家）、孫＝魚住為楽（3代目）[親族]曽孫＝魚住安信（工芸家）
[師弟]師＝山口徳蔵、正木真彦、香取秀真
[受賞]金沢市文化賞（第6回）〔昭和27年〕、北国文化賞〔昭和27年〕、石川県知事賞〔昭和28年〕、現代美術展最高賞〔昭和24年〕「砂張八角銅鑼」、石川県産業工芸展知事賞（第2回）〔昭和37年〕
[叙勲]勲四等旭日小綬章〔昭和39年〕

魚住 幸兵 うおずみ・こうへい
金工家

[没年月日] 昭和19年（1944年）

父は彫金家で人間国宝にも選ばれた初代魚住為楽。父の後継者になる予定だったが、太平洋戦争中の昭和19年に戦死した。平成15年東京芸術大学大学美術館で開催された「韓国国立中央博物館所蔵日本近代美術展」の出品物の中に、官展に出品された唯一の作品である「輪花形砂張水差」が残されていることが判明した。
[家族]父＝魚住為楽（1代目）、息子＝魚住為楽（3代目）、孫＝魚住安信（工芸家）

鵜飼 菁 うかい・せい
染色家

[没年月日] 昭和60年（1985年）1月24日
[出生地]愛知県一宮市　[本名]鵜飼正行

戦前から染色の世界に斬新なアイデア、デザインを採り入れ、東海地方の在来の染めを工芸作品にまで高めたリーダー役を務めた。
[家族]息子＝鵜飼英夫（染色家）[親族]女婿＝大林主一（中日新聞政治部長）

鶯谷 庄米 うぐいすだに・しょうべい
陶芸家

[生年月日] 天保1年（1830年）
[没年月日] 明治45年（1912年）3月18日
[出生地]加賀国（石川県）　[本名]鶯谷庄平

金沢の鶯谷久田窯で初代土屋一光に師事。のち窯を野崎佐吉に譲り、油木山の窯などで制作に従事した。

牛島 ノシ うしじま・のし
国武絣の考案者

[生年月日] 文化9年（1812年）3月10日
[没年月日] 明治20年（1887年）10月23日
[出生地]筑後国上妻郡（福岡県）

筑後国国武村（現・福岡県八女市）の農業・牛島太七の妻。副業として絣を織っていたが、ある時に家の梁の上にあった編み薦を解いたところ、縄目の痕が点々と白くなっ

ていたのに着想を得、針で細かな絣の横糸を編み、藍に浸した後でその糸をほどいて織機にかけると見事な小柄の絣ができた。風変わりな上にそれまでの方法に比べて手間が省けて織ることができる反数も上がったことから近隣に技法が普及し、"国武絣"と呼ばれるようになった。盛んな時は年間で20万反ほどが関西・関東へ送り出された。

内島 北朗　うちじま・ほくろう
俳人, 陶芸家

[生年月日] 明治26年（1893年）8月1日
[没年月日] 昭和53年（1978年）3月28日
[出生地] 富山県高岡市　[本名] 内島喜太郎
[別名等] 別号＝北楼, 北琅

明治43年「日本俳句」に拠って河東碧梧桐、筏井竹の門に学び、大正3年荻原井泉水の「層雲」に参加し、自由律の俳人となる。のち「層雲」作家として指導的地位を確立し、井泉水没後、「層雲」発行人となる。昭和3年句文集「壺屋草紙」を刊行、以後句集「光芒」「陶房」などを刊行し、29年層雲文化賞を受賞。また陶芸家としても活躍し、帝展にも3回入選した。
[師弟] 師＝荻原井泉水
[受賞] 層雲文化賞〔昭和29年〕

内田 邦夫　うちだ・くにお
陶芸家　日本クラフト協会会長

[生年月日] 明治43年（1910年）3月12日
[没年月日] 平成6年（1994年）
[出生地] 新潟県高田市（上越市）　[学歴] 東京美術学校（現・東京芸術大学）工芸科〔昭和10年〕卒

戦前戦後を通じ日展に作品を発表。昭和32年日展委嘱を辞し、日本のクラフト運動のパイオニアとして活動を始める。多彩な技法を持ち、海外展での受賞を通して日本クラフトの優秀さを欧米に紹介した。

[受賞] ブリュッセル万博グランプリ〔昭和33年〕, サクラメント世界博覧会グランプリ〔昭和32年・38年〕, 川合玉堂賞

内田 秀一　うちだ・しゅういち
江戸小紋師

[没年月日] 平成2年（1990年）12月13日
[資格] 山梨県無形文化財（江戸小紋染）〔昭和52年〕

15歳の時に東京で江戸小紋染の染師の弟子となり修業。昭和12年山梨県の八田村に移り、52年山梨県無形文化財に指定された。

内山 一夫　うちやま・かずお
刀剣研磨師

[没年月日] 平成4年（1992年）3月24日
[資格] 奈良県指定無形文化財保持者

近畿では刀剣研磨の第一人者とされ、昭和57年奈良県無形文化財保持者に指定された。研磨した代表的な作品には、広島県厳島神社の宝刀や、国の重要文化財「金錯銘直刀身」などがある。

内山 興正　うちやま・こうしょう
僧侶, 折り紙作家　安泰寺住職

[生年月日] 明治45年（1912年）7月15日
[没年月日] 平成10年（1998年）3月13日
[出生地] 東京　[学歴] 早稲田大学文学部西洋哲学科〔昭和10年〕卒, 早稲田大学大学院〔昭和12年〕修了

昭和13年カトリックの宮崎公教神学校教師となるが、16年沢木興道について出家得度。24年から京都で托鉢生活に入り、40年興道師の遷化の後、40年から10年間京都の安泰寺の住職として後進の育成と坐禅の普及に努める。門下に外国人も多く、著作は英独仏伊など数カ国語に訳されている。53年から宇治・能化院に住む。一方、中学生

の頃から父の影響で折り紙創作にも興味を示し、折り紙の解説書を数々発表、近代的折り紙の創始者と評される。著書に「自己」「正法眼蔵―生死を味わう」「観音経・十句観音経を味わう」「折り紙」「禅の心、悟りのうた」「人生料理の本」「独りで歩け」「ともに育つこころ」「正法眼蔵―身心学道を味わう」「生命実物」「人生科読本」など多数。没後の平成11年「いのち楽しむ―内山興正老師遺稿集」が出版された。
[家族]父＝内山光弘（折り紙作家）
[師弟]師＝沢木興道

内山 光弘　うちやま・みつひろ
折り紙作家

[生年月日]明治11年（1878年）
[没年月日]昭和42年（1967年）
[出生地]三重県津市　[本名]内山道夫

伊勢津藩主・藤堂家の御殿務めをしていた母親より12歳のころ折り紙の手ほどきを受ける。昭和6年日本橋三越で第1回折紙作品発表会を開催し、8年「折紙の考案」について帝国発明協会より有効賞を受賞。「光弘式」「重ね折り」「花紋折り」の折り紙を考案。共著に「折紙教本」「折紙基本図集」「新案特許創作折紙」他。
[家族]息子＝内山興正（僧侶・折り紙作家）

内海 吉造(4代目)　うつみ・きちぞう
陶画工

[没年月日]明治18年（1885年）
[出生地]加賀国金沢（石川県）　[別名等]号＝松齢堂、陶山、初名＝鍋屋栄吉

祖父の鍋屋丈助は吉田屋窯、父の鍋屋吉兵衛は民山窯で、それぞれ陶画工として活躍。父と古酒屋孫次に陶画を学び、狩野派の佐々木泉龍にも師事した。小松の小野窯、金沢の熊走窯で働き、明治2年阿部碧海が士族授産のために自邸に窯を起こすと工場長となった。阿部工場の閉鎖後はその工場を引き継いで為詢社を設立、友田安清、本多葵ら優れた陶画工を輩出した。また、上絵窯を改良して金彩再焼の方法を開発した他、茶具須を用いるなど新しい技法も考案した。
[家族]父＝鍋屋吉兵衛（陶画工）、祖父＝鍋屋丈助（陶画工）

宇野 三吾　うの・さんご
陶芸家

[生年月日]明治35年（1902年）8月10日
[没年月日]昭和63年（1988年）1月28日
[出生地]京都府京都市　[学歴]京都美術工芸学校（現・銅駝美術工芸学校）中退、京都陶磁器試験所卒

初代宇野仁松の四男。帝展出品を経て、昭和6年第1回個展を開いて以来団体展には出品せず、50数回の個展を開き在野を貫く。22年美術工芸総合研究団体・四耕会を主宰。30年日本工芸会創立会員。古陶磁片とその釉薬の研究を続け、釉薬の使い方は天才的と評される。ファエンツィア陶磁館博物館などに作品が収蔵されている。
[家族]父＝宇野仁松（1代目）（陶芸家）、兄＝宇野宗甕（1代目）（陶芸家）
[受賞]京都市文化功労者〔昭和52年〕
[叙勲]勲四等瑞宝章
[墓所]正伝寺（京都）

宇野 宗甕(1代目)　うの・そうよう
陶芸家

[生年月日]明治21年（1888年）2月7日
[没年月日]昭和48年（1973年）4月28日
[出生地]京都府京都市　[本名]宇野宗太郎
[別名等]前名＝宇野仁松　[学歴]京都市立美術工芸学校中退　[資格]無形文化財記録作成者〔昭和32年〕

京都市立美術工芸学校を中退、京都市立陶磁器試験場伝習所で学んだ。明治の末、艶消し釉を開発、その後辰砂、釣窯、青磁、天目などについて研究。昭和12年父・初代宇野仁松の死去で2代目仁松を襲名したが、17年弟・仁平に譲り、宗甕と名のった。27年「辰砂」の技法により無形文化財に選定された。29年第1回日本伝統工芸展から出品を続け、30年日本工芸会が結成されて同会正会員となった。32年「青磁」で無形文化財記録作成に選ばれた。
[家族]父=宇野仁松(1代目)，弟=宇野仁松(3代目)

宇野 仁松(1代目) うの・にんまつ
陶芸家

[生年月日]元治1年(1864年)
[没年月日]昭和12年(1937年)
[出生地]加賀国能美郡小松(石川県) [別名等]号=晴雲山
父の和田宗平に陶芸を学んだ後、京都に出て3代目清風与平に師事した。明治18年頃に独立し、輸出用陶器を製作。33年パリ万博、37年セントルイス万博、39年ミラノ万博などに出品して銅牌や金牌を受けるなど、高い評価を得た。43年京都・東山に窯を築き、大正年間には国内向け作品に専念して青磁・辰砂などの優品を作った。
[家族]息子=宇野宗甕(1代目)，宇野仁松(3代目)
[師弟]師=清風与平(3代目)

宇野 仁松(3代目) うの・にんまつ
陶芸家

[没年月日]昭和57年(1982年)3月11日
[出身地]京都府京都市 [本名]宇野仁平
昭和17年京焼の一派である3代目宇野仁松を兄から継ぎ、中国・宋時代の青磁、白磁のうわぐすりを研究、伝承した。

[家族]父=宇野仁松(1代目)，兄=宇野宗甕(1代目)

梅田 正弘 うめだ・まさひろ
陶芸家

[生年月日]昭和12年(1937年)1月30日
[没年月日]平成18年(2006年)12月1日
[出生地]大阪府大阪市 [学歴]大阪市立工芸図案科〔昭和30年〕卒 [専門]伊賀焼
昭和30年シャープ宣伝部を経て、フリーのグラフィックデザイナーとなる。傍ら、20代後半から陶芸を始め、54年陶芸家に転身して名張市に桔梗窯を築いた。作陶の傍ら、地域の公民館や大阪府の老人大学などで陶芸を指導。また、入門書「陶技入門」を3冊執筆、平成12年脳出血で倒れると、自身の体験に基づく「陶技入門」のリハビリ編執筆を目指したが、亡くなった。
[受賞]通産省伝統的工芸品産業功者表彰〔昭和62年〕

埋忠 明寿 うめただ・みょうじゅ
装剣金工，刀工

[生年月日]永禄1年(1558年)
[没年月日]寛永8年(1631年)5月18日
[出生地]京都府西陣 [別名等]名=重吉，宗吉
真鍮に象嵌する大胆な桃山風の鐔や、刀身彫刻に不動明王や玉追竜などを用いた斬新な意匠の短刀などを得意とし、足利義昭、織田信長、豊臣秀吉に仕えた。新刀鍛冶の祖とされ、門人に肥前忠吉、肥後守輝広がいる。

梅原 半助 うめはら・はんすけ
蒔絵塗師

[生年月日]寛文4年(1664年)
[没年月日]享保12年(1727年)

[出身地]山城国梅原村(京都府)
加賀国金沢で蒔絵塗を習得。富山藩主前田正甫に請われ、十人扶持金十両で細工人組に入り、塗師方蒔絵師となる。以後、しばしば江戸藩邸詰めを命ぜられ、先供細工方を務めた。晩年は養子半七に皆伝、代々塗師として藩主に仕えた。

梅村 鉱二　うめむら・こうじ
陶芸家　日本伝統工芸士会会長, 赤津焼工業協同組合理事長

[生年月日]大正15年(1926年)3月30日
[没年月日]平成20年(2008年)1月8日
[出生地]愛知県瀬戸市赤津町　[別名等]号＝梅村晴峰　[資格]伝統工芸士〔昭和52年〕
[専門]赤津焼

江戸時代から続く赤津町の窯元の家に生まれ育つ。昭和40年弄月(ろうげつ)窯を継承し、梅村晴峰を襲名。52年通産大臣から赤津焼が伝統的工芸品の指定を受け、同年伝統工芸士に認定された。赤津焼工業協同組合理事長。平成3年愛知県陶磁器工業協同組合理事長、4年日本陶業連盟会長、日本陶磁器工業協同組合連合会理事長も務め、国内の陶磁器業界の指導者として業界や産地間の取りまとめなどに尽力した。
[受賞]現代の名工〔平成4年〕
[叙勲]藍綬褒章〔平成6年〕

有来 新兵衛　うらい・しんべえ
陶工

[生没年]生没年不詳

京都三条柳馬場で糸割符の業を営む。のち茶湯を小堀遠州に、陶法を佐々竹庵に学び、瀬戸で瀬戸新兵衛、備前で備前新兵衛、信楽で信楽新兵衛を焼成。主に茶入・水指などをつくった後窯茶入の作者。姓の"有来"はもと"ありき"と呼んだという。

浦上 善次　うらかみ・ぜんじ
陶芸家

[生年月日]大正3年(1914年)9月10日
[没年月日]平成18年(2006年)3月23日
[出生地]岡山県備前市　[資格]岡山県指定重要無形文化財〔昭和48年〕　[専門]備前焼

昭和4年15歳で備前焼細工物の名工として知られた西村春湖に入門。5年間の修業を経て、上京して北村西望に彫塑を、内藤伸に木彫を学ぶ。13年より文展に3年連続入選。48年フランスのル・サロン展300年祭で金賞を受賞した。同年岡山県指定重要無形文化財に認定。備前焼陶彫の第一人者で、写実に立脚した動物の置物や、陶像・陶壁を得意とした。
[親族]女婿＝浦上光弘(陶芸家)
[師弟]師＝西村春湖, 北村西望, 内藤伸
[受賞]国際アカデミー賞, 岡山県文化賞(昭56年度)〔昭和57年〕, 三木記念賞(第20回, 昭62年度), 山陽文化賞, 備前市功労章, ル・サロン展(フランス)銅賞〔昭和45年〕, ル・サロン展(フランス)銀賞〔昭和46年〕, ル・サロン展(フランス)金賞〔昭和48年〕
[叙勲]紺綬褒章, 勲五等瑞宝章

浦川 一斎　うらかわ・いっさい
陶工

[生年月日]安政3年(1856年)5月
[没年月日]明治42年(1909年)4月
[出生地]尾張国常滑(愛知県)　[別名等]別号＝青谿, 大雅

2代松下三光に学ぶ。明治18年頃清水守衛の工場で輸出向の龍巻陶器を造る。21年三重県の青谿窯で万古風の施釉陶器をつくるが帰郷し、黒楽の万年青鉢をつくる。40年盛岡市の堀合卓爾に招かれ朱泥急須の製法を教える。帰郷して朱泥急須、真焼(まやけ)火鉢などをつくった。

浦野 乾哉　うらの・けんや
陶工

[生年月日] 嘉永4年（1851年）
[没年月日] 大正12年（1923年）
[本名] 浦野繁吉　[別名等] 別名＝尾形乾山, 北雷庵嶽南

明治初年にドイツ人化学者・ワグネルに石膏型取の技術を学ぶ。その後、三浦乾也に入門して陶芸に従事。師の没後、東京・浅草の今戸から入谷へ移る。明治33年尾形圭助の養子となり、6代目尾形乾山を名のった。同年パリ万博に出品。44年英国人陶芸家のバーナード・リーチ及び、その通訳として訪れた富本憲吉の師となり、2人に7代目乾山として伝書を授けた。大正12年の関東大震災の後、亡くなった。

瓜生 啓一　うりゅう・けいいち
アートメダル作家

[没年月日] 平成4年（1992年）3月31日
[出生地] 福岡県

14歳から大阪の工房と工芸学校で学び、戦前の青年期に工房職人として各種記念メダル制作に従事。昭和54年60歳で芸術メダルの制作を始め、作家として独立。国際メダル連盟の展覧に出品。作品に大国の暴挙と脅威をテーマにした「ポーランド1981」、江戸時代の男尊女卑を風刺した「浮世絵賛歌・男と女」などがある。

[受賞] 日本芸術メダル協会展文部大臣賞, 日本芸術メダル協会展朝日新聞社賞, 米国造幣学会ソルタス賞（平2年度）

海野 清　うんの・きよし
彫金家　東京芸術大学教授

[生年月日] 明治17年（1884年）11月8日
[没年月日] 昭和31年（1956年）7月10日
[出生地] 東京都　[学歴] 早稲田大学法科中退, 東京美術学校（現・東京芸術大学）金工科〔明治44年〕卒　[資格] 帝国芸術院会員〔昭和22年〕, 重要無形文化財保持者（彫金）〔昭和30年〕

加納夏雄及び父に師事。大正8年東京美術学校助教授、昭和7年教授となり、24年東京芸術大学移行後も同校教授として没年まで在職した。この間、大正3年大正博覧会で2等賞、5年東京府金工業美術展覧会審査委員、昭和3年「鸚鵡文金属小筥」が帝展特選となり、4年から審査委員、9年から無鑑査出品者として活躍。4～9年フランスへ留学、エジプト技術の影響を受ける。その後、新文展審査員、日展審査員、同運営会理事を歴任。また、全日本工芸美術家協会会長、日本彫金会会長、日本美術刀剣保存協会常任審査員、文化財専門審議会専門委員など、彫金会の長老として要職を務めた。22年帝国芸術院会員、30年人間国宝に認定される。鏨を深く鋭く使う"毛彫"で格調高い作品を残した。他の代表作に「双鳥文箱」「青銀花器」「白銅エジプト猫」「牛」など。

[家族] 父＝海野勝珉（彫金家）, 長兄＝海野珉乗（彫刻家）
[師弟] 師＝加納夏雄, 海野勝珉
[受賞] 帝展特選（第9回）〔昭和3年〕「鸚鵡文金属小筥」

海野 勝珉　うんの・しょうみん
彫金家　東京美術学校彫金科教授

[生年月日] 弘化1年（1844年）5月15日
[没年月日] 大正4年（1915年）10月6日
[出生地] 常陸国水戸（茨城県水戸市）　[別名等] 幼名＝竹次郎, 初名＝甚平, 号＝芳洲, 藻税軒　[資格] 帝室技芸員〔明治29年〕

9歳の時より叔父の初代海野美盛と萩谷勝平に彫金を学ぶ。明治4年上京し、勝珉と改名、彫金業を営む。10年第1回内国勧業博覧会で褒状、23年第3回同博で「蘭陵王置物」が妙技1等賞を受賞。以来名声をあげ、

明治彫金界のリーダー格となる。23年東京美術学校雇員となり、加納夏雄に師事、27年彫金科教授に就任。29年帝室技芸員。その門下から水野月洲ら多くの彫金家を輩出した。
［家族］長男＝海野珉乗（彫金家），四男＝海野清（彫金家）［親族］叔父＝海野美盛（1代目）
［受賞］賜藍綬章〔明治36年〕
［墓所］染井墓地

海野 建夫　うんの・たけお
金工家　東京学芸大学名誉教授

［生年月日］明治38年（1905年）6月15日
［没年月日］昭和57年（1982年）11月17日
［出生地］東京　［学歴］東京美術学校（現・東京芸術大学）金工科〔昭和3年〕卒　［専門］彫金

水戸派金工の大家・海野美盛の三男。昭和4年帝展初入選、7年特選。27年に東京学芸大学教授。日展の審査員、評議員を務めながら、創作活動を続け、日本スポーツ芸術協会副会長も務めた。
［家族］父＝海野美盛（金工家）
［受賞］日本芸術院賞〔昭和45年〕
［叙勲］勲三等瑞宝章〔昭和50年〕

海野 珉乗　うんの・みんじょう
彫金家

［生年月日］明治6年（1873年）2月2日
［没年月日］明治43年（1910年）4月18日
［出生地］東京市本郷区駒込千駄木町（東京都）　［別名等］幼名＝豊太郎、号＝照洲　［学歴］東京美術学校（現・東京芸術大学）彫金科〔明治30年〕卒

海野勝珉の長男。父について彫金の奥義を究め、秀才の誉が高かったが、早世した。
［家族］父＝海野勝珉（彫金家），弟＝海野清（彫金家）
［墓所］染井墓地

海野 盛寿　うんの・もりとし
彫金家

［生年月日］天保5年（1834年）
［没年月日］明治29年（1896年）10月1日
［出生地］常陸国水戸（茨城県水戸市）　［別名等］通称＝太三郎、伝太郎、初銘＝盛利、号＝凌雲、凌雲斎、起竜斎

水戸派の彫金工・初代海野美盛の弟子。明治になって上京し、玉川美氏に彫金を学ぶ。水戸常盤神社に奉祀した「烈公武装金像」は遺作。
［家族］息子＝海野美盛（2代目，彫金家）

海野 美盛（2代目）　うんの・よしもり
彫金家　東京美術学校教授

［生年月日］元治1年（1864年）11月
［没年月日］大正8年（1919年）9月22日
［出生地］江戸下谷池之端茅町（東京都）　［本名］海野子之吉　［別名等］号＝起草軒、宝竜斎、鉄骨道人、海野道人　［資格］帝室技芸員

水戸派の彫金工・初代海野美盛の弟子、海野盛寿の子。幼少より家業を父やおじ勝珉に学ぶ。絵画を酒井道一、河鍋暁斎、今尾景年に学ぶ。のち2代目美盛を襲名し、明治31年東京美術学校教授となる。33年と43年に英仏に外遊。鋳金を土台とした丸彫の人物動物が得意で、代表作に「流鏑馬銀製置物」「加茂競馬置物」などがある。
［家族］父＝海野盛寿（彫金家）［親族］おじ＝海野勝珉（彫金家）
［師弟］師＝海野盛寿、海野勝珉、酒井道一、河鍋暁斎、今尾景年

雲林院 文蔵（11代目）　うんりんいん・ぶんぞう
陶工

［生年月日］生年不詳
［没年月日］明和6年（1769年）

[別名等]別名＝雲林院宝山　[専門]京都粟田口焼

粟田口焼の名工として知られる。堆黒や堆黒陶のほか、磁器も焼き、青木木米、仁阿弥道八、尾形周平らに陶業を伝授した。

雲林院 文造(16代目)　うんりんいん・ぶんぞう
陶工

[生年月日]文政3年(1820年)
[没年月日]明治22年(1889年)10月29日
[別名等]通称＝泰平宝山　[専門]粟田口焼

屋号を茶碗屋といい、初代は近江国甲賀郡信楽で製陶に従事していたが天文年間に京都に出、4代目で清水に、7代目の時に粟田口に窯を移したという。茶器類を製して青蓮院宮の御用を務め、安政4年(1857年)宮より泰平の号を賜り、9代目が宝山寺の僧侶から宝山の号を受けていたことから、泰平宝山と称した。晩年は五条坂に移った。

【え】

永楽 回全　えいらく・かいぜん
陶工　千家十職・永楽家13代目

[生年月日]天保5年(1834年)
[没年月日]明治9年(1876年)
[出生地]京都府　[別名等]幼名＝善次郎、別名＝西村善五郎、西村宗三郎、西村回全

漆工の佐野長寛の二男として生まれ、弘化4年(1847年)西村家(永楽家)の養子に。嘉永2年(1849年)12代目・和全の後を継ぎ13代目となる。"西園"の印を使い、和全とともに御室にあった仁清の窯跡で製陶を行った。のちに分家して西村宗三郎と称した。
[家族]父＝佐野長寛(漆工)、養父＝永楽保全[親族]義兄＝永楽和全

永楽 正全　えいらく・しょうぜん
土風炉師, 焼物師　千家十職・永楽家15代目

[生年月日]明治13年(1880年)
[没年月日]昭和7年(1932年)
[本名]山本治三郎　[別名等]通称＝善五郎

千家十職の一つで、楽家とともに茶陶の名門・永楽家の15代目。14代目得全の甥で、おじの没後はその妻である妙全と家職を守り、昭和2年15代目を継いだ。
[家族]長男＝永楽即全、孫＝永楽善五郎(17代目)[親族]おじ＝永楽得全

永楽 即全　えいらく・そくぜん
土風炉師, 焼物師　千家十職・永楽家16代目, 京都伝統陶芸家協会会長

[生年月日]大正6年(1917年)7月8日
[没年月日]平成10年(1998年)5月3日
[出生地]京都府京都市　[本名]永楽茂一
[別名等]雅号＝陶然軒, 通称＝善五郎　[学歴]京都市立美術工芸学校中退

千家十職の一つで、楽家とともに茶陶の名門・永楽家の16代目。19歳で16代永楽善五郎を襲名。昭和11年三井高棟の大磯城山荘内に城山窯を築窯。30年代に入り、各地での個展、源氏物語五十四帖による作品54点の展観、14代楽吉左衛門との二人展等を開催。華麗な京焼の技法を茶道具に表現した。平成9年にはパリで個展を開催。
[家族]父＝永楽正全, 長男＝永楽善五郎(17代目)
[受賞]京都府文化特別功労賞(第10回)〔平成4年〕
[叙勲]勲五等瑞宝章〔平成2年〕

永楽 得全　えいらく・とくぜん
土風炉師, 焼物師　千家十職・永楽家14代目

[生年月日] 嘉永6年 (1853年)
[没年月日] 明治42年 (1909年)
[出身地] 京都府　[別名等] 幼名=常次郎, 通称=善五郎, 別表記=得善

千家十職の一つで、茶陶の名門・永楽家の14代目。12代和全の長男。明治4年和全より家督を譲られ、19歳で家業を継いだ。作風は力強く、呉須赤絵を得意とし、三井・鴻池両家の庇護を受けて数多くの佳作を残した。妻の悠は妙全と称し、得全亡き後の19年間家業を継承した。
[家族] 父=永楽和全, 妻=永楽妙全

永楽 保全　えいらく・ほぜん
陶工

[生年月日] 寛政7年 (1795年)
[没年月日] 安政1年 (1854年) 9月18日
[出身地] 京都　[別名等] 初名=千太郎, 通称=西村善五郎, 号=陶釣軒

沢井宗海の子で、永楽了全の養子となり、西村善五郎11代目をつぐ。14歳頃から焼き物を始め、人形屋市右衛門より陶技を習う。染付や金襴手などを得意とし、青木木米、仁阿弥道八と共に京焼後期を代表する三名工に数えられる。文政10年 (1827年) 紀伊藩主徳川治宝に招かれ、西浜御殿で偕楽園焼を始め、金印「河浜支流」と銀印「永楽」を受け、これ以後永楽姓を名のった。
[家族] 養父=永楽了全, 長男=永楽和全

永楽 和全　えいらく・わぜん
陶工

[生年月日] 文政6年 (1823年)
[没年月日] 明治29年 (1896年) 5月6日
[出生地] 京都府　[別名等] 幼名=仙太郎, 通称=西村善五郎　[専門] 京焼

京焼の名工として知られる11代目永楽保全の長男。天保14年 (1843年) 12代目西村善五郎を襲名した。嘉永5年 (1852年) 野々村仁清ゆかりの京都の御室窯を再興。慶応年間には加賀大聖寺藩に招かれて九谷焼の再興にも尽くした。4年家督を長男の得全に譲って西村の本姓を永楽とした。6年から4年間は愛知県岡崎に招かれ、コーヒーカップなどの洋食器も手がけた。晩年は京都で菊渓焼を開いた。金襴手、赤絵など写しものにすぐれた腕をみせた。
[家族] 父=永楽保全, 長男=永楽得全 [親族] 義弟=永楽回全
[墓所] 高台寺 (京都府京都市)

江口 秀山　えぐち・しゅうざん
陶芸家　三彩の里理事長

[生年月日] 大正11年 (1922年) 11月14日
[没年月日] 昭和63年 (1988年) 10月29日
[本名] 江口洋

戦後父祖の業を継ぎ、昭和32年長崎市田上に築窯、のち大村に移窯。江戸時代に途絶えた長崎三彩の復元に取り組む。52年大村市に身障者授産施設・三彩の里を設立し、身障者の陶芸技術による自活を指導した。
[家族] 息子=江口司 (陶芸家)

江崎 一生　えさき・いっせい
陶芸家

[生年月日] 大正7年 (1918年) 10月11日
[没年月日] 平成4年 (1992年) 4月10日
[出身地] 愛知県常滑市　[本名] 江崎一生
[学歴] 常滑陶器学校卒　[専門] 常滑焼　[団体] 日本工芸会

地元製陶所を経て、昭和27年独立。35年備前焼の金重陶陽の薫陶をうけ古常滑の研究に入る。36年常滑市立陶芸研究所に入所。

半地下式窖窯を築き、須恵器や灰釉陶器を研究しながら古常滑の風格を持つ作品の制作を始めた。39年日本工芸会正会員。48年日本陶磁協会賞受賞。日本伝統工芸展鑑査員、中日国際陶芸会議員などをつとめた。灰釉一筋で、常滑焼の伝統技術に新しい生命を吹き込んだものとして評価された。
[師弟]金重陶陽
[受賞]日本陶磁協会賞(第17回、昭47年度)〔昭和48年〕、日本伝統工芸展朝日新聞社賞(第10回、昭38年度)、日本伝統工芸展文部大臣賞(第16回、昭44年度)

江崎 栄造　えざき・えいぞう
べっ甲細工師

[没年月日]昭和40年(1965年)11月10日
[出身地]長崎県　[資格]長崎県重要無形文化財技術保持者　[専門]長崎べっ甲

安政2年(1855年)長崎で江崎べっ甲器製造場を創業、代表的な職人でもあった。明治に入ると長崎べっ甲は海外でも好評を博し、輸出工芸品の重要品目となる。明治43年ロンドン日英博覧会に出品し特別賞受賞。また農業展、商工展などでも活躍した。のち長崎県重要無形文化財技術保持者に認定された。

榎本 宗五　えのもと・そうご
塗師

[生没年]生没年不詳
[別名等]通称＝五郎作、又右衛門

元禄時代の江戸で、山田宗徧の門下の塗師として活動した。千利休の「お亀の文」と宗旦作の尺八花入を所持していたといわれる。

江馬 長閑　えま・ちょうかん
漆芸家

[生年月日]明治14年(1881年)12月14日
[没年月日]昭和15年(1940年)3月12日
[出生地]奈良県生駒郡郡山町　[本名]江馬長治　[専門]蒔絵

大阪の櫛蒔絵師小西春斎に学び、のち5代目山本利兵衛に師事。5代目没後、6代目利兵衛とともに制作を続けたが、6代目没後独立。明治42年佳都美会に参加。大正元年第1回京都漆器展一等賞、並びに模範職工として表彰される。5年～昭和5年京都市美術工芸学校教諭を務め、後進の指導にあたる。大正13年京都美術工芸会創立に参加。昭和3年より帝展に出品。また、宮内省依頼の硯箱や手箱を多く制作した。代表作に「塵地蒔絵平目歌絵松鶴模様文台・重硯箱」がある。
[師弟]師＝小西春斎, 山本利兵衛(5代目)

江里 佐代子　えり・さよこ
截金家

[生年月日]昭和20年(1945年)7月19日
[没年月日]平成19年(2007年)10月3日
[出生地]京都府京都市　[旧姓名]樹田　[学歴]成安女子短期大学意匠科染色コース〔昭和41年〕卒　[資格]重要無形文化財保持者(截金)〔平成14年〕　[団体]日本工芸会

生家は日本刺繍・京繍を営む。昭和46年仏師の江里康慧に嫁ぎ、53年より北村起祥に師事して、仏像への金箔張りの伝統技法である截金を始める。仏教美術と密接に結びついている截金を多くの人に知って貰いたいと工芸作品への応用を始め、57年京都府工芸美術展で大賞を受賞。同年東京・銀座で初の個展を開催。58年第30回日本伝統工芸展に初出品。61年日本工芸会正会員。平成2年夫婦の共同個展を初開催。仏教美術を原点に自由で精神性の高い作品を創造し、14年人間国宝に認定された。17年紫綬褒章。19年展覧会で訪れていたフランスで倒れ、客死した。代表作に「截金彩色飾筥 花風有

韻」「二枚折屛風 ○△□」「截金六角組飾筥 六花集香」「截金飾筥 万象」など。
[家族]夫＝江里康慧(仏師)[親族]義父＝江里宗平(仏師)、義弟＝江里敏明(彫刻家)
[師弟]師＝北村起祥
[受賞]京都府あけぼの賞〔平成5年〕、京都美術文化賞(第13回)〔平成12年〕、伝統文化ポーラ賞(第22回)〔平成14年〕「『截金』の伝承・振興」、京都府文化賞(功労賞、第21回)〔平成15年〕、京都市文化功労者〔平成18年〕、仏教伝道文化賞(第41回)〔平成19年〕、京都府工芸美術展大賞(第35回)〔昭和57年〕「截金彩色屛風 万象放輝」、京展京都市長賞〔昭和61年〕「截金衝立 コスミックウェーブ」、伝統工芸第七部会展朝日新聞社賞(第6回)〔平成2年〕、日本伝統工芸展日本工芸会総裁賞(第38回)〔平成3年〕「截金彩色飾筥 花風有韻」、伝統工芸第七部会展日本工芸会賞(第8回)〔平成4年〕「截金彩色飾小筥」、日本伝統工芸展高松宮記念賞(第48回)〔平成13年〕「截金飾筥『シルクロード幻想』」
[叙勲]紫綬褒章〔平成17年〕

円阿弥 武宗　えんあみ・たけむね
蒔絵師

[生没年]生没年不詳
[別名等]名＝又五郎

江戸中期頃に活躍。元禄2年(1689年)に幸阿弥長救とともに日光東照宮の宮殿の蒔絵に従事した。

延均師　えんきんし
伎楽面作者

[生没年]生没年不詳

正倉院と東大寺に伝えられる伎楽面のうち、正倉院の師子児1面、醉胡従9面、東大寺の醉胡従1面にその名が墨書される。独特の繊細な作風で、中でも師子児面には天平勝宝4年(752年)4月9日の年記があり、同日催された東大寺の大仏開眼供養会に使用した面として知られる。

遠藤 虚籟　えんどう・きょらい
綴織作家

[生年月日]明治23年(1890年)12月20日
[没年月日]昭和38年(1963年)12月28日
[出生地]山形県西田川郡大宝寺村(鶴岡市)
[本名]遠藤順治　[学歴]荘内中中退

16歳の時に家庭の事情により中学を中退して上京、郵便局に勤務する傍ら、太平洋画会で中村不折に師事。その後、神生教団に入り伝道活動に従事した他、賀川豊彦の知遇を得て貧民救済にも携わる。大正11年京都の大久保寿麿に綴錦織を学び、14年日本工芸美術展に「芭蕉の図」で初入選。昭和5年帝展に初入選。8年「陶窯の図」で帝展特選。15年東京綴織作家作家協会を設立、会長。同年奢侈品等製造販売禁止令により綴織制作が困難になった後も芸術保存の観点から特別に作品制作を許されたが、非常時に自分だけが制作をすることの意義に悩み、戦争で犠牲になったすべての霊を追悼する曼陀羅作りを決意。以後、仏画綴織に精魂を傾け、25年には10年間かけて制作した大作「曼陀羅中央部三尊仏」のうち最も大きな「中尊阿弥陀如来像」を全日本仏教会を通じてニューヨークの国連本部に納めた。
[師弟]師＝中村不折、大久保寿麿

遠藤 忠雄　えんどう・ただお
手漉き和紙製作者

[生年月日]大正2年(1913年)3月13日
[没年月日]平成9年(1997年)10月6日
[出身地]宮城県白石市　[学歴]白石町立実業補習学校〔昭和6年〕卒　[資格]宮城県無形文化財保持者　[団体]全国手漉和紙連合会

農業の傍ら、冬の農閑期に紙漉きを始めた。平安時代から伝わる良質な白石和紙の紙漉き技法のただ一人の継承者として活動した。昭和14年奥州白石郷土研究所を創立。15年外務省に重要記録用紙として白石和紙を納入したのをはじめ、48年には奈良東大寺二月堂の修二会・お水取りで修行僧がまとう紙衣に採用された。

［受賞］河北文化賞（第25回、昭和50年度）、伝統文化ポーラ特賞（第8回）〔昭和63年〕「白石手漉き和紙の製作」

【 お 】

及川 鉄　おいかわ・てつ
工芸家　及鉄鋳造所社長

［生年月日］明治44年（1911年）4月30日
［没年月日］平成9年（1997年）1月17日
［出生地］岩手県水沢市　［別名等］別名＝宝鉄堂、鉄作　［学歴］羽田高小卒

昭和8年蒔田鋳金研究所を経て、昭和9年独立。戦争中は岩手県の技手として機械加工を指導。29年及鉄鋳造所を開設。日展に出品した南部鉄器は36年から連続7回入選、51年伝統工芸士に認定され、54年現代の名工に選ばれた。岩手工芸美術協会副会長などもつとめた。

［受賞］現代の名工〔昭和54年〕

老子 次右衛門（7代目）　おいご・じえもん
鋳物師　老子製作所社長

［生年月日］明治11年（1878年）1月19日
［没年月日］昭和37年（1962年）6月25日
［出生地］富山県高岡市　［本名］老子喜八

富山県高岡市にある鋳物師・老子家7代目に生まれる。明治25年喜多家の職人となる。戦後、太平洋戦争中の金属類回収令によって供出された梵鐘の再製作に努めた。代表作に千葉・誕生寺、長野・善光寺、富山・瑞泉寺の梵鐘がある。

仰木 政斎　おうぎ・せいさい
木工芸家

［生年月日］明治12年（1879年）
［没年月日］昭和34年（1959年）
［出生地］福岡県遠賀郡中間村　［本名］仰木政吉　［別名等］号＝有望

小学校卒業後、数寄屋建築家で茶人であった兄・仰木魯堂に木工技術を習う。明治33年頃に上京、独自に正倉院御物の木工を研究して古典的な作風を身につけ、主に唐木材を用いた指物や木象嵌などを制作した。昭和3年帝展特選となり、4年無鑑査。日本工芸会理事なども務めた。兄の紹介で実業家中の大茶人として知られた益田孝（鈍翁）の知遇を得、益田より有望の号を受けた。
［家族］兄＝仰木魯堂（数寄屋建築家・茶人）

扇田 泰彦　おうぎだ・やすひこ
アクセサリーデザイナー

［没年月日］昭和63年（1988年）11月20日

18歳で西ドイツFachhochschuleに留学。のち、西ドイツのアトリエNovumで個展、アラスカのヴィジュアル・アート・センターに出展、東京で個展を開くなどした後、三宅デザイン事務所にアクセサリーデザイナーとして勤務。木の皮、ゴム、和紙、金箔などあらゆる素材を用いた大胆な装飾品は海外で注目を集め、昭和62年には西ドイツにワークショップを持つなど活躍。平成元年東京・原宿で遺作展が開かれた。

大饗 五郎左衛門　おおあえ・ごろうざえもん
陶工

[生没年]生没年不詳
[専門]備前伊部焼

備前市伊部の人。天正10年(1582年)豊臣秀吉が備中高松城水攻めの往路に伊部で休息の際、秀吉より焼き物細工の見学を受けたといわれる。

大饗 仁堂(1代目)　おおあえ・じんどう
陶芸家

[生年月日]明治23年(1890年)2月11日
[没年月日]昭和29年(1954年)4月22日
[出生地]岡山県和気郡伊部村(備前市)
[本名]大饗時松　[資格]岡山県重要無形文化財〔昭和29年〕

明治末頃より京都で修業、帰郷し伊部で細工技法、彫塑を学ぶ。大正15年築窯して独立。

大饗 仁堂(2代目)　おおあえ・じんどう
陶芸家

[生年月日]大正2年(1913年)11月2日
[没年月日]昭和57年(1982年)3月24日
[出生地]岡山県和気郡備前町(備前市)
[本名]大饗豊　[別名等]別号=和堂

陶芸家の初代大饗仁堂の長男として生まれる。昭和7年頃から父の指導を受けて作陶をはじめ、10年以降は岡山の陶工・三村陶景に師事した。のち、父の後を継ぎ、2代目を襲名。仏像・置物・香炉・龍の形をした宝瓶などの細工物を得意とし、轆轤の技術にも巧みで壺や花入にも秀作を残した。しかし、公募展などへの出品活動を行わず、終生自らを職人と称していたという。また、短歌や俳句にも秀で、遺稿歌集に「黙然居」がある。
[家族]父=大饗仁堂(1代目)
[師弟]師=三村陶景

大出 常吉　おおいで・つねきち
彫物師

[生年月日]嘉永2年(1849年)
[没年月日]昭和16年(1941年)
[出生地]下野国今市在瀬川(栃木県)　[別名等]別名=大出政次、通称=彫常

鹿沼の彫物師・神山政五郎に師事し、初め師とともに今市市春日町二丁目屋台や粟野町久野の小松神社の彫刻などを手がけた。その後、各地の屋台、社殿、各種建造物、建具の彫刻など多彩に活動。代表作に大正年間の鹿沼市石橋町屋台の補刻がある。
[家族]長男=大出啓一郎(彫物師)
[師弟]師=神山政五郎

大江 宇兵衛　おおえ・うへえ
人形細工師

[生没年]生没年不詳
[出身地]大坂(大阪府)

人形細工の見世物で知られ、文政5年(1822年)の布袋人形や、7年の銅人形の興業を行ったほか、安永8年(1779年)にはエレキテルの見世物を行ったといわれる。大阪天満祭の御迎人形なども製作した。

大江 定橘　おおえ・さだきち
人形細工師

[生没年]生没年不詳

大坂の人。人形細工の見世物で知られ、特に機械仕掛けで動くからくり人形に定評があった。嘉永年間(1848~1854年)から明治20年代頃にかけて活動し、22年には息子の良橘と親子でからくり人形細工を興行した。

大江 忠兵衛　おおえ・ちゅうべえ
人形細工師

[生没年]生没年不詳

大坂の人。人形細工の見世物で知られ、ユニークな題材とからくりなどの多彩な技術に特徴があった。嘉永2年（1849年）の大江宇兵衛追善興行をはじめ、弘化～安政年間（1844～1860年）に三都で活躍した。

大江 宣秀　おおえ・のぶひで
釜師

[生没年]生没年不詳

室町時代末ごろの芦屋釜の代表的釜師。ほかに、山口興隆寺の梵鐘、山口美栄神社・山口今八幡神社の鰐口なども手掛けた。

大江 文象　おおえ・ぶんしょう
陶芸家

[生年月日]明治31年（1898年）7月23日
[没年月日]昭和54年（1979年）1月23日
[出生地]愛知県知多市知多町　[資格]愛知県無形文化財保持者〔昭和52年〕

幼少時に小寺雲洞に日本画を学び、のち北大路魯山人に師事、独自の櫛目技法をあみだす。昭和8年帝展に「黄瀬戸麦画投入」が初入選し、以後帝展、文展、日展に9回入選。麦の群生摸写の他に、ウズラの彫絵を得意とし、「ウズラの文象」といわれた。また、瀬戸陶芸協会参与なども務めた。代表作に「黄瀬戸釉麦絵花瓶」「櫛目花鳥文花瓶」「花鳥文顔皿」など。

大江 巳之助（4代目）　おおえ・みのすけ
文楽人形師

[生年月日]明治40年（1907年）5月4日
[没年月日]平成9年（1997年）1月24日
[出生地]徳島県鳴門市　[本名]大江武雄
[学歴]撫養中（現・鳴門高）中退　[資格]徳島県無形文化財保持者（人形首製作）、文化財選定保存技術保持者（人形首製作）〔昭和51年〕　[専門]人形首（かしら）製作

徳島県鳴門の人形師の家に生まれる。人形浄瑠璃の衰退とともに仕事は減り、家業を継ぐ気はなかったが、中学4年の時結核になり、その失意の床でふと手にした雑誌に文楽の写真を見つけ、人形師を継ぐことを決意。6年間の闘病生活を終えて大阪の人形遣い桐竹門造の内弟子となり、独学で人形の構造、種類を研究。昭和5年文楽座座付き人形師となり、7年頃4代目巳之助を襲名。14年に鳴門にもどり、以後人形の首（かしら）の製作を一手に引き受けた。内田澄子の小説「文楽人形師・大江巳之助」のモデルでもある。
[受賞]キワニス文化賞〔昭和49年〕、吉川英治文化賞〔昭和51年〕、伝統文化ポーラ大賞（第7回）〔昭和62年〕、文化庁長官表彰〔平成3年〕、大阪文化賞〔平成8年〕、日本文化芸術振興賞（日本伝統文化振興賞、第4回）〔平成9年〕
[叙勲]紫綬褒章〔昭和46年〕

大垣 昌訓　おおがき・しょうくん
蒔絵師

[生年月日]慶応1年（1865年）6月4日
[没年月日]昭和12年（1937年）9月2日
[出生地]加賀国金沢（石川県）　[別名等]号＝国貞

加賀藩の馬術家の家柄で、二男として生まれる。明治13年高田河月に入門して蒔絵を学ぶ。28年第4回内国勧業博覧会に出品した「漆器短冊箱」が宮内省に買い上げられ、31年には宮内省より「冠卓ト板」の制作を依頼された。33年のパリ万博や漆工競技会などに出品し、宮内省買い上げとなった出品作も多い。また、置霜法、金間法、大垣七宝などの技法を開発、加賀蒔絵の名工として名高い。
[師弟]師＝高田河月

大角 勲　おおかど・いさお
金属造形家

［生年月日］昭和15年（1940年）11月13日
［没年月日］平成22年（2010年）4月4日
［出生地］富山県高岡市　［学歴］高岡工芸高金属工芸美術科〔昭和34年〕卒

高岡市立金属指導所勤務を経て、昭和45年大角造型研究所を設立。この間、39年日展に初出品して入選。49年「歩点」、58年「裂生の程」で日展特選。平成7年日本現代工芸美術展内閣総理大臣賞、13年同展文部科学大臣賞を受賞。15年には「天地守道（生）」で日本芸術院賞を受けた。10～12年富山県美術連合会会長。

［受賞］日本芸術院賞（第59回、平14年度）〔平成15年〕「天地守道（生）」、北日本新聞文化奨励賞〔昭和58年〕、富山新聞文化賞〔平成3年〕、富山県文化功労者表彰〔平成7年〕、高岡市民文化賞〔平成8年〕、北日本美術大賞〔平成12年〕、富山県芸術文化協会30周年記念功労賞〔平成13年〕、北日本新聞文化賞〔平成15年〕、高岡市市民功労者表彰〔平成15年〕、日展特選〔昭和49年・58年〕「歩点」「裂生の程」、日本現代工芸美術展内閣総理大臣賞（第34回）〔平成7年〕、富山県展会員大賞〔平成8年〕、日本現代工芸美術展文部科学大臣賞（第40回）〔平成13年〕

大喜 豊助　おおき・とよすけ
陶工

［生年月日］安永8年（1779年）
［没年月日］元治1年（1864年）

尾張藩の焼物師・加藤利慶が名古屋近郊富士見ケ原で創業した楽焼風の軟陶・豊楽焼の3代目を継ぎ、名古屋前津隠里に築窯した。以後、代々豊助を襲名し6代目まで続いた。

［家族］子＝大喜豊助

大喜 豊助　おおき・とよすけ
陶工

［生年月日］文化9年（1812年）
［没年月日］安政5年（1858年）11月
［出生地］尾張国名古屋（愛知県）　［本名］高木　［別名等］号＝自然翁豊楽

製陶を加藤豊八に師事。天満屋曲全に書と茶、吉原黄山に俳句を学ぶ。天保13年（1842年）尾張藩の御用陶器師となる。弘化元年（1844年）陶器の外面に漆を塗り蒔絵を施したものを考案。また素焼で土の色変わりを利用して墨流しの効果をあげたもの、彫刻をしたものなど様々な製法を考案した。藩主徳川斉荘から"豊楽"と書いた額を拝領したことから豊楽焼と呼ばれるようになり、人気を博した。

［家族］父＝大喜豊助

大木 秀春　おおき・ひではる
金工家

［生年月日］明治28年（1895年）
［没年月日］昭和43年（1968年）
［出生地］東京都　［学歴］東京師範附属小〔明治41年〕卒

東京師範学校附属小学校を卒業後、桂光春に金具を師事。昭和7年より帝展、新文展、日展に出品。19年東京・渋谷から青梅へ疎開し、生涯を同地で過ごした。30年「沙魚金具」で日展北斗賞、38年「鶉金具」で日本伝統工芸展日本工芸会総裁賞、40年「玉虫金具」で同展優秀賞を受けた。

［受賞］日展北斗賞〔昭和30年〕「沙魚金具」、日本伝統工芸展日本工芸会総裁賞〔昭和38年〕「鶉金具」、日本伝統工芸展優秀賞〔昭和40年〕「玉虫金具」

大国 柏斎　おおくに・はくさい
釜師

［生年月日］安政3年（1856年）2月

[没年月日] 昭和9年（1934年）3月14日
[出身地] 大阪島之内　[本名] 大国大吉　[別名等] 号＝棋翁，柏斎
はじめは他家の鉄瓶を鋳ったが明治22年頃より「大国造」「大国製」銘のものを鋳る。42年以降茶の湯釜の製作にのりだす。父の藤兵衛も霰釜を鋳た。

大久保 婦久子　おおくぼ・ふくこ
皮革工芸家　モンゴル芸術大学名誉教授

[生年月日] 大正8年（1919年）1月19日
[没年月日] 平成12年（2000年）11月4日
[出生地] 静岡県下田市　[本名] 大久保ふく
[学歴] 女子美術専門学校師範科西洋画部〔昭和14年〕卒　[資格] 日本芸術院会員〔昭和60年〕　[団体] 現代工芸美術家協会，日展
はじめは画家を志すが、戦後、本格的に皮革工芸に取り組み、昭和27年日展に初入選。33年夫（洋画家の作次郎）の理解もあり、単身渡欧して北欧の皮革装飾の技術を学ぶ。レリーフの手法による、清新で格調高い独自の作風を確立した。代表作に56年総理大臣賞の「折」、57年日本芸術院恩賜賞の「神話」がある。60年皮革工芸では初めての芸術院会員となる。63年回顧展。日展常務理事、現代工芸美術家協会副会長などを歴任。皮革造形美術グループ、ド・オーロ代表、モンゴル芸術大学名誉教授。他の作品に「創生」「軌」など。
[家族] 夫＝大久保作次郎（洋画家）
[受賞] 日本芸術院賞恩賜賞（第39回）〔昭和57年〕「神話」，文化功労者〔平成7年〕，日展北斗賞〔昭和36年〕，日展菊華賞〔昭和39年〕，日展現代工芸美術展内閣総理大臣賞（第20回）〔昭和56年〕「折」
[叙勲] 文化勲章〔平成12年〕

大蔵 清七　おおくら・せいしち
陶工

[生年月日] 天保6年（1835年）
[没年月日] 大正7年（1918年）
[出身地] 加賀国（石川県）　[専門] 九谷焼
九谷焼の陶工。塚谷浅と永楽和全の改良した窯（石川県山代村）をひきうけ、自ら寿楽となのる。明治12年九谷陶器会社が組織され、陶工部の管理にあたり、14年新窯を築き永く製作に従事した。

大迫 みきお　おおさこ・みきお
陶芸家

[生年月日] 昭和15年（1940年）2月14日
[没年月日] 平成7年（1995年）4月3日
[出身地] 大分県宇佐市　[団体] 日本工芸会
東京で高校を卒業後、昭和43年常滑市立陶芸研究所に入り、作陶を始める。57年退所し、自分の穴窯を築いて独立。中世に宗教用、或いは台所用として用いられた無釉、或いは自然釉の古常滑を昭和に再興したものを手がける。日本伝統工芸展、中日国際陶芸展、朝日陶芸展、長三賞陶芸展にたびたび入選。"忍釉"（しのぶゆう）で知られる。
[受賞] 日本陶芸展最優秀賞・秩父宮賜杯，バロリス国際陶芸展名誉大賞

大塩 昭山（3代目）　おおしお・しょうざん
陶芸家

[生年月日] 昭和10年（1935年）3月8日
[没年月日] 平成6年（1994年）2月16日
[出身地] 奈良県　[本名] 大塩末博
小堀遠州の遠州七窯の一つと伝えられる奈良・赤膚焼の伝統を継ぐ陶芸家。昭和49年3代目昭山を襲名。赤膚焼の持つ素朴な味わいを生かした現代茶陶を追求。近年はその

陶肌に「奈良絵」の絵付を施した茶陶に取り組んだ。

大塩 正人　おおしお・まさんど
　　陶芸家　赤膚焼窯元7代目, 奈良芸術短期大学名誉教授

[生年月日]明治41年(1908年)3月20日
[没年月日]平成4年(1992年)10月31日
[出身地]奈良県奈良市　[本名]大塩正治

小堀遠州の遠州七窯の一つと伝えられる奈良・赤膚焼の窯元。日展ほか入選入賞。奈良県展審査員、奈良教育大学講師、奈良芸術短期大学教授を歴任。

大島 黄谷　おおしま・こうこく
　　陶工　赤穂焼の開祖

[生年月日]文政4年(1821年)
[没年月日]明治37年(1904年)
[別名等]号=宗舟

もと鋳物師であったが、嘉永元年(1848年)ごろ江戸今戸焼の土風炉師・作根弁次郎に陶法を学び、赤穂焼を始めた。雲華焼を得意としたほか、楽焼・交趾写しにも秀で、「黄谷」「赤城」の印を用いた。

大島 如雲　おおしま・じょうん
　　鋳金家

[生年月日]安政5年(1858年)2月2日
[没年月日]昭和15年(1940年)1月4日
[出生地]江戸・小石川

鋳金家の父高次郎に蠟型鋳造、鋳浚彫刻術を学ぶ。明治14年第2回内国勧業博覧会に「竜神」を出品、その後は東京彫工会、日本美術協会、東京鋳金会などに出品を続けた。33年パリ万博に出品した「稲穂群雀」が金賞牌を受賞。この間、23年から昭和7年まで東京美術学校で蠟型鋳物を教えた。「濡獅子図額」が代表作。

大城 広四郎　おおしろ・こうしろう
　　染織家

[生年月日]大正10年(1921年)
[没年月日]平成15年(2003年)10月7日
[出身地]沖縄県南風原町　[専門]琉球絣

幼少から家業の織物の技術や技法を習得。分業で行われる染め、くくり、織りの全工程を一人でこなし、太平洋戦争後の琉球絣の復興や後継者育成に尽力した。平成11年沖縄県南風原町に作品の展示販売を行う工房・大城広四郎織物工場を開き、南風原の絣の発展などにも貢献した。琉球絣事業協同組合副理事長、沖縄県技術アドバイザー、沖展審査委員などを務めた。
[受賞]現代の名工〔平成1年〕, 伝統文化ポーラ賞〔平成12年〕, 沖縄県功労者賞〔平成14年〕
[叙勲]勲六等瑞宝章〔平成11年〕

大城 志津子　おおしろ・しずこ
　　染織家　琉球大学教授

[生年月日]昭和6年(1931年)2月1日
[没年月日]平成1年(1989年)4月20日
[出身地]沖縄県那覇市　[学歴]女子美術大学芸術学部洋画科卒　[専門]沖縄織物　[団体]沖展

琉球大学教授を経て、沖縄県立芸術大学教授。染織家として活躍しており、"沖縄織物の牽引車"ともいわれた。著書に「手わざ宮古上布」「大城志津子作品集」。
[師弟]師=柳悦孝
[受賞]沖縄タイムス芸術選賞大賞

大須賀 喬　おおすが・たかし
　　彫金家　日本金工作家協会会長

[生年月日]明治34年(1901年)8月24日
[没年月日]昭和62年(1987年)7月14日
[出生地]香川県高松市　[学歴]東京美術学校(現・東京芸術大学)金工科〔大正14年〕卒

北原千鹿に師事。昭和2年北原主宰の工人社に参加。4年「壁面用花挿」で帝展に初入選し、8年「彫金花瓶」で特選。17年新文展審査員となり、以後日展でも審査員を務め、27年日展参事、33年評議員。同年「金彩透彫飾皿」で日本芸術院賞を受賞。44年以来日理事、参与、参事を歴任。ほかに日本金工作家協会会長、現代工芸美術家協会参与などを務めた。
[家族]長男＝大須賀選（彫刻家）
[師弟]師＝北原千鹿
[受賞]日本芸術院賞〔昭和33年〕「金彩透彫飾皿」、帝展特選〔昭和8年〕「彫金花瓶」

大隅 俊平　おおすみ・としひら
刀匠

[生年月日]昭和7年（1932年）1月23日
[没年月日]平成21年（2009年）10月4日
[出生地]群馬県新田郡沢野村富沢　[本名]大隅貞男　[学歴]沢野尋常高小〔昭和21年〕卒　[資格]群馬県重要無形文化財保持者（日本刀鍛錬）〔昭和52年〕、重要無形文化財保持者（日本刀）〔平成9年〕　[専門]日本刀
農家の二男に生まれる。昭和27年人間国宝の刀匠・宮入行平に弟子入り。32年文化庁より作刀認可を得、33年作刀技術発表会に初出品、優秀賞を受賞。35年独立して帰郷。平安時代から鎌倉時代にかけての古名刀を手本に、山城伝や備中青江伝の刀の文様に波のない直刃（すぐは）一筋に研究。日本美術刀剣保存協会主催の新作名刀展では、42年から6年連続で特賞を受け、最高賞の正宗賞も3回受賞。46年には伊勢神宮式年遷宮の御神宝大刀を謹作。57年日光の二荒山神社に小太刀を奉納した。平成9年人間国宝に認定される。13年12月にお生まれになった敬宮愛子さまの守り刀を製作した。
[師弟]師＝宮入行平
[受賞]群馬県功労者表彰〔平成5年〕、新作名刀展正宗賞〔昭和49年・51年・53年〕

[叙勲]紫綬褒章〔平成11年〕、旭日中綬章〔平成17年〕

太田 喜久太郎　おおた・きくたろう
蒔絵師

[生年月日]明治4年（1871年）
[没年月日]昭和3年（1928年）
[出身地]石川県金沢
明治22年工場を開設、太田兄弟商会の経営者して蒔絵を製作。第4回・5回の内国勧業博覧会や漆工競技会などに出品。代表作に「糸巻群蝶蒔絵箱」がある。

太田 熊雄　おおた・くまお
陶芸家

[生年月日]明治45年（1912年）6月12日
[没年月日]平成4年（1992年）6月24日
[出生地]福岡県朝倉郡小石原村　[専門]小石原焼　[団体]日本民芸協会
小石原焼の第一人者で、民芸界を代表する陶芸家。戦前から柳宗悦の民芸論に共鳴し、戦後の九州民芸協会を指導。作品は茶壺や大皿に力作が多い。昭和54年ごろから、長男孝宏とともに父子展を開催し好評を博した。
[家族]長男＝太田孝宏（陶芸家）
[受賞]ブリュッセル万博グランプリ〔昭和34年〕、日本民芸館賞〔昭和38年〕

太田 左近　おおた・さこん
鋳物師

[生没年]生没年不詳
[別名等]別名＝山鹿太郎、山鹿左近掾
宝永元年（1704年）に著された「江海風帆草」によると、室町時代に筑前蘆屋で蘆屋釜を創始、将軍足利義政にその技を認められ左近掾を賜ったといわれるが、文献や遺例がなくその実像は不明である。

太田 芝山　おおた・しざん
木工芸家

[生年月日] 明治32年(1899年)10月19日
[没年月日] 昭和55年(1980年)7月9日
[出生地] 東京市芝区三田台町(東京都)　[本名] 太田末三郎　[学歴] 花園尋常小卒　[資格] 岡山県無形文化財保持者〔昭和49年〕
中川竹仙に師事。昭和34年以降、日本伝統工芸展で活躍。44年第16回展で日本工芸会会長賞受賞、45年鑑査委員。また、日本木工芸作家協会主要メンバー。49年岡山県無形文化財保持者に認定される。瀬戸内の肥松を材料に、塗料を使わず手でみがき上げ、様々の美しい木目を出す技法を編み出した。
[師弟] 師＝中川竹仙
[受賞] 山陽新聞社文化賞〔昭和45年〕、岡山県文化賞〔昭和52年〕、日本伝統工芸展日本工芸会会長賞(第16回)〔昭和44年〕
[叙勲] 勲五等双光旭日章〔昭和50年〕

太田 比古象　おおた・ひこぞう
凧作家

[没年月日] 平成8年(1996年)1月26日
[出身地] 青森県弘前市　[本名] 本庄彦蔵
大正初めに函館に移住。戦後、書道塾を開く傍ら、子どもたちに凧作りを教える。昭和42年北海道の郷土色ある凧作りを目指し、"はこだて日本の凧の会"を創設、これを契機に全国各地に"日本の凧の会"ができた。アイヌ民族の神話を題材にした蝦夷(えぞ)凧や、イカをかたどったいかのぼりなどで道内外のファンの人気を集め北海道を代表する凧作家として各地の美術館などに作品が展示された。

太田 博明　おおた・ひろあき
陶芸家

[生年月日] 大正2年(1913年)7月21日
[没年月日] 平成3年(1991年)10月13日
[出身地] 愛知県　[学歴] 京都高等工芸学校卒　[専門] 七宝焼　[団体] 日展、日本新工芸家連盟
日展などの展覧会をはじめ、世界中の七宝展に出品。昭和56年には豊田市民文化会館に4×1.7メートルの大きな七宝壁面を完成させた。

太田 光則　おおた・みつのり
木工芸家

[生年月日] 昭和10年(1935年)
[没年月日] 平成20年(2008年)5月20日
[出身地] 岡山県　[本名] 太田義則
日本工芸会正会員で、日本木工芸会展、木竹展、岡山県展などに出品した。
[師弟] 師＝大野昭和斎
[受賞] 木竹展NHK広島放送局長賞、木竹展支部展市長賞、岡山県展県知事賞、岡山県展賞、岡山県展奨励賞

太田 良治郎　おおた・りょうじろう
七宝工

[生年月日] 明治19年(1886年)
[没年月日] 昭和30年(1955年)
[出生地] 尾張国海東郡遠島村(愛知県)
尾張の遠島村で、文久3年(1863年)初代の太田吉三郎が七宝業を創業。2代目として跡を継ぎ、明治末期から大正、昭和を通じて活躍、万博にも出品した。

大塚 啓三郎　おおつか・けいざぶろう
益子焼の創始者

[生年月日] 文政11年(1828年)6月15日
[没年月日] 明治9年(1876年)5月6日
[出生地] 下野国芳賀郡福手村(栃木県)　[旧姓名] 杉山

農家の杉山家に生まれる。常陸国箱田村(現・茨城県笠間市)の寺に奉公に出ると、住職の雄山大周が笠間焼の窯元に出資していたことから、その経理を手伝ううちに陶業に興味を持った。その後、下野国益子(現・栃木県益子町)の大塚家の養子となったが、近くで陶土を発見し、嘉永5年(1852年)根古屋に窯を築いて製陶を始め、これをもって益子焼の初めとする。品質向上のために田中長平を招き、また、同地を治めていた下野黒羽藩に援助を願い出るなど益子焼の発展に尽くした。
[墓所]観音寺(栃木県益子町)

大塚 秀之丞　おおつか・ひでのじょう
金工家

[生年月日]明治3年(1870年)
[没年月日]没年不詳

金沢で九谷焼を修業。明治27年高岡工芸学校(現・高岡工芸高校)の創立と同時に、金工科原型部の教師に就任。富山県彫塑界に多くの逸材を送り出し、37年高岡金工会を創立、初代会長となる。富山県氷見市の朝日公園にある高さ3.8メートルのブロンズ像「古武士」は代表作の一つで、41年に日露戦争の忠魂碑として建てられた。

大月 光興　おおつき・みつおき
装剣金工家

[生年月日]明和3年(1766年)
[没年月日]天保5年(1834年)8月15日
[出生地]京都府　[別名等]通称=喜八郎、五左衛門、号=竜駒堂、紫竜堂、竜斎、竜宝斎、大竜斎、是空入道

山城家と号した金工家・大月光芳の子。京都に生まれ、寛政年間から享保年間まで江戸で修業した。岸駒に絵画を習い、長沢蘆雪の影響も受けた。一宮長常、鉄元堂正楽と並んで"京都金工の三名工"の一人に数えられた。門人からは実子の大月光弘や、川原林秀興、篠山篤興、松尾月山などの名工を輩出した。
[家族]父=大月光芳(金工家)、息子=大月光弘(金工家)
[墓所]念仏寺(京都府京都市)

大坪 重周　おおつぼ・しげちか
染色家　東京学芸大学教授

[生年月日]明治32年(1899年)1月22日
[没年月日]平成10年(1998年)1月13日
[出生地]鳥取県鳥取市　[学歴]東京美術学校(現・東京芸術大学)卒　[団体]日展、三軌会

日展特選を受賞、審査員を務める。昭和27～37年東京学芸大学教授。

大伴 二三弥　おおとも・ふみや
ガラス工芸家　日本ステンドグラス協会会長

[生年月日]大正10年(1921年)6月23日
[没年月日]平成18年(2006年)4月24日
[出生地]富山県新湊市(射水市)　[学歴]早稲田大学工芸美術研究所卒、多摩美術大学図案科卒　[専門]ステンドグラス

青年時代、洋画家を志して安井曽太郎に師事した。その後、早稲田大学工芸美術研究所で工芸彫刻、通産省工芸指導所で工業デザインを学ぶ。昭和26年東京・上野で開催されたマチス展でステンドグラスに魅せられ、30年より制作を開始。我が国のステンドグラス工芸の草分けで、壁面作品からオブジェ風の照明器具まで多彩な創作活動を続けた。

大西 重太郎　おおにし・じゅうたろう
伏見人形師

[生年月日]明治44年(1911年)7月1日
[没年月日]平成16年(2004年)8月17日

[学歴]京都市立第二工(現・伏見工)卒
京都・稲荷山の深草一帯の良質な粘土から作られる日本最古の郷土玩具・伏見人形の窯元として江戸の寛延年間から続く丹嘉の6代目。1000を超す伏見人形の原型を保存し、90歳まで作品を作りつづけた。
[受賞]観光土産品展優秀賞(第4回)〔昭和25年〕、京都商工会議所会頭賞〔昭和26年〕、京都商工会議所創立70周年記念賞〔昭和27年〕、京都府伝統産業優秀技術者表彰〔昭和51年〕、伝統文化ポーラ特賞(第31回)〔昭和58年〕

大西 浄久 おおにし・じょうきゅう
釜師

[生年月日]生年不詳
[没年月日]貞享3年(1686年)
[別名等]名=記寿
京都の釜師・大西家2代浄清の弟で、兄に次ぐ名手とされたが、跡継ぎがなく一代限りの名となった。
[家族]兄=大西浄清(釜師)

大西 浄元 おおにし・じょうげん
釜師　千家十職・大西家6代目

[生年月日]元禄2年(1689年)
[没年月日]宝暦12年(1762年)
[別名等]幼名=清吉, 通称=清右衛門, 名=重義
千家十職の一つで、釜師の名門・大西家4代目浄頓の子。作風は京都風で厚作りを得意とした。表千家7代目千宗左(如心斎)の好みに応じて鶴首釜、雷声釜を造り、名工と賞賛された。西村道爺の没後に千家の出入り釜師となった。
[家族]父=大西浄頓(釜師)

大西 浄元 おおにし・じょうげん
釜師　千家十職・大西家9代目

[生年月日]寛延2年(1749年)
[没年月日]文化8年(1811年)
[本名]奥平佐兵衛了雪　[別名等]幼名=巳之助, 名=保房, 通称=佐兵衛
大西家7代浄玄の門人。8代浄本が跡継ぎのないまま早世したため大西家を継いだが、生涯佐兵衛を称し「奥平」の判を用いたといわれる。啐啄斎好みの達磨釜がある。

大西 浄玄 おおにし・じょうげん
釜師　千家十職・大西家3代目

[生年月日]寛永7年(1630年)
[没年月日]貞享1年(1684年)
[別名等]通称=仁兵衛
初代浄林・2代浄清の作風を受け継ぎ、釜肌の研究にも努めた。

大西 浄玄 おおにし・じょうげん
釜師　千家十職・大西家7代目

[生年月日]享保5年(1720年)
[没年月日]天明3年(1783年)
[別名等]幼名=清吉, 清右衛門, 名=末算, 通称=くろ玄
6代浄元の子。阿弥陀堂釜の底に「玄」の字を鋳出した、表千家8代啐啄斎好みの玄の字釜の作がある。また唐銅蓋にも秀で、口厚播茶も手掛けた。「くろ玄」の通称で知られた。
[家族]父=大西浄元(釜師)

大西 浄寿 おおにし・じょうじゅ
釜師　千家十職・大西家11代目

[生年月日]文化5年(1808年)
[没年月日]明治8年(1875年)

[別名等]幼名=清吉, 三右衛門, 清右衛門, 名=道敬

大西家10代浄雪の養子。表千家10代吸江斎, 11代碌々斎, 裏千家11代玄々斎の好み物をつくった。
[家族]養父=大西浄雪（釜師）

大西 浄心　おおにし・じょうしん
　　釜師　千家十職・大西家15代目

[生年月日]大正13年（1924年）10月31日
[没年月日]平成14年（2002年）9月21日
[出生地]京都府京都市　[本名]大西益三郎
[別名等]通称=清右衛門　[学歴]九州大学法文学部法科政治専攻〔昭和24年〕卒, 京都大学大学院法科（旧制）〔昭和26年〕修了, 京都市立美術大学専攻科卒　[団体]京都工芸研究会, 十備会, 京都金属工芸協会

千家十職の一つで、釜師の名門・大西家に生まれ、父の14代目浄中に師事。昭和35年に15代目清右衛門を襲名。京釜の研究や全国初の釜の美術館建設を計画するなど茶道文化の発展に尽力した。平成3年引退。共著に「釜・香合」など。
[家族]父=大西浄中（釜師）

大西 浄清　おおにし・じょうせい
　　釜師　千家十職・大西家2代目

[生年月日]文禄3年（1594年）
[没年月日]天和2年（1682年）9月6日
[出生地]山城国三条釜座（京都府）　[別名等]通称=五郎左衛門, 名=村長

千家十職の一つ, 釜師の大西家初代浄林の弟。古田織部に従い, 子の定林と共に一時江戸に下り, 以後京都と江戸を往復。明暦2年（1656年）幕府御用釜師となる。釜のほかに日光東照宮の灯篭, 武蔵品川寺の梵鐘などの作がある。薄作りの砂肌が特徴で, 大西家第一の名手といわれる。
[家族]兄=大西浄林（釜師）

大西 浄雪　おおにし・じょうせつ
　　釜師　千家十職・大西家10代目

[生年月日]安永6年（1777年）
[没年月日]嘉永5年（1852年）
[別名等]幼名=清吉, 三右衛門, 清右衛門, 名=長喬

大西家9代浄元の長男。文化14年（1817年）表千家9代了々斎より自筆の浄雪の二字をもらってこれを名乗った。了々斎好みの甑口平釜をはじめ優品を制作し, 鶴首釜も多く手掛けた。編著に「名物釜記」「名物釜由緒聞伝控」「釜之図」（8巻）がある。
[家族]父=大西浄元（釜師）

大西 浄頓　おおにし・じょうとん
　　釜師　千家十職・大西家4代目

[生年月日]正保2年（1645年）
[没年月日]元禄13年（1700年）
[別名等]通称=清右衛門

書院風の広間に向いた釜を多くつくったといわれる。

大西 浄入　おおにし・じょうにゅう
　　釜師　千家十職・大西家5代目

[生年月日]正保4年（1647年）
[没年月日]正徳1年（1716年）
[別名等]通称=新兵衛

4代浄頓の弟。京作風とは異なった形の釜を多くつくり, 砂気のある肌を特徴とした。
[家族]兄=大西浄頓（釜師）

大西 浄本　おおにし・じょうほん
　　釜師　千家十職・大西家8代目

[生年月日]延享4年（1747年）
[没年月日]天明5年（1785年）
[別名等]名=兼満

6代浄元の孫娘の婿で、7代浄玄の養子となり、8代目を継いだ。
[家族]養父=大西浄玄(釜師)

大西 浄林 おおにし・じょうりん
釜師　千家十職・大西家初代

[生年月日]天正18年(1590年)
[没年月日]寛文3年(1663年)
[出生地]山城国広瀬村(京都府)　[別名等]通称=仁兵衛

山城国(京都府)南山城広瀬村で鋳造業を営んでいたが、寛永の頃に京都三条釜座に移住し、専ら茶の湯釜を造る。作風は温和で地紋を鋳出し、狩野探幽の下絵を用いた。千家十職の一つ、京都大西家の初代として基礎を築いた。
[家族]弟=大西浄清(釜師)

大西 定林 おおにし・じょうりん
釜師

[生年月日]生年不詳
[没年月日]享保12年(1727年)
[別名等]通称=五郎左衛門、名=延貞

京都大西家の2代目・五郎左衛門の子。寛永年間(1624～1644年)古田織部に従って父と共に江戸に下向した際、そのまま留まり江戸大西家を興した。のち、幕府御用釜師となり、井桁釜、からげ釜(東京国立博物館蔵)など変わった形の釜を制作した。また、正徳2年(1712年)の増上寺6代将軍文昭院(徳川家宣)霊廟前の銅灯籠7基、芝泉岳寺の享保4年(1719年)銘梵鐘なども手掛けた。

大西 忠夫 おおにし・ただお
漆芸家

[生年月日]大正7年(1918年)5月13日
[没年月日]平成19年(2007年)8月29日
[出身地]香川県善通寺市　[学歴]香川県立工芸学校〔昭和11年〕卒

昭和11年20代目堆朱楊成に師事。日展に出品し、30年「林」で日展特選。36年日展審査員、57年評議員、平成11年参与。彫漆の技法を応用した独特の作風で評価を得た。
[受賞]山陽新聞賞(文化功労)〔昭和53年〕、香川県文化功労者〔昭和59年〕、地域文化功労者〔昭和60年〕、善通寺市名誉市民〔平成11年〕、日展特選〔昭和30年〕「林」
[叙勲]勲四等瑞宝章〔平成4年〕

大野 昭和斎 おおの・しょうわさい
木工芸家

[生年月日]明治45年(1912年)3月4日
[没年月日]平成8年(1996年)8月30日
[出生地]岡山県総社市　[本名]片岡誠喜男
[学歴]倉敷市西阿知尋常高小〔大正15年〕卒　[資格]岡山県重要無形文化財保持者〔昭和52年〕、重要無形文化財保持者(木工芸)〔昭和59年〕　[団体]日本工芸会

幼少時から父の指導を受け木工芸の道に進む。独学で研鑽を積み、昭和40年日本伝統工芸展初入選。43年同展日本工芸会会長賞を受賞し、日本工芸会正会員。49年岡山と香川の木工作家らと木創会を結成し、後進を指導。指物、刳物、木象眼などの分野で独自の作風を確立。杢目に金箔を摺り込む"杢目沈金"の技法を開発し高く評価された。59年人間国宝。代表作に「拭漆桑飾箱」「桑造線象嵌印箱」「桑厨子棚」「玉椿杢目沈金折紙式香盆」など。平成18年倉敷市に自宅を改修した大野昭和斎記念資料館が開館した。
[家族]父=大野斎三郎(木工芸家)
[師弟]師=大野斎三郎、柚木玉邨
[受賞]倉敷市名誉市民〔平成4年〕、総社市名誉市民〔平成6年〕、日本伝統工芸展日本工芸会会長賞〔昭和43年〕「拭漆桑飾箱」
[叙勲]勲四等旭日小綬章〔昭和62年〕
[記念館]大野昭和斎記念資料館(岡山県倉敷市)

大野 孝晴　おおの・たかはる
　　陶芸家

[生年月日]昭和15年(1940年)12月6日
[没年月日]平成9年(1997年)11月10日
[出生地]茨城県　[学歴]法政大学〔昭和39年〕卒　[専門]萩焼　[団体]日本工芸会
父・瑞峰に師事、昭和40年に萩焼の道に入る。伝統的な技法に斬新な感覚を調和させた作風で知られる。日本伝統工芸展入選12回。窯変萩を中心に茶陶を制作した。
[家族]父＝大野瑞峰(陶芸家)
[受賞]伝統工芸新作展朝日新聞社賞, 山口県芸術文化振興奨励賞

大野 貢　おおの・みつぎ
　　ガラス工芸家・技術者

[生年月日]大正15年(1926年)6月28日
[没年月日]平成11年(1999年)10月22日
[出生地]栃木県
小学校卒業から終戦の年までの6年間、東京・湯島のガラス製作所で修業を積む。昭和22年東京大学化学教室に勤務したが、36年家族とともに渡米、カンザス州立大学物理学教室に勤務。クライン・ボトルを世界で初めてつくりあげ、"大野・クライン・ボトル"として国際的な評価を受けた。以後、実験用のガラス器機の製作を続け、また美術品のガラス細工も手掛けるなど、芸術家としても活躍。カンザス州立大学講師も務めた。著書に「カンザスの日本人—ガラスに魅せられた男」。
[受賞]吉川英治文化賞(第13回)〔昭和54年〕

大庭 一晃　おおば・かずあき
　　ガラス工芸家

[生没年]生没年不詳
昭和初期に大阪で活動したが、のち東京へ移り、大庭エッチンググラス株式会社を設立。サンドブラストやエッチングといった技法を用いて独自の世界を作り出し、昭和11年改組第1回帝展、13年第2回文展、14年第3回文展などで入選した。

大橋 秋二　おおはし・しゅうじ
　　陶工

[生年月日]寛政7年(1795年)
[没年月日]安政4年(1857年)
[出生地]尾張国海東郡津島村(愛知県)　[別名等]号＝松菴, 指雲児, 紫雲寺, 収翁, 聾耳, 養老
尾張国津島村の薬種商の家に生まれ、大橋清左衛門の養子となる。医業を志すが、身を持ち崩して家産を傾け、のちに京都の高橋周平の門下で陶芸を探究する。古陶の模造や、織部焼をよくした。晩年は美濃国養老山に築窯。その作品は、秋二焼、養老焼と称される。
[墓所]瑞泉寺(愛知県津島市)

大橋 庄兵衛　おおはし・しょうべえ
　　漆工

[生年月日]天保13年(1842年)
[没年月日]明治38年(1905年)
[出身地]京都
8代目中村宗哲の門下。名人気質で、宗哲作の中に庄兵衛の作が紛れ込んでいるという。作品の中でも百一棗は名高い。

大橋 豊久　おおはし・とよひさ
　　染色工芸家

[没年月日]平成5年(1993年)5月7日
[出身地]静岡県静岡市　[団体]国画会
染色工芸家・芹沢銈介の後継者として壁掛けやのれんなどを制作した。
[受賞]国画会30周年記念賞〔昭和27年〕, 日本民芸館賞〔昭和34年〕

大橋 桃之輔 おおはし・もものすけ
陶芸家　岐阜県博物館館長

[生年月日]大正10年(1921年)3月6日
[没年月日]平成8年(1996年)6月30日
[出生地]岐阜県多治見市　[学歴]東京美術学校(現・東京芸術大学)工芸科図案課卒　[団体]日本新工芸会、日展

昭和26年多治見工業高校教師に。土岐高校長、多治見工業高校長、岐阜県博物館長を歴任し、57年退官。のち中京短期大学教授。その間作陶に取り組み、31年日展初入選、以後朝日陶芸展、日本工芸美術展、中日国際陶芸展、日本新工芸展などに作品を発表した。
[師弟]師=加藤卓男、鈴木青々

大林 蘇乃 おおばやし・その
人形作家

[生年月日]明治43年(1910年)
[没年月日]昭和46年(1971年)
[出生地]東京市浅草(東京都)　[本名]大林園子

本画家・大林千萬樹の二女。平田郷陽、堀柳女に人形を、平櫛田中に彫刻を学ぶ。京都に居住し、日展、現代人形美術展、日本伝統工芸展などで活躍。母子の愛情などを表現した創作人形を制作。昭和32年女性中心の工芸団体・艸の実会を創設、弟子の育成にも努めた。
[家族]父=大林千萬樹(日本画家)
[師弟]師=平田郷陽、堀柳女、平櫛田中

大樋 勘兵衛(4代目) おおひ・かんべえ
陶工

[生年月日]宝暦7年(1757年)
[没年月日]天保10年(1839年)
[別名等]号=土庵　[専門]楽焼

3代目の三男で、加賀藩主・前田重教の御用を務める。続いて前田治脩、斉広の御用も度々務め、文政5年(1822年)藩主前田斉泰から二人扶持を受けた。技巧的ながら品格のある作風で知られ、飴釉に加えて黒釉も採り入れた。7年に隠居して土庵と称した。
[家族]父=大樋勘兵衛(3代目)

大樋 勘兵衛(5代目) おおひ・かんべえ
陶工

[生年月日]天明1年(1781年)
[没年月日]安政3年(1856年)
[専門]楽焼

4代目の長男。文化13年(1816年)加賀藩主前田斉広の代に、父とともに陶器御用を務める。文政8年(1825年)には二の丸御殿御広敷と金谷御殿の御用を仰せられ、二人扶持を受けた。11年山上村(現・山の上町)の土地を陶器御用地として借り、この年の暮れより年頭用の大福茶碗の献上を許される。弘化4年(1847年)には御壁塗御歩組の役職に就き、焼物方御用も兼任。嘉永3年(1850年)江戸本郷邸に11代将軍徳川家斉御成りの際には、天目茶碗や種々の陶器御用を務めた。ほかにも斉広の正室真龍院や14代前田慶寧の陶器御用を拝命。多様な技法による幅広い作風で、飴釉のほか黒釉や白釉も用いた。
[家族]父=大樋勘兵衛(4代目)

大樋 長左衛門(1代目) おおひ・ちょうざえもん
陶工　大樋焼の祖

[生年月日]寛永7年(1630年)
[没年月日]正徳2年(1712年)
[出身地]河内国(大阪府)　[別名等]初名=長二　[専門]大樋焼

明暦2年(1656年)京都に出て楽焼を学んだという。寛文6年(1666年)加賀藩主・前田綱紀が裏千家の4代目千宗室を京都から招いた際に"ちゃわん師"として同道、加賀国大樋村に窯を築き、大樋姓を名のるようになった。作品は、ねっとりとした独特の飴釉をかけ、素朴な雅味を持つ。
[家族]長男=大樋長左衛門(2代目)、孫=大樋長左衛門(3代目)

大樋 長左衛門(9代目) おおひ・ちょうざえもん
陶芸家　大樋焼本家窯元9代目

[生年月日]明治34年(1901年)3月20日
[没年月日]昭和61年(1986年)1月18日
[出身地]石川県金沢市　[団体]日本工芸会
江戸時代前期から加賀藩前田家御用窯として代々茶道具を製してきた大樋焼の宗家。昭和9年に9代目を襲名。中興の祖といわれた5代に匹敵する名工といわれる。
[家族]長男=大樋年朗(陶芸家)、孫=大樋年雄(陶芸家)

大平 可楽 おおひら・からく
牙彫師

[生年月日]嘉永2年(1849年)12月18日
[没年月日]昭和8年(1933年)1月3日
[出生地]陸奥国菊多郡上小川村(福島県)
[旧姓名]小野善三　[別名等]号=可楽
明治10年湯長谷村大平家の養子となる。磐城平の牙彫師一楽に師事。内国勧業博覧会に「蛇蛙蝸牛置物」を出品して入選するなど、置物・菓子器などの精緻な彫技を得意とした。

大村 玉山 おおむら・ぎょくざん
蒔絵師

[生没年]生没年不詳

[別名等]銘=自得斎
寛政・享和年間(1789〜1804年)頃に活動。古満休伯の門下で古満巨柳らとともに学んだ。
[師弟]師=古満休伯

大森 英秀 おおもり・えいしゅう
装剣金工家

[生年月日]享保15年(1730年)
[没年月日]寛政10年(1798年)
[別名等]別名=大森重光、大森英秀、号=一濤斎、竜雨斎
金工家横谷宗珉の門下大森英昌の甥。英昌のもとで修業し、養嗣子となる。鋤下彫りで浪頭を透かしてみせる大森浪と呼ばれる波濤文を創始した。また、地金に漆の梨子地に似た効果を表す塵紙象嵌を得意とした。作品に「濤図縁頭」「時鳥に帆舟図縁頭」などがあり、題材は横谷風の獅子牡丹のほか動物、人物、故事など豊富。遅塚久則ら多くの門弟を輩出した。
[家族]養父=大森英昌(金工家)

大森 照成 おおもり・てるしげ
陶芸家

[生年月日]明治34年(1901年)5月15日
[没年月日]昭和63年(1988年)10月17日
[出身地]香川県　[学歴]ハワイ大学
大正8年ハワイに渡り、昭和20年から同地で作陶。30年ハワイ大学陶芸部に学び、同地固有の熔岩、植物、貝類などを用いて独特の釉薬を開発。34年帰国、郷里の香川県高瀬町に南山窯を築いた。
[受賞]香川県文化功労賞

大森 光彦 おおもり・みつひこ
陶芸家

[生年月日]明治25年(1892年)6月13日

［没年月日］昭和29年（1954年）5月19日
［出生地］長野県上伊那郡　［学歴］愛知県窯業学校〔明治44年〕卒

昭和2年結成の陶磁研究団体・東陶会に参加、3年帝展に初入選した。以後同展に出品を続け、11年文展招待展に出品した「陶製草文水指」が政府買い上げとなり、16年文展無鑑査となった。17、18、19年には興亜院、大東亜省嘱託として中国へ渡り、工芸を視察。戦後21年郷里朝日村に窯を築き、同年と22年に日展委員、24年日展無鑑査出品、25年審査員となった。27年日展参事に推され、再び審査員。著書に「陶窯巡り」「趣味の陶芸」「粘土細工と楽焼」など。

岡 行蔵　おか・こうぞう
表具師　岡墨光堂会長

［生年月日］明治43年（1910年）3月9日
［没年月日］平成2年（1990年）7月12日
［出生地］京都府京都市　［別名等］旧名＝岡岩太郎, 雅号＝墨光堂

表具店の岡墨光堂に生まれ、昭和12年2代目岡岩太郎を襲名。国宝・重要文化財の絵画や書跡の表具などの保存修理に携わり、エックス線写真など科学的技法を導入、近代的な修理法を確立。「平家納経」「信貴山縁起絵巻」などの国宝のほか、数多くの文化財修理を手掛けた。国宝修理装潢師連盟理事長を務めた。

［家族］長男＝岡岩太郎（3代目）（岡墨光堂社長）、孫＝岡泰央（表具師）
［受賞］京都府文化財保護基金功労賞（第1回）〔昭和58年〕
［叙勲］紫綬褒章〔昭和51年〕, 勲四等瑞宝章〔昭和58年〕

岡崎 雪声　おかざき・せっせい
鋳金家　東京美術学校教授

［生年月日］安政1年（1854年）11月
［没年月日］大正10年（1921年）4月16日
［出生地］山城国伏見町（京都府京都市）

父の定甫に釜師の技を学ぶ。明治8年上京し鈴木政美に就いて蠟型鋳造法を学び、12年谷中清水町に工場を自営。分解鋳造法による大型鋳造が得意で銅像、建築装飾などを手がけた。作品に「青銅鐘」「西郷隆盛像」「楠木正成像」「明治大帝御像」「昭憲皇太后御像」「田村麿像」など。京都の秦蔵六、香取秀真とともに近世鋳金界の三名家といわれる。晩年は東京美術学校教授を務めた。

岡田 章人　おかだ・あきと
漆芸家

［生年月日］明治43年（1910年）6月17日
［没年月日］昭和43年（1968年）4月9日
［出生地］香川県木田郡平井村　［学歴］香川県工芸学校漆工科中退

昭和13年第2回文展初入選。20年京都の漆芸家達と創人社を結成。22年第3回日展で「蒟醬雪柳之図手筥」が特選、36年第4回新日展で彫漆「層」棚が菊華賞。32年京都の漆芸家の会・朱玄会結成。36年日展審査員。その後、現代工芸展に出品。

［受賞］日展特選（第3回）〔昭和22年〕, 新日展菊華賞（第4回）〔昭和36年〕

岡田 和美　おかだ・かずよし
金工家

［没年月日］平成21年（2009年）7月19日
［団体］日本工芸会

東京の専門学校で絵画を学んだ後、高岡銅器の会社で営業を担当。やがて出入りの職人の技に触発されて会社を辞め、彫金の人間国宝・金森映井智に師事。銅の表面をやすりで磨く仕上げの作業を手がけ、人間国宝の大沢光民らの作品を支えた。自身も金

工家として花器やオブジェを日本伝統工芸展に出品、平成6年日本工芸会正会員。
[師弟]師=金森映井智

岡田 久太　おかだ・きゅうた
陶工

[生年月日]生年不詳
[没年月日]天保3年(1832年)
[別名等]通称=桜久太、号=給花亭　[専門]京焼

京都三条白川橋北(現・京都市東山区)に居住し、白泥、焼き締め、紫泥、朱泥などの泥製の急須や涼炉など制作。特に白泥の急須は薄づくりで軽く、轆轤技術に抜群の腕を見せた。初代清水六兵衛、青木木米、2代目高橋道八と並ぶ急須づくりの名人に挙げられる。印銘は桜花の輪郭内に「久」の字を表したものや「久太」の草書体小判印などを用いた。青木木米の轆轤の師とも伝えられる。

尾形 乾山　おがた・けんざん
陶工、画家

[生年月日]寛文3年(1663年)
[没年月日]寛保3年(1743年)6月2日
[出生地]京都　[別名等]名=権平、深省、扶陸、惟允、号=習静堂、尚古堂、陶隠、霊海、逃禅、紫翠、伝陸

京都の呉服商・雁金屋尾形宗謙の三男で、二兄は画家・工芸家として名高い尾形光琳。曽祖父の妻は本阿弥光悦の姉にあたり、光悦との縁は深い。天和3年(1683年)長兄が家を継いだため、貞享元年(1684年)光琳とともに財産を分譲され、元禄2年(1689年)仁和寺の麓に閑居。その門前に窯を構えていた野々村仁清に陶法を学び、12年京の乾の方角にあたる鳴滝泉谷に窯を開いて乾山と名づけ、また号とした。この時代の作品は"鳴滝乾山"と呼ばれ、光琳が絵付けをした合作もある。正徳2年(1712年)洛中に移ると食器を量産し、乾山焼の名声を広めた。享保年間に江戸へ下り、入谷に窯を開いて晩年を送った。この時代の作品は"入谷乾山"といい、元文2年(1737年)招かれて下野国佐野で作陶したが、この時代のものを"佐野乾山"と称する。代表作に重要文化財「銹絵染付金彩絵替土器皿」「白泥染付金彩芒文蓋物」「金銀藍絵松樹文蓋物」などがある。絵もよくし、代表作「花籠図」も重要文化財に指定されている。
[家族]兄=尾形光琳(画家・工芸家)、父=尾形宗謙(画家・商人)
[師弟]師=野々村仁清

尾形 光琳　おがた・こうりん
画家、工芸家

[生年月日]万治1年(1658年)
[没年月日]享保1年(1716年)6月2日
[出生地]京都　[別名等]名=惟富、伊亮、方祝、通称=市之丞、別号=道崇、寂明、澗声、日受、長江軒、青々斎

京都の呉服商・雁金屋尾形宗謙の二男で、陶工として名高い尾形乾山は弟。曽祖父の妻は本阿弥光悦の姉にあたり、光悦との縁は深い。光悦流の書と狩野派の絵をよくした父の影響を受け、狩野派の山本素軒に絵を学ぶ。天和3年(1683年)兄が家を継いだため、貞享元年(1684年)乾山とともに財産を分譲され、間もなく結婚して独立。しかし、元禄年間の末頃には財産を蕩尽したため、30歳代後半になって画家として立った。多くの公家や大名家・役人・豪商と交わり、特に関白・二条綱平や京都銀座商人の中村内蔵助らをパトロンにつけ、画業を盛んにした。元禄14年(1701年)綱平の推挙により、法橋に叙される。宝永4年(1707年)江戸に赴き、播磨姫路藩主・酒井忠挙から10人扶持を給されるが、6年帰京。以後、しばしば京都と江戸を往復するが、正徳元年(1711年)

京都に自ら設計した画室を建て、画業に専念した。俵屋宗達に私淑し、宗達の作品を模写した「風神雷神図屏風」などの作品もあるが、晩年に至って"光琳模様"と呼ばれる独自の大和絵風を確立。代表作に「伊勢物語」から着想を得た艶麗な「燕子花図屏風」をはじめ、大画面の「紅白梅図」「八ツ橋図」「呂尚垂釣図」、小画面の「中村内蔵助像」「草花図巻」などがある。また、京都の鳴滝に窯を開いた乾山の焼き物の絵付けも多く手がけ、「銹絵寿老人図六角皿」「銹絵観鷗図角皿」などは重要文化財に指定されている。国宝「八橋蒔絵硯箱」のように、漆工芸においても優れた作品を残した。
[家族]弟＝尾形乾山(陶工)、父＝尾形宗謙(画家・商人)
[師弟]師＝山本素軒

尾形 周平　おがた・しゅうへい
陶工

[生年月日]天明8年(1788年)
[没年月日]天保10年(1839年)
[別名等]幼名＝熊吉、熊蔵、別名＝周平光義、光吉

初代高橋道八の三男で、仁阿弥道八の弟。初め兄の仁阿弥を手伝ったのち30歳を過ぎて独立し、尾形深省(乾山)を慕って尾形姓を名乗る。その後は、文政元年(1818年)青木木米の轆轤師岡田久太を伴い、摂津の桜井里窯へ行き、10年仁阿弥道八と紀州藩主徳川治宝に招かれ、11年摂津貝塚の願泉寺御庭焼、天保2年(1831年)姫路の東山焼、男山御用窯、5年淡路島の賀集珉平を手伝うなど、生涯自家窯を持たず各地を指導して歩いた。京焼きを基本としつつ、中国・朝鮮・日本の陶器、磁器に関するあらゆる技術を習得していたといわれ、煎茶器や抹茶器を制作、特に磁器(青磁、染付、金襴手)に秀作が多い。代表作に「七十二歳尾形法橋周平造」。

[家族]父＝高橋道八(1代目)(陶工)、兄＝高橋道八(2代目)(陶工)

岡田 雪峨　おかだ・せつが
彫金家

[生年月日]安政1年(1854年)9月
[没年月日]没年不詳
[出生地]江戸

刀剣鞘塗師の橋本久次郎の三男。東龍斎派の高橋良次に彫金の技を学ぶ。明治21年皇后陛下御佩用の宝冠副章調製御用を仰付られた。

岡田 仙舟　おかだ・せんしゅう
陶芸家　萩焼岡田窯7代目

[生年月日]大正5年(1916年)10月25日
[没年月日]平成15年(2003年)1月30日

はじめ軍人となり将校を務める。復員帰郷後、父で萩焼岡田窯6代目である政右衛門に師事。昭和41年7代目を継いだ。
[家族]父＝岡田政右衛門(萩焼岡田窯6代目)、息子＝岡田裕(萩焼岡田窯8代目)

岡部 覚弥　おかべ・かくや
彫金家

[生年月日]明治6年(1873年)
[没年月日]大正7年(1918年)9月9日
[出身地]福岡県　[旧姓名]天津　[別名等]字＝玄浦、号＝射石　[学歴]東京美術学校(現・東京芸術大学)彫金本科〔明治28年〕卒

東京美術学校で加納夏雄、海野勝珉に師事。明治28年卒業して母校で教鞭を執ったのち、37年から5年間ボストン博物館に勤めた。

岡部 達男　おかべ・たつお
彫金家

[生年月日]明治35年(1902年)6月22日
[没年月日]昭和39年(1964年)1月29日
[出生地]東京・駒込　[学歴]東京美術学校(現・東京芸術大学)金工科〔大正14年〕卒

昭和5年帝展入選、8年特選となり12年無鑑査出品となった。18年文展第4部審査員、24年から3回日展審査員を務めた。33年日展評議員、全日本工芸美術協会委員も兼務、彫金界に貢献した。

岡部 嶺男　おかべ・みねお
陶芸家

[生年月日]大正8年(1919年)10月3日
[没年月日]平成2年(1990年)9月4日
[出生地]愛知県瀬戸市　[旧姓名]加藤　[学歴]瀬戸窯業学校〔昭和12年〕卒、東京物理学校〔昭和15年〕中退

青磁・織部の分野で当代随一と評価された加藤唐九郎の長男。昭和12年瀬戸窯業卒業後、1年間父のもとで製陶に従事。翌年単身で上京、東京物理学校に入学、また本郷研究所にも通う。しかし父から度々家に呼び戻され、"古瀬戸"の習作をする。15年応召。22年復員すると独立して製陶を始め、29年日展特選。日本工芸会会員となり個展も開く。35年"永仁の壺事件"の渦中の人として父とともに話題となる。38年頃から無所属となり、平戸橋の窯で青瓷を追求、45年移窯し、米色青瓷を完成させた。
[家族]父=加藤唐九郎(陶芸家)、弟=加藤重高(陶芸家)
[受賞]日展特選・北斗賞、プラハ国際陶芸展グランプリ、日本工芸会奨励賞

岡本 一太郎　おかもと・いちたろう
ガラス工芸家　岡本硝子創業者

[生年月日]明治30年(1897年)9月30日
[没年月日]昭和54年(1979年)
[出生地]東京都　[学歴]大阪高工中退

父は船舶用ガラス製造家として知られた岡本信太郎。早くに母を亡くし、異母に育てられる。独学でガラスを勉強し、大正元年大阪の叔父のもとで硝子の組成・築炉などの研究に従事。8年岩城硝子製造所を経て、9年大阪で硝子工場を起こした。昭和3年東京・大島町に個人企業を創業、カットグラスの生産を開始。5年合資会社岡本特殊硝子工業所、22年岡本硝子株式会社に改組。東部硝子工業協同組合の初代理事長なども務めた。
[親族]岳父=岩城滝次郎(ガラス工芸家)
[叙勲]藍綬褒章〔昭和30年〕、勲四等瑞宝章〔昭和42年〕

岡本 玉水　おかもと・ぎょくすい
人形作家

[生年月日]明治31年(1898年)
[没年月日]昭和47年(1972年)7月27日
[出生地]東京市(東京都)　[本名]岡本久雄
[専門]雛人形

雛人形頭師4代目。白沢会同人として人形芸術運動を興す。戦後、日展、日本伝統工芸展に出品。

岡本 欣三　おかもと・きんぞう
陶芸家

[生年月日]大正3年(1914年)
[没年月日]平成13年(2001年)3月27日
[出身地]岡山県　[学歴]京都第二工窯業科卒

父は日本画家の岡本東陽。小学生時代より陶芸を志し、京都第二工業の窯業科に進む。卒業と同時に、国立陶磁器試験所に招

かれ、中国陶磁の研究に励み、釉薬の化学的分析に関する論文も発表。昭和26年天神窯を築き、本格的に作家活動を始める。岡山県文化賞などを受賞した。
[家族]父＝岡本東陽(日本画家)
[受賞]岡山文化賞

岡本 静太郎　おかもと・しずたろう
陶工　酒津焼4代目当主

[生年月日]明治30年(1897年)10月23日
[没年月日]昭和45年(1970年)5月23日
[出生地]岡山県窪屋郡中洲村(倉敷市)　[別名等]号＝陶太, 仁静

酒津焼2代目当主・岡本嘉蔵の二男。長じて自らも陶工となり、陶太の号で朝鮮高麗風の青磁や象眼を制作した。昭和4年には兄の賢二と共同で倉敷市酒津の兜山山麓に三連房の小窯を建造。7年以降、柳宗悦、浜田庄司、河井寛次郎、バーナード・リーチといった民芸運動の指導者たちが相次いで彼の窯を来訪、その影響により民芸風の焼き物を作るようになった。15年兄から譲られて酒津焼4代目当主となり、仁静に改号。主に花器・香道の用品・日常生活品の制作を手がけ、戦後は、窯を兜山山麓から酒津水門に移し、活動を続けた。
[家族]父＝岡本嘉蔵(陶工), 兄＝岡本賢二(陶工)

小川 卯平　おがわ・うへい
ガラス職人

[生年月日]享和1年(1801年)
[没年月日]文久1年(1861年)10月19日

天保3年(1832年)福岡藩でガラスの製造を始め、豆徳利、水玉かんざしなどの博多びいどろを製作。長崎伝来のガラス玩具"チャンポン"を模造し、筥崎宮の放生会で販売して大人気を博した。のち藩主黒田長溥から藩直営の博多チャンポンの製造事業を命じられたがこれを辞退、長崎の職人を推挙して自営のガラス製造を続けた。"びいどろ屋卯平"と呼ばれた。

小川 勝男　おがわ・かつお
ガラス職人

[生年月日]明治39年(1906年)3月23日
[没年月日]平成13年(2001年)7月6日
[出生地]東京・浅草　[別名等]雅号＝清流
[学歴]高小〔大正6年〕卒　[団体]福岡文化連盟

12歳で浅草の医療ガラス細工職人に弟子入り、13年の修業後、昭和6年九州帝国大学医学部の技官となる。実験用の洗浄瓶、濾過器作りに従事。また、結核菌の分子連鎖を世界で初めてガラス模型で製作。42年定年退官後、大正時代から途絶えていた郷土玩具・博多チャンポンを復活させ、自宅で製作。作品数は6万個を超える。平成7年限りで高齢などを理由に一線を退いた。
[受賞]福岡県技能功労賞〔昭和58年〕, 現代の名工〔平成2年〕, 全国奨励観光土産品審査会通産大臣賞〔平成3年〕
[叙勲]勲六等瑞宝章〔昭和47年〕

小川 久右衛門　おがわ・きゅうえもん
陶芸家

[生没年]生没年不詳
[出身地]加賀国能美郡若杉村(石川県)

諸州の窯に学ぶ。明治11年小川鉄之助らと五条坂に開業した。

小川 松民　おがわ・しょうみん
蒔絵師, 漆工家　東京美術学校漆工科教授

[生年月日]弘化4年(1847年)4月25日
[没年月日]明治24年(1891年)5月29日

[出生地]江戸日本橋長谷川町(東京都) [本名]小川繁次郎

金具師・小川忠蔵の子として生まれる。16歳のとき蒔絵師・中山胡民の門に入り、絵を池田孤村に学ぶ。明治3年古典蒔絵の構造や修復を専門にする蒔絵師として東京・浅草に開業。10年内国勧業博覧会で蒔絵茶箱を出品、龍紋賞牌を得る。11年正倉院の什物の拝観を行うなど古典蒔絵の研究に努め、農商務省の依囑により正倉院、法隆寺の什物を模造した。また宮内省の命により「春日権現記外箱」を修繕。23年7月東京美術学校の初代漆工科教授となり、11月日本漆工会を創設した。代表作に「布引滝絵長硯箱」など。
[家族]父＝小川忠蔵(金具師)
[師弟]師＝中山胡民、池田孤村
[墓所]谷中墓地

小川 セイ　おがわ・せい
人形師

[生年月日]明治9年(1876年)7月10日
[没年月日]昭和41年(1966年)4月16日
[出生地]長崎県東彼杵郡竹松村(大村市)
[旧姓名]砂原

農家に生まれ、26歳で長崎県古賀出身の小川小太郎と結婚。以来、姑に師事して古い伝統を持つ古賀の土人形の製作をはじめた。手先が器用であったため、のちには名人と謳われるようになった。

小川 善三郎　おがわ・ぜんざぶろう
染織家

[生年月日]明治33年(1900年)7月15日
[没年月日]昭和58年(1983年)1月14日
[出生地]福岡県福岡市　[資格]福岡県無形文化財保持者(博多織)〔昭和43年〕、重要無形文化財保持者(献上博多織)〔昭和46年〕
[専門]献上博多織

大正2年尋常小学校卒業後、原竹博多織工場に住み込み弟子として入社。8年阿部万次郎工場を経て、15年松居博多織工場に転じ、昭和21年手織課長に就任。27年に独立、博多織工業組合員となる。以来手織り献上一筋で、46年に献上博多織の人間国宝に認定された。
[家族]長男＝小川規三郎(染織家)
[受賞]福岡県教育功労者〔昭和45年〕
[叙勲]勲四等旭日小綬章〔昭和48年〕

小川 破笠　おがわ・はりつ
漆芸家、画家、俳人

[生年月日]寛文3年(1663年)
[没年月日]延享4年(1747年)6月3日
[出生地]伊勢国(三重県)　[別名等]名＝観、字＝尚行、通称＝金弥、平助、別号＝笠翁、卯観子、夢中庵、俳号＝宗羽、宗宇

江戸へ出て福田露言、芭蕉らに俳諧を学ぶ。また土佐派風の画をよくして、芭蕉の肖像画を多く残す。諸国を放浪したのち江戸に戻り、其角の家に寓した。漆芸にも長じ、蒔絵に陶磁、鉛、堆朱、象牙などを嵌入した独特の様式を創始。作風は本阿弥光悦に中国趣味を合わせたものと評されるが、流浪の旅の中で自得したものと考えられ、のち"破笠細工"と称されるようになった。享保8年(1723年)津軽藩主津軽信寿に見いだされ、破格の厚遇を受けた。代表作は「古墨蒔絵硯箱」「貝藻図料紙硯箱」など。弟子の望月半山がついで2世破笠となった。

小川 半助　おがわ・はんすけ
陶芸家

[生没年]生没年不詳

明治初期の陶工。伊勢四日市に開窯。手捏細工の巧手、また絵具にフノリを加え推描の法を創案。

小川 喜数　おがわ・よしかず
和紙工芸作家

[生年月日] 昭和7年(1932年)
[没年月日] 平成18年(2006年)5月2日
[出身地] 愛知県小原村(豊田市)

昭和23年から和紙工芸を手がけ、山内一生、加納俊治らと小原和紙工芸の基礎を築く。35年日展に初入選。52年、62年特選。
[師弟]師=藤井達吉
[受賞]愛知県芸術文化選奨文化賞〔平成12年〕、日本現代工芸美術展現代工芸賞(第11回)〔昭和47年〕、日展特選(第9回・19回)〔昭和52年・62年〕

置鮎 与市　おきあゆ・よいち
博多人形師

[没年月日] 昭和53年(1978年)2月3日

太平洋戦争前から博多人形師として第一線で活躍。肖像人形を得意とし、精密な描写力に定評があった。作品に福岡地区進駐部隊指揮官のロビンソン准将をモデルとした「ロビンソン代将」(昭和21年)などがある。

奥磯 栄麓　おくいそ・えいろく
陶芸家

[生年月日] 昭和5年(1930年)9月3日
[没年月日] 昭和62年(1987年)9月11日
[出生地]京都　[本名]稲垣雄之助　[学歴]京都美術専門学校〔昭和26年〕卒　[専門]美濃焼,志野焼　[団体]東洋陶磁学会,岐阜県考古学会

洋画を志したが28歳のとき桃山陶器に生涯をかけることを決意し、加藤十右衛門に師事。昭和40年志野焼発祥地の久々利に太平窯を開き、本格的な作陶に入る。「美濃焼」を著すなど、考古学的な研究をしながら志野や鼠志野の茶碗、徳利、ぐいのみなどを焼く。公募展には出品せず、個展に終始した。
[家族]父=稲垣錦箒庵(南画家),母=稲垣晴雪(日本画家)

奥川 忠右衛門(1代目)　おくかわ・ちゅうえもん
陶芸家

[生年月日] 明治26年(1893年)
[没年月日] 昭和50年(1975年)10月11日
[出生地]佐賀県　[資格]佐賀県指定重要無形文化財

白磁一筋に修業。戦後に有田で築窯。県重要無形文化財指定。また、大物ロクロ成型によって白磁の大型つぼなどを制作する技術が39年に、文化庁から無形文化財に選ばれた。中国官窯栄代白磁に比肩される。
[家族]息子=奥川忠右衛門(2代目)
[受賞]日本工芸会長賞

奥田 頴川　おくだ・えいせん
陶工

[生年月日] 宝暦3年(1753年)
[没年月日] 文化8年(1811年)4月27日
[出生地]京都　[本名]頴川　[別名等]名=庸徳,初名=茂市郎,通称=茂右衛門,別号=陸方山

明末清初に日本へ帰化した陳姓の中国人の末裔で、その出身地である頴川県にちなんで頴川姓を称したという。京都の下京大黒町で質商・丸屋を営んでいたが、美術に興味を持ち、家業を譲って窯を築き、磁器の製作に従事。陶技は清水焼の海老屋清兵衛に学んだとされる。天明年間に京焼で初めて本格的な磁器焼造を試み、京焼の磁祖と称される。豪快にして優麗な作風により交趾釉、古染付などを手がけ、中でも呉須赤絵に優れた。門下からは青木木米、2代目

約10年間丹波焼を修業、柳宗悦らから教えを受け、昭和46年伊勢市の朝熊山麓に神楽の窯を開く。同年第1回日陶展に入選。創造美術陶芸部運営委員、三重県美術展審査委員なども務めた。

奥田 陶器夫　おくだ・ときお
陶芸家

[生年月日] 昭和7年（1932年）12月11日
[没年月日] 昭和56年（1981年）7月17日
[出生地] 滋賀県信楽
昭和52年第4回日本陶芸展で最優秀作品賞の秩父宮賜杯を受賞した。
[師弟] 師＝日根野作三, 熊倉順吉
[受賞] 日本陶芸展・最優秀作品賞（第4回）〔昭和52年〕

奥田 木白　おくだ・もくはく
陶工

[生年月日] 寛政12年（1800年）
[没年月日] 明治4年（1871年）4月2日
[出身地] 大和国郡山（奈良県）　[別名等] 幼名＝亀松, 通称＝佐兵衛, 武兵衛, 号＝木々斎, 五行庵　[専門] 赤膚焼
大和郡山藩の御用を務める荒物商で、茶や俳諧に通じた風流人として知られた。木白の号は屋号の柏屋にちなむ。天保6年（1835年）より楽焼を始め、11年からは赤膚焼伊之助窯で本焼を始めた。京焼や萩焼などを研究し、赤膚焼の興隆に貢献した。著作に「楽焼口伝之控帳」「家伝覚書」「浮世のゆめ」などがある。
[家族] 息子＝奥田作次郎（陶工）
[墓所] 円融寺（奈良県大和郡山市）

奥田 康博　おくだ・やすひろ
陶芸家

[生年月日] 大正9年（1920年）4月1日
[没年月日] 平成11年（1999年）2月18日
[出生地] 滋賀県甲賀郡信楽町　[本名] 奥田鎮

奥平 了保　おくだいら・りょうほ
釜師

[生年月日] 生年不詳
[没年月日] 嘉永5年（1852年）
[別名等] 通称＝佐兵衛, 名＝定行
京都の釜師・大西家9代浄元の二男で、祖母方の奥平家を興した。近世では随一の名手とされるが、跡継ぎがなく一代限りの名となった。
[家族] 父＝大西浄元（釜師）

小口 正二　おぐち・まさじ
漆芸家

[生年月日] 明治40年（1907年）
[没年月日] 平成12年（2000年）1月21日
[出身地] 長野県諏訪市　[本名] 小口政次
[団体] 日展, 現代工芸美術家協会
日展では昭和21年の出品作「躍進魚図手筥」などで特選、北斗賞も受賞、審査員も務める。
[受賞] 日本現代工芸美術展文部大臣賞, 長野県芸術文化功労者
[叙勲] 紺綬褒章, 勲四等瑞宝章

奥村 霞城　おくむら・かじょう
漆芸家

[生年月日] 明治26年（1893年）
[没年月日] 昭和12年（1937年）10月16日
[出生地] 京都府京都市　[本名] 奥村亨　[別名等] 号＝霞城　[学歴] 京都市立美術工芸学校描金科〔明治44年〕卒

岩村光真、船橋舟に師事。大正8年佳都美村に、9年時習園に参加し、昭和4年京都美工院同人となる。同年帝展に初入選。以降入選を重ね、12年第1回文展に「漆器鹿ノ図パネル」を無鑑査出品する。他に商工展、新古美術品展などに出品・受賞。
[師弟]師=岩村光真，船橋舟

奥村 吉右衛門　おくむら・きちえもん
表具師　千家十職・奥村家1代目

[生年月日]元和4年(1618年)
[没年月日]元禄13年(1700年)
[出生地]近江国(滋賀県)　[本名]奥村吉右衛門清定　[別名等]号=宗勢、別名=奥村吉兵衛

地侍の二男に生まれる。正保3年(1646年)京都へ移住して小川通に住まい、承応3年(1654年)表具師となって近江屋吉兵衛と称した。のち、剃髪して宗勢と号した。
[家族]息子=奥村吉兵衛(奥村家2代目)

奥村 吉五郎　おくむら・きちごろう
表具師　千家十職・奥村家4代目

[生年月日]元文2年(1737年)
[没年月日]天明1年(1781年)
[別名等]号=道順

奥村家3代吉兵衛の婿養子として、近江国伊香郡の田辺氏から奥村家に入った。
[親族]岳父=奥村吉兵衛(奥村家3代目)

奥村 吉次郎　おくむら・きちじろう
表具師　千家十職・奥村家10代目

[生年月日]明治2年(1869年)
[没年月日]昭和19年(1944年)

千家十職の一つで、千家十職・9代目奥村吉兵衛の長男。掛け物、建具、風炉、先屏風、紙釜敷、折居(おりすえ)などの表具を製作する。
[家族]長男=奥村吉兵衛(11代目)，父=奥村吉兵衛(9代目)

奥村 吉次郎　おくむら・きちじろう
表具師　千家十職・奥村家7代目

[生年月日]寛政7年(1795年)
[没年月日]天保8年(1837年)
[別名等]号=休音

奥村家6代吉兵衛の婿養子として奥村家に入った。
[親族]岳父=奥村吉兵衛(奥村家6代目)

奥村 吉兵衛　おくむら・きちべえ
表具師　千家十職・奥村家2代目

[生年月日]正保1年(1644年)
[没年月日]享保4年(1719年)
[別名等]号=休意

奥村家初代吉右衛門の長男。表千家6代覚々斎のとりなしによって紀州徳川家の御用達となる。表千家の好み表具を手掛け、以来代々千家の職方となった。またこの代より、吉兵衛を名乗りとした。
[家族]父=奥村吉兵衛(奥村家1代目)

奥村 吉兵衛　おくむら・きちべえ
表具師　千家十職・奥村家3代目

[生年月日]寛文8年(1668年)
[没年月日]寛保3年(1743年)
[別名等]号=休誠

奥村家2代吉兵衛の婿養子として、近江国浅井郡の松山氏より奥村家に入る。休誠と号し、書・狂歌にも長じた。
[親族]岳父=奥村吉兵衛(奥村家2代目)

奥村 吉兵衛　おくむら・きちべえ
表具師　千家十職・奥村家5代目

[生年月日]宝暦5年(1755年)
[没年月日]文政8年(1825年)
[別名等]号＝了誠

奥村家3代吉兵衛の婿養子として、近江国伊香郡の松井氏から奥村家に入った。剃髪後に了誠と号した。
[親族]岳父＝奥村吉兵衛(奥村家3代目)

奥村 吉兵衛　おくむら・きちべえ
表具師　千家十職・奥村家6代目

[生年月日]安永9年(1780年)
[没年月日]嘉永1年(1848年)
[別名等]号＝休栄

奥村家4代吉五郎の婿養子として、近江国伊香郡の宮部氏から奥村家に入った。「千家御好表具并諸色寸法控」(2巻)をまとめ、「奥村家系図」を残した。
[親族]岳父＝奥村吉五郎(奥村家4代目)

奥村 吉兵衛　おくむら・きちべえ
表具師　千家十職・奥村家8代目

[生年月日]文化1年(1804年)
[没年月日]慶応3年(1867年)
[別名等]号＝檉所、鶴心堂

儒学を岡本黄石について学び、梁川星巌とも親交。奥村家歴代の中では最も妙手とされた。

奥村 吉兵衛　おくむら・きちべえ
表具師　千家十職・奥村家9代目

[生年月日]天保12年(1841年)
[没年月日]明治41年(1908年)
[本名]奥村吉平　[別名等]号＝義道

千家十職の一つで、千家十職・奥村家8代目吉兵衛の子。掛け物、建具、風炉、先屏風、紙釜敷、折居(おりすえ)などの表具を製作する。
[家族]長男＝奥村吉次郎(奥村家10代目)、父＝奥村吉兵衛(8代目)

奥村 吉兵衛　おくむら・きちべえ
表具師　千家十職・奥村家11代目

[生年月日]明治34年(1901年)
[没年月日]昭和62年(1987年)
[本名]奥村一道

千家十職の一つで、千家十職・10代目奥村吉次郎の長男。掛け物、建具、風炉、先屏風、紙釜敷、折居(おりすえ)などの表具を製作する。昭和19年11代目吉兵衛を襲名。61年9月長男が12代目吉兵衛を襲名。
[家族]父＝奥村吉次郎(奥村家10代目)、長男＝奥村吉兵衛(12代目)

奥村 松山　おくむら・しょうざん
陶工

[生年月日]天保13年(1842年)
[没年月日]明治38年(1905年)1月10日
[出身地]近江国(滋賀県)　[本名]奥村安太郎

彦根湖東焼の御抱稽古人として安政4年(1857年)より幹山伝七に絵を学ぶ。廃窯後は京都の幹山の工場で陶法を修業。明治9年独立。京都で製陶をはじめ古物写に長じ、彩釉を研究、鑑定もした。

小椋 久太郎　おぐら・きゅうたろう
こけし職人

[生年月日]明治39年(1906年)7月30日
[没年月日]平成10年(1998年)3月21日
[出身地]秋田県　[学歴]高小卒　[専門]一木造りこけし

昭和34年ベルギー万博で銅賞を受賞。51年現代の名工に選ばれた。
[受賞]現代の名工

小倉 建亮　おぐら・けんすけ
染色作家

[生年月日]明治30年(1897年)
[没年月日]昭和57年(1982年)7月9日
[出身地]京都府宮津市　[本名]小倉久五郎
[学歴]宮津町立高小卒　[団体]日本工芸会

大正2年京都の友禅司・小倉万治郎の門に入り、その後、四条派画家の河辺華挙、村瀬観山に日本画を学ぶ。13年万治郎の養子となり、広く染色の研究を始める。また、松坂屋の稲垣稔次郎や日本工芸会の明石染人の指導を受けた。昭和33年第5回日本伝統工芸展に初入選し、以後53年まで出品。35年日本工芸会会員、40年同会理事となる。53年東京で初個展を開催。染色の一種である交纈(こうけち)の小倉辻ケ花染を創案した。
[家族]養父=小倉万治郎
[師弟]師=小倉万治郎、河辺華挙、村瀬観山、稲垣稔次郎、明石染人
[受賞]京都伝統産業功労者賞〔昭和45年〕、日本伝統工芸展奨励賞(第7回)〔昭和35年〕「暖流」
[叙勲]勲四等瑞宝章〔昭和52年〕

小倉 千尋　おぐら・ちひろ
陶芸家

[生年月日]明治33年(1900年)8月4日
[没年月日]昭和37年(1962年)9月18日
[出生地]兵庫県明石郡魚住村　[学歴]京都市立陶器伝習所卒

京都市立陶器伝習所を卒業し、富本憲吉、清水六和に師事。満州へ渡り、小森忍に中国の古陶芸を教わった。帰国後に京都で作陶。昭和5年明石に窯を築く。12年「窯変孔雀水注」で帝展初入選。25年より文陶社を主宰。釉薬の自然な流れを利用して図案的な効果を図る「釉彩陶芸」を創始、神戸を中心に全国各地で精力的に個展を開いた。

桶村 正夫　おけむら・まさお
扇子折師　京都扇子団扇伝統工芸士会会長

[生年月日]大正12年(1923年)
[没年月日]平成12年(2000年)
[出生地]富山県　[資格]伝統工芸士〔昭和59年〕　[専門]京扇子

12歳で京都の伝統工芸・京扇子の扇子折師に入門し、戦後独立。昭和59年伝統工芸士、63年京都府伝統産業優秀技術者に認定される。平成5年「京の名工展」で、初の試みとなる65間(親骨と63本の骨)の扇子を出展し、話題となる。京都扇子団扇伝統工芸士会会長、京都扇子加工協同小組合副理事長なども務めた。

小合 友之助　おごう・とものすけ
染織家

[生年月日]明治31年(1898年)3月28日
[没年月日]昭和41年(1966年)4月21日
[出生地]京都府京都市中京区油小路姉小路
[学歴]京都市立美術工芸学校卒　[専門]臈纈染め

四条派の都路華香に日本画を学び、龍村織物嘱託として正倉院の御物裂の研究・復元に携わり、染織に開眼。昭和7年第13回帝展に染色工芸作品を出品、初入選した。11年文展鑑査展で選奨を受け、17年第5回新文展で無鑑査。同年稲垣稔次郎らと母由良(もゆら)荘を結成。22年新匠美術工芸会結成に一時参加。24〜38年京都市立美術専門学校、同市立美術大学教官。32年日展評議員。36年に設立された現代工芸美術家協会委員。蠟防染など新しい意匠と技法を展開、38年の「上雲」40年の「今朝風流」などが代表作。
[師弟]師=都路華香
[墓所]衣笠墓地(京都市北区)

尾崎 治良右衛門　おざき・じろうえもん
　　陶工　因久山焼の祖

[生没年] 生没年不詳

寛政年間(1789～1801年)京都の六兵衛から陶法を伝授され、因幡因久山焼を興す。のち因幡鳥取藩主・池田家の援助を得て窯を栄えさせた。

尾崎 直政　おざき・なおまさ
　　装剣金工

[生年月日] 享保17年(1732年)
[没年月日] 天明2年(1782年)
[出生地] 京都　[別名等] 通称＝喜右衛門、号＝貴斎

後藤廉乗の江戸出府に従い、後藤家の内弟子として修行。のち独立して一家を興し、尾崎派の開祖とされる。作風は後藤家と似ており、間違えられやすい。

長船 長光(1代目)　おさふね・ながみつ
　　刀工

[生没年] 生没年不詳
[出生地] 備前国長船村(岡山県)

光忠の子。備前長船派の中にあって特に製作数が多く、長船派隆盛の基盤を築いたとされるが詳細は不明。活動期間が異常に長く、門人を多数抱えていた様子から、代作も多く含まれると推察されている。

小関 伊佐美　おぜき・いさみ
　　漆工芸家　紀州伝統漆器振興会長

[没年月日] 平成7年(1995年)11月1日
[出生地] 和歌山県海南市　[学歴] 小卒　[専門] 沈金加飾

家業の漆器製造業に従事、紀州漆器業界の第一人者として50余年間沈金一筋。テレホンカードに沈金を施すなど新分野にも伝統技法を導入、昭和54年伝統工芸士認定。34年から10年間京都市立美術大学で講師をつとめた他、和歌山県県漆器商工業組合理事、同組合沈金部長、紀州伝統漆器振興会長も歴任した。
[受賞] 伝統工芸士〔昭和54年〕、海南市文化賞〔平成4年〕「紀州伝統漆器振興に寄与」

小田部 庄右衛門(36代目)　おたべ・しょうえもん
　　鋳物師

[没年月日] 昭和63年(1988年)
[出生地] 茨城県真壁郡真壁町　[学歴] 水戸工卒　[専門] 梵鐘

創業800年になる小田部鋳造の36代目当主で、体の弱かった父親の跡を継ぎ、20歳から梵鐘を制作した。
[家族] 息子＝小田部庄右衛門(37代目)

越智 健三　おち・けんぞう
　　鍛金家　東京学芸大学教授

[生年月日] 昭和4年(1929年)9月29日
[没年月日] 昭和56年(1981年)3月13日
[出生地] 愛媛県　[学歴] 東京芸術大学工芸科〔昭和28年〕卒　[専門] 金工　[団体] 日展,日本新工芸家連盟

工芸指導所(のち産業工芸試験所)でデザイナーとして活動した後、鍛金家に復帰。昭和34年日本金工作家協会会員、40年第8回新日展、44年第12回同展出品、49年日展会員となり審査員。40年以来現代工芸美術家協会員、同審査員、評議員。53年同会退会、日本新工芸家連盟に参加、委員となった。51年から東京学芸大学教授。
[受賞] 日展特選(第8回)〔昭和40年〕「律」、日展菊華賞(第12回)〔昭和44年〕、日本現代工芸美術展協会賞

音丸 耕堂　おとまる・こうどう
　　漆芸家

[生年月日]明治31年（1898年）6月15日
[没年月日]平成9年（1997年）9月8日
[出生地]香川県高松市北古馬町　[本名]音丸芳雄　[旧姓名]山下　[学歴]小学校卒　[資格]重要無形文化財保持者（彫漆）〔昭和30年〕　[専門]彫漆

13歳のときから石井磬堂のもとで讃岐彫を学び、17歳の頃から江戸末期の漆芸家・玉楮象谷に傾倒し、彫漆家を志して独学。大正10年彫金家大須賀喬らと香風会を結成し、5年連続で展覧会を開催。昭和7年帝展初入選。12年上京し、17年第5回新文展特選、24年第5回日展特選。30年以降は主に日本伝統工芸展に出品。30年彫漆で人間国宝に認定される。同年日本工芸会創立に参加。54年文化庁の記録映画「彫漆─音丸耕堂のわざ」が発表された。代表作に「彫漆月之花手箱」「彫漆蘇鉄文食籠」「彫漆布袋葵文手箱」など。
[家族]二男＝音丸寛（漆芸家）、三男＝音丸淳（漆芸家）
[師弟]師＝石井磬堂
[受賞]伝統文化ポーラ大賞（十周年記念特別大賞）〔平成2年〕、新文展特選（第5回）〔昭和17年〕「彫漆月之花 手箱」、日展特選（第5回）〔昭和24年〕「彫漆小屏風」、日本伝統工芸展20周年記念特別賞（第20回）〔昭和48年〕
[叙勲]紫綬褒章〔昭和42年〕、勲四等旭日小綬章〔昭和48年〕

小野 元立　おの・げんりゅう
　　陶工　元立院焼の創始者

[生年月日]寛永8年（1631年）
[没年月日]元禄12年（1699年）
[別名等]別名＝元立坊

もとは修験道の山伏で、寛文3年（1663年）野田吉左衛門とともに姶良町西餅田に元立院窯を開窯。初窯は失敗したが独力で経営を続け、5年には川野相雪を通じて薩摩藩主島津久久に製品を献上。延宝5年（1677年）藩窯の焼物細工人と同列の資格が与えられ、元禄年間（1688～1704年）には茶器も多く焼くようになり、藩の買い上げを受けた。没後、2代目元立が窯を引き継いだが、延享3年（1746年）に5代目が龍門司窯に移って元立院焼は閉窯したとされる。

小野 光敬　おの・こうけい
　　刀剣研磨師　美術刀剣研磨技術保存会幹事長

[生年月日]大正2年（1913年）7月30日
[没年月日]平成6年（1994年）6月29日
[出生地]岩手県盛岡市夕顔瀬町　[本名]小野清之助　[学歴]厨川尋常高小〔昭和3年〕卒　[資格]重要無形文化財保持者（刀剣研磨）〔昭和50年〕　[団体]日本美術刀剣保存協会

盛岡市の繭問屋の末っ子で、高等小学校を卒業すると地元の研ぎ師・加藤勇之助に弟子入り。昭和10年東京の本阿弥光遜の門を叩き、13年弟子となり細工場で本格的に修練する。5年で鑑定法と研ぎ方の基本を身につけ、19年師匠から光敬の名をもらい独立。22～42年東京国立博物館美術工芸課刀剣室に勤務。23年日本美術刀剣保存協会主催の研磨技術等発表会に出品、最高優秀賞を7回連続受賞、無鑑査となる。奈良・正倉院の御剣148口をはじめ、国宝・重要文化財など数多くの刀剣類を手がけた。刀の背から刃に移る境目にある鎬（しのぎ）の幅が表裏で毛筋一本違っても見逃さない眼力で、名刀の真偽鑑定にも力を発揮した。50年人間国宝に認定された。
[師弟]師＝加藤勇之助, 本阿弥光遜

［叙勲］紫綬褒章〔昭和54年〕，勲四等旭日小綬章〔昭和59年〕

小野 為郎　おの・ためお
漆芸家

［生年月日］明治31年（1898年）3月26日
［没年月日］昭和26年（1951年）4月16日
［出生地］新潟県

はじめ版画をよくし、昭和2年ロサンゼルス国際版画展に「スノーランド」が入選。翌3年に帝展第2部に漆刻画が入選したが、7年以降は帝展第4部（工芸）に出品を転じ、以来漆工芸作品を帝展、文展、日展に出品、入選20数回を重ねた。郷土色の濃い作品をみせ、代表作に「越後獅子」「漆春秋棚」などがある。

尾野 敏郎　おの・としろう
陶芸家

［生年月日］明治36年（1903年）4月20日
［没年月日］平成7年（1995年）
［出生地］島根県　　［別名等］号＝碧山　［資格］現代の名工〔昭和54年〕　　［専門］袖師焼

袖師焼2代目の尾野岩次郎の子として生まれる。民芸運動で知られる柳宗悦や、陶芸家の河井寛次郎、浜田庄司に学び、のちバーナード・リーチとも交流、渡英。昭和17年国より袖師窯の技術保存指定。45年日本橋三越で陶業五十年記念展をひらく。民芸陶器の中心的存在として島根県の製陶界で指導的役割を果たした。島根大学講師もつとめた。

［受賞］ブリュッセル万博グランプリ〔昭和33年〕
［叙勲］勲五等瑞宝章〔昭和49年〕

小野 珀子　おの・はくこ
陶芸家

［生年月日］大正4年（1915年）1月19日
［没年月日］平成8年（1996年）5月29日
［出身地］福島県会津若松市　［団体］日本工芸会

「釉裏金彩」の華麗な作風で知られ、昭和45年から日本伝統工芸展に連続入選を重ねた。釉上に金箔で文様を描く金襴手も得意で、香合など優雅な作品が多い。九州陶芸界の女流第一人者として活躍した。

［家族］父＝小野琥山、弟＝小野祥瓷（陶芸家）
［受賞］九州毎日陶芸展準大賞〔昭和45年〕、日本陶芸展優秀作品賞（第2回）〔昭和48年〕、日本陶磁協会賞〔昭和56年〕

小野塚 キイ　おのずか・きい
小千谷縮の技術伝承者

［生年月日］明治20年（1887年）1月15日
［没年月日］昭和50年（1975年）12月6日
［出生地］新潟県東頸城郡松之山町　［資格］重要無形文化財保持者〔昭和32年〕

幼少の頃から新潟・小千谷地方に江戸時代から伝わる独特の縮織り、小千谷縮の技術を習得し、6人の子どもを育てながら伝統技術を守り続けた。高度な技術が認められ、昭和32年越後上布苧積み技術保持者として、重要無形文化財保持者に認定された。

小原 治五右衛門(14代目)　おはら・じごうえもん
蒔絵師

［生年月日］大正6年（1917年）11月25日
［没年月日］平成15年（2003年）4月30日
［出身地］富山県城端町　［別名等］号＝白照
［学歴］京都市立美術工芸学校〔昭和10年〕卒　［専門］城端蒔絵

一子相伝で400年来の伝統を持つ城端蒔絵の家に生まれる。昭和10年京都市立美術工芸学校を卒業。江馬長閑に師事。復員後の22年、父の代で途絶えていた家伝の城端蒔

絵を復活させたいと帰郷して制作を開始。同年秋天皇陛下巡幸の際の天覧品を制作、23年には「鴛鴦花菖蒲文手箱」で日展に初入選。30年代半ばに14代目治五右衛門を襲名。城端町の文化財保護委員、曳山調査委員長も務めた。
[師弟]師＝江馬長閑
[受賞]現代の名工〔昭63年度〕
[叙勲]勲六等瑞宝章〔平成1年〕

小尾 悠希生　おび・ゆきお
クラフトデザイナー, ジュウリーデザイナー

[生年月日]昭和22年（1947年）9月18日
[没年月日]平成11年（1999年）
[出生地]長野県茅野市　[本名]小尾行夫
[学歴]立教大学文学部〔昭和45年〕卒　[団体]日本クラフトデザイン協会
昭和52〜57年平松デザイン研究所を経て、58年ロトパゴス工房開設。日本ジュウリー展をはじめ朝日現代クラフト展、巡回個展、ジャパンナウ・ノルウェー展、東京国立近代美術館工芸館コンテンポラリージュエリー展などグループ展多数。
[師弟]師＝平松保城
[受賞]淡水翁賞（第1回）〔昭和59年〕, 日本クラフト展優秀賞〔平成10年〕

生水 幹一　おみず・かんいち
倉敷はりこ作家

[没年月日]平成20年（2008年）9月26日
明治2年創業の家業の倉敷はりこを継承。倉敷はりこは、昭和56年岡山県郷土伝統的工芸品に指定され、平成19年には倉敷市の倉敷ブランドにも認定された。

【 か 】

貝賀 金蔵　かいが・きんぞう
人形細工師

[生没年]生没年不詳
[別名等]別名＝小寺金蔵
丹後の人。各種貝殻による人形細工で知られ、特に嘉永6〜7年（1853〜54年）の大坂・難波新地での興行が有名。維新後も活動し、明治7〜9年東京と大阪で興行した。

懐玉斎 正次　かいぎょくさい・まさつぐ
根付師

[生年月日]文化10年（1813年）10月6日
[没年月日]明治25年（1892年）1月21日
[別名等]別名＝安永懐玉斎, 安永正次, 銘＝懐玉堂, 正次, 懐玉
大坂の人。年少のころから独学で彫技を身につけ、牙彫、木彫の置物や根付を制作。幕末から明治にかけては根付が海外でも人気を博し、多くの作品を手掛けたが、現存するものには贋作も多い。

海部 ハナ　かいふ・はな
染織家　阿波しじら織の発明者

[生年月日]天保2年（1831年）8月11日
[没年月日]大正8年（1919年）6月30日
[出生地]阿波国那賀郡横見村（徳島県阿南市横見町）　[旧姓名]村島
25歳の時徳島県・安宅村（現・徳島市）の士族・海部勝蔵の後妻に入り機織りの内職にはげむ。明治元年38歳の時織物に雨があたって偶然できた縮みに興味を持ち研究を重ね、違う太さの糸で織上げた布に熱湯をかける

ことにより縮みが出来ることを発見、阿波縮を発明した。その反物が太物商伊予屋の主人の目にとまり"阿波しじら"として世に出るようになり、のち工場も経営。技法を近在の女たちにも広め、のち徳島県の一大特産品となり、地場産業として栄えた。
[受賞]農商務大臣表彰〔明治19年〕
[叙勲]賞勲局特別銀杯〔大正5年〕
[記念碑]しじら織り顕彰碑(徳島県徳島市)

各務 鉱三　かがみ・こうぞう
ガラス工芸家　カガミクリスタル名誉会長

[生年月日]明治29年(1896年)3月7日
[没年月日]昭和60年(1985年)12月3日
[出生地]岐阜県土岐郡笠原町　[学歴]愛知県立瀬戸陶器学校卒、東京高等工業学校窯業科〔大正4年〕卒

満鉄のガラス工場で働いたのちドイツに留学し、国立シュツットガルト美術工芸学校でクリスタル工芸を専攻。昭和4年に帰国後は、クリスタルガラスのカットやグラビール作品を制作し、帝展、文展、日展などに出品。一方、昭和9年各務クリスタル製作所(現・カガミクリスタル)を創設、多くのガラス工芸家を世に送り出した。わが国のガラス工芸を世界的水準に高めた功績者。「硝子の生長」の著書がある。
[受賞]芸術選奨文部大臣賞〔昭和28年〕、日本芸術院賞〔昭和35年〕、ブリュッセル万博グランプリ〔昭和8年〕
[叙勲]黄綬褒章〔昭和37年〕、勲五等双光旭日章〔昭和41年〕、紺綬褒章〔昭和56年〕

加賀屋 久兵衛　かがや・きゅうべえ
ガラス職人

[生年月日]生年不詳
[没年月日]明治7年(1874年)
[本名]皆川文次郎　[別名等]通称=加賀久

江戸・日本橋塩町の眼鏡・ギヤマンの製造販売業加賀屋の手代をするうちにガラスを知る。文政年間(1818～1830年)に大坂の和泉屋嘉兵衛からビードロ細工を学び、天保5年(1834年)江戸で江戸切子の技法を開発したとされる。大伝馬町に開業し、名を久兵衛と改めた。文房具から食器、化学器材まで幅広く手がけ、江戸ガラス、江戸切子を普及させた。ペリー来航の際には、江戸切子を贈ったといわれる。

香川 勝広　かがわ・かつひろ
彫金家　東京美術学校教授

[生年月日]嘉永6年(1853年)10月
[没年月日]大正6年(1917年)1月15日
[出生地]江戸・下谷箪笥町　[別名等]号=清了軒　[資格]帝室技芸員〔明治40年〕

13歳で喜多流の面師有吉長門正の門に入ったが辞し、野村勝守に改めて彫金を学ぶ。明治8年独立。21年加納夏雄の門に入り更に修業。23年第3回内国勧業博覧会で妙技2等賞受賞。36年宮内省より重量二十貫の銀花盛に金象嵌鳳凰の彫刻を拝命、わが国彫金界未曾有の大作として前代未聞の御賞詞を賜う。31年東京美術学校教授、39年帝室技芸員。代表作に「和歌浦図額」「鳳凰高彫花盛器」「猿猴図額」など。

柿谷 誠　かきたに・まこと
家具職人　カキ工房主宰，富山国際職芸学院教授

[生年月日]昭和18年(1943年)
[没年月日]平成16年(2004年)1月8日
[学歴]武蔵野美術大学卒

高校美術教師を経て、昭和48年家具作りを目指し富山県の大山町に移り、弟2人とともにカキ工房を開設、家具メーカー・KAKIキャビネットメーカーを創業。独学で製作に取り組み、柔らかい松を使った独特の

スタイルを作り出した。平成4年ぬくもりのある家具展を開催。8年富山国際職芸学院創立に尽力、開校と同時に教授に就任した。
[家族]母＝柿谷理実（書家）、弟＝柿谷正（カキ工房）

鍵野 為吉　かぎの・ためきち
漆芸家

[没年月日]昭和55年（1980年）4月1日
[別名等]号＝光雲

漆塗りの京漆器の第一人者。昭和38年伝統産業優秀技術者として京都府から表彰された。

鍵屋 喜兵衛　かぎや・きへえ
陶工

[生没年]生没年不詳
[別名等]通称＝錦光山

京都粟田焼の開祖三文字屋九右衛門の家系が衰微していたため、9代将軍家重の時に粟田の茶器師を調査。その結果、青蓮院宮御用陶工の鍵屋喜兵衛が見いだされ、将軍家御用を仰せつけられることとなった。

角谷 一圭　かくたに・いっけい
釜師

[生年月日]明治37年（1904年）10月12日
[没年月日]平成11年（1999年）1月14日
[出生地]大阪府大阪市　[本名]角谷辰治郎
[資格]重要無形文化財保持者（茶の湯釜）〔昭和53年〕　[専門]茶の湯釜

大正6年釜師の父角谷巳之助より茶の湯釜の制作技法を修得。その後、大国藤兵衛、香取秀真より茶釜、鋳金全般を学んだ他、古釜研究家・細見古香庵からも影響を受けた。終戦直後、世に出回った名釜修理、修復に携わり、茶釜の形態、地紋などを調査、その成果をもとに筑前芦屋系の茶釜を範とした。昭和37年日本伝統工芸展鑑査員。48年、平成5年伊勢神宮式年遷宮御神宝鏡を制作。和鏡制作により修得した力強い箆押し文様により、現代の芦屋釜を作り出した。53年人間国宝。代表作に「海老釜」「独楽釜」「馬ノ図真形釜」など。著書に「釜師―茶の湯釜のできるまで」がある。
[家族]父＝角谷巳之助（釜師）、長男＝角谷征一（金工家）、二男＝角谷勇治（金工家）、三男＝角谷英明（陶芸家）
[師弟]師＝角谷巳之助、大国藤兵衛、香取秀真、細見古香庵
[受賞]大阪府芸術祭賞〔昭和33年〕、布施市文化功労賞（第1回）〔昭和33年〕、日本伝統工芸展日本工芸会総裁賞（第5回）〔昭和33年〕「海老釜」、日本伝統工芸展朝日新聞社賞（第8回）〔昭和36年〕「独楽釜」
[叙勲]勲四等瑞宝章〔昭和51年〕

鶴亭　かくてい
陶工

[生年月日]文化1年（1804年）
[没年月日]嘉永6年（1853年）

京都大徳寺の門前に窯を築いて楽焼を行う。一時中断したが、弘化元年（1844年）大徳寺塔中常楽庵に再建し、嘉永年間（1848～53年）には玉林院末寺大坂堀川口般若寺に窯を築いた。

神楽岡 文山　かぐらおか・ぶんざん
陶工

[生没年]生没年不詳

京都岡崎で文化・文政年間（1804～1830年）に製陶を営む。各種の陶器を模したが、特に楽焼を得意とし、楽家4代一入や5代宗入の模作に巧妙なことで知られる。

景長 かげなが
刀工

[生没年] 生没年不詳
[出生地] 因幡国（鳥取県）

粟田口吉正に学び、因幡小鍛冶と称したと伝えられる。また粟田口吉光の系統ともいわれるが、同銘の刀工が数名いるために、区別が難しい。太刀姿は京物に近く、刃文は直刃を得意とした。

景光 かげみつ
刀工

[生没年] 生没年不詳
[出身地] 備前国邑久郡長船（岡山県）

光忠を事実上の祖とする長船派の正系の3代目で、長光の子。藤原姓で左兵衛尉を名のった。鎌倉時代後期に活躍し、「備州長船住景光」などの銘を切った。備前長船の名を高めた名工の一人。作品では、南北朝時代の名将・楠木正成の愛刀として知られる太刀や戦国武将の上杉謙信の佩刀である短刀などが有名で、国宝に指定されているこの2件を含め、指定刀は16口にのぼる。
[家族] 父＝長光（刀工）

鹿児島 寿蔵 かごしま・じゅぞう
人形作家, 歌人

[生年月日] 明治31年（1898年）12月10日
[没年月日] 昭和57年（1982年）8月22日
[出生地] 福岡県福岡市　[学歴] 福岡高小卒
[資格] 重要無形文化財保持者（紙塑人形）〔昭和36年〕　[専門] 紙塑人形

高小卒とともに博多人形づくりに従事。初めテラコッタ（素焼き）人形をつくっていたが、昭和7年、人形づくりの材料として楮、フノリなどを原料とした粘土状の可塑物"紙塑"を開発、これを材料に彩色をほどこした「紙塑人形」を創造。11年第1回改組帝展で入選。以降、新文展などに出品。13年"ぬき"と称していた人形材料のおが屑練物を"桐塑"と命名。36年に重要無形文化財保持者（人間国宝）に認定された。37年には"胡桐塑"を開発し公開する。代表作に「志賀島幻想箕立事」「竹の響」「卑彌呼」など。アララギ派の長老歌人としても知られ、歌誌「潮汐」（ちょうせき）を主宰、宮中歌会始の選者もつとめた。歌集は「故郷の灯」（第2回迢空賞）「潮汐」「新冬」「花白波」など多数にのぼる。
[家族] 娘＝鹿児島成恵（紙塑人形作家）
[師弟] 師＝島木赤彦
[受賞] 迢空賞（第2回）〔昭和43年〕「故郷の灯」
[叙勲] 紫綬褒章〔昭和42年〕, 勲三等瑞宝章〔昭和48年〕

籠橋 休兵衛 かごはし・きゅうべえ
実業家, 陶業者

[生年月日] 天保12年（1841年）3月4日
[没年月日] 大正10年（1921年）10月13日
[出生地] 岐阜県駄知村（土岐市）

明治4年生地の岐阜県駄知村で製陶業を、24年陶磁器仲買業も始める。25年清（中国）向け新製品で成功。29年多治見に、40年清に進出した。

可西 泰三 かさい・たいぞう
金工家

[生年月日] 大正10年（1921年）10月11日
[没年月日] 平成19年（2007年）3月30日
[出身地] 富山県高岡市　[本名] 可西泰二
[学歴] 東京美術学校（現・東京芸術大学）附属工芸技術講習所〔昭和18年〕卒　[専門] 高岡銅器

漆芸家の山崎寛太郎に師事。昭和24年高岡市商工奨励館デザイン技師となり、54年退職。この間、25年鋳銅花器で日展に初入選

して以来、同展や日本現代工芸美術展に出品した。38年、45年日展特選。富山県美術連合会会長、富山県工芸作家連盟委員長を歴任した。
[家族]妻＝可西希代子（舞踊家），娘＝可西晴香（舞踊家）
[師弟]師＝山崎寛太郎
[受賞]北日本新聞文化賞〔平成1年〕，日展特選〔昭和38年・45年〕
[叙勲]勲四等瑞宝章

梶 佐太郎　かじ・さたろう
七宝作家

[生年月日]安政6年（1859年）
[没年月日]大正12年（1923年）

近代七宝の祖・梶常吉の二男、または孫といわれる。明治14年第2回内国勧業博覧会に出品。愛知県名古屋の安藤七宝店の初代工場長を務めた。30年神戸の実業家・川崎正蔵に招かれて同地に移り、中国・明の景泰藍の再現に取り組んで宝玉七宝を創始した。

梶 常吉　かじ・つねきち
七宝職人

[生年月日]享和3年（1803年）5月
[没年月日]明治16年（1883年）9月20日
[出生地]尾張国（愛知県）

尾張藩士加地市右衛門の二男に生まれ、独学で七宝技術を学ぶ。日本とオランダの七宝焼を研究して有線七宝を発明。藩主徳川慶勝に認められ、尾張家お抱えの職人となり、幕府にも献上された。多くの後進を育て、その技法は門人の林庄五郎、塚本貝助らに受け継がれた。日本近代七宝の祖とされる。

梶 芳蔵　かじ・よしぞう
蒔絵師

[生没年]生没年不詳

植松抱民の弟子。日本染工会創立者の一人。

梶川 久次郎　かじかわ・きゅうじろう
蒔絵師

[生没年]生没年不詳

寛文から天和（1661～1684）ごろ徳川家抱え蒔絵師の梶川彦兵衛に師事し、彦兵衛の死後、そのあとをついで徳川将軍家の印籠師となる。江戸中橋檜物町に住し、梶川蒔絵と称する金の薄肉高蒔絵が基調の印籠蒔絵を得意とした。代表作「桃鳩蒔絵印籠」。子孫も代々徳川家に仕えた。

梶川 彦兵衛　かじかわ・ひこべえ
蒔絵師

[生没年]生没年不詳

寛永年間（1624～1644年）に徳川家の蒔絵師となり、扶持方を賜る。名手として知られ、以後代々続く梶川家の祖となり、弟子の梶川久次郎が後を継いだ。

梶川 文龍斎　かじかわ・ぶんりゅうさい
蒔絵師

[生没年]生没年不詳

梶川家の3代目。狩野探幽が下絵を手掛けた鷹が雀を追う図の印籠蒔絵（ボストン美術館蔵）などの名品を残した。

梶田 恵　かじた・めぐむ
家具工芸作家

[生年月日]明治23年（1890年）
[没年月日]昭和23年（1948年）8月5日
[出生地]岩手県盛岡市　[学歴]東京美術学校（現・東京芸術大学）〔明治45年〕中退

大正14年パリ万博で「婦人用机」が入賞。当時、パリを中心に展開されたアール・デ

コ様式の作家としての地位を確立した。商工展、帝展などでも入選を重ね、昭和17年文展で「松竹梅紋筥」が特選となった。
[受賞]文展特選〔昭和17年〕「松竹梅紋筥」

鹿島 一谷 かしま・いっこく
彫金家

[生年月日]明治31年(1898年)5月11日
[没年月日]平成8年(1996年)11月23日
[出生地]東京市下谷区(東京都) [本名]鹿島栄一 [学歴]高小卒 [資格]重要無形文化財保持者(彫金)〔昭和54年〕 [専門]布目象嵌 [団体]日本工芸会

代々彫金をする家に生まれ、布目象嵌の技術を伝承する。祖父、父、関口一也・真也父子、のち海野清、北原千鹿に師事。大正7年20歳で独立。昭和4年第10回帝展で「焰文様金具」が初入選。24年日展に「金工水牛文花器」が特選。30年日本工芸会の創立に際し、正会員となり、33年理事。また32年より度々日本伝統工芸展鑑査員を務めた。39年唐招提寺の国宝「金亀舎利塔」の保存修理に携わる。54年人間国宝に認定。繊細な絵文様を特色とし、伝統的技法を現代に生かした作風で知られる。代表作に「布目象嵌露草文銀四分一接合水指」「布目象嵌秋之譜銀水指」「朧銀柳汀文花器」など。
[家族]父=鹿島一谷光敬(彫金家)
[師弟]師=鹿島一谷光敬、関口一也、関口真也、海野清、北原千鹿
[受賞]日展特選(彫塑部、第5回)〔昭和24年〕「金工水牛文花器」
[叙勲]紫綬褒章〔昭和42年〕、勲四等瑞宝章〔昭和48年〕

鹿島 一布 かしま・いっぷ
彫金家

[生年月日]天保13年(1842年)
[没年月日]明治33年(1900年)3月28日
[出生地]江戸 [本名]鹿島善次郎 [別名等]号=一布斎楽則 [専門]布目象嵌

父である彫金家・一布斎秀広に師事し、刀の鐔の制作に用いる鉄布目象嵌の技法を学ぶ。維新後の廃刀令により刀装金工芸は危機に瀕するが、いち早く布目象嵌を朧銀などに応用し、緻密な絵画模様や唐草文・幾何学文を取り入れた大作を制作して高い評価を得た。代表的な作品に宮内庁所蔵の「金象嵌八角壺」や「朧銀山水図額」などがある。

梶山 関山 かじやま・かんざん
陶芸家、公共事業家

[生年月日]天保7年(1836年)3月
[没年月日]大正9年(1920年)7月7日
[出身地]相模国(神奈川県) [旧姓名]吉田 [別名等]名=良助 [専門]秦野焼

三浦乾也を神奈川県曽屋村(秦野市)に招いて陶芸を学び、秦野焼を興す。また川口直次郎らとともに陶管簡易水道の敷設に尽くし、明治23年完成させた。
[師弟]師=三浦乾也

梶山 重次郎 かじやま・じゅうじろう
漆芸家

[生没年]生没年不詳
[出身地]東京都台東区浅草 [別名等]号=明斎 [専門]蒔絵

明治時代の蒔絵師。東京・浅草に居住。13歳頃より御本丸御細工所職方の4代目田辺源助に師事し、漆技を学ぶ。19歳で独立し、徳川家細工所に出仕。明治10年起立工商会社の嘱託を受ける。同年第1回内国勧業博覧会、14年第2回博覧会に出品受賞。繊密な花鳥画を得意とした。帝室博物館に「観世音菩薩蒔絵額」「布袋唐子蒔絵丸額」がある。
[師弟]師=田辺源助(4代目)

[受賞]内国勧業博覧会鳳紋賞(第1回)〔明治10年〕「漆器描金」

梶山 伸　かじやま・しん
染色工芸家　加賀友禅技術保存会長

[生年月日]明治41年(1908年)7月31日
[没年月日]平成9年(1997年)11月5日
[出身地]石川県金沢市　[学歴]尾山中(旧制)卒　[専門]加賀友禅

昭和16年文展入選。26年日展特選、朝倉賞。37年現代工芸美術家協会会員、40年金沢美術工芸大学講師、石川県無形文化財指定加賀友禅技術保存会員。著書に「前田家伝来衣裳」「加賀友禅」など。
[受賞]朝倉賞〔昭和26年〕、金沢市文化賞、伝統文化ポーラ賞(特賞、第11回、平3年度)

賀集 三平　かしゅう・さんぺい
陶工

[没年月日]明治42年(1909年)
[専門]珉平焼

珉平焼の創始者・賀集珉平の甥で、伯父について陶業に従事。文久2年(1862年)阿波藩の御用陶器所監督補佐役となり、慶応3年(1867年)伯父が窯の経営を退いて個人窯を作ると、従来からの窯を継承した。明治19年窯の権利を淡陶社に譲り東京で陶器輸出商社を起こしたが倒産、晩年は不遇だった。
[親族]伯父=賀集珉平(陶工)

賀集 珉平　かしゅう・みんぺい
陶工

[生年月日]寛政8年(1796年)1月15日
[没年月日]明治4年(1871年)7月12日
[出生地]淡路国三原郡伊賀野村(兵庫県南淡町伊賀野)　[別名等]幼名=豊之助、豊七、通称=豊七郎、三輪蔵、三郎右衛門、字=子精、号=勝瑞、蟻巣、射楽才

若い頃より多芸であったが、京都の陶工尾形周平(仁阿弥同八の弟)と出会い、文政6年(1823年)伊賀野村で窯を開き、楽茶碗の製作を開始。淡路島珉平焼の創始者として窯業の発展に尽くす。天保元年(1830年)茶褐釉や白釉を創製し、藩主蜂須賀氏に賞される。天保13年(1842年)徳島藩窯に指定され、古染付、絵高麗など様々な品種を産出したが、中でも黄南京手と京焼風色絵風で知られた。

梶原 菊三郎　かじわら・きくさぶろう
陶工

[生年月日]享和1年(1801年)
[没年月日]明治13年(1880年)
[出生地]佐賀県有田町

有田焼の中でも大型磁器の産地として知られる黒牟田で陶工として活動。息子の友三郎とともに、香蘭社との協力で大皿を手掛け、明治11年のパリ万博に出品した。

春日井 秀大　かすがい・ひでお
染織家

[生年月日]明治43年(1910年)2月16日
[没年月日]昭和59年(1984年)2月6日
[出生地]愛知県名古屋市　[本名]春日井秀雄

大正13年14歳で松坂屋に入社し、染織デザインの仕事に従事。昭和4年風俗史家の江馬務の私塾に通い師事。21年染色作家を志し、独立。22年第3回日展に初入選し、31年同展特選。同年京都工芸美術作家協会理事。37年日展審査員、38年日展会員、のち評議員を歴任。42年大阪成蹊女子短期大学デザイン美術科教授。
[師弟]師=稲垣稔次郎、江馬務
[受賞]京都府美術工芸功労者〔昭和56年〕、日展特選(第12回)〔昭和31年〕「屏風 やちぜんまい」

嘉介 かすけ
陶工

[生没年]生没年不詳
[別名等]通称＝楽只亭、三文字

江戸時代後期、京都で奥田頴川の門下となる。のち宝山文蔵にも師事した。

上総屋 留三郎 かずさや・とめさぶろう
ガラス職人

[生年月日]文政4年（1821年）
[没年月日]明治26年（1893年）3月15日
[本名]在原　[別名等]通称＝上留

江戸浅草南元町に工房を設け、簪、風鈴などを製造・販売。のち長崎でガラス技術を学んだ。ガラス生地の製造・卸売りも手掛け、加賀屋と並ぶ江戸最大手のガラス問屋となった。

加田 半六 かだ・はんろく
陶工

[生没年]生没年不詳
[専門]楽山焼

萩松本無田原窯の休伯半六の一族出身といわれる。延宝5年（1677年）初代倉崎権兵衛が萩から出雲に移った時に随伴した弟子の一人。権兵衛逝去の際、嗣子が幼少であったため楽山焼を継承。轆轤の技に優れ、薄手で優美な作風。作品に名印はない。
[師弟]師＝倉崎権兵衛（初代）

片岡 華江 かたおか・かこう
蒔絵師

[生年月日]明治22年（1889年）8月20日
[没年月日]昭和52年（1977年）10月22日
[出生地]東京都台東区浅草猿尾町　[本名]片岡照三郎

明治38年川之辺一朝に入門。大正元年大正天皇御召車内部と食堂車の鏡縁の螺鈿文様を製作。3年東京美術学校漆工科講師となり、昭和18年まで務めた。この間、3年東京美術学校監造御飾棚螺鈿鳳凰菊文様を製作したのをはじめ、4年伊勢神官式年祭の際、御櫛函、轆轤函の銀平文、雲鳥文を、6年には東京美術学校監造国会議事堂皇族室扉ならびに御帽子台の螺鈿文様などを製作。戦後、32年文化財保護委員会の依頼により螺鈿技術記録を作成し、同年無形文化財保存技術者の認定を受ける。34年日本伝統工芸展に出品の「螺鈿鷺之図手筋」が文化財保護委員会買上となり、39年には国宝中尊寺金色堂の保存修理に伴う宝相華文様螺鈿を製作した。
[叙勲]勲五等瑞宝章〔昭和41年〕

片岡 二光 かたおか・にこう
陶工

[生年月日]文政4年（1821年）9月24日
[没年月日]明治36年（1903年）8月8日
[出生地]尾張国常滑（愛知県常滑市）　[別名等]通称＝菊次郎

常滑の陶工・初代松下三光に師事。轆轤の扱いのみならず、手捻りにも巧みで、火色焼を最も得意とした。文久年間には同じく陶工の杉江寿門と共に医師・平野忠司の創案による朱泥焼の製造に従事し、その製品化に成功。その門下からは沢田菅江らが出た。
[師弟]師＝松下三光（1代目）

片岡 光春 かたおか・みつはる
京人形師

[没年月日]昭和58年（1983年）3月5日
[出身地]兵庫県

13歳で京人形師の村井はるに入門。その後、浮世絵を題材にした美人人形に転向、

京展、二科展に入賞。昭和36年第1回京都府伝統産業優秀技術者、55年現代の名工に選ばれた。
[受賞]京都府伝統産業優秀技術者(第1回)〔昭和36年〕,現代の名工〔昭和55年〕

片山 行雄　かたやま・ゆきお
工芸家　嵯峨美術短期大学学長

[生年月日]明治41年(1908年)10月12日
[没年月日]昭和63年(1988年)9月18日
[出身地]三重県三重郡菰野町　[学歴]東京美術学校(現・東京芸術大学)図案科〔昭和8年〕卒
京都市立美術専門学校を経て、昭和42年京都教育大学教授、47年嵯峨美術短期大学教授。60～63年同大学長。
[家族]兄=訓覇信雄(真宗大谷派宗務総長)

嘉長　かちょう
金具師

[生没年]生没年不詳
[出生地]伊予国松山(愛媛県)
豊臣秀吉に招かれて京都堀川油小路に住し、豊臣氏による建築の飾金具製作を担う。小堀遠州も嘉長の金具を好み、桂離宮用に金具を製作させ、意匠を凝らした釘隠、引手が離宮に現存する。また松琴亭二の間戸袋の引手は、七宝技法の初期作例として知られる。

勝 公彦　かつ・ただひこ
琉球芭蕉紙製造家

[没年月日]昭和62年(1987年)10月9日
[出身地]神奈川県
和紙作りの人間国宝・安部栄四郎のただ一人の内弟子として研鑽を積む。昭和51年から沖縄に住み、「幻の紙」といわれた芭蕉紙を復活させた。
[師弟]師=安部栄四郎

勝尾 青龍洞　かつお・せいりゅうどう
陶芸家

[生年月日]明治39年(1906年)5月
[没年月日]昭和59年(1984年)11月29日
[出生地]広島県広島市　[本名]勝尾一　[学歴]東京美術学校(現・東京芸術大学)洋画科〔昭和3年〕卒
昭和3年東京美術学校洋画科を卒業したが、5年京都に移り陶芸家に転向。14年第3回文展に入選して以来、文展、日展あわせて14回入選。戦後は現代日本美術米国展、現代日本陶芸展などに招待出品を重ねる。31年以降は個展における発表に専念。茶碗、水指など茶陶を主に手がけた。
[家族]長男=勝尾黎彦(陶芸家)

勝木 盛定　かつき・もりさだ
象嵌金工師

[生没年]生没年不詳
[別名等]通称=半次郎、与左衛門、与三右衛門
山城伏見に居住していたが、加賀藩主前田家の招きで加賀に移り、承応年間(1652～1655年)頃に活躍。鐔・小柄・目貫などを制作した。平象嵌の技術に優れ、秋草・網干の文様を得意として、加賀の象嵌金工・勝木家の祖となった。以後、代々盛定を襲名し4代まで続いた。

月山 貞一(2代目)　がっさん・さだいち
刀匠　日本美術刀剣匠会会長

[生年月日]明治40年(1907年)11月8日
[没年月日]平成7年(1995年)4月1日
[出生地]大阪府大阪市東区鎗屋町　[本名]月山昇　[別名等]初名=貞光,刀銘=貴照　[資格]奈良県無形文化財保持者〔昭和45年〕,

重要無形文化財保持者（日本刀）〔昭和46年〕　[専門]日本刀　[団体]日本美術刀剣保存協会

代々刀匠を業とする家系に生まれ、9歳から手習い、13歳頃から鍛刀の道に入り、18歳で工芸展で受賞して以来、刀作りの道に本格的に取り組む。祖父・初代貞一、父・貞勝も明治・大正時代の名匠だった。大正13年上京、中央刀剣会に入会し、養成工として修業。昭和2年より父とともに伊勢神宮式年遷宮の御神宝大刀制作を担当。10年月山日本刀鍛錬道場を奈良県吉野山に移す。18年大阪陸軍造幣廠軍刀鍛錬所責任者。23年日本美術刀剣保存協会が設立され、のち常務理事。40年桜井市茅原に道場を開設。41年2代目貞一を襲名。46年人間国宝に認定された。53年全日本刀匠会理事長。伝統的な五家伝の鍛法中、相州正宗、貞宗や大和手搔派の包永、山城粟田口派のほか、長船長光、一文字派などの作刀法を得意とした。著書に「日本刀に生きる」。
[家族]祖父＝月山貞一（1代目）, 父＝月山貞勝, 息子＝月山貞利
[受賞]新作名刀展正宗賞（第3回・4回・5回）〔昭和42年・43年・44年〕
[叙勲]紫綬褒章〔昭和48年〕, 勲四等旭日小綬章〔昭和54年〕

月山 貞一（1代目）　がっさん・さだかず
刀匠

[生年月日]天保7年（1836年）2月11日
[没年月日]大正7年（1918年）7月11日
[出生地]近江国犬上郡須越村（滋賀県）　[旧姓名]塚本　[別名等]通称＝弥五郎, 号＝雲龍子　[資格]帝室技芸員〔明治39年〕

7歳の時、大坂の刀工・月山貞吉の養子となり、養父より鍛法を学ぶ。明治4年廃刀令で作刀をやめるが18年再開、39年勅によって備前一文字の伝を継ぐ。45年内務省の命で伊勢大廟奉献の太刀を鍛え、大正14年宮内省の命で御大典用太刀を上納。互の目丁子刀、彫物・銘字に秀でた。明治の名人とも呼ばれた刀工で、先祖伝来の月山伝の他、相州伝、山城伝、備前伝、大和伝という、合計五つの技（王家伝）を極めた。
[家族]養父＝月山貞吉（刀匠）, 息子＝月山貞勝（刀匠）, 孫＝月山貞一（2代目）

月山 貞勝　がっさん・さだかつ
刀匠

[没年月日]昭和18年（1943年）12月24日
[出身地]大阪府

出羽月山流の末流に生まれ、早くから作刀を学び、大正時代の第一人者となった。
[家族]父＝月山貞一（1代目）, 息子＝月山貞一（2代目）

勝光　かつみつ
刀工

[生没年]生没年不詳
[出身地]備前国邑久郡長船（岡山県）

長船派の刀工で、室町時代後期に活躍して文明年間から永正年間にかけての年紀作がある。「蔭凉軒日録」によると、長享2年（1488年）一党60余人を率いて浦上氏の近江攻めに参陣、同地で作刀した。日光東照宮にある、徳川家康が所持していた脇差は重要文化財に指定されている。

勝目 正範　かつめ・まさのり
陶芸家, 彫刻家　薩摩焼窯元

[生年月日]明治29年（1896年）9月15日
[没年月日]昭和55年（1980年）8月26日
[別名等]号＝輝山　[資格]鹿児島県無形文化財透彫技術保持者

薩摩焼の12代目沈寿官の孫弟子。鳥かごや香炉などの白薩摩の透彫の技術を受け継ぎ、優れた作品を残した。

[受賞]南日本文化賞
[叙勲]勲六等単光旭日章

桂 光春　かつら・みつはる
彫金家

[生年月日]明治4年(1871年)9月3日
[没年月日]昭和37年(1962年)8月31日
[出生地]東京・葛飾　[本名]桂米次郎
明治15年彫金家豊川光長に彫金を学び、27年明治天皇銀婚式に東京市から献上の御物を師の光長と共に制作した。28年東京彫工会展で受賞、30年に独立。内外の博覧会、展覧会、競技会などに出品、受賞。43年英国王戴冠式の際、皇室献上の純銀製金象嵌大落盛器の鳳凰の図を制作した。大正3年日本美術協会、東京牌工会、日本金工協会の審査員、鑑査主任となった。13年政府の依頼でパリ万博に掛額「元禄踊の図」「游鯉の図」を出品、昭和4年帝国美術院推薦となった。5年ベルギーのリエージュ万博に飾皿を出品、大賞牌を受けた。8年シカゴ万博に銀製の宝石箱を出品、受賞。11年オランダ女王の慶事に在日オランダ人一同献上の「朧銀花瓶渓山幽煙の図」を依頼されて制作した。
[師弟]師=豊川光長

角 偉三郎　かど・いさぶろう
漆工芸家

[生年月日]昭和15年(1940年)3月10日
[没年月日]平成17年(2005年)10月26日
[出生地]石川県輪島市　[学歴]輪島高(定時制)卒　[団体]日展
沈金職人の長男に生まれる。自らも沈金師を目指し橋本哲四郎に弟子入りして修業する傍ら、前衛芸術に憧れ独創的な作品を発表。日展特選受賞、無鑑査出品する他、日本現代工芸美術展現代工芸賞を受賞するなど活躍。将来を嘱望されるが奥能登・柳田村に伝わる合鹿椀に出会い、40歳で日本工芸会を離脱し飾りを排した生活用具を作り始める。同作品はパリ民俗博物館や英国ヴィクトリア・アルバート王立工芸博物館などに収蔵され、欧州でも有名。平成17年七尾市の和倉温泉に角偉三郎美術館が開館。
[受賞]日展特選〔昭和53年〕「鳥の門」

加藤 偉三　かとう・いぞう
陶芸家

[生年月日]明治41年(1908年)8月11日
[没年月日]平成2年(1990年)3月13日
[出生地]愛知県瀬戸市　[別名等]号=桃山
昭和4年家業を継承。瀬戸市作陶会、春陶会を経て日府展へ。インド、インドネシアで長期にわたり陶業技術援助を行う。紅安南、安南赤絵、安南絞手などが得意。日府展奨励賞など。同展理事、審査員、審査委員長を歴任し、のち退会。

加藤 巌　かとう・いわお
陶芸家

[生年月日]昭和5年(1930年)12月13日
[没年月日]昭和62年(1987年)1月18日
[出生地]京都府京都市　[学歴]京都美術工芸学校図案科〔昭和22年〕卒　[団体]日展,日本新工芸家連盟
青陶会に入会、主宰者である楠部彌弌に師事する。作品は、花瓶、鉢、水指、香炉などの鑑賞陶磁器や和食器が中心で、京風の優雅な美しい染付磁器は評価が高い。染付に独自の作風をみせ、昭和48年、日展で特選を受賞したほか、日本現代工芸展、朝日陶芸展などに多くの受賞歴をもつ。
[家族]父=加藤利昌(陶芸家)
[受賞]日展特選〔昭和48年〕

加藤 英一　かとう・えいいち
陶芸家

[生年月日]明治32年(1899年)2月8日
[没年月日]平成1年(1989年)10月3日
[出身地]愛知県瀬戸市　[学歴]愛知県立陶器学校(現・瀬戸窯業高)卒　[資格]瀬戸市無形文化財〔昭和62年〕　[団体]瀬戸陶芸協会

製陶業の家に生まれる。終戦直後、掻落(かきおとし)の手法を手がけた第一人者。昭和57年瀬戸市制定の特別永年保存陶芸作品に掻落花紋壺が選定された。
[受賞]CBC文化賞(第26回)〔昭和60年〕

加藤 景秋　かとう・かげあき
陶芸家

[生年月日]明治32年(1899年)3月3日
[没年月日]昭和47年(1972年)8月6日
[出身地]岐阜県　[本名]加藤壮一　[資格]岐阜県重要無形文化財保持者〔昭和33年〕
[専門]美濃焼

美濃焼の陶祖12代目。志野を中心に作陶し、昭和30年、31年日本伝統工芸展に入選。兄は陶芸家の林景正。
[家族]兄＝林景正(陶芸家)

加藤 景貞　かとう・かげさだ
陶工

[生没年]生没年不詳

加藤基範の子か(諸説あり)。瀬戸の陶工の家系に生まれ、分家して美濃に入り、天正6年(1578年)土岐郡久尻に窯を開き、美濃焼久尻窯の祖となった。

加藤 景延　かとう・かげのぶ
陶工

[生年月日]生年不詳

[没年月日]寛永9年(1632年)2月2日
[専門]美濃焼

瀬戸の陶工加藤与三兵衛景光の長男として生まれる。父の美濃国土岐郡久尻移住ののち、天正年間(1573〜1592年)美濃に呼ばれ、久尻窯を継ぐ。唐津で連房式登窯を学び、久尻に連房式登窯を築いたと伝えられ、それが久尻元屋敷窯といわれる。白薬手の茶碗を正親町上皇、後陽成天皇に献上し、慶長2年(1597年)筑後守を受領した。関ケ原の戦いでは、元土岐郡の領主であった妻木氏にくみし、妻木氏より屋敷地を拝領した。

加藤 景久　かとう・かげひさ
陶芸家

[生年月日]文政3年(1820年)
[没年月日]明治19年(1886年)10月
[出身地]尾張国赤津(愛知県)　[別名等]通称＝亀三郎、唐三郎、号＝春竜

江戸時代後期に赤津村で窯業に携わる。明治7年から染付をはじめ、良工といわれた。

加藤 景正　かとう・かげまさ
陶工

[生年月日]仁安3年(1168年)
[没年月日]建長1年(1249年)
[出生地]尾張国(愛知県)　[別名等]通称＝加藤四郎左衛門、別名＝藤四郎景正

鎌倉時代に瀬戸焼を始めたとされる伝説的人物で、瀬戸の陶祖と称される。貞応2年(1223年)道元に従って入宋し、陶磁の技法を得て帰国。各地を巡ったのち、仁治3年(1242年)頃に瀬戸で窯を開いたといわれる。

加藤 華仙　かとう・かせん
陶芸家

[生年月日] 明治28年(1895年)
[没年月日] 昭和21年(1946年)
[出生地] 愛知県瀬戸市　[学歴] 愛知県立陶器学校〔大正1年〕卒　[専門] 瀬戸焼

昭和6年春陶会を創設、初代会長に就任。陶芸のみならず、金工や漆芸、ガラスなど他分野の指導者を瀬戸に招き、会員の啓蒙に力を注いだ。21年第1回日展に「牡丹文碧瓷鉢」を出品、特選を受けた。
[受賞] 日展特選〔昭和21年〕「牡丹文碧瓷鉢」

加藤 勘六(1代目)　かとう・かんろく
陶工

[生年月日] 元文1年(1736年)
[没年月日] 嘉永1年(1848年)

瀬戸焼の開祖とされる加藤景正の16代にあたる孫右衛門春琳の長男。元文年間(1736〜1741年)に分家して尾張瀬戸で製陶に従事した。

加藤 勘六(2代目)　かとう・かんろく
陶工

[生年月日] 明和3年(1766年)
[没年月日] 嘉永1年(1848年)
[別名等] 号＝閑陸

父の家を相続する。作品の中でも青磁、獅子の置物、黄釉の土風炉などが著名。作品には「閑遊」「閑陸」の印を用いた。

加藤 溪山(1代目)　かとう・けいざん
陶工

[生年月日] 明治18年(1885年)
[没年月日] 昭和38年(1963年)
[出身地] 岐阜県多治見

4代清水六兵衛に師事。大正元年京都五条坂に開窯。中国青磁の研究と再現に努める。砧青磁などを作り、高麗写しにもすぐれた。
[家族] 息子＝加藤溪山(2代目)

加藤 溪山(2代目)　かとう・けいざん
陶芸家

[生年月日] 大正2年(1913年)12月3日
[没年月日] 平成7年(1995年)8月12日
[出生地] 京都　[学歴] 京都第二工業陶磁科卒、商工省京都国立陶磁試験所修　[資格] 商工省認定技術保存指定者(陶芸)

父の初代溪山より青磁作陶の指導をうけ、昭和38年2代目を襲名。同年秋、京都・大山崎天王山山麓に築窯。この間、5代清水六兵衛主宰の新興工芸会設立会員、帝展、府展公募展に入選受賞、商工省認定技術保存の指定を受ける。南宋の龍泉官窯系の青磁を一筋に追求した。
[家族] 父＝加藤溪山(1代目)
[叙勲] 紺綬褒章〔昭和39年〕

加藤 賢司　かとう・けんじ
陶芸家

[生年月日] 昭和8年(1933年)7月21日
[没年月日] 平成20年(2008年)4月23日
[出生地] 岐阜県多治見市　[学歴] 京都市立美術大学(現・京都市立芸術大学)工芸科陶磁器専攻卒　[専門] 人類最古の有色陶器土耳古青(トルコ青釉)　[団体] 日本工芸会、国際陶芸アカデミー、美濃陶芸協会

新晶窯の5代目。京都市立美術大学卒業の2年後、日本伝統工芸展に初出品して入選。27歳の時、父が病に伏したため製陶会社を引き継ぐが、40歳を過ぎてから陶芸一本の生活に入る。国際交流基金陶芸使節を務め、米国オハイオ州立大学夏期講座講師やトルコの国立高等美術工芸学校客員教授を

1年半務めるなど、陶芸界では数少ない国際人の一人として活躍。抜絵天目釉を得意とし、また銅を使ってのトルコブルーの釉薬をかけた独得の技法には定評があった。
[師弟]師=富本憲吉、近藤悠三
[受賞]オスマン・ハムディ芸術賞（トルコ）〔昭和61年〕、加藤幸兵衛賞〔昭和62年〕、岐阜県芸術文化顕彰〔平成7年〕、岐阜県文化芸術功労者〔平成16年〕

加藤 幸兵衛(5代目)　かとう・こうべえ
陶芸家

[生年月日]明治26年（1893年）
[没年月日]昭和57年（1982年）4月11日
[資格]岐阜県無形文化財（陶芸）　[団体]美濃陶芸協会

大正10年、文化年間（1804〜1818年）より染付を中心にした和食器をつくる幸兵衛窯の5代目幸兵衛を襲名。昭和6年帝展に入選したのを機に中国陶磁の研究を深め、美術工芸としての焼き物を志し、15年技術保存の指定を受けた。25〜48年岐阜県陶磁器試験場長を務め、48年には多治見市名誉市民、岐阜県無形文化財に指定された。技法は染付、呉州赤絵、釉裏紅、油滴天目、木の葉天目、金襴手、青磁、高麗青磁など多岐にわたったが、晩年には特に青磁と金襴手に傾注し、萌黄地金襴手や朧青磁に独自の世界を拓いた。
[家族]父=加藤幸兵衛（4代目）、息子=加藤卓男（陶芸家）、孫=加藤裕英（陶芸家）、加藤直彦（陶芸家）、柴田幸宏（アート・ジュエリー作家）
[受賞]多治見市名誉市民

加藤 五助(1代目)　かとう・ごすけ
陶工

[生没年]生没年不詳
[出身地]尾張国瀬戸（愛知県）　[別名等]号=陶治

瀬戸南新谷で7代まで続いた窯屋の初代。寛政7年（1795年）に分家して陶業を開始。文政2年（1819年）に陶器から磁器製造に転じ、施釉法を研究して青磁釉を開発した。

加藤 五助(4代目)　かとう・ごすけ
陶工

[生年月日]天保10年（1839年）
[没年月日]明治38年（1905年）
[出身地]尾張国瀬戸（愛知県）　[別名等]号=陶玉園　[専門]瀬戸染付

瀬戸南新谷の窯屋、加藤五助4代目に生まれる。素地の研究に加えて染付文様の意匠に力を注ぐ。中国・明の染付磁器の文様に倣いながらも独自の創意を加え、西洋風な文様も採り入れた。白盛りの開発、蓋付茶碗の普及などに功績がある。

加藤 五助(5代目)　かとう・ごすけ
陶工

[生没年]生没年不詳
[出身地]愛知県　[別名等]号=陶玉園

明治31年父のあとをつぎ、輸出に力をいれた。

加藤 五郎　かとう・ごろう
陶芸家　五山陶房代表

[没年月日]平成19年（2007年）12月25日
[出身地]愛知県瀬戸市

昭和56年優秀技能者として愛知県知事表彰を受け、平成7年東海テレビ文化賞、10年労働大臣表彰を受賞した。14年黄綬褒章を受章。
[受賞]愛知県知事表彰（優秀技能者）〔昭和56年〕、東海テレビ文化賞〔平成7年〕、労働大臣表彰〔平成10年〕

[叙勲]黄綬褒章〔平成14年〕

加藤 作助（1代目） かとう・さくすけ
陶工

[生年月日]文化5年（1808年）
[没年月日]明治26年（1893年）11月18日
[出身地]尾張国赤津（愛知県） [本名]加藤景清 [別名等]初称＝加藤作兵衛, 別名＝加藤景元, 号＝寿斎

尾張の陶工で、赤津窯分家・加藤景元の6代目・景幸の子に生まれ、のち父の跡を継いで7代目加藤景元となる。名は景清。通称は初め作兵衛、のち初代作助を名乗る。古法に倣い茶器・酒器を作った。晩年は寿斎と号した。

[家族]父＝加藤景元（6代目）、息子＝加藤作助（2代目）

加藤 作助（2代目） かとう・さくすけ
陶工

[生年月日]天保15年（1844年）8月
[没年月日]大正12年（1923年）
[本名]加藤景義 [別名等]号＝春仙, 前号＝春逸

尾張赤津で父・初代作助のあとを継ぐ。始め春逸と号したが、弟が分家する際に譲り、以降は春仙と号した。古陶にくわしく、志野や織部などの茶器を制作し、明治の良工といわれた。

[家族]父＝加藤作助（1代目）

加藤 作助（4代目） かとう・さくすけ
陶芸家

[生年月日]明治42年（1909年）2月11日
[没年月日]平成8年（1996年）12月24日
[出身地]愛知県瀬戸市 [学歴]京都高等工芸陶磁科〔昭和7年〕卒 [資格]愛知県指定無形文化財保持者〔昭和58年〕 [団体]瀬戸陶芸協会

幼少のころから祖父や父に伝統的製陶技術を学び、学校の陶磁科を卒業後、瀬戸に帰り瀬戸焼屈指の名窯をつぐ。昭和19年4代目作助を襲名。作品は茶碗、水指、花入などの茶陶と食器類で、志野、織部、黄瀬戸、瀬戸黒など地元伝統の技法で作り、桃山から江戸時代初期にかけての伝統陶芸を復活させた。ことに織部は、作助織部と称されるほど評価が高い。

[家族]長男＝加藤伸也（愛知県立芸術大学教授）

加藤 繁十 かとう・しげじゅう
陶芸家

[生没年]生没年不詳
[出身地]尾張国瀬戸（愛知県）

明治30年頃に結晶釉を試み、そのほか窯変にもすぐれていた。作品に「晴夜青磁」など。

加藤 繁十（2代目） かとう・しげじゅう
陶工

[生年月日]文政12年（1829年）
[没年月日]明治29年（1896年）
[出生地]愛知県

愛知県瀬戸の北新谷地区で"清栄軒"と号する窯屋の加藤家の養子となる。明治24年加藤清助の陶碑再建に際し、焼成を依頼されたことから、一時廃業していた家業を再興した。形崩れ防止のために器を伏せて焼く"伏焼"の考案や、中国白磁を模した白磁の創出など、技術改良の研究に力を注いだ。

加藤 重右衛門 かとう・じゅうえもん
陶芸家 笠原町（岐阜県）町長

[生年月日]明治27年（1894年）12月21日
[没年月日]昭和49年（1974年）10月15日

[出生地]岐阜県笠原町　[本名]加藤十右衛門

瀬戸の陶芸家。美濃大平の陶祖・加藤景豊の流れをくむ。昭和2年郷里の笠原町長。7年美濃焼の研究を始め、15年大萱に八坂窯を開窯。黄瀬戸、織部、美濃伊賀などを中心に作陶した。

[家族]孫＝林英仁（陶芸家）

加藤 重吉(1代目)　かとう・じゅうきち
陶工

[生没年]生没年不詳

尾張瀬戸で陶器を作っていたが、享和元年(1801年)磁器焼造に転じた。染付に長じた。

加藤 重吉(2代目)　かとう・じゅうきち
陶工

[生没年]生没年不詳

初代の子。加藤民吉の弟子となり、また肥前の製磁法も研究した。文化3年(1806年)に家業をついだ。

加藤 周左衛門(3代目)　かとう・しゅうざえもん
陶芸家

[生没年]生没年不詳
[出身地]尾張国瀬戸（愛知県）

家業を継いで作陶。新たに「半製染付」の一種を考案、磁製品の代用として流行した。

加藤 周兵衛(1代目)　かとう・しゅうべえ
陶工

[生年月日]文政2年(1819年)
[没年月日]明治33年(1900年)
[出身地]尾張国瀬戸（愛知県）　[別名等]号＝白雲堂, 定翁

瀬戸の窯屋5代加藤定助京蔵の二男として生まれ、天保13年(1842年)瀬戸の窯屋加藤甚兵衛の婿養子となった。3代目川本治兵衛の門下生として学んだのち、嘉永5年(1852年)に分家して磁器生産を開始。瀬戸南新谷地区において主に染付磁器の生産を行い、一品制作を中心に格調高い染付製品を手掛けた。瀬戸窯元取締役、愛知県勧業委員、オーストリア大博覧会出品青花磁器製造方取締役などの要職を歴任。明治10年隠居して定翁と号した。

[家族]長男＝加藤周兵衛(2代目)

加藤 周兵衛(2代目)　かとう・しゅうべえ
陶芸家

[生年月日]嘉永1年(1848年)
[没年月日]明治36年(1903年)
[出身地]尾張国瀬戸（愛知県）　[別名等]幼名＝徳七, 号＝白雲堂

初代周兵衛の長男で、明治10年2代目を継承。主に米国や英国向けの食器類を生産。森村組（現・ノリタケ）の指定工場として輸出用製品を手掛け、薄い素地に細い線を用いて着画した染付磁器が高く評価された。30年には貿易会社を設立して輸出を中心とした生産販売に尽力。同年瀬戸陶器学校で磁器用飛島井黄を創製の際には試焼も担当した。一時は加藤土師萠らも働く窯として盛況を呈したが、没後の大正11年には工場が閉鎖となった。

[家族]父＝加藤周兵衛(1代目)

加藤 春宇　かとう・しゅんう
陶工

[生年月日]生年不詳
[没年月日]文政10年(1827年)

[出身地]尾張国瀬戸(愛知県)

2代目武右衛門(春暁)の子。尾張藩の御用も務め、藩祖廟の敷瓦などを制作した。志野、織部、安南写しなどの食器類のほか、兎形の手焙りなど彫塑的なものも手掛けた。
[家族]父=加藤春暁(陶工)

加藤 春暁 かとう・しゅんぎょう
陶工

[生年月日]生年不詳
[没年月日]文化5年(1808年)
[出身地]尾張国瀬戸(愛知県)　[別名等]幼名=直七郎、別名=武右衛門、号=楽之斎

父・武右衛門は春琳の二男で、分家して武右衛門家を創始、その2代目となる。中国陶磁に学んで安定感のある端正な形の製品を制作し、器に施された獅子の細工などにも優れた技を発揮。緑釉印花の皿や鉢などを得意とした。
[家族]父=加藤武右衛門(陶工)、子=加藤春宇(陶工)

加藤 春二(2代目) かとう・しゅんじ
陶芸家

[生年月日]明治25年(1892年)2月11日
[没年月日]昭和54年(1979年)2月15日
[出生地]愛知県瀬戸市　[別名等]号=竹里菴　[資格]愛知県無形文化財保持者(古瀬戸・織部焼)〔昭和50年〕

大正15年2代目加藤春二襲名。茶陶を中心に制作し、昭和50年古瀬戸、織部焼で愛知県無形文化財保持者に認定された。

加藤 春岱 かとう・しゅんたい
陶工

[生年月日]享和2年(1802年)
[没年月日]明治10年(1877年)3月18日

[出生地]尾張国(愛知県)　[別名等]幼名=宗四郎、通称=仁兵衛

赤津御窯屋の家に生まれ、幼い頃より陶芸に秀でる。文化13年(1816年)15歳で父景典のあとをつぎ、主に尾張藩窯御深井窯(御深井焼)で制作。瀬戸焼が磁器を主流とし始めた天保年間(1830~43年)以降において伝統的陶器を焼き続ける。嘉永3年(1850年)尾張藩主徳川斉温から春岱の称号を受けたが、まもなく罪を得て美濃国今尾で隠退して作陶。安政2年(1855年)許されて再び御深井窯に戻った。文久年間(1861~1864年)には名古屋の川名焼にも参加。古瀬戸、織部黄瀬戸、志野、織部、兎の斑、安南、三島写しなど、使用した釉や技法は多彩で、茶器のほか、手水鉢、人物像など幅広い作品を手掛けた。轆轤の技にも秀で、高麗茶碗写しなどに力作を残して、瀬戸の代表的名工として知られた。

加藤 春丹 かとう・しゅんたん
陶工

[生年月日]生年不詳
[没年月日]文化4年(1807年)
[出身地]尾張国瀬戸(愛知県)　[別名等]別名=孫右衛門春福

緑釉、兎の斑釉、黄瀬戸釉などを用い、水指・花入などの茶器を制作。尾張藩の御用も務め、藩祖廟の敷瓦も手掛けた。

加藤 春鼎(2代目) かとう・しゅんてい
陶芸家

[生年月日]昭和2年(1927年)4月1日
[没年月日]平成7年(1995年)7月19日
[出生地]岐阜県瀬戸市　[本名]春倫　[団体]日本工芸会

瀬戸赤津の名門・2代作助の三男であった初代春鼎の長男で、父の死後昭和36年34歳で2代目春鼎を襲名。焼成中の窯から徹鉄な

どで引き出して急冷させた"引き出し黒"を特技とし、志野、黄瀬戸、織部など多彩で味わい深い作風で知られた。作陶の傍ら、若い陶芸家の育成にも努め、門下生らで組織する鼎窯会を主宰、毎年2回名古屋、東京などでグループ展を開催した。
［家族］父＝加藤春鼎（1代目）
［受賞］愛知県芸術文化選奨（第1回）〔昭和53年〕、愛知県文化功労章、瀬戸市文化功労章

加藤 舜陶　かとう・しゅんとう
陶芸家

［生年月日］大正5年（1916年）7月13日
［没年月日］平成17年（2005年）6月24日
［出生地］愛知県瀬戸市赤津町　［本名］辰
［学歴］瀬戸窯業学校〔昭和8年〕卒　［資格］愛知県無形文化財認定者〔平成5年〕　［専門］瀬戸焼　［団体］日展、日本新工芸家連盟、光風会、瀬戸陶芸協会（会長）

生家は瀬戸の加藤作助家の分家で祖父も父も作陶に従事、赤津窯系譜10世にあたる。板谷波山に師事し、昭和21年から本格的に活動。25年「黒い壺」で日展に初入選。35年「湖上の月」で日展特選・北斗賞、平成3年「悠映灰釉花器」で日展総理大臣賞を受賞。瀬戸焼を代表する陶芸家の一人に数えられ、志野、織部、古瀬戸、黄瀬戸、瀬戸黒、御深井、など瀬戸に伝わる伝統的な技法はことごとくこなしたが、とくに灰釉作品を得意とし、晩年は青灰釉手に取り組んだ。
［家族］父＝加藤春逸（2代目）、二男＝加藤天平（陶芸家）
［師弟］師＝板谷波山
［受賞］瀬戸市功労章〔昭和49年〕、愛知県文化功労賞〔昭和57年〕、東海テレビ賞〔昭和58年〕、中日文化賞（第43回）〔平成2年〕、日本陶芸展文部大臣賞〔昭和30年〕「流黄灰釉花器」、日展特選・北斗賞〔昭和35年〕「湖上の月」、光風会展非水賞〔昭和54年〕「灰釉盤」、日本新工芸展内閣総理大臣賞（第12回）〔平成2年〕「雲海灰釉花器」、日展総理大臣賞（第23回）〔平成3年〕「悠映灰釉花器」
［叙勲］勲四等瑞宝章〔昭和62年〕

加藤 春珉　かとう・しゅんみん
陶工

［生年月日］生年不詳
［没年月日］文久1年（1861年）
［出身地］尾張国瀬戸（愛知県）

加藤景正の嫡流といわれる孫右衛門家の分家は武右衛門家と呼ばれ、2代春暁、3代春宇で、その4代目。春宇の子、あるいは養子と伝えられる。文化から天保年間（1804～1844年）ごろに活躍した。

加藤 鈔　かとう・しょう
陶芸家

［生年月日］昭和2年（1927年）1月17日
［没年月日］平成13年（2001年）8月17日
［出生地］愛知県瀬戸市　［学歴］東京工業大学専門部窯業科〔昭和23年〕卒　［資格］愛知県無形文化財保持者（鉄釉技法）〔平成12年〕　［専門］鉄釉技法　［団体］日展、光風会

瀬戸・赤津で代々"丈助"を名乗る名家の21代目。瀬戸の伝統的な鉄釉（てつゆう）技法を重視し、上絵に金粉を混ぜる"金彩"の技法などで知られ、地元伝統の工芸のほか、現代感覚の創造作品を手がけた。昭和36年日展初入選、以後受賞多数。日展特選も受け、同展審査員も務めた。朝日陶芸展、中日国際陶芸展の審査員、評議員も務め、海外展も多数開催した。
［家族］父＝加藤丈助（20代目）、長男＝加藤令吉（陶芸家）
［受賞］日本美術展覧会（特選・北斗賞）〔昭和39年〕、愛知県教育文化功労賞〔昭和60年〕、日本新工芸展（内閣総理大臣賞）〔昭

和61年〕,愛知県知事表彰〔平成1年〕,中日文化賞(第48回)〔平成7年〕,

加藤 新七　かとう・しんしち
陶工

[生没年]生没年不詳
[出身地]尾張国瀬戸(愛知県)

3代目川本治兵衛の門弟。治兵衛考案の銅版印刷による染付磁器の製法を習得し、嘉永年間から安政年間(1848～1860年)にかけて尾張国川名村(現・愛知県名古屋市)で"川名焼"と呼ばれる銅版染付磁器を焼造した。菓子器、徳利なども手掛け、文様は異国情緒あふれる西洋人物文や細かい花唐草文などが多く、「川名山製」などの銘がある。

加藤 助三郎　かとう・すけさぶろう
陶業家

[生年月日]安政3年(1856年)
[没年月日]明治41年(1908年)3月13日
[出生地]美濃国(岐阜県)

明治5年東京に出て、初の美濃焼の出張店・美濃屋を開店。10年満濃社を組織したが、13年帰郷し濃栄社を設立、美濃陶業の発展に尽力。22年には満留寿商会を設立、国内だけでなく東南アジアに進出した。また東京陶器問屋組合頭取、岐阜県陶磁業組合長などを歴任、陶友会を創設し、陶器学校設立にも尽力するなど、陶業界の繁栄に寄与した。
[叙勲]緑綬褒章〔明治41年〕

加藤 菁山　かとう・せいざん
陶芸家

[没年月日]昭和41年(1966年)9月25日
帝展、文展、日展などに入選。瀬戸陶芸協会設立に尽力するなど、瀬戸陶芸界の長老

として活躍。戦後愛知県から文化功労者として2度表彰された。

加藤 善治(1代目)　かとう・ぜんじ
陶工

[生年月日]天明8年(1788年)
[没年月日]明治6年(1873年)
[出身地]尾張国瀬戸(愛知県)　[別名等]通称＝善右衛門,号＝早梅亭

尾張国瀬戸の北新谷地区の窯屋で、主に茶器を製造。象形の香炉など彫塑的な製品にも優れたものを残した。弘法大師像2000体をつくって人々に施与したため"弘法善治"とも称された。天保年間(1803～1844年)に隠退した。

加藤 善治(2代目)　かとう・ぜんじ
陶工

[生年月日]文政8年(1825年)
[没年月日]明治34年(1901年)
[出身地]尾張国瀬戸(愛知県)　[別名等]号＝早梅亭,春善

弘化3年(1846年)に陶器から磁器製造に転じ、煎茶用の急須などで好評を博す。明治8年から3年間、岩手県庁の招きで磁器製造の指導を行った。

加藤 善治(3代目)　かとう・ぜんじ
陶芸家

[生年月日]嘉永1年(1848年)
[没年月日]大正7年(1918年)
[出身地]尾張国瀬戸(愛知県)　[別名等]通称＝善治郎,号＝早梅亭

瀬戸北新谷の窯屋、加藤善治3代目に生まれる。美濃、常滑、信楽、京都など各地で修業し、明治10年家業を継承。磁器の原料の改良に努め、薄手のコーヒーカップや焼成の困難な陶板や額などを作り、製品には

コバルトの濃淡を生かした洋風の花唐草文などを描いた。

加藤 宗巌　かとう・そうがん
　　　金工家

［生年月日］明治32年（1899年）11月19日
［没年月日］平成7年（1995年）11月21日
［出生地］京都府京都市　［本名］加藤宗太郎
［団体］日本金工作家協会、日本新工芸家連盟
13歳で彫金の手ほどきを受け、21歳で中杉照義に師事。29歳の時に金芸会を創設し、新しい金工美をめざした。昭和12年新文展に初入選。戦後も日展を中心に作品を発表し、京展、工美展の審査員も務めた。
［家族］息子＝加藤忠雄（金工家）、孫＝加藤雅也（金工家）
［師弟］師＝中杉照義
［受賞］京都府美術工芸功労者〔昭和49年〕、京都市文化功労者〔昭和56年〕
［叙勲］紺綬褒章〔昭和51年・52年〕

加藤 滝川　かとう・たきかわ
　　　陶芸家　瀬戸陶芸協会代表委員

［生年月日］明治43年（1910年）
［没年月日］昭和55年（1980年）1月13日
伝統工芸を育てる瀬戸伝統工芸会を発足させ会長を務めたほか、昭和47年5月瀬戸陶芸協会副会長、54年9月代表委員。日展で中日賞ほか入選13回、東海伝統工芸展入選8回など活躍した。

加藤 卓男　かとう・たくお
　　　陶芸家

［生年月日］大正6年（1917年）9月12日
［没年月日］平成17年（2005年）1月11日
［出生地］岐阜県土岐郡市之倉町　［学歴］多治見工〔昭和10年〕卒、国立陶磁器試験所陶芸科　［資格］多治見市無形文化財（陶芸）、岐阜県無形文化財技術保持者（ラスター彩・青釉・三彩）〔昭和58年〕、重要無形文化財保持者（三彩）〔平成7年〕　［専門］三彩、青釉、ラスター彩　［団体］日本オリエント学会、日本新工芸家連盟、現代工芸美術家協会、日展
江戸時代から続く多治見の高級食器で有名な幸兵衛窯に5代目加藤幸兵衛の長男として生まれる。多治見工から京都の国立陶磁器試験所陶芸科に進むが昭和13年応召。20年広島で列車移動中に原爆投下を目撃、救助活動を行ううちに被爆し、10年間の闘病生活を送る。健康回復後、本格的に作陶生活に入り、29年36歳で日展に初入選。36年フィンランド工芸美術学校に留学。同年ペルシャに旅行し、イラン国立考古博物館で、金属的な肌合いを持ち光を受けると黄金色に輝く"幻の陶器"ラスター彩や、三彩・青釉（ペルシャン・ブルー）と出会う。以後、日本オリエント学会会員としてペルシャ古窯発掘調査にも参加するなど、多年の古代オリエント研究の成果を実らせ、ラスター彩、三彩、ペルシャン・ブルーの復元に成功。61年トルコ・イスタンブールのトプカピ宮殿博物館で個展。正倉院三彩の復元や伊勢神宮の御神宝の一つである硯の制作も手がけた。39年美濃陶芸協会初代会長、平成3年名誉会長。2年日本工芸会正会員。7年人間国宝となった。代表作に「三彩花器『爽容』」「三彩花器『碧い山』」「青釉銀華花形花器」「ラスター彩芥子文四方水指」など。
［家族］父＝加藤幸兵衛（5代目）、長男＝加藤幸兵衛（7代目）、三男＝加藤直彦（陶芸家）
［受賞］岐阜県芸術文化顕彰〔昭和39年〕、中日文化賞（第28回）〔昭和50年〕、日本陶磁協会賞金賞（平2年度）〔平成3年〕、MOA岡田茂吉賞（第6回）〔平成5年〕、多治見市名誉市民〔平成7年〕、岐阜県名誉県民〔平成8年〕、日展特選北斗賞（第6回・第8回）〔昭和38年・40年〕「三彩花器・碧い山」「油滴天目花器・耀」、朝日陶芸展福井県知事賞〔昭

和38年〕，日本現代工芸美術展現代工芸賞〔昭和39年〕，日本新工芸展文部大臣賞（第4回・10回）〔昭和57年・63年〕「ラスター彩鉢・想春」
[叙勲]紫綬褒章〔昭和63年〕，旭日中綬章〔平成17年〕

加藤 内匠　かとう・たくみ
木地師　庄川木工協同組合理事長

[没年月日]平成17年（2005年）9月19日
[出生地]富山県庄川町　[学歴]種田尋常小卒　[専門]庄川挽物

小学校卒業後、富山県井波の木工所に勤務。昭和25年独立、庄川挽物の木地師として仕事を続け、のち庄川木工協同組合理事長。58年伝統工芸士。
[受賞]通産大臣表彰〔平成1年〕

加藤 辰之助　かとう・たつのすけ
陶芸家　信楽陶器同業組合長

[生年月日]万延1年（1860年）9月27日
[没年月日]昭和5年（1930年）12月18日
[出身地]近江国（滋賀県）　[専門]信楽焼

生家は滋賀県長野村（信楽町）で製陶を営む。明治35年信楽焼の品質向上を目指して信楽陶器同業組合を組織、組合長に就任。信楽陶器模範工場を作り、販路を東京方面に伸ばした。

加藤 達美　かとう・たつみ
陶芸家　武蔵野美術大学名誉教授

[生年月日]昭和4年（1929年）1月2日
[没年月日]平成15年（2003年）1月6日
[出生地]岐阜県多治見市　[学歴]東京美術学校（現・東京芸術大学）工芸科鋳金部〔昭和27年〕卒

父は陶芸家で人間国宝の加藤土師萌。昭和20年文部省工芸技術講習所に入所、富本憲吉らに師事。26年第7回日展に初入選。27年東京美術学校（現・東京芸術大学）を卒業。29年初の個展を開催。31年第1回クラフト5人展に出品。同年デンマーク国立美術工芸学校へ留学。33年フィンランド・アラビア製陶所で制作。34年クラフト・センター・ジャパン設立委員、のち選考委員となる。45年フランスのヴァロリス国際陶芸ビエンナーレに招待出品。一方、35年武蔵野美術大学短期大学部教授、45年同大教授を経て、名誉教授。日本陶磁デザイン審査員、朝日陶芸審査員も務めた。
[家族]父＝加藤土師萌（陶芸家・人間国宝）
[師弟]師＝富本憲吉
[受賞]日本陶芸協会賞（第22回、昭52年度），日本ニュークラフト展ニュークラフト賞（第6回）〔昭和40年〕

加藤 民吉　かとう・たみきち
陶工

[生年月日]安永1年（1772年）
[没年月日]文政7年（1824年）7月4日
[出身地]尾張国瀬戸（愛知県）　[別名等]幼名＝松太郎，名＝保賢

瀬戸の陶工の二男。その頃の瀬戸では一家で一人のみが窯業に従事できると定められていたため、父とともに熱田新田で働く。熱田で磁器の製法を学び、完璧ではないものの染付磁器の焼成に成功した。陶器のみを手がけていた瀬戸焼が、しだいに有田焼におされて衰退していく状況を打開すべく、九州有田へ赴いて伊万里焼の磁器焼造技術を獲得。文化4年（1807年）帰郷し、瀬戸に新製と呼ばれる磁器法を伝えた。瀬戸の粘土をうまく活用し、肌目の細かい独特の白磁創始に成功して"瀬戸窯の磁祖"と称される。尾州家の染付御用達を命ぜられ、苗字帯刀もゆるされた。祥瑞写しを得意とし、皿、椀、猪口など薄作りの器を制作した。「張」「張州」「文化張州」「享和尾製」などの款識を器に記す。

加藤 唐九郎 かとう・とうくろう
陶芸家

[生年月日]明治30年(1897年)7月19日
[没年月日]昭和60年(1985年)12月24日
[出生地]愛知県瀬戸市　[本名]加藤庄九郎
[別名等]前名=加納庄九郎　[団体]日本工芸会

16歳の時、父の窯を譲り受け製陶業を始めたが、20歳で加藤姓のきぬ夫人と結婚し、加藤唐九郎に改名。昭和4年瀬戸古窯調査保存会を設立、27年織部写しで技術保存、記録作成の選択を受ける。戦後、日本陶芸協会や日本陶磁協会の設立などに活躍する一方、ピカソと作品を交換して話題をまいた。志野、織部のほか黄瀬戸、高麗、唐津、伊賀、信楽と多彩なジャンルに精通。作風は豪快で男性的。陶芸研究家としても日本の第一人者で、著書に「織部」「陶芸口伝」「黄瀬戸」や「原色陶器大辞典」の編纂など多数。また「陶壁」の制作にも取り組んだが、35年永仁の銘を施した自作が重要文化財に指定され、戦後最大といわれた贋作スキャンダル・"永仁の壺事件"として騒がれ、以来すべての公職を退いて作陶に専念、"野の陶人"として活躍した。平成4年31年ぶりに永仁の壺が公開された。
[家族]長男=岡部嶺男(陶芸家)、三男=加藤重高(陶芸家)、孫=加藤高宏(陶芸家)
[受賞]愛知県文化教育功労賞〔昭和29年〕、愛知県文化賞〔昭和31年〕、中日文化賞〔昭和31年〕、毎日芸術賞〔昭和40年〕
[記念館]翠松園陶芸記念館(唐九郎記念館)(愛知県名古屋市)

加藤 唐左衛門(4代目) かとう・とうざえもん
陶工

[生年月日]安永1年(1772年)
[没年月日]天保3年(1832年)

[出生地]尾張国(愛知県)　[別名等]名=高景、号=秋慶

加藤景正の直系子孫である加藤景澄の分家筋にあたる。衰退した瀬戸窯業の回復に尽くし、享和元年(1801年)尾張新製焼を開始。さらに磁器に転業を試み、また製品の専売制を唱えて蔵元制度を確立させるなど多方面で活躍。のち尾州家の染付焼窯元取締役になり、名字帯刀をゆるされた。晩年は志野焼を得意として茶器を焼いた。

加藤 唐三郎 かとう・とうざぶろう
陶工

[生没年]生没年不詳
[別名等]通称=藤三郎

加藤右衛門景勝の子。慶長13年(1608年)美濃国土岐郡郷之木に窯を築いたが、尾張藩主徳川義直の命により赤津に帰り、藩主の御用窯を務めた。その功により名字帯刀をゆるされ、以後代々御窯屋と称した。

加藤 唐三郎(30代目) かとう・とうざぶろう
陶芸家

[生年月日]明治43年(1910年)1月20日
[没年月日]昭和62年(1987年)9月21日
[出身地]愛知県瀬戸市

尾張徳川家御用窯元を継承する瀬戸の名門窯に生れ、30代目を継承。昭和18年芸術保存作家認定。日展などに入選入賞。日ソ展に出品、ソ連美術館永久保存。赤津窯による黄瀬戸、染付が主。

加藤 陶仙 かとう・とうせん
陶工

[生年月日]安政4年(1857年)
[没年月日]昭和7年(1932年)

[別名等]通称＝重五郎，唐三郎，名＝景良
[専門]瀬戸焼
尾張国瀬戸の御窯屋三家の一つ、加藤唐三郎家の10代目。明治18年9代目であった兄が亡くなったため、家督を継承。41年表千家より陶仙の号を受けた。茶陶の名手として知られる。
[家族]兄＝加藤唐三郎（9代目）

加藤 友太郎　かとう・ともたろう
　　　　陶業家

[生年月日]嘉永4年（1851年）9月
[没年月日]大正5年（1916年）2月27日
[出生地]尾張国瀬戸（愛知県）　[別名等]字＝陶寿

瀬戸の陶工、加藤与八の二男。明治7年に上京し、川本富太郎の紹介で井上良斎の工場に入る。石膏型の伝習をうけ、ドイツ人化学者・ワグネルに師事。10年江戸川製陶所工場長。15年独立して牛込新小川町に友玉園を開設、ワグネル式窯を設ける。早くから釉下彩磁器の研究開発に尽力し、32年に完成した下絵付けの赤は"陶寿紅"と呼ばれ人気を博した。40年窯を大崎に移してからも精力的に活動。この間、23年、26年内国勧業博覧会で受賞したほか、26年シカゴ万博に「磁製鯉魚図花瓶」を出品して名誉賞を、44年トリノ万博でグランプリを獲得。1880年代からフランス陶芸界で流行した結晶釉を国内でいち早く取り入れるなど、化学的・美的の両方に裏打ちされた感性で、釉下彩磁器を中心に芸術性に優れた作品を制作、明治期の国内陶磁生産をリードした名工といわれる。

加藤 土師萌　かとう・はじめ
　　　　陶芸家　東京芸術大学名誉教授，日本工業会理事長

[生年月日]明治33年（1900年）3月7日
[没年月日]昭和43年（1968年）9月25日
[出生地]愛知県東春日井郡瀬戸町　[本名]加藤一　[資格]重要無形文化財保持者（色絵磁器）〔昭和36年〕　[専門]色絵磁器

小学校卒業と同時に、瀬戸町の製陶所に画工見習として勤め、大正15年岐阜県立陶磁器試験場の商工技手、昭和4年技師に昇格。この間、2年帝展に入選。14年同試験場を退職、15年横浜市港北区日吉に転居、日吉窯を開き独立。21年日展審査員。26年"黄地紅彩"の再現に成功。29年から日本伝統工芸展に出品。30年日本工芸会設立に参加し常務理事となる。30～42年東京芸術大学陶芸科教授。この時期より中国明代の色絵磁器の技術を再現した作品を多く発表、36年人間国宝に認定された。41年には日本工芸会理事長となり、日本工芸会の活動に尽力した。代表作に「萌葱金襴手丸筥」「黄地紅彩金襴手富貴長春牡丹文飾壺」「緑地釉裏金彩飾壺」など。
[家族]長男＝加藤達美（陶芸家）
[受賞]パリ万博グランプリ〔昭和12年〕「指描澤瀉文大皿」，ブリュッセル万博グランプリ〔昭和33年〕
[叙勲]紫綬褒章〔昭和42年〕，勲三等瑞宝章〔昭和43年〕

加藤 平八　かとう・へいはち
　　　　陶工

[生年月日]文政10年（1827年）
[没年月日]明治14年（1881年）7月10日
[出生地]岩代国大沼郡本郷村（福島県）　[本名]進蔵

加藤家の養子となる。若くして会津藩主の御用物師となり、数々のすぐれた焼物を作った。嘉永6年（1853年）御用人所から命じられ、松平容保の屠蘇器として仙盞瓶や盃、茶壺などの名品を製作。文久2年（1862年）には鈴木利助らと美濃尾張などを視察

113

した。絵画にも通じ、幕末の名工とうたわれた。
[墓所]円通寺(福島県大沼郡会津美里町)

加藤 杢左衛門(2代目) かとう・もくざえもん
窯屋

[生年月日]天保3年(1832年)
[没年月日]明治33年(1900年)
[出身地]尾張国瀬戸(愛知県) [別名等]号＝陶楽園, 杢兵衛 [専門]瀬戸焼
天保12年(1841年)家業を継ぎ、慶応3年(1867年)陶器製造から磁器製造に転じた。加藤政吉や、村田香谷、倉知辰次郎といった優れた成形職人・絵師を抱え、大花瓶や大燈籠などを制作。明治9年フィラデルフィア万博、11年パリ万博などに出品した。17年隠居し、陶楽園杢兵衛と号した。

加藤 杢左衛門(3代目) かとう・もくざえもん
窯屋

[生没年]生没年不詳
[出身地]尾張国瀬戸(愛知県) [専門]瀬戸焼
尾張国瀬戸の窯屋の3代目。磁器の改良に取り組み、明治40年電動応用轆轤を開発した。

加藤 元男 かとう・もとお
陶芸家 藤田保健衛生大学教授, 美夜之窯主宰

[生年月日]大正8年(1919年)1月1日
[没年月日]平成21年(2009年)3月1日
[出生地]愛知県瀬戸市 [学歴]愛知県窯業学校〔昭和11年〕卒、東京美術学校(現・東京芸術大学)工芸科図案部〔昭和17年〕卒
藤田保健衛生大学教授を務めた。昭和32年日本デザイナークラフトマン協会設立に参加。48年瀬戸市に登り窯を築き、評論家の亀井勝一郎より"美夜之窯"と命名を受けた。成田空港ターミナルビルの陶壁を制作した。
[受賞]国井喜太郎産業工芸賞(第28回)〔平成14年〕

加藤 紋右衛門(5代目) かとう・もんえもん
窯屋

[生年月日]文政8年(1825年)
[没年月日]明治2年(1869年)
[出身地]尾張国瀬戸(愛知県) [専門]瀬戸焼
尾張瀬戸の窯屋に生まれ、家業を確立。明治年間に大作を出し、青磁などにすぐれた。

加藤 紋右衛門(6代目) かとう・もんえもん
窯屋

[生年月日]嘉永6年(1853年)
[没年月日]明治44年(1911年)
[出身地]尾張国瀬戸(愛知県) [別名等]号＝還情園, 池紋 [専門]瀬戸焼
尾張瀬戸の窯屋に生まれ、明治3年5代目であった叔父の後を受け、6代目を継ぐ。古窯に丸窯を連結するなどの研究に取り組み窯炉の発展に貢献した他、青磁・黒釉など新たな表現の技法も開発。各種博覧会で出品し、輸出陶器にも力を入れた。一方、26年森村組と専属契約を結び、29年愛磁合資会社を設立。37年日本初の和風水洗大便器及び洋風小便器を製造した。

門田 二篁 かどた・にこう
竹細工師

[生年月日]明治40年(1907年)4月23日
[没年月日]平成6年(1994年)

[出生地]広島県　[本名]門田二郎　[別名等]雅号＝二篁　[資格]伝統工芸士〔昭和55年〕
大正15年別府の岩尾光雲斉に師事。3年後独立。高級花籠などを制作し、商工展などに出品。昭和4年から知事賞、市長賞を多数受賞。19年工芸技術保存資格認定。30年頃から再び各種展覧会に出品。49年以降は日本伝統工芸展へ出品し、52年第24回展で日本工芸会奨励賞、59年には第31回展で文部大臣賞を受賞。この間、53年別府竹製品協同組合副理事長に就任、55年伝統工芸士に認定された。59年日本伝統工芸展文部大臣賞受賞、文化庁買上となる。西部工芸展、別府市美術協会工芸部審査委員をつとめた。
[師弟]師＝岩尾光雲斉
[受賞]日本伝統工芸展日本工芸会奨励賞(第24回)〔昭和52年〕、日本伝統工芸展文部大臣賞(第31回)〔昭和59年〕「千鳥編花籠 瓢」
[叙勲]勲七等青色桐葉章〔昭和57年〕

香取 秀真　かとり・ほつま
鋳金家, 金工史家, 歌人　東京美術学校教授

[生年月日] 明治7年(1874年)1月1日
[没年月日] 昭和29年(1954年)1月31日
[出生地]千葉県印旛郡船穂村(印西市)　[本名]香取秀治郎　[別名等]別号＝六斎、梅花翁　[学歴]東京美術学校(現・東京芸術大学)鋳金科〔明治30年〕卒　[資格]帝国美術院会員〔昭和4年〕、帝国芸術院会員〔昭和12年〕、帝室技芸員〔昭和9年〕
宗像神社の神主の子に生まれ、5歳の時に佐倉の麻賀多神社宮司・郡司秀綱の養子となる。東京美術学校に首席で合格し、明治30年鋳金科を卒業。31年日本美術協会展で「獅子置物」が一等受賞。36年から昭和16年まで東京美術学校(8年教授)で鋳金史、彫金史を講ずる。この間、明治40年東京彫金会を創立し幹事となったほか、日本工業美術会、日本美術協会、東京彫工会などの幹事もつとめ、自ら多くの作品を発表した。昭和2年帝展審査員、4年帝国美術院会員、9年には帝室技芸員となった。28年文化勲章受章。また、アララギ派歌人としても知られ、大八洲学校時代「うた」を岡麓らと創刊し、明治32年根岸短歌会に参加。35年子規没後の翌36年に岡麓・長塚節らと歌誌「馬酔木」を刊行。41年「アララギ」創刊に参加し、のち佐々木信綱主宰歌誌「心の花」の会員となる。昭和29年歌会始の召人に選ばれた。主な学術書に「日本鋳工史稿」「日本金工史」「金工史叢談」「茶の湯釜」、歌集に「天之真榊」「還暦以後」「ふいで祭」「香取秀真全歌集」がある。
[家族]長男＝香取正彦(鋳金家)
[師弟]師＝大島如雲
[受賞]日本美術協会展一等賞〔明治31年〕, パリ万博銀賞牌〔明治33年〕
[叙勲]文化勲章〔昭和28年〕

香取 正彦　かとり・まさひこ
鋳金家　鋳金家協会名誉会長

[生年月日] 明治32年(1899年)1月15日
[没年月日] 昭和63年(1988年)11月19日
[出生地]東京市小石川区原町(東京都)　[学歴]東京美術学校(現・東京芸術大学)鋳造科〔大正14年〕卒　[資格]重要無形文化財保持者(梵鐘)〔昭和52年〕、日本芸術院会員〔昭和62年〕　[専門]梵鐘　[団体]日本工芸会
鋳金家・歌人で、文化勲章受章者の香取秀真の長男。明治34年千葉県佐倉に住む父の養父のもとで育った後、12歳で実家に戻る。初め結城素明らに師事して油絵を志したが、家業の鋳金に自然に親しむようになり、父に師事。昭和5年より帝展に3回連続特選。25年からは父との合作・共銘で梵鐘作りを始め、父没後は単独でこれを継ぎ、150口以上の鐘を制作。27年「攀龍壺」で日本芸術院賞を受賞。30年日本工芸会結成

に参加し、31年常務理事となる。52年梵鐘で人間国宝、62年日本芸術院会員。代表作は42年の「広島平和の鐘」で、61年同じ型の鐘を韓国に贈った。平成8年東京・目黒に遺品を集めた香取正彦記念館が開館した。
[家族]父＝香取秀真(鋳金家・歌人)
[師弟]師＝結城素明、中村不折
[受賞]日本芸術院賞(第9回)〔昭和27年〕「攀龍壺」、パリ現代装飾産業美術国際博銅牌〔大正14年〕、帝展特選〔昭和5年・6年・7年〕「鋳銅花器」「鋳銅蟬文銀錯花瓶」「鋳銅金銀錯六万盤」、日本伝統工芸展20周年記念特別賞〔昭和48年〕
[叙勲]勲四等旭日小綬章〔昭和44年〕
[記念館]東京都目黒区香取正彦記念館(東京都目黒区)

金井 清吉　かない・せいきち
蒔絵師

[生年月日]文政10年(1827年)
[没年月日]明治33年(1900年)
[出身地]江戸浅草蔵前(東京都)　[別名等]別名＝金井寿一

4代、5代田辺源助に蒔絵を学び、一家をなす。幸阿弥派だが、作風は幸阿弥派と巨満派の中間に位置する。明治30年頃東京美術学校(現・東京芸術大学)で教鞭をとった。

金岡 宗幸　かなおか・そうこう
鋳金家

[生年月日]明治43年(1910年)1月28日
[没年月日]昭和57年(1982年)
[出生地]石川県金沢市芳斉町　[本名]金岡幸次　[資格]石川県指定無形文化財保持者(鋳造砂張)〔昭和57年〕　[専門]砂張　[団体]日本工芸会

鋳物を家業とする家に生まれ、大正15年より父・幸一郎に師事して鋳物技術を習得。昭和44年第16回日本伝統工芸展初入選。45年第17回同展で東京都知事賞受賞。47年日本工芸会正会員。57年鋳造砂張で石川県指定無形文化財保持者に認定される。作品の表面に糸目を加飾し、一鋳で鋳出する"砂張(さはり)"という技法を創出。代表作に「砂張水指 海原」など。また銅鑼にも秀でたものがある。
[家族]父＝金岡幸一郎(鋳金家)
[師弟]師＝金岡幸一郎
[受賞]日本伝統工芸展東京都知事賞(第17回, 昭45年度)

金ケ江 和隆　かながえ・かずたか
陶芸家　九州産業大学芸術学部助教授

[生年月日]昭和22年(1947年)12月7日
[没年月日]平成10年(1998年)12月22日
[出生地]佐賀県西松浦郡有田町　[学歴]京都市立芸術大学卒　[団体]走泥社

佐賀県・有田町で食器メーカーを営む家に生まれる。その後陶芸家の道に進み、大学卒業後の昭和48年前衛グループ走泥社に参加。九州産業大学学芸術学部助教授を務め、平成7年から1年間米国カンザス州立大学で日米現代陶芸の比較研究に取り組む。昭和50年～平成元年九州クラフトデザイナー協会会員。陶磁器を介した日韓交流にも尽力した。

金沢 専治　かなざわ・せんじ
南部鉄器職人

[生年月日]明治44年(1911年)3月4日
[没年月日]平成11年(1999年)6月16日
[出身地]岩手県盛岡市　[別名等]雅号＝鶴斉

大正15年家業の鉄瓶製造に従事。父の千代吉に鋳造技術を学び、昭和8年商工省仙台工芸指導所で込型鋳造を学ぶ。34年ブリュッセル万博でグランプリ受賞。50年伝統工芸士に認定された。55年岩手県卓越技能者表彰。

[受賞]現代の名工〔昭和56年〕
[叙勲]勲六等瑞宝章〔昭和57年〕

金林 真多呂(1代目) かなばやし・またろ
木目込人形作家　金林会長,東京都雛人形工業協同組合名誉理事長

[生年月日]明治30年(1897年)5月4日
[没年月日]昭和59年(1984年)5月25日
[出生地]東京都　[本名]金林真太郎

人形問屋で修業を積み、大正8年独立して初代真多呂を名乗った。京都で生れた木目込(きめこみ)人形の製作一筋に生き、平安時代の風俗をテーマにした作品は、独自の「真多呂人形」として親しまれ、木目込人形の普及に功績を残した。
[家族]長男=金林真多呂(2代目)
[叙勲]勲五等双光旭日章

金森 映井智 かなもり・えいいち
彫金家

[生年月日]明治41年(1908年)2月3日
[没年月日]平成13年(2001年)11月25日
[出生地]富山県高岡市　[本名]金森栄一
[別名等]号=双柿庵,映井智　[学歴]富山県立工芸学校(現・高岡工芸高)彫金科〔昭和3年〕卒　[資格]重要無形文化財保持者(彫金)〔平成1年〕　[団体]日本工芸会

昭和6年金工作家として独立。8年帝展に初入選以来受賞多数。32年第4回日本伝統工芸展に初入選。37年日本工芸会正会員、56年理事。一方、16年より30年間母校・高岡工芸高校の教壇に立ち、43年より12年間、高岡市工芸産業技術者養成スクール講師として、後続の育成に努めた。高岡の銅器製作から得た伝統的金工技術を生かしながら、鋳銅などの素地に金、銀の線象嵌、布目象嵌を駆使した手法で現代感覚にあふれた重厚な作風の作品を生み出し、平成元年人間国宝に認定された。代表作に「鋳銅象嵌六万花器」「象嵌鋳銅花瓶」「象嵌鋳銅花器」など。
[師弟]師=香取正彦,内島市平
[受賞]高岡市市民功労者〔昭和44年〕、富山新聞文化賞〔昭和52年〕、北日本新聞文化賞〔昭和61年〕、高岡市名誉市民〔平成2年〕、日本伝統工芸展日本工芸会総裁賞〔昭和51年〕「鋳銅象嵌六万花器」
[叙勲]勲四等瑞宝章〔昭和55年〕

金家 五郎三郎(1代目) かなや・ごろうさぶろう
鋳金工

[生年月日]天正9年(1581年)
[没年月日]寛文8年(1668年)

豊臣家の遺臣安藤氏の子。寛永年間(1624～43年)頃より京都で活動を始め、やがて鉄釜の製作の第一人者となる。"五郎三色"と呼ばれる独特の錆付けによる鉄の着色法を考案、代々世襲して13代を数えた。子孫は五郎三郎銘を踏襲したが、9代目以降は「金谷」「金屋」の銘も使用した。

金家 かねいえ
鐔工

[生没年]生没年不詳
[出身地]山城国(京都府)

「城州伏見住金家」「山城国伏見住金家」という銘などから山城伏見に住したことがわかるが詳細は不明。鉄地に鋤出し彫をして、金・銀などをわずかに象嵌する技法を用いて、鐔に初めて絵画的な図柄を使用し、絵風鐔の開祖とされる。代表作は「春日野図鐔」「達磨図鐔」。

金児 禎三 かねこ・ていぞう
表具師

[生年月日]大正6年(1917年)5月1日

[没年月日]平成6年(1994年)3月27日
[出身地]東京　[資格]荒川区無形文化財保持者

父について修業。襖、掛け軸、屏風、織物などを扱い、東京谷中全生庵の織田信長書状、神奈川県秦野図書館の前田夕暮の書の軸装などを手がけた。

金子 孫六　かねこ・まごろく
刀匠

[生年月日]大正13年(1924年)
[没年月日]平成20年(2008年)1月24日
[出生地]岐阜県　[学歴]岐阜高夜間部　[資格]岐阜県重要無形文化財〔平成9年〕

"関の孫六"で知られる戦国時代の刀匠・孫六兼元の27代目の子孫。岐阜県で生まれるが、すぐに家族と東京に移る。昭和12年関市に日本刀鍛錬塾が設けられた際、孫六直系の子孫であることから招聘され、旧制中学、岐阜高校夜間部に通いながら刀匠としての修業を重ねる。19年27代目兼元を襲名。平成9年岐阜県重要無形文化財。"三本杉"と呼ばれる刀紋を特徴とする関の作刀法を守り抜き、また尾川邦彦、藤井啓介らを育てた。

兼定　かねさだ
刀工

[生没年]生没年不詳
[出身地]美濃国(岐阜県)

戦国時代の美濃国関の代表的刀工。和泉守を受領し、藤原姓を名乗った。作刀、切業に秀でており、池田信輝が好んでその鍛刀を用いたといわれる。作風は、地は大板目流れ肌、刃文はのたれ互の目刃(直刃もある)。

金重　かねしげ
刀工

[生年月日]貞永1年(1232年)
[没年月日]元亨2年(1322年)
[出身地]越前国敦賀(福井県)　[別名等]別名=金重

鎌倉時代後期の刀工で、正宗門下十哲の一人。美濃の関に移り、関鍛冶繁栄の礎を築いたといわれる。遺品に乏しく脇指が一振り遺されているのみ。作風は幅広く、地は板目肌をあらわに出し、刃文は沸出来の小乱れ刃揃い美濃風。

金重 宗四郎　かねしげ・そうしろう
陶工

[生没年]生没年不詳
[出身地]備前国和気郡伊部村(岡山県)　[専門]備前伊部焼

寛永年間(1624～1644年)ごろの備前焼の陶工。のち、金重家は備前六姓の一家系となった。

金重 素山　かねしげ・そざん
陶芸家

[生年月日]明治42年(1909年)3月31日
[没年月日]平成7年(1995年)12月27日
[出生地]岡山県備前市伊部　[本名]金重七郎左衛門　[専門]備前焼　[団体]岡山県備前焼陶友会、備前陶心会　[資格]岡山県重要無形文化財保持者(備前焼)

昭和26年大本教教祖、出口直日に招かれて京都府亀山市に花明窯を築き、陶技を指導すると同時に、油敵天目の石黒宗麿に釉薬について学ぶ。35年綾部市の大本教本部に鶴山窯を築き、39年岡山市東郊の円山に移る。57年には郷里の伊部に戻り、牛神下窯を築く。49年山陽新聞文化賞受賞、58年岡山県重要無形文化財に認定。桃山期の火襷

を再現し、白地に鮮やかに緋色を現す。主として茶陶を作り、気品のある作風を示す。岡山県展審査員。
[家族]兄＝金重陶陽（陶芸家）
[受賞]岡山県文化賞〔平成3年〕
[叙勲]勲四等旭日小綬章〔平成3年〕

金重 陶陽　かねしげ・とうよう
陶芸家

[生年月日]明治29年（1896年）1月3日
[没年月日]昭和42年（1967年）11月6日
[出生地]岡山県和気郡伊部村　[本名]金重勇
[学歴]伊部尋常高小〔明治43年〕卒　[資格]重要無形文化財保持者（備前焼）〔昭和31年〕　[専門]備前焼

生家は桃山時代以前から続いた窯元で、父・槙三郎（楳陽）について作陶を修業。初め技巧的な細工物に従事したが、昭和7年ごろから失われた桃山風の再興を志し、独特の焼成法を確立し、16年に古備前の再現を完成した。17年川喜田半泥子、荒川豊蔵、10代目三輪休雪（のち休和）とからひね会を結成。戦後は石黒宗麿、荒川、北大路魯山人ら各地の窯で同志の人々とも交流、桃山風を再現。24年備前窯芸会を結成。25年フランスのパリとヴァロリスで開催された日本現代陶芸展に「備前緋襷花器」を出品。30年日本工芸会の結成に参加。31年に重要無形文化財「備前焼」の保持者に認定された。41年ニューヨークで開催されたジャパン・アート・フェスティバル・アメリカ展に「備前緋襷花器」を出品。他の代表作に「備前三角擂座花入」「備前緋襷蔦透手焙」「備前耳付水指」「備前一重切花入」など。没後54年にはその功績を記念して金重陶陽賞が設けられた。
[家族]父＝金重楳陽（陶芸家）, 長男＝金重道明（陶芸家）, 二男＝金重晃介（陶芸家）
[師弟]師＝金重楳陽
[受賞]岡山文化賞〔昭和35年〕

[叙勲]紫綬褒章〔昭和41年〕

金重 道明　かねしげ・みちあき
陶芸家

[生年月日]昭和9年（1934年）4月1日
[没年月日]平成7年（1995年）12月20日
[出身地]岡山県　[学歴]金沢美術大学卒
[資格]岡山県重要無形文化財〔平成2年〕
[団体]日本工芸会, 一水会, 備前焼陶友会

昭和39年から日本伝統工芸展に出品し、49年正会員に。古備前に対する深い理解、観賞力に基づき、茶陶を中心に作陶。日本伝統工芸展、国際展への出品、各陶芸展への招待出品等、多彩な活躍で知られる。
[家族]父＝金重陶陽（陶芸家・人間国宝）, 弟＝金重晃介（陶芸家）[親族]叔父＝金重素山（陶芸家）
[受賞]金重陶陽賞（第1回）〔昭和45年〕, 日本陶磁協会賞〔昭和55年〕

金田 兼次郎　かねだ・けんじろう
牙彫作家

[生年月日]弘化4年（1847年）
[没年月日]没年不詳
[別名等]号＝龍雄

鞘師の柴崎長次郎の元で5年間学んだのち、独学で彫刻の道に入る。内国勧業博覧会のほか、明治37年セントルイス万博、43年日英博覧会などで受賞。平彫りと繰り抜きを得意とし、煙管筒、名刺入れ、巻莨入れなどを手掛けた。

兼田 三左衛門（7代目）　かねた・さんざえもん
陶芸家

[生年月日]大正9年（1920年）6月7日
[没年月日]平成16年（2004年）12月15日
[出身地]山口県萩市　[本名]兼田定　[専門]萩焼　[団体]日本工芸会, 萩陶芸家協会

萩焼の名門窯元の一つである天龍山窯の7代目。昭和15年山県麗秀、兼田徳蔵、兼田虎槌に師事。48年一水会入選、以後毎回入選。49年西部工芸展入選、以後毎回入選。55年、56年、58年、平成3年日本伝統工芸展入選。同年日本工芸会正会員となる。
［家族］長男＝兼田昌尚（陶芸家）［親族］伯父＝兼田徳蔵（陶芸家）
［師弟］師＝兼田徳蔵、山県麗秀、兼田虎槌
［受賞］日本工芸会山口支部新作展朝日新聞社奨励賞〔昭和57年〕、萩市文化奨励賞〔昭和58年〕、山口県教育功労賞〔平成1年〕、萩市産業功労賞〔平成4年〕、山口県選奨〔平成14年〕、伝統的工芸品産業功労者褒賞〔平成15年〕

金田 昇　かねだ・のぼる
染付師

［没年月日］平成12年（2000年）9月
［出身地］東京　［資格］江戸小紋伝統工芸士〔昭和58年〕

江戸小紋を中心に江戸更紗、手描き友禅、絞りなどの染色技法を組み合わせ、創作江戸小紋と呼ばれる斬新なデザインを手掛けた。昭和58年には通産省東京小紋伝統工芸士に選ばれた。かつてプロボクサーだったこともある。
［受賞］全国小紋友禅染色競技会通産大臣賞〔平成7年〕

包永　かねなが
刀工

［生没年］生没年不詳
［別名等］通称＝平三郎

"大和五派"の一つである手掻派の祖。同派は奈良東大寺転害門前に住し、同寺と密接な関係を持った刀工集団と考えられる。鎌倉時代後期に活躍し、直刃を主体に、小乱れを加えた復古的な作風を特色とする。静嘉堂文庫所蔵の太刀は国宝に指定されている。

包平　かねひら
刀工

［生没年］生没年不詳

平安末期の刀工。同時期に備前国で活躍した、いわゆる古備前の刀工の中で、高平、助平と"三平"と並び称される。高平は現存品が無く、助平は宮内庁所蔵の太刀が1口あるのみであるが、包平の刀は2人に比べて比較的多く現存しており、備前岡山藩主・池田輝政の愛刀で、今日では東京国立博物館に所蔵されている国宝「大包平」は、現存する全ての日本刀の中で最高のものとされる。「大包平」と、重要美術品に指定されている包平銘の太刀では銘の切り方に異同があり、包平を名のる刀工が複数いたとみられる。

兼光　かねみつ
刀工

［生没年］生没年不詳
［出身地］備前国邑久郡長船（岡山県）　［別名等］別名＝長船兼光

光忠を事実上の祖とする長船派の正系の4代目で、景光の子。南北朝時代に活躍し、「備州長船住兼光」などの銘を切った。元亨年間から延文年間にかけて約40年にわたる年紀作があり、観応年間頃から作風に変化がみられることから1代説と2代説がある。長船派の頭領的な存在とみられ、倫光、義光、基光、秀光、政光といった刀工を育てた。戦国武将の上杉謙信や福島正則の佩刀が有名で、10口をこえる太刀が重要文化財に指定されているが、特に土佐藩主・山内家に伝来した太刀は、徳川幕府から所望されても土佐一国と引き替えにしても手放せないという挿話から「一国兼光」として名高い。

[家族]父＝景光(刀工)

兼元　かねもと
刀工

[生没年]生没年不詳

兼元と名乗る刀工は何人かいるが、2代目で"関の孫六"と呼ばれる者が特に有名で、江戸時代の刀剣書のほとんどに名が見られ、和泉守兼定と共に美濃鍛冶を代表する一人とされる。業物として人気が高く、三本杉と称される刃文に特色があり、後代までこの作風は踏襲された。元亀元年(1570年)徳川家康の家臣・青木一重が近江姉川の戦で朝倉方の真柄十郎左衛門を討ち取った刀などが代表作といわれる。

叶　敏　かのう・さとし
陶芸家，クラフト運動家

[生年月日]大正14年(1925年)3月24日
[没年月日]昭和50年(1975年)3月16日
[出生地]京都府京都市　[学歴]横浜工専造船科卒

昭和25年ころから父の陶芸を手伝い、30年ころ前衛的な陶芸に傾いた。32～39年前衛陶芸団体「走泥社」同人として活躍。また日本デザイナー・クラフトマン協会に参加、新しい陶芸をめざすクラフト運動を進めた。42年京都に「新陶人」を創設、クラフト陶芸家集団の指導に務めた。また京都クラフト理事となり、48年全国クラフト会議を京都で開催し、48年全日本クラフト・フェアの会議委員長となった。
[家族]父＝叶松谷(陶芸家)

加納　夏雄　かのう・なつお
彫金家　東京美術学校教授

[生年月日]文政11年(1828年)4月14日
[没年月日]明治31年(1898年)2月3日
[出生地]山城国愛宕郡御池柳馬場(京都府京都市)　[旧姓名]伏見　[別名等]幼名＝治三郎、前名＝寿朗　[資格]帝室技芸員〔明治23年〕

伏見氏の子として生まれ、7歳の時刀剣商加納治助の養子となる。12歳の頃、作州の金工奥村庄八に学んだのち、大月派の池田孝寿に彫金を学ぶ。また円山派の中島来章に絵を学んだ。安政元年(1855年)江戸に出て、明治2～10年大蔵省造幣寮の貨幣改鋳の御用をつとめる。花瓶や置物、装身具、服飾などを制作し、内国勧業博覧会などの審査員を務めた。また23年東京美術学校彫金科教授に就任、同年帝室技芸員となるなど、明治の彫金界の第一人者として活躍。技術は精巧で、特に片切彫を得意とした。代表作に「月雁図鉄額」「鯉魚図鐔」「百鶴図花瓶」など。
[墓所]谷中墓地(東京都台東区)

叶　光夫　かのう・みつお
陶芸家

[生年月日]明治36年(1903年)3月2日
[没年月日]昭和45年(1970年)8月21日
[出生地]兵庫県淡路島　[学歴]京都市陶磁器試験場附属伝習所

大正9年から大連の支那陶瓷研究所で研究、帰国して兄の松谷と陶業に従事した。戦後作家活動を始め、昭和21年日展初入選、24年特選、28年北斗賞を受賞、32年審査員、33年日展会員となった。39、42年にも日展審査員、42年に日展で文部大臣賞受賞、43年日展評議員となった。その間25年パリのチェルヌスキー美術館の現代日本陶芸展に出品するなど国際展にも参加した。
[家族]兄＝叶松谷(陶芸家)

鎌倉 芳太郎　かまくら・よしたろう
染色家

[生年月日]明治31年(1898年)10月19日
[没年月日]昭和58年(1983年)8月3日
[出生地]香川県木田郡氷上村　[学歴]香川県師範学校〔大正7年〕卒,東京美術学校(現・東京芸術大学)図画師範科〔大正10年〕卒,東京美術学校研究科　[資格]重要無形文化財保持者(型絵染)〔昭和48年〕　[専門]型絵染

教師として赴任した沖縄で現地の型絵染,紅型(びんがた)に触れたのがきっかけで,大正12年母校に戻ってから型絵染の研究,伝承と取り組む。研究を重ねたすえ古老から聞いた技法で琉球王家の色を復元,昭和48年異色の"学者人間国宝"となった。この間5〜19年東京美術学校教官。33年より日本伝統工芸展に毎回出品。36年日本工芸会正会員,37年同会理事。万葉仮名もよくし,著書も多く,「東洋美術史」「琉球紅型」(全3巻)「古琉球型紙」(全5冊)「沖縄文化の遺宝」などを刊行。代表作に「麻地紅型竹文夏長着」「型絵段染山水文上布長着」など。沖縄文化研究の第一人者で,撮影した写真・調査メモなどの資料類は,平成17年に国の重要文化財に指定された。
[家族]息子=鎌倉秀雄(日本画家)
[受賞]琉球新報賞〔昭和57年〕,日本伝統工芸展日本工芸会会長賞(第11回)〔昭和39年〕,「印金臈型着物『瓊』」,日本伝統工芸染織展東京都教育委員会賞〔昭和40年〕「紅臈型雲霞松影菱文長着」,日本伝統工芸展日本工芸会総裁賞〔昭和47年〕「麻地紅型竹文夏長着」
[叙勲]勲四等瑞宝章〔昭和47年〕

釜本 晟一　かまもと・せいいち
鋳物師

[没年月日]平成17年(2005年)4月1日

「高岡金屋 鋳物師のあゆみ」を記した。

神坂 雪佳　かみさか・せっか
図案家,日本画家　佳都美会主宰,京都市立美術工芸学校教諭

[生年月日]慶応2年(1866年)1月12日
[没年月日]昭和17年(1942年)1月4日
[出生地]京都府粟田　[本名]神坂吉隆

御所警固の武士の長男に生まれる。四条派の絵を学び日本画家に。23歳の時に欧州帰りの政治家・品川弥二郎の薫陶を受け,意匠芸術の道に入る。琳派の研究に取り組み,のち"近代琳派の巨匠"と呼ばれ,絵画から陶芸,漆,染織,木工,金工,さらに室内装飾,庭園などを手がけた。明治33年京都市立美術工芸学校図案調整部技師,38年同校教諭。作品に青蓮院の襖絵80面「四季草花図」、下御霊神社の「十二ヶ月花卉図」や,祇園祭図飾箱、螺鈿蒔絵の硯箱・文庫・椀類などがある。また英国王室の内装用蒔絵飾棚の図案や豪華客船の内部装飾なども制作した。一方,40年佳美会(のち佳都美会)を創立,各種展覧会の審査員も務めた。
[家族]弟=神坂松濤(日本画家),神坂祐吉(蒔絵師)
[墓所]大雲院(京都府京都市)

神坂 祐吉　かみさか・ゆうきち
蒔絵師

[生年月日]明治19年(1886年)1月18日
[没年月日]昭和13年(1938年)8月20日

図案家・日本画家として知られる神坂雪佳の弟。蒔絵を富田幸七に師事。大正12年兄の監督のもと御成婚奉祝京都市献上品「蒔絵飾棚」を制作。13年京都美術工芸会の設立に参加した。
[家族]兄=神坂雪佳(図案家・日本画家),神坂松濤(日本画家)
[師弟]師=富田幸七

上出 喜山(3代目)　かみで・きざん
　　陶芸家

[生年月日]明治31年(1898年)
[没年月日]昭和47年(1972年)
[出生地]石川県江沼郡勅使村　[本名]上出喜好　[専門]九谷焼

幼時から父・石太郎と叔父・上出三次郎に製陶を師事。大正4年京都の高橋道八窯で修業する傍ら、日本画を水田竹甫に学ぶ。帰郷後は安達陶仙に図案や製陶の指導を受ける。戦後、号を喜山とし、小紋を立体とした九谷焼に取り組む。昭和35年第7回日本伝統工芸展初入選、以後、同展に意欲的な作品を発表。代表作に「金襴手更紗小紋食籠」など。
[家族]父=上出石太郎(陶芸家)
[師弟]師=上出石太郎,上出三次郎,安達陶仙

神吉 寿平(1代目)　かみよし・じゅへい
　　装剣金工家

[生年月日]明和3年(1766年)
[没年月日]文政3年(1820年)
[出生地]肥後国熊本(熊本県)　[別名等]名=正忠,忠光,家号=白粉屋

初め父や叔父に鐔細工を学んだのち、安永7年(1778年)熊本藩命により鐔師の祖林家3代目藤八に入門し、やがて一式を相伝。寛政7年(1795年)神吉姓を藩主から許され、扶持米を授与された。

亀井 直斎　かめい・じきさい
　　蒔絵師

[生年月日]文久1年(1861年)1月13日
[没年月日]没年不詳
[出生地]江戸(東京都)　[本名]亀井栄蔵

父は漆芸工。6歳から漢学者の渡辺英之輔に読書・習字・算術を学ぶ。15歳で家業に入り、29歳で直斎を継ぐ。第3回内国勧業博覧会、第一次漆工競技会、東京勧業博覧会などに出品・入賞している。田中抱二に絵画、横山松三郎に写真術を習ったこともあった。

亀井 半二　かめい・はんじ
　　陶画工

[生年月日]生年不詳
[没年月日]嘉永4年(1851年)
[出生地]尾張国名古屋(愛知県)　[専門]瀬戸焼

南画家の山本梅逸に絵を師事し、文政年間より尾張国瀬戸で川本治兵衛や川本半助の製品に絵付けをほどこした。瀬戸では少ない金襴手、赤絵などを手がけている。

亀井 味楽　かめい・みらく
　　陶芸家

[生年月日]明治16年(1883年)6月23日
[没年月日]昭和31年(1956年)12月28日
[出生地]福岡県福岡市高取　[本名]弥太郎
[学歴]西新高小卒

高取焼11代である父・高取久助寿泉の長男。明治30年から父について学ぶ。37年分家して亀井家を興し、土管工場を経営。のち本家を相続した弟の死去を受け、高取焼13代を継承した。大正7年福岡市議となり、7年間務めるが、その後は茶陶に専念して味楽と号した。高取焼の復興に尽くした名工として知られる。

亀倉 蒲舟　かめくら・ほしゅう
　　彫金家

[生年月日]明治40年(1907年)7月27日
[没年月日]平成10年(1998年)12月26日
[出生地]新潟県　[本名]亀倉宇吉　[団体]日展

昭和27年「双魚遊心彫金」で日展特選。同展審査員もつとめた。
［受賞］日展特選〔昭和27年〕「双魚遊心彫金」

亀女　かめじょ
鋳金家

［生年月日］生年不詳
［没年月日］安永1年（1772年）
長崎紺屋町金物細工屋の娘であったが、蠟型鋳造の技術をよくし、唐物風の置物などを得意とした。特に代表作の"鶉の香炉"は羽の1枚1枚まで精緻に表現した写実的な作品として評価が高い。豪放な性格で、男性顔負けの素行の逸話も残る。

鴨 政雄　かも・まさお
彫金家

［生年月日］明治39年（1906年）8月31日
［没年月日］平成12年（2000年）12月6日
［出生地］香川県高松市　［学歴］東京美術学校（現・東京芸術大学）金工科卒、東京美術学校研究科　［団体］日展
東京美術学校在学中の昭和5年、帝展に初入選。帝展、文展、日展の入選を重ね、27年日展特選。戦前は東京で活躍し、飛行船や西洋の紋章、抽象文様などを描いたモダニズムの作風の壁掛け、花瓶などで注目された。代表作に「透文大皿」。
［受賞］日展特選〔昭和27年〕、四国新聞文化賞〔昭和41年〕、香川県文化功労者〔昭和48年〕

鴨下 春明　かもした・しゅんめい
彫金家

［生年月日］大正4年（1915年）10月6日
［没年月日］平成13年（2001年）4月9日
［出身地］東京都　［本名］鴨下明　［資格］重要無形文化財保持者（彫金）〔平成11年〕

昭和5年彫金家の伯父・桂光春に師事。江戸金工の流れをくむ伝統的彫金技法を体得。15年金工作家として独立。24年日展に、40年日本伝統工芸展に初入選。43年日本工芸会正会員。平成11年人間国宝に認定された。後進の指導にも尽力した。代表作に「火焔金具」「金具『蜻蛉』」「玉虫帯止金具」などがある。
［親族］伯父＝桂光春（彫金家）
［師弟］師＝桂光春
［受賞］日本伝統工芸展日本工芸会会長賞〔昭和45年〕「海蟹金具」、伝統工芸日本金工展奨励賞（第2回）〔昭和47年〕「蟬帯止金具」
［叙勲］勲四等瑞宝章〔平成13年〕

加守田 章二　かもだ・しょうじ
陶芸家

［生年月日］昭和8年（1933年）4月16日
［没年月日］昭和58年（1983年）2月26日
［出生地］大阪府岸和田市　［学歴］京都市立美術大学（現・京都市立芸術大学）工芸科陶磁器専攻〔昭和31年〕卒　［専門］益子焼　［団体］日本工芸会

昭和27年京都市立美術大学に入学、富本憲吉らに師事。在学中、新匠会展で佳作賞を受賞。大学卒業後、日立市の大甕陶苑を経て、34年栃木県益子町に移り独立。36年日本伝統工芸展に初入選し、益子町道祖土に築窯。民芸風の作風とは一線を画し、須恵器風のシャープな感覚の作品を手がけ注目され、39年日本工芸会正会員となる。42年陶芸界初の第10回高村光太郎賞を受賞。同年一変して土器風の本焼き作品、"本焼き土器"を発表。43年個展「炻器」を開催。44年遠野にも窯を築き、遠野を拠点に益子と行き来しながら求道的な作陶生活に入る。年数回の東京での個展で「曲線彫文壺」や「彩色壺」などの名作を次々と発表し、49年芸術選奨文部大臣新人賞を受賞。58年49歳の若さで死去。62年、平成2年遺作展が開催された。

[師弟]師=富本憲吉
[受賞]日本陶磁協会賞(第11回,昭和40年度)〔昭和41年〕,高村光太郎賞(第10回)〔昭和42年〕「灰釉鉢」,芸術選奨文部大臣新人賞(昭和48年度)〔昭和49年〕「刻文壺」

唐杉 涛光 からすぎ・とうこう
陶芸家　陶光会全国陶芸展会長

[生年月日]明治37年(1904年)6月1日
[没年月日]昭和60年(1985年)4月15日
[出身地]東京都　[本名]唐杉栄四

昭和2年板谷波山を中心に東陶会を、のち工華社真赤土工芸展などを創立。全国陶芸展審査員、日府展副理事長、アジア美術交友会理事などを歴任した。この間、美術協会賞、朝日新聞社賞、出光賞、東陶会賞、板谷波山賞、文部大臣賞、日本経済新聞社賞など受賞多数。
[叙勲]勲四等瑞宝章

唐物 久兵衛 からもの・きゅうべえ
鋳物師

[生没年]生没年不詳
[出生地]和泉国堺(大阪府)　[別名等]名=常信

享保年間(1716〜35年)頃に和泉国堺に住して活躍。蠟型鋳銅を得意とし、複雑な透かしや細かい模様を鋳出した根付で知られた。また堺の天満宮には「享保十九年唐物久兵衛作」銘の釣燈籠が残る。

河合 卯之助 かわい・うのすけ
陶芸家

[生年月日]明治22年(1889年)3月3日
[没年月日]昭和44年(1969年)1月14日
[出生地]京都府京都市　[学歴]京都市立絵専〔明治44年〕卒

父・河合瑞豊に陶技を習い、京都五条坂で製陶。大正4年自営に踏み切り、7年初個展を開いた。11年朝鮮に渡り李朝陶器を研究。昭和2年、3年帝展工芸部門で入選したがその後は団体に所属せず、東京、大阪の三越で専ら個展を開いた。3年京都府乙訓郡向日町に窯を築き、文様で独自の境地を開いた。8年押葉紋様手法で特許を取り"赤絵の卯之助"といわれた。著書に「窯辺陶話」「あまどころ」などがある。
[家族]父=河合瑞豊(陶芸家),長男=河合紀(陶芸家),弟=河合栄之助(陶芸家)

河合 栄之助 かわい・えいのすけ
陶芸家

[生年月日]明治26年(1893年)4月24日
[没年月日]昭和37年(1962年)7月16日
[出生地]京都府京都市　[学歴]京都市陶磁器試験場特別科〔大正1年〕卒

河合瑞豊の四男。大正2年農商務省主催の「図案及び応用作品展」に入選。9年楠部弥弌らと赤土社を結成した。15年には聖徳太子奉賛展に入選、久邇宮家買い上げとなった。その後帝展、文展に出品、昭和9年と15年の紀元二千六百年奉祝文展に出品、作品は宮内庁買い上げ、17年文展で特選、作品は政府買い上げとなった。戦後は日展に属し、27年審査員を務めた。
[家族]父=河合瑞豊(陶芸家),兄=河合卯之助(陶芸家),養子=河合誓徳(陶芸家)

河井 寛次郎 かわい・かんじろう
陶芸家,随筆家

[生年月日]明治23年(1890年)8月24日
[没年月日]昭和41年(1966年)11月18日
[出生地]島根県能義郡安来町(安来市)　[学歴]東京高工窯業科〔大正3年〕卒

大正3〜6年京都市立陶磁器試験場で実技を研鑽。9年京都五条坂で自家製陶(鐘渓窯)

を始め、中国や朝鮮の古陶磁の手法を独自に極める。10年第1回創作陶磁展を東京高島屋で開催し天才陶芸家と称される。大正末より柳宗悦、浜田庄司らとともに民芸運動に参加し、民芸同人として活躍。昭和9年に東京高島屋で開かれた日本現代民芸品大展観に2万点を展示し注目を集めた。戦後はより自由な造型を試み、陶板・陶彫などにも独自の境地を開いた。人間国宝や文化勲章なども辞退し、生涯無位無官を通した。文章家としても知られ、著書に「化粧陶器」「いのちの窓」「火の誓ひ」「六十年前の私」など多数。
[家族]妻=河井つね（河井寛次郎記念館長）
[受賞]パリ万博グランプリ〔昭和12年〕「鉄辰砂草丸文壺」、ミラノ・トリエンナーレ展グランプリ〔昭和32年〕
[記念館]河井寛次郎記念館（京都府京都市）

川合 修二　かわい・しゅうじ
陶芸家, 洋画家

[生年月日]明治33年（1900年）
[没年月日]昭和62年（1987年）4月13日
[出身地]東京都　[学歴]東京美術学校（現・東京芸術大学）西洋画科〔大正12年〕卒

父は日本画家の川合玉堂。洋画家として、帝展（現日展）に12回入選。昭和19年父と青梅市に移ったあと陶芸分野に転向。絵を生かした独特の焼き物を作った。
[家族]父=川合玉堂（日本画家）
[叙勲]紫綬褒章〔昭和34年〕

河合 秀甫　かわい・しゅうほ
漆芸家

[生年月日]明治23年（1890年）7月4日
[没年月日]昭和56年（1981年）12月18日
[出生地]東京市京橋区（東京都）　[本名]河合豊三　[団体]日展

幼い頃より父・亀太郎に蒔絵を学ぶ傍ら、池上秀畝に日本画を師事。昭和5年「高嶺の花文庫」で帝展初入選。16年「薬草文飾筐」で文展特選。28年日展会員。高山植物を題材にした蒔絵を得意とした。
[親族]女婿=河合匡造（漆芸家）
[受賞]漆工功労者〔昭和48年〕、文展特選〔昭和16年〕「薬草文飾筐」

河合 瑞豊　かわい・ずいほう
陶芸家

[没年月日]昭和31年（1956年）1月27日
川喜多半泥子と親交があり、広永陶園を出入りした。
[家族]息子=河合卯之助（陶芸家）, 河合栄之助（陶芸家）, 孫=河合紀（陶芸家）

河合 誓徳　かわい・せいとく
陶芸家　日本新工芸家連盟会長

[生年月日]昭和2年（1927年）4月3日
[没年月日]平成22年（2010年）3月7日
[出生地]大分県東国東郡国見町　[旧姓名]坂井　[学歴]宇佐中（旧制）〔昭和20年〕卒
[資格]日本芸術院会員〔平成17年〕　[団体]日展, 日本新工芸家連盟

浄土宗の寺の二男。昭和22年京都の日本画家・山本紅雲に入門。その後、有田の陶工のもとに弟子入り。27年京都陶芸家クラブに入会、主宰者・6代目清水六兵衛に師事した。同年日展に初出品して初入選。28年陶芸家・河合栄之助の養嗣子に迎えられ、後継となる。37年「蒼」で日展特選、42年「宴」で日展菊華賞、54年「翠影」で日展会員賞を受け、平成元年「行雲」で日展内閣総理大臣賞。この間、昭和55年日展評議員、平成7年監事、9年理事。また、現代工芸展や新工芸展にも出品。昭和58年「木立の道」、平成3年「草映」で新工芸展内閣総理大臣賞を受賞。9年「行雲」で日本芸術

院賞を受け、17年日本芸術院会員に選ばれる。造形に絵付に型破りな発想と優れた構成力をみせ、"奇想の陶芸家"といわれた。
[家族]養父=河合栄之助(陶芸家)
[師弟]師=山本紅雲、清水六兵衛(6代目)
[受賞]日本芸術院賞〔平成9年〕「行雲」、京都府文化賞功労賞(第10回)〔平成4年〕、京都市文化功労者〔平成10年〕、日展特選・北斗賞(第5回)〔昭和37年〕「蒼」、日展菊華賞(第11回)〔昭和43年〕「宴」、日展会員賞〔昭和54年〕「翠影」、日展内閣総理大臣賞〔平成1年〕「行雲」、日本新工芸展内閣総理大臣賞〔昭和58年・平成3年〕「木立の道」「草映」
[叙勲]紺綬褒章〔昭和50年〕

河井 武一　かわい・たけいち
陶芸家

[生年月日]明治41年(1908年)11月15日
[没年月日]平成1年(1989年)10月31日
[出生地]島根県　[団体]国画会工芸部、日本民芸協会
昭和2年三高の入試に失敗、心機一転、叔父・河井寛次郎の下で修業に入る。10年初めて自分の作品を焼くことを許され「飴釉洋茶碗」を制作、33年東京で初の個展を開く。作品は寛次郎風で、鉄釉、呉須、辰砂の釉彩に、おだやかな美しさをもつ優品が多い。
[親族]叔父=河井寛次郎

河合 紀　かわい・ただし
陶芸家

[生年月日]大正15年(1926年)8月7日
[没年月日]平成14年(2002年)5月25日
[出生地]京都府京都市五条　[学歴]京都高等工芸学校窯業科〔昭和21年〕卒
京都五条坂に"赤絵の卯之助"といわれた河合卯之助の長男として生まれ、幼い頃より陶芸の修業を始める。伝統的な茶器・花器の他に陶壁作品が多く、ホテル、銀行、公共施設等の陶壁を手がけた。昭和50年総理大臣盃授与。河合紀陶房代表、清水焼団地協同組合常任理事をつとめた。
[家族]父=河合卯之助(陶芸家)、妻=河合道子(写真家)、祖父=河合瑞豊(陶芸家)
[叙勲]紺綬褒章〔昭和49年〕

川上 桂司　かわかみ・けいじ
染め絵てぬぐい作家　ふじ屋手拭店店主

[生年月日]大正7年(1918年)
[没年月日]平成19年(2007年)11月5日
[出生地]東京都台東区浅草　[資格]台東区伝統工芸優秀技能者〔昭和55年〕
戦前、山東京伝作の画集「たなくひあわせ」(たなくひは手ぬぐいの古名)を見て以来、手ぬぐいに魅せられる。家業の帯染色の傍ら、昭和13年より趣味で手ぬぐいを制作。25年手ぬぐい染色を再開、48年初の個展を開催。55年台東区伝統工芸優秀技能者に選ばれた。60年新構造社伝統工芸部会員。一方、27年新内の岡本文弥と出会い、岡本富士太夫を名のった。新内岡本派顧問、浅草文化団体・浅草の会代表も務めた。著書に「染絵てぬぐい」「染絵てぬぐいに生きる」などがある。
[受賞]新構造展伝統工芸部出品奨励賞〔昭和57年〕

河上 伝次郎　かわかみ・でんじろう
ガラス工芸家

[生年月日]慶応3年(1867年)
小出兼吉にガラス技術を学び、やがて師の娘と結婚。昭和3年河上硝子工業所を設立した。ガラス工芸家としても展覧会で入選を重ねた。
[親族]岳父=小出兼吉(ガラス工芸家)

[師弟]師＝小出兼吉

川上 南甫　かわかみ・なんぽ
人形作家

[生年月日]明治31年(1898年)
[没年月日]昭和55年(1980年)6月20日
[出生地]茨城県　[本名]川上重蔵

人形師の叔父・菅義悦に師事し、大正8年独立。昭和6年平田郷陽らの日本人形社に参加し、創作人形の運動を展開。16年白鳳会を創設、日展、現代人形美術展で活躍した。木彫による人形を芸術作品として確立させるのに貢献した。
[師弟]師＝菅義悦

川北 浩一　かわきた・こういち
木工芸家

[生年月日]明治35年(1902年)
[没年月日]昭和52年(1977年)
[出生地]石川県江沼郡山中町　[本名]川北仙吉

荒挽を生業とした父に基本技術を学び、大阪へ修業に出た。昭和36年氷見晃堂の勧めで日本伝統工芸展に初出品して入選。39年日本工芸会正会員。木工芸の人間国宝・川北良造の父。
[家族]息子＝川北良造(木工芸家)
[受賞]日本伝統工芸展奨励賞(第9回)

川喜田 半泥子(1代目)　かわきた・はんでいし
陶芸家,実業家　百五銀行頭取

[生年月日]明治11年(1878年)11月6日
[没年月日]昭和38年(1963年)10月26日
[出生地]大阪府大阪市東区本町　[本名]川喜田久太夫　[別名等]名＝政令、別号＝泥仏堂、無茶法師、莫迦野廬、鳴穂堂主人、法名＝仙鶴院半泥自在大居士　[学歴]早稲田専門学校(現・早稲田大学)〔明治32年〕卒

三重県津市の素封家・川喜田家の16代目。家業の木綿店のほか電力、銀行などの家業に関係し、大正8年から昭和20年まで百五銀行の頭取を務めた。一方、陶芸を志し、大正14年津市郊外千歳山に築窯、昭和22年には広永窯を開き、禅の心で自分の心に忠実に遊びに徹して、志野茶碗を中心に陶芸をつづけた。平成3年回顧展。著書に「随筆泥仏堂目録」「乾山考」など。
[家族]二男＝川喜田俊二(三重トヨペット会長)、孫＝川喜田半泥子(2代目)[親族]岳父＝川喜田四郎兵衛(実業家)

川口 文左衛門　かわぐち・ぶんざえもん
七宝作家

[生年月日]万延1年(1860年)
[没年月日]没年不詳
[出生地]愛知県海東郡千音寺村

幼名を前田小次郎といい、七宝焼を学んだ後アーレンス商会で働き、明治10年名古屋の七宝会社に移る。13年名古屋・伏見町川口文左衛門の養子となり、20年養父の死により文左衛門を襲名した。27年には在位25年記念のお祝いに、昭和21年には名古屋行幸に際してそれぞれ天皇に作品を献上した。作品として愛知県半田市にある山車の4本柱に残っているものなどがある。

河口 三千子　かわぐち・みちこ
染織家

[生年月日]昭和2年(1927年)
[没年月日]平成13年(2001年)6月13日
[出身地]京都府　[団体]日本工芸会

伝統工芸展入選14回、染織展入選。江戸時代末期から昭和20年代の丹波地方の生活着や布団など2000点余りの収集でも知られた。

川崎 プッペ　かわさき・ぷっぺ
　　　フランス人形作家

[生年月日] 明治38年（1905年）3月18日
[没年月日] 昭和53年（1978年）3月30日
[出生地] 福島県西白河郡白河町円明寺　[本名] 川崎恒夫　[学歴] 東京府立工芸学校卒
陽咸二に彫刻を学ぶが、フランス人形制作で著名となった。昭和2年初個展を開催。その後、武井武雄の主宰する人形と玩具の創作運動を行うイルフトイス会に参加。8年東京・伊東屋での第1回フランス人形展で特選となり、12年にもすみれ人形展と改称された同展に作品を発表。舞台芸術にも活躍し、個展も開く。15年には人形劇団の劇団国民人形劇を結成・主宰し、全国を巡業。22年のすみれ会を主宰。51年のすみれ会展で特別陳列「創作人形五十年川崎プッペ人形展」を開催した。"プッペ"とはドイツ語で人形の意。
[受賞] フランス人形展特選（第1回）〔昭和8年〕

川崎 幽玄　かわさき・ゆうげん
　　　大和指物師

[没年月日] 平成12年（2000年）10月28日
[出身地] 奈良県大和郡山市　[本名] 川崎修
16代指物師として、大阪城大手門の控え柱の独鈷組みと呼ばれる複雑な柱材の接ぎ方を再現し、元興寺の茶室泰楽軒を監修するなど無形文化財の保存伝承に貢献。文化庁長官表彰などを受賞。平成12年独古組みや捩組みなど、緻密な技を施した室内装飾品を並べた作品展を開催。最後の大和指物師と呼ばれた。

川島 甚兵衛（2代目）　かわしま・じんべえ
　　　織物業者, 染織家　川島織物工業創立者

[生年月日] 嘉永6年（1853年）5月22日
[没年月日] 明治43年（1910年）5月5日
[出身地] 京都府　[別名等] 幼名=弁次郎, 号=恩輝軒主人　[資格] 帝室技芸員〔明治31年〕
京都の呉服悉皆屋で、川島織物の創業者となった初代川島甚兵衛の長男。明治12年父が亡くなり、家業を継承。17年最新式の織物工場を建設し、18年五品共進会に出品した美術織物「葵祭」がきっかけとなり、農商務大輔であった品川弥二郎の知遇を得た。19年3月駐ドイツ大使となった品川に同行してヨーロッパへ渡り、フランスでゴブラン織を研究。同年末、皇居造営御用織物製作のために帰国した。その後、綴錦の制作に励み「富士巻狩図」「雲鶴之図」などの大作を手がける一方、高級織物の改良や海外への販路拡張にも尽くした。31年帝室技芸員。
[家族] 父=川島甚兵衛（1代目）, 長男=川島甚兵衛（3代目）

川尻 一寛　かわじり・いっかん
　　　陶芸家

[生年月日] 昭和5年（1930年）12月25日
[没年月日] 平成20年（2008年）12月29日
[出身地] 京都府　[本名] 川尻宗裕　[学歴] 京都市立美術専（現・京都芸術大学）卒　[団体] 日展, 現代工芸美術家協会
平成10年「春韻」で日展文部大臣賞を、13年「豊穣」で日本芸術院賞を受けた。日展理事。
[受賞] 日本芸術院賞（第57回, 平12年度）〔平成13年〕「豊穣」, 日展特選〔昭和59年・63年〕「霧煙」「光韻」, 日展文部大臣賞〔平成10年〕「春韻」

川澄 喜太郎　かわすみ・きたろう
陶芸家

[生没年]生没年不詳
明治初年、東京向島の鳥居京山に陶業を、会津で石焼を学ぶ。16年信濃小塚村で塚本治兵衛の廃窯を興し、18年より秩父皆野窯を開窯して日用雑器をつくった。

川瀬 竹翁　かわせ・ちくおう
陶芸家

[生年月日]明治27年(1894年)
[没年月日]昭和58年(1983年)8月9日
[出身地]岐阜県　[本名]川瀬五作　[別名等]旧号=川瀬竹春
中国・明時代から伝わる染め付け磁器・祥瑞(しょんずい)を伝承する第一人者で、昭和30年記録作成のための無形文化財の技術者として選ばれた。素地に幾何学的文様を描く伝統の手法は高い評価を受けた。
[叙勲]紫綬褒章,勲四等瑞宝章

川瀬 竹春(2代目)　かわせ・ちくしゅん
陶芸家

[生年月日]大正12年(1923年)11月2日
[没年月日]平成19年(2007年)9月19日
[出身地]京都府　[本名]川瀬順一　[学歴]京都市立美術工芸学校絵画科〔昭和14年〕卒
初代川瀬竹春(竹翁)の長男で、父に師事。昭和24年父に従い神奈川県大磯の三井城山窯に移り、35年国府本郷に古余呂技窯を開設。染付、赤絵、金襴手、黄南京、青白磁、瑠璃金彩と幅広い陶技を持った。54年2代目竹春を襲名した。
[家族]父=川瀬竹春(1代目),息子=川瀬竹志(陶芸家)

川出 柴太郎　かわで・しばたろう
七宝作家　愛知県議

[生年月日]安政3年(1856年)
[没年月日]没年不詳
明治18年ニュルンベルグ金工博覧会に出品して銀牌を受賞。33年愛知県名古屋の安藤七宝店の2代目工場長に就任。安藤重兵衛と盛上七宝を開発したことで知られ、愛知県七宝同業組合の初代組合長も務めた。43年上京して琺瑯の生産を手がけた。また、28～40年名古屋市議、39年より愛知県議を歴任。その後、唐津で燃料の研究に取り組んだ。

川浪 竹山　かわなみ・ちくざん
陶芸家,画家

[生年月日]慶応1年(1865年)
[没年月日]昭和20年(1945年)
[出生地]佐賀県西松浦郡有田町　[本名]川浪喜作　[学歴]勉脩学舎(現・有田工高)卒
有田で代々の画工の家に生れる。高柳快堂に師事。明治14年、勉脩学舎に入学。卒業後、有田町の藤崎太平製陶芸工場に入社し美術主任。39年香蘭社に移り美術部主任として画陶に活躍。昭和7年、香藍社を退社し、有田・泉山の自宅で作陶に励み、数々の賞を受賞。明治、大正、昭和の3代にわたって有田を代表する作品を残した。
[家族]息子=川浪養治(画家),孫=川浪重年(元東陶機器専務),父=川浪平吉(画家),兄=川浪貞次(画家)
[受賞]佐賀県陶磁器品評会1等賞・優等賞〔昭和8年・9年〕,商工省工芸展商工大臣賞〔昭和11年〕

川之辺 一朝　かわのべ・いっちょう
蒔絵師　東京美術学校教授

[生年月日]天保1年(1831年)12月24日

[没年月日]明治43年(1910年)9月5日
[出生地]江戸浅草(東京都)　[別名等]通称＝源次郎　[資格]帝室技芸員〔明治29年〕
12歳の頃から徳川家蒔絵所幸阿弥因幡の仕手頭であった武井藤助に師事。嘉永3年(1850年)独立して平右衛門を襲名、一朝と号した。将軍家御殿の蒔絵方を務め、和宮降嫁に際して婚礼調度に携わった。明治維新後は内外の博覧会に出品し、第1回内国勧業博覧会で花紋賞、第2回同博覧会で妙技賞、パリ万博で名誉大賞を得た。宮内省御用にも従事し、明治29年帝室技芸員。また、30～39年東京美術学校教授を務め、後進の育成に当たった。幸阿弥派の掉尾を飾る蒔絵師で、代表作に御物「菊蒔絵螺鈿御書棚」がある。

河原 徳立　かわはら・のりたつ
瓢池園設立者　東京絵付(陶画)の中心人物

[生年月日]弘化1年(1844年)12月3日
[没年月日]大正3年(1914年)8月28日
[出身地]江戸・小石川極楽水　[別名等]幼名＝五之助

幕府金座年寄・佐藤治左衛門信古の子として生まれる。幼い頃は祖父の下で養われ、安政5年(1858年)幕府徒士組頭を務めた河原家の養嗣子となる。維新後、徳川家に従って静岡に移住するが、明治4年上京、深川に居を構えて式部寮に奉職。5年内務省勧業寮に移り、ウィーン万博事務局御用掛を務めた。同局閉鎖後は下野して陶器工場"瓢池園"を設立、いわゆる"東京絵付"の中心人物として活躍した。
[家族]息子＝広瀬次郎(愛媛県中萩村長)
[叙勲]藍綬褒章〔明治23年〕
[墓所]東京・谷中

川原 芳工　かわはら・ほうこう
陶工

[生年月日]享保12年(1727年)
[没年月日]寛政10年(1798年)
[別名等]名＝種甫,通称＝十左衛門　[専門]薩摩焼

加治木島津家に仕えたが、山元窯4代目の碗右衛門に弟子入り。明和5年(1768年)より薩摩焼竪野系(竪野焼)の河野仙右衛門の下で12年間にわたって修業した。安永8年(1779年)息子の川原芳寿と肥前国へ陶法の視察に赴く。天明6年(1786年)薩摩国加治木に弥勒窯を築き、染付磁器を制作。寛政5年(1793年)には竪野窯の星山仲兵衛(金貞)と肥前・筑前・備前・尾張などへ視察に訪れ、京都の青木宗兵衛から京焼・楽焼の技法を伝授された。6年帰国して花倉窯を開いたが、間もなく没した。息子・芳寿とともに薩摩焼龍門司系(龍門司焼)に様々な技法を開発・導入したとされる。
[家族]息子＝川原芳寿(陶工)

河辺 篤寿　かわべ・とくじゅ
染色作家

[生年月日]明治31年(1898年)4月6日
[没年月日]昭和50年(1975年)11月26日
[出生地]滋賀県蒲生郡安土町　[本名]河辺篤　[学歴]同志社大学経済学部〔大正14年〕卒　[団体]新匠会

大学卒業後、生命保険会社に就職。昭和25年会社を定年退職したあと、稲垣稔次郎に師事、型絵染を学ぶ。26年新匠会初出品「ルナール博物館より」が新匠賞。詩情あふれた型絵染を得意とした。他の作品に「島迎春」「三井寺梵鐘縁起」など。
[師弟]師＝稲垣稔次郎

川俣 芳洲　かわまた・ほうしゅう
漆芸家

[生年月日] 明治35年 (1902年) 2月15日
[没年月日] 昭和57年 (1982年) 10月3日
[出生地] 福島県会津若松市　[本名] 川俣力男　[学歴] 会津工〔大正7年〕中退
会津塗を家業とする家に生まれる。大正7年会津工業学校を中退後、11年熊本市立商工学校教師となり、昭和2年同市立商工研究所勤務も兼ねる。退職後は蒔絵の制作に従事し、手箱、硯箱、薄茶器などを手がけた。
[受賞] 熊本県近代文化功労者, 熊日社会賞
[叙勲] 勲五等瑞宝章

河村 熹太郎　かわむら・きたろう
陶芸家

[生年月日] 明治32年 (1899年) 4月14日
[没年月日] 昭和41年 (1966年) 1月18日
[出生地] 京都府京都市　[本名] 河村喜太郎
[学歴] 京都市陶磁器試験場附属伝習所〔大正5年〕修了
大正8年楠部弥弌らと「赤土社」を創立、新しい陶芸の道を求めた。昭和2年帝展に新設の工芸部で入選、出品を続けた。6年兄蜻山の陶房から独立、五条坂に窯を築いた。10年高村豊周らの実在工芸美術会創立に参加、同人となった。12年文展特選、18年文展審査員、24年日展審査員。25年愛知県の猿投山のふもとに移窯し、33年中日文化賞を受賞した。36年さらに鎌倉の北大路魯山人の陶房跡に移り築窯した。著書に「やきものをつくる」がある。
[家族] 兄＝河村蜻山 (陶芸家)
[受賞] 文展特選〔昭和12年〕, 中日文化賞〔昭和33年〕

川村 賢次　かわむら・けんじ
陶芸家　綾川陶苑主宰

[没年月日] 平成18年 (2006年) 10月19日
宮崎県綾町の郷田実町長と知り合い、昭和46年工芸関係では県外から初めて同町に移住し、綾川陶苑を主宰。若手を育てる傍ら、"ひむか邑"を立ち上げるなど町を手作り工芸の町に育て、活性化に寄与した。

河村 若芝　かわむら・じゃくし
画家, 金工家

[生年月日] 寛永7年 (1630年)
[没年月日] 宝永4年 (1707年) 10月1日
[出生地] 肥前国佐賀 (佐賀県)　[別名等] 名＝道光、号＝烟霞道人、風狂子、烟霞比丘、烟霞野衲、烟霞野僧、紫陽山人、普馨、蘭渓
長崎に出て、帰化僧の逸然に画を学ぶ。渡辺透石と共に逸然門下の双璧といわれ、山水、花鳥、人物いずれも得意として、長崎系漢画を確立させた。また金工にも優れ、布目象嵌で山水画を彫りつけた鐔 ("若芝鐔" と呼ばれる) や、香炉、花瓶などを残す。代表作品に「群仙星祭図」。

河村 蜻山　かわむら・せいざん
陶芸家

[生年月日] 明治23年 (1890年) 8月1日
[没年月日] 昭和42年 (1967年) 8月1日
[出生地] 京都府京都市　[本名] 河村半次郎
[学歴] 京都市陶磁器試験場附属伝習所〔明治41年〕修了
家業の陶磁器製造を手伝い、伝習生修了後の明治42年京都新古美術展で受賞、43年佳都美会設立に参加した。農商務省工芸展などに出品を続け、大正15年日本工芸美術会創立に参加、常務委員となった。帝展に工芸部門が設けられた昭和2年から出品、3年無鑑査、5年審査員となった。6年日本陶芸

協会設立で総務。13年千葉県我孫子に窯を移し、戦時中は日本美術統制会委員を務めた。29年鎌倉に移窯、38年日本芸術院賞恩賜賞を受賞した。熏太郎は弟。
［家族］弟＝河村熏太郎（陶芸家）
［受賞］日本芸術院恩賜賞〔昭和38年〕

河村 碩山　かわむら・せきざん
陶芸家

［生年月日］昭和13年（1938年）9月22日
［没年月日］平成4年（1992年）8月6日
［出身地］愛知県瀬戸市　［本名］河村碩男
［学歴］瀬戸窯業高卒　［団体］日展、日本新工芸会

加藤釟に師事したのち独立。日展入選、光風会展光風賞、日本現代工芸展現工賞、朝日陶芸展知事賞など受賞。花器、茶陶のほか陶壁に力を注ぐ。徳川黎明会の陶壁が代表作。

河本 五郎　かわもと・ごろう
陶芸家

［生年月日］大正8年（1919年）3月15日
［没年月日］昭和61年（1986年）3月23日
［出身地］愛知県瀬戸市　［旧姓名］柴田　［学歴］愛知県窯業学校〔昭和11年〕卒、京都国立陶芸器試験所意匠科修了　［専門］瀬戸焼

京都国立陶磁器試験所意匠科の伝習生となり、日根野作三、水町和三郎らに師事。昭和25年瀬戸で染付磁器の名門として知られる河本礫亭の養子となり、跡を継いだ。同年加藤嶺男らと陶芸グループ・灼人を結成。28年日展初入選。30年代にかけて、日本現代工芸美術展大賞など陶芸界の三冠を受賞。45年頃から磁器制作に打ちこみ、現代的で洒脱な色絵、染め付けの境地を切り開き、躍動感あふれる力強い作風で知られた。53年日展評議員。

［家族］養父＝河本礫亭（陶芸家）、長男＝河本太郎（陶芸家）
［師弟］師＝日根野作三、水町和三郎、河本礫亭
［受賞］日本陶磁協会賞（第6回, 昭34年度）〔昭和35年〕、中日文化賞〔昭和53年〕、ブリュッセル万博グランプリ〔昭和33年〕、カリフォルニア国際博最高デザイン賞〔昭和34年〕、日展特選・北斗賞（第5回, 昭37年度）「黒い鳥の器」、日本現代工芸美術展現代工芸大賞（第1回, 昭37年度）、朝日陶芸展文部大臣奨励賞（第1回）〔昭和38年〕

川本 治兵衛（1代目）　かわもと・じへえ
陶工

［生没年］生没年不詳
［別名等］号＝埃仙堂

瀬戸で陶業を営み、宝暦年間（1751〜1764年）海鼠腸壺を製して名をあげた。文化4年（1807年）瀬戸で磁器の焼造が始まるとまもなく磁器に転じ、代表的な磁器陶工となった。製品の販売にも力を注ぎ、名古屋、江戸にも販売店を経営。文政8年（1825年）息子に家督を譲ってからは埃仙堂と号した。

川本 治兵衛（2代目）　かわもと・じへえ
陶工

［生年月日］生年不詳
［没年月日］慶応2年（1866年）5月
［出生地］尾張国瀬戸（愛知県）　［別名等］名＝藤平、号＝魁陶園、埃僊堂

名工といわれた瀬戸の陶工・初代川本治兵衛の二男。加藤民吉から磁器の製法を学び、尾張家の御窯屋となる。中国の鮮紅手（釉裏紅）を初めて模すなど、中国磁器の模倣に優れ、釣焼による額面の製造、銅版転写、瑠璃釉といった新しい技術の発明、改

良に尽くした。磁器の衝立、門柱、風炉先屏風などが有名で、山本梅逸の弟子・亀井半二の絵付も知られている。加藤半七、加藤源七、川本半助、寺尾市四郎など数多くの弟子を育てた。
[家族]父＝川本治兵衛（1代目）[親族]甥＝川本禎二
[師弟]師＝加藤民吉

川本 惣吉 かわもと・そうきち
陶工

[生没年] 生没年不詳
[別名等]号＝原泉堂　[専門]瀬戸焼
4代目川本平三郎の二男。父に磁器の制作技術を学び、明治21年独立。販路拡張に力を注ぐ一方、原材料や意匠の研究にも積極的に取り組んだ。中でも、従来の古窯の上に丸窯を連結した新窯を開発したことは、大物と小物を同時に焼成できるようにした上、貿易品となる白生地の大量生産を可能とし、焼成時間も従来の半分で済むようになった。

川本 禎二 かわもと・ていじ
陶工

[生年月日] 生年不詳
[没年月日] 安政2年（1855年）
[出身地]尾張国瀬戸（愛知県）　[別名等]通称＝友四郎
彫塑による置物を得意とし、名古屋城内の御深井焼の工人としても奉仕。嘉永4年（1851年）美濃高須藩主・松平義建が隠居後に江戸の下屋敷で魁翠園焼を始めた際に招請され、制作にあたった。寿老人鹿置物や牡丹獅子置物などを手掛けた。

川本 半助(4代目) かわもと・はんすけ
陶工

[生没年] 生没年不詳

[出身地]尾張国瀬戸（愛知県）　[別名等]号＝山半、真陶園
江戸後期から明治にかけて6代続いた瀬戸の窯屋の4代目。文化元年（1804年）2代目の時に陶器から磁器製造に転じた。中国・明代の染付磁器の写しを得意とし、古染付の皿や鉢などにみられる虫喰を人工的に作り出すことに成功した。

川本 半助(5代目) かわもと・はんすけ
陶工

[生没年] 生没年不詳
[出身地]尾張国瀬戸（愛知県）
江戸時代後期の尾張瀬戸の陶工で、代々半助を名乗る。天性の妙工といわれ、天保年間（1830～1844年）磁石にギヤマン石を粉砕して混ぜ、光沢の美しい磁肌を生み出した。これにより名声を得て尾張藩の御焼物師となり、毎年銀2枚を拝領した。安政5年（1858年）弟子の桝吉を養子として、後を継がせ隠遁した。
[家族]養子＝川本桝吉（1代目）

川本 半助(6代目) かわもと・はんすけ
陶芸家

[生年月日] 天保15年（1844年）
[没年月日] 明治38年（1905年）
[出身地]尾張国瀬戸（愛知県）　[本名]川本六三郎
愛知県瀬戸で江戸時代から明治にかけて陶磁器を製造した窯屋の6代目。初代は明和7年（1770年）に陶器の製造を開始、2代目の文化元年（1804年）に磁業に転じた。文久4年（1864年）に義兄の半助（初代川本枡吉）から家業を継承。その後、輸出用染付磁器製品などを製造した。明治14年井上延年とともに瀬戸美術研究所を設立し、渡辺幸平、小栗令祐などに師事し、黒・茶の色釉薬を開発する。また陶彫や透かし、陽刻などを

施した美術的磁器も創出。川本枡吉とともに商社・瀬戸磁工社を設立し、海外販売にも力を注いだ。また東京工業学校の模範工に招かれたが、脚の不自由を理由に辞した。
[親族]義兄＝川本枡吉（陶芸家）

川本 枡吉(1代目) かわもと・ますきち
陶工

[生年月日]天保2年（1831年）
[没年月日]明治40年（1907年）
[出生地]尾張国瀬戸（愛知県）　[別名等]前名＝川本半助, 号＝奇陶軒枡山

5代目川本半助の養子となり、一時半助を名乗ったが、6代目半助を育て上げたのち、文久2年（1862年）に分家した。石膏型の導入や有名な画家の絵付けなど様々な製法の改良を試み、日本で初めて洋食器を製造したほか、瀬戸で最初の輸出品をつくるなど美術陶器の分野で常に瀬戸のリーダー的役割を果たした。染め付けの枡吉として広く世に知られ、2代目枡吉とともに経営した奇陶軒は近代瀬戸を代表する磁器染め付けメーカーに成長、パリ万博などで3回入賞、国外でも高い評価を受ける。明治19年に退隠してからは"奇陶軒枡山"と号した。
[家族]養父＝川本半助（5代目）, 養子＝川本枡吉（2代目）

川本 枡吉(2代目) かわもと・ますきち
陶工

[生年月日]嘉永5年（1852年）
[没年月日]大正7年（1918年）

5代川本半助の二男。明治18年養父枡吉のあとを継ぐ。近代瀬戸を代表する染め付け磁器の窯元として、美術品と普通品を兼製した。
[家族]父＝川本半助（5代目）, 養父＝川本枡吉（1代目）

川本 利吉 かわもと・りきち
陶工

[生没年]生没年不詳
[出生地]愛知県

愛知県瀬戸の郷地区で"石華園"の号で活動。明治11年にはパリ万博で受賞するなど、国内外の数々の博覧会で高く評価された。

河本 礫亭 かわもと・れきてい
陶芸家

[生年月日]明治27年（1894年）
[没年月日]昭和50年（1975年）1月10日
[出生地]愛知県　[資格]愛知県無形文化財保持者

祖父の業を継いで製陶に従事。大正3年の陶磁器品評会において最優等賞を受賞。10年平和博において金賞受賞。以後、パリ、サンフランシスコ、シカゴなどの万博で受賞を重ねた。昭和8年瀬戸少年院内に築窯し、矯正院窯教授となる。17年戦時体制化の生産統制に基づき美術保存に指定された。24年日本政府の依頼によりトルーマン大統領に贈呈する大飾壺を制作。34年宮内庁大膳職より皇太子殿下御成婚の祝典用双鶴紋盃の制作を拝命。「染付磁器」で愛知県無形文化財保持者に認定された。
[受賞]愛知県知事文化功労表彰〔昭和27年〕, 陶磁器品評会最優等賞〔大正3年〕, 平和博金賞〔大正10年〕
[叙勲]紫綬褒章

幹山 伝七 かんざん・でんしち
陶工

[生年月日]文政4年（1821年）
[没年月日]明治23年（1890年）2月28日
[出生地]尾張国瀬戸（愛知県）　[別名等]幼名＝繁次郎, 通称＝孝兵衛, 号＝松雲亭

安政4年(1857年)近江彦根藩湖東窯に抱えられたのち、文久2年(1862年)上洛し、清水の産寧坂に円窯を築く。明治3年(1870年)ドイツ人化学者・ワグネルから西洋絵具の指導を受け、それを用いて洋風磁器の工業生産を始め、作品を展覧会などに出品して名声を高める一方、京焼きの改革にも大きく寄与した。明治5年(1872年)頃より幹山伝七と改名。その後、輸出にも力を入れたが経営的には失敗した。

菅野 暎子 かんの・えいこ
染織家　南部裂織保存会会長

[生年月日] 昭和11年(1936年)4月10日
[没年月日] 平成16年(2004年)3月2日
[出身地] 青森県十和田市　[旧姓名] 斉下
[別名等] 雅号＝菅野茜　[学歴] 宮城学院短期大学国文科卒

昭和32～34年三沢市立上久保小学校、37～40年福島市立第一小学校に勤務。使えなくなった古布を横糸にして織り込む裂織の持つ温かみに魅せられ、近年忘れ去られていた技法を伝えるために50年南部裂織保存会を創立。以後、南部裂織の第一人者として普及に努めた。平成14年には青森県伝統工芸士に認定された。
[受賞] 青森県展奨励賞(工芸の部)〔昭和59年〕、十和田市文化功労賞〔平成12年〕

【 き 】

木内 綾 きうち・あや
染織家　優佳良織工芸館織元

[生年月日] 大正13年(1924年)7月7日
[没年月日] 平成18年(2006年)11月5日
[出生地] 北海道旭川市　[別名等] 別名＝木内綾子　[学歴] 代々木実践高女〔昭和18年〕卒　[専門] 優佳良織

文学を志したが戦後一児をかかえて夫と死別。遺産で喫茶店などを開くが、"一生の仕事"をと趣味の織物を本格的にはじめ、37年ユーカラ工房を発足。羊毛を素材として多彩な色で北海道の自然をテーマに独自の織りを創り出し、版画家の棟方志功により優佳良織と名づけられた。55年優佳良織工芸館を開館。他に国際染色美術館、雪の美術館を建設した。著書に「手のぬくもり」「染め織りの記」などがある。
[家族] 長男＝木内和博(優佳良織工芸館館長)
[受賞] 北海道文化奨励賞〔昭和49年〕、ハンガリー国際織物ビエンナーレ金賞〔昭和53年〕「ハマナス」、サントリー地域文化賞〔昭和58年〕、北海道新聞社会文化賞〔昭和58年〕、北海道文化賞〔昭和62年〕、日本現代工芸展内閣総理大臣賞〔昭和62年〕、文化庁長官賞〔平成7年〕、北海道功労賞〔平成10年〕

木内 喜八 きうち・きはち
木工芸家

[生年月日] 文政10年(1827年)
[没年月日] 明治35年(1902年)8月19日
[出生地] 江戸深川(東京都)　[別名等] 幼名＝友吉、号＝梅里道人

船大工を家業とする傍ら、琴師の重元平八のもとで学び、琴や象牙細工・刀鞘なども手がける。西洋銃など武器作りにも秀で、安政2年(1855年)より幕府の軍器製作所に勤務し、さらに明治元年には加賀藩の鉄砲製造所に転じた。のち、木工芸に専念し、指物や彫嵌などを製作。また、東大寺正倉院の宝物の修理・模造にも当たった。その作風は古典作品に影響を受けつつ、さらに自身の工夫を加味したもので、明治10年「紫

檀製木画香棚」で第1回内国勧業博覧会の鳳紋賞を、14年「正倉院御物模造紫檀木画双六局」で第2回同博覧会の妙技賞を獲得するなど、高い評価を受けた。養子の半古も木工芸家として著名。他の作品に「波千鳥彫嵌大火鉢」などがある。
[家族]養子=木内半古(木工芸家)
[受賞]内国勧業博覧会鳳紋賞(第1回)〔明治10年〕「紫檀製木画香棚」,内国勧業博覧会妙技賞(第2回)〔明治14年〕「紫檀木画双六局」
[墓所]龍光院(東京都江東区)

木内 省古　きうち・しょうこ
木工芸家

[生年月日]明治15年(1882年)
[没年月日]昭和36年(1961年)8月23日
[出生地]東京府本所区(東京都)　[別名等]通称=友吉　[専門]木象嵌

祖父・喜八、父・半古の下で象嵌、彫刻、指物などの技術を習い、画法を前田貫業に、彫刻を竹内久一に学んだ。明治37年から父に従い正倉院御物整理掛となり、天平芸術の精髄に触れて感動、廃絶した技法復元を志した。大正5年大日本水産工芸協会を創立、水産材料を工芸に応用。同年朝鮮李王家美術品製作所の招きで渡鮮、その工芸指導を行った。作品を日本美術協会、彫工会、水産工芸協会などの展覧会に出品、いずれも優賞となった。11年「桐製四季図草花象嵌大鉢」を平和記念東京博覧会に出品、好評を得た。さらに14年のパリ万博、15年のフィラデルフィア万博、昭和5年のリエージュ万博などすべて最高賞を受けた。27年助成の措置を講ずべき無形文化財〈木画〉保持者に指定される。伝統工芸技術の保存に尽くし、晩年日本工芸会理事として貢献した。
[家族]父=木内半古(木工芸家)
[師弟]師=木内喜八,木内半古,前田貫業,竹内久一

木内 半古　きうち・はんこ
木工芸家

[生年月日]安政2年(1855年)
[没年月日]昭和8年(1933年)8月4日
[出生地]江戸(東京都)　[別名等]通称=半五郎　[専門]木象嵌

4歳の時、伯父・喜八の養子となり、13歳頃から養父に唐木象牙の小物・指物などの技術を習い、画法を高島千載、野沢堤雨に、楽焼を三浦乾也に学ぶ。父の制作に協力し、岡倉天心らの関西古寺社什宝の調査に随行した。明治23年第3回内国勧業博覧会に「桐製菊紋象嵌手箱」を出品して好評を得る。26年宮内省正倉院御物整理掛となり、奈良時代木工芸品の技法を研究。以降、木・竹・牙角・貝甲・玉石などの象嵌、透彫、指物の制作に従事する傍ら、日本美術協会、東京彫工会などの役員を歴任した。
[家族]養父=木内喜八(木工芸家),息子=木内省古(木工芸家)
[師弟]師=木内喜八,高島千載,野沢堤雨,三浦乾也

基永師　きえいし
伎楽面作者

[生没年]生没年不詳

天平勝宝4年(752年)に催された東大寺の大仏開眼会使用の伎楽面を制作。この他にも多種にわたる伎楽面を手掛け、東大寺の酔胡従2面、正倉院の治道1面、酔胡従2面、呉女1面などを作った。作風は象徴的で心理的描写に優れたものといわれる。

菊池 一男　きくち・かずお
和紙職人　紙のさと和紙資料館館長

[生年月日]大正8年(1919年)10月30日
[没年月日]平成16年(2004年)3月31日
[出身地]茨城県　[学歴]青年学校〔昭和15年〕卒　[資格]国選択無形文化財保持者(西

の内和紙)〔昭和52年〕,茨城県無形文化財保持者(西の内和紙)〔昭和46年〕　[専門]西の内和紙

きめ細かな和紙として知られる西の内和紙をすく熟練の職人として、昭和46年茨城県無形文化財保持者、52年国選択無形文化財保持者に指定された。一方、51年紙のさと和紙資料館を開館、初代館長を務めた。

菊地 熊治　きくち・くまじ
鋳物作家

[生年月日]大正14年(1925年)
[没年月日]昭和57年(1982年)7月20日
[出身地]山形県　[本名]菊地正直　[専門]砂鉄釜

幼少の頃より厳しい教育を受け、鉄瓶、茶の湯釜の製作に尽力。昭和26年より長野垤志と日本古来の砂鉄を使用しての砂鉄釜の研究を始め、長い年月をかけ砂鉄釜の製作に成功を収めた。3代目菊地熊治を襲名。33年初入選以来、日本伝統工芸展入選18回、同特選2回。また、全国各地で個展を開くなど幅広い活動を展開。全国伝統的工芸品審議会委員、山形鋳物工芸協同組合理事長、山形県鋳物協同組合専務理事も務めた。
[受賞]斎藤茂吉文化賞(第27回)〔昭和56年〕

菊池 五介　きくち・ごすけ
工芸家

[生年月日]明治42年(1909年)10月27日
[没年月日]平成3年(1991年)2月14日
[出身地]茨城県　[学歴]高小卒　[資格]国選択無形文化財保持者(西の内和紙)、茨城県無形文化財保持者(西の内和紙)〔昭和46年〕　[専門]西の内和紙

茨城県や岐阜県の製紙伝習所に学ぶ。郷里・茨城県西の内の手漉き和紙"西の内和紙"の再興に努め、同県山方町の自宅に伝習所を開設して新製法の普及に尽くした。

菊地 序克　きくち・じょこく
金工家

[生年月日]宝暦1年(1751年)
[没年月日]没年不詳
[別名等]通称＝清次郎、号＝草流軒、号＝蟻洞軒、号＝宗寿

江戸下谷根岸に住み、横谷宗珉の流れを汲む稲川直克に師事。毛彫り、高彫り色絵、片切彫りを得意とし、横谷派の名工としてその技巧は師や宗珉以上とも評され、多くの門弟を育成した。

菊山 当年男　きくやま・たねお
陶芸家、芭蕉研究家、歌人

[生年月日]明治17年(1884年)11月2日
[没年月日]昭和35年(1960年)11月7日
[出生地]三重県上野市　[本名]菊山種男
[資格]三重県無形文化財〔昭和31年〕

明治42年大阪朝日新聞に入社するが、大正3年帰郷して印刷業などを営み、「アララギ」に入会して斎藤茂吉に師事。また古伊賀焼の復興に尽力した。郷土の俳聖芭蕉を研究し、著書に「芭蕉亡命の一考察」「はせを」「芭蕉雑纂」「芭蕉研究」がある。

岸 光景　きし・こうけい
図案家　日本初の銅像をデザイン

[生年月日]天保10年(1839年)9月15日
[没年月日]大正11年(1922年)5月3日
[出生地]江戸　[別名等]号＝無宗

父・岸雪に学び土佐派、琳派などの影響も受ける。明治の初年、内務省の製図掛として図案の改良に尽力した。石川県や京都などの陶業・漆業地で図案を指導、香川県に工芸学校を設立するなど美術工芸の振興に寄与し、日本の美術界草創期の先覚者として活躍した。この間、帝室技芸員、日本美術協会特別会員、東京彫工会学芸委員を務

める。22年家業を息子・光治に譲り隠退した。10年金沢・兼六公園設置の日本武尊の銅像は日本で最初の銅像といわれているがこの図案も担当した。
[墓所]蓮光寺(東京・小石川)

岸 雪圃　きし・せっぽ
陶画工

[生没年]生没年不詳
明治6年のウィーン万博出品のため、同博覧会事務局では浅草に陶画工場をおいたが、そこで肥前、尾張などの素焼に著画した名工の一人。

岸 伝蔵　きし・でんぞう
陶業家

[生没年]生没年不詳
[出身地]福島県　[専門]会津焼
岩代会津焼の陶工で、明治初期に福島県の会津焼を改良し、白磁染付をつくる。好評を得て、白焼会津と呼ばれた。

岸沢 武雄　きしざわ・たけお
鋳金家

[生年月日]明治45年(1912年)2月2日
[没年月日]平成4年(1992年)2月6日
[出生地]埼玉県川口市　[学歴]東京美術学校(現・東京芸術大学)工芸科鋳金部〔昭和13年〕卒　[団体]日展,現代工芸美術家協会
昭和13年東京美術学校を首席で卒業するが、同年入隊して満州へ渡る。22年復員し、日展に初入選。以後、入選を重ね、28年「汀」が特選となった。29年高村豊周が主催する同人・対象に加わり、36年現代工芸美術家協会の設立に参加。38年より埼玉の若手工芸家による工芸研究会を主宰、指導にあたった。多面構成の花器、壺や装飾版などを制作した。

[受賞]日展特選・朝倉賞〔昭和28年〕「汀」

岸田 竹史　きしだ・たけし
染色工芸家

[生年月日]明治39年(1906年)1月14日
[没年月日]平成9年(1997年)11月11日
[出生地]京都府京都市　[本名]岸田宗三郎
[学歴]京都美術学校図案科〔大正14年〕卒
[団体]日展,現代工芸美術家協会
昭和16年京都市立美専講師、22年助教授。日展を舞台に作家活動を行ない、鳥や鯉などをモチーフに明快で大胆な構図と鮮やかな色彩のロウ染め作品を発表。33年から日展審査員、同評議員を務め、のち参与。
[受賞]文部大臣賞〔昭和41年〕「陽映」,日展特選北斗賞,京都府美術工芸功労者,京都市文化功労者

岸本 景春　きしもと・けいしゅん
染織作家

[生年月日]明治21年(1888年)11月5日
[没年月日]昭和50年(1975年)3月29日
[出生地]京都府西陣　[本名]岸本彦太郎
[専門]刺繍
漆芸家の神坂雪佳に師事、昭和2年京都装飾芸術協会を創立した。絵画から図案に転じ、5年第11回帝展に刺繍が初入選、第13回帝展で特選、帝展、新文展、日展などに出品を続けた。34年日本芸術院賞を受賞した。染物の補助手法であった刺繍を独立した一つの芸術にまで高めた染織作家。
[受賞]日本芸術院賞〔昭和34年〕

喜田 寅蔵　きだ・とらぞう
型紙彫師

[生年月日]明治27年(1894年)4月2日
[没年月日]昭和52年(1977年)10月16日
[出生地]三重県鈴鹿市　[学歴]白子尋常小〔明治37年〕卒

小学校を卒業後、喜田仁蔵から突彫、養老型の彫刻を習う。明治40年型紙彫師の豊田勇吉に弟子入り、兄弟弟子に中島秀吉や宮原佐助、小林茂之進らがいた。京都、足利、横浜、桐生、東京などで修業した後、大正11年三重県に帰郷。昭和30年代以降、江戸小紋の染色家・小宮康助の型紙を彫り続けた。

紀太 理兵衛(1代目) きた・りへえ
陶工　理兵衛焼の祖

[生年月日]慶長8年(1603年)
[没年月日]延宝6年(1678年)3月4日
[出身地]近江国信楽(滋賀県)　[旧姓名]森島　[別名等]通称=作兵衛、名=重利　[専門]理兵衛焼

父は豊臣家に仕えた旗本で、郷里の近江国信楽に戻って製陶に従事した。父の仕事を継いで京都粟田口で陶器の名工として知られていたが、正保4年(1647年)讃岐高松藩主・松平頼重に招かれて讃岐国へ移る。慶安2年(1649年)紀太理兵衛に改名。藩の御用焼物師として理兵衛焼を創始した。子孫も代々理兵衛を襲名して藩に仕えたが、明治維新に際して独立、名も理平と改めた。

紀太 理兵衛(3代目) きた・りへえ
陶工

[生年月日]生年不詳
[没年月日]元文3年(1738年)
[別名等]名=行高　[専門]理兵衛焼

讃岐高松藩御用焼の理兵衛焼を継ぐが、享保7年(1722年)には献上が差し止められる。後継ぎがいなかったため、15年(1730年)藩命により蓮井家より養子を迎え、家業を存続させた。

紀太 理兵衛(4代目) きた・りへえ
陶工

[生年月日]生年不詳
[没年月日]寛政4年(1792年)
[旧姓名]蓮井　[別名等]名=惟久、号=休山
[専門]理兵衛焼

享保15年(1730年)讃岐高松藩より命じられ、御用焼・紀太家の養子となる。元文2年(1737年)理兵衛を襲名。寛保元年(1741年)には藩主の命により江戸で焼き物御用を任された。天明4年(1784年)養子に家督を譲り、自らは隠居して休山と号した。

北大路 魯山人 きたおおじ・ろさんじん
陶芸家, 書家, 篆刻家, 料理研究家

[生年月日]明治16年(1883年)3月23日
[没年月日]昭和34年(1959年)12月21日
[出生地]京都府愛宕郡上賀茂村(京都市北区上賀茂北大路町)　[本名]北大路房次郎
[旧姓名]福田房次郎

京都上賀茂神社の社家の二男。生まれる前に父を亡くし、幼い頃は養家を転々として恵まれない少年時代を送った。小学校を卒業後、薬屋の丁稚となったが、養家の木版師・福田武造の下へ戻り、養父を手伝った。若年から書を能くし、書の懸賞に応募して書の才能を自覚。明治41年朝鮮へ渡り、同地や中国の各地を巡った。帰国後、長浜の河路豊吉、京都の内貴清兵衛、金沢の細野燕台らの支援を受ける。この間、石川県の山中温泉に逗留中、須田菁華の手ほどきを受けて陶芸に興味を持った。大正8年東京・京橋に古美術骨董を商う大雅堂美術店を開店。食通としても名高く、10年頃より店の2階で会員制の美食倶楽部を発足させ、自ら作陶して料理に合わせる食器の制作を開始。14年には中村竹四郎と赤坂・日枝神社境内に会員制の高級料亭・星ケ岡茶寮を開

き、料理長としても采配を振るった。昭和2年北鎌倉に星岡窯を築き、店で用いる食器を制作したが、11年放漫経営を理由に解雇され、以来作陶に専念。生涯に制作した陶磁器は食器を中心に20万点に及ぶとされ、志野・織部・黄瀬戸を始め、備前、古九谷や京焼まで幅広くその技をみせた。終始一切の会に属さず、昭和30年織部焼の重要無形文化財保持者（人間国宝）の認定を打診されたが辞退している。自由奔放な生活態度、不遜な言動も有名で、しばしば世の非難を受けた。
［家族］孫＝北大路泰嗣（陶芸家）

北川 伊平　きたがわ・いへい
　　磁器絵師（有田焼）

［生年月日］明治21年（1888年）10月
［没年月日］昭和36年（1961年）5月7日
［出生地］佐賀県西松浦郡有田町　［旧姓名］中原　［学歴］有田工専科〔明治38年〕卒
有田焼の絵師中原南岳の三男として生まれ、父や川崎千虎に師事。明治43年深川製磁に入社、宮内庁御用品を手掛け、大正天皇即位の宴に用いられる食器などをデザイン。のち竹重製陶所、山本製陶所（現・華山）などに移る。有職文（ゆうそくもん）をふまえた山水、花鳥を得意とし、土佐派、狩野派、南画も学んで独自の画境を開いたほか、磁器の彫刻にも非凡な腕を見せた。
［家族］父＝中原南岳（磁器絵師），長男＝北川義治（陶画家）
［師弟］師＝中原南岳，川崎千虎

北川 伊兵衛　きたがわ・いへえ
　　織物師　絹保多織の創始者

［生年月日］生年不詳
［没年月日］正徳1年（1711年）
［出生地］京都府　［別名等］名＝常吉

京都西陣の織物師で、元禄2年（1689年）讃岐高松藩の初代藩主・松平頼重に召し抱えられ、高松へ移り住む。同地でお抱えの織物師として活躍し、頼重の命により新たな織物の研究に取り組み、絹織物を考案。優雅で多年保つという意味より"絹保多織"と命名し、藩から幕府に献上され一躍その名を高めた。以来、一子相伝の織物として7代約200年にわたって受け継がれたが、明治維新後は北川家の血縁にあたる岩部家がその技法を伝える。

喜田川 宗典　きたがわ・そうてん
　　装剣金工家

［生没年］生没年不詳
［出生地］京都　［別名等］別名＝喜多川秀典，号＝藻柄子

延享〜寛延年間（1744〜1751年）近江国彦根中藪に住まい、高彫り象嵌や色絵の技法を駆使して、彦根彫りと呼ばれる一派を形成した。代表作に「熊坂義経透鐔」「仙人透鐔」などがある。75歳以上の長寿を全うしたといわれる。

喜多川 平八　きたがわ・へいはち
　　染織工芸家

［生年月日］元治1年（1864年）
［没年月日］昭和15年（1940年）
［出生地］京都

生家は京都西陣の織屋で有職織物の老舗として知られる俵屋。長じて家業を継いで唐織金襴の製造などを手がけ、明治20年の皇居造営の際には御用織物を納品した。39年農商務省の後援による西陣織物模範工場の設立に参加し、上質な西陣織を作り続けた。主な作品に「飛竜宝相華文繻珍地柱隠」「繻子地菊花文様柱掛」などがある。

喜多川 平朗　きたがわ・へいろう
染織家　俵屋17代目

[生年月日]明治31年(1898年)7月15日
[没年月日]昭和63年(1988年)11月28日
[出生地]京都府京都市西陣　[本名]喜多川平朗　[学歴]京都市立絵画専門学校(現・京都市立芸術大学)日本画科〔大正10年〕卒、川端洋画研究所　[資格]重要無形文化財保持者(羅,有職織物)〔昭和31年,35年〕　[専門]羅,有職織物　[団体]日本工芸会
400年前から唐織を手がけてきた俵屋に生まれ、小学生のとき竹西栖鳳に入門。大正12年から家業の織物制作に従事。昭和2年俵屋17代目を継ぎ、有職装束の高田家に請われて有職織物を始める。また、正倉院御物の曝涼(ばくりょう)を見学して古代の織物の美に魅せられ、きわめて薄い絹織物である羅のさまざまな織り方を、中世までの時代を追って復元。戦後、羅と有職織物の技法で2度(31年と35年)人間国宝に認定された。復元は創作ではないとの信念から、伝統工芸などの作品展には出品しなかった。62年洛北・岩倉に伝承織物研究所を創設した。代表作に「二陪織物白小葵地鳳凰文(国宝)復元模織品」「能衣装唐織黒絵段」「紅地鳥蝶唐花文錦」など。
[家族]息子＝喜多川俵二(有職織物家)
[師弟]師＝竹西栖鳳
[受賞]日本キワニス文化賞〔昭和43年〕、京都市文化功労者〔昭和45年〕、京都府芸術文化特別賞〔昭和58年〕、伝統文化ポーラ大賞(第5回)〔昭和60年〕
[叙勲]紫綬褒章〔昭和42年〕、勲四等旭日小綬章〔昭和48年〕
[墓所]頂妙寺(京都)

北川 北仙　きたがわ・ほくせん
彫金師

[生年月日]弘化3年(1846年)9月15日
[没年月日]大正11年(1922年)1月7日

[出生地]常陸国水戸(茨城県水戸市)
水戸金工の3代目泰山元孚に入門し、幕末にはすぐれた刀装工具を数多く製作した。維新後も水戸金工の技法と伝統を守り、高彫りを巧みに用いた花瓶・置物・香炉・煙草入れなどが高く評価された。明治26年にはシカゴ万博に「純銀矮鶏一対」「金銅児童亀」を出品し、金牌を獲得した。また、33年には「銀製獅子香炉」などを皇室に献上している。作品は他に「蟹流水花瓶」などがある。
[師弟]師＝泰山元孚(3代目)
[受賞]シカゴ万博金牌〔明治26年〕「純銀矮鶏一対」「金銅児童亀」
[墓所]宝蔵寺(茨城県水戸市)

北島 栄助　きたじま・えいすけ
陶業家, 新聞記者

[没年月日]昭和9年(1934年)11月24日
[出生地]肥前国松浦郡赤絵町(佐賀県有田町)　[別名等]号＝似水　[専門]有田焼
上絵付業の家に生まれ、似水と号した。祖先は有田赤絵町の赤絵屋16戸中の一人で、文政時代の北島源吾は朝鮮輸出の専売業を営んでいた。家業を継ぎ、自身も有田焼を朝鮮に輸出。明治前期までは家業を守っていたが、後期になって「絵入長崎新聞」を経て、「佐世保軍港新聞」の記者を務めた。明治36年長崎時代に「日本陶磁器史論」を著した。

北出 塔次郎　きたで・とうじろう
陶芸家　金沢美術工芸大学名誉教授

[生年月日]明治31年(1898年)3月8日
[没年月日]昭和43年(1968年)12月12日
[出生地]兵庫県有馬郡三輪村　[旧姓名]坂本　[別名等]幼名＝藤治郎　[学歴]大阪美術学校日本画科研究科〔昭和3年〕修了

大正11年石川県江沼郡勅使村で九谷焼の生地を作る北出家の養子となり、色絵を志した。昭和2年商工省主催の工芸展に初入選、大阪美校に学んだ後、7年帝展に初入選した。11年北出家に滞留した富本憲吉に師事。国画会展に出品しはじめ、13年会員となった。また文展にも出品、16年と18年に特選、21年第1回日展でも特選となった。日展審査員を4回務め、34年評議員。23～40年金沢美術工芸専門学校（現・金沢美術工芸大学）教授。37年には石川県陶芸協会会長。43年日本芸術院賞を受賞した。
[受賞]日本芸術院賞〔昭和43年〕

北野 七左衛門　きたの・しちざえもん
陶芸家

[生年月日]大正1年（1912年）9月12日
[没年月日]平成1年（1989年）10月10日
越前焼の復興に尽力。福井県陶芸資料館審査員をつとめた。津村節子の小説「炎の舞い」のモデルとしても知られる。
[受賞]現代の名工〔昭和47年〕
[叙勲]勲六等瑞宝章〔昭和59年〕

来野 月乙　きたの・つきお
染色工芸家　京都市立芸術大学名誉教授

[生年月日]大正13年（1924年）5月21日
[没年月日]平成17年（2005年）12月28日
[出生地]京都府京都市　[学歴]京都市立絵画専門学校図案科（現・京都市立芸術大学）〔昭和21年〕卒　[専門]ろう染　[団体]日展、日本新工芸家連盟
京都の龍村織物に勤務中から染色を始める。昭和23年「紫陽花」で日展初入選。その後、日展などで受賞を重ねた。この間、昭和38年京都市立芸術大学助教授を経て、46年教授に就任。平成元年定年退職し、大手前女子大学教授。ろうけつ染めの技法で独自の境地を開き、和紙と顔料を用いた日本画的な感覚の作品を制作した。
[家族]娘＝来野あぢさ（日本画家）
[受賞]京都新聞社賞〔昭和36年〕「樹と鳥」、京都府文化賞功労賞（第7回）〔平成1年〕、京都市文化功労者〔平成5年〕、京都美術文化賞（第7回）〔平成6年〕、京都府文化賞特別功労賞〔平成15年〕、日展特選・北斗賞〔昭和26年〕「樹と鳥」、京都市長賞「水鳥」

北原 千鹿　きたはら・せんろく
彫金家

[生年月日]明治20年（1887年）5月16日
[没年月日]昭和26年（1951年）12月29日
[出生地]香川県高松　[本名]北原千禄　[学歴]東京美術学校（現・東京芸術大学）彫金科〔明治44年〕卒
大正3～10年東京府立工芸学校教諭。昭和2、3、4年の帝展で連続特選となり、5年推薦となった。6年から帝展、文展、日展の審査員を務め、24年日展参事。この間2年から日本美術協会展審査員を務めた。また大正末から昭和初期に新工芸研究会「无」同人として活躍、さらに工人社を創設、彫金の大家として高雅な作品を制作、新人育成に努めた。

北原 三佳　きたはら・みよし
鋳金家

[生年月日]明治28年（1895年）
[没年月日]昭和47年（1972年）2月11日
[出生地]長野県下伊那郡山本村（飯田市）
[学歴]東京美術学校（現・東京芸術大学）鋳造科卒　[団体]日展、信州美術会
東京美術学校在学中にパラフィン蠟使用鋳金法を考案。東京博覧会で銀牌、第14回鋳金会展で銀賞などを受賞し、帝展、文展で

は無鑑査となる。鋳金会展審査員、信州美術会副会長などもつとめた。
[家族]兄＝北原大輔（陶芸研究家）

北村 静香　きたむら・せいこう
金工家

[生年月日]明治37年（1904年）5月23日
[没年月日]昭和51年（1976年）12月24日
[出生地]岡山県岡山市錦町　[本名]北村茂雄
[資格]岡山県重要無形文化財保持者〔昭和40年〕　[専門]鍛金

大学を中退後、大正12年金工家の真鍋静良に師事。金属塊を槌で当て金を使って打ち伸ばし、薬缶や菓子器を作る鍛金技術に秀で、特に銀製の湯沸かし（銀瓶）に卓越した技術をみせた。昭和40年岡山県重要無形文化財保持者に認定され、45年には文化庁の工芸技術緊急調査により、その仕事ぶりが映像と写真で記録された。
[師弟]師＝真鍋静良
[受賞]山陽新聞賞〔昭和48年〕、日本工芸会中国支部展岡山県知事賞（第7回）〔昭和39年〕

北村 大通　きたむら・たいつう
漆工芸家　京都市立芸術大学教授

[生年月日]大正1年（1912年）3月19日
[没年月日]平成4年（1992年）12月16日
[出生地]奈良県奈良市　[本名]北村久造
[学歴]東京美術学校（現・東京芸術大学）漆工科〔昭和8年〕卒　[資格]国選定文化財保存技術保持者〔昭和51年〕

代々、漆塗りで有名な吉岡家の家系。幼少時代から父の手ほどきを受け、東京美術学校卒業後、一時サラリーマンとなったが、兵役を機に漆芸一筋に歩み、のち第一人者となった。昭和18年第6回新文展に初入選、以後出品を重ねるが、32年以降、国宝、重要文化財の漆工品修理に携わる。38年から

は10年がかりで正倉院宝物の漆芸品233点を修理。その後、同宝物の模造品制作や調査を行った。
[家族]長男＝北村昭斎（漆工芸家）
[叙勲]紫綬褒章〔昭和50年〕

北村 与三右衛門　きたむら・よさえもん
陶業家

[生没年]生没年不詳
[出身地]加賀国能美郡小野村（石川県）

慶応3年（1867年）に開窯。明治16年に素焼窯を松田与八郎とともに改築する。九谷焼の改良に尽力した。

吉向 治兵衛　きっこう・じへえ
陶工

[生年月日]天明4年（1784年）
[没年月日]文久1年（1861年）
[出生地]伊予国伊予郡上灘村（愛媛県）　[別名等]通称＝亀次，号＝十三軒松月　[専門]吉向焼

伊予大洲藩士の家柄で、砥部と京都で修業した後、文化元年（1804年）頃に大坂・十三で窯を開く。文政2年（1819年）寺社奉行であった水野忠邦の命により第11代将軍・徳川家斉に鶴と亀の食籠を献上し、"吉向"の印を拝領したことから"吉向焼"を称したという。文政元年（1818年）郷里の大洲藩の招聘を受け五郎玉川の別邸で御庭焼を指導した他（五郎玉川焼）、天保5年（1834年）には周防岩国藩に招かれ、同地で2年間作陶（岩国吉向）。7年再び岩国を訪れ、個人で作陶した（岩国山焼）。10年大和小泉藩主の参勤交代に従って江戸へ赴き、向島の同藩江戸屋敷で御庭焼に従事。弘化2年（1845年）から嘉永6年（1853年）信州須坂藩に招かれ、同地で製作した（須坂吉向）。その後、美作津

山藩主の招きを受け江戸に上ったが、同地で客死した。
[墓所]本誓寺(東京都江東区)

城戸 徳蔵　きど・とくぞう
陶芸家

[生年月日]弘化3年(1846年)5月5日
[没年月日]明治33年(1900年)3月8日
[出身地]伊予国(愛媛県)　[専門]砥部焼
曽祖父の代より土物を造っていたが、徳蔵の代になって南京焼を制作。以来改良につとめた。

紀 助正　きの・すけまさ
蒔絵師

[生没年]生没年不詳
元暦元年(1184年)後鳥羽天皇が大嘗会を行い、諸名匠に命じて器物を作らせた際、中原末恒や平文師清原貞安らとともに蒔絵に従事した。

亀文堂 正平　きぶんどう・しょうへい
鋳金工

[生年月日]文化9年(1812年)
[没年月日]明治25年(1892年)
[出生地]京都
龍文堂安平の門に入り、頼山陽の愛顧を得て亀文堂の名を与えられた。

木村 一陽　きむら・いちよう
陶芸家　一陽窯代表

[生年月日]明治45年(1912年)1月13日
[没年月日]平成1年(1989年)11月7日
[出生地]岡山県備前市伊部　[本名]木村好雄　[専門]備前焼
備前焼窯元六姓、木村家直系13代木村長十郎友敬の二男。国立京都陶磁器試験所に学んで郷里に戻り、陶進舎を結成。昭和11年分家独立して一陽窯を創設。58年伝統工芸士に認定、60年の全国伝統的工芸品展で「宝瓶」が協会会長賞。56年備前市より、57年には備前商工会議所より表彰を受ける。
[家族]長男=木村宏造(陶芸家)
[叙勲]勲五等瑞宝章〔昭和58年〕

木村 一郎　きむら・いちろう
陶芸家

[生年月日]大正4年(1915年)6月29日
[没年月日]昭和53年(1978年)8月21日
[出生地]栃木県益子町　[学歴]真岡中〔昭和8年〕　[専門]益子焼
中学卒業後、祖父の営む郵便局で働く傍ら、益子の各製陶所で技術を学び、浜田庄司らに師事。昭和12年京都陶磁器試験所に入所、水町和三郎、沢村滋郎の指導を受けた。15年帰郷し、21年独立。日本民芸展、現代陶芸展、全国陶芸展、日本産業展、日本伝統工芸展などに入選、入賞した。多彩な作風で知られたが、晩年には辰砂や鉄絵に専念した。
[師弟]師=浜田庄司
[受賞]日本国陶磁展中小企業長官賞〔昭和28年〕「柿釉網目紋大皿」、現代陶芸展特選〔昭和30年〕「自釉抜絵文大皿」

木村 雨山　きむら・うざん
染色家

[生年月日]明治24年(1891年)2月21日
[没年月日]昭和52年(1977年)5月9日
[出生地]石川県金沢市　[本名]木村文二
[学歴]石川工業補習学校　[資格]重要無形文化財保持者(友禅)〔昭和30年〕　[専門]加賀友禅
加賀染の名工上村松太郎(上村雲嶂)に師事、同時に南画家の大西金陽の下で絵画を学び、大正12年33歳で独立した。昭和3年

染色による壁掛けや屏風を帝展に出品、9年には特選となった。戦後は日展、日本伝統工芸展を中心に活躍。友禅の伝統技法に現代感覚をとり入れた作風をうちたてた。30年重要無形文化財保持者に認定された。代表作に「縮緬地友禅訪問着『松』」「縮緬地友禅訪問着『梅』」「麻地友禅瓜模様振袖」など。
[師弟]師=上村雲嶂, 大西金陽
[受賞]金沢市文化功労賞〔昭和23年〕, 帝展特選〔昭和9年〕「一越縮緬地友禅訪問着『花鳥』」, パリ万博銀賞〔昭和12年〕

木村 梅　きむら・うめ
織布技術者

[生年月日]明治32年(1899年)2月25日
[没年月日]昭和45年(1970年)10月13日
[出生地]群馬県桐生市

早くから家業の織物作りを手伝い、大正8年群馬県桐生の百海織物工場に就職。13年結婚を機に退職するが、昭和4年に離婚し、再び織布工となった。以後、生涯を織物に捧げ、研究と苦闘の末に人絹混紡帯を発明。その他にも、織上げ・帯地などの改良や柄・織り方などの技術革新を行い、次々と新製品を生みだした。また、すぐれた織物技術を持ち、工場では"織物の神様"と呼ばれて同僚たちから慕われた。41年黄綬褒章を受章。44年退職。
[叙勲]黄綬褒章〔昭和41年〕

木村 熊治郎　きむら・くまじろう
工芸家

[生年月日]嘉永1年(1848年)
[没年月日]大正7年(1918年)10月7日
[出生地]近江国(滋賀県)　[専門]根鞭細工

滋賀県草津の名産・根鞭細工の創始者。乗馬用の根鞭を作る技術を応用し、竹の根で土瓶の取っ手やステッキなどを製作。明治5年ロンドンで試験発売し、根鞭が"キムラ"とよばれるほどの評判を得た。

木村 州宏　きむら・しゅうこう
染織家

[没年月日]平成20年(2008年)2月28日
[本名]木村基　[専門]加賀友禅

加賀友禅の作家として活動。平成16年5月筋萎縮性側索硬化症(ALS)を発症、震える指に軍手をはめて筆代わりにして、顔料を手ぬぐいなどに塗る手法で制作を続けたが、20年2月62歳で亡くなった。

木村 祥刀　きむら・しょうとう
切り絵作家

[没年月日]平成8年(1996年)9月10日
[出身地]京都府京都市　[本名]木村祥一

平成6～7年京都新聞朝刊に「切り絵でつづる昭和ひとけた京育ち」を連載した。

木村 宗得(16代目)　きむら・そうとく
陶芸家

[生年月日]大正8年(1919年)7月23日
[没年月日]昭和62年(1987年)3月27日
[出生地]岡山県備前市伊部　[本名]木村玄一　[専門]備前焼

備前焼窯元六姓木村家の分家で代々細工物に秀でた家系に生まれる。父は15代目木村宗得。15歳から父に学び、昭和26年16代宗得を襲名。30年家業を継ぐ。実物に即した細工物を得意とした。
[家族]父=木村宗得(15代目), 弟=木村陶雲(陶芸家), 祖父=木村盛次
[受賞]日本芸術会奨励賞〔昭和51年〕

木村 表斎　きむら・ひょうさい
漆工

[生年月日] 文政1年（1818年）
[没年月日] 明治18年（1885年）
[出生地] 近江国高島郡小川村（滋賀県）
京都の塗師柴田藤兵衛に師事。真塗、洗朱の根来塗を得意とし、飲食器を多く制作。佐野長寛以来の名工とうたわれた。明治9年フィラデルフィア万博に「巻煙盒」を出品。18年五品共進会に出品した漆皿、杯は最高の漆技として高く評価された。弟弥三郎が2代目を継承した。
[家族] 弟＝木村表斎（2代目）
[師弟] 師＝柴田藤兵衛

木村 平八郎　きむら・へいはちろう
陶工

[生年月日] 生年不詳
[没年月日] 安政5年（1858年）
[出生地] 備前国邑久郡牛窓村（岡山県）　[旧姓名] 時岡　[別名等] 名＝泰武、号＝垂桜舎、雅卜山人、陽花堂欣之　[専門] 備前焼
時岡家の三男。備前焼窯元の木村家の養子となり、備前六姓の一つ・北窯に属した。嘉永2年（1849年）伊勢神宮の権禰宜である度会末彰の質問に答える形で備前焼について記した「五問五答古伊部神伝録」を著した。また、詩画を刻んだ角徳利も作り、評判を呼んだ。

木村 芳雨　きむら・ほうう
歌人, 鋳物工

[生年月日] 明治10年（1877年）
[没年月日] 大正6年（1917年）5月22日
[出生地] 福島県会津
明治31年発足した正岡子規の根岸短歌会に当初から参加、歌風は子規に"無造作に淡泊に見えるは善し"と評される。子規没後の歌誌「アララギ」にも関係した。鋳物工を本業とし、銅印の篆刻にも優れた。

久怡　きゅうい
鋳物師

[生没年] 生没年不詳
[本名] 藤原　[別名等] 通称＝弥左衛門, 号＝天下一
京都から奈良に移住し、天正8年（1580年）大仏修理に起用された。18年豊臣秀吉やその一族が秀吉の弟・秀長の病癒を祈願して熊野山に寄進した鰐口大小9個を制作したほか、釣鐘も残した。茶人として活動しながら茶湯釜も製作し、釜は"久怡釜"と称された。

久兵衛　きゅうべえ
陶工

[生没年] 生没年不詳
[専門] 伊賀焼
江戸時代後期の再興伊賀の代表的な陶工で、明和元年（1764年）より陶業に携わったという。子孫も陶工として活躍した。

久味　きゅうみ
細工師

[生没年] 生没年不詳
京都で古田織部の茶入象牙蓋を手掛けた。寛永20年（1643年）柳生但馬守宗矩の茶会に千宗旦、松屋久重とともに出席している。

久楽（1代目）　きゅうらく
陶工

[生年月日] 寛延1年（1748年）
[没年月日] 文政8年（1825年）
[出生地] 近江国坂本（滋賀県）　[本名] 木村弥助　[別名等] 号＝啄元　[専門] 楽焼

享保年間(1716～1736年)千家に出入りして楽焼を始め、赤楽に優れたものを残した。のち剃髪して啄元と号した。

久楽(2代目) きゅうらく
陶工

[生年月日] 文政1年(1818年)
[没年月日] 明治1年(1868年)
[本名]木村弥助　[専門]楽焼

天保7年(1836年)紀州偕楽園焼に招かれ、徳川治宝より久楽印を拝領した。そこから久楽焼の名となった。

刑部 太郎 ぎょうぶ・たろう
蒔絵師

[生没年] 生没年不詳
[出身地]江戸(東京都)　[別名等]別名=刑部太郎

江戸時代寛永期の蒔絵師。漆面に金箔を置いてその上に梨地粉を蒔き、不整形大型の刑部梨地粉を置く刑部梨地の創始者といわれる。

清川 守光 きよかわ・もりみつ
蒔絵師

[生没年] 生没年不詳
[別名等]通称=吉兵衛、号=寛遊斎蓬山

嘉永・安政年間(1848～1860年)頃に伊予大洲藩主・加藤家に仕える。作品には「寛遊斎守光作」「寛遊斎清川蓬山作之」「清川守光作」などの落款を用いた。小林貞玉の門人・清水伊之助が養子となってあとを継ぎ、清川吉兵衛守貞と名乗った。
[家族]養子=清川吉兵衛守貞(蒔絵師)

巨関 きょかん
陶工　三川内焼の祖

[生年月日] 弘治2年(1556年)
[没年月日] 寛永20年(1643年)
[出生地]朝鮮熊川

慶長3年(1598年)平戸領主松浦鎮信に従って来日。窯を開き、絵唐津風のものや、青磁の染付などを手がけた。寛永9年(1632年)隠退した。肥前三川内焼の祖とされる。

清野 如眠 きよの・じょみん
蒔絵師

[生年月日] 嘉永5年(1852年)
[没年月日] 昭和4年(1929年)9月18日
[出生地]武蔵国羽村(東京都)　[本名]清野三治　[旧姓名]矢部三吉

慶応元年(1865年)江戸・本郷の養父、清野扇斎の下で漆工に従事。明治6年ウィーン万博に事務局より出張、ヨーロッパでニス、ラック塗を習得。8年より内務省勧業寮試験所に勤め、外国塗料の試験研究を行った。この間、明治天皇の前でニス塗りなどを実演。15年行革整理のために同試験所が閉鎖されたため退職した。蒔絵は是真風を得意とした。

清原 英之助 きよはら・えいのすけ
教育家、漆工家　女子美術学校校主

[生年月日] 嘉永5年(1852年)4月8日
[没年月日] 大正5年(1916年)

工芸家の清原千代と結婚し、清原姓を名のる。千代の妹の玉は、日本政府の御雇い外国人であったイタリア人彫刻家ラグーザの夫人であった。明治15年イタリアへ帰国するラグーザ夫妻や妻の千代と共に渡欧。17年ラグーザがイタリア・シチリア島のパレルモに工芸美術学校を開くと、その漆工科教授を任された。23年漆工科の閉鎖に伴

い、帰国。その後、妻と協力して東京・芝に実習学校と女子美術学校を創立し、女子への実習・美術教育を行った。しかし、27年芝公園の造営計画を進める政府によって校地が買収され、両校は廃校となった。
[家族]妻＝清原千代(教育者, 刺繡家) [親族]義妹＝ラグーザ玉(彫刻家)、義弟＝ラグーザ(彫刻家)

清原 千代　きよはら・ちよ
教育者, 刺繡家

[生年月日]安政5年(1858年)12月7日
[没年月日]大正11年(1922年)4月17日
[出生地]江戸

漆工家の清原英之助と結婚。妹の玉は、政府の御雇い外国人として来日していたイタリア人彫刻家ラグーザの妻。明治15年妹夫妻のイタリア帰国に同行し、夫とともにヨーロッパに渡る。17年ラグーザがイタリア・シチリア島のパレルモに開設した美術工芸学校に招かれ、刺繡を教えた。23年同校漆工科の廃止で失職した夫に従い、帰国。その後、夫と協力して東京・芝に実習学校と女子美術学校を開校した。教育活動の傍らで創作も続け、同年には第3回内国勧業博覧会に出品し、賞状を受けている。27年政府による芝公園造営によって同校が廃校となったのちは創作に専念し、西洋刺繡の技法を油絵に応用した油絵刺繡を編み出して高い評価を受けた。
[家族]妹＝ラグーザ玉(彫刻家)、夫＝清原英之助(教育者, 漆工家) [親族]義弟＝ラグーザ(彫刻家)

清人　きよひと
刀工

[生年月日]文政10年(1827年)
[没年月日]明治34年(1901年)10月3日
[出生地]陸奥国仙台(宮城県仙台市)　[本名]斉藤小四郎　[旧姓名]長野

仙台藩士長野家に生まれ、庄内藩の刀鍛冶・斉藤家の養嗣子となる。嘉永5年(1852年)江戸に上り、四谷の刀工・清麿に入門。7年師が病気を苦に自刃すると、そのまま江戸に留まって刀剣数十を製造し、師の借財を返済した。慶応3年(1867年)豊前守を受領し、以後"庄内住豊前守藤原清人"を銘とする。明治9年廃刀令の発布により転職し、山形県温海温泉で旅館を営んだ。
[師弟]師＝清麿

清水 九兵衞　きよみず・きゅうべえ
彫刻家, 陶芸家　京焼窯元清水家当主(7代目), 京都造形芸術大学教授

[生年月日]大正11年(1922年)5月15日
[没年月日]平成18年(2006年)7月21日
[出生地]愛知県名古屋市　[旧姓名]塚本広
[別名等]前名＝清水六兵衞　[学歴]名古屋高工(現・名古屋工業大学)建築学科〔昭和17年〕卒, 東京芸術大学工芸科鋳金科〔昭和28年〕卒　[専門]清水焼

昭和17年名古屋高工を繰り上げ卒業して応召。戦後、東京芸大在学中の26年に清水焼6代目の清水六兵衞の長女と結婚。卒業後、作陶を始める。30年京都市立芸術大学教授。41年より金属による立体造形を始め、清水九兵衞の名で彫刻家に転向。44～45年イタリアに滞在。アルミ合金を結合した清新な立体造形で知られ、毎日芸術賞など受賞多数。55年岳父の急死により、62年7代目六兵衞を襲名、再び陶器に取り組む。平成3年京都造形芸術大学教授、のち金沢美術工芸大学教授を務めた。清水九兵衞、7代目清水六兵衞の2つの名で活動するが、12年長男に六兵衞の名を譲り、九兵衞の名に一本化した。主な作品に「アフィニテイ(AFFINITY)の継続」「PACK-A」、野外彫刻「朱庵」など。
[家族]長男＝清水六兵衞(8代目) [親族]岳父＝清水六兵衞(6代目)

[受賞]中原悌二郎賞(優秀賞,第6回・29回)〔昭和50年・平成10年〕,毎日芸術賞(第17回)〔昭和50年〕,日本芸術大賞(第9回)〔昭和52年〕,長野市野外彫刻賞〔昭和53年〕,吉田五十八賞〔昭和60年〕,京都府文化賞(功労賞,第6回)〔昭和63年〕,京都市文化功労者〔平成2年〕,京都府特別文化功労賞(第13回)〔平成7年〕,現代日本彫刻展東京国立近代美術館賞〔昭和50年〕,彫刻の森大賞展大賞(第3回)〔昭和52年〕「アフィニティ(AFFINITY)の継続」,ヘンリームーア大賞展優秀賞(第1回)〔昭和54年〕,現代日本彫刻展宇部興産賞(第8回)〔昭和54年〕,神戸須磨離宮公園現代彫刻展大賞(第7回)〔昭和55年〕
[叙勲]紫綬褒章〔平成2年〕,勲四等旭日小綬章〔平成7年〕

清水 七兵衛 きよみず・しちべえ
陶芸家

[生没年]生没年不詳
[専門]清水焼

2代清水六兵衛の長男で3代六兵衛の兄。京都五条橋東5丁目で陶業を営んだ。

清水 石僊 きよみず・せきせん
陶芸家

[生没年]生没年不詳
[出身地]美濃国(岐阜県)

兄の清水温故の門下、河野大雅と陶芸の改良と発展につとめる。県の補助をえて石僊陶業会を組織、徒弟を養成した。
[家族]兄=清水温故

清水 六兵衛(1代目) きよみず・ろくべえ
陶工

[生年月日]元文3年(1738年)

[没年月日]寛政11年(1799年)
[出生地]摂津国 [別名等]幼名=栗太郎,号=愚斎

寛延年間(1748〜1750年)に京都に出て、五条坂の陶工海老屋清兵衛に入門。明和8年(1771年)独立して五条坂に開窯し、清水六兵衛と改名。主に土焼風の抹茶器、置物、文房具類を製作した。妙法院宮真仁法親王の命を受けて邸内で黒楽茶碗を作ったことから「六目」印を、晩年には天龍寺の桂洲和尚より六角内に清字の大小印を拝受した。

清水 六兵衛(2代目) きよみず・ろくべえ
陶工

[生年月日]寛政2年(1790年)
[没年月日]万延1年(1860年)
[別名等]号=静斎

初代の子。文化8年(1811年)2代を襲名。和漢の諸陶器を研究・模造して茶器や鉢類などを得意とした。晩年は青花磁の酒茶器の製作に励んだ。

清水 六兵衛(3代目) きよみず・ろくべえ
陶工

[生年月日]文政5年(1822年)
[没年月日]明治16年(1883年)6月4日
[別名等]号=祥雲

天保9年(1838年)創業。土器のほかに染付も焼く。京都小御所の大雪見灯籠を製作。清水六兵衛家中興の祖とされる。

清水 六兵衛(4代目) きよみず・ろくべえ
陶芸家

[生年月日]嘉永1年(1848年)

［没年月日］大正9年（1920年）
［出生地］京都　［本名］清水正次郎　［別名等］号＝祥麟、六居　［専門］清水焼

塩川文麟に絵画を学び、祥麟と号す。明治16年六兵衛を襲名。17年京都博覧会で銅牌を受賞。36年宮永車山らと遊陶園を結成、幹事をつとめる。40年神坂雪佳らと佳美会を結成。"清六""六居"の印を使い、土焼の茶器類にすぐれた。
［家族］父＝清水六兵衛（3代目）

清水 六兵衛（5代目）　きよみず・ろくべえ
陶芸家　京都工芸院院長

［生年月日］明治8年（1875年）3月6日
［没年月日］昭和34年（1959年）8月1日
［出生地］京都府京都市　［本名］清水栗太郎
［別名等］後名＝清水六和　［学歴］京都府画学校卒　［資格］帝国芸術院会員〔昭和5年〕、日本芸術院会員〔昭和12年〕　［専門］清水焼　［団体］日展

4代目六兵衛の長男。初め、幸野楳嶺に日本画を師事、明治21年京都府画学校に入学。卒業後、父に陶芸を学び、28年第4回内国勧業博覧会に出品した花瓶が初入選。アールヌーボーなど美術思想を学び、陶磁の改革運動に参画。大正3年5代目六兵衛を襲名。昭和2年の帝展美術工芸部の新設に尽力した。画才に恵まれ、絵画意匠の絵付陶や釉薬の研究で新しい色調とモダンな感覚の創作陶芸が多い。大正11年にはフランスのサロン・ドートンヌ美術部会員に推薦され、昭和5年帝国美術院会員、12年日本芸術院会員。21年隠居して六和と号し、33年日展顧問となった。
［家族］父＝清水六兵衛（4代目）
［師弟］師＝竹内栖鳳、幸野楳嶺

清水 六兵衛（6代目）　きよみず・ろくべえ
陶芸家　京焼窯元清水家当主（6代目）

［生年月日］明治34年（1901年）9月13日
［没年月日］昭和55年（1980年）4月17日
［出生地］京都府京都市東山五条坂　［別名等］幼名＝清水正太郎　［学歴］京都市立絵画専門学校（現・京都市立芸術大学）日本画科〔大正12年〕卒　［資格］日本芸術院会員〔昭和37年〕　［専門］清水焼

父親から陶芸を学び、昭和2年第8回帝展で花びん「花と子」が初入選。以後、帝展、新文展、日展と出品を続け、特選受賞、審査員を歴任。20年6代六兵衛を襲名。23年京都陶芸家クラブを結成、後進の指導にあたる。釉薬や発色の研究と工夫に情熱を注ぎ、金銀の彩色に幽玄の趣をこめた"玄窯"を生み出し、代表作の「玄窯叢花瓶」は30年度日展出品作で日本芸術院賞を受けた。その後、金・銀彩を多用した華麗な"古稀彩"、"銀白汕"などの独創的な新技法を創案。37年日本芸術院会員、44年日展常務理事。51年には文化功労者に。
［家族］父＝清水六兵衛（5代目）［親族］女婿＝清水九兵衛（清水家7代目）
［受賞］日本芸術院賞（昭和30年度）〔昭和31年〕「玄窯叢花瓶」、文化功労者〔昭和51年〕、帝展特選〔昭和6年・9年〕、全国陶芸展文部大臣奨励賞〔昭和25年〕、ベルギー博覧会グランプリ〔昭和34年〕
［叙勲］紺綬褒章〔昭和38年〕、勲三等旭日中綬章〔昭和47年〕

桐谷 天香　きりや・てんこう
日本画家, 染色家

［生年月日］明治29年（1896年）
［没年月日］昭和4年（1929年）1月29日
［出生地］東京市（東京都）　［本名］桐谷かつら

日本画家・桐谷洗鱗の妹で、鈴木華邨の門に入り日本画を学ぶ。大正15年兄と共に欧米を旅行。帰国後、東京の武蔵野高等女学校で教鞭を執る傍ら、天香更紗を考案し製作に努める。昭和2年帝展美術工芸部で壁掛け「林間静遊」が入選した。

金海　きんかい
薩摩藩士、陶工

[生年月日] 元亀1年 (1570年)
[没年月日] 元和7年 (1621年)
[別名等] 別名＝星山仲次

朝鮮星山の人といわれ、薩摩焼帖佐系の開祖。文禄4年 (1595年) 薩摩藩主・島津義弘の朝鮮出兵の際、義弘に連れられて渡来。慶長6年 (1601年) ごろ大隅国帖佐に宇都窯を開いた。同年義弘の命により京都・尾張に派遣され、5年間瀬戸陶法を修業。帰国後は茶入・水指・茶碗などを製した。12年義弘の加治木城移城に従い、加治木御里窯を築き茶陶を製作。義弘の死後は、跡を継いだ島津家久の命により元和6年 (1620年) 鹿児島竪野に藩窯を築いた。藩主2代の寵愛を受け、士籍に列せられて星山仲次の名を賜り、以後代々仲次を名乗ることを許された。
[家族] 息子＝星山仲次 (2代目)、孫＝星山嘉入 (陶工)
[墓所] 不断光院 (鹿児島市)

錦光山 (2代目)　きんこうざん
陶工

[生年月日] 享保3年 (1718年)
[没年月日] 宝暦9年 (1759年)
[別名等] 名＝茂兵衛　[専門] 粟田口焼

宝暦6年 (1756年) に9代将軍徳川家重から御用茶碗調進を拝命。岡崎土を用いて毎年5月に「御召京焼茶碗」「同御好御茶碗」「黒絵御紋付御茶碗」「御薬糸目茶碗」などを納入した。3代以後有力窯元へと成長した。

錦光山 (6代目)　きんこうざん
陶工

[生年月日] 文政5年 (1822年)
[没年月日] 明治17年 (1884年)
[別名等] 名＝宗兵衛、幼名＝文三郎　[専門] 粟田口焼

天保8年 (1837年) に家督を継ぎ、慶応年間 (1865～1868年) に海外輸出を始める。維新後に錦光山を姓とした。明治3年薩摩焼の彩画法を開発し、内外の展覧会で受賞した。

錦光山 (7代目)　きんこうざん
陶業家

[生年月日] 慶応4年 (1868年) 2月
[没年月日] 昭和2年 (1927年) 6月20日
[出生地] 京都府　[本名] 小林宗兵衛　[別名等] 号＝鍵屋

京都・粟田焼の窯元に生まれる。若くして家業を継ぎ、6代錦光山についで一層輸出振興をはかり、"錦光山"のブランドを世界に輸出した。また欧米を視察して製品の改良などにつとめ、緑綬褒章を授けられた。色絵金襴手を得意とする。陶磁試験所や陶磁器伝習所の設立にも尽力した。
[叙勲] 緑綬褒章

欽古堂　亀祐　きんこどう・きすけ
陶工

[生年月日] 明和2年 (1765年)
[没年月日] 天保8年 (1837年)
[出生地] 京都府　[本名] 土岐亀助　[別名等] 初名＝丹波屋亀助、通称＝中村　[専門] 京焼

代々伏見人形の製作・販売に従事する丹波屋に生まれ、奥田頴川に師事。青磁や交趾を得意としたが、特に型物成形に優れた腕をみせ、摂津国三田の三田焼、丹波国篠山の王地山焼、紀伊国の瑞之焼などの指導を

行った。文政13年(1830年)「陶器指南」を著した。
[師弟]師＝奥田頴川

金城 一国斎(1代目) きんじょう・いっこくさい
塗師

[生年月日]安永6年(1777年)
[没年月日]嘉永4年(1851年)4月4日
[出身地]伊勢国松坂白粉町(三重県) [別名等]号＝無双

大坂で漆技を修業。文化8年(1811年)尾張国名古屋へ移り、御三家の一つ・尾張徳川家の御用塗師となった。3人の子も、それぞれ一国斎を名のった。
[墓所]光明寺(愛知県名古屋市)

金城 一国斎(3代目) きんじょう・いっこくさい
漆芸家

[生年月日]文政12年(1829年)
[没年月日]大正4年(1915年)6月2日
[出生地]安芸国江波村(広島県) [本名]木下兼太郎 [別名等]号＝春月 [専門]高盛絵

江波焼の陶工・池田金五郎の長男。天保年間に2代目一国斎から秘法を受け、郷里の安芸国江波村(広島市)で制作を行った。明治10年第1回内国勧業博覧会、14年第2回同博覧会に出品、18年には五品共進会に出品し6等賞。堆彩漆に長じて名声を博した。
[家族]父＝池田金五郎、息子＝池田亀吉、孫＝金城一国斎(5代目)
[師弟]師＝池田一国斎

金城 一国斎(5代目) きんじょう・いっこくさい
漆芸家

[生年月日]明治39年(1906年)7月24日

[没年月日]平成3年(1991年)8月3日
[出身地]広島県 [本名]池田勝人 [専門]高盛絵

赤塚自得に師事して金蒔絵を習得し、のち父の4代目金城一国斎に高盛絵を学ぶ。昭和36年5代目を襲名した。
[家族]父＝金城一国斎(4代目)
[師弟]師＝赤塚自得

金城 次郎 きんじょう・じろう
陶芸家

[生年月日]大正1年(1912年)12月3日
[没年月日]平成16年(2004年)12月24日
[出生地]沖縄県那覇市与儀 [学歴]真和志小卒 [資格]沖縄県指定重要無形文化財保持者(琉球陶器)〔昭和47年〕、重要無形文化財保持者(琉球陶器)〔昭和60年〕 [専門]琉球陶器

大正13年13歳の時に壺屋の名工として知られた新垣栄徳の製陶所に入り、修業を重ねる。昭和21年独立。戦前から壺屋で制作を行っていた浜田庄司や河井寛次郎らの指導も受け、戦後、数々の陶芸展に作品を発表。力強く太い線で自由闊達に彫り込まれた魚紋やエビ紋で知られ、33年の国展に出品した「魚文大皿」は、のちにルーマニアで開催された日本民芸展に出品され、ルーマニア国立民芸博物館に永久保存されることになった。47年窯を開いていた壺屋に住宅が立ち並ぶようになったため、煙害を避けて読谷村座喜味に移り登窯を築いた。同年沖縄県指定重要無形文化財保持者に認定され、60年には沖縄初の人間国宝(琉球陶器)となった。代表作に「線彫魚文大皿」「藍差貼付文厨子甕」「三彩角箱」など。
[家族]長男＝金城敏男(陶芸家)
[師弟]師＝新垣栄徳
[受賞]沖縄タイムス芸術選賞大賞(陶芸部門、第1回)〔昭和42年〕、日本民芸館賞〔昭和44年〕「三彩点打盒子」など, 琉球新報賞

（第21回）〔昭和60年〕、国展新人賞（第30回）〔昭和31年〕、国展国画賞（第31回）〔昭和32年〕、国展会友優作賞（第43回）〔昭和44年〕
［叙勲］勲六等瑞宝章〔昭和56年〕、勲四等瑞宝章〔平成5年〕

金道　きんみち
　　刀工

［生年月日］生年不詳
［没年月日］寛永6年（1630年）12月11日
美濃関の鍛冶・兼道の子。文禄年間に京へ出、西洞院夷川で作刀とした。また、文禄年間に伊賀守を受領している。天正年間から寛永年間にかけての年紀作があり、弟の来金道、越中守正俊らと三品派をなした。金道家は幕末まで10代に及び、2代目以降は"日本鍛冶惣匠"を名のって、各地の刀工の官名受領に際して朝廷との間を仲介する役割を担った。

【く】

空願　くうがん
　　塗師

［生没年］生没年不詳
千利休時代の堺の塗師で、塗物椀あるいは小板などを製した。

草薙 重一　くさなぎ・しげかず
　　竹工芸家

［没年月日］平成9年（1997年）3月4日
［資格］江戸川区無形文化財〔昭和55年〕
15歳で農業に従事。傍ら農閑期に副業として江戸川区の伝統工芸製品"篠崎のざる"作りを手伝い、その技を伝承する。数ある篠崎のざるの中でも、魚河岸や料理店、旅館などが魚介類の土産物を入れる"まつうら"を得意とし、昭和55年区の無形文化財に指定された。

草場 茂也　くさば・しげや
　　陶芸家

［生年月日］昭和30年（1955年）
［没年月日］平成21年（2009年）7月20日
［出生地］佐賀県西松浦郡有田町　［学歴］九州造形短期大学デザイン科卒　［専門］有田焼　［団体］佐賀県陶芸協会
陶芸家・草場正人の長男。昭和51～56年岩尾對山窯を経て、57年より有田工セラミック科で実習教諭を務めた。56年日展に初入選。現代工芸美術家協会九州会の発足に参加して長く副事務局長を務め、平成20年事務局長。
［家族］父＝草場正人（陶芸家）
［受賞］現代工芸美術九州会展準大賞〔平成2年〕、九州山口陶磁展文部大臣奨励賞〔平成9年〕

楠田 撫泉　くすだ・ぶせん
　　皮革工芸家

［生年月日］明治27年（1894年）2月14日
［没年月日］昭和51年（1976年）11月14日
［出生地］京都　［本名］信太郎　［専門］皮染
はじめ日本画家の三宅呉暁に師事したが、のち革染の制作を専門とするようになる。昭和2年以降、帝展、文展、日展などに出品し、独特の技法を生かした革染作品を発表した。パリ万博で金賞を受賞した作品は、外務省買上げとなった。
［家族］長男＝楠田信雄（戦没画学生）、息子＝楠田信吾（彫刻家）

楠部 弥弌　くすべ・やいち
陶芸家

[生年月日] 明治30年（1897年）9月10日
[没年月日] 昭和59年（1984年）12月18日
[出生地] 京都府京都市東山区　[本名] 楠部弥一　[別名等] 画号＝倦山　[学歴] 京都市立陶磁器試験場附属伝習所〔大正4年〕卒
[資格] 日本芸術院会員〔昭和37年〕

生家は陶磁器貿易商。幼少時には画家を志すが、明治45年京都市立陶磁器試験場附属伝習所に入所、陶芸の道に入る。大正9年に結成した赤土社を出発点に、青陶会、博埴会など多くのグループを結成して近代陶芸確立の牽引車となった。昭和12年に"彩埏"と名付けた独創的な新技法による作品を発表。52年ルーブル宮・パリ装飾美術館において「楠部彌弌作陶展」を開き、絶賛を浴びた。芸術院会員、文化功労者、53年文化勲章受章。

[家族] 娘＝安田倶子（洋菓子研究家）
[受賞] 日本芸術院賞〔昭和28年〕「慶夏花瓶」、文化功労者〔昭和47年〕、芸術選奨〔昭和26年〕、毎日芸術賞〔昭和47年〕
[叙勲] 紺綬褒章〔昭和38年〕、文化勲章〔昭和53年〕
[墓所] 妙心寺（京都市）

九谷 庄三　くたに・しょうざ
陶工

[生年月日] 文化13年（1816年）
[没年月日] 明治16年（1883年）
[出生地] 加賀国能美郡寺井（石川県）　[別名等] 幼名＝岩松、初名＝庄七　[専門] 九谷焼

農家の子で、幼くして父を亡くし、叔父に育てられる。文政9年（1826年）若杉窯の赤絵勇次郎に師事して上絵付の技法を学び、天保3年（1832年）小野窯の陶画工となり、粟生屋源右衛門の影響を受けた。12年郷里の加賀国寺井に工房を開き、嘉永3年（1850年）名を庄七から庄三に改めた。"割模様"といわれる独特の複雑な装飾法と、いち早く洋絵具を取り入れて彩色金襴手の技法を確立し、その華麗な作風は"庄三風"として一世を風靡。国内外に販路を広げ、産業九谷の礎を築いた。明治14年内国勧業博覧会で有功賞を受けた。

口石 長三　くちいし・ながみ
陶芸家

[没年月日] 昭和62年（1987年）9月4日
[出身地] 長崎県佐世保市　[資格] 伝統工芸士

肥前三川内焼・長山窯の11代目。三川内焼の特徴の一つといわれる白磁透かし彫りの技巧を極めた第一人者で、昭和55年伝統工芸士に指定された。
[叙勲] 勲七等青色桐葉章〔昭和59年〕

国包（1代目）　くにかね
刀工

[生年月日] 文禄1年（1592年）
[没年月日] 寛文4年（1664年）
[出生地] 陸奥国宮城郡国分若林（宮城県）

陸奥仙台藩主・伊達政宗の命により、慶長19年（1614年）上京して、三品派の越中守正俊に鍛刀を学ぶ。寛永3年（1626年）山城大掾を受領し、政宗没後の15年に入道して用恵と号した。大和保昌伝の柾目鍛を継承する作風により、仙台の刀工本郷家の祖として活躍し、以後13代を数える。

欅田 幸吉　くにきだ・こうきち
陶業家

[生年月日] 天保5年（1834年）
[没年月日] 明治38年（1905年）4月4日
[出身地] 淡路国（兵庫県）　[専門] 淡路焼

文政年間（1818〜1830年）の頃、賀集珉平により創始され、3代目の賀集力太に至って休

窯していた淡路焼を、明治12年出資して再興したが、長くは続かなかった。

欅田 善九郎　くにきだ・ぜんくろう
陶業家

[生年月日] 天保15年（1844年）
[没年月日] 大正11年（1922年）1月16日
[出身地] 淡路国（兵庫県）　　[専門] 淡路焼

明治18年欅田善次郎の跡をつぎ、淡陶社（現・ダントー）を創立。19年には旧阿波徳島藩の藩窯も吸収統合した。

国貞（1代目）　くにさだ
刀工

[生年月日] 天正18年（1590年）
[没年月日] 承応1年（1652年）
[出生地] 日向国（宮崎県）　　[別名等] 本姓＝藤原、号＝道和

京都堀河の国広の門で学び、のち大坂で一家を成した。和泉守国貞と銘し、慶長年間（1596〜1614年）に活躍し、大坂鍛冶の祖といわれる。なお国貞と称する刀工は多く特定しにくい。

国俊　くにとし
刀工

[生没年] 生没年不詳

山城国来派の事実上の祖である国行の子。鎌倉時代中期に活躍し、東京国立博物館に保管されている弘安元年（1278年）の年紀作がある。銘は"国俊"の2字で切り"2字国俊"と呼ばれ、"来国俊"と切る国俊と区別されるが、両者には同人説もある。直刃の刃文を得意とする来派の中で、華やかな丁子刃を特徴とする。
[家族] 父＝国行（刀工）

国俊　くにとし
刀工

[生没年] 生没年不詳
[別名等] 別名＝来国俊

山城国来派の刀工で、弘安年間から元亨年間の年紀作がある。銘に"来"の字を添えて"来国俊"と切ることから、"国俊"と2字で切る"2字国俊"と区別されるが、両者には同人説もある。国宝や重要文化財に指定されている作品がある。

国広　くにひろ
刀工

[生年月日] 生年不詳
[没年月日] 慶長19年（1614年）
[出生地] 日向国（宮崎県）　　[別名等] 別名＝藤原国広、堀川国広

日向国飫肥の伊東氏の家臣であったが、天正5年（1577年）伊東氏の没落により山伏となり鍛刀を行う。諸国を旅し、慶長4年（1599年）以降は京都一条堀川に住して鍛刀に専念した。堀川物と称される作風の堀川派を興し、大隅掾正弘、河内守国助、山城守国清など多くの弟子を育成した。新刀の祖とされる。

国光　くにみつ
刀工

[生没年] 生没年不詳

山城国粟田口派の刀工で、鎌倉時代中期に活躍した。黒川古文化研究所、岐阜県の養老寺に所蔵されている太刀は重要文化財に指定されている。

国光　くにみつ
刀工

[生年月日] 建長2年（1250年）

[没年月日] 延慶3年 (1310年)
[別名等] 通称＝新藤五

粟田口国綱の子といわれ、備前三郎国宗の弟子であったともいわれる。細直刀の短刀を得意とし、現存の刀に「永仁3年 (1295年)」「徳治2年 (1307年)」などの年紀銘が残ることから活動期が知れる。鎌倉時代に栄えた相州鍛冶の事実上の祖とされ、その強靱な作風は、のち行光や正宗らによってさらに強調され、相州伝独特の風格を示した。なお国光を名乗る刀工には他に、山城国粟田口の左兵衛尉国光、山城の来氏次郎兵衛国光、但馬国朝来郡法成寺派の祖隼人正国光などがいる。

国宗(1代目) くにむね
刀工

[生没年] 生没年不詳
[別名等] 通称＝備前三郎

初代備前権守国真の子。上野国新田荘和気に住み、京都で修行したのち鎌倉に住む。貞永から弘安期 (1232～87年) に活躍した。華やかな丁字に互の目を交えた作が多く、代表作「鹿児島照国神社蔵太刀」などが国宝に指定されている。なお国宗と称する刀工は他にも数多くいる。

国行 くにゆき
刀工

[生没年] 生没年不詳
[別名等] 別名＝来国行, 来太郎

山城国来派の事実上の祖で、"来太郎"とも呼ばれる。最古の刀剣書「観智院本銘尽」によると、来派の由来は、先祖が高麗から移住したことにちなむという。年紀作はないが、息子の国俊に弘安元年 (1278年) の年紀作があることから、活躍年代が推定される。明石松平家に伝来した太刀が国宝に指定されている他、重要文化財も10口を超える。
[家族] 息子＝国俊 (刀工)

国行 くにゆき
刀工

[生没年] 生没年不詳
[別名等] 別名＝当麻国行

"大和五派"の一つである当麻派の祖。北葛城郡の当麻に住し、当麻寺と密接な関係を持った刀工集団と考えられる。鎌倉時代後期に活躍し、備後福山藩主・阿部家伝来の太刀は国宝に指定されている。

国吉 くによし
刀工

[生没年] 生没年不詳

山城国粟田口派の刀工で、鎌倉時代中期に活躍した。同時代の吉光と並んで短刀の名手として名高い。藤原姓で左兵衛尉を名のり、「左兵衛尉藤原国吉」と銘を切る。重要文化財に指定されている作品がある。

久野 正伯 くの・しょうはく
陶工　尾戸焼の祖

[生没年] 生没年不詳
[出身地] 大坂　[専門] 尾戸焼

承応2年 (1653年) 土佐藩2代目藩主・山内忠義の治世、執政・野中兼山が陶器の国産化を図り尾戸焼が創始されると、土佐に下ってその創業に当たった。その後、大坂に戻ったと考えられ、墓地は大阪・高津にある。
[墓所] 宗念寺 (大阪府大阪市)

久野 道也 くの・みちなり
陶芸家

[生年月日] 昭和8年 (1933年) 6月30日

[没年月日]平成14年（2002年）
[出生地]茨城県笠間市　[学歴]茨城県窯業指導所卒　[団体]日本陶彫会, 新綜工芸会
笠間焼の起源とされる久野半右衛門の子孫で、大学時代は演劇に熱中したが、やがて家業を継ぐ決心をし、板谷波山、古賀忠雄、山本正午に師事。昭和55年13代目半右衛門を襲名した。
[受賞]新綜工芸展奨励賞

久保 金平　くぼ・きんぺい
漆芸家

[生年月日]明治35年（1902年）12月15日
[没年月日]昭和43年（1968年）7月3日
[出身地]滋賀県
日展で活躍し、昭和30年「晨韻漆屏風」で日展特選。日展審査員も務めた。
[受賞]日展特選〔昭和30年〕「晨韻漆屏風」

久保 佐四郎　くぼ・さしろう
人形作家

[生年月日]明治5年（1872年）
[没年月日]昭和19年（1944年）3月9日
[出生地]東京
足が不自由なために人形師・吉野栄吉に人形作りを師事。昭和3年衣装人形の平田郷陽らと白沢会を結成、創作人形運動に参加。10年白沢会を発展させた日本人形社を設立、11年改組帝展に人形を出品。江戸末期に衰えた嵯峨人形の流れをくんで木彫盛り上げ彩色の人形を得意とした。近代人形運動の先駆者。埼玉県の笛畝人形記念美術館に嵯峨人形「人形遣い」「暫」「矢の根」、雛人形、芥子人形などが残るが、その他は戦災で焼失した。
[家族]師＝吉野栄吉

久保 祖舜　くぼ・そしゅん
陶芸家　屋島焼の祖

[生年月日]天保13年（1842年）
[没年月日]大正10年（1921年）4月27日
[出生地]讃岐国香西町（香川県）
教師などを経て、明治38年頃より高松市浜の丁に工場を設け、寒霞渓焼という陶器を製作、のち屋島焼と称す。屋島土産として珍重された。

久保 竹外　くぼ・ちくがい
茶道具師

[生年月日]明治17年（1884年）10月26日
[没年月日]昭和49年（1974年）5月28日
[出生地]奈良県高山村（生駒市）　[本名]久保房治
幼少のころから生地の奈良県高山村（現・生駒市）に伝わる茶道具の製造技術を学ぶ。柄杓、茶杓など60種類におよぶ茶道具を作った。多くの後継者を育成し、高山茶道具の発展に寄与した。

久保田 一竹　くぼた・いっちく
染色工芸家　一竹辻が花創始者

[生年月日]大正6年（1917年）10月7日
[没年月日]平成15年（2003年）4月26日
[出生地]東京市神田区（東京都）　[学歴]旧制中学中退、早稲田美術専　[専門]一竹染
14歳で友禅師・小林清に弟子入り。昭和12年20歳の時室町時代の染色工芸"辻が花"の美しさに魅せられ復元を決意したが、太平洋戦争のために応召し、3年間に渡りシベリアに抑留された。23年に帰国して以来、20年間の研究の末、36年化学染料を使う独自の技法により、"一竹辻が花"といわれる技術を生み出し、"一竹染"を創案した。演劇や装飾美術等の芸術活動に加え、着物文化発展にも力を注いだ。平成2年フラン

ス芸術文化勲章シュバリエ章を受章するなど、深い色合いと大胆な構図を持つ芸術的な着物で海外でも高い評価を得た。6年河口湖畔に自らの作品の常時展示する久保田一竹美術館がオープンした。
[家族]長男＝久保田敏（一竹辻が花社長）
[師弟]師＝小林清
[受賞]文化庁長官賞〔平成5年〕
[叙勲]フランス芸術文化勲章シュバリエ章〔平成2年〕
[記念館]久保田一竹美術館（山梨県富士河口湖町）

久保田 保一　くぼた・やすいち
手漉和紙製作者　石州半紙技術者会会長

[生年月日]大正13年（1924年）3月14日
[没年月日]平成18年（2006年）11月30日
[出身地]島根県三隅町　[学歴]三保村尋常高小〔昭和13年〕卒　[専門]石州半紙

海軍から復員後、昭和21年より紙漉きの世界に入る。42年石州半紙技術者会を結成、44年会長。同年石州半紙が国の重要無形文化財指定を受けた。61年ブータン王国を訪問して技術指導を行った。

熊谷 好博子　くまがい・こうはくし
染色家

[生年月日]大正6年（1917年）11月11日
[没年月日]昭和60年（1985年）5月24日
[出身地]長野県　[本名]熊谷好博　[学歴]南信学院〔昭和8年〕卒　[専門]江戸友禅

江戸友禅の伝統を継承する一方、昭和56年には、「友禅による障壁画展」を開くなど新しい試みをした。59年作品2点が米国のボストン美術館に納められた。東京知事賞、通産大臣賞、朝日新聞賞、日本手描染色工芸連合会大賞など受賞多数。日本工芸会正会員。

[叙勲]紫綬褒章

熊谷 紅陽　くまがえ・こうよう
陶芸家

[生年月日]明治45年（1912年）2月13日
[没年月日]平成4年（1992年）3月14日
[出身地]福岡県田川郡赤池町　[本名]熊谷保正　[学歴]有田工〔昭和4年〕卒　[専門]上野焼　[団体]日本工芸会

遠州七窯の一つ、上野焼熊谷本窯の15代目。学校を首席で卒業後、家業を継ぎ、戦前から一貫して上野焼の復興につとめる。昭和28年全国陶磁器コンクールで受賞、39年日本伝統工芸展に初入選し、以後受賞を重ねた。上野茶陶に専念し、とくに茶入の制作では第一人者として30年代後半から次々に名作を発表。茄子茶入、文琳茶入などで名工として知られた。
[家族]父＝熊谷龍峰（上野焼14代目）、長男＝熊谷保興（上野焼16代目）
[受賞]毎日陶芸展大賞、九州陶芸展秀作賞〔昭和44年〕

熊倉 順吉　くまくら・じゅんきち
陶芸家

[生年月日]大正9年（1920年）8月8日
[没年月日]昭和60年（1985年）11月10日
[出身地]京都府京都市東山区　[学歴]京都高等工芸学校（現・京都工芸繊維大学）図案科〔昭和17年〕卒

建築業界の名家の長男として生まれたが家業を継ぐことを嫌い、作陶を志す。京都国立陶磁器試験所伝習生修了後、松斎陶苑へ徒弟修行に。このとき富本憲吉に出会い、薫陶を受ける。昭和23年第2回新匠会公募展に出品受賞。24年第5回日展に初入選。26年新匠会会員。31年モダンアート協会会員（34年退会）。32年前衛陶芸家集団・走泥社同人となる。人間のエロスを表現主義的な

手法で追求する陶彫でオブジェのほか、工芸品も制作。'70年代後半はジャズをモチーフにした唇のついた作品を発表し始め、'80年以降主流に。一方、クラフト運動にも興味を抱き、食器を中心にクラフト作品も多く制作した。34年滋賀県立信楽窯業試験場嘱託となり、デザイン指導にも携わる。38年ガーデン・ファニチャー展を開催。作品に「困却」「風人」「静坐」「ジャズ」シリーズなど。
[師弟]師＝富本憲吉
[受賞]日本陶磁協会賞(第1回)〔昭和30年〕、ブリュッセル万国博グランプリ〔昭和33年〕「織部鉢」、プラハ国際陶芸展銀賞(第3回)〔昭和37年〕「凝固する炎Ⅱ」
[墓所]宗仙寺(京都府)

熊沢 輝雄　くまざわ・てるお
陶芸家　岐阜県陶磁資料館館長

[生年月日]大正8年(1919年)12月14日
[没年月日]昭和63年(1988年)8月18日
[出身地]岐阜県武儀郡武儀町

はじめ油絵、のちテキスタイルデザインをやり、病を得て6年間の療養生活のあと陶芸に転じた。昭和29年多治見市陶磁器意匠研究所に入所、陶磁器デザインの道を歩む。42年所長、54年定年退職し、岐阜県陶磁器陳列館館長、のち陶磁資料館館長となる。著書に「日本のやきもの(2)/美濃」がある。

倉崎 権兵衛　くらさき・ごんべえ
陶工　楽山焼の祖

[生年月日]生年不詳
[没年月日]元禄7年(1694年)
[出身地]長門国萩(山口県)　[専門]楽山焼

単に権兵衛とも呼ばれる。出雲松江藩主・松平綱隆が親類関係にあった長州藩主・毛利家に陶工の派遣を懇望したことから、延宝5年(1677年)毛利家より同藩に派遣され御焼物師として召し抱えられた。長州藩御用窯の陶工・蔵崎五郎左衛門、蔵崎勘兵衛いずれかの子と考えられている。

倉谷 渓司　くらたに・けいじ
陶芸家

[生没年]生没年不詳
[専門]出石焼

但馬出石焼の一派。出石磁器以外の個人窯で渓司焼を焼いた。

栗田 征夫　くりた・ゆきお
陶芸家

[没年月日]昭和57年(1982年)1月3日
[出身地]東京都

著書に「陶芸を始める人へ」がある。

栗原 彦三郎　くりはら・ひこさぶろう
衆院議員(国民同盟)、刀匠　日本刀学院創立者

[生年月日]明治12年(1879年)3月
[没年月日]昭和29年(1954年)5月5日
[出生地]栃木県安蘇郡閑馬村　[別名等]号＝昭秀　[学歴]青山学院

幼少より田中正造の知遇を受け、明治24年正造に伴われ上京。大隈重信に薫陶を受け、さらに青山学院に学ぶ。在学中の29年12月鉱毒被災地を視察し、足尾鉱毒問題に尽くす。大正6年中外新論社長となり、「中外新論」を刊行。東京市赤坂区会議員、東京市会議員を経て、昭和3年第1回普選に民政党に属して栃木県第2区から当選、衆院議員3期務める。政界引退後は、日本刀復興のため尽力し、戦争末期には神奈川県座間に日本刀学院を設立。戦後は郷里田沼で日本刀の復興に努め、27年には通産省より

講和記念刀300口の制作許可を受け、全国の刀匠に作成させた。多くの門弟がいる。

栗本 幸阿弥 くりもと・こうあみ
蒔絵師

[生没年] 生没年不詳
[別名等] 名＝太郎左衛門

幸阿弥家の6代目長清の子。北条氏に仕え、叔父である宗清の後を継いで栗本幸阿弥と称した。日光東照宮造営の際には、幸阿弥や古満など他の蒔絵師と共に蒔絵に従事。子孫も徳川家に仕えた。
[家族] 父＝幸阿弥長清（蒔絵師）[親族] 叔父＝栗本宗清（蒔絵師）

栗本 宗清 くりもと・そうせい
蒔絵師

[生没年] 生没年不詳

幸阿弥家の3代目・宗金の三男で、同家4代目・宗正、5代目・宗伯の弟。分家して栗本姓を称す。享禄年間頃を中心に活躍し、軽妙な筆致の蒔絵で名手と謳われたが、作品は現存しない。幸阿弥家6代目・長清の子が跡を継ぎ栗本幸阿弥を称し、徳川幕府の御用蒔絵師を務めた。
[家族] 父＝幸阿弥宗金（蒔絵師）、兄＝幸阿弥宗正（蒔絵師）、幸阿弥宗伯（蒔絵師）

栗山 文次郎 くりやま・ぶんじろう
染色家

[生年月日] 明治20年（1887年）10月17日
[没年月日] 昭和40年（1965年）6月27日
[出生地] 秋田県花輪　[専門] 紫根・茜染め

生家は秋田家という店舗を営み、永く紫根染を家業の一つとしていたが、明治維新期に一時休止されていた。明治36年父の死により家業の呉服商を継ぎ、古代紫根染の復興を目指し工場を再建、染色事業を始め

た。大正期には東京三越に出陣して好評を博したが、化学染料の進歩におされ大正13年倒産。以後事業を縮小し、郷土の後援により製作を続けた。昭和4年には伊勢神宮遷宮式にあたり御用染物の命を受け、19年技術保存資格者、28年文化財保護委員会より"助成の措置を講ずべき無形文化財"に指定された。
[叙勲] 黄綬褒章〔昭和39年〕

暮田 延美 くれた・のぶよし
染色家　東京芸術大学名誉教授

[生年月日] 明治43年（1910年）1月
[没年月日] 平成7年（1995年）4月2日
[出生地] 群馬県桐生市　[学歴] 東京美術学校（現・東京芸術大学）卒　[専門] ろうけつ染　[団体] 新匠工芸会

広川松五郎に師事。招待展に出品するほか、毎年個展を開催。

黒井 一楽 くろい・いちらく
陶芸家

[生年月日] 大正3年（1914年）4月6日
[没年月日] 平成8年（1996年）2月3日
[本名] 黒井一男　[資格] 岡山県重要無形文化財

岡山藩家老の御庭焼に発し、享保期に中興の新虫明焼の伝統窯を継承する宮川香山、森香洲、横山香宝、二代香宝、一楽の流れをくむ。昭和55年県重要無形文化財認定。山陽新聞文化賞、県優秀技能功労賞など。茶陶が主。

黒川 市五郎 くろかわ・いちごろう
工芸師

[生年月日] 明治23年（1890年）
[没年月日] 昭和47年（1972年）
[出身地] 群馬県高崎市　[別名等] 雅号＝明玉

高崎市で工芸師として働き、祭りに使われる山車の人形本体を製作。同市の実業家・井上保三郎の依頼で、のち市のシンボルとなった「高崎白衣大観音」の製作にかかわる。

久呂田 明功　くろた・あきよし
　　　染め師

［没年月日］平成9年（1997年）2月
［出生地］愛知県名古屋市
絞りの本場・名古屋の有松の絞り屋に生まれ育つ。復元が至難の業と言われた辻が花に魅せられ、辻が花と友禅の染め一筋に歩む。一貫して原本にこだわり辻が花の気品や優しさを再現、昭和9年20歳の時、東京・銀座松屋の染色展に出品した古典辻が花の着物や帯が絶賛された。戦後いち早く辻が花染を再開し、88歳の時記念作品展を開催。平成9年92歳で死去後、2代目の染め師の長女・侑子により、東京・銀座のギャラリーで遺作展が開催された。

黒田 乾吉　くろだ・けんきち
　　　木漆工芸家

［生年月日］昭和9年（1934年）
［没年月日］平成10年（1998年）3月6日
［出身地］京都府京都市　［学歴］京都市立美術大学彫刻科〔昭和32年〕卒
木工芸の人間国宝・黒田辰秋を父として生まれ、中学生の頃から木工や漆芸に親しむ。日吉ケ丘高校で漆芸を学び、昭和32年京都市立美術大学彫刻科を卒業。34年第6回日本伝統工芸展に初入選。以来木工芸と本格的に取り組み、同展を基盤に新匠会展、朝日現代クラフト展などに出品。拭漆（ふきうるし）の作品が多い。
［家族］父＝黒田辰秋（木漆工芸家・人間国宝）
［師弟］師＝黒田辰秋、水内平一郎、平石晃祥、辻晋堂、堀内正和

黒田 光良　くろだ・こうりょう
　　　陶芸家

［生没年］生没年不詳
［出身地］京都府
万延初年頃、大田垣蓮月の助手をつとめた。明治12年自ら開窯し、2代目蓮月を称した。

黒田 正玄(1代目)　くろだ・しょうげん
　　　竹細工・柄杓師, 茶人　千家十職・黒田家1代目

［生年月日］天正6年（1578年）
［没年月日］承応2年（1653年）8月8日
［別名等］名＝七郎左衛門
越前国（福井県）黒田郡の人。上京して油小路二条に住み、小堀遠州に茶湯を学び、日々怠らない様子から"日参正玄"の異名を得た。柄杓師一阿弥から柄杓作りを伝受され、遠州の推挙によって徳川将軍家の柄杓師となった。「帰雁」銘の作品を残した。
［師弟］師＝一阿弥

黒田 タツ　くろだ・たつ
　　　装束師

［没年月日］平成16年（2004年）2月18日
［学歴］京都高女卒
21歳で京都市の黒田装束店に嫁ぎ、姑の指導で仕立て技術を学ぶ。正確な時代考証に基づいた宮廷衣装を仕立て、葵祭、時代祭など京都の伝統行事を支えた。紫式部や清少納言、小野小町などの時代装束を始め、伏見稲荷大社の御田植祭で巫女が使用する汗衫装束など手掛けた衣装は数多い。昭和49年には現代の名工として、京都市伝統産業技術功労者表彰を受けた。
［受賞］京都市伝統産業技術功労者表彰〔昭和49年〕

黒田 辰秋　くろだ・たつあき
　　木工芸家, 漆芸家

[生年月日] 明治37年(1904年)9月21日
[没年月日] 昭和57年(1982年)6月4日
[出生地] 京都府京都市祇園清井町　[資格] 重要無形文化財保持者(木工芸)〔昭和45年〕
漆塗り師の家に8人兄弟の末っ子として生まれた。父の仕事を受け継ぐ一方、独学で木工芸・漆芸の技術を勉強、柳宗悦らの民芸運動に参加した。昭和2年上賀茂民芸協団を創立。5年以降は国画会工芸部に、30年以降は日本伝統工芸展に出品し、31年日本工芸会正会員。41年より皇居新宮殿の扇飾りなど各種調度品を制作した。木工芸を芸術に高めるべく、一貫制作を唱え、素地作りから、指物、刳物、拭漆、塗漆、螺鈿とあらゆる技法を駆使して多彩な作品を生み出した。45年木工芸家としては初めて人間国宝に認定される。代表作に「拭漆文欟木飾棚」「拭漆楢家具セット」「乾漆耀貝螺鈿捻十稜水指」「乾漆耀貝螺鈿飾箱」など。
[家族] 息子＝黒田乾吉(漆芸家)
[受賞] 日本伝統工芸展朝日新聞社賞〔昭和31年〕「拭漆文欟木飾棚」
[叙勲] 紫綬褒章〔昭和46年〕、勲四等旭日小綬章〔昭和53年〕

桑原 浜子　くわばら・はまこ
　　卵殻モザイク作家, 平和運動家　卵殻モザイク研究会会長

[生年月日] 大正1年(1912年)11月17日
[没年月日] 平成20年(2008年)1月3日
[出生地] 東京都八王子市　[本名] 橘田浜子
[学歴] 帝国工芸美術専門学校(現・武蔵野美術大学)卒
東京で生まれ、父の死により母の故郷・甲府で成長。甲府高等女学校を卒業後、矢崎好幸の研究所で卵殻モザイクを習得し、昭和8年美術学校に入学。卒業後は山梨に戻り、教室を開く傍ら、工芸講習会などで指導を続けた。30年卵殻モザイク研究会を発足。草花や農村風景などを題材に屏風絵や装飾品などを制作し、平成2年米国ロサンゼルスで海外個展、6年山梨県小淵沢町で個展を開催。10年初の作品集を出版。12年東京都内のギャラリーで個展を開催。一方、昭和60年山梨平和を語る会を設立、代表世話人として平和運動に取り組む。平成3年朝鮮半島から沖縄に連行された元慰安婦の証言を集めた映画「アリランのうた―オキナワからの証言」に出演した女性が一人寂しく亡くなったことを知り、4年朝鮮半島出身の慰安婦の慰霊碑を沖縄に建てようとアリラン基金を設立。9年沖縄の渡嘉敷島に従軍慰安婦の慰霊碑を建設した。

【け】

玄斎　げんさい
　　焼き物師

[生没年] 生没年不詳
天正年間(1573～1592年)の和泉国(大阪府)堺浦八田村の人で、茶道の炮烙を制作。豊臣秀吉より天下一の号を与えられた。作品は楽焼風の土で素焼にし、見込に篦で木目彫りを施した。

原子 光生　げんし・こうせい
　　陶芸家

[生年月日] 大正11年(1922年)
[没年月日] 平成22年(2010年)1月20日
福井県職員として工芸デザインの指導などに携わる一方、昭和42年自宅に時雨窯を開き、器やオブジェ、オカリナを制作。平成2年ふくい民芸の会を設立して福井県内の民芸品の保存・普及にも努めた。

[家族]長男=斎藤成也(国立遺伝学研究所教授)
[受賞]福井市文化奨励賞〔平成1年〕,野の花文学賞〔平成13年〕

乾哉 けんや
陶工

[没年月日]大正12年(1923年)
三浦乾也の門下の一人。乾也の没後、東京向島の乾也窯で焼く。のち入谷町に住んで捻り物を作る。

【 こ 】

鯉江 高司 こいえ・たかじ
陶芸家

[生年月日]弘化3年(1846年)11月15日
[没年月日]没年不詳
[出生地]尾張国常滑(愛知県)
伊奈八郎の門に入る。20歳のとき鯉江万寿の養子になる。明治5年養父の創始した工管を完成、さらに木型の用法を案出し、工管の販路を拡張。

鯉江 方寿 こいえ・ほうじゅ
陶工

[生年月日]文政4年(1821年)
[没年月日]明治34年(1901年)
[出生地]尾張国常滑(愛知県) [別名等]通称=伊三郎 [専門]常滑焼
天保5年(1834年)父・鯉江方救と常滑焼で最初の連房式登窯である金島山窯を築いた。弘化4年(1847年)には真焼け土管の焼成にも成功。明治11年には清国より金士恒を招聘し、常滑の急須づくりに影響を与えた。自らの窯に美術研究所を設けるなど、常滑焼の近代化に貢献してその中興の祖ともされる。
[家族]父=鯉江方救(陶工)

小泉 仁左衛門(9代目) こいずみ・にざえもん
工芸家

[没年月日]昭和55年(1980年)9月2日
[専門]南部鉄器
藩政時代からの南部鉄器の釜師で9代目仁左衛門として伝統的工芸品産業に指定されている同鉄器業界の再建に尽力。昭和34〜47年南部鉄器協同組合連合会会長。
[受賞]ブリュッセル万国博グランプリ〔昭和33年〕

幸阿弥 宗正 こうあみ・そうせい
蒔絵師

[生年月日]文明11年(1479年)
[没年月日]天文23年(1554年)10月13日
[出生地]京都 [別名等]通称=弥三郎
蒔絵師の一派・幸阿弥家の3代目である宗金の長男で、同家の4代目を継ぐ。女婿となった宗加に幸阿弥の名字を授けた。
[家族]父=幸阿弥宗金(蒔絵師),弟=幸阿弥宗伯(蒔絵師),栗本宗清(蒔絵師)

幸阿弥 宗伯 こうあみ・そうはく
蒔絵師

[生年月日]文明16年(1484年)
[没年月日]弘治3年(1557年)10月13日
[出生地]京都
蒔絵師の一派・幸阿弥家の3代目である宗金の二男で、同家の5代目を継ぐ。享禄5年(1532年)細川高国の命により、後奈良天皇即位の調度品の蒔絵を手がけた。また法橋にも叙された。作品に「桃山鵲蒔絵硯箱」がある。

[家族]父＝幸阿弥宗金(蒔絵師)，兄＝幸阿弥宗正(蒔絵師)，弟＝栗本宗清(蒔絵師)，長男＝幸阿弥長清(蒔絵師)

幸阿弥 長晏　こうあみ・ちょうあん
蒔絵師

[生年月日]永禄12年(1569年)
[没年月日]慶長15年(1610年)10月25日
[出生地]京都　[別名等]通称＝久次郎
蒔絵師の一派・幸阿弥家の6代目である長清の長男で、同家の7代目を継ぐ。15歳の時に、豊臣秀吉の御前で父と梅に鶯の蒔絵を香盆に施し、その技を賞された。天正14年(1586年)には秀吉の命で後陽成天皇即位の調度品の蒔絵を手がけた。また前田利常夫人の婚礼調度の蒔絵も行った。関ヶ原の戦い以降は徳川家康・秀忠父子の愛顧を受け、慶長15年(1610年)秀忠から200石を拝領したが、同年江戸に下る途中、東海道の見付宿で客死した。
[家族]父＝幸阿弥長清(蒔絵師)，弟＝幸阿弥長玄(蒔絵師)，長男＝幸阿弥長善(蒔絵師)

幸阿弥 長救　こうあみ・ちょうきゅう
蒔絵師

[生年月日]寛文1年(1661年)
[没年月日]享保8年(1723年)
[出生地]京都　[別名等]初名＝長好，長道，通称＝与兵衛
蒔絵師の一派・幸阿弥家の11代目である長房の長男で、同家の12代目を継ぐ。はじめ長好、長道を名のる。貞享元年(1684年)将軍・徳川綱吉の娘・鶴姫が紀伊徳川家に嫁いだ際の婚礼調度品に蒔絵を施す。元禄2年(1689年)の日光東照宮の造営では、古満休伯とともに蒔絵頭取を務めた。6年長救に改名した。
[家族]父＝幸阿弥長房(蒔絵師)

幸阿弥 長玄　こうあみ・ちょうげん
蒔絵師

[生年月日]元亀3年(1572年)
[没年月日]慶長12年(1607年)10月24日
[別名等]通称＝吉蔵
蒔絵師の一派・幸阿弥家の6代目である長清の子で、7代目を継いだ長晏の弟。16歳の頃から茶の湯を愛好し、茶人の古田織部とも親交があった。織部の求めに応じて制作した厨子棚は、のちに織部棚と呼ばれた。
[家族]父＝幸阿弥長清(蒔絵師)，兄＝幸阿弥長晏(蒔絵師)

幸阿弥 長重　こうあみ・ちょうじゅう
蒔絵師

[生年月日]慶長4年(1599年)
[没年月日]慶安4年(1651年)2月21日
[出生地]京都　[別名等]通称＝新次郎
蒔絵師の一派・幸阿弥家の7代目である長晏の三男で、同家の10代目を継ぐ。はじめ他家の養子となったが、兄の長善と長法が相次いで亡くなり、元和4年(1618年)実家を継いだ。以来、多くの蒔絵師を擁する工房を運営し、膨大な数にのぼる将軍家・大名の婚礼調度の蒔絵を手がけた。寛永16年(1639年)将軍・徳川家光の長女・千代姫が尾張徳川家の光友に嫁いだ際には、「源氏物語」初音の帖に題材を得た「初音蒔絵婚礼調度」を制作しており、合計数百点に及ぶ調度類を約3年かけて作ったといわれている。また、7年(1630年)には明正天皇即位の調度品に蒔絵を施した。
[家族]父＝幸阿弥長晏(蒔絵師)，兄＝幸阿弥長善(蒔絵師)，幸阿弥長法(蒔絵師)，長男＝幸阿弥長房(蒔絵師)

幸阿弥 長清　こうあみ・ちょうせい
蒔絵師

[生年月日]享禄2年(1529年)

幸阿弥 宗伯　こうあみ・そうはく
蒔絵師

[没年月日]慶長8年（1603年）4月26日
[出生地]京都　[別名等]通称＝四郎左衛門
蒔絵師の一派・幸阿弥家の5代目である宗伯の長男で、同家の6代目を継ぐ。永禄3年（1560年）将軍・足利義輝の命を受け、正親町天皇の即位の蒔絵調度品を製作。天正11年（1583年）宮中の調度品の蒔絵を手がけ、豊臣秀吉から"天下一"の朱印を授けられた。また、小田原の北条氏直からの愛顧も受けた。法橋にも叙された。
[家族]父＝幸阿弥宗伯（蒔絵師）、長男＝幸阿弥長晏（蒔絵師）、息子＝幸阿弥長玄（蒔絵師）

幸阿弥 長善　こうあみ・ちょうぜん
蒔絵師

[生年月日]天正17年（1589年）
[没年月日]慶長18年（1613年）10月4日
[出生地]京都　[別名等]通称＝藤十郎、四郎左衛門
蒔絵師の一派・幸阿弥家の7代目である長晏の長男で、同家の8代目を継ぐ。慶長17年（1612年）将軍・徳川秀忠の命を受けて後水尾天皇即位の調度の蒔絵を手がけた。
[家族]父＝幸阿弥長晏（蒔絵師）、弟＝幸阿弥長法（蒔絵師）、幸阿弥長重（蒔絵師）

幸阿弥 長法　こうあみ・ちょうほう
蒔絵師

[没年月日]元和4年（1618年）10月13日
[出生地]京都　[別名等]通称＝藤七郎
蒔絵師の一派・幸阿弥家の7代目である長晏の二男で、同家の9代目を継ぐ。慶長18年（1613年）兄で8代目当主の長善が若くして死去したため、9代目を継いだ。将軍・徳川秀忠に仕え、秀忠の娘である天樹院（千姫）、東福門院の婚礼調度品の蒔絵も手がけた。
[家族]父＝幸阿弥長晏（蒔絵師）、兄＝幸阿弥長善（蒔絵師）、弟＝幸阿弥長重（蒔絵師）

幸阿弥 長房　こうあみ・ちょうぼう
蒔絵師

[生年月日]寛永5年（1628年）3月10日
[没年月日]天和2年（1682年）11月24日
[出生地]京都　[別名等]通称＝与惣次郎、与兵衛、号＝長安
蒔絵師の一派・幸阿弥家の10代目である長重の長男で、同家の11代目を継ぐ。宮中や将軍家、大名家などの調度品の蒔絵を数多く制作し、将軍・徳川家綱の命を受けて後西天皇、霊元天皇の即位の調度品も手がけた。また、徳川家綱廟や高厳院などといった建築物の蒔絵でも腕を振るった。
[家族]父＝幸阿弥長重（蒔絵師）、長男＝幸阿弥長救（蒔絵師）

幸阿弥 道清　こうあみ・どうせい
蒔絵師

[生年月日]永享5年（1433年）
[没年月日]明応9年（1500年）10月3日
[別名等]通称＝藤左衛門
蒔絵師の一派・幸阿弥家の初代である道長の長男で、同家の2代目を継ぐ。寛正6年（1465年）将軍・足利義政の命により、後土御門天皇即位の調度品の蒔絵を手がけた。また自ら下絵も手がけたほか、鼓胴にも蒔絵を施し、義政から名物といわれる半夜の硯箱を拝領したという。法橋にも叙された。
[家族]父＝幸阿弥道長（蒔絵師）

幸阿弥 道長　こうあみ・どうちょう
蒔絵師

[生年月日]応永17年（1410年）
[没年月日]文明10年（1478年）10月13日
[旧姓名]土岐　[別名等]通称＝四郎左衛門、号＝宗月道長日輝
蒔絵師の一派・幸阿弥家の初代。本姓は土岐で、阿弥号の幸阿弥が後世の家名となっ

た。将軍・足利義政に仕え、近江国栗本郡（現・滋賀県）に所領を賜ったという。現存する作品はないが、図柄は土佐光信、器物の形状は能阿弥、相阿弥の影響を受けたといわれ、研出蒔絵、高蒔絵などといった複雑な蒔絵の技術を駆使した入念な作風であったとされる。同家は江戸時代に入った後も徳川家の御用蒔絵師となって活躍した。
［家族］長男＝幸阿弥道清（蒔絵師）

幸阿弥 良清　こうあみ・りょうせい
蒔絵師

［生年月日］生年不詳
［没年月日］寛文1年（1661年）
蒔絵に黒粉を使用した最初の人物。下絵に生物をよく用いた。
［家族］父＝幸阿弥長晏（蒔絵師），養父＝尾崎宗印（蒔絵師）

高貴　こうき
陶工

［生没年］生没年不詳
［出生地］朝鮮　［別名等］名＝新漢陶部高貴
雄略天皇の時に朝鮮から渡来し、須恵器の製作に携わった。

康吉　こうきつ
仏師，能面作者

［生没年］生没年不詳
寛正2年（1461年）に東寺大仏師となった康永の前代にあたり、「治部法眼康吉（花押）作之」の銘がある能面猿飛出を手掛けたと考えられる。

高鶴 夏山　こうずる・かざん
陶芸家

［生年月日］大正3年（1914年）2月23日
［没年月日］昭和61年（1986年）8月23日
［本名］高鶴茂勝　［専門］上野焼
昭和13年祖父の代で途絶えていた高鶴窯を復興。57年5月上野焼協同組合理事長に就任、上野焼振興と後継者育成に取り組んだ。
［家族］長男＝高鶴元（陶芸家），二男＝高鶴淳（陶芸家），孫＝高鶴大（陶芸家）

光存　こうぞん
陶工

［生没年］生没年不詳
［本名］中田川　［別名等］通称＝善兵衛
千利休時代の京都で、黒織部沓形茶碗などに意匠の斬新なものを残した。窯印には光の字を松葉形に崩して用いた。

甲田 栄佑　こうだ・えいすけ
染織家

［生年月日］明治35年（1902年）7月10日
［没年月日］昭和45年（1970年）1月17日
［出生地］宮城県仙台市　［学歴］八王子織染工業学校〔大正9年〕卒　［資格］重要無形文化財保持者（精好仙台平）〔昭和31年〕　［専門］精好仙台平

精好仙台平を家業とする甲田陸三郎の長男に生まれる。父や精巧織の名人といわれた佐山万次郎に師事。大正12年父の甲田機業場を継ぎ、植物染の工夫、技術の改良を行った。昭和24年仙台織物協同組合理事長、26年仙台平織業協同組合理事長となる。31年重要無形文化財保持者に認定された。仙台平は仙台で織られる絹の袴地のことで、長時間座ってもシワにならない強靭な織物。精好とは経糸に練糸、緯糸に生糸、または経緯とも練糸で織った厚手の織物。
［家族］長男＝甲田綏郎（染織家）
［師弟］師＝甲田陸三郎，佐山万次郎
［受賞］仙台市政功労章〔昭和34年〕

［叙勲］紫綬褒章〔昭和43年〕、勲四等旭日小綬章〔昭和45年〕

迎田 秋悦　こうだ・しゅうえつ
漆芸家

［生年月日］明治14年（1881年）
［没年月日］昭和8年（1933年）10月5日
［出生地］大阪府　［本名］迎田嘉一郎　［専門］蒔絵

大阪の蒔絵師・迎田嘉兵衛（鉦三郎）の長男。明治21年京都へ移り、日本画を三宅呉暁に学ぶ。39年中沢岩太、浅井忠の指導のもとに杉林古香らと京漆園を結成、40年には神坂雪佳の佳美会結成に参加。大正13年京都美術工芸会同人となり、大正から昭和初期にかけて京都漆工界を指導した。昭和2年より帝展に出品、帝展工芸部の設置に努め、6年帝展審査員となった。作品集に「京蒔絵文様集」がある。
［家族］父＝迎田嘉兵衛（蒔絵師）
［師弟］師＝迎田嘉兵衛、三宅呉暁、中沢岩太、浅井忠
［受賞］パリ万国博装飾美術工芸博金牌〔大正14年〕

合田 好道　ごうだ・よしみち
陶芸家

［生年月日］明治43年（1910年）
［没年月日］平成12年（2000年）
［出生地］香川県三豊郡豊浜町　［専門］益子焼

父は味噌や醤油の醸造業を営む。6歳から9歳までを朝鮮の慶尚北道興海で過ごす。兄が画家志望であったことから自身も絵を描き始め、昭和4年春陽会展に入選。21年陶芸家の浜田庄司を頼って栃木県益子に移住。円道寺成井窯をはじめ、十指を超える窯で仕事をしながら後進の指導に取り組んだ。49〜55年韓国で暮らし、同地で金海窯を開く。56年益子町道祖土に合田陶器研究所を設立、作陶に従事。平成7年栃木県文化功労者。
［受賞］マロニエ文化賞（特別賞）〔平成6年〕、下野県民賞〔平成7年〕、栃木県文化功労者〔平成7年〕

河野 鉄朗　こうの・てつろう
染色家

［生年月日］明治44年（1911年）
［没年月日］昭和63年（1988年）12月10日
［出生地］京都府　［学歴］京都高芸〔昭和13年〕卒

日染会東京副支部長、日芸協神奈川支部幹事を務めた。
［受賞］サンケイ新聞社賞〔昭和43年〕、日本手工芸努力賞（第1回）〔昭和44年〕、日本染色協会長賞〔昭和44年〕

河野 通介　こうの・みちすけ
陶芸家

［生没年］生没年不詳
［出身地］讃岐国（香川県）

伯父の理平が、京都で高橋道八に師事。のち、伯父から陶業を教わる。明治13年開窯、日用雑器をつくる。

郷 義弘　ごうの・よしひろ
刀工

［生年月日］正安1年（1299年）
［没年月日］正中2年（1325年）
［出生地］越中国松倉郷（富山県）　［別名等］通称＝右馬允

郷則重の子。相州（岡崎）正宗門下の俊英で、正宗十哲の筆頭にあげられる。"郷"（"江"とも）と通称される。また江戸時代には正宗、吉光とならんで三作と称され、大名家は競って義弘の作品を求めたといわれる。

代表作に富田右近から豊臣秀吉、さらに前田利長に伝わった「富田江」の刀など。

河面 冬山　こうも・とうざん
　　漆工家

[生年月日] 明治15年(1882年)1月20日
[没年月日] 昭和30年(1955年)10月26日
[出生地] 広島県広島市草津町　[本名] 河面冬一　[学歴] 東京美術学校(現・東京芸術大学)漆工科〔明治41年〕卒

帝展以来、官展に出品して無鑑査となる。専ら宮内省御用品を制作し、「大正天皇御即位式御料車内賢所」「大正天皇銀婚式奉祝献上品絵巻物箱」などを手がけた。また、青森県平川市の国指定名勝・盛美園の御宝殿を飾る左右両面の壁画蒔絵は日本最大といわれる。昭和28年文部省無形文化財保護の選定を受けた。短期間で安い価格のものができるよう、冬山式蒔絵法を創案した。

神山 賢一　こうやま・けんいち
　　陶芸家　骨髄バンクと患者を結ぶ会会長

[生年月日] 昭和36年(1961年)2月16日
[没年月日] 平成4年(1992年)4月21日
[出身地] 滋賀県甲賀郡信楽町　[学歴] 信楽工(現・信楽高)卒

信楽窯業試験場で3年間、技術を磨き陶芸家として独立。平成2年2月骨髄性白血病の告知を受け、病状が悪化した3年10月骨髄移植を受けた。同年1月地元滋賀県の二つの支援団体と共に全国組織の骨髄バンクと患者を結ぶ会を結成。同年12月に設立された白血病患者らに移植する骨髄の提供者を募る骨髄移植推進財団の設立に尽力した。14年児童文学作家・岸田悦子、那須田稔らによって母との絆を描いた「母さん子守歌うたって」が出版される。
[家族] 母＝神山清子(陶芸家)

高麗媼　こうらいばば
　　陶工　三川内窯の祖

[生年月日] 永禄10年(1567年)
[没年月日] 寛文12年(1672年)
[出生地] 朝鮮釜山(または熊川)

朝鮮より渡来して中里茂兵衛に嫁したが、夫が早世したため子・茂右衛門を連れて三川内に移る。製陶技術の手腕を持ち、やがて帰化した陶工集団の指導的存在として活躍し、三川内陶業を隆盛に導いた。これにより肥前三川内窯の祖とされる。

九重 年支子　ここのえ・としこ
　　織物工芸家　九重織創作者，婦人発明家協会名誉会長

[生年月日] 明治37年(1904年)8月11日
[没年月日] 平成14年(2002年)8月13日
[出生地] 東京都江東区深川　[本名] 坂野敏子　[学歴] 東京女高師附属高女英語部〔大正14年〕卒

父はシンガーミシン裁縫女学院設立者の秦敏之で、母は同女学院院長を務めた秦利舞子。妹は服飾デザイナーの秦万紀子。昭和14年夫と死別した日にカード式簡易織機・九重手織機の特許申請が受理された。28年九重を設立し、社長。同年パリで九重織展を催し、九重織を欧米にも広めた。31年婦人発明家協会を設立、会長。内外の特許を多く持ち、女性発明家の草分けとして活躍。日本編物手芸協会理事長、同名誉会長、発明協会参与などを歴任した。一方、大正15年の結婚と共に雛人形の蒐集を始める。昭和59年には東京で"九重年支子60年のひなごよみ"を開き、180組のひな人形を展示した。著書に「九重年支子の雛ごよみ五十五年」「この年齢(とし)までも」「今は昔のつ・づ・き」「永遠の魅力—九十七歳いきいきレポート」など。

169

[家族]父=秦敏之(シンガーミシン裁縫女学院設立者)、母=秦利舞子(シンガーミシン裁縫女学院院長)、妹=秦万紀子(服飾デザイナー)
[叙勲]紫綬褒章〔昭和38年〕、勲四等瑞宝章〔昭和50年〕

越田 宗次郎　こしだ・そうじろう
漆工

[没年月日]明治34年(1901年)
金沢の髹漆界においてその技が後人に伝称され、一代の岱宗といわれる。柴田是真はその作品を見て"当代の珍と称せり"といったと伝えられる。

小柴 外一　こしば・そといち
ガラス工芸家

[生年月日]明治34年(1901年)
[没年月日]昭和48年(1973年)
[出生地]富山県中新川郡上市町
大正6年東京で出版社の同文館に勤める傍ら、夜間の専修専門学校に通う。昭和4年同社が倒産。無声映画館でのバイオリン演奏や画材店などのアルバイトを経て、昭和6年岩城硝子製造所に入社。当初は経理部に所属したが、やがて工芸部に移り、7年より清水有三とパート・ド・ヴェール技法の研究に従事。8年からは陶彫家・小川雄平も原型制作に参加した。33年独立、37年小柴硝子工芸研究所を設立して同会長。日展や文展に出品し、16年工芸作家協会硝子部東京会を設立。パート・ド・ヴェールによりモザイクガラスやステンドグラスを制作した。

小島 兼道　こじま・かねみち
刀匠

[没年月日]昭和58年(1983年)2月15日

[出身地]岐阜県加茂郡坂祝町　[本名]小島時二郎　[資格]関市無形文化財保持者(刀剣)〔昭和51年〕
昭和6年関市の刀匠・渡辺兼永に入門、13年独立。15年日本刀展で特賞。51年関市無形文化財に指定された。
[受賞]日本刀展特賞〔昭和15年〕

小島 与一　こじま・よいち
博多人形師

[生年月日]明治19年(1886年)8月17日
[没年月日]昭和45年(1970年)6月6日
[出生地]福岡県福岡市　[資格]福岡県無形文化財〔昭和41年〕
明治33年以来人形作り一筋の一生を送り、博多人形の第一人者として"名人与一"の異名をとった。火野葦平の小説「馬賊芸者」「博多人形師」のモデルでもある。昭和41年福岡県無形文化財に指定される。平成2年幻の名作と言われていた旧陸軍加藤"隼"戦闘隊長・加藤建夫少将の像が、仙台市の自衛隊駐屯地で発見された。
[受賞]大阪博覧会1等賞〔明治33年〕「舞妓」、パリ万博銀賞〔大正13年〕「三人舞妓」
[叙勲]黄綬褒章〔昭和37年〕、勲五等瑞宝章〔昭和40年〕

越谷 喜明　こしや・よしあき
陶芸家　津軽地蔵焼創始者

[没年月日]平成13年(2001年)12月24日
[出身地]青森県五所川原市
青森県五所川原市で陶磁器販売店経営の傍ら、独学で焼き物の世界に入り、五所川原初の焼き物の津軽地蔵焼を創始。陶芸教室講師などを務め、陶芸文化を同市に根付かせた。また津軽地方の地蔵を40年以上写真に撮り続け、東奥日報に「津軽衆になった地蔵さま」を連載した。

[受賞]五所川原市伝統文化功労賞〔平成11年〕

五条 兼永　ごじょう・かねなが
刀工

[生没年]生没年不詳

三条宗近の門下有国の子。長元年間(1028～36年)頃に京都の五条坊門に住す。有銘作は2口あり、作風は三条吉家、綾小足定利に類似し、両鎬造のもので、反りの高い技巧的で優美な太刀姿を示す。子は国永、兼次、兼安の3人がいたとされるが、国永作のみ現存する。

五条 国永　ごじょう・くになが
刀工

[生没年]生没年不詳

五条兼永の子。三条派の刀工として、天喜年間(1053～57年)頃、京都五条に住して活躍した。作風は父より古調で、有銘作は太刀3口、剣1口と少なく、また銘の書風が異なるものが三様存在する。代表作「鶴丸国永」は、仙台伊達家の宝物として「享保名物帖」にも所載された屈指の名刀で、のち明治天皇に献上された。

古館 忠兵衛　こたち・ちゅうべえ
陶工

[生没年]生没年不詳
[出身地]陸奥国稗貫郡花巻川口町南万町目(岩手県)

原土を同地四本杉に取り、筑前高取焼に似た雑器を造っていると明治年間の記事にみえる。

児玉 博　こだま・ひろし
染織家

[生年月日]明治42年(1909年)10月13日
[没年月日]平成4年(1992年)1月1日
[出生地]三重県鈴鹿市白子町　[学歴]白子町立工業徒弟学校〔大正13年〕卒　[資格]重要無形文化財保持者(伊勢型紙縞彫)〔昭和30年〕　[専門]伊勢型紙(縞彫)

大正10年から型彫師の父・房吉について縞彫の修業をする。15歳で父と死別、大正15年上京して浅草の伊藤宗三郎に師事。昭和4年独立、浅草で開業。17年帰郷後、小宮康助の協力をえて縞彫小紋型の研究に従事。30年仲間5人と一緒に人間国宝に認定される。さらに、一寸幅の型紙に31本もの縞模様を彫る「無塵縞(むじんしま)」に成功し名をはせた。主な作品に「縞彫 二三筋」など。38年より鈴鹿市の伊勢型紙伝承者養成事業の講師を務める。
[家族]父=児玉房吉(型彫師)
[師弟]師=伊藤宗三郎、小宮康助
[叙勲]紫綬褒章〔昭和49年〕

後藤 一乗　ごとう・いちじょう
装剣金工家

[生年月日]寛政3年(1791年)3月3日
[没年月日]明治9年(1876年)
[出生地]京都　[別名等]幼名=栄次郎、名=光貨、光行、光代、通称=八郎兵衛、別号=夢庵、伯応、凸凹山人、一意

後藤七郎右衛門重乗の二男。寛政11年(1799年)八郎兵衛謙乗の養子となる。半左衛門亀乗に師事したのち、15歳で家督を相続し、6代目八郎兵衛光貨を名乗る。文政7年(1824年)法橋となる。嘉永4年(1851年)幕府に招かれて江戸へ赴き、1000人扶持を与えられる。文久2年(1862年)孝明天皇の御剣金具を制作し、翌年法眼に叙される。後藤家の伝統を継承し、高肉彫の技術に優れ、初期は竜や獅子を題材に三所物を制作し、のち花鳥や風景を題材にした写生風な作風になった。また後藤家で禁止されていた鉄地のものも制作した。

171

後藤 学　ごとう・がく
　　彫金作家

[生年月日] 明治40年(1907年)
[没年月日] 昭和58年(1983年)10月17日
[出生地] 香川県高松市　[本名] 後藤学一
[学歴] 東京美術学校(現・東京芸術大学)彫金科〔昭和6年〕卒　[団体] 日本工芸会

北原千鹿に師事し、昭和6年帝展に初入選。7年香川県立工芸学校教師となり、33～42年高松工芸高校校長。また、県立漆芸研究所所長、日本伝統工芸展鑑査員などもつとめた。
[師弟] 師=北原千鹿
[受賞] 四国新聞文化賞〔昭和40年〕、香川県文化功労者〔昭和48年〕
[叙勲] 勲四等瑞宝章〔昭和52年〕

後藤 顕乗　ごとう・けんじょう
　　金工

[生年月日] 天正14年(1586年)
[没年月日] 寛文3年(1663年)
[別名等] 通称=源一郎、理兵衛

金工後藤家の5代徳乗の二男で、分家して理兵衛家を創始したのち、元和3年(1617年)宗家の6代栄乗が没したため7代目をつぐ。寛永年間(1624～43年)に宗家を即乗に譲り、加賀前田家の招きに応じて金沢に下向。150石を給せられて加賀後藤派を開き加賀金工隆盛の礎を築いた。躍動感ある龍や獅子を得意とし、名人と評された。

後藤 光乗　ごとう・こうじょう
　　彫金家

[生年月日] 享禄2年(1529年)
[没年月日] 元和6年(1620年)
[出生地] 京都　[別名等] 通称=小一郎、通称=亀市、四郎兵衛、諱=光家

後藤家3代目乗真の嫡男。秘伝を授けられて後藤家4代をつぐ。永禄5年(1562年)父の戦死により、母の国筑前に移る。元亀2年(1571年)京都に戻り、織田信長に仕え、天正9年(1581年)大判分銅制作の役を命ぜられる。元和3年(1617年)後水尾天皇に彫技を披露して法眼に叙された。繊細で意匠に富む作風を得意とした。

後藤 才次郎　ごとう・さいじろう
　　陶工

[生没年] 生没年不詳
[別名等] 名=吉定

加賀藩に仕えたのち大聖寺藩に移り、九谷金山で錬金監督などを行っていたが、藩主前田利治の命により、肥前で製陶の技術を学んでのち、明暦年間(1655～57年)九谷村に窯を開き、大聖寺焼(いわゆる古九谷)を創始した。古九谷はその後一時廃窯となり、文化年間(1804～17年)に再興された。なお経歴には不明な点や異説もある。

後藤 俊太郎　ごとう・しゅんたろう
　　鎌倉彫作家　鎌倉彫資料館館長,博古堂社長

[生年月日] 大正12年(1923年)7月27日
[没年月日] 平成18年(2006年)5月16日
[出生地] 神奈川県鎌倉市　[学歴] 東京美術学校(現・東京芸術大学)彫刻科研究科〔昭和23年〕卒　[団体] 鎌倉彫教授会,日本漆工協会

昭和21年第2回日本美術展に初入選。23年16世紀から続く仏師・後藤家28代目となり、27年博古堂を設立。55～62年日本漆工協会理事長。鎌倉彫の育成に努めた。著書に「鎌倉彫」。
[家族] 娘=後藤圭子(鎌倉彫作家)
[受賞] 神奈川文化賞〔昭和34年〕、日本漆工功労者表彰〔昭和48年〕

[叙勲]藍綬褒章〔昭和56年〕, 勲五等双光旭日章〔平成5年〕

後藤 少斎　ごとう・しょうさい
彫金師

[生年月日]生年不詳
[没年月日]延宝8年(1680年)
[別名等]通称＝庄三郎光世

江戸金座後藤家の2代目。名物持ちであったという。
[家族]父＝後藤庄右衛門光次(彫金師)

後藤 乗真　ごとう・じょうしん
装剣金工家

[生年月日]永正9年(1512年)
[没年月日]永禄5年(1562年)
[出生地]京都　[別名等]幼名＝二郎, 通称＝四郎兵衛

後藤家2代目宗乗の長男。後藤家3代目をつぎ、足利義晴、足利義輝に仕えた。享禄元年(1528年)皇居に乱入した暴徒を撃退し、その功により節句の軒飾の蓬菖蒲を家紋としてゆるされたという逸話が残るなど、武勇にも優れ、また荒々しい作風を得意とし、後藤家の伝統に新風を吹き込んだと評される。永禄5年(1562年)浅井尹政に近江国坂本の領地を攻められて戦死した。

後藤 清吉郎　ごとう・せいきちろう
和紙工芸家

[生年月日]明治31年(1898年)5月4日
[没年月日]平成1年(1989年)7月9日
[出生地]大分県大分市　[学歴]関西美術院卒　[資格]静岡県指定無形文化財保持者(手漉き和紙)〔昭和53年〕　[専門]手漉き和紙

東京や京都で、日本画・洋画・デザイン・染色などを学ぶ。太平洋戦争末期の昭和20年、遠縁を頼って富士宮市に疎開。全国を回って紙漉を研究し、晩年になって金唐和紙を用いた金唐和紙工芸を発案した。
[叙勲]勲五等瑞宝章〔昭和46年〕
[記念館]後藤清吉郎資料館(静岡県富士宮市)

後藤 省吾　ごとう・せいご
工芸家

[生没年]生没年不詳
[専門]七宝, 薩摩焼

横浜の工芸家。明治初年、陶工宮川香山と競争して七宝、薩摩焼などを経営した。

後藤 太平　ごとう・たへい
漆芸家　後藤漆の祖

[生年月日]嘉永2年(1849年)
[没年月日]大正12年(1923年)6月25日
[出生地]讃岐国高松(香川県)

後藤漆の祖。幼少より技工の才に富み彫刻に秀でる。工夫を凝らして讃岐漆器の方法を案出し、後藤漆の名を馳せた。

後藤 通乗　ごとう・つうじょう
金工

[生年月日]寛文3年(1663年)
[没年月日]享保6年(1721年)
[別名等]名＝光乓, 初名＝光尾, 光照, 通称＝源之允, 四郎兵衛

金工後藤家の7代目顕乗の孫で、10代廉乗の養子となる。元禄10年(1697年)に11代目をつぎ四郎兵衛光寿を襲名、のち剃髪して通乗を名乗った。養父と不仲のため後藤家の秘伝は伝授されなかったが、横谷宗珉風の意匠や町彫の流行をよく取り入れ"通乗風"といわれる新彫法を考案して名工と賞された。

後藤 程乗　ごとう・ていじょう
装剣金工家

[生年月日] 慶長8年（1603年）
[没年月日] 延宝1年（1673年）
[出生地]京都　[別名等]幼名＝寅市、源一郎、名＝光昌、光尹、通称＝理兵衛

後藤家7代目顕乗の嫡男。元和元年（1615年）家督を相続し、歴代の通称理兵衛を襲名する。寛永8年（1631年）8代即乗の死により、宗家9代をつぐ。のち伯父覚乗と共に加賀前田家へ出仕し、工芸のみならず財務面でも活躍し、藩主前田利常の厚い信任を受けて加賀後藤家の発展に貢献した。寛文7年（1667年）4代将軍家綱から100俵20人扶持を賜り、のち法橋に叙された。人柄と同じく、穏健で品格のある作風を得意とした。

後藤 徳乗　ごとう・とくじょう
彫金工

[生年月日] 天文19年（1550年）
[没年月日] 寛永8年（1631年）10月13日
[出生地]京都　[別名等]幼名＝光基、源四郎、通称＝後藤四郎兵衛

4代目後藤光乗の長男。天正10年（1582年）父光乗と共に豊臣秀吉から判金改め・分銅役を命じられ、豊臣家の財政管理を担当、250石の朱印を受ける。慶長6年（1601年）徳川家康が判金を鋳造するにあたり、金座頭人を弟子の後藤庄三郎に譲り、大判座頭人となった。

後藤 久美　ごとう・ひさみ
土人形作家

[生年月日] 大正13年（1924年）
[没年月日] 平成20年（2008年）3月1日
[出生地]岐阜県　[資格]瑞浪市無形文化財指定〔昭和47年〕　[専門]市原土人形

農家の長男として生まれる。国鉄の運転士から海軍に入り、潜水艦に勤務。戦後は瑞浪駅近くで自転車屋を経営。傍ら、昭和40年に市原土人形の2代目だった父が亡くなると店を続けながら3代目を継ぎ、47年瑞浪市無形文化財の指定を受けた。岐阜県内で唯一、江戸時代からの作風の土びな作りを受け継いだが、"おもちゃを作っているつもりはない、作品だ"と土人形が郷土玩具扱いされることを嫌い、きめ細かな彩色を施すなど妥協を許さない作品作りを続けた。

後藤 祐乗　ごとう・ゆうじょう
刀装金工

[生年月日] 永享12年（1440年）
[没年月日] 永正9年（1512年）5月7日
[出生地]美濃国（岐阜県）　[別名等]名＝正奥

初め足利義政の側近であったが、18歳で剃髪し金工家に転じた。その後、義政、後花園天皇に認められ法橋から法印に進んだ。刀装における様々な技法を生み出し、また狩野派の影響を受けつつも意匠に工夫を凝らして名人と称され、のちの江戸時代の金工にも大きな影響を与えた。以後17代におよぶ後藤家の始祖。代表作に「獅子牡丹造小さ刀拵」「濡鴉図三所物」「眠布袋図二所物」など。

小道二　こどうじ
陶工

[生没年] 生没年不詳
[出身地] 対馬国（長崎県）

小道三とともに、寛文年間（1661〜1673年）ごろはじめて朝鮮に渡り、釜山窯で製陶に従事したといわれる。小堀遠州時代の対馬作人の上手7人中に小道三とともに数えられている。

小西 陶古(1代目) こにし・とうこ
陶芸家

[生年月日] 明治32年(1899年)1月28日
[没年月日] 昭和29年(1954年)2月2日
[出生地] 岡山県和気郡伊部村(備前市)
岡山県無形文化財の三村陶景に師事。大正3年師と共同窯を開設。15年独立。焼成時の埋火還元作用を人為的に施した桟切焼を考案。

古波蔵 良州 こはくら・りょうしゅう
琉球漆工家

[生没年] 生没年不詳
[出生地] 琉球国(沖縄県)
享保12年(1727年)中国に渡って銀朱の製法を習い、2年後に帰国して琉球王府に入り御用品の製作を手がけるようになる。琉球漆器の興隆に大きく寄与し、やがて薩摩藩に技術を輸出するほどに発展した。

小橋川 永昌 こばしがわ・えいしょう
陶芸家

[生年月日] 明治42年(1909年)9月17日
[没年月日] 昭和53年(1978年)7月26日
[出生地] 沖縄県那覇区泉崎　[別名等]別名＝小橋川仁王　[専門]上焼　[団体]国画会
尋常小学校卒業後、父・仁王に製陶を学ぶ。昭和32年2代目仁王を襲名。この頃から毎年個展を開くとともに、国画会展に出品、41年国画会賞を受賞。赤絵の再興と釉薬の研究に尽力した。
[家族]父＝小橋川仁王(陶芸家)
[受賞]国画会賞〔昭和41年〕

小橋川 源慶 こばしがわ・げんけい
陶器製造業　源慶陶器所経営

[生年月日] 明治44年(1911年)

[没年月日] 平成17年(2005年)7月1日
[出生地]沖縄県那覇市壺屋
那覇の壺屋の代々続いた焼き物屋に生まれ、13歳で陶工となる。伝統技法を受け継ぎ、深みのある独自の釉薬で制作を続け、壺屋の名工として知られた。
[叙勲]黄綬褒章〔昭和62年〕

小橋川 仁王 こばしがわ・におう
陶芸家

[生年月日] 尚泰30年(1877年)
[没年月日] 昭和27年(1952年)1月2日
[出身地]沖縄県
代々琉球王国の官窯の町である壺屋(現・那覇市)で陶芸に従事する。壺屋の草分けである壺屋七家の一つ・小橋川家の分家筋の3代目にあたる。釉薬の調合に優れた。
[家族]息子＝小橋川永昌(陶芸家)

小林 愛竹 こばやし・あいちく
篆刻家

[生年月日] 天保5年(1834年)
[没年月日] 明治30年(1897年)10月4日
[出身地]陸奥国会津(福島県)　[本名]小林醇
12歳で星研堂に師事して筆法を学ぶ。戊辰役で会津に籠城して獄に下り、出獄ののち諸国を遊び、新潟で篆刻を試み彫刻を施して生活。

小林 章男 こばやし・あきお
鬼師　瓦宇工業所社長、日本鬼師の会名誉会長

[生年月日] 大正10年(1921年)12月7日
[没年月日] 平成22年(2010年)3月27日
[出生地]奈良県　[学歴]正気書院商卒　[資格]文化財選定保存技術者(屋根瓦製作)〔昭和63年〕　[団体]日本伝統瓦技術保存会

奈良に代々続く瓦づくりの家に生れ、家業を継ぐ。瓦の製作会社・瓦宇工業所の社長で、鬼師(鬼瓦のデザイナー)として古寺・名刹の鬼瓦の復元・修理、文化財の瓦づくりに従事。昭和51～53年東大寺大仏殿の昭和大修理屋根ふき替え工事の特別委員長を務める。63年屋根瓦制作の選定文化財保存技術保持者に認定された。鬼瓦の研究家としても有名で、著書に「鬼瓦」がある。
[受賞]伝統文化ポーラ大賞(特賞、第4回)〔昭和59年〕

小林 菊一郎　こばやし・きくいちろう
ガラス職人

[生年月日]明治29年(1896年)
[没年月日]昭和38年(1963年)11月
[出生地]群馬県　[専門]江戸切子(カットガラス)

少年時代に上京、岩城硝子工場の仕事をしていた大橋徳松について江戸切子の技法を学ぶ。岩城硝子製造所勤務を経て、昭和7年独立、深川猿江町に工房を構えた。38年岩田藤七の勧めにより日本伝統工芸展に出品して優秀賞を得たが、同年没した。
[家族]長男=小林英夫(ガラス職人)
[受賞]日本伝統工芸展優秀賞〔昭和38年〕

小林 清　こばやし・きよし
織物職人

[生年月日]明治42年(1909年)6月4日
[没年月日]平成12年(2000年)1月18日
[学歴]荒砥尋常高小高等科〔大正13年〕卒
[資格]白鷹町指定無形文化財〔昭和52年〕
[専門]置賜紬

小林竹五郎、西村惣次郎に師事し、7年修業の後、独立開業。昭和51年山形県知事より、技能の優秀さと産業の発展に尽した功績に依り、表彰を受けた。のち現代の名工にも選ばれた。
[受賞]現代の名工

小林 尚珉　こばやし・しょうみん
金工家

[生年月日]大正1年(1912年)6月25日
[没年月日]平成6年(1994年)12月27日
[出身地]青森県青森市　[本名]小林国雄
[団体]日展

15歳の年、京都に出て黒井光珉に金工を学び、昭和16年文展初入選。戦後の日展でも特選、菊華賞に輝き、京都の創作金工の発展に尽くした。また27年には祇園祭の菊水鉾(きくすいぼこ)の鉾頭の透かし彫りを復元した。
[受賞]京都府文化功労賞〔昭和60年〕

小林 如泥　こばやし・じょでい
木彫・木工家

[生年月日]宝暦3年(1753年)
[没年月日]文化10年(1813年)10月27日
[出生地]出雲国松江大工町(島根県)　[別名等]幼名=甚八、通称=安左衛門、号=如泥

代々松江藩主松平家に仕えた大工小林家に生まれる。大工並を経て、10石3人扶持御細工人となり、奥納戸御好御用係を務めた。藩主松平治郷(不昧)の知遇を受け、江戸でも活躍し、指物や木彫に優れて極細の彫物を得意とした。代表作に「菊桐文桐小箱」「桐袖障子」など。

小林 末三　こばやし・すえぞう
陶芸家

[生年月日]大正1年(1912年)11月22日
[没年月日]昭和61年(1986年)6月6日
[出身地]岐阜県土岐郡笠原町　[団体]美濃陶芸協会

タイル工場の経営を子息に譲り、昭和50年頃より自適の作陶。黄瀬戸、青磁、トルコ青、天目、織部など多彩で、タイル作りでの釉薬技術を生かす。

小林 平一　こばやし・へいいち
鬼瓦師、自然研究家　小林伝統製瓦社長

[生年月日]大正12年(1923年)
[没年月日]平成14年(2002年)9月20日
[出生地]兵庫県姫路市　[学歴]小野中〔昭和15年〕卒　[資格]文化財選定保存技術保持者(屋根瓦製作)〔平成9年〕　[団体]日本鳥学会(永世会員)、日本鱗翅学会、姫路自然史研究会、西播愛長会(名誉会長)

昭和15年17歳で瓦師だった父に弟子入り。19年応召。20～23年シベリア抑留。のち姫路城、二条城、松本城など約500件の国宝、重要文化財の瓦や鯱(しゃちほこ)の復元を手がける。平成9年選定保存技術保持者に選ばれる。海外へも瓦の美しさを積極的に紹介し、ユネスコ技術員としてモンゴルのアマルバヤス寺院の修復指導にあたったほか、英国でロンドン平和仏舎利大塔の瓦製造と屋根ふき工事を手掛けるなど国際交流にも貢献。一方、世界の動植物の新種珍種を所蔵、蝶研究家として「トリバネアゲハ」の新種、新亜種を発見した。
[受賞]日本鳥学会賞〔昭和27年〕、中小企業長官賞〔昭和30年〕、工業技術院長賞〔昭和33年〕、文化財保護委員長賞〔昭和33年〕、梨花女子大学(韓国)総長賞〔昭和40年〕、姫路市民博士〔昭和53年〕、ロンドン名誉市会議員〔昭和60年〕、姫路市制百周年特別表彰〔平成1年〕、姫路ふるさと文化賞(第11回)〔平成1年〕、兵庫県技能顕功賞〔平成1年〕、文化庁長官賞〔平成1年〕、現代の名工〔平成3年〕、日本キワニス文化賞(第28回)〔平成4年〕、兵庫県文化賞〔平成4年〕、姫路市芸術文化賞〔平成13年〕

[叙勲]黄綬褒章〔平成3年〕

小林 正和　こばやし・まさかず
繊維造形作家　岡山県立大学教授

[生年月日]昭和19年(1944年)3月31日
[没年月日]平成16年(2004年)8月18日
[出生地]京都府京都市　[学歴]京都市立美術大学(現・京都市立芸術大学)工芸科〔昭和41年〕卒　[専門]テキスタイル

大学卒業後、糸、竹、木などを使うファイバーワーク(繊維造形)の道に進む。昭和45年から国内外グループ展、個展を多く開催し、各種のテキスタイル・コンペに入賞。50年ポーランド・ウッジの国際テキスタイル・トリエンナーレで文化芸術大臣賞を受賞するなど、国際的な繊維造形作家として活躍、第一人者として知られた。作品に彩色したアルミ棒を糸で引っぱってパネルに配置する「弓」シリーズなどがある。妻とのコラボレーションも多い。
[家族]妻=小林尚美(繊維造形作家)
[受賞]国際テキスタイル・トリエンナーレ文化芸術大臣賞(第2回)〔昭和50年〕「Wind4」、国際テキスタイルコンペティション京都佳賞〔昭和62年〕、新鋭作家奨励賞(第1回)〔平成3年〕、京都府文化功労賞(第20回)〔平成14年〕

古満 寛哉(1代目)　こま・かんさい
蒔絵師

[没年月日]寛政4年(1792年)10月2日
[本名]坂内重兵衛　[別名等]別号=坦斎、坦叟

蒔絵師・古満巨柳の門人。すぐれた才能をもっていたことから、古満姓を許され、古満寛哉を名のる。印籠蒔絵を得意とした。
[家族]息子=古満寛哉(2代目)
[師弟]師=古満巨柳

古満 寛哉(2代目)　こま・かんさい
蒔絵師

[生年月日] 明和4年(1767年)
[没年月日] 天保6年(1835年)4月9日
[本名] 坂内重兵衛

蒔絵師の初代古満寛哉の子。父や他の古満派の蒔絵師同様、印籠蒔絵を得意とした。明治漆工芸界の重鎮・柴田是真はその弟子筋に当たる。
[家族] 父=古満寛哉(1代目)

古満 休意　こま・きゅうい
蒔絵師

[没年月日] 寛文3年(1663年)

寛永13年(1636年)将軍徳川家光に召されて御抱蒔絵師となる。伝統様式にさらに精細度を加えた作風により古満派を興し、一派の作品は"古満蒔絵"と称されるようになった。延宝8年(1680年)上野寛永寺の家綱廟の蒔絵装飾に携わり、天和元年(1681年)に子の休伯があとをついだ記録が残るが、事績や没年などは不詳の点も多い。作品に「柴垣蔦蒔絵硯箱」。

古満 休伯　こま・きゅうはく
蒔絵師

[没年月日] 正徳5年(1715年)
[別名等] 幼名=安明、通称=久蔵、別名=安巨、安匡

古満休意の子。父のあとをついで、天和元年(1681年)徳川幕府御抱蒔絵師古満家の2代目となる。元禄2年(1689年)蒔絵師頭取となり、幸阿弥家12代の長救とともに日光東照宮の蒔絵装飾にも従事した。黒漆の技法に優れ、印籠蒔絵師として当時の名声を博したといわれるが、現存する作品はない。

古満 巨柳　こま・こりゅう
蒔絵師

[生没年] 生没年不詳
[本名] 木村七右衛門

徳川幕府お抱えの蒔絵師・古満家の5代目・休伯の高弟。師から古満の姓を名のることを許されて巨柳と号し、安永年間から天明年間を中心に活躍した。特に印籠の蒔絵を得意とし、研出蒔絵を主とした精巧な作風で知られる。また、余技で機械人形を作ったともいわれる。作品に「桜紅葉蒔絵印籠」などがある。
[師弟] 師=古満休伯
[墓所] 立善寺(東京都台東区)

駒沢 宗源　こまざわ・そうげん
指物師　千家十職・駒沢家1代目

[生没年] 生没年不詳
[別名等] 通称=理右衛門

のちに千家十職の家系となる駒沢家の初代。延宝年間(1673～1681年)に指物を家業として自立した。

駒沢 利斎(4代目)　こまざわ・りさい
指物師　千家十職・駒沢家4代目

[生年月日] 延宝1年(1673年)
[没年月日] 延享3年(1746年)

駒沢家3代長慶の養子。表千家6代覚々斎の知遇を受け、利斎の名を与えられた。

駒沢 利斎(7代目)　こまざわ・りさい
指物師　千家十職・駒沢家7代目

[生年月日] 明和7年(1770年)
[没年月日] 安政2年(1855年)
[別名等] 通称=茂兵衛、名=信邦、号=春斎、少斎

茶道の千家十職の一つで指物師である6代目駒沢利斎の養子で、養父と同じく春斎の号で漆芸もよくした。駒沢家中興の祖とされ、隠居に際して表千家10代目吸江斎より少斎の名を贈られた。
[家族]養父=駒沢利斎(6代目),孫=駒沢利斎(8代目)

小松 芳光　こまつ・ほうこう
漆芸家　金沢美術工芸大学名誉教授

[生年月日]明治36年(1903年)8月8日
[没年月日]平成5年(1993年)1月6日
[出生地]石川県金沢市　[本名]小松森作
[学歴]東京美術学校(現・東京芸術大学)聴講生修了　[資格]石川県無形文化財保持者(加賀蒔絵)〔昭和52年〕　[専門]加賀蒔絵
大正13年金沢市工芸研究会の第1回派遣生として上京、東京美術学校に通う。植松包美に師事。昭和2年帝展初入選。以降、新文展、日展にも連続入選。21年日展特選、25年より日展審査員、33年評議員を経て、参与。43年第24回日展で文部大臣賞を受賞。この間、23年金沢美術工芸大学教授に就任、44年名誉教授。46～50年金沢市立中村記念美術館館長を務めた。
[家族]長男=小松暁一(金沢美術工芸大学教授)
[師弟]師=植松包美
[受賞]北国文化賞〔昭和30年〕、金沢市文化賞〔昭和31年〕、中日文化賞(第38回)〔昭和60年〕、新文典特選(第2回)〔昭和13年〕、日展特選(第2回)〔昭和21年〕、日展文部大臣賞(第11回)〔昭和43年〕
[叙勲]勲四等旭日小綬章

小松 康城　こまつ・やすしろ
人形作家

[生年月日]大正4年(1915年)
[没年月日]昭和54年(1979年)
[出生地]東京都
堂宮彫刻師の父・小松光重に学んだ後、平田郷陽に師事。木彫に桐塑布貼りの伝統的な人形を手掛けた。女性の柔らかな身体の線をデフォルメした作品に特徴がある。フランス人形を日本的に置き換えた"さくら人形"を考案、人気を博した。日本伝統工芸展などで活躍した。
[家族]父=小松光重(堂宮彫刻師)
[師弟]師=平田郷陽

五味 文郎　ごみ・ふみお
人形作家

[生年月日]明治44年(1911年)
[没年月日]昭和55年(1980年)
[出生地]長崎県　[学位]医学博士
医者の傍ら、日本的な叙情をたたえた衣裳人形や木目込み人形を制作し、新文展や日展に出品した。

小宮 康助　こみや・こうすけ
染色家

[生年月日]明治15年(1882年)9月9日
[没年月日]昭和36年(1961年)3月23日
[出生地]東京府南葛飾郡(東京都)　[本名]小宮定吉　[学歴]柳島小〔明治27年〕中退
[資格]重要無形文化財保持者(江戸小紋)〔昭和30年〕　[専門]江戸小紋
12歳の時、浅草の江戸小紋の型付名人・浅野茂十郎に弟子入り。明治40年に浅草・千束に板場を設けて独立。43年頃、近代染料による"シゴキ"の技法による地染を採用。以来、小紋の名手として知られ、色があせない化学染料を使うなど、その技術改良にも尽力した。関東大震災で焼け出されたが、水質が適している葛飾区の中川河畔に仕事場を再興。昭和30年重要無形文化財保持者(人間国宝)に認定された。

[家族]長男=小宮康孝(染色家・人間国宝)、孫=小宮康正(染色家)
[師弟]師=浅野茂十郎

小宮 四郎国光 こみや・しろうくにみつ
刀匠　四郎国光社長

[生年月日]明治27年(1894年)3月26日
[没年月日]昭和63年(1988年)1月15日
[出身地]福岡県柳川市　[学歴]柳河尋常小〔明治36年〕卒　[団体]日本美術刀剣保存協会、全日本刀匠会、

柳川藩御番鍛冶の流れを引く刀匠。新作日本刀展などでたびたび入選。昭和15年には天皇に刀を献上した。吟詠でも活躍し、大牟田吟詠連盟理事長をつとめた。

[受賞]新作日本刀展1等賞〔昭和10年〕、新作日本刀展文部大臣賞〔昭和14年〕、福岡県教育功労賞〔昭和54年〕

小森 忍 こもり・しのぶ
美術陶芸家　満鉄中央試験所窯業科主任

[生年月日]明治22年(1889年)12月15日
[没年月日]昭和37年(1962年)
[出生地]大阪府　[旧姓名]藤岡　[学歴]大阪高工窯業科卒

京都市陶磁器試験場技師となり、中国古陶磁の製作技術と釉薬の化学的解明に取り組む。大正6年満鉄中央試験所窯業科主任に転じ、10年満鉄工場内に窯をひらくと同時に小森陶磁器研究所を開設。昭和2年満鉄を離れて瀬戸市に山茶(つばき)窯をひらき、10年名古屋製陶に入社して輸出陶磁器に腕を振るった。戦後は、北海道開発会社顧問に招かれ、北海道に陶芸制作の道を開き、多くの後継者を育てた。特に釉薬の色調に優れた腕を見せ、東京・銀座「ビアホール・ライオン」、日本橋「高島屋デパート」、新宿「小笠原伯爵邸」、北海道「旧北海道拓殖銀行本店」などの装飾タイルを手がけたことでも知られる。著書に「匋雅堂談圃」「支那古陶磁の話」がある。
[家族]孫=小森陽一(文芸評論家)

小山 冨士夫 こやま・ふじお
陶磁史研究家、陶芸家　和光大学教授、出光美術館理事

[生年月日]明治33年(1900年)3月24日
[没年月日]昭和50年(1975年)10月7日
[出生地]岡山県　[別名等]別名=古山子　[学歴]東京商科大学(現・一橋大学)予科〔大正12年〕中退　[専門]東洋美術史　[団体]東洋陶磁学会

はじめ陶芸家を志し、京都の真清水蔵六に入門するが、昭和5年東洋陶磁研究所設立とともに同所員として古陶磁の調査研究に専念。20年応召、朝鮮で敗戦を迎える。戦後は東京国立博物館、文化財保護委員会に勤務。34年同会美術工芸課調査官。36年"永仁の壺事件"で同委員会を辞職。41年中国河北省での北宋定窯の遺跡発見をはじめ、朝鮮・エジプトなどでも調査研究を行なった。文化財保護審議会専門委員、日本工芸会副理事長、出光美術館理事もつとめ、42～48年まで和光大学教授をつとめた。41年には鎌倉の自宅に、48年岐阜県土岐市に築窯し再び作陶、個展を開催した。著書に「宋磁」「支那青磁史稿」「満蒙の古陶磁」「東洋古陶磁」(全7巻)など。「小山冨士夫著作集」(全3巻)がある。
[家族]長男=小山岑一(陶芸家)
[受賞]芸術選奨文部大臣賞(昭和34年度)〔昭和35年〕、神奈川県文化賞〔昭和47年〕

小山 文三郎 こやま・ぶんざぶろう
陶工

[生没年]生没年不詳

[出身地]陸奥国東磐井郡折壁村（岩手県）
陸中の陶工。明治初年、京都で田中吉衛門より楽焼を伝えられ、東磐井郡藤沢村本郷の粘土で楽焼を造った。

小山 もと子　こやま・もとこ
染色家　富士の型染グループ代表

[没年月日]平成13年（2001年）4月23日
[出身地]静岡県富士宮市
昭和26年和紙工芸家・後島清吉郎に師事し、和紙を基盤とした新しい型染の研究に取り組んだ。42年富士の型染グループを結成、代表。57年バンクーバー、ロサンゼルスで海外展を開催した。
[師弟]師＝後島清吉郎
[受賞]静岡県文化奨励賞〔昭和51年〕、国際ソロプチミスト女性栄誉賞社会貢献賞〔平成10年〕、地域文化功労者文部大臣表彰〔平成11年〕

小山 保家　こやま・やすいえ
染色家

[生年月日]明治36年（1903年）3月31日
[没年月日]平成4年（1992年）7月3日
[出生地]長野県小県郡川西村　[学歴]川端画学校〔大正13年〕卒　[資格]千代田区無形文化財〔昭和61年〕　[専門]友禅、木版染　[団体]日本工芸会
明治43年一家で上京。大正13年川端画学校（日本画）を卒業後、14年石塚市太郎に友禅の技術を学ぶ。昭和8年神田東松下町で独立。20年萌木会を通じて芹沢銈介を知り、型染の技法を学び、10年間師事。23年日展に初入選。28年より木版染の研究を始める。34年日本伝統工芸展初入選し、以降毎年出品、38年には「木版染・やま」で同展奨励賞を受賞。同年日本工芸会正会員、48～51年理事。55年以降、日本伝統工芸展特待者となった。

[師弟]師＝石塚市太郎, 芹沢銈介
[受賞]千代田区教育功労者〔昭和61年〕、日本伝統工芸展奨励賞（第10回、昭38年度）「木版染・やま」、日本伝統工芸染織展朝日新聞社賞（第2回、昭40年度）「木版染着物・杉山」
[叙勲]勲四等瑞宝章〔昭和51年〕

是一（8代目）　これかず
刀匠

[生年月日]天保14年（1843年）
[没年月日]明治24年（1891年）10月29日
[本名]藤原是一　[別名等]名＝綱秀, 光一, 通称＝孝吉
慶安の頃から続く是一派の最後の刀工として、幕末から明治時代にかけ活躍した。

五郎八　ごろはち
陶工

[没年月日]明治33年（1900年）
尾張品野の陶工。赤津窯の春岱に学び、明治初年に雅作をだす。

近藤 道恵　こんどう・どうえ
塗師

[生年月日]生年不詳
[没年月日]寛永19年（1642年）
京都の塗師・近藤家の初代で、江戸時代初期に活動し、古田織部に知遇された。共箱に漆で「恵」の書銘がある真塗手箱、黒棗、矢筈四方盆、真塗薄板などを残した。以後歴代が道恵を名乗り、明治時代の11代まで続いた。

近藤 悠三　こんどう・ゆうぞう
陶芸家　京都市立芸術大学名誉教授

[生年月日]明治35年（1902年）2月8日

人間国宝の陶芸家・近藤悠三の長男。京都市立芸術大学助教授を経て、教授。日本伝統工芸展入選など受賞多数。
[家族]父＝近藤悠三(陶芸家)

昆布 一夫　こんぶ・かずお
和紙職人

[没年月日]平成7年(1995年)12月23日
[出生地]奈良県　[資格]国選定文化財保存技術保持者　[専門]漆濾紙

漆をろ過する際に使う漆濾紙(吉野紙)製作の第一人者として、昭和53年に技術保持者に認定された。
[叙勲]勲五等瑞宝章〔平成5年〕

【 さ 】

斎田 梅亭　さいた・ばいてい
截金家

[生年月日]明治33年(1900年)4月6日
[没年月日]昭和56年(1981年)6月1日
[出生地]京都府京都市　[本名]斎田右五郎
[別名等]別名＝斎田万次郎　[学歴]京都市立美術工芸学校(現・京都市立芸術大学)図案科〔大正9年〕卒　[資格]重要無形文化財保持者(截金)〔昭和56年〕　[団体]日本工芸会

西本願寺専属の截金仏画師・4代目斎田万次郎の五男に生まれ、5代目の長兄晨三郎から截金技法を習得。昭和20年兄の没後に6代目を継承。この間11年に帝展初入選。29年第10回日展に「截金額『晩秋』」を出品。34年第6回日本伝統工芸展に「截金飾筥」を出品、奨励賞受賞。以降同展に出品。37年日本工芸会正会員。49年東京・元赤坂の迎賓館用に「截金四曲一双屏風『霞文』」を制作。56年人間国宝に認定された。他の代表

[没年月日]昭和60年(1985年)2月25日
[出生地]京都府京都市　[本名]近藤雄三
[学歴]京都市立陶磁器試験場附属伝習所轆轤科〔大正6年〕卒　[資格]重要無形文化財保持者(染付)〔昭和52年〕　[専門]染付

15歳で伝修所の轆轤科を卒業後、河井寛次郎、浜田庄司、富本憲吉らに師事して陶器を研究。昭和3年の帝展で初入選し、14年の新文展では特選に入選。戦後は23年新匠美術工芸会(現・新匠工芸会)に参加、30年日本工芸会発足と同時に参加。33年京都市立美術大学(現・京都市立芸術大学)教授となり、40年から6年間、学長を務めた。創作意欲は晩年になっても衰えず、赤絵金彩壺や金彩赤地皿などの連作を完成させたほか、50年には佐賀県有田で直径1.26メートルもの大皿に梅を染め付け(「"天佑の大皿"梅染付大皿」)、52年人間国宝となった。代表作に「富士金彩赤地万葉古歌壺」「梅染付金彩壺」など。
[家族]二男＝近藤潤(陶芸家)、孫＝近藤高弘(陶芸家)　[親族]女婿＝篠田義一(陶芸家)
[師弟]師＝河井寛治郎、浜田庄司、富本憲吉
[受賞]京都市名誉市民〔昭和57年〕、新文展特選(第3回、昭14年度)「柘榴図陶花瓶」、日本伝統工芸展日本工芸会会長賞(第3回)〔昭和31年〕「山水染付花瓶」、ミラノ・トリエンナーレ展銀賞〔昭和32年〕「染付花瓶」
[叙勲]紫綬褒章〔昭和45年〕、勲三等瑞宝章〔昭和48年〕、紺綬褒章〔昭和55年〕
[記念館]近藤悠三記念館(京都市清水)

近藤 豊　こんどう・ゆたか
陶芸家　京都市立芸術大学教授

[生年月日]昭和7年(1932年)12月9日
[没年月日]昭和58年(1983年)3月17日
[出生地]京都府京都市　[学歴]京都市立美術大学専攻科〔昭和32年〕卒　[団体]日本工芸会

作に「截金菜華文小筥」「截金波頭文飾筥」など。
[家族]父＝斎田万次郎(4代目)(截金仏画師)、兄＝斎田晨三郎(5代目万次郎)
[師弟]師＝斎田晨三郎
[受賞]京都府美術工芸功労者〔昭和52年〕、日本伝統工芸展奨励賞(第6回・第8回)〔昭和34年・36年〕「截金飾筥」「截金菜華文飾筥」、京都工芸美術展大賞〔昭和52年〕「截金茶入」
[叙勲]勲四等瑞宝章〔昭和50年〕

斎藤 宇兵衛　さいとう・うへえ
染織家

[生年月日]天保7年(1836年)10月8日
[没年月日]明治39年(1906年)2月20日
[出生地]京都　[旧姓名]杉山　[別名等]幼名＝直次郎

12歳の時に京都の染色問屋・西村総左衛門の雇い人となり、のち主家の別家・斎藤宇兵衛の名跡を継いだ。友禅染の改良を行い、海外にも輸出。また2度の欧米視察など、60年間染色業者として活動、博覧会・共進会などの審査員も務め、業界に貢献した。

斎藤 悦子　さいとう・えつこ
人形作家

[生年月日]昭和3年(1928年)
[没年月日]平成11年(1999年)9月21日
[出生地]旧満州撫順　[団体]光風会

野口光彦に胡粉などの技術を、彫刻家・佐藤忠良に造形美術を学ぶ。現代人形美術展、日展、日本現代工芸美術展などに出品。明治39年、41年日展特選・北斗賞を受賞。日展審査員、評議員も歴任した。ヒノキを素材にした優美な女性像で知られ、具象だけでなく、人の形を極限まで抽象化した作品や、壁面を覆う大レリーフなども手がけた。
[師弟]師＝野口光彦, 佐藤忠良
[受賞]日展特選・北斗賞(第7回・9回, 昭39年度・41年度)「仁(イックシム)」「慈囁」

斎藤 実堯　さいとう・さねたか
窯業家

[生没年]生没年不詳

明治30年頃、洋式磁器研究のために森村組からヨーロッパへ工場見学に派遣された。のち名古屋で和洋折衷窯を手がけたといわれる。

斉藤 文石　さいとう・ぶんせき
竹工芸家

[生年月日]明治43年(1910年)
[没年月日]平成3年(1991年)
[出生地]栃木県下都賀郡栃木町　[本名]斉藤文次郎

大正14年上京し、同郷の竹工芸家・飯塚琅玕斎に師事。その後独立。昭和17年新構造展に入賞。21年同展会員、審査員となる。24～45年栃木県工芸指導所(現・栃木県中央工業指導所)に勤務し、竹工芸の指導や研究に携わる。代表作に「盛籃」など。
[師弟]師＝飯塚琅玕斎
[受賞]下野県民賞(第7回)〔昭和54年〕、日本伝統工芸展日本工会奨励賞(第5回)〔昭和33年〕「盛籃」

財福師　ざいふくし
伎楽面作者

[生没年]生没年不詳

伎楽面作者として正倉院の醉胡従3面などを作り、天平勝宝4年(752年)東大寺大仏の開眼供養会に用いられた面も手掛けた。皺の刻み方や表情の写実的表現に特色がある作風で知られる。

佐伯 春峰　さえき・しゅんぽう
押し絵師

[没年月日] 平成11年（1999年）
[出生地] 東京市浅草区（東京都）　[専門] 江戸押絵

3歳で両親を失い、昭和9年14歳の時に押し絵師だった兄に引きとられ、押し絵を修業。20歳で春峰を名乗ったが、17年応召。復員後、薬品会社のセールスマンとなるが、押し絵が忘れられず再びこの道に入った。57年初めて個展を開催。仕事は問屋から注文された羽子板が中心。面相、押絵、上絵の三技をこなし、一点物も手がけた。
[家族] 兄＝佐伯秀峰（押し絵師）
[師弟] 師＝佐伯秀峰, 佐伯春波

佐伯 孫三郎　さえき・まごさぶろう
陶芸家

[生没年] 生没年不詳
[出身地] 出羽国南秋田郡保戸野（秋田県）
[専門] 万古焼

秋田県に茶器の製がないのをみて、秋田郡泉村に築窯。万古焼風の瓦器をつくる。明治5年福島県二本松町の村田鉄之助を招き、三重県桑名の技術を研究、士族の子弟に伝習。15年窯を自宅に移す。また磁器の製造を試みた。

早乙女 家貞　さおとめ・いえさだ
金工家

[生没年] 生没年不詳

明珍家から分かれた早乙女家の4代目で、家成の子。常陸国に住したのち、相模国小田原に移住。明寿、政徳と共に早乙女家の三名工と称され、透彫や杜若形を得意とした。

坂 高麗左衛門（1代目）　さか・こうらいざえもん
陶工

[生年月日] 永禄12年（1569年）
[没年月日] 寛永20年（1643年）
[別名等] 朝鮮名＝李敬, 日本名＝坂助八

元は朝鮮王朝の陶工で、萩焼の開祖とされる李勺光の弟。文禄・慶長の役後、毛利輝元に従い来日。長門国阿武郡椿郷東分村松本に土地を与えられて開窯し、茶器や日用雑器類などの製陶に従事した。寛永2年（1625年）高麗左衛門の名を藩主毛利秀就から賜り、のち3代目新兵衛からは藩窯として重きをなした。

坂 高麗左衛門（9代目）　さか・こうらいざえもん
陶芸家

[生年月日] 嘉永2年（1849年）
[没年月日] 大正10年（1921年）8月17日
[出身地] 長門国（山口県）　[本名] 坂道輔　[専門] 萩焼

松本萩の名門、坂家の9代目に生まれる。明治維新による御用窯廃止という坂家の危機を乗り切り、10代目につなげた。

坂 高麗左衛門（11代目）　さか・こうらいざえもん
陶芸家

[生年月日] 明治45年（1912年）4月26日
[没年月日] 昭和56年（1981年）1月13日
[出生地] 山口県豊浦郡豊西村（下関市）　[本名] 坂信夫　[学歴] 帝国美術学校（現・武蔵野美術大学）師範科卒　[資格] 山口県指定無形文化財萩焼保持者〔昭和56年〕　[専門] 萩焼

戦前の帝国美術学校で富本憲吉から図案の指導を受け、卒業後、大津中学に勤務。昭

和23年坂家の二女と結婚、10代目坂高麗左衛門に師事。33年11代目を襲名。46年日本工芸会正会員。萩焼の茶碗、水指、花入、香合や酒器など作陶。茶碗は朝鮮井戸茶碗風が多く、特徴的。39年頃から萩焼の紹介のため全国各地で講演した。
[親族]岳父＝坂高麗左衛門(10代目)、女婿＝坂高麗左衛門(12代目)
[受賞]山口県芸術文化振興奨励賞〔昭和48年〕、中国文化賞

坂 高麗左衛門(12代目) さか・こうらいざえもん
陶芸家

[生年月日]昭和24年(1949年)8月11日
[没年月日]平成16年(2004年)7月26日
[出生地]東京都　[本名]坂達雄　[別名等]雅号＝熊峰　[学歴]東京芸術大学絵画科日本画専攻〔昭和51年〕卒、東京芸術大学大学院日本画専攻〔昭和53年〕修了　[専門]萩焼　[団体]日本工芸会
昭和57年萩焼宗家・11代坂高麗左衛門の娘と結婚して陶芸の道に入る。京都工業試験場で研修を受け、59年から萩で作陶。63年12代坂高麗左衛門を襲名。高麗青磁を追求した他、専攻した日本画の素養を生かして萩焼には珍しい絵付けにも取り組み、新風をふきこんだ。
[親族]岳父＝坂高麗左衛門(11代目)
[受賞]日本伝統工芸展入選(第34回・36回・39回)〔昭和62年・平成1年・4年〕、伝統工芸新作展朝日新聞社奨励賞〔平成6年〕、山口県文化功労賞〔平成13年〕

坂 新兵衛 さか・しんべえ
陶工

[生年月日]寛政8年(1796年)
[没年月日]明治10年(1877年)
[別名等]号＝翫土斎、松翁　[専門]萩焼

高麗左衛門家の8代目。文政9年(1826年)萩藩の命を受け、大坂の蔵屋敷や京都の有栖川宮家などを訪れて所蔵の名器を調査した。

酒井 巨山 さかい・きょざん
破笠細工師

[生没年]生没年不詳
[別名等]別名＝小川破笠
望月半山(2代目破笠)の門下で学び、3代目破笠として知られる。その技術は2代目には及ばないながら、良工といわれる。死後、破笠細工の伝承者は途絶えた。
[師弟]師＝望月半山

坂井 岱平 さかい・たいへい
陶芸家　小岱焼岱平窯窯元

[生年月日]昭和14年(1939年)3月28日
[没年月日]昭和61年(1986年)3月30日
[出身地]山口県小野田市　[本名]坂井政治
日本で最古の型式とされる割竹式登り窯を復元するなど現在途絶えている古小岱焼の美を追求した。昭和57年から西日本陶芸美術展連続入選。60年度九州新工芸展奨励賞(会員の部)など受賞多数。
[受賞]九州新工芸展奨励賞〔昭和60年〕

酒井田 柿右衛門(1代目) さかいだ・かきえもん
陶工

[生年月日]文禄5年(1596年)9月25日
[没年月日]寛文6年(1666年)6月19日
[出身地]肥前国有田(佐賀県)　[旧姓名]酒井田喜三右衛門　[専門]有田焼
祖先は筑後国八女(現・福岡県八女市)の豪族・上妻氏の一族であったといい、文明2年(1470年)より酒井田村に住んで酒井田姓となったという。父は天正10年(1582年)肥前

国白石郷へ移り、元和3年（1617年）頃に有田郷に転じたといわれる。我が国で初めて白磁に上絵付した赤絵の焼造に成功し、さらに金銀の焼き付けを工夫して評判を得、肥前佐賀藩主・鍋島光茂に献上して、柿右衛門の名を与えられた。以降、柿右衛門の名は代々継承され、有田焼を代表する窯元として名声を博した。独自の色絵磁器は"柿右衛門様式"と呼ばれ、ヨーロッパなどへ輸出されて同地の窯業にも大きな影響を与えた。
[記念館]柿右衛門古陶磁参考館（佐賀県西松浦郡有田町）

酒井田 柿右衛門（11代目） さかいだ・かきえもん
陶芸家

[生年月日]弘化2年（1845年）
[没年月日]大正6年（1917年）2月8日
[出生地]肥前国（佐賀県） [本名]酒井田渋之助 [専門]有田焼

赤絵磁器の元祖、柿右衛門の11代目を継ぐ。明治18年渦福の角福銘を商標として申請し、作品名に「福」字銘を入れるようになった。
[家族]息子＝酒井田柿右衛門（12代目）

酒井田 柿右衛門（12代目） さかいだ・かきえもん
陶芸家

[生年月日]明治11年（1878年）9月9日
[没年月日]昭和38年（1963年）3月7日
[出生地]佐賀県西松浦郡有田町 [本名]酒井田正治 [学歴]有田徒弟学校卒 [資格]佐賀県重要無形文化財保持者〔昭和30年〕 [専門]有田焼

有田徒弟学校を卒業し、父である11代目酒井田柿右衛門について陶技や図案を学ぶ傍ら、南画も5年間習った。大正6年12代目を襲名。昭和15年商工省から工芸技術保存作家に指定され、25年日本貿易産業博覧会で優勝。28年初期の柿右衛門が創出して以来、中絶していた濁手（にごしで）の素地の技法を再現することに成功した。30年佐賀県重要無形文化財保持者に認定される。同年「濁手草花文八角大鉢」で日本伝統工芸展日本工芸会会長賞、32年「濁手草花文蓋物」で同展文化財保護委員会委員長賞を受賞。33年には「牡丹文食器」でブリュッセル万博グランプリとなった。
[家族]長男＝酒井田柿右衛門（13代目），父＝酒井田柿右衛門（11代目）
[受賞]日本伝統工芸展日本工芸会会長賞〔昭和30年〕「濁手草花文八角大鉢」、日本伝統工芸展文化財保護委員会委員長賞〔昭和32年〕「濁手草花文蓋物」、ブリュッセル万博グランプリ〔昭和33年〕「牡丹文食器」
[叙勲]勲四等瑞宝章〔昭和37年〕

酒井田 柿右衛門（13代目） さかいだ・かきえもん
陶芸家 佐賀県陶芸協会会長

[生年月日]明治39年（1906年）9月20日
[没年月日]昭和57年（1982年）7月3日
[出生地]佐賀県西松浦郡有田町 [本名]酒井田渋雄 [学歴]有田工製陶科〔大正13年〕卒 [資格]佐賀県重要無形文化財保持者〔昭和42年〕 [専門]有田焼

12代目酒井田柿右衛門の長男。大正13年有田工製陶科を卒業し、家業に従事。昭和28年父と、初期の柿右衛門が創出して以来、中絶していた濁手（にごしで）の素地の技法を再現することに成功した。38年父が亡くなり13代目を襲名。39年日本工芸会正会員、42年佐賀県重要無形文化財保持者に指定される。45年佐賀県陶芸協会会長。46年柿右衛門製陶技術保存会を結成して会長となり、伝統技術の保存と継承にあたる。同

年濁手の技法が国の重要無形文化財に総合指定された。
[家族]長男＝酒井田柿右衛門(14代目)、父＝酒井田柿右衛門(12代目)
[受賞]佐賀県文化功労者〔昭和42年〕、西日本文化賞〔昭和50年〕、佐賀新聞社文化賞〔昭和54年〕、有田町名誉町民〔昭和57年〕
[叙勲]紫綬褒章〔昭和47年〕、勲四等旭日小綬章〔昭和53年〕

酒井田 渋右衛門　さかいだ・しぶえもん
陶工

[生没年]生没年不詳
[専門]有田焼

5代目酒井田柿右衛門の弟で、6代目の後見役を務めたという。この頃、柿右衛門窯では"元禄柿"と呼ばれる、それまでの柿右衛門窯の色絵磁器とは異なった、幾何学的で精緻な、装飾性の強い染め付けを施した豪華な作風をみせ、世に"渋右衛門手"と呼ばれる。享保年間に没した。
[家族]兄＝酒井田柿右衛門(5代目)

堺谷 哲郎　さかいや・てつろう
大館工芸社長

[生年月日]大正4年(1915年)2月4日
[没年月日]平成16年(2004年)5月10日
[出身地]秋田県大館市　[学歴]鷹巣農林学校〔昭和8年〕卒

昭和8～10年小玉合名を経て、11年堺谷樽丸商店に入社、20年専務。34年大館工芸を創業、平成10年まで社長を務めた。秋田県曲物協同組合理事長、秋田県民芸協会副会長などを歴任。秋田杉を活用した製品の創作に取組み、民芸品・お杉わらべを考案した。
[受賞]大館市功労者、国井喜太郎産業工芸賞(第13回)〔昭和60年〕

阪上 節介　さかがみ・せつすけ
陶芸家

[生年月日]大正5年(1916年)1月1日
[没年月日]平成8年(1996年)10月31日
[出身地]和歌山県　[別名等]雅号＝瑞雲　[学歴]陸軍士官学校卒

昭和48年に5代目として紀州三大窯のひとつ瑞芝焼(ずいしやき)を再興した。平成2年スウェーデン・カール16世グスタフ国王に青瓷壺を献上。
[受賞]国際アカデミー賞〔昭和56年〕、国際芸術文化賞〔昭和59年〕
[叙勲]勲五等瑞宝章

阪口 宗雲斎　さかぐち・そううんさい
竹工芸家

[生年月日]明治35年(1902年)
[没年月日]昭和45年(1970年)
[出生地]大阪

15歳で初代田辺竹雲斎に師事。24歳で独立。昭和4年第10回帝展に竹工界から初の入選を果たす。以後、帝展、文展、戦後は日展で入選を重ねた。8年無絃社社友。21～27年兵庫県立職業訓練指導所で竹工の指導にあたった。37年統美会会員。独創的な意匠で、盛物籠は特に有名。
[師弟]師＝田辺竹雲斎(1代目)

坂倉 源次郎　さかくら・げんじろう
淘金師

[生没年]生没年不詳
[別名等]通称＝源右衛門、号＝北海

江戸金座主宰の後藤庄三郎のもとで手代を務め、元文元年(1736年)松前と蝦夷の色分け地図作製に従事。同年末には幕府から松前金銀山の試掘を命じられ、山主として松前・蝦夷地方の金銀山探索にあたった。2年

187

間ほど後藤庄三郎の名代佐原木藤兵衛らと採掘を試みたが、不成功に終わって江戸に戻った。

坂倉 新兵衛(12代目) さかくら・しんべえ
陶芸家

[生年月日]明治14年(1881年)9月1日
[没年月日]昭和35年(1960年)12月3日
[出生地]山口県深川村(長門市) [別名等]幼名＝平吉 [専門]萩焼

明治30年父の死で12代を襲名。31年から9代坂高麗左衛門に萩焼を学んだ。日露戦争に従軍、38年帰国して家業を復興。43年関西府県連合共進会で受賞、大正11年東京平和博覧会、15年聖徳太子奉賛展受賞。昭和23年萩焼美術陶芸協会長、32年文化財保護委員会から無形文化財(萩焼)に選抜された。自ら茶道を研究し、茶陶としての萩焼を重視、萩焼中興の祖とされる。
[家族]父＝坂倉新兵衛(11代目), 三男＝坂倉新兵衛(14代目)
[受賞]中国文化賞〔昭和25年〕

坂倉 新兵衛(14代目) さかくら・しんべえ
陶芸家

[生年月日]大正6年(1917年)2月28日
[没年月日]昭和50年(1975年)4月17日
[出生地]山口県深川村(長門市) [本名]坂倉治平 [学歴]萩商業〔昭和9年〕卒 [資格]山口県指定無形文化財保持者〔昭和47年〕 [専門]萩焼 [団体]日本工芸会

父は萩焼の12代新兵衛。神戸の製菓会社に勤めたが、昭和16年長兄応召のため窯焚の時帰郷して父を手伝い、21年長兄(13代追贈)の戦死で家業に就いた。34年朝日新聞社主催の日本現代陶芸展に入選、35年父の死で14代襲名。36年日本伝統工芸展初入選、41年日本工芸会正会員、47年山口県指定無形文化財保持者となった。近代性を加えた作風で、食籠などそれまでの萩焼ではあまりつくられなかったものも手掛けた。代表作に「萩八角菊文様食籠」。
[家族]父＝坂倉新兵衛(12代目), 息子＝坂倉新兵衛(15代目)
[受賞]山口県芸術文化振興奨励賞〔昭和42年〕, 中国文化賞〔昭和46年〕

坂本 晴蔵 さかもと・はるぞう
陶芸家

[没年月日]平成10年(1998年)11月19日
[出身地]大分県日田市 [専門]小鹿田焼

昭和28～50年小鹿田焼同業組合長。43年現代の名工に選ばれる。

相良 清左衛門 さがら・せいざえもん
出羽米沢藩士, 陶工, 人形師

[生年月日]宝暦10年(1760年)
[没年月日]天保6年(1835年)
[出生地]出羽国(山形県) [旧姓名]近藤 [別名等]幼名＝仙太郎, 名＝厚忠

米沢藩御膳部組近藤了助の長男として生まれたが、相良作右衛門の養子となる。安永8年(1779年)藩が製陶業を興すため中花沢村に設けた瀬戸焼場の御付横目に任じられるが、製陶は失敗、相馬から陶器師を招いて南堀端に窯を移したがやはり成功しなかった。そののち竹俣当綱の命令を受け、相馬に赴いて製陶技術を習得。帰藩後は成島に窯を築き、ようやく良質の陶器製造にこぎつけた。以来、各種日用陶器を製造して領内の需要に応じ、成島焼として愛用されるに至る。製陶のかたわら人形の製作に取り組み、京人形、伏見人形、堤人形などを研究。郷土色の強い独特の人形の型数十種を創作し、「鯉だき童子」「猟師」などの作

品を残した。人形製作の技法は相良家のみに相伝されたことから、"相良人形"と呼ばれている。文政5年(1822年)家督を息子に譲り、隠居後は人形作りに専念した。

鷺谷 義忠(4代目) さぎや・よしただ
刀工

[生年月日]明治15年(1882年)
[没年月日]昭和10年(1935年)
[出生地]茨城県真壁郡下高田村　[専門]刀剣の鍛錬・研磨・彫刻、刀装

水戸藩の御用鍛冶筑後守義包の4代目として生まれる。東京市浅草区蔵前の刀工宮本包則に師事。明治39年より宇都宮市材木町に住み、鍛刀、刀剣研磨、刀装などの業務に従事。代表作に「野州宇都宮住筑後守義包四代神龍師藤原義忠」銘の太刀など。
[家族]養子=鷺谷義忠(5代目)
[師弟]師=宮本包則

崎山 利兵衛 さきやま・りへえ
陶工

[生年月日]寛政9年(1797年)
[没年月日]明治8年(1875年)
[出身地]紀伊国有田郡井関村(和歌山県)
[専門]男山焼

大坂で製陶を学び、文政7年(1824年)藩主の命により高松窯を開く。10年有田郡中野村に男山陶器場を開設。藩の殖産振興策に基づき、一時工人30人を擁した。安政2年(1856年)払下げを受け、以後亡くなるまで48年間経営にあたった。青磁、染付その他を出した。

佐久間 藤太郎 さくま・とうたろう
陶芸家

[生年月日]明治33年(1900年)8月10日
[没年月日]昭和51年(1976年)1月20日
[出生地]栃木県益子町　[学歴]益子陶芸伝習所〔大正7年〕卒　[専門]益子焼　[団体]国画会

父に陶技を学び、大正13年益子に来訪した浜田庄司に師事した。14年商工省工芸展に入選、褒状を受け、昭和2年国画会展に入選、24年同会員となった。県の陶磁器協同組合専務理事、民芸協会理事、町会議員も務めた。
[師弟]師=浜田庄司
[受賞]栃木県文化功労章〔昭和34年〕
[叙勲]勲五等瑞宝章〔昭和48年〕

佐久間 実 さくま・みのる
人形職人

[生年月日]明治39年(1906年)9月27日
[没年月日]平成5年(1993年)7月17日
[出生地]千葉県　[別名等]号=玨甫　[専門]衣裳着人形

人形職人として、特に着付の工夫にすぐれ、昭和62年東京都の伝統工芸士に認定された。武者、童、女性などの他、鍾馗人形を制作。東京で衣裳着人形作りの伝統的技術、技法を守り育てた。
[受賞]日本人形協会功労賞〔昭和56年〕

佐久間 八重女 さくま・やえじょ
千代紙人形作家

[生年月日]明治23年(1890年)8月8日
[没年月日]没年不詳
[出生地]岐阜県　[学歴]大垣高女卒

中国研究家と結婚し、大正12年から昭和12年日華事変まで上海に。35年古典折り紙の名人と言われた内山光弘に師事。花紋折りや重ね折りを学び、独力で折り紙の研究を重ねて、千代紙人形を創作。38年日本手工芸文化協会に初出品し1等に入選。63年にはベルギーで展示会、平成元年後継者の四

女・鴕子と白寿記念の母子展を開催。著書に「千代紙人形」がある。

佐倉 常七　さくら・つねしち
西陣織匠

[生年月日]天保6年(1835年)1月7日
[没年月日]明治32年(1899年)7月24日
[出身地]岐阜県　[旧姓名]河瀬

幼時に父を失い、佐倉家の養子となり、のち職工の養父の名・常七を襲名。京都西陣のふじ屋竹内久兵衛のもとで織物業を修業。明治5年京都府の伝習生としてフランスのリヨンに派遣。6年ジャガードバッタンなどの洋式織機を導入、7年京都府の織工場で初運転を行う。8～14年京都府織工場教授。26年独立し自ら工場を経営した。27年米国コロンビア世界大博覧会に出品、名誉賞状を受ける。29年染織学校教授となるなど新織法の普及につとめた。

桜井 霞洞　さくらい・かどう
染色家

[生年月日]明治22年(1889年)2月15日
[没年月日]昭和26年(1951年)7月18日
[出身地]茨城県　[本名]桜井幸太郎

鏑木清方、和田三造に学ぶ。大正9年染色芸術研究所を創立に参加。昭和5年帝展で「琉球那覇之図壁掛」が特選となる。6年から無鑑査。他の作品に「染色ハッピーコート」。
[師弟]師=鏑木清方、和田三造
[受賞]帝展特選〔昭和5年〕「琉球那覇之図壁掛」

桜井 勇次郎　さくらい・ゆうじろう
久留米絣技術保持者会長

[生年月日]明治27年(1894年)
[没年月日]昭和58年(1983年)6月1日
[出生地]福岡県筑後市　[資格]重要無形文化財保持者〔昭和37年〕　[専門]久留米絣

筑後市で織屋の3代目として生まれ、高小卒業後、久留米絣一筋に歩む。昭和37年人間国宝に指定される。久留米絣技術、とりわけ、糸を手でくくった残りの部分を藍で染めるという「手くびり」技法の第一人者として高く評価された。
[叙勲]勲七等青色桐葉章〔昭和41年〕

桜岡 三四郎　さくらおか・さんしろう
鋳金家　東京美術学校教授

[生年月日]明治3年(1870年)1月26日
[没年月日]大正8年(1919年)9月18日
[出生地]常陸国久慈郡袋田村(茨城県)

明治33年東京美術学校助教授、35年鋳金科主任、米国やフランスに留学。39年教授。

佐々木 英　ささき・えい
漆芸家　聖心女子大文学部教授

[生年月日]昭和9年(1934年)1月10日
[没年月日]昭和59年(1984年)5月18日
[出生地]秋田県秋田市　[学歴]東京芸術大学美術学部工芸科〔昭和34年〕卒

松田権六、新村撰吉、六角大壌に師事。昭和29年から54年まで東京芸術大学助手、講師を務め、54年より聖心女子大学教授。この間、40年に日本伝統工芸展に入選し、45年より日本工芸会会員。著書に「漆芸の伝統技法」など。
[受賞]サロン・ド・プランタン賞〔昭和34年〕、日本伝統工芸展優秀賞〔昭和54年・57年〕

佐々木 高保　ささき・こうほ
蒔絵師

[生年月日]弘化2年(1845年)1月9日
[没年月日]昭和4年(1929年)7月24日
[出生地]京都府　[別名等]幼名=弥三郎

生家は伊勢屋と号して皇室の蒔絵御用を務めており、三男として生まれた。明治4年天皇家の東京移住に従って同地へ移り、引き続き宮内省御用を務めた。6年白銀町で独立。23年日本漆工会の発起人となり、31年より東京高等工業学校で蒔絵を教授した。この間、内国勧業博覧会やパリ万博、セントルイス万博などに出品している。

佐々木 象堂　ささき・しょうどう
鋳金家

[生年月日]明治15年(1882年)3月14日
[没年月日]昭和36年(1961年)1月26日
[出生地]新潟県佐渡郡河原田　[本名]佐々木文蔵　[学歴]河原田小〔明治30年〕卒　[資格]重要無形文化財保持者(蠟型鋳造)〔昭和35年〕　[専門]蠟型鋳造

19歳で佐渡の初代宮田藍堂の門に入り、蠟型鋳造を学んだ。明治40年独立。キリスト教の洗礼を受ける。大正2年上京、農展、帝展などに出品。14年パリ現代装飾産業美術国際博で入賞。15年津田信夫らが結成した工芸団体・无型(むけい)に参加。昭和2年帝展に「鋳銀 孔雀香爐」を出品して特選になった。戦争中は佐渡に疎開、陶芸を制作したが、戦後は日展や日本伝統工芸展に出品。晩年、次々に名作を発表、76歳で発表した「蠟型鋳銅 瑞鳥置物」は後、新宮殿の正殿棟飾のデザインのもとになった。35年重要無形文化財保持者(人間国宝)に認定された。他の代表作に「兎」「鋳銀孔雀薫爐」「蠟型鋳銅采花置物」などがある。
[師弟]師＝宮田藍堂(1代目)
[受賞]帝展特選〔昭和2年・4年〕「鋳銀 孔雀香爐」「金銅鳳凰置物」、日本伝統工芸展文部大臣賞〔昭和33年〕、日本伝統工芸展日本工芸会総裁賞〔昭和34年〕「蠟型鋳銅 瑞鳥置物」
[記念館]佐々木象堂記念館(新潟県佐渡市)

佐々木 二六(1代目)　ささき・にろく
陶工　二六焼の創始者

[生年月日]安政4年(1857年)
[没年月日]昭和10年(1935年)12月
[出生地]伊予国宇摩郡村松村(愛媛県伊予三島市)　[本名]佐々木六太郎

はじめ、家業であった瓦製造業に従事するが、明治17年徳島で見た熊本出身の人形師松本喜三郎の作品に影響され、人形師となった。のち陶芸に転じ、全国の陶磁器生産地を遊歴。帰郷ののち掘込細工の技法を編み出し、研究を重ねて35年に二六焼を創始した。味わい深い乳白色の釉薬を使用し、山水や花鳥・人物などを掘り込んだ作品群は、37年の内国勧業博覧会をはじめ、多くの博覧会・展覧会で好評を博した。また、昭和3年昭和天皇即位の大礼に際し、愛媛県からの献上品に選ばれた。代表作に「万年青」などがある。

佐々木 二六(3代目)　ささき・にろく
陶芸家

[生年月日]大正3年(1914年)3月30日
[没年月日]平成17年(2005年)2月12日
[出身地]愛媛県四国中央市　[本名]佐々木伝造　[学歴]三島中〔昭和7年〕卒　[資格]伊予三島市無形文化財〔昭和37年〕、えひめ伝統工芸士〔平成14年〕　[専門]二六焼

昭和7年二六焼初代の六太郎、2代目の繁太郎に師事。15年3代目を襲名。竹べらで粘土の塊を削る独特の技法で知られた。
[叙勲]勲六等瑞宝章〔平成9年〕

佐々木 宗彦　ささき・むねひこ
釜師

[生年月日]明治1年(1868年)
[没年月日]大正10年(1921年)10月6日
[出身地]京都府

父は銅器の色付、鉄瓶、釜の仕上師。20歳のとき中西龍文堂に招かれ大阪へ行き、明治29年独立。44年裏千家の釜師となる。大正5年上京し、香取秀真に釜作を伝えた。

笹田 友山　ささだ・ゆうざん
　　　陶画工

［生年月日］天保11年（1840年）
［没年月日］大正3年（1914年）
［出生地］加賀国金沢（石川県）　［本名］笹田蔵二

明治5〜11年自ら工場を営み、陶画を業とする。その後、為絢社に勤務し、八田逸山などの門人を育てた。古九谷の模造も得意とした。

佐治 賢使　さじ・ただし
　　　漆芸家　日本工匠会会長

［生年月日］大正3年（1914年）1月1日
［没年月日］平成11年（1999年）6月14日
［出生地］岐阜県多治見市　［本名］佐治正
［学歴］東京美術学校（現・東京芸術大学）工芸科〔昭和13年〕卒　［資格］日本芸術院会員〔昭和56年〕　［団体］日展

昭和11年文展に「漆盛器」が初入選。石川県立工芸学校での教職生活を経て、漆工芸家として独立。昭和18年、21年、22年日展特選、26年同審査員、36年日本芸術院賞を受賞。53年には帖佐美行らと日本新工芸家連盟を結成、工芸を実用の美に返す運動を進めた。61年創立の日工会（日本工匠会）会長。花鳥、人物、風景など幅広いモチーフ、多彩な技法をこなし、漆芸の日本的伝統美に近代的センスを取り入れた先達。平成元年文化功労者に選ばれ、7年文化勲章受章。
［家族］長男＝佐治ヒロシ（漆芸家）
［受賞］日本芸術院賞〔昭和36年〕「都会」、文化功労者〔平成7年〕、日展文部大臣賞〔昭和33年〕「追想スクリーン」、中日文化賞（第37回）〔昭和59年〕
［叙勲］文化勲章〔平成7年〕

貞次　さだつぐ
　　　刀工

［生没年］生没年不詳

備中国青江派の刀工で、鎌倉時代前期に活躍した。後鳥羽上皇の御番鍛冶を務めた。

貞次　さだつぐ
　　　刀工

［生没年］生没年不詳

備中国青江派の刀工で、南北朝時代初期に活躍した。「大青江」「小青江」と呼ばれる太刀が重要文化財に指定されている。

定利　さだとし
　　　刀工

［生没年］生没年不詳
［別名等］別名＝綾小路定利

鎌倉時代の刀工。京都・綾小路に住んでいたことから綾小路定利とも呼ばれる。江戸時代の刀剣書の多くは文永年間（1264〜1275年）頃の人としていたが、室町時代の刀剣書では、宝治年間（1247〜1249年）頃の人としており、作風から見て後者が通説となっている。作品はすべて太刀で、細身が多く、鍛えは板目で、刃文は小互の目に小乱れ、また丁字を交えた作風。代表作は、東京国立博物館蔵の太刀（国宝）、日枝神社蔵の徳川家治奉納の太刀（重要文化財）など。

貞宗　さだむね
　　　刀工

［生没年］生没年不詳
［出生地］近江国（滋賀県）　［別名等］名＝弘光、助貞、通称＝彦四郎

正宗の養子となり、"相州伝を完成させた"と評されるその作風を継承するが、正宗ほどの激しさはなく穏やかな作風を得意とした。亀甲、寺沢、太鼓鏡などのほか、前田家伝来の「幅広貞宗」などを残す。

佐々 文夫　さっさ・ふみお
HOYA専務、日本デザイナー・クラフトマン協会理事長

[生年月日] 大正13年（1924年）2月16日
[没年月日] 平成12年（2000年）2月12日
[出身地] 徳島県　[学歴] 文部省工芸技術講習所〔昭和19年〕修了　[専門] ガラス工芸

昭和24年保谷硝子（現・HOYA）に入社。38年取締役、43年常務を経て、58年専務。平成3年顧問。一方、25年新工芸協会を結成、26年第1回展に出品。30年初の個展を開催。31年日本デザイナー・クラフトマン協会結成に参加。32年クリスタル・タンブラーなどが第1回グッドデザインに選定。33年ブリュッセル万博〈食卓の器〉グランプリ受賞。34年日本デザイナー・クラフトマン協会理事長に就任した。
[受賞] 国井喜太郎産業工芸賞（第6回）〔昭和53年〕「企業における卓越したデザイン運営とその成果」（保谷硝子クリスタル事業部デザインスタッフ）、ブリュッセル万博〈食卓の器〉グランプリ〔昭和33年〕

佐藤 丑蔵　さとう・うしぞう
工芸家

[生年月日] 明治22年（1889年）3月4日
[没年月日] 昭和61年（1986年）9月2日
[出身地] 宮城県蔵王町　[専門] こけし

13歳から木地師見習となり、明治42年独立。各地を歩きながら遠刈田系こけしの新境地を開き、遠刈田系こけしの第一人者として54年現代の名工に選ばれた。怒り顔と呼ばれる鋭い顔立ちで、異彩を放つ"丑蔵こけし"で知られる。
[受賞] 河北文化賞〔昭和54年〕、現代の名工〔昭和54年〕、宮城県産業功労賞、蔵王町産業功労賞、全日本こけしコンクール文部大臣奨励賞（第10回）

佐藤 佐志馬　さとう・さしま
こけし職人　土湯こけし工人組合長

[生年月日] 昭和60年（1985年）12月25日
[出身地] 福島県福島市

父・嘉吉は土湯こけしの基礎を作った名人級工人。その三男に生まれ木地師を継いだが、こけしは昭和12年頃より製作を始め、独得の土湯系こけしを作った。

佐藤 灼山　さとう・しゃくざん
陶芸家

[生年月日] 大正2年（1913年）5月9日
[没年月日] 平成18年（2006年）5月24日
[出身地] 大分県宇佐市　[本名] 佐藤国二
[学歴] 東京高等獣医学校〔昭和9年〕卒　[資格] 獣医

獣医の傍ら彫刻家・安永良徳門下に入り、のち灼土会の高橋元に師事して陶芸に転向。昭和36年築窯。日展、日本現代工芸展などに出品。中近東やヨーロッパ、アフリカを訪れて、壁画、発掘品を探り原始美術を研究し、原始土器風の作品を制作した。作品集「佐藤灼山の陶芸」がある。
[師弟] 師＝高橋元
[受賞] 日本現代工芸展工芸賞〔昭和58年〕、日本現代工芸展会長賞〔昭和62年〕

佐藤 潤四郎　さとう・じゅんしろう
ガラス工芸家

[生年月日] 明治40年（1907年）9月26日
[没年月日] 昭和63年（1988年）10月23日

［出生地］福島県郡山市　［学歴］東京美術学校(現・東京芸術大学)〔昭和9年〕卒　［団体］ガラス工芸研究会

昭和9年高等小学校の図画手工科教員、11年各務クリスタル製作所に入社。13年文展初入選。22年日展特選、27年審査員。35年各務クリスタル製作所取締役、47年退職。その後は各地で個展を開いたり、後進の指導にあたった。また31年デザイナークラフトマン協会(現・日本クラフトデザイン協会)の創立に加わり、初代理事長。通産省選定グッドデザイン商品審査委員、ガラス工芸研究会初代委員長、東京ガラス工芸研究所主任教授などを歴任。著書に「ガラスの旅」「ガラスのフォークロア」。

［受賞］国井喜太郎賞〔昭和52年〕、窯業協会功労賞〔昭和53年〕、福島県知事表彰〔昭和62年〕
［叙勲］勲四等瑞宝章〔昭和53年〕

佐藤 忠雄　さとう・ただお
陶芸家

［生年月日］昭和13年(1938年)7月9日
［没年月日］平成11年(1999年)12月29日
［出身地］秋田県平鹿郡平鹿町　［学歴］湯沢高卒　［団体］北海道陶芸会

茨城県日立市でエンジニアとして勤めた後、北海道へ渡り、昭和47年上川郡内美瑛町で"山麓窯"を開き、63年窯を東川に移転。さらに私設「アート・ギャラリー」を開館。

佐藤 竹邑斎　さとう・ちくゆうさい
竹工芸家

［生年月日］明治34年(1901年)
［没年月日］昭和4年(1929年)
［出生地］大分県　［本名］佐藤智世太

小学校卒業後、別府で8年間室澄小太郎に師事。その後東京、京都で染色の修業。大正14年パリ万博で銅賞を受賞。15年フィラデルフィア万博金賞受賞。高級花籠を得意とした。

佐藤 もとい　さとう・もとい
染色家

［生年月日］明治41年(1908年)1月28日
［没年月日］昭和63年(1988年)2月1日
［出身地］青森県　［学歴］武蔵野美術大学〔昭和2年〕卒, 武蔵野美術大学工業デザイン科〔昭和7年〕卒　［専門］草木染　［団体］日本美術家連盟, 小田原工芸協会(会長)

昭和8年三越百貨店図案部、10年高島屋百貨店衣図案部各勤務。12年内閣印刷局紙幣図案課に勤務し、五拾銭小額紙幣のデザインを担当、14年退職。以後、講演、ラジオ・テレビ出演などで活躍。
［受賞］日本染織作家展大賞

佐藤 陽雲　さとう・よううん
漆芸家

［生年月日］明治27年(1894年)
［没年月日］昭和41年(1966年)
［出生地］新潟県村上　［専門］村上堆朱

上京して岩佐芳舟に村上堆朱を学んだ後、警察官となった。やがて彫漆の仕事に戻り、日本工芸美術展に出品。大正15年工芸団体・無型(むけい)に参加した。昭和2年帝展に初入選、8年帝展特選。12年からの新文展では第1回から無鑑査。同年実在工芸美術会の創立に際して同人となる。戦後は日展を中心に活動した。
［受賞］帝展特選〔昭和8年〕

佐藤 吉房　さとう・よしふさ
刀工

［生年月日］明治40年(1907年)
［没年月日］昭和49年(1974年)6月

[出生地]栃木県河内郡富屋村　[本名]佐藤留吉　[別名等]初名＝吉久　[学歴]日本刀学院修了　[専門]鍛刀

宇都宮市徳次郎町の鍛冶師・富屋村徳次郎の家に生まれる。昭和16年栗原彦三郎創設の日本刀学院を修了し、宮入昭平に師事。17年軍の鍛錬刀工となり約200口を納入した。戦後27年、栗原彦三郎提案の講和記念刀に吉房と改名して出品。以来、鍛刀に従事した。
[師弟]師＝宮入昭平

里中 英人　さとなか・ひでと
陶芸家　文教大学教授

[生年月日]昭和7年（1932年）6月15日
[没年月日]平成1年（1989年）5月30日
[出生地]愛知県名古屋市　[学歴]東京教育大学芸術学科卒、東京教育大学専攻科工芸・建築学専攻〔昭和31年〕修了

宮之原謙、八木一夫に師事。昭和45年銀座・壹番館画廊ではじめての個展。48年文化庁芸術家在外研修員として欧米留学。前衛部門で活躍、その作風は陶土によるエッセイストといった傾向をみせている。三軌会会員、東陶会会員を経て、走泥社同人。
[受賞]日本陶芸展（前衛部門優秀作品賞・外務大臣賞、第1回）〔昭和46年〕、東陶会展会長賞、ファエンツァ国際陶芸展（第30回）ラベンナ州賞〔昭和47年〕

真景　さねかげ
刀工

[生没年]生没年不詳

正宗十哲の一人である越中則重の門弟と伝えられるが、定かではない。現存する作品では「加州住真景／貞治六年」の銘が入った短刀（重要文化財）が著名だが、その他に現存する作は極めて少なく、無銘の刀のうち則重風のものを彼の作としているが、確証はない。

真恒　さねつね
刀工

[生没年]生没年不詳

平安末期の刀工。同時期に備前国で活躍し、名前に"恒"を通字にする一派に属する。久能山東照宮に所蔵されている太刀は国宝に指定され、同じ古備前の大名物で国宝に指定されている「大包平」と並んで、現存する全ての日本刀の中で最高のもの一つに数えられる。

真光　さねみつ
刀工

[生没年]生没年不詳
[出身地]備前国邑久郡長船（岡山県）

備前国長船派の刀工で、鎌倉時代中期に活躍した。長光の門下、またはその子という。致道博物館所蔵の太刀が国宝に指定されている他、重要文化財に指定されている太刀もある。

真守　さねもり
刀工

[生没年]生没年不詳

伯耆国大原の刀工で、平安時代中期に活躍した。安綱の子という。重要文化財に指定されている太刀がある。

真守　さねもり
刀工

[生没年]生没年不詳
[出身地]備前国畠田（岡山県）　[別名等]通称＝弥次郎

備前国長船に隣接する畠田の刀工で、畠田派の祖である守家の子。鎌倉時代中期に活

躍した。重要文化財に指定されている太刀や剣がある。
［家族］父＝守家（刀工）

佐野 猛夫　さの・たけお
染色家　京都市立芸術大学名誉教授

［生年月日］大正2年（1913年）10月22日
［没年月日］平成7年（1995年）10月2日
［出生地］滋賀県　［学歴］京都市立美術工芸学校図案科〔昭和7年〕卒　［専門］ろうけつ染め　［団体］日展

昭和8年「天神祭ノ図」で帝展初入選。17年小合友之助、板垣稔次郎と研究会、母由良荘を結成。21年「童女の図」で日展特選。以降絞りを加えるなどろう染めに新手法をとり入れ、水をテーマに「水生」「黒い潮」「噴煙の島」などを制作。36年京都市立美術大学助教授、38年教授を歴任した。
［受賞］日本芸術院賞〔昭和48年〕「噴煙の島」、日展文部大臣賞「黒い潮」、京都府文化賞特別功労賞（第6回）〔昭和63年〕、京都市文化功労者
［叙勲］勲四等旭日小綬章〔昭和59年〕

佐野 長寛　さの・ちょうかん
漆工

［生年月日］寛政3年（1791年）
［没年月日］文久3年（1863年）
［出生地］京都　［別名等］俗称＝長浜屋治助

諸国を巡って名工、名品を訪ねつつ漆芸技法を修め、江戸でも研鑽を重ねる。文政8年（1825年）京都に帰り、高麗の名工張寛の5代目末葉と称し"長寛"と号した。斬新な意匠の創意に努め、特に黒漆塗に優れた。

左 行秀　さの・ゆきひで
刀工

［生年月日］文化10年（1813年）

［没年月日］明治20年（1887年）3月5日
［出生地］筑前国上座郡星丸村（福岡県）　［本名］豊永東虎　［旧姓名］伊藤　［別名等］通称＝久兵衛、久左衛門

伊藤家の二男で、筑前国の刀工・左文字の流れを汲む意から左姓を称した。上京して清水久義に師事した後、弘化3年（1846年）土佐国に入り、同国で活動。安政3年（1856年）土佐藩主・山内家に仕官して職人支配を命じられた。7年から慶応3年（1867年）末まで江戸詰となり、明治維新後に土佐へ戻った。新々刀の名工として知られる。

沢田 惇　さわだ・じゅん
陶芸家　大分県立芸術文化短期大学教授

［生年月日］昭和8年（1933年）7月24日
［没年月日］平成5年（1993年）2月6日
［出身地］京都府京都市　［学歴］京都市立美術大学美術学部工芸科陶磁器工芸専攻〔昭和33年〕卒　［団体］日本クラフトデザイン協会

父は陶芸家の沢田痴陶人。京都市立美術大学（現・京都市立芸術大学）を卒業後、愛媛県砥部町の梅野製陶所、伊万里陶苑などを経て、昭和58年独立。染付によるシンプルなデザインの作品に定評があった。
［家族］父＝沢田痴陶人（陶芸家）
［受賞］愛媛県デザインコンクール特賞・知事賞、海外輸出振興会中小企業長官賞、日本ニュークラフト展日本クラフト大賞

沢田 舜山　さわだ・しゅんざん
陶工

［生年月日］文政1年（1818年）
［没年月日］明治27年（1894年）
［出生地］若狭国納田江（福井県）

京都粟田の陶工6代目錦光山宗兵衛のもとで修業。陶技を買われ、安政元年（1854年）

肥前鍋島藩大川内山に、万延元年（1860年）には福岡藩に招かれ、藩窯の須恵焼の復興に努めた。明治3年廃藩により須恵焼が民営となってからは野間皿山（現・福岡市南区）に移り、松永吉蔵のもとで須恵焼再興に携わったとされる。その窯も間もなく廃窯となった。

沢田 宗山　さわだ・そうざん
陶芸家, 図案家

［生年月日］明治14年（1881年）5月31日
［没年月日］昭和38年（1963年）3月8日
［出生地］京都府京都市　［本名］沢田誠一郎
［学歴］京都市立美術工芸学校〔明治33年〕卒

明治37年京都市の命で工芸図案研究のため米国留学、38年にはコロンビア大学で講義を行った。41年京都に沢田図案研究所設立、大正2年農商務省図案及び応用作品展（のちの工芸展）に図案作品が多数入選、その後も同展に発表。6年京都伏見に窯を築き作陶、昭和3年帝展特選、5年帝展審査員となった。10年からは個展を主に発表。

沢田 宗沢　さわだ・そうたく
蒔絵師

［生年月日］天保1年（1830年）
［没年月日］大正4年（1915年）6月
［出生地］加賀国金沢（石川県）　［本名］沢田宗次　［旧姓名］沢田次作　［別名等］別号＝沢田宗沢斎

金沢に生まれ、安政年間の始めから卯辰山下の観音町に住み、梅田三五郎に蒔絵を学ぶ。自ら金粉を製し、また木地師、塗師に自分の考案を図示して創作に意を用い、肉揚の新法を発見。掌大の器にも精妙な画をかいた。加賀蒔絵の伝統を生かした独自の作風を完成し、金沢における明治の代表的蒔絵師となった。明治14年の第2回内国勧業博覧会以来、内外の博覧会に出品し受賞した。代表作は「秋草蒔絵手箱」。長男の良太郎が2代目宗沢を継いだ。
［家族］長男＝沢田宗沢（2代目）

沢田 痴陶人　さわだ・ちとうじん
陶芸家

［生年月日］明治35年（1902年）
［没年月日］昭和52年（1977年）
［出生地］京都府宮津　［本名］沢田米三　［学歴］陶磁器試験場附属伝習所正科〔大正6年〕卒　［専門］伊万里焼

昭和9年佐賀県有田窯業試験場で陶芸図案の指導を務める。18年三重県佐那具陶器研究所で中国陶磁を研究。35年佐賀県嬉野町に移り住み、窯元の絵付けを数多く手がける。43年伊万里陶苑設立に加わり、以後は伊万里を拠点に顧問図案（絵付）家として創作活動を続けた。生前は無名に近かったが、平成9年英国の大英博物館ジャパン・ギャラリーで個展が開催され、脚光を浴びる。10年佐賀県立美術館で里帰り展が開催される。
［家族］息子＝沢田惇（陶芸家）

沢田 由治　さわだ・よしはる
常滑市立陶芸研究所所長

［生年月日］明治42年（1909年）2月10日
［没年月日］平成6年（1994年）10月28日
［出生地］愛知県常滑市　［別名等］号＝常安
［学歴］常滑陶器学校卒　［専門］陶芸, 古陶磁　［団体］日本陶磁協会

常滑の陶器学校で杉江伝八から轆轤の指導を受ける。戦後、古常滑の美を源流から集大成し、昭和36年の常滑市立陶芸研究所開設以来、57年まで所長を務めるかたわら、自ら作陶も行った。著書に「日本のやきもの・常滑」「古常滑名品図録」。
［家族］父＝沢田清三郎（茶道家・華道家）

三文字屋 九右衛門　さんもんじや・きゅうえもん
陶工　京都粟田口焼の祖

[生没年] 生没年不詳

寛永元年（1624年）尾張瀬戸から三条粟田口今道町（現・京都市東山区）へ移り住んで窯を開き、粟田口焼を始める。のち、三文字屋家は将軍家へ御用茶碗調進を手掛ける窯元となった。

【し】

椎名 吉次　しいな・よしつぐ
鋳物師

[生没年] 生没年不詳
[出生地] 下野国天明（栃木県）

鋳物師の家に生まれ、江戸に出て名工と評されるようになり、江戸築城の際に御鋳物師として幕府に召される。慶長19年（1614年）京都方広寺梵鐘の脇棟梁、伊予守となった。作品は古様を残しながらも引き締まってよくまとまった形を示す。代表作に久能山廟前の銅燈台、芝公園の東照宮銅燈台、上野清水堂の鰐口など。

椎原 市太夫　しいはら・いちだゆう
加賀蒔絵師

[生没年] 生没年不詳
[出生地] 江戸

江戸で名工と評された清水源四郎の門人。寛永年間（1624～43年）に加賀藩主前田綱紀に召されて金沢に下り、扶持を与えられ桶町に住した。印籠への細工を得意とし、五十嵐道甫とともに加賀蒔絵の発展に尽力、精緻な蒔絵を施して加賀印籠の分野を拓いた。また茶人としても知られ、香合は茶人の間で風雅な作品として珍重された。

塩多 慶四郎　しおだ・けいしろう
漆芸家

[生年月日] 大正15年（1926年）1月17日
[没年月日] 平成18年（2006年）9月24日
[出生地] 石川県輪島市　[学歴] 輪島男児高小卒　[資格] 重要無形文化財保持者（髹漆）〔平成7年〕　[専門] 髹漆　[団体] 日本工芸会

昭和15年父・政について髹漆の道に入り、27年塩多漆器店4代目を継ぐ。蒔絵作家の勝田静璋に師事。40年第12回日本伝統工芸展初入選、43年同展正会員。51年同展日本工芸会長賞。平成7年人間国宝に認定される。伝統技法に立脚しながら、近代的造形感覚にあふれる作品が多い。平成5年正倉院宝物「漆彩絵花形皿」の模造制作を行う。また長く石川県立輪島漆芸技術研修所で後進の指導に当たった。代表作に「乾漆線文盤」「乾漆合子」「乾漆蓋物 悠悠」など。
[家族] 二男＝塩多淳次（漆芸家）
[師弟] 師＝塩多政, 勝田静璋
[受賞] 北国文化賞〔昭和61年〕、日本伝統工芸展日本工芸会長賞（第23回）〔昭和51年〕「乾漆線文盤」、日本伝統工芸展朝日新聞社賞（第24回）〔昭和52年〕、日本伝統工芸展保持者選賞（第34回）〔昭和62年〕
[叙勲] 紫綬褒章〔昭和62年〕、勲四等旭日小綬章〔平成11年〕

塩塚 豊枝　しおつか・とよえ
大分県立芸術短期大学学長

[生年月日] 明治43年（1910年）5月2日
[没年月日] 平成3年（1991年）1月17日
[出生地] 福岡県山門郡大和町　[学歴] 東京美術学校（現・東京芸術大学）工芸科〔昭和12年〕卒　[専門] クラフトデザイン

商工省、福岡通産局勤務を経て、昭和32年大分県日田産業工芸試験所長に就任。竹を縁に巻いた赤い盆のデザインや、竹曲製品などを手がけた。42年大分県立芸術短期大学教授、48年同学長を歴任し、52年名誉教授。54年永い九州地区の産業工芸振興活動に対し、第7回国井喜太郎産業工芸賞を受賞。日本クラフトデザイン協会、九州クラフトデザイナー協会名誉会員。
［受賞］国井喜太郎産業工芸賞（第7回）〔昭和54年〕

塩見 政誠　しおみ・まさなり
蒔絵師

［生年月日］正保3年（1646年）
［没年月日］享保4年（1719年）9月
［出生地］京都　［別名等］通称＝小兵衛

上方蒔絵の名手で特に研出蒔絵に優れ、精巧で優美な作風は"塩見蒔絵"と称された。また、墨蒔絵や木地蒔絵にも長じ、代表作に「比良山蒔絵硯箱」など。

四方 龍文(1代目)　しかた・りゅうぶん
鋳金家

［生年月日］享保17年（1732年）
［没年月日］寛政10年（1798年）
［出生地］丹波国亀山（京都府）　［別名等］銘＝金寿泰

丹波亀山藩士であったが、銅器の製作を行うようになる。明和元年（1764年）京都東洞院付近に住し、茶の湯釜を応用して蝋型を用いて鉄瓶を鋳造する方法を発明。また"青もどし"と称する伝色の方法を創作した。作品には"金寿泰"と銘刻。なお2代目以降は"龍文堂"と称して子孫が継承した。

四方 龍文(2代目)　しかた・りゅうぶん
鋳物師

［生年月日］安永9年（1780年）
［没年月日］天保12年（1841年）
［別名等］通称＝安之助, 別号＝龍文堂

初代の長男。初代が創始した"青もどし"といわれる色上げ法などの技術を受けつぎ、中国の古銅器を模した作品や鉄瓶を製作した。のち加賀藩主に依頼されて九谷焼の試作も行ったという。初代の名からとって龍文堂とも称した。

四方 龍文(3代目)　しかた・りゅうぶん
鋳物師

［生年月日］寛政8年（1796年）
［没年月日］嘉永3年（1850年）
［別名等］通称＝安之介, 別号＝龍文堂

文政10年（1827年）3代目龍文を襲名し、鋳物製作に励む。ちょうどブリキが日本にもたらされた時期であったので、これを取り寄せて茶入や湯沸・矢立などに用いたという。家業のかたわら、茶道や和歌俳諧も嗜んだ。

四方 龍文(6代目)　しかた・りゅうぶん
鋳物師

［生年月日］天保11年（1840年）
［没年月日］大正10年（1921年）1月8日
［出生地］京都　［本名］溝口

紹美栄祐、高橋道八、伊東陶山らと維福社を組織。京都の工芸品を東京で商ったが、のち中断。喜兵衛龍文堂を継ぐ際に四方姓に改めず、従来通りに溝口を称した。

四方 龍文(7代目)　しかた・りゅうぶん
鋳金家

［生年月日］明治1年（1868年）
［没年月日］昭和7年（1932年）7月17日
［旧姓名］広谷

5代目の二女と結婚し、大正10年7代目を相続した。

治五右衛門（1代目） じごえもん
蒔絵師　城端蒔絵の祖

[生没年]生没年不詳
[本名]畑好永　[専門]城端蒔絵

長崎で中国人から密陀僧（一酸化鉛）を用いて絵付けをする画法を習い、これを漆器に応用して白色を表わすことを特色とする城端蒔絵を創始した。このことより、城端蒔絵は治五右衛門塗とも称される。

治五右衛門（11代目） じごえもん
蒔絵師

[生年月日]天保6年（1835年）
[没年月日]明治12年（1879年）7月17日
[出身地]越中国（富山県）　[本名]小原治五右衛門　[別名等]号＝得賀

代々続く蒔絵師の11代目。絵画に秀で、乾漆朱塗盃、精緻な蒔絵で知られる。
[家族]父＝治五右衛門（10代目）

治五右衛門（12代目） じごえもん
蒔絵師

[生年月日]慶応3年（1867年）9月21日
[没年月日]大正7年（1918年）12月5日
[出身地]越中国（富山県）　[本名]小原治五右衛門　[別名等]号＝白晃

蒔絵師・11代目治五右衛門の長男に生まれる。家伝の秘法を修得し、明治34年のパリ万博など内外の博覧会に出品した。初代から6代目までの密陀絵と比べて、7代目以後の作品は漆画と蒔絵を得意とし、特に軽粉を用いた白蒔絵は天下無類のものとして知られた。

志津 兼氏　しず・かねうじ
刀工

[生年月日]弘安1年（1278年）
[没年月日]興国5・康永3年（1344年）
[別名等]名＝包氏

大和手掻派を学んだのち、相州正宗に師事したと伝えられる。美濃国志津の地で鍛刀したことから"志津兼氏"と呼ばれ、正宗に近い作風ながら、太刀では直刃調の大和風のものと、湾れに互の目を交え沸の深くついた相州風の2種が確認される。弟子に兼友、兼次、兼利らがいるが、それぞれ同国直江に移住したため、総称して"直江志津"と呼ばれる。

自然斎　じねんさい
陶画工

[生年月日]文政4年（1821年）
[没年月日]明治10年（1877年）
[出生地]近江国坂田郡鳥居本村（滋賀県）
[本名]岩根治平　[別名等]通称＝治右衛門、号＝自然、恵高斎、誠有、錦霞楼主人、雪香亭　[専門]湖東焼

中山道の鳥居本宿で米屋という旅宿を営む。近江彦根藩士の中島安泰に絵を学び、安政3年（1856年）より同藩の普請方より焼付絵窯元の免許を得て湖東焼の磁器に上絵付けを行った。精緻な画風で、山水・人物・花鳥を幅広く描いた。

篠崎 保平　しのざき・やすへい
装剣金工

[生没年]生没年不詳
[別名等]通称＝庄右衛門

軍艦功阿弥に師事し、のち土屋安親の門弟となる。水戸白銀町に住み、功阿弥門下の兄弟弟子である谷田部通寿と共に水戸金工の基礎を築いた。現存する作品は少ない。

篠田 義一　しのだ・ぎいち
陶芸家　長野県陶芸作家協会会長

[生年月日]大正13年（1924年）12月26日
[没年月日]平成22年（2010年）1月26日
[出生地]長野県下伊那郡川路村（飯田市）
[学歴]松本二中卒

昭和17年京都で近藤悠三に入門。19年陸軍に応召、20年内地で敗戦を迎えた。23年近藤家の内弟子となり、24年日展に初入選し、28年まで連続5回入選。36年まで同展に出品。この間、師の二女と結婚。37年郷里の長野県松本へ移住。40年県の文化使節として渡米。また、長野県陶芸作家協会の設立に中心的な役割を果たし、初代会長に就任。長く朝日陶芸展の審査委員も務めた。
[家族]長男＝篠田典明（陶芸家）、二男＝篠田弘明（陶芸家）[親族]岳父＝近藤悠三（陶芸家）
[受賞]朝日陶芸賞〔昭和33年〕、松本市文化芸術功労者〔平成3年〕、長野県文化芸術功労者〔平成4年〕、地域文化功労者文部科学大臣表彰〔平成13年〕

笹田 月暁　しのだ・げっきょう
蒔絵師

[生年月日]明治16年（1883年）
[没年月日]昭和6年（1931年）
[出生地]石川県金沢市大衆免　[専門]加賀蒔絵

越野七兵衛に師事し、伝統的な加賀蒔絵を習得。特に日本画を高村右暁に学んだところから、意匠に近代的な新しさがあった。大正年間に各種展覧会に出品し、入賞を重ねる。代表作に「蒔絵南天図硯箱」など。また、千川紫光、越野暁光、浅香光甫、野村六郎など多くの職人の育成にも力を注いだ。
[師弟]師＝越野七兵衛、高村右暁

篠井 秀次(1代目)　しののい・ひでつぐ
塗師

[生没年]生没年不詳
[出生地]大和国（奈良県）　[別名等]通称＝弥五郎、号＝善斎

武野紹鷗に腕を認められ、主に茶道具の塗を得意とし、特に棗の作品に工夫を凝らした。なお子の善鏡は、氏を野路に改め、豊臣秀吉から"天下一"の称を与えられ、のち代々秀次と称して6代まで続いた。
[家族]子＝野路善鏡（塗師）

篠原 能孝　しのはら・よしたか
陶芸家

[生没年]生没年不詳
[出身地]東京

明治11年四谷区東信濃町に小窯を築いて磁器を制作。

柴崎 重行　しばざき・しげゆき
木彫りグマ作家

[生年月日]明治38年（1905年）
[没年月日]平成3年（1991年）10月17日
[出生地]北海道山越郡八雲町

埼玉県からの移住2代目。営農のかたわら手斧による彫刻に取り組み、木彫りのクマを製作。アイヌ民族に代表される"旭川系"と並ぶもう一つの木彫りグマの潮流である"八雲系"を代表する木彫りグマ作家として知られる。優しさと荒々しさが同居する作風で、自ら編み出した"撥り彫り"の手法を確立した。

柴田 一光　しばた・いっこう
陶工

[生年月日]天保8年（1837年）5月
[没年月日]明治44年（1911年）5月

[出身地]尾張国(愛知県)　[本名]柴田和吉
尾張常滑の陶工。ロクロ師で朱泥急須などつくった。

柴田 真哉　しばた・しんさい
漆芸家

[生年月日]安政5年(1858年)
[没年月日]明治28年(1895年)
[出身地]東京浅草猿屋町　[本名]柴田慎次郎
日本画家・蒔絵師の柴田是真の二男。父に髹漆(きゅうしつ)と絵画を学ぶ。明治28年第4回内国勧業博覧会に漆画盆石図の扁額を出品するなど、父と同じく漆芸家として活動したが、38歳で自殺した。
[家族]父=柴田是真(日本画家・蒔絵師)、兄=柴田令哉(蒔絵師)

柴田 是真　しばた・ぜしん
日本画家,蒔絵師

[生年月日]文化4年(1807年)2月7日
[没年月日]明治24年(1891年)
[出生地]江戸両国橋町　[別名等]幼名=亀太郎、名=順蔵、号=対柳居、令哉　[資格]帝室技芸員〔明治23年〕
宮彫師柴田市五郎の子。11歳で古満寛哉について蒔絵を学び、16歳で四条派の鈴木南嶺に絵画を学ぶ。24歳の時に南嶺の紹介で京都に赴き、岡本豊彦の門に入った。蒔絵のほかに漆絵による作品も製作。また弘化2年(1845年)に中絶していた青海波塗を研究して復活させ、紙面には漆絵を描いたり、研出蒔絵を施すことを試みた。特に蒔絵と漆絵に独自の妙技を振い、明治漆工界に貢献した。ウイーン万博、フィラデルフィア万博、パリ万博など多くの展覧会に出品して受賞。明治23年(1890年)帝室技芸員となり、24年には小川松民、川之辺一朝らと共に日本漆工会を創設した。代表作は「烏鷺蒔絵菓子器」「蓮池鴨蒔絵額」などがある。
[家族]長男=柴田令哉(蒔絵師)、二男=柴田真哉(蒔絵師)、父=柴田市五郎(宮彫師)
[師弟]師=古満寛哉、鈴木南嶺、岡本豊彦

柴田 善平　しばた・ぜんぺい
陶工

[没年月日]明治35年(1902年)
肥前大川内の陶工。捻り細工の名人。明治8年但馬の出石窯に招かれ、また播磨の姫路窯にも従事。晩年は肥前橘村の上野窯に赴いた。

柴田 長一郎　しばた・ちょういちろう
南部鉄器鉉師

[没年月日]平成17年(2005年)11月1日
[出身地]岩手県盛岡市　[資格]国指定伝統工芸士〔平成7年〕
作品「櫛目丸型鉄瓶」の鉉は第15回全国伝統工芸品展の内閣総理大臣賞を受賞。平成7年通産大臣指定の伝統工芸士に認定された。
[受賞]全国伝統工芸品展内閣総理大臣賞(第15回)「櫛目丸型鉄瓶」

柴田 政太郎　しばた・まさたろう
篆刻家,刀工　秋田県議

[生年月日]明治17年(1884年)11月10日
[没年月日]昭和28年(1953年)3月12日
[出生地]秋田県羽後町　[別名等]号=果、木鶏、紫陽花
14歳頃から篆刻をはじめたといわれ、長じて果の号を用い、多くの篆刻を制作。その手にかかる印は犬養毅や張学良らにも愛用された。また、国工の称号を持つ刀工でもあり、古文献を漁って鎌倉時代前後に絶滅したと言われる鍛刀法を復活。さらに水

素還元法などの科学的な技術を制作に導入し、昭和9年には帝展に鍛刀を出品して2位入賞を果たした。その活躍は以上に留まらず、自ら「一芸三年」と称し、剣道、柔道は段位を持ち、謡曲は秋田における喜多流の重鎮で、同時に太鼓も修め、書は黄山谷の風を受け継ぎ、紫陽花と号して俳句も嗜んだ。発明家としてもすぐれ、箸の製造機で特許を取得。その他にも、秋田県議を1期務めるなど、多才多芸の人であった。
[受賞]帝展2位〔昭和9年〕

柴田 令哉　しばた・れいさい
蒔絵師

[生年月日]嘉永3年(1850年)9月14日
[没年月日]大正4年(1915年)10月29日
[出生地]江戸浅草(東京都)　[本名]柴田亀太郎

日本画家・蒔絵師の柴田是真の長男。5歳で母を亡くす。父と池田泰真から教養指導を受け、11歳から父に蒔絵技術を習った。明治10年第1回内国勧業博覧会に出品した処女作で鳳紋賞を受賞。12年龍池会、23年日本漆工会の設立に参画。24年宮内省より「桜紅葉蒔絵御書棚」の下命を受け、3年がかりで完成させた。第4回、5回の内国勧業博覧会では審査官を務めた。
[家族]父=柴田是真(日本画家・蒔絵師)、弟=柴田真哉(蒔絵師)

芝山 宗一　しばやま・そういち
蒔絵師

[生没年]生没年不詳
[本名]芝山惣七

芝山易政(仙蔵)について芝山象嵌を学び、幕末から明治にかけて活躍した。第1～3回の内国勧業博覧会に出品・入賞した。

志布 正治　しぶ・まさじ
神輿師

[生年月日]大正6年(1917年)1月24日
[没年月日]平成2年(1990年)6月2日
[出生地]山形県　[別名等]号=景彩　[資格]無形文化財保持者

桶職人の息子に生まれ、高等小卒後、14歳で上京し、神輿師に弟子入り。以来神輿づくり一筋。浅草本社神輿や神田神輿をはじめとして、2000基以上の神輿を手がけた。東京国立博物館所蔵の国宝級の神輿の復元作業にも参加。昭和57年現代の名工に選ばれた。
[受賞]現代の名工〔昭和57年〕、伝統文化ポーラ特賞(第4回)〔昭和59年〕
[叙勲]黄綬褒章〔昭和59年〕

渋江 終吉　しぶえ・しゅうきち
染織家

[生年月日]明治22年(1889年)
[没年月日]昭和8年(1933年)
[出生地]静岡県静岡市

森鷗外の史伝で知られる儒学者・渋江抽斎の孫。俳句を趣味としていた父の影響で文芸に親しみ、小説家を志したこともあるという。本多錦吉郎に絵画を学んだ後、大正3年画家の津田青楓に入門。5年京都から東京へ戻り、図案家として活動。15年日本工芸美術展に「だりあの図二曲屏風」を出品。同年工芸団体・无型(むけい)に参加した。刺繍や染色を中心に作品を制作した他、著書「名物裂の研究」もある。
[家族]祖父=渋江抽斎(儒学者・医師)

島岡 達三　しまおか・たつぞう
陶芸家　島岡製陶所代表取締役

[生年月日]大正8年(1919年)10月27日
[没年月日]平成19年(2007年)12月11日

[出生地]東京市芝区愛宕町(東京都)　[学歴]東京工業大学窯業学科〔昭和16年〕卒　[資格]重要無形文化財保持者(民芸陶器・縄文象嵌)〔平成8年〕　[専門]益子焼　[団体]国画会工芸部,日本民芸協会

東京に3代続く組紐師の家に生まれる。父の勧めにより東京府立高等学校理科に学び、東京工業大学窯業学科在学中から浜田庄司に私淑。昭和16年同校を繰り上げ卒業し、17年応召。20年ビルマで終戦を迎えた。21年復員後、浜田に正式に入門。25年から3年間、栃木県窯業指導所に勤務した。28年益子にある師の家の隣に住居と窯を構えて独立。29年東京で初の個展を開催。李朝の三島手に関心を持ち、また父の組紐と、窯業指導所時代に手がけた縄文土器の複製を通じて、組紐を転がして器に文様をつけ、その上に塗り埋めた化粧土を平らにして文様を表す独自の縄文象嵌技法を確立。37年日本民芸館新作展で日本民芸館賞を受賞。平成8年重要無形文化財保持者(人間国宝)に認定された。カナダや米国でも個展を開き、海外でも高い評価を得た。代表作に「象嵌縄文三筋大丸壺」「地釉打刷毛目壺」「塩釉象嵌縄文皿」「練上象嵌縄文角平皿」など。

[師弟]師=浜田庄司
[受賞]栃木県文化功労者〔昭和55年〕、日本陶磁協会賞金賞〔平成6年〕、日本民芸館新作展日本民芸館賞〔昭和37年〕
[叙勲]勲四等旭日小綬章〔平成11年〕

島田 孫市　しまだ・まごいち
実業家,ガラス技術者　東洋ガラス創業者

[生年月日]文久2年(1862年)5月5日
[没年月日]昭和2年(1927年)1月19日
[出生地]豊前国島田村(大分県)

長男として生まれ、祖母に育てられる。9歳で大分県中津の薬種商・浜田屋に奉公に出、店で扱う薬びんのほとんどが舶来品であったことからガラス製造を志した。明治11年上京、工部省品川工作分局の伝習生となってガラス製作技術を習得。16年同局の推挙により大阪の日本硝子に転じたが、20年退社。21年大阪で島田硝子製造所を創業、26年には閉鎖されていた日本硝子の敷地を買収して工場を移転。35年板ガラスの国産化に成功、この功績により緑綬褒章を受けた。この間、内国勧業博覧会や海外万博などに出品・受賞して明治後期のガラス産業の第一人者となった。39年三菱の岩崎俊弥と提携して大阪島田硝子製造合資会社を設立、副社長に就任したが、41年意見対立により退社。同年大阪に新工場を設けて島田硝子を創業。大正14年株式会社島田硝子製造所(現・東洋ガラス)に改組。昭和2年講演中に脳溢血で倒れ、急逝した。

[叙勲]緑綬褒章〔明治35年〕

島田 満子　しまだ・みつこ
造形作家

[生年月日]昭和25年(1950年)
[没年月日]平成20年(2008年)2月17日
[学歴]関西女子美術短期大学工芸科陶芸コース卒

短大で陶芸を学び、昭和50年12月、25歳でスペインに一人旅に出る。51年から3年間、スペイン・セビリア美術学校陶芸科に留学し、53年帰国。54年より熊本県大津町でアトリエ・コンテンタを主宰。陶器や立体オブジェで独自の表現をみせた。

[師弟]師=ムニョス,ラファエル・ドン

島野 三秋　しまの・さんしゅう
漆芸家

[生年月日]明治10年(1877年)
[没年月日]昭和40年(1965年)5月17日
[出身地]石川県金沢市　[専門]蒔絵

蒔絵の名手として知られ、旧そごう心斎橋店の「エレベータ漆螺鈿装飾扉」が有名。文展審査員も務めた。

島袋 信次 しまぶくろ・しんじ
木工職人

[没年月日] 平成21年（2009年）8月12日
[出身地] 沖縄県那覇市

リュウキュウマツなどの沖縄材木を材料に家具を製作。平成7年現代の名工に選ばれた。
[受賞] 現代の名工〔平成7年〕

清水 卯一 しみず・ういち
陶芸家

[生年月日] 大正15年（1926年）3月5日
[没年月日] 平成16年（2004年）2月18日
[出生地] 京都府京都市東山区五条橋　[学歴] 立命館商業学校〔昭和15年〕中退　[資格] 重要無形文化財保持者（鉄釉陶器）〔昭和60年〕　[専門] 鉄釉陶器　[団体] 日本工芸会

京都五条で陶磁器問屋の家に生まれ、15歳のとき陶芸の道を志して石黒宗麿に師事して中国陶器を学ぶ。昭和18年京都市立工業試験場窯業部助手を経て、20年独立。22年四耕会、24年緑陶会結成に参加。26年日展初入選、30年より日本伝統工芸展に出品し受賞を重ね、33年日本工芸会正会員。34年ブリュッセル万博グランプリ、37年プラハ国際陶芸展金賞を受賞するなど海外でも高い評価を得た。45年京都五条坂より滋賀県湖西の蓬莱山麓に工房を移し、蓬莱窯を築窯。釉薬と土の研究に力を注ぎ、比良の土を使った蓬莱磁、黄蓬莱、蓬莱燿の一連の大器を制作。鉄釉薬陶器の第一人者として知られ、中でも中国の油滴天目を想わせる"鉄燿"はその名声を世界的に高めた。他に青磁、白磁も手がけた。60年人間国宝。代表作に「釉薬大鉢と小鉢」「柿天目釉大皿」「青瓷大鉢」「鉄燿卦分偏壺」「蓬萊鉄燿茶腕」などがある。
[師弟] 師＝石黒宗麿
[受賞] 日本陶磁協会賞（第1回, 昭29年度）, 日本陶磁協会賞（金賞, 昭51年度）, 京都府文化賞（功労賞, 第6回）〔昭和63年〕, 京都市文化功労者〔平成4年〕, 京都府文化賞（特別功労賞, 第16回）〔平成10年〕, 現代日本陶芸展朝日新聞社賞〔昭和28年〕, ブリュッセル万博グランプリ〔昭和34年〕「柿釉深鉢」, 日本伝統工芸展日本工芸会総裁賞〔昭和35年〕「鉄釉大鉢と小鉢」, 日本伝統工芸展朝日新聞社賞〔昭和37年〕, プラハ国際陶芸展金賞〔昭和37年〕「柿釉壺」, イスタンブール国際陶芸展グランプリ〔昭和42年〕
[叙勲] 紫綬褒章〔昭和61年〕, 勲四等旭日小綬章〔平成10年〕

清水 亀蔵 しみず・かめぞう
彫金家　東京美術学校教授

[生年月日] 明治8年（1875年）3月30日
[没年月日] 昭和23年（1948年）12月7日
[出生地] 広島県豊田郡　[別名等] 号＝清水南山　[学歴] 東京美術学校（現・東京芸術大学）彫金科〔明治29年〕卒　[資格] 帝国美術院会員〔昭和10年〕

明治29年東京美術学校研究科、32年塑像科に入り加納夏雄、藤田文蔵に師事、35年研究科を修了。42年香川県立高松工芸学校に勤めたが、病気で大正4年退職。四国八十八ケ所を巡礼、奈良で古美術を研究。のち上京、大正天皇即位記念献納の金装飾太刀を製作中に没した岡部覚弥の後を次いで完成。8年～昭和20年東京美術学校教授。この間帝室技芸員、日本彫金会会長、帝国美術院会員を務めた。帝展第4科設置以来出品を続け、作品には香推宮及住吉神社に納められた「黒味製鍍金の金燈篭」、第10回帝展の「梅花文印櫃」、戦後の「切嵌平象

嵌毛彫額面十二神将図」「竜文花瓶」などがある。

清水　嘉門　しみず・かもん
蒔絵師

[没年月日]明治18年（1885年）
[出身地]加賀国金沢（石川県）

金沢の代表的作家。江戸時代の名工・清水九兵衛の流れをくみ、加賀藩の用命を受けた。明治14年内国勧業博覧会に「稲穂に雀」「麥圃に雲雀」を出品、三等賞を受けた。

清水　幸太郎　しみず・こうたろう
染織家

[生年月日]明治30年（1897年）1月28日
[没年月日]昭和63年（1988年）11月15日
[出身地]東京市本所区（東京都）　[別名]号＝松吉　[学歴]小卒　[資格]重要無形文化財保持者（長板中形）〔昭和30年〕　[専門]長板中形

父・清水吉五郎（初代松吉）は江戸時代から続く松風で修業した長板中形の型付師。13歳から父に長板中形の型付けを学び、昭和11年父の没後、家業を引き継ぐ。27年東京長板本染中形協会主催の競技会に出品し、金賞・銀賞を受賞。29年より日本伝統工芸展に毎年出品。30年松原定吉とともに長板中形の重要無形文化財（人間国宝）に認定される。また、日本工芸会正会員となる。優れた染色技術と精巧無比で繊細かつ上品な作品が高く評価され、縞物、みじん物、追掛物を得意とした。代表作に「長板中形 紗稜形貝合せ文様浴衣」「長板中形 網代小松文様浴衣」などがある。
[家族]父＝清水吉五郎（染織家・初代松吉）
[師弟]師＝清水吉五郎
[叙勲]勲五等双光旭日章〔昭和42年〕

清水　甚五郎　しみず・じんごろう
彫金家

[生年月日]生年不詳
[没年月日]延宝3年（1675年）
[出生地]肥後国八代（熊本県）　[別名]別名＝仁兵衛一幸

白銀細工職人として細川家に仕え、5人扶持を支給された。"清水甚五郎"の初代にあたり、もともとは"仁兵衛一幸"と名乗っていた。その長男の永久より"甚五郎"を称するようになり、以後、その業と名は子孫に伝えられた。

清水　直乗　しみず・ちょくじょう
金工家

[生没年]生没年不詳
[出身地]加賀国河北郡清水谷（石川県）

室町中期の文明年間（1469～1487年）に活躍した加賀の象嵌師。金属工芸のなかでも、地金を彫りこみ、金銀などを埋め込んで文様を表す象嵌と呼ばれる技法に秀でていた。のちに著名となった加賀象嵌の源流といわれる。

清水　美山　しみず・びざん
陶画工

[生年月日]文久1年（1861年）
[没年月日]昭和6年（1931年）
[出身地]加賀国金沢（石川県金沢）

画を直江菱舟、岸井孝次に、陶画を笠間秀石に学ぶ。明治13年出京して、奥村忠平に薩摩焼の盛上絵付法を学ぶ。14年より金沢で陶画業。18年に松岡初次とともに陶画に金属の4分の1色をつけ、象嵌模様を現す法を創出。

清水 勇助　しみず・ゆうすけ
　　陶工

[生没年]生没年不詳
[出身地]美濃国赤坂(岐阜県)　[専門]温故焼
美濃温故焼を興した兄・平七の弟子である河野忠次と共同で温故焼を製作。明治30年頃に石僊陶業改良会をつくり、陶工の養成に尽力した。
[家族]兄=清水平七(陶工)

清水 柳景　しみず・りゅうけい
　　蒔絵師

[生没年]生没年不詳
[出身地]江戸　[別名等]通称=九兵衛
江戸で蒔絵を学び、のち京都で五十嵐道甫に入門。師と共に加賀前田家の蒔絵師として召され、加賀蒔絵の興隆を支えた。代表作品に「老松蒔絵硯箱」など。一説には元禄元年(1688年)に没したといわれる。子孫も代々前田家に仕えた。

清水 隆慶　しみず・りゅうけい
　　仏師, 人形作家

[生年月日]万治2年(1659年)
[没年月日]享保17年(1732年)11月
[出身地]京都
奈良元興寺不動明王像光背銘に名を留めていることなどから、初めは仏師として活動し、仏師で生駒山宝山寺の開山でもある湛海について造仏に従事したと推察される。湛海の没後は人形作家となり、「風俗百人一衆」などを制作して独創的な活動を行った。

下口 宗美　しもぐち・そうび
　　人形作家

[生年月日]明治37年(1904年)10月26日
[没年月日]昭和59年(1984年)
[出身地]石川県加賀市中島町　[別名等]初名=義雄　[専門]木彫人形　[団体]日本工芸会
大正8年九谷赤絵の名工・初代中村秋塘に弟子入りし、13年陶工の中村東光を頼って京都に出、絵付けに従事した。また素焼き人形作家の北村祥鳳にも師事する。15年木彫人形を志し、21年帰郷。24年第1回現代人形美術展に特選入選し、作家活動に入る。その後、日展、日本伝統工芸展に入選・受賞を重ね、36年日本工芸会正会員となる。用材の桐を一木から彫りあげ、胡粉や顔料による彩色を基本とし、"綿塑"技法による制作は、人間味あふれる温かい感触の人形を作り出した。
[師弟]師=中村秋塘(1代目), 北村祥鳳
[受賞]北国文化賞〔昭和46年〕, 現代人形美術展特選(第1回)〔昭和24年〕

下沢 土泡　しもざわ・どほう
　　陶芸家　北海荒磯焼窯元, 北海道陶芸協会会長

[生年月日]大正15年(1926年)4月18日
[没年月日]平成14年(2002年)5月20日
[出身地]北海道十勝管内広尾町　[本名]下沢力男　[学歴]広尾高小　[団体]陶光会
昭和30年、6年間勤めた北海道郵政局経理をやめ、陶芸の道に入るため愛知県瀬戸市の小笠原箕村に師事。55年陶光会全国陶芸展で奨励賞を受け会員に。59年同展で最高の会長賞を受賞。一方、地域の陶芸普及活動も活発で、50年頃から北海道各地で陶芸指導を行い、57年10月北海道陶芸会館を札幌に完成させる。北海道陶芸展も主宰した。
[受賞]陶光会全国陶芸奨励賞〔昭和55年〕, 陶光会全国陶芸展会長賞(第14回)〔昭和59年〕「古墳模様陶板」, 札幌市民文化奨励賞〔昭和61年〕, 陶光展文部大臣賞〔昭

和63年〕，国際総合美術協会公募展総裁賞〔平成2年〕，陶光展内閣総理大臣賞〔平成2年〕

下田 生素　しもだ・せいそ
　　　陶工

[生年月日] 弘化3年（1846年）
[没年月日] 大正4年（1915年）10月
[出身地] 尾張国常滑（愛知県）

陶法を岩田彦八に学ぶ。松本久右衛門の工場に入る。明治13年頃、龍巻の浮模様を創案し、海外へ輸出。27年名古屋の富士見焼に従事したがのち備前伊部陶器会社に赴く。42年岡山に招かれ彫刻物を制作した。

下間 庄兵衛（1代目）　しもつま・しょうべえ
　　　釜師

[生年月日] 生年不詳
[没年月日] 安永2年（1773年）
[別名等] 名＝政勝

名越三典浄味の門下で学び、享保年間（1716～1736年）ごろ以降の名越作を代作したと伝えられる。京釜の名工として知られ、高橋因幡らを育てた。
[師弟] 師＝名越三典

下間 庄兵衛（2代目）　しもつま・しょうべえ
　　　釜師

[生年月日] 生年不詳
[没年月日] 寛政12年（1800年）
[別名等] 名＝味次

一艸庵好みの責紐釜などが知られる。また鑑定も業とした。

下間 庄兵衛（3代目）　しもつま・しょうべえ
　　　釜師

[生年月日] 生年不詳
[没年月日] 天保9年（1838年）
[別名等] 名＝味宣，号＝浄汲

大綱宗彦好みの独楽釜などを制作。同門の安兵衛や門弟の忠八郎も知られる。

赤鶴　しゃくずる
　　　能面師

[没年月日] 生没年未詳
[出生地] 近江国（滋賀県）

南北朝時代の伝説的な能面作者で、十作の一人。もとは猿楽の役者をしていたといわれる。世阿弥の「申楽談義」によれば近江の人で、鬼面の上手と評されており、現存の能楽各宗家に伝わる鬼神系の能面には彼の作伝を持っているものもあるが、確実な作品は伝わっていない。

捨目師　しゃもくし
　　　伎楽面作者

[生没年] 生没年不詳

奈良時代に正倉院蔵の酔胡従2面、東大寺蔵の師子児、呉公、太孤児の3面などを制作。その卓越した技量は、東大寺大仏の開眼供養会面を制作した将李魚成や基永師、延均師などと匹敵することから、同期に活躍した人物の一人とみなされる。やや面長ながら自然な表情の作風を持つ。

珠徳　しゅとく
　　　茶杓師

[生没年] 生没年不詳

天文23年（1554年）の武野紹鷗、天正9年（1581年）の羽柴（豊臣）秀吉の茶会で使われた茶

杓などを手掛け、織田信長・秀吉の名物珠徳茶杓も有名。

春慶　しゅんけい
漆工

[生没年] 生没年不詳

和泉国堺で活躍。木地に柿渋などを下塗りし、荏油（えあぶら）を混ぜた透漆（すきうるし）を塗って木目の美しさを見せる技法"春慶塗"を創始。磨かなくても光沢を発することから珍重され、のち"堺春慶""飛騨春慶""能代春慶"など各地に技法が広まった。茶道指南書「分類草人木」の筆者である直松斎春渓が"春慶"に変字されて広まったとして同一人物と見なす説がある。

春若　しゅんわか
能面作者

[生年月日] 生年不詳
[生没年] 生没年不詳
[別名等] 名＝忠次, 通称＝丹波守

能面作者徳若の甥といわれ、徳若の作風を受けついで、男面を得意としたとされるが作品は残っていない。室町前期から中期頃の名工"六作"の一人に数えられる。太夫と称したようで、越前猿楽座の一員と推察する説もある。

城　秀男　じょう・ひでお
染色家　佐賀大学名誉教授

[生年月日] 明治44年（1911年）9月2日
[没年月日] 平成22年（2010年）1月22日
[出身地] 福岡県浮羽郡田主丸町　[学歴] 浮羽工〔昭和3年〕卒　[専門] 逆ろうけつ染

昭和24年佐賀大学助教授、45年教授を歴任し、52年名誉教授。40歳から本格的に染色の創作活動に入り、42年、44年日展特選。染めた布にろうを塗り、針や鉄筆で線を描いた後にその部分を脱色して白線を出す"逆ろうけつ染め"の技法を確立した。
[受賞] 佐賀県文化功労賞〔昭和52年〕、佐賀市文化功労賞〔昭和53年〕、佐賀新聞文化功労賞〔昭和55年〕、西日本文化賞（第49回）〔平成2年〕、田主丸町名誉町民〔平成14年〕、日展特選・北斗賞〔昭和42年・44年〕「豊」「現代想」
[叙勲] 勲三等瑞宝章〔昭和63年〕

正阿弥　勝義　しょうあみ・かつよし
彫金家

[生年月日] 天保3年（1832年）3月28日
[没年月日] 明治41年（1908年）12月19日
[出生地] 美作国津山（岡山県）　[別名等] 幼名＝淳蔵

美作津山藩の彫金師中山勝継の三男。幼少より父に学ぶ。18歳で備前岡山藩のお抱え彫金師正阿弥家の養子となり、9代目を継ぐ。藩主用命の金工として刀装具の彫製に従事。明治以降は明治9年の廃刀令で需要がなくなり、美術工芸分野に転向。万博などに完成度の高い作品を出品して受賞を重ね、宮内省買上となるものが多かった。代表作に「糸瓜釣花瓶」（倉敷市立美術館蔵）、「蟷螂置物」「鶏香炉」（岡山県立博物館蔵）などがある。明治31年67歳の時京都に転居。
[受賞] セントルイス万博一等金牌〔明治37年〕「緋銅地鍾馗様彫刻花瓶」
[墓所] 岡山県岡山市東山墓地

盛阿弥（1代目）　じょうあみ
塗師

[生没年] 生没年不詳
[別名等] 名＝紹甫

京都に住まい、茶道具の専門的塗師として上方で活動。千利休の塗師として豊臣秀吉から"天下一"の号を許された。在銘品には

器底に「盛」「盛(花押)」の針彫りがある。以後3代続いて盛阿弥を称した。

庄司 竹真 しょうじ・ちくしん
日本画家, 漆芸家

[生年月日]嘉永7年(1854年)3月28日
[没年月日]昭和11年(1936年)
[出生地]江戸・浅草 [本名]庄司余四郎 [別名等]字=有教, 別号=古満, 精々軒, 研寿堂
[団体]日本美術協会, 帝国絵画協会, 鷗盟会

日本画家柴田是真の門に入り, 四条派の絵や蒔絵・漆絵を学ぶ。明治10年の第1回内国勧業博覧会に蒔絵の「月ニ船図」を出品して褒状を受けたのを皮切りに, 第2回同博覧会や内国絵画共進会・工芸品共進会などでたびたび受賞。また, 日本美術協会や帝国絵画協会・鷗盟会にも会員として参加。日本青年絵画協会には設立当初から関与し, その審査員も務めた。28年日本青年絵画協会第4回展に「夏景山水」を発表し, 二等褒状。よく師・是真の画風を受け継ぎ, 山水や花鳥画に秀でた。作品は他に「月下吹笙ノ図」「山水」「花鳥」「夏景山水」などがある。

[師弟]師=柴田是真
[受賞]内国勧業博覧会褒状(第1回)〔明治10年〕「月ニ船図」, 内国勧業博覧会褒状(第2回)〔明治14年〕「月下吹笙ノ図」, 内国絵画共進会褒状(第2回)〔明治17年〕「山水」「花鳥」, 日本青年絵画協会展二等褒状(第4回)〔明治28年〕「夏景山水」

定秀 じょうしゅう
刀工

[生没年]生没年不詳

もともと豊前英彦山の僧で, 修行のかたわら刀を作成したといわれるが, その活動の詳細は分かっていない。いくつか作品が現存しているが, 刀身に桜花を彫り豊後国僧定秀の銘を入れた太刀が特に有名。鎌倉時代に活躍し名工と評された紀新太夫行平はその弟子であるという。

正田 章次郎 しょうだ・しょうじろう
天明鋳物師, 銀行家 佐野銀行頭取

[生年月日]安政2年(1855年)
[没年月日]昭和2年(1927年)
[出生地]下野国佐野(栃木県)

大正田と俗称される天明鋳物師・正田家の長男に生まれる。2歳7ケ月で父が急逝したため, 祖父利右衛門(利一郎)に育てられる。明治13年利一郎は栃木県初の私立銀行, 佐野(合本)銀行を創立, 24歳の章次郎は初代頭取となる。36歳で祖父が死去すると, 一切の役職を退き, 能楽に傾倒した。鋳物師としては, 足利市鑁阿寺, 館林市善導寺などに作品を残した。著書に「能楽辞典」がある。

[家族]祖父=正田利一郎(佐野銀行創立者・天明鋳物師)
[師弟]師=正田利右衛門(=利一郎)

正田 治郎右衛門(28代目) しょうだ・じろうえもん
天明鋳物師

[生年月日]明治26年(1893年)
[没年月日]昭和54年(1979年)
[出生地]栃木県安蘇郡佐野町 [本名]正田菊次郎 [別名等]号=賜谷 [学歴]佐野尋常高小卒 [資格]佐野市無形文化財技能保持者〔昭和53年〕

栃木県佐野に伝わる天明鋳物の代表的な鋳物師である27代目正田治郎右衛門の養子。先代が始めた, 紫がかったえび茶色に発色させる紫銅焼を改良・完成させた。昭和30年紫銅焼を研究改良して天明鋳物の興隆に尽くしたとして栃木県文化功労者となり,

正田 利一郎　しょうだ・りいちろう
　天明鋳物師　彦根藩佐野代官所御用金係, 佐野銀行創立者

[生年月日] 文化8年（1811年）
[没年月日] 明治24年（1891年）
[出生地] 下野国佐野（栃木県）　[別名等] 別名＝正田利右衛門

天明鋳物師・正田利右衛門の子。天保9年（1838年）父の死去により26歳で家督を相続し、利右衛門を襲名した。家業の鋳物業を営む傍ら酒造業も営み、彦根藩佐野代官所御用金係を務めた。一方、鉱山開発にも取り組み、越後奥只見の上田銀山や餅井戸銅山などの経営にも当たった。明治に入ると、天明小屋町（旧佐野町）の副戸長を務め、13年には栃木県初の私立銀行、佐野（合本）銀行を設立した。
[家族] 父＝正田利右衛門（天明鋳物師）

生野 祥雲斎　しょうの・しょううんさい
　竹工芸家

[生年月日] 明治37年（1904年）9月10日
[没年月日] 昭和49年（1974年）1月10日
[出生地] 大分県大分郡石城川村　[本名] 生野秋平　[別名等] 旧号＝夢雀斎楽雲　[学歴] 石城尋常高小〔大正8年〕卒　[資格] 重要無形文化財保持者（竹芸）〔昭和42年〕

大正12年別府の竹工芸家・佐藤竹邑斎の弟子となり、14年に自立、夢雀斎楽雲と号す。結婚と同時に大分市に移り、昭和7年に京都妙心寺管長神月徹宗から祥雲斎泰山の号を受ける。13～21年大分県工業試験場別府工芸指導所に勤務。15年紀元二千六百年祭奉祝展に初入選。18年、19年第6回・7回の新文展で特選、31年日展で北斗賞、32年にも特選・北斗賞受賞。34年日展会員。36年大分市白木に此君亭工房を建築。40年以降は日本伝統工芸展に出品、41年同展監査員。42年には人間国宝となる。この間23年大分県工芸作家協会会長、35年現代工芸美術協会九州会長などを歴任。代表作に「八稜櫛目編盛籃」「時代竹編盛籃 心華賦」「竹華器怒濤」「紫竹まがき華籃」など。
[師弟] 師＝佐藤竹邑斎
[受賞] 新文展特選（第6・7回）〔昭和18・19年〕「時代竹編盛籃 心華賦」「輪花永芳盛籃」、日展北斗賞（第12回）〔昭和31年〕、日展特選・北斗賞（第13回）〔昭和32年〕「花籃〈炎〉」
[叙勲] 紫綬褒章〔昭和44年〕

城ノ口 みゑ　じょうのぐち・みえ
　染織家

[生年月日] 大正6年（1917年）1月2日
[没年月日] 平成15年（2003年）1月16日
[出生地] 三重県鈴鹿市白子町　[学歴] 白子家政女学校卒　[資格] 重要無形文化財保持者（伊勢型紙糸入れ）〔昭和30年〕　[専門] 伊勢型紙（糸入れ）

17歳から伊勢型紙の補強技術である"糸入れ"の伝統技術を母・城ノ口すえから学ぶ。結婚、出産後も仕事を続けた。昭和30年糸入れの技術のただ一人の伝承者として人間国宝に認定される。38年から鈴鹿市の伊勢型紙伝承者養成事業講師を務める。作品に「糸入れ 養老」など。
[受賞] 東海テレビ文化賞（第27回）〔平成6年〕

松風 栄一　しょうふう・えいいち
　陶芸家

[生年月日] 大正4年（1915年）6月22日
[没年月日] 平成3年（1991年）2月2日

[出生地]京都府京都市 [学歴]京都市立美術工芸学校〔昭和9年〕卒、東京美術学校(現・東京芸術大学)図案科〔昭和15年〕卒 [団体]日展,日本新工芸家連盟,光風会
生家は京都・清水で当時清水焼の陶家として知られた松風家。杉田朱堂に鋳金技法を学び、金工作家・図案家として踏み出すが、戦争によって頓挫。昭和20年復員後、陶芸家を志し、富本憲吉・楠部弥式に師事。昭和25年には日展初入選。その後、日展特選、北斗賞、菊華賞、光風会工芸賞、日本新工芸展文部大臣賞等受賞歴を重ねる。勝れた意匠力と、創案した"染付象嵌"の技法に個性をみせた。
[家族]祖父=松風嘉定(陶芸家)
[受賞]大阪府工芸展知事賞、新匠工芸会賞、日展北斗賞〔昭和28年〕、日本陶磁協会賞〔昭和32年〕、日本新工芸展文部大臣賞、京都府美術工芸功労者、日展菊華賞〔昭和38年〕、光風会辻永記念賞〔昭和52年〕

庄米 しょうべい
陶工

[生年月日]天保1年(1830年)
[没年月日]明治45年(1912年)3月18日
[出生地]加賀国金沢小川町 [本名]鶯谷庄平
明治8年頃、鶯谷久田窯の横萩一光に学ぶ。18年油木町に別窯を開いた。

将李 魚成 しょうりの・うおなり
伎楽面作者

[生没年]生没年不詳
姓氏は相李魚成とも書く。正倉院の力士1面、太孤父1面、醉胡従7面、東大寺の醉胡従1面などを制作。天平勝宝4年(752年)東大寺大仏の開眼供養会に使用された伎楽面も手掛けた。木彫と乾漆の両方の技法をこなし、木彫面には「将」李、乾漆面には「相」李と区別して銘記している。肉どりや表情の写実的表現に優れた作風で、この時代を代表する伎楽面作者といわれる。

祥瑞 五郎太夫 しょんずい・ごろうだゆう
陶工

[生没年]生没年不詳
伊勢松坂の出身で、中国に渡って明末期に景徳鎮窯で作られた"祥瑞"と称される染付磁器を焼いた人物とされていたが、現在では、これは祥瑞の銘文を誤って解釈した江戸期の俗説であるとして、その実在は否定されている。

白井 孝一 しらい・こういち
陶芸家

[生年月日]明治43年(1910年)12月1日
[没年月日]平成5年(1993年)7月30日
[出身地]東京 [専門]一文人形
江戸中期から浅草で続く今戸焼の陶工。安かったことから庶民に愛され名付けられた"一文人形"と呼ばれる土人形を作り続けた。招き猫や徳利なども手がけた。

白井 半七(1代目) しらい・はんしち
陶工

[生没年]生没年不詳
[専門]今戸焼
貞享年間(1684〜1688年)の人。京都の土風炉師に学んで土風炉をつくり、今戸の土風炉師と称された。以後、代々半七を名のった。

白井 半七(2代目) しらい・はんしち
陶工

[生没年]生没年不詳
[専門]今戸焼

白井 半七（9代目） しらい・はんしち
陶芸家

[生年月日]昭和3年（1928年）7月29日
[没年月日]昭和62年（1987年）3月12日
[本名]白井勝

浅草・今戸焼の9代目。昭和14年から宝塚市で茶陶を中心に半七焼を売り出す。56年三田市に移った。

白山 松哉　しらやま・しょうさい
漆芸家　東京美術学校教授

[生年月日]嘉永6年（1853年）9月22日
[没年月日]大正12年（1923年）8月7日
[出生地]江戸　[本名]白山福松　[旧姓名]細野　[資格]帝室技芸員〔明治39年〕　[専門]蒔絵

父は幕臣細野重正。慶応元年（1864年）腰元彫の能登屋伸三郎に象嵌・錺職を、明治2年蒔絵師小林好山（万次郎）に蒔絵、のち彫漆・螺鈿を蒲生盛和に学ぶ。7年東京起立工商社に入社して精技を究め、20年には皇居常御殿蒔絵御用をつとめる。23年日本漆工会の設立に参画。24年東京美術学校（現・東京芸術大学）助教授となり、38年教授に就任。大正11年退官。この間、明治39年帝室技芸員。内国勧業博や海外の万博にも出品し、たびたび受賞。蒔絵、塗、螺鈿ともに長じ、近代漆工界の第一人者といわれるが、なかでも伝統的な技巧に優れた作風は繊細を極め、とくに研出（とぎだし）蒔絵に優れた。また羽根を表わす羽根蒔絵を得意とし、のちに白山派と呼ばれた。作品に「雁来紅色漆蒔絵屏風」「蒔絵繰糸長方形小箱」「蒔絵香合」「蘭奢待香納之桶写香合」など。
[師弟]師＝能登屋伸三郎、小林好山、蒲生盛和
[受賞]内国勧業博覧会妙技3等賞〔明治23年〕、パリ万博名誉大賞〔明治33年〕

城倉 可成　しろくら・かなり
漆工芸家　青森県工業試験場場長

[生年月日]明治42年（1909年）
[没年月日]昭和57年（1982年）8月2日
[出身地]新潟県中頸城郡新井町（新井市）
[学歴]東京美術学校（現・東京芸術大学）工芸部漆工科〔昭和9年〕卒

三越本店家具製作所勤務、長野県・福島県・新潟県での教師を経て、昭和28年青森県工業試験場長に就任。以後、44年の退職まで、漆工芸技術の研究、漆器業界の育成指導に尽力した。特にブナ材を用いた工芸品"ブナコ"の開発と企業化を成し遂げた功績は高く評価される。
[受賞]東奥賞（第15回）〔昭和37年〕

城間 栄喜　しろま・えいき
染色家　紅型（びんがた）宗家13代目

[生年月日]明治41年（1908年）3月4日
[没年月日]平成4年（1992年）6月9日
[出生地]沖縄県那覇市　[学歴]尋常高小〔大正9年〕卒　[資格]沖縄県無形文化財技能保持者〔昭和48年〕

大正9年家業に従事したが、経済不況、同化政策、その上盗難に遭って家運が傾き、離島へ年季奉公。昭和3年父の死で家業を継いだ。17年染料入手のため上京したが、徴用されて兵庫県川西航空の職工となり、さらに海軍に召集された。戦争で妻や二男を失う。22年帰郷、紅型作製を始めた。物資不足の時代、染料に夜光貝、口紅、赤瓦を、型紙に旧陸軍の地図などを使って、700余

点の図柄を復元、自分で考案したものも50余点を作製。紅型技術の保存、普及の功績によって、沖縄復帰の48年県の無形文化財に認定され、技能保持者代表となった。
[家族]父=城間栄松(染色家・紅型宗家12代目)
[受賞]沖縄県功労者〔昭和63年〕、伝統文化ポーラ賞(特賞、第12回、平4年度)

新村 和憲 しんむら・かずのり
ガラス工芸家　薩摩ガラス工芸社長

[没年月日]平成9年(1997年)3月5日
[出生地]鹿児島県鹿児島市　[学歴]京都工芸繊維大学窯業科〔昭和33年〕卒　[専門]薩摩切子

昭和26年高校2年のとき初めて薩摩切子に出会い魅かれ続ける。33年各務クリスタル製作所に入社。44年ノリタケカンパニーリミテドに入社、57年山谷硝子工業に移る。60年鹿児島県と島津家の共同事業である薩摩切子復元に技術者として招かれ、帰郷。薩摩ガラス工芸設立と同時に入社、取締役となり、平成3年社長に就任。昭和63年から平成元年にかけて、幻の色であるといわれた金赤、黄色の復元に成功。

新村 長閑子 しんむら・ちょうかんし
漆芸家　東京芸術大学名誉教授

[生年月日]明治40年(1907年)8月15日
[没年月日]昭和58年(1983年)5月14日
[出身地]石川県金沢市　[本名]新村撰吉
[学歴]東京美術学校(現・東京芸術大学)漆工科〔昭和8年〕卒　[専門]漆皮

皮に漆を塗る漆皮制作の権威。昭和30年頃より松田権六に師事し、漆皮の研究を始め、35年第7回日本伝統工芸展に漆皮盤を出品して日本工芸会会長賞を受賞、注目される。39年大阪四天王寺より漆皮経箱制作を委託される。この間、帝展、新文展、日展、日本伝統工芸展などに出品入賞。31年日本工芸会正会員、40年理事。代表作に「漆皮宝相華文経箱」(四天王寺所蔵)「漆皮台盤」(文化庁所蔵)など。一方、福島県立会津工業学校教諭、石川県工芸指導所漆工科長、静岡工芸指導所技師、28年東京芸術大学美術学部助教授、47年教授、50年名誉教授を歴任し、漆芸の指導にもあたった。
[師弟]師=松田権六
[受賞]日本伝統工芸展日本工芸会会長賞(第7回、昭35年度)
[叙勲]勲三等瑞宝章〔昭和52年〕

【 す 】

須賀 松園(2代目) すが・しょうえん
鋳金家

[生年月日]明治30年(1897年)10月25日
[没年月日]昭和54年(1979年)12月15日
[出生地]富山県高岡市　[本名]須賀精一
[資格]富山県指定無形文化財技術保持者〔昭和39年〕、選択無形文化財保持者〔昭和49年〕　[専門]ろう型鋳造

江戸風蠟型鋳物の草分けである初代松園の長男で、大正14年2代目松園を継ぐ。作風は江戸流といわれ、昭和18年第6回新文展で特選、以後毎年同展及び日展に出品。39年富山県指定無形文化財技術保持者に認定。40年日展審査員、41年日展会員。49年現代工芸美術家協会参与。49年記録作成等の措置を講ずべき無形文化財(蠟型鋳造)技術者として選択される。54年日本新工芸家連盟参議。著書に「蠟型鋳造須賀松園作品集」がある。
[家族]父=須賀松園(1代目)、子=須賀松園(3代目)
[受賞]高岡市文化賞、富山県工芸美術功労表彰〔昭和30年〕

[叙勲]勲四等瑞宝章

須賀 松園(3代目) すが・しょうえん
蠟鋳家　高岡短期大学名誉教授

[生年月日]大正14年(1925年)11月23日
[没年月日]平成18年(2006年)3月16日
[出生地]富山県高岡市　[本名]須賀正佐
[学歴]東京芸術大学工芸科鋳金部〔昭和25年〕卒

指紋まで鋳出できる繊細かつ精密な蠟型鋳造の技法を伝える須賀家の3代目で、昭和25年より父の2代目須賀松園に師事。41年、46年日展特選を受賞。61年3代目松園を襲名。同年高岡短期大学開学に伴い教授に就任、平成3年名誉教授。
[家族]父＝須賀松園(2代目)、祖父＝須賀松園(1代目)
[受賞]富山県文化功労者表彰〔昭和56年〕、文部大臣地域文化功労者表彰〔平成6年〕、日本現代工芸美術展現代工芸賞(第5回)〔昭和41年〕、日展特選・北斗賞〔昭和41年・46年〕「蠟型鋳銅花器(転生)」「生々家」

菅 蒼圃 すが・そうほ
陶画工

[生没年]生没年不詳

明治6年のウィーン万博に出品する磁器の絵付工場の主管をつとめた。

菅沼 政蔵 すがぬま・せいぞう
染織工芸家　菅沼織物会長

[生年月日]明治25年(1892年)7月25日
[没年月日]昭和62年(1987年)8月27日
[出生地]東京・八王子　[学歴]東京府立織染卒　[資格]東京都無形文化財保持者(多摩結城)　[専門]多摩結城

生地の東京・八王子で織物会社・菅沼織物を経営、のち会長となり、八王子織物工業組合理事長を務めた。昭和初期から電動織機を研究し、多摩結城を作った。42年東京都無形文化財保持者。58年東京都知事賞を受賞した。
[受賞]東京都知事賞〔昭和58年〕

菅原 精造 すがわら・せいぞう
漆芸家

[生年月日]明治17年(1884年)
[没年月日]昭和12年(1937年)4月12日
[出身地]山形県酒田市　[学歴]東京美術学校〔現・東京芸術大学〕卒

東京美術学校卒業後、フランスに滞在し日本固有の漆工芸を欧州に紹介するのにつとめた。

杉浦 行宗 すぎうら・ぎょうそう
鋳金家　東京美術学校助教授

[生年月日]安政3年(1856年)10月
[没年月日]明治34年(1901年)5月3日
[出生地]江戸・芝中門前町

父に就いて鋳物彫刻を学び、起立工商会社に入る。明治29年東京美術学校助教授となり、鋳凌実習を担当した。

杉浦 乗意 すぎうら・じょうい
装剣金工

[生年月日]元禄14年(1701年)
[没年月日]宝暦11年(1761年)7月24日
[出生地]美濃国加納(岐阜県)　[別名等]初銘＝永春、乗意、号＝一蚕堂、南良、通称＝太七、仙右衛門、姓＝奈良

江戸で奈良寿永に師事。信濃国上田の戸田家の抱え工として活躍。肉合彫とよばれる彫金技法を創始し、その妙味は古今独歩と称された。作品は小柄、縁頭が多いが、精巧な人物表現を得意とした。名工として土

屋安親、奈良利寿と共に"奈良三作"と称される。

杉浦 那智子　すぎうら・なちこ
ちりめん人形作家

[没年月日]平成20年(2008年)8月
40代後半で舌がんを患い、60歳を過ぎて友人宅でみた小さな人形に惹かれて、ちりめん人形を作り始める。少女時代の思い出をジオラマ(縮尺模型)で再現し、見る人に感情を想像してもらおうとあえて人形には目や口を描かなかった。没後、作品は豊橋市に寄贈された。

杉江 寿門　すぎえ・じゅもん
陶工

[生年月日]文政10年(1827年)
[没年月日]明治30年(1897年)
[出身地]尾張国常滑(愛知県)　[別名等]名=安平、保平、号=寿門堂、寿門入道、寿門老人
江戸後期に煎茶の流行に伴い、中国宜興窯の朱泥急須がもてはやされるのを見て、安政元年(1854年)常滑焼の朱泥急須を完成させた。急須には篆刻を施し、晩年には香合や水指などの茶陶も手掛けた。

杉江 淳平　すぎえ・じゅんぺい
陶芸家　名古屋芸術大学名誉教授

[生年月日]昭和11年(1936年)11月26日
[没年月日]平成17年(2005年)7月20日
[出身地]愛知県常滑市　[学歴]京都美術大学卒　[団体]国際陶芸アカデミー
京都美術大学で富本憲吉、近藤悠三、藤本能道に学ぶ。常滑における現代陶芸の先駆として活躍した。
[受賞]現代日本陶芸展朝日賞、バロリス国際展大賞・銀賞、朝日陶芸展奨励賞、'76陶芸賞、スリナカリンウィロット大学(タイ)名誉博士号

杉田 禾堂　すぎた・かどう
鋳金家　全日本工芸美術家協会委員長

[生年月日]明治19年(1886年)8月1日
[没年月日]昭和30年(1955年)7月29日
[出身地]長野県松本市　[本名]杉田精二
[学歴]東京美術学校(現・東京芸術大学)〔明治45年〕卒
大正8年東京美術学校講師、昭和3年商工省工芸指導所嘱託第二部長を経て、7年大阪府工技師。また12年商工省貿易局嘱託として欧米に出張。作家としては、4年帝展に特選。のち帝展、新文展、日展の審査員をつとめる。26年全日本工芸美術家協会設立とともに初代委員長に就任した。

杉野 土佐右衛門　すぎの・とさえもん
陶工

[生年月日]文化6年(1809年)
[没年月日]明治1年(1868年)6月29日
[出身地]岩代国大沼郡穂谷沢村(福島県)
[旧姓名]遠藤
遠藤武右衛門の四男として生まれ、杉野市右衛門の養子となる。藩の御用物師に採用され、安政4年(1857年)新陶土石(御城石)を発見したことから、純白透明の白磁の生産を可能とした。藩主御用命の品を献上し、松平容保が使用したという葵紋付茶碗などを制作して名工とうたわれた。のち遠藤姓に返り、白鳳亭岐山窯を築いた。
[墓所]蛭ケ窪墓地(福島県大沼郡会津美里町)

杉林 古香　すぎばやし・ここう
蒔絵師

[生年月日]明治14年(1881年)6月24日

［没年月日］大正2年（1913年）7月27日
［出身地］京都府　［本名］杉林喜治郎　［学歴］京都美術工芸学校蒔絵科〔明治32年〕卒

蒔絵師・2代目浅野友七の四男。京都美術工芸学校蒔絵科を卒業後、上京して川之辺一朝に師事。明治37年華道家の西川一草亭と雑誌「小美術」を創刊した。浅井忠や中山岩太を中心とした京漆園の設立に参加した他、43年には神坂雪佳、迎田秋悦、戸嶋光孚らと競美会を創設した。

［家族］父＝浅野友七（2代目）
［師弟］師＝川之辺一朝

杉村 キナラブック　すぎむら・きならぶっく
ユーカラ伝承者、アイヌ民族工芸家

［生年月日］明治21年（1888年）9月15日
［没年月日］昭和48年（1973年）9月8日
［出身地］北海道深川市一已（イッチャン）　［資格］旭川市無形文化財オイナ・ツイタック伝承保持者〔昭和42年〕

18歳で旭川市近文コタンの杉村コキサンクルと結婚、1男3女をもうけたが昭和10年夫と死別。のち民芸品店経営大塚一美のすすめで41年からユーカラの録音を始め、42年にはアイヌ神謡・寓話の伝承保持者として市の無形文化財の指定を受けた。44年日本語訳「キナラブック・ユーカラ集」刊行。またチタラベ（花ござ）、サラニップ（編み袋）づくりの名手で、旭川市郷土博物館に作品が収められている。「キナラブック口伝全集」などもある。

［受賞］旭川市文化賞（伝統工芸）〔昭和41年〕

杉村 満　すぎむら・みつる
木工芸家　旭川アイヌ協議会相談役　アイヌ文化伝承者

［没年月日］平成13年（2001年）12月24日
［出身地］北海道旭川市　［学歴］旭川師範附属小高等科（現・北海道教育大学附属旭川小）卒

家具民芸店に従事。木工芸を中心にアイヌ文化の伝承に尽くした。昭和47年旭川アイヌ協議会発足と同時に伝承部長に就任、のち同協議会相談役を務めた。

［受賞］アイヌ文化奨励賞〔平成9年〕

杉山 裏白　すぎやま・りはく
工芸家

［生年月日］文政6年（1823年）
［没年月日］明治14年（1881年）4月1日
［出身地］駿河国（静岡県）　［旧姓名］高橋　［別名等］初名＝杉山清十郎　［専門］シダ細工

高橋家の二男として生まれ、杉山家の婿養子となる。自生するシダで花器や茶碗の籠などを作り、地域産業にまで育て上げた。その功績により静岡県令・大迫貞清から裏白の号を贈られた。

［墓所］蓮永寺（静岡県藤枝市）

助真　すけざね
刀工

［生没年］生没年不詳
［出身地］備前国邑久郡長船（岡山県）

備前国福岡の刀工で、一文字派に属した。鎌倉時代中期に活躍し、後年に同国の国宗と鎌倉に移り、相州物の樹立に貢献したともいわれる。戦国武将の加藤清正から徳川家康に贈られたという日光東照宮所蔵の国宝「日光助真」などの他、重要文化財に指定されている太刀や刀がある。

［家族］父＝助成（刀工）

助綱　すけつな
刀工

［生没年］生没年不詳

[出身地]備前国邑久郡長船村（岡山県）　[別名等]別名＝鎌倉一文字、藤左近
鎌倉時代後期の文永年間（1264～1275年）頃に活躍した助真派の刀工。助真の子で、備前刀工であるが、8代執権北条時宗に召されて鎌倉に移り住んだといわれる。そのため、鎌倉一文字、藤左近ともいわれる。作品は、個人蔵の太刀（重要文化財）が1口ある。

助延　すけのぶ
刀工

[生没年]生没年不詳
[出身地]備前国邑久郡長船（岡山県）
備前国福岡の刀工で、一文字派に属した。行国、または助行の子といわれ、鎌倉時代初期に活躍した。後鳥羽上皇の御番鍛冶を務め、備前守を称した。

助則　すけのり
刀工

[生没年]生没年不詳
[出身地]備前国邑久郡長船（岡山県）　[別名等]通称＝新太郎
備前国福岡の刀工で、一文字派に属した。助宗の子で、鎌倉時代初期に活躍した。後鳥羽上皇の御番鍛冶を務め、修理亮を称した。
[家族]父＝助宗（刀工）

助平　すけひら
刀工

[生没年]生没年不詳
[出身地]備前国（岡山県）
平安末期の刀工。同時期に備前国で活躍した、いわゆる古備前の刀工の中で、高平、包平と"三平"と並び称される。宮内庁と東京国立博物館に太刀が1口ずつ所蔵されている。

祐平　すけひら
刀工

[生年月日]生年不詳
[没年月日]文政12年（1829年）8月25日
[出身地]備前国邑久郡長船（岡山県）　[本名]横山覚治　[別名等]初銘＝祐定
備前国長船の刀工で、天明年間から文化年間にかけて活躍した。備前岡山藩主・池田治政の命により薩摩国の奥元平のもとへ弟子入りし、天明5年（1785年）岡山に戻った。寛政元年（1789年）伊勢守を受領。祐永、祐包と並んで"備前幕末新々刀三羽烏"と称された。
[家族]二男＝祐永（刀工）

助光　すけみつ
刀工

[生没年]生没年不詳
備前吉岡一文字派の代表的な刀工。代表作に国宝指定の「元応2年銘　薙刀」、阿倍豊後守が徳川家光から拝領したと伝えられる「元亨2年銘　太刀」など。

助宗　すけむね
刀工

[生没年]生没年不詳
[出身地]備前国邑久郡長船（岡山県）
備前国福岡の刀工で、一文字派に属した。鎌倉時代初期に活躍。同派の名工・則宗の子で、父とともに後鳥羽上皇の御番鍛冶を務め、上皇の佩刀「菊丸」「雁丸」を鍛えたという。修理亮を称した。米沢市の松岬神社に伝わる太刀は重要文化財に指定されている。
[家族]父＝則宗（刀工）

鈴鹿 雄次郎　すずか・ゆうじろう
染織家

[生年月日]大正13年(1924年)6月24日
[没年月日]平成3年(1991年)12月12日
[出生地]京都府京都市　[学歴]京都市立美工芸卒　[団体]日展、現代工芸美術家協会、京都府展

日展にて特選。日本現代工芸美術展、光風会展で会員賞。また関西展において賞を受け、京展では市長賞を受賞、委嘱出品をし、審査員も務める。

鈴木 磯吉　すずき・いそきち
小鼓製作者

[没年月日]昭和58年(1983年)6月14日
[出生地]愛知県名古屋市　[別名等]号＝鼓堂　[資格]無形文化財選定保存技術者(小鼓製作)〔昭和53年〕

江戸時代から続く鼓づくり4代目で、全国でただ一人の鼓工匠。昭和53年に国の無形文化財選定保存技術者の認定を受けた。こけしなど民芸品のコレクションでも有名。
[受賞]キワニス文化賞〔昭和54年〕

鈴木 黄哉　すずき・おうさい
陶芸家

[生年月日]明治41年(1908年)10月18日
[没年月日]昭和47年(1972年)3月19日
[出生地]群馬県利根郡利根村　[本名]鈴木忠告

大正末期に粟田焼を学び、楠部弥弌に師事。昭和初年伊部に入り築窯。文展、現代工芸展で活躍。細工物を得意とした。

鈴木 治　すずき・おさむ
陶芸家　京都市立芸術大学名誉教授

[生年月日]大正15年(1926年)11月15日
[没年月日]平成13年(2001年)4月9日
[出生地]京都府京都市　[学歴]京都市立第二工窯業科卒

父は永楽善五郎工房の轆轤職人で、幼少の頃から陶土と親しむ。昭和21年青年作陶集団に参加、翌年日展に初入選。23年八木一夫、山田光らと前衛陶芸家集団・走泥社(平成10年解散)を結成、先駆的な活躍をし、陶芸界に新風を巻き起こした。用途にこだわらない純粋造形作品"オブジェ焼"を創作、自身の陶磁オブジェを"泥象(でいしょう)"と呼び、馬、鳥などの生物や、雲、風といった自然現象をモチーフに信楽の赤土や青白磁で半抽象作品として表現。モダンな感覚と技術力で、柔らかく詩的な作風で知られた。昭和37年プラハ国際陶芸展金賞、45年ヴァロリス国際陶芸ビエンナーレ展金賞、平成10年日本芸術大賞、11年朝日賞を受賞するなど国内外で高い評価を受けた。また、昭和54年京都市立芸術大学教授に就任。平成4年定年退官するまでの間に美術学部長を務めるなど後進の指導にも尽力した。
[受賞]日本陶磁協会賞〔昭和35年〕、プラハ国際陶芸展金賞〔昭和37年〕、ヴァロリス国際陶芸ビエンナーレ展金賞〔昭和45年〕、ファエンツァ国際陶芸展貿易大臣賞〔昭和46年〕、京都府文化賞、日本陶芸展賞〔昭和58年〕、日本陶磁協会賞金賞〔昭和59年〕、藤原啓記念賞(第1回)〔昭和59年〕、毎日芸術賞本賞(第26回、昭59年度)、京都市文化功労者〔平成5年〕、京都美術文化賞(第7回)〔平成6年〕、日本芸術大賞(第30回)〔平成10年〕、朝日賞(平10年度)〔平成11年〕
[叙勲]紫綬褒章〔平成6年〕

鈴木 嘉助　すずき・かすけ
漆芸家

[生年月日]嘉永1年(1848年)6月24日
[没年月日]大正14年(1925年)9月24日

[出生地]江戸神田佐久間町　［別名等］号＝貞親

代々鞘塗を営む家に生まれ、父に漆技を習う。家業を継いだが、明治維新後に廃刀令が出されると生活に窮し、一時は貿易品の製作に携わった。やがて青銅、茶銅、擬竹などの変塗をはじめ、特に鞘塗では当代の第一人者と目された。東京高等工業学校で髹漆を教えた他、東京工業試験場に勤めて各地の漆器産業の指導に従事。山形の紫檀塗の発展に貢献した。

鈴木　旭松斎(1代目)　すずき・きょくしょうさい
木工芸家

[没年月日]昭和11年(1936年)
[出生地]東京

農展、商工展などに出展。大正11年平和記念東京博覧会で「華籃 長生殿」が入賞した。明治末期から大正期の東京を代表する籠師で、もろこし編みや石畳編みを得意とし、壺形の花籠が有名。

鈴木　清　すずき・きよし
陶芸家

[生年月日]明治36年(1903年)9月12日
[没年月日]昭和42年(1967年)10月6日
[出生地]京都府京都市　[学歴]京都市立陶磁器講習所〔大正13年〕修了

洋画、彫刻などを制作したが、昭和10年国画会に陶芸作品を発表、国画会賞を受けて17年同会員となる。文展にも出品、16年特選。22年富本憲吉らと新匠美術工芸会を結成、会員。32年日本工芸会正会員となり、日本伝統工芸展にも出品、38年富本没後、新匠会の長老として活躍。
[受賞]国画会賞〔昭和14年〕、日本現代陶芸展文部大臣賞(第1回)〔昭和27年〕「鉄絵秋草の図角皿」

鈴木　金蔵　すずき・きんぞう
絞職人

[生年月日]天保8年(1837年)
[没年月日]明治34年(1901年)
[出身地]尾張国知多郡有松村(愛知県)　[別名等]幼名＝金太郎

代々絞職を営む家に生まれ、14歳で家業を継ぐ。影絞・養老絞を考案し、機械を導入した新筋絞を発明。日本錦・日本桜と呼ばれる二種の絞り技法を加え、案出した新筋絞は「嵐絞」と総称される。新製社設立など、低迷していた業界の再興に貢献した。

鈴木　健司　すずき・けんじ
陶芸家

[生年月日]昭和10年(1935年)2月
[没年月日]平成22年(2010年)4月22日
[出生地]京都府京都市　[学歴]京都市立美術大学陶磁器科〔昭和32年〕卒、京都市立美術大学陶磁器専攻科〔昭和34年〕修了　[団体]日展、日工会、創工会

昭和34年から6代目清水六兵衛に師事し、京都市東山の泉涌寺に築窯。52年山科に窯を移す。花器、茶器、室内装飾品などを中心に、山、花など自然をモチーフとした作品を制作。特に新しい化学釉材を大胆に用い、躍動感に富むスケールの大きい作風で知られた。
[師弟]師＝清水六兵衛(6代目)
[受賞]京都府文化賞(功労賞、第23回)〔平成17年〕、日展特選・北斗賞〔昭和42年〕「白殊」、日展特選〔昭和48年〕「鼓動」、工芸美術日工会展内閣総理大臣賞(第8回)〔平成10年〕
[叙勲]藍綬褒章〔昭和38年〕

鈴木　治三郎　すずき・じさぶろう
漆芸家

[生没年]生没年不詳

明治時代に会津で活躍。明治30年木地挽轆轤を大きく改良。形状が均一で能率的に多量の成形ができるため、鈴木式轆轤として全国に普及した。

鈴木 青児　すずき・せいじ
陶芸家

[生年月日] 昭和21年（1946年）10月14日
[没年月日] 平成11年（1999年）6月29日
[出身地] 愛知県瀬戸市　[学歴] 旭丘高卒
[団体] 日展, 日本新工芸連盟

高校卒業後、父の青々に師事。昭和49年日展初入選。日本新工芸入選、中日国際展伊勢丹賞。朝日陶芸展、光風会展、現代工芸展などに入選。瀬戸市展教育委員会賞、豊田市展市長賞など受賞。前衛作品を中心に製作した。

鈴木 青々　すずき・せいせい
陶芸家

[生年月日] 大正3年（1914年）5月10日
[没年月日] 平成2年（1990年）8月19日
[出生地] 愛知県瀬戸市　[団体] 日展, 日本新工芸家連盟

昭和13年から作陶を始め、瀬戸黒、志野など地元伝統の技法はもとより、鉄釉、硝子釉などを使って独自の作風を確立。日展、現代工芸美術展、朝日陶芸展、中日国際陶芸展などの審査員、評議員をつとめた。
[受賞] 中日文化賞（第24回）〔昭和46年〕、愛知県文化功労賞
[叙勲] 勲四等旭日小綬章〔平成1年〕

鈴木 素興　すずき・そこう
漆芸家

[生年月日] 明治27年（1894年）9月17日
[没年月日] 昭和5年（1930年）9月8日
[出生地] 高知県吾川郡富岡村　[本名] 鈴木金弘　[学歴] 高知工業学校〔大正2年〕卒

土佐四条派の柳本素石に日本画を学び、素興の号を得る。大正4年上京し、東京美術学校漆工科教授・六角紫水について蒔絵および漆工芸全般を学び、日本画調の斬新なデザインで注目された。13年商工省工芸展覧会、その後の日本美術協会などに出品。昭和2年第8回帝展工芸部が設置されると、蒔絵文庫「古瀬の羊歯」などが連続入選した。
[師弟] 師＝柳本素石, 六角紫水

鈴木 多喜雄　すずき・たきお
漆芸家

[生年月日] 大正5年（1916年）5月7日
[没年月日] 昭和61年（1986年）
[出生地] 青森県弘前市　[学歴] 弘前市立商業専修学校〔昭和6年〕卒　[専門] 津軽塗

学校卒業後、兄・鈴木多一郎の経営する鈴木漆器製作所に入り、兄に師事する。昭和30年全国漆器展に出品、中小企業庁長官賞を受賞。長年に渡り鈴木漆器製作所工場長を務め、"ななこ塗"と呼ばれる技法に優れた。50年伝統工芸士に認定。
[受賞] 現代の名工〔昭和59年〕

鈴木 長吉　すずき・ちょうきち
鋳金家

[生年月日] 嘉永1年（1848年）8月15日
[没年月日] 大正8年（1919年）1月29日
[出生地] 武蔵国（埼玉県）　[本名] 鈴木嘉幸

岡野東竜斎に蠟型鋳造を学び、18歳で自ら鋳物工場を経営。明治7年に起立工商会社が創立されると、鋳造部の監督としてこれに参加。また国内外の博覧会に作品を発表して数多くの賞を受け、特に18年のニュルンベルク万博に出品した「鷲」は、日本の鋳物技術の高さを世界に示した作品として高く評価された。江戸期の蠟型鋳造の伝統を受け継ぎ、動物をモチーフにした精緻で躍動感ある造形を得意とする。晩年は養子

をとって金剛砥石商に転職。他の代表作に東京国立博物館所蔵の「鷲置物」や、「銀製百寿花瓶」「波濤文水盤」などがある。
[家族]師＝岡野東竜斎

鈴木 八郎　すずき・はちろう
陶芸家

[生年月日]大正4年(1915年)1月29日
[没年月日]平成17年(2005年)5月29日
[資格]瀬戸市無形文化財保持者〔平成15年〕
土木技師の長男に生まれ、体が弱かったため絵付工となる。24歳の時に陶芸作家に師事。昭和49年から昔ながらの穴窯での作陶に入る。55年スケッチ集「古瀬戸文様手控帳」を刊行した。

鈴木 表朔(1代目)　すずき・ひょうさく
漆芸家

[生年月日]明治7年(1874年)
[没年月日]昭和17年(1942年)
[出生地]滋賀県安曇川町　[本名]鈴木捨吉
[旧姓名]井上
京都に出て、漆芸家の鈴木長真の養子となり、鈴木表朔を名のる。やがて2代目木村表斎に師事して塗りの技法を学ぶ。即位の礼で用いられる高御座の漆芸に従事した。創作の活動にも積極的で、神坂雪佳主宰の佳都美村、京都美術工芸会にも参加した。
[家族]養父＝鈴木長真(漆芸家)，息子＝鈴木表朔(2代目)，孫＝鈴木雅也(漆芸家)
[師弟]師＝木村表斎(2代目)

鈴木 表朔(2代目)　すずき・ひょうさく
漆芸家

[生年月日]明治38年(1905年)
[没年月日]平成3年(1991年)4月12日
[出身地]京都府京都市　[本名]鈴木貞次

父である初代表朔の下で漆芸を学び、大正15年聖徳太子奉賛展、昭和5年日本工芸美術会関西展に入選。また、4年に帝展に初入選。以後、新文展、日展で活躍したが、戦後は主に個展を中心に発表を続けた。近畿漆工会委員、京都漆芸会会員、京都工芸院幹事などを務めた。
[家族]父＝鈴木表朔(1代目)，長男＝鈴木雅也(漆芸家)
[受賞]日本漆芸協会高松宮名誉総裁賞〔昭和58年〕，京都府文化賞功労賞〔昭和60年〕，パリ万博銀賞〔昭和12年〕

鈴木 文吾　すずき・ぶんご
鋳物師

[生年月日]大正10年(1921年)
[没年月日]平成20年(2008年)7月6日
[出生地]茨城県水戸市　[学歴]川口町尋常高小〔昭和8年〕卒
水戸市で生まれ、鋳物の町・川口に移り住む。小学校を卒業した昭和8年、12歳の時に、鋳物師だった父に弟子入り。32年、33年のアジア大会で使用される国立競技場の聖火台製作を依頼され、製作途中に父を失いながらも、見事に完成させた。この聖火台は39年の東京五輪でも使用された。川口鋳物の伝統技術・惣型法の第一人者で、善光寺、鶴岡八幡宮をはじめ、埼玉県内や関東近郊の多くの神社仏閣に納められている梵鐘や天水鉢などを製作した。
[家族]父＝鈴木万之助(鋳物師)
[受賞]現代の名工〔昭和62年〕，川口市文化賞(第2回)〔平成19年〕
[叙勲]黄綬褒章，勲六等瑞宝章〔平成8年〕

鈴木 盛久(13代目)　すずき・もりひさ
南部釜師

[生年月日]明治29年(1896年)2月14日
[没年月日]昭和51年(1976年)11月15日

[出生地]岩手県盛岡市　[本名]繁吉
15歳のときから父の12代目盛久に鋳造技術を学ぶ。大正13年13代目盛久を継承。昭和21年日展に初入選以来入選を重ね、27年「八卦文独楽釜」が特選に選ばれる。この間、海外でも高く評価され、4年リエージュ万博で金賞、34年ブリュッセル万博グランプリに輝いた。49年南部鉄器の伝統的技術保持者として国の重要無形文化財の技術者指定をうけた。
[家族]父＝鈴木盛久（12代目），長男＝鈴木盛久（14代目），孫＝鈴木盛久（15代目）
[受賞]岩手日報文化賞（第5回）〔昭和27年〕，日展特選〔昭和27年〕「八卦文独楽釜」
[叙勲]黄綬褒章〔昭和34年〕，勲六等単光旭日章〔昭和41年〕，勲五等双光旭日章〔昭和51年〕

鈴木 盛久（14代目）　すずき・もりひさ
南部釜師　東京芸術大学教授

[没年月日]昭和57年（1982年）2月24日
[出生地]岩手県盛岡市　[本名]鈴木信一
[別名等]号＝鈴木貫爾　[学歴]東京美術学校（現・東京芸術大学）鋳金部〔昭和17年〕卒
南部藩お抱え釜師である南部釜師の13代目盛久の長男として生まれる。昭和32年「火蛾の踊り」で日展特選。37年皇居二重橋改築造営に当たり高欄原型の制作に当たった。52年より盛久を襲名。48年東京芸術大学教授。
[家族]父＝鈴木盛久（13代目），娘＝鈴木盛久（15代目）
[受賞]日展特選〔昭和32年〕「火蛾の踊り」

鈴木 安族　すずき・やすつぐ
金工家

[生没年]生没年不詳
[出身地]出羽国庄内（山形県）　[別名等]別名＝与平，弥五八

名工として知られる初代土屋安親が修業のために江戸に上ったのち、師を慕って上京。師に弥五八の名を授けられ、粉本、押形を与えられて帰郷。庄内で名を成し、猛虎図、雨竜図の鍔などを残した。子孫は代々、弥五八を称し、彫金を営んだ。
[師弟]師＝土屋安親（1代目）

鐸木 能子　すずき・よしこ
人形作家　木の鐸会創始者

[生年月日]昭和3年（1928年）3月17日
[没年月日]平成20年（2008年）
[出生地]群馬県伊勢崎市　[学歴]聖路加女子専〔昭和22年〕卒　[専門]創作雛人形
昭和3年蠟燭問屋・細野家の四女に生まれる。40～49年人形作家・大谷鳩枝に師事。「木彫木目込み衣装人形」の技術を習得。49年鹿児島寿蔵に陶芸人形の指導を受ける。53年～平成3年円鐸勝三、円鐸元規に指導を受ける。創作人形作家グループ・木の鐸会を創始・主宰。日展会友、新工芸会員としてアーティスティックな創作人形を創る一方、伝統技法を生かした新しい気風の雛人形作家として活躍。昭和59年横浜高島屋美術画廊にて初個展。平成5年東京・日本橋の高島屋東京店美術画廊にて個展開催。10年から同画廊で毎年創作雛人形展を行った。
[家族]息子＝鐸木能光（作曲家・小説家）
[師弟]大谷鳩枝

鈴木 利助　すずき・りすけ
陶工

[生年月日]文化14年（1817年）
[没年月日]明治21年（1888年）9月29日
[出生地]岩代国大沼郡本郷村（福島県）
豪農の家に生まれる。佐藤伊兵衛の門人となり、白磁製造研究に傾注。名工といわれたが、特に画家の斎藤伊織に師事した陶画に優れ、藩侯から御用物師に任じられた。

文久2年(1862年)加藤平八らとともに尾張・長崎などの陶業先進地を視察、呉須を求めて帰郷し、染付白磁製法に改良を加えた。成形の名工・加藤平八との共同製作で多くの名品を残した。
[墓所]福島県大沼郡会津美里町

鈴田 照次　すずた・てるじ
　　　　染織家

[生年月日]大正5年(1916年)10月27日
[没年月日]昭和56年(1981年)9月8日
[出生地]佐賀県杵島郡白石町　[学歴]東京高等工芸学校(現・千葉大学工学部)図案科〔昭和13年〕卒　[専門]型染、鍋島更紗
昭和25年稲垣稔次郎に師事し、型染を学ぶ。新匠会展、日本伝統工芸展で活躍、30年新匠会会員、37年日本工芸会正会員、39年同会理事を務める。38年より日本伝統工芸展鑑査員。作家活動は大きく2つの時期に分けられ、前期は型染で作家としての地位を確立した。44年以降は、技法が途絶えていた「鍋島更紗」の復元の研究に取り組み、百年ぶりに復元、その成果を生かした木版摺りの技法を用い、地味な色調を現代風にアレンジして着物、帯の製作を行った。47年より日本伝統工芸展に木版摺更紗を出品、型染と異なる独自の作風を持つ作家として注目される。題材には植物を多くとりあげた。52年芸術選奨文部大臣賞、53年紫綬褒章を受けた。著書に「染織の旅」がある。
[家族]息子＝鈴田滋人(染織家)
[師弟]師＝稲垣稔次郎
[受賞]芸術選奨文部大臣賞(第27回、昭51年度)〔昭和52年〕「木版摺更紗着物・とり文」、日本伝統工芸展奨励賞(第9回、昭37年度)「一越縮緬地型染着物・松」
[叙勲]紫綬褒章〔昭和53年〕

須田 菁華(1代目)　すだ・せいか
　　　　陶工、陶画工

[生年月日]文久2年(1862年)
[没年月日]昭和2年(1927年)
[出生地]石川県金沢泉町　[学歴]石川県勧業場陶画部〔明治13年〕卒　[専門]九谷焼
学校卒業後、京都で製陶術を研究。昭和16年石川県山代に赴き、九谷陶器会社の陶画部に入る。23年会社解散ののち自ら製陶を始め、古九谷焼風そのほかの仿古作にすぐれた。

須田 桑月　すだ・そうげつ
　　　　指物師

[生年月日]明治10年(1877年)
[没年月日]昭和25年(1950年)
[出生地]岐阜県　[本名]須田賢治郎
明治40年上京し、前田桑明に師事。宮大工から指物師に転身。大正12年頃独立。桑、桐、硬木材などで、調度類を制作した。
[師弟]師＝前田桑明

須田 桑翠　すだ・そうすい
　　　　木工芸家　日本工芸会理事・木竹部長

[生年月日]明治43年(1910年)11月24日
[没年月日]昭和54年(1979年)11月25日
[出生地]東京市京橋区(東京都)　[本名]須田利雄　[別名等]前名＝須田桑月
大正14年から指物師の父、初代桑月について木工を修業。昭和15年からは梶田恵に師事。戦前は東京府工芸展、商工展などに出品。戦後は35年以降日本伝統工芸展に出品した。37年同展で奨励賞。46年同展鑑査委員、47年日本工芸会理事・木竹部会長。同年号を桑翠に改める。51年日本橋三越で親子三人展を開催。桑ほか各種の材を用い、江戸指物の伝統をよく継承した。代表作に「槐座右棚」「拭漆欅手箱」など。

[家族]父=須田桑月（初代、江戸指物師）、息子=須田賢司（木工芸家）
[師弟]師=須田桑月（1代目）、梶田恵
[受賞]日本伝統工芸展奨励賞〔昭和37年〕

須藤 八十八　すどう・やそはち
漆芸家

[生年月日]大正10年（1921年）10月10日
[没年月日]平成17年（2005年）10月3日
[出身地]青森県弘前市　[別名等]雅号=秀水
[学歴]弘前市立青年学校卒　[専門]津軽塗

塗師・奈良金一に師事し6年間修業。昭和25年青森県工芸展県知事賞、28年第1回全国漆展中小企業庁長官賞を受賞、48年日本漆工協会より優秀漆工技術者表彰を受ける。52年伝統工芸士に認定。平成元年伝統工芸津軽漆器協同組合理事長、5年青森県漆器協同組合連合会会長を歴任した。津軽塗の中でも絵模様入りの"ななこ塗"を得意とした。
[師弟]師=奈良金一
[受賞]現代の名工〔昭和57年〕

隅谷 正峯　すみたに・まさみね
刀匠　日本美術刀剣匠会理事長

[生年月日]大正10年（1921年）1月24日
[没年月日]平成10年（1998年）12月12日
[出生地]石川県石川郡松任町　[本名]隅谷与一郎　[学歴]立命館日満高等工科学校（現・立命館大学理工学部）機械工学科〔昭和16年〕卒　[資格]石川県無形文化財保持者〔昭和42年〕、重要無形文化財保持者（日本刀）〔昭和56年〕　[専門]日本刀

金沢一中時代、刀剣展を見て刀に惹かれ、日本刀愛好会を設立してリーダーとなる。昭和16年立命館日本刀鍛錬所に入所、刀匠・桜井正幸に師事。鎌倉中期の備前伝による作刀技術を習得し、"隅谷丁字"と呼ばれる刃文を完成させた。17年尾道市の興国日本刀鍛錬所に移る。戦後、郷里の石川県松任町（現・白山市）に戻り、28年作刀を再開。31年自宅に日本刀鍛練所・傘笠亭を設立。44年から刀専門に制作。新作名刀展で最高賞の正宗賞を数回受賞した。この間、39年伊勢神宮式年遷宮の御神宝大刀などを制作した。日本美術刀剣保存協会審査員、無鑑査となる。56年人間国宝に認定された。
[親族]伯父=柴田庄一（弁護士）
[師弟]師=桜井正幸
[受賞]北国文化賞〔昭和39年〕、日本美術刀剣保存協会薫山賞（第1回）〔昭和47年〕、石川テレビ賞〔昭和57年〕、中日文化賞（第45回）〔平成4年〕、作刀技術発表会特賞〔昭和35年〕、新作名刀展正宗賞（数回）
[叙勲]紫綬褒章〔昭和59年〕、勲四等旭日小綬章〔平成5年〕

諏訪 重雄　すわ・しげお
和紙工芸家　日本紙人形会名誉会長

[生年月日]昭和5年（1930年）5月6日
[没年月日]平成7年（1995年）12月7日
[出身地]栃木県小山市　[学歴]法政大学〔昭和26年〕卒　[資格]小山市指定無形文化財下野しぼり技術保持者〔昭和43年〕　[専門]下野しぼり、下野人形

日本古来のもみ紙技法のひとつである下野しぼり技法を技術保持者として、広く伝えた。下野しぼり和紙を使った下野人形（ひとがた）を40年以上にわたって作り続け、昭和45年大阪万博に出品して以来、全国的に下野人形が知られるようになり、愛好家も増えた。人形はドイツ博物館などに収蔵されている。著者に「ルーブル博物館の中から」「手工芸入門書」「しもつけひとがた」などがある。
[家族]娘=諏訪ちひろ（和紙工芸家）
[受賞]文化功労賞〔昭和50年〕

諏訪 蘇山（1代目） すわ・そざん
陶芸家

[生年月日] 嘉永5年（1852年）5月25日
[没年月日] 大正11年（1922年）2月8日
[出生地] 加賀国金沢（石川県） [本名] 諏訪好武 [別名等] 幼名＝栄三郎、別号＝精斎 [資格] 帝室技芸員〔大正6年〕

明治6年東京に出て彩雲楼旭山に陶画を学び、9年東京に製陶場を創設。のち帰京して製陶、鋳銅の指導にあたる。33年京都の錦光山製陶所に招かれ、40年独立して五条坂に開窯。大正3年李王家嘱託として高麗古窯の調査、再興に携わる。青磁、白磁にすぐれ、彩磁、窯変にも妙を得た。
[家族] 養女＝諏訪蘇山（2代目）
[墓所] 建仁寺

諏訪 蘇山（2代目） すわ・そざん
陶芸家

[没年月日] 昭和52年（1977年）2月5日
[出生地] 石川県 [本名] 諏訪虎子

明治25年青磁で名高い初代諏訪蘇山の養女となり、大正11年に2代目蘇山を襲名。初代の開発した青磁技法を受け継ぎ、当時珍しかった女流陶芸家として活躍。
[家族] 養父＝諏訪蘇山（1代目）、養子＝諏訪蘇山（3代目）

諏訪 蘇山（3代目） すわ・そざん
陶芸家

[生年月日] 昭和7年（1932年）6月18日
[没年月日] 平成16年（2004年）11月15日
[出生地] 京都府京都市 [本名] 諏訪修 [学歴] 京都市立美術大学陶磁器科卒 [団体] 日展、京都美術懇話会、京都府美術工芸作家協会、京都伝統陶芸家協会

陶芸家・米沢蘇峰の二男。幼少の頃から父の薫育を受け、大学では富本憲吉、近藤悠三に師事。昭和35年帝室技芸員の2代目諏訪蘇山の後継者となり、36年光風会会員に推挙される。45年38歳で3代目蘇山を襲名。中国青磁を再現し"青磁の蘇山"といわれた初代を継いで、格調高い精美な青磁を本領とした。平成14年引退、三女が4代目を襲名。
[家族] 父＝米沢蘇峰、養母＝諏訪蘇山（2代目）、妻＝中村宗哲（12代目）、二女＝中村公美（塗師）、三女＝諏訪蘇山（4代目）
[師弟] 師＝富本憲吉、近藤悠三
[受賞] 京都陶芸展市長賞、光風会展工芸賞、京都陶芸家クラブ展クラブ賞

【せ】

青海 勘七 せいかい・かんしち
漆芸家

[生没年] 生没年不詳
[出生地] 江戸（東京都）

元禄年間（1688～1704年）に青海波の意匠が流行したため漆工芸にこれを取り入れ、卵白などを加えた黒漆を塗って、乾く前に鯨の鬚や真鍮などで作った特殊な刷毛で波文を描くという青海波塗の技法を創始し、これにより青海勘七と称されるようになった。この技法は後世津軽塗りなどに応用されており、津軽塗りの始祖・池田源兵衛の師である青海太郎左右衛門と同一人物と思われる。代表作は「青海波塗硯箱」。よく花街に出入りし、横英一蝶、榎本其角、紀伊国屋文左衛門らと親交を結ぶ。また奇行が多く奇人として知られた。

青海 源兵衛 せいかい・げんべえ
津軽塗職人

[生年月日] 明治1年（1868年）
[没年月日] 明治44年（1911年）

[出生地]陸奥国(青森県)

津軽変わり塗の祖・池田源兵衛の子孫。明治6年ウィーン万博に津軽塗文庫を出品し、有功賞牌を、9年フィラデルフィア万博に香盆、香炉台、韓塗家具を出品し、銀賞を受賞。11年のパリ万博には手箱、巻煙草入、書棚を出品。16年より和徳町に設立された漆器製造所発誠社に移り、漆器生産に従事した。
[受賞]ウィーン万博有功賞〔明治6年〕,フィラデルフィア万博銀賞〔明治9年〕

清風 与平(1代目)　せいふう・よへい
陶工

[生年月日]享和3年(1803年)
[没年月日]文久1年(1861年)
[出生地]加賀国金沢(石川県)　[別名等]号=梅宝

加賀藩士保田弥平の子。京都に出て仁阿弥道八に師事したのち五条坂で開窯し、楽焼、白磁、染付などを手掛ける。作風は師の和風京焼を継承し、特に染付に評価が高い。

清風 与平(2代目)　せいふう・よへい
陶工

[生年月日]弘化1年(1844年)
[没年月日]明治11年(1878年)
[別名等]号=五渓

初代の子で、父の業をついで2代清風与平を襲名。白磁浮文の陶器を作成し、文久元年(1861年)に禁裏御所や桂宮の御用窯を拝命した。
[家族]父=清風与平(1代目)　[親族]義弟=清風与平(3代目)

清風 与平(3代目)　せいふう・よへい
陶工

[生年月日]嘉永4年(1851年)
[没年月日]大正3年(1914年)7月15日
[出生地]播磨国印南郡大塩村(兵庫県)　[旧姓名]岡田　[別名等]号=清山　[資格]帝室技芸員〔明治26年〕

円山派の絵師岡田得鳳(良平)の二男。慶応2年(1866年)京都の清風家の養子となり、明治5年2代目清風与平の妹と結婚。一家(新開)をおこし清山と号す。田能村直入に画を、2代目与平に陶法を学ぶ。11年2代目与平没後、3代目与平となる。白磁、青磁の製土、白釉・辰砂釉・黄釉などの釉薬の研究・開発に尽力する。23年内国勧業博覧会で磁器部門一等賞受賞。パリ万博など海外の万博にも出品。代表的作風に"天目釉瀧条斑"が挙げられ、代表作に「白磁蝶牡丹浮き紋大瓶」がある。26年陶芸界初の帝室技芸員に任じられ、28年陶工初の緑綬褒章を受けた。博覧会、共進会の審査員や京都市陶磁器試験場設立委員も務めた。
[家族]父=岡田得鳳(絵師),二男=清風与平(4代目)　[親族]義兄=清風与平(2代目)
[師弟]師=田能村直入,清風与平(2代目)
[受賞]内国勧業博覧会陶磁部門一等賞〔明治23年〕
[叙勲]緑綬褒章〔明治28年〕

清兵衛　せいべえ
蒔絵師

[生没年]生没年不詳

姓氏不詳。宝永年間(1704～1711年)に大阪・伏見町に居住。印籠蒔絵の名工として知られ、作品は"清兵衛のはら印籠"と称して賞翫された。江戸に召される途中の箱根の宿で病没したといわれる。

是閑 吉満　ぜかん・よしみつ
　　能面作者

[生年月日] 大永7年(1527年)
[没年月日] 元和2年(1616年)
[出生地] 越前国大野(福井県)　[別名等] 別名＝出目是閑

三光坊の弟子大光坊幸賢に師事したのち、一流を興して大野出目家の祖となる。のち京都に移って活躍。豊臣秀吉に寵遇され、"天下一"の号をゆるされた。河内大掾家重、古源助と共に近世初期における能面作りの名人と称えられ、自らも"天下一是閑"の烙印を用いた。

関谷 四郎　せきや・しろう
　　鍛金家

[生年月日] 明治40年(1907年)2月11日
[没年月日] 平成6年(1994年)12月3日
[出生地] 秋田県秋田市　[資格] 重要無形文化財保持者(鍛金)〔昭和52年〕

物心ついた時に小児マヒにかかり、右足が不自由となる。昭和2年上京、3年鍛金家の河内宗明に師事。13年独立して東京・本郷団子坂に工房を設ける。19年板橋区大谷口に工房を移す。鉄と銅、銀と赤銅などの細い板金を鑞付けする独創的な接合(はぎあわせ)技法を編み出す。日本鍛金協会展、新文展、日展などに出品し、また生活工芸集団会員として活躍。37年日本伝統工芸展に初入選、40年日本工芸会正会員、44年同展鑑査員、45年より新匠工芸展審査員。52年人間国宝となる。代表作に「黄彩壺」「接合横線壺」「赤銅銀十字線花器」など。平成9年秋田市立赤れんが郷土館に関谷四郎記念室がオープン。
[師弟] 師＝河内宗明
[受賞] 秋田県文化功労章〔昭和62年〕、日本伝統工芸展日本工芸会総裁賞(第15回)〔昭和43年〕「縦線接合壺」、日本伝統工芸展20周年記念特別賞〔昭和48年〕「銅鉄接合花挿」、新匠工芸展稲垣賞(第31回)〔昭和51年〕
[叙勲] 紫綬褒章〔昭和49年〕、勲四等旭日小綬章〔昭和55年〕

瀬島 熊助　せじま・くますけ
　　陶芸家

[生没年] 生没年不詳
[専門] 薩摩焼

明治4年殿窯の廃止後、柿本尚五郎らと田之浦陶器会社を設立。のちに他にも陶窯を設け、輸出用の金ピカ錦手を製出。

瀬戸 浩　せと・ひろし
　　陶芸家

[生年月日] 昭和16年(1941年)2月26日
[没年月日] 平成6年(1994年)5月11日
[出身地] 徳島県徳島市　[学歴] 京都市立美術大学工芸科(陶磁器専攻)卒　[専門] 益子焼

富本憲吉の作品を見て陶芸家を志し、京都市立美術大学工芸科で陶磁器専攻、富本に学ぶ。在学中新匠工芸展、日本伝統工芸展等に入選。卒業後の昭和40年益子に築窯し、陶芸家として活動を展開する。韓国利川や米国インディアン居留地での作陶、米国、オーストラリアの大学での講義、個展の開催など活動は多彩。昭和55年新幹線・宇都宮駅に陶壁「栃の木讃歌」を制作。以後、陶壁制作にエネルギッシュに取り組んだ。
[師弟] 師＝富本憲吉

瀬戸助　せとすけ
　　陶工

[生没年] 生没年不詳
[出生地] 尾張国瀬戸(愛知県)

江戸時代の陶工名であるが、"瀬戸助"の名は伊予、京都、伊勢、越前、加賀、越中、

江戸など各地に伝わっており、それらの全てが同一人物か同系統の陶工の総称名か不明で、活動年代も1650年代から1830年代まで様々な記録がある。伊予では、伊予藩主松平定行が隠居後の万治年間(1658〜60年)に、瀬戸助を松山に招聘して桑原村東野で茶器を焼かせ、のち京都に上り松山の銘を入れた茶碗を焼いたとされる。また加賀に赴いたり、江戸で徳川家の御用で茶碗を作成したともいわれ、明和から安永期(1764〜80年)には伊勢四日市で窯を開いたともいう。

芹沢 銈介　せりざわ・けいすけ

染色家　日本民藝館顧問，日本民藝協会理事，多摩美術大学教授，女子美術大学教授

[生年月日] 明治28年(1895年)5月13日
[没年月日] 昭和59年(1984年)4月5日
[出生地] 静岡県静岡市本通　[旧姓名] 大石
[学歴] 東京高工(現・東京工業大学)工業図案科〔大正5年〕卒　[資格] 重要無形文化財保持者(型絵染)〔昭和31年〕　[専門] 型絵染

図案家としての勤めのかたわら染色技術を学んだが、昭和初期、柳宗悦と出会ってその民芸運動に参加、昭和6年から民芸雑誌「工芸」の表紙装幀を担当。9年東京・蒲田に家屋と工房を得、上京。14年柳らと初の沖縄旅行、那覇の型附屋から紅型の技を学ぶ。その後は型絵染めの道に進んで、沖縄の紅型(びんがた)の技法と江戸小紋などの伝統技術を基に独特の型絵染をつくり上げ、31年型絵染の人間国宝となった。国画会会員、日本工芸会理事。30年芹沢染紙研究所設立。一方、24年女子美術大学教授、のち多摩美術大学教授を歴任。38年大原美術館に芹沢館が完成、56年には静岡市の登呂公園内に静岡市立芹沢銈介美術館が完成。51年にパリで大規模な個人展が開かれるなど、国際的にも高い評価を受けた。同年文化功労者。代表作品に染額「法然上人御影軸」(17年)、「風の字文のれん」(32年)、「丸紋いろは六曲屏風」(38年)、「型染壺屋風物文着物」(43年)、「型絵染筆彩着物」(51年)がある他、のれん、壁かけ、装幀、挿絵など多方面で活躍。平成元年作品を一堂に集めた美術工芸館が東北福祉大にオープンした。「芹沢銈介全集」(全31巻)がある。
[家族] 長男＝芹沢長介(東北福祉大学教授)
[受賞] 文化功労者〔昭和51年〕
[叙勲] 紫綬褒章〔昭和41年〕，フランス芸術文化功労勲章〔昭和56年〕
[記念館] 東北福祉大学芹沢銈介美術工芸館(宮城県仙台市)，静岡市立芹沢銈介美術館(静岡県)

【そ】

増阿弥 久次　ぞうあみ・ひさつぐ

田楽師，能面作者

[生没年] 生没年不詳

生没年未詳ながら永和年間に活躍した人物で、京都に住み、将軍足利義満の同朋衆を務めた。また田楽新座の役者として亀阿弥を後継し、世阿弥元清の「申楽談義」によれば高雅な芸風であったらしい。"増女"という能面を残した名工としても知られ、"六作"の一人に数えられる。

宗四郎　そうしろう

陶工

[生没年] 生没年不詳

西村家3代宗全の弟。豊臣秀吉から天下一の号を賜ったとされ、堺や京都で「天下一宗四郎」の印を捺した土風炉が見つかっている。
[家族] 兄＝西村宗全(陶工)

宗伯　そうはく
　　　　陶工

[生没年]生没年不詳

瀬戸後窯茶入の作者。千利休時代に利休瀬戸に類する一流の茶入を焼いたと伝えられる。耳付茶入のほか、花入・茶碗なども手掛けた。

相馬 貞三　そうま・ていぞう
　　　民芸運動家　青森県民芸協会会長

[生年月日]明治41年(1908年)
[没年月日]平成1年(1989年)9月25日
[出生地]青森県南津軽郡竹館村(平川市)
[学歴]弘前中〔昭和2年〕卒,文化学院卒

昭和2年柳宗悦の「工芸の書」に触発され民芸運動に身を投じる。小学校代用教員を経て、15年青森県民芸同好会を、17年に日本民芸協会青森支部を結成し、同支部長、協会理事に就任。24年弘前市に"つがる工芸店"を開く。のち、青森県手工芸研究所を設立、主宰。「こぎん刺し」や「つる細工」などの民芸品作りと、民芸思想の普及・啓蒙に力を注いだ。
[家族]父=相馬貞一(リンゴ栽培家)
[受賞]青森県文化賞〔昭和45年〕

相馬 羊堂　そうま・ようどう
　　　　硯制作者

[没年月日]平成15年(2003年)5月22日
[資格]延岡市無形文化財〔平成13年〕、宮崎県伝統工芸士

平成13年北川町産の石を使った「日向紅渓石硯」の制作で延岡市の無形文化財に指定された。

副田 喜左衛門(1代目)　そえだ・きざえもん
　　　　陶工

[生年月日]生年不詳
[没年月日]承応3年(1654年)
[専門]鍋島焼

もとは京都の浪人で、磁器の焼成技術を学ぶために肥前国の伊万里・有田に滞在していた折に、同じく京都の浪人であった善兵衛と知り合い、ともに高原五郎七に師事した。その後、師と岩谷川内に移って当時珍しかった青磁を制作、佐賀藩に献上し、この青磁焼成技法を以て御道具山を称したという。やがてキリシタンであった師が去った後も善兵衛と青磁制作に励んで士分に取り立てられ、御道具山役についた。子孫は藩窯・鍋島焼を司った御陶器方を務めた。
[家族]二男=副田喜左衛門(3代目)

副田 杢兵衛　そえだ・もくべえ
　　　　陶工

[生年月日]貞享4年(1687年)
[没年月日]明和5年(1768年)
[別名等]通称=孫三郎,名=政晴　[専門]鍋島焼

佐賀藩の藩窯・鍋島焼を司った御陶器方の初代、副田喜左衛門の曽孫。享保9年(1724年)御陶器方の3代目喜左衛門が没した後、御陶器方附役となった。
[親族]曽祖父=副田喜左衛門(1代目)

曽我 竹山　そが・ちくざん
　　　　陶工

[生没年]生没年不詳
[出身地]加賀国金沢(石川県)　[専門]渋草焼

天保13年(1842年)頃に飛騨国上岡本村(岐阜県)に移住。渋草焼の赤絵陶磁器を製作した。

曽我 徳丸　そが・とくまる
陶画工

[生年月日] 弘化4年（1847年）
[没年月日] 没年不詳
[出生地] 飛騨国高山（岐阜県）

明治5年ウィーン万博の事務局に召され、東京・浅草で出品する作品に陶画を描く。6年瓦町に開業、起立工商会社などの注文に応じた。

園田 湖城　そのだ・こじょう
篆刻家

[生年月日] 明治19年（1886年）12月31日
[没年月日] 昭和43年（1968年）8月25日
[出生地] 滋賀県大津市　[本名] 園田耕作
[別名等] 後名＝穆、字＝清郷、別号＝平盦、斎号＝江左窟、穆如清風室、九石山房、黄竜硯斎　[学歴] 京都市立第三高小〔明治31年〕卒

父に印判を学び、大正3年頃から独学で秦漢印を学んだ。10年藤井有鄰館主事に迎えられ中国古印「靄々荘蔵古璽印」「梅華堂印賞」などを整理、家蔵の古銅印普「古璽印々」などを編集した。昭和10年退職、篆刻に専心、京都印壇の盟主となった。平安書道会評議員、泰東書院審査員を務め、22年大阪で日本書芸院を創立、京都書道連盟を創設して会長。また日展審査員、日本書道連盟理事を歴任、同風社を主宰した。代表作「遊魚出聴」「破草履」など、作品集「平盦（ヘイアン）印叢」「新選湖城先生作品全輯」などがある。

園田 武利　そのだ・たけとし
ガラス細工師

[没年月日] 平成12年（2000年）6月
[専門] 博多チャンポン　[団体] 博多町人文化連盟

福岡市内の民間会社の研究所に勤務。昭和16年から1年間九州大学に派遣され、同大で実験用ガラス装置を作る傍ら、伝統工芸・博多チャンポンを復活させた小川勝男からガラス器具作りの技術指導を受ける。その後会社を退職し、同大工学部の技官として、61年まで42年間実験器具作りに携わった。一方、自宅工房で博多チャンポンを趣味として作り続け、平成8年小川が一線を退き、後継者に決まる。以来放生会の土産品として親しまれているチャンポンを11年まで主力で制作した。

杣田 光正　そまた・みつまさ
螺鈿工師

[生年月日] 寛政7年（1795年）
[没年月日] 安政3年（1856年）
[出生地] 越中国（富山県）　[別名等] 通称＝弥平太

越中富山藩主前田正甫の招きによって、京都の青貝細工師・杣田清輔が富山に伝えた青貝細工に従事。金貝・切金による杣田細工の伝統を受けつぎながら、江戸に出て技術を改良し、"杣田蒔絵"と呼ばれる精巧な漆器を製作した。これにより杣田細工は大いに好評を博し、江戸後期から明治期にかけて印籠などの装飾に用いられた。

染川 鉄之助　そめかわ・てつのすけ
鋳金家

[生年月日] 明治45年（1912年）
[没年月日] 昭和57年（1982年）7月19日
[出生地] 広島県呉市　[学歴] 東京美術学校（現・東京芸術大学）工芸科鋳金部〔昭和14年〕卒

昭和6年より加藤顕清に彫塑を学ぶ。8年東京美術学校工芸科入学、高村豊周に師事。9年経緯工芸を結成。14年美校卒業。23年に東京・町田市の日本聾唖学校の美術教諭に

231

なってからはろうあ者の美術教育に尽力。24年型々工芸集団同人、27年創作工芸協会同人。27年「噴水人魚」が日展初入選、以来毎回出品を続け、29年「飛天」が特選、44年「朧銀『月の壺』」が桂花賞受賞。32年より同展審査員、45年評議員。46年より鋳金家協会委員長を務め、57年会長となる。49年茨城県笠間市に工房を持つ。この頃より「白銅 袴」などの手のシリーズを発表する。53年日本新工芸家連盟設立、監事となる。現代工芸作家の中堅として活躍した。
[師弟]師=加藤顕清、高村豊周
[受賞]芸術選奨文部大臣賞(第30回、昭54年度)、日展特選(第10回、昭29年度)「飛天」、日展桂花賞(改組・第1回、昭44年度)「朧銀『月の壺』」

染谷 知信　そめや・とものぶ
金工家

[生没年]生没年不詳
[別名等]通称=吉五郎
伊勢国津出身の金工家染谷昌信の子。江戸に住し、絵画を谷文晁に師事した。当時流行した文人画を取り入れて独自の彫法を編み出し、染谷派を代表する名工として活躍した。門下に一信、正信らがいる。代表作に「楼閣山水図鐔」「狗児図鐔」。

【た】

帯山 与兵衛(1代目)　たいざん・よへえ
陶工

[生没年]生没年不詳
[旧姓名]高橋藤九郎　[専門]粟田口焼
近江国を治めた佐々木氏の遺臣。延宝5年(1677年)粟田に開窯し、粟田山を帯びるので"帯山"を称したといわれる。以後、6代与右衛門を除いて歴代は与兵衛を名乗ったとされ、明治27年9代与兵衛の代で廃業するまで続いた。

帯山 与兵衛(9代目)　たいざん・よへえ
陶芸家

[生年月日]安政3年(1856年)
[没年月日]大正11年(1922年)
[出生地]京都　[本名]清水竜三郎
明治11年、錦光山家・安田家と並び京都の粟田口焼を代表する窯屋帯山家の養子となり、9代目与兵衛を継ぐ。伝統的な色絵に加えて十錦手や金泥を用いた装飾性豊かな陶器を製作、その様式は京薩摩と呼ばれ、各国の万博で多くの賞を獲得するなど高い評価を受けた。また陶器の海外輸出にも積極的で、6代錦光山と共にその推進役として活躍。27年粟田口の窯を廃して京都南部の八幡に移り、南山焼を興した。

大進房　だいしんぼう
彫刻師

[生没年]生没年不詳
鎌倉時代後期、相州鍛冶の初祖・国光の弟子となり、他の弟子の行光や正宗、貞宗らが刀工であるのに対し、刀身に種子(諸仏の梵字)や剣、護摩箸などの彫物を施す彫刻師となる。国光(新藤五)や行光、正宗の刀の彫物を手掛けたと伝えられる。

大眉　たいび
陶工

[生年月日]文政10年(1827年)
[没年月日]明治17年(1884年)8月22日
[本名]大賀幾助

元治2年(1865年)長州阿武郡椿郷東分村の小畑で、同村泉流山の古窯を修し、京都風の染付を始めた。

大明京　だいみんきょう
刀工

[生没年] 生没年不詳
[本名] 高麗　[別名等] 名＝国重, 通称＝弥九郎
慶長年間、出雲国松江の大庭明神前に京兵衛という刀工がおり、「大」「明」「京」と一文字ずつとって"大明京"と銘を切った。子孫も刀工となったが、初代の技量が最も優れているとされる。

平 助永　たいらの・すけなが
蒔絵師

[生没年] 生没年不詳
鎌倉時代に活躍。「住江蒔絵手箱」(日光輪王寺蔵)に「安貞二年正月晦日 平助永」の銘がある。

高井 白陽　たかい・はくよう
漆芸家

[生年月日] 明治28年(1895年)10月16日
[没年月日] 昭和26年(1951年)7月22日
[出生地] 新潟県新潟市　[本名] 高井栄四郎　[学歴] 東京美術学校(現・東京芸術大学)漆工科〔大正8年〕卒
昭和2年帝展初入選以来出品、その間特選2回、無鑑査となり、16年文展審査員、24年日展審査員となる。

高井 宏子　たかい・ひろこ
七宝作家

[生年月日] 昭和16年(1941年)8月
[没年月日] 平成5年(1993年)8月7日
[出生地] 神奈川県横浜市　[学歴] 多摩美術大学絵画科日本画科〔昭和39年〕卒
昭和50年末松貞子、52年長谷川晴三に師事。同年日本七宝作家協会展入選。以来、受賞、入選多数。56年ジュネーブ宮殿美術館永久収蔵、58年以後平成4年まで個展多数。作品集「HIROKO TAKAI―透明な世界を旅して」がある。
[受賞] 神奈川七宝展賞(第1回・2回)〔昭和53年・54年〕、国際七宝展(優秀賞, 第1回)〔昭和53年〕、女流創作美術展賞〔昭和56年〕

高江洲 育男　たかえす・いくお
陶芸家

[没年月日] 平成9年(1997年)5月16日
[出身地] 大阪府大阪市
昭和59年沖縄のシーサーづくりの技能が評価され、現代の名工に選ばれた。
[受賞] 現代の名工〔昭和59年〕

高木 敏子　たかぎ・としこ
染織家　京都市立芸術大学教授

[生年月日] 大正13年(1924年)1月21日
[没年月日] 昭和62年(1987年)5月5日
[出生地] 京都府京都市　[本名] 八木敏　[学歴] 京都府立第一高等女学校卒
生家は代々御所づとめの表具師。祖父の代から婚礼用の丸帯や袱紗を織る機屋に転業。幼少より父に織を、岸本景春に図案を、太田喜二郎に洋画を学ぶ。京都府立第一高女在学中の昭和15年、紀元二千六百年奉祝美術展覧会に「綴織壁掛 秋」を出品し初入選。以後、50年まで、ほとんど毎年、新文展、日展に出品を続けた。また、46年の「染織の新世代展」(京都国立近代美術館)、52年の「今日の造形〈織〉アメリカと日本展」や、「ファイバー・ワーク展」(群馬県立近代美術館)などに出品。56年以降は個展を中心に〈織の造形〉を追求する作品

を発表。一方、37年から京都市立美術大学（のち京都市立芸術大学）教授を務め、多くの染織作家、テキスタイル・アーティストを育てた。
［家族］夫＝八木一夫（陶芸家）、息子＝八木明（陶芸家）、八木正（木彫作家）
［師弟］師＝岸本景春, 太田喜二郎

高久 空木　たかく・くうぼく
染色家

［生年月日］明治41年（1908年）
［没年月日］平成5年（1993年）10月
［出生地］栃木県下都賀郡壬生町　［本名］高久胖　［学歴］日本美術学校図案科卒　［団体］日展

13歳で上京、岩倉鉄道学校などを経て、美術学校へ。卒業後、広川松五郎に師事。ろうけつ染めによる染色で、初期はインドネシアのバチック染に影響を受け、戦中戦後はピカソやマチスなどの前衛美術に傾倒。昭和11年日展の前身、文部省美術展（文典）に初入選して以来、日展に依嘱出品をし、新文展で17年に「南瓜紋染二曲屏風」で特選。37年を最後に日展を含め団体展へは一切出品しなくなった。
［家族］長女＝高久尚子（染色家）
［師弟］師＝広川松五郎

高澤 英子　たかざわ・えいこ
染色家　埼玉県女流工芸作家協会名誉会長

［生年月日］大正5年（1916年）9月14日
［没年月日］平成21年（2009年）4月14日
［出身地］埼玉県行田市　［学歴］忍高女卒
［専門］蠟けつ染, 藍染　［団体］三軌会, カリタス染研究会

昭和35年カリタス染研究会を創立、会長。三軌展、埼玉県展に出品し、多数の賞を受け、審査員も務めた。50年埼玉県女流工芸作家協会を創立、会長に就任。52年ギリシア工芸展に出品、ギリシア美術館に作品が収蔵される。60年現代日本代表作家海外展招待出品（タヒチ）。行田市文化団体連合会会長、埼玉県文化団体連合会美術部副部長、埼玉県北美術家協会副会長、行田美術家協会副会長などを歴任。作品集に「花かんむり」、共著に「わが人生論〈上・下〉」がある。

［受賞］埼玉県文化ともしび賞〔昭和57年〕, 日本文化振興会表彰〔昭和60年〕, 埼玉県教育委員会表彰（芸術・文化）〔平成1年〕, 埼玉県文化団体連合会表彰〔平成3年〕, 埼玉県文化功労者知事表彰〔平成5年〕, 埼玉県文化団体連合会文化選奨〔平成9年〕, 行田市文化功労者表彰〔平成9年〕, 文化庁地域文化功労者文部大臣表彰〔平成9年〕, さいたま輝き荻野吟子賞（第1回）〔平成18年〕, 埼玉文化賞（第50回）〔平成19年〕, 三軌会展奨励賞〔昭和33年〕, 埼玉県展産経新聞社賞〔昭和34年〕, 埼玉県展知事賞〔昭和35年〕, 埼玉県展美術家協会賞〔昭和36年〕, 三軌会展互井賞〔昭和58年〕, スペイン国際美術賞展優秀賞〔平成1年〕, 三軌会展文部大臣賞〔平成4年〕

高田 茂三郎　たかた・もさぶろう
蒔絵師

［生年月日］天保7年（1836年）
［没年月日］明治35年（1902年）11月
［出身地］加賀国金沢（石川県）　［別名等］号＝江月

鶴来屋伝右衛門に蒔絵を師事。一家をなし、妙手と称された。

高田 義男　たかた・よしお
染織家, 装束師, 有職装束研究家

［生年月日］明治30年（1897年）6月2日
［没年月日］昭和60年（1985年）11月10日

[出生地]東京　[学歴]大倉商〔大正6年〕卒
鎌倉時代から続く宮中内蔵寮御用装束調進方高田家の23代目。昭和2年大正天皇の大葬、3年昭和天皇即位装束、4年伊勢神宮神宝装束を制作したのをはじめ、正倉院宝物の染織品の調査や復元など、歴史的な染織品の復元を手掛けた。著書に「和染鑑」などがある。
[家族]息子＝高田倭男（装束師）
[叙勲]紫綬褒章〔昭和47年〕

高綱　たかつな
刀工

[生没年]生没年不詳
[出身地]備前国（岡山県）
鎌倉時代初期の刀工。いわゆる古備前の刀工で、重要文化財に指定されている太刀がある。

高取 静山　たかとり・せいざん
陶芸家　高取焼宗家11代

[生年月日]明治40年（1907年）
[没年月日]昭和58年（1983年）10月5日
[本名]高取静　[学歴]日本大学国文科卒
遠州七窯の一つ高取焼宗家に生まれ、10代目である父の没後、昭和23年再興して11代目を継承。オーソドックスな陶技で独自の世界を創造。55年宗家12代を八山に譲った。
[家族]父＝高取富基（陶芸家），息子＝高取八山（陶芸家）
[師弟]師＝河村蜻山

高取 八蔵　たかとり・はちぞう
陶工　高取焼の祖

[生年月日]生年不詳
[没年月日]承応3年（1654年）
[別名等]朝鮮名＝八山、名＝重貞　[専門]高取焼

文禄・慶長の役に際して、戦国武将・黒田長政に伴われ朝鮮半島から渡来。慶長5年（1600年）黒田家が筑前福岡に移封されると同国鷹取山麓に永満寺宅間窯を築いた。19年内ケ磯窯に移ったが、寛永年間の初めに朝鮮への帰国を願い出て藩主・黒田忠之の勘気に触れ山田村に蟄居、同地に山田窯を開いた。寛永7年（1630年）帰参を許され、白旗山窯を開いた。小堀遠州に茶器制作の指導を受け、高取焼は"遠州七窯"の一つに数えられる。

高中 惣六　たかなか・そうろく
漆芸家

[生年月日]明治32年（1899年）2月10日
[没年月日]昭和49年（1974年）5月30日
[出身地]広島県三原市　[学歴]宮城工業卒
大正12年宮中賢所の修理に参加。同年関東大震災により三原市に帰郷。昭和8年広島県美術展審査員。
[師弟]師＝石井士口

高野 松山　たかの・しょうざん
漆芸家

[生年月日]明治22年（1889年）5月2日
[没年月日]昭和51年（1976年）3月5日
[出生地]熊本県飽託郡池上村　[本名]高野重人　[学歴]京都市立美術工芸学校描金科〔明治44年〕卒、東京美術学校（現・東京芸術大学）漆工科〔大正5年〕卒　[資格]重要無形文化財保持者（蒔絵）〔昭和30年〕　[専門]蒔絵
熊本の徒弟学校で漆工の基礎を学び、京都、東京美術学校などでさらに修業、東京美術学校教授白山松哉の助手となって繊細な蒔絵の技術を学んだ。大正12年師から松山の雅号を受ける。昭和8年退職。実家が肥後細川家と縁があったことから13年以来細川護立に長く庇護されながら制作を続

け、漆芸の名品といわれる作品を主として帝展、新文展、日展に発表した。特に木地蒔絵の作品は、江戸時代以来の精緻な蒔絵技法を現代的な構成でまとめ、高い評価を得た。30年人間国宝に認定される。33年新綜工芸会主宰、38年日本漆芸会会長。代表作に「獅子蒔絵色紙箱」「柏・木菟之図蒔絵衝立」「群蝶木地蒔絵手箱」「乾漆鶉蒔絵飾箱」など。
[師弟]師＝白山松哉
[受賞]日本キワニス文化賞〔昭和40年〕、帝展特選〔昭和7年・8年〕
[叙勲]紫綬褒章〔昭和40年〕、勲三等瑞宝章〔昭和50年〕

高橋 因幡　たかはし・いなば
釜師

[生没年]生没年不詳
初代下間庄兵衛に学ぶ。三条釜座で活動したのち、元禄2年（1689年）隠居して堀川蛸薬師へ移った。以後、代々釜師の家系となり、弘化・嘉永年間（1844～1854年）ごろに高橋家は名古屋で有名になった。
[師弟]師＝下間庄兵衛（1代目）

高橋 介州　たかはし・かいしゅう
工芸家

[生年月日]明治38年（1905年）3月21日
[没年月日]平成16年（2004年）10月29日
[出生地]石川県金沢市　[本名]高橋勇　[学歴]東京美術学校金工科（現・東京芸術大学）〔昭和4年〕卒　[資格]石川県無形文化財保持者（加賀象嵌）〔昭和57年〕　[専門]彫金
昭和16年石川県工芸指導所長、20年石川県美術文化協会理事長、22年日展審査員、35年北陸日本文化協会理事長、36年石川県いけばな協会会長、37年石川県美術館長、50年加賀金工作家協会会長。著書に「加賀の工芸」「色給名陶九谷」「日本の工芸」。

[受賞]中日文化賞（第18回）〔昭和40年〕
[叙勲]勲四等瑞宝章〔昭和51年〕

高橋 一智　たかはし・かずとも
陶芸家

[生年月日]明治37年（1904年）5月4日
[没年月日]昭和58年（1983年）4月8日
[出生地]青森県弘前市　[学歴]京都市商工専修学校窯業部卒
弘前中学校在学中より絵画や彫刻に取り組むが、民芸運動や英国人陶芸家バーナード・リーチの影響を受けて陶芸を志す。昭和3年青森県中郡千年村に窯を開くが、意に添った作品が出来ず、5年京都に赴いて河井寛次郎に入門。8年に北海道工業試験場副手として陶磁器制作を指導したのち帰郷し、財団法人木村産業研究所研究生となって窯業部を担当、以後津軽の土を使った陶磁器の制作に専念した。21年弘前市桔梗野に自身の窯を開いて独立、寡作であったが郷土の素材を用いた陶磁器制作が高く評価され、33年東奥賞、36年青森県褒賞、40年青森県文化賞を受賞。その間、38年に昭和天皇が植樹祭のために青森県を訪れた際、その手による茶道具6点が献上品に選ばれている。46年以降は陶磁器作りに適した素材や釉薬を求めて県内各地を探訪。また、こぎん刺しの研究家としても知られる。
[師弟]師＝河井寛次郎
[受賞]東奥賞〔昭和33年〕、青森県褒賞〔昭和36年〕、青森県文化賞〔昭和40年〕

高橋 敬典　たかはし・けいてん
釜師　山正鋳造所社長

[生年月日]大正9年（1920年）9月22日
[没年月日]平成21年（2009年）6月23日
[出生地]山形県山形市　[本名]高橋高治
[資格]重要無形文化財保持者（茶の湯釜）〔平成8年〕　[専門]茶の湯釜

鋳造業を営む家の長男に生まれ、昭和13年父の死により18歳で家業を継ぐ。23年山正鋳造所を設立、社長。25年から人間国宝・長野垤志に師事し、和銑(わずく)による茶の湯釜の制作に取り組む。26年日展に初入選(以後7回入選)。日本伝統工芸展にも出品し、38年同展日本工芸会会長賞、51年NHK会長賞を受賞。鋳型に文様をおしてあらわす箆押し技法で知られ、鋳型つくりから仕上げまでを一貫して行う。平成8年茶の湯釜の分野で山形県内初の人間国宝に選ばれた。代表作に「波文筒釜」「和銑 棗釜 貝鐶付」「和銑 八方釜」「和銑 平丸釜」など。また、山形伝統工芸鋳物協同組合理事長として後進の育成にもあたった。著書に「人間国宝 高橋敬典 茶の湯釜作品集」がある。
[親族]女婿＝村川透(映画監督)
[師弟]師＝長野垤志
[受賞]斎藤茂吉文化賞〔昭和52年〕、河北文化賞〔平成9年〕、日本花器茶器展読売新聞社賞〔昭和35年〕、日本伝統工芸展日本工芸会会長賞(第10回)〔昭和38年〕、日本伝統工芸展NHK会長賞(第23回)〔昭和51年〕「和銑 甑口釜」
[叙勲]勲四等瑞宝章〔平成4年〕

高橋 貞次　たかはし・さだつぐ
刀匠

[生年月日]明治35年(1902年)4月14日
[没年月日]昭和43年(1968年)8月21日
[出生地]愛媛県西条市　[本名]高橋金市
[別名等]刀銘＝竜王子,竜泉　[資格]重要無形文化財保持者(日本刀)〔昭和30年〕　[専門]日本刀

刀匠であり刀剣商の兄・徳太郎の影響を受け、大正6年15歳の時、帝室技芸員の月山貞一・貞勝父子の門に入る。8年17歳で東京の中央刀剣会の養成工に選ばれ、4年間修業。12年郷里の愛媛県西条に戻り独立。昭和10年第1回新作日本刀刀展内閣総理大臣賞。11年松山市石手に鍛錬場を建て、竜王子貞次の名で名刀を制作。宮中御用刀匠となり、18年皇室技芸員。42歳の時、熱田神宮大鍛刀場主任刀匠。この間、鎌倉の鶴岡八幡宮の神宝刀をはじめ、多くの御用宝刀を鍛造。戦後は日本刀の制作が禁じられたが、26年伊勢神宮式年遷宮の御神宝刀を鍛造し、30年53歳の時、重要無形文化財日本刀の保持者に認定された。日本刀の備前伝に優れ、特に刀身彫刻が巧く、現代刀匠の第一人者として知られた。
[師弟]師＝月山貞一,月山貞勝
[受賞]新作日本刀刀展内閣総理大臣賞(第1回)〔昭和10年〕、作刀技術発表会特賞〔昭和28年〕

高橋 節郎　たかはし・せつろう
漆芸家　東京芸術大学名誉教授

[生年月日]大正3年(1914年)9月14日
[没年月日]平成19年(2007年)4月19日
[出生地]長野県南安曇郡北穂高村(安曇野市)　[学歴]東京美術学校(現・東京芸術大学)工芸科漆工部〔昭和13年〕卒,東京美術学校(現・東京芸術大学)研究科〔昭和15年〕修了　[資格]日本芸術院会員〔昭和56年〕
[専門]鎗金(沈金)　[団体]現代工芸美術家協会,日展

父は銀行家。父や兄が絵を描いたことから、松本中学時代より画家を志し、父の近衛連隊時代の友人である日本画家・結城素明の写生旅行にも同行した経験を持つ。しかし、画家の道に進むことを許されず、素明の勧めにより東京美術学校(現・東京芸術大学)工芸科漆工部に進む。昭和13年卒業、15年同校研究科を修了し、同年紀元二千六百年奉祝美術展に入選。16年文展に「木瓜の図」初出品して特選を受け、以来同展、戦後は日展に出品。26年「星座」で日展特選・朝倉賞、35年「蜃気楼」で日展文部大臣賞。27年無鑑査となり、44年日展理事、57

年常務理事、平成7年顧問を歴任。昭和37年からは現代工芸美術展にも出品し、53年現代工芸美術家協会理事長、57年副会長。この間、30年には日本橋三越で初の個展を開催。40年「化石譜」で日本芸術院賞を受賞、51年日本芸術院会員。平成2年文化功労者、9年文化勲章。昭和51～57年東京芸術大学教授を務め、後進の育成にも当たった。現代漆芸界の第一人者で、漆に刀で絵を刻み込み、その線の中に金箔や金粉を埋め込む沈金技法を用い、黒地に風景や古墳、星座などを浮かび上がらせた幻想的な作品で知られた。平成10年には長野五輪の公式記念メダルのデザインを手がけた。

［受賞］日本芸術院賞（第21回）〔昭和40年〕「化石譜」、文化功労者〔平成2年〕、穂高町名誉町民〔昭和57年〕、豊田市文化賞〔昭和60年〕、長野県芸術文化功労者〔平成2年〕、文部省地域文化功労者〔平成7年〕、信毎賞〔平成8年〕、豊田市名誉市民〔平成10年〕、日本の鉄道パブリックアート大賞（国土交通大臣賞）〔平成15年〕「都営地下鉄大江戸線汐留駅の陶壁レリーフ『日月星花』」、日展特選・朝倉賞（第7回）〔昭和26年〕「星座」、日展文部大臣賞（第3回）〔昭和35年〕「蜃気楼」
［叙勲］紺綬褒章〔昭和59年〕、勲三等瑞宝章〔昭和61年〕、文化勲章〔平成9年〕
［記念館］豊田市美術館高橋節郎館（愛知県豊田市）、安曇野高橋節郎記念美術館（長野県安曇野市）

高橋 忠蔵　たかはし・ちゅうぞう
忠蔵こけし製作者

［没年月日］昭和56年（1981年）3月15日
［出身地］福島県

福島県の土湯系鯖湖こけしの製作者として知られ、頭にじゃの目、胴が細く目がくじら目など土湯系こけしの基礎を確立。「忠蔵こけし」といわれ、こけし愛好家の間で人気が高かった。伝統こけし製作者の双璧の1人といわれた。

高橋 道八（1代目）　たかはし・どうはち
陶工

［生年月日］寛延2年（1749年）
［没年月日］文化1年（1804年）4月
［出生地］伊勢国（三重県）　［別名等］名＝光重、号＝松風亭空中

伊勢亀山藩士の二男。宝暦年間に京都へ出、粟田口に窯を開いた。京焼の煎茶器などをよくし、南画に親しみ池大雅、売茶翁（高遊外）、上田秋成らと交遊した。2代目を継いだ二男は、仁阿弥道八の名で京焼の名工として知られる。
［家族］二男＝高橋道八（2代目）、三男＝尾形周平

高橋 道八（2代目）　たかはし・どうはち
陶工

［生年月日］天明3年（1783年）
［没年月日］安政2年（1855年）5月26日
［別名等］名＝光時、号＝法螺山人、通称＝仁阿弥

初代高橋道八の二男で、尾形周平の兄。陶芸を父と11代目雲林院文造に、磁器焼造を奥田穎川に学ぶ。兄が夭折したため2代目を継ぎ、青木木米、永楽保全らと京焼の隆盛期を築き、紀州徳川家などの御庭焼を指導した。文政7年（1824年）近江石山寺で得度し、9年仁和寺宮から法橋に叙せられた。仁和寺より"仁"の字を、醍醐三宝院宮より"阿弥"と"龍光院"の院号を賜ったことから"仁阿弥"を称し、仁阿弥道八の名でも知られる。田中訥言、浦上春琴らとも交友があった。
［家族］父＝高橋道八（1代目）、弟＝尾形周平、長男＝高橋道八（3代目）

高橋 道八（3代目）　たかはし・どうはち
陶工

［生年月日］文化8年（1811年）

[没年月日]明治12年(1879年)8月2日
[出生地]京都　[別名等]名=光英、号=華中亭
京都の陶工・2代目高橋道八の長男。代々、道八を名乗る。嘉永年間、父と共に讃岐高松藩に招かれ、讃窯で作陶の指導に従事した。明治2年には佐賀藩領皿山郡の郡令・百武作十の招きで有田に赴き、有田焼の陶工に京風の彩色を教えた。父譲りのさびの内に華やかさを醸し出す作風で、籠形器の焼成を得意とし、青磁雲鶴の作品に佳品が多い。
[家族]祖父=高橋道八(1代目)、父=高橋道八(2代目)、子=高橋道八(4代目)

高橋 道八(4代目)　たかはし・どうはち
陶工

[生年月日]弘化2年(1845年)5月
[没年月日]明治30年(1897年)7月26日
[本名]高橋光頼　[別名等]幼名=頼太郎、号=華中亭　[専門]京焼

京都の陶工・3代目高橋道八の長男。明治6年京都府勧業場御用掛となり、7年家督を継承して4代目道八となる。8年には府より派遣されて東京の勧業寮製陶試験伝習所で学び、新式石膏型成形を初めて京都にもたらすなど、明治期の京都の陶磁器改革に重要な役割を果たした。京都博覧会品評人、京都市美術工芸学校教授などを歴任。第4回内国勧業博覧会の審査官も務めた。青磁、青花磁器を得意とした。
[家族]父=高橋道八(3代目)

高橋 道八(7代目)　たかはし・どうはち
陶芸家

[生年月日]明治40年(1907年)
[没年月日]昭和58年(1983年)1月26日
[出身地]京都府京都市

京焼の名門、高橋道八家に生まれ、昭和16年7代目道八を継いだ。茶陶の名工。

高橋 楽斎(3代目)　たかはし・らくさい
陶芸家

[生年月日]明治31年(1898年)10月31日
[没年月日]昭和51年(1976年)1月17日
[出身地]滋賀県　[本名]高橋光之助　[資格]商工省信楽焼技術保存資格者〔昭和18年〕、滋賀県重要無形文化財〔昭和39年〕　[専門]信楽焼

2代目高橋楽斎の長男。幼少の頃から初代、2代目楽斎に師事。大正4年京都市陶磁器試験場で学ぶ。6年3代目楽斎を襲名。当時衰退していた古信楽の作風を採り入れた茶陶や、豪放な魅力をもつ古伊賀風の茶陶を中心に制作。昭和18年商工省信楽焼技術保存資格者に認定された。一方で新しいデザインにも取り組み、33年ブリュッセル万博に「縄文大壺」を出品しグランプリを受賞。信楽焼で初の滋賀県重要無形文化財に認定された。4代目上田直方と並んで古信楽を再現し、信楽焼近代の二大名工といわれた。
[家族]父=高橋楽斎(2代目)、長男=高橋楽斎(4代目)
[師弟]師=高橋楽斎(1代目)、高橋楽斎(2代目)
[受賞]ブリュッセル万博グランプリ〔昭和33年〕「縄文大壺」

高浜 かの子　たかはま・かのこ
人形作家

[生年月日]明治44年(1911年)
[没年月日]平成3年(1991年)
[出生地]東京京橋(東京都)　[団体]新構造社工芸部、日府会、国際人像工芸協会(理事長)

人形師徳田徳久に師事し、西田正秋に造形理論を学ぶ。昭和8年七夕会に参加。11年女性による人形研究・制作者の団体・人形すがた会を主宰。13年ちりめん人形の特許権が下り、実用新案登録許可を受ける。東

239

京服飾美術学校講師なども務めた。作品に「騎馬戦」「夢の中に遊ぶ」、著書に「人形―紙塑、桐塑、衣裳、木目込、張り子」「やさしい日本人形の作り方」（共著）がある。9年第1回童宝美術展で受賞、帝展でも数回入選した。
[師弟]師＝太田徳久、西田正秋、寺畑助之丞、山川秀峰

高原 五郎七　たかはら・ごろしち
陶工

[生没年]生没年不詳

竹原五郎七ともいい、文禄・慶長の役に際して朝鮮半島から渡来したとも、豊臣秀吉の御用焼物師ともいわれる。元和年間から寛永年間にかけて肥前国の椎ノ峰窯や岩谷川内窯で腕を振るい、青磁や染付を制作したと伝えられるが、青磁は当時珍しく、佐賀藩に献上し、この青磁焼成技法を以て御道具山を称したという。やがてキリシタンの嫌疑をかけられて同地を去り、土佐を経て、大坂の天満で亡くなったという。その作品を総称して五郎七焼という。

高平　たかひら
刀工

[生没年]生没年不詳
[出身地]備前国（岡山県）

平安末期の刀工。同時期に備前国で活躍した、いわゆる古備前の刀工の中で、助平、包平と"三平"と並び称される。鎌倉幕府創業の功臣・畠山重忠が所持した太刀「かう平」を作ったといわれる。

高松 七郎　たかまつ・しちろう
製陶業

[生年月日]天保10年（1839年）
[没年月日]明治44年（1911年）
[出生地]下野国芳賀郡道祖土村（栃木県）
[専門]道祖土焼

代々名主を務め農業の傍ら製陶業（道祖土焼）を営む高松家に生まれる。明治10年第1回内国勧業博覧会に道祖土焼を出品し、軽工業の部で褒賞を受けた。"形"と"絵付け"によって花紋賞牌を授けられた。しかし、16年に廃業した。

高村 豊周　たかむら・とよちか
鋳金家,　歌人　東京美術学校教授

[生年月日]明治23年（1890年）7月1日
[没年月日]昭和47年（1972年）6月2日
[出生地]東京市（東京都）　[学歴]東京美術学校（現・東京芸術大学）鋳造科〔大正4年〕卒　[資格]日本芸術院会員〔昭和25年〕、重要無形文化財保持者（鋳金）〔昭和39年〕

木彫家・高村光雲の三男で、詩人の高村光太郎は兄。明治41年鋳金家・津田信夫に入門。大正15年主観的表現を重視する工芸団体・无型（むけい）を組織。近代工芸運動を展開し、制作や評論を通してその中心人物となる。昭和2年より帝展に3回連続特選。8年より東京美術学校教授を務め、10年実在工芸美術会を組織、"用即美"を唱えた。戦後は25年日本芸術院会員、33年日展理事、39年人間国宝となった。代表作に「鼎」「朧銀ि花入 落水賦」「朱銅みすゞ花入」「藤村詩碑」など。また、短歌を好み「露光集」「歌ぶくろ」「おきなぐさ」「清虚集」の4歌集があり、「光太郎回想」「自画像」などの著書もある。39年には新年歌会始の召人として招かれた。
[家族]父＝高村光雲（彫刻家）、兄＝高村光太郎（詩人）、息子＝高村規（写真家・高村光太郎記念会理事長）
[師弟]師＝津田信夫
[受賞]帝展特選〔昭和2年・3年・4年〕

高谷 晴治　たかや・せいじ
　　陶芸家　下川原焼窯元

［没年月日］平成22年（2010年）2月6日
［出身地］青森県弘前市　［専門］下川原焼
青森県で江戸時代から続く下川原焼の窯元の家に生まれる。中学卒業後の15歳で家業を継ぎ、5代目窯元として活動した。

高柳 快堂　たかやなぎ・かいどう
　　陶画工, 日本画家

［生年月日］文政7年（1824年）
［没年月日］明治42年（1909年）5月22日
［出身地］肥前国蓮池（佐賀県）　［本名］高柳高敬　［別名等］通称＝文次
肥前蓮池藩士で、山水画を得意とし詩作もできた文人画家（南画家）であったが、明治の初年頃に有田の香蘭社に勤め大皿に絵を描いた。陶芸家・納富介次郎が認めて、深川栄左衛門社長に勧めて職工の待遇を改めさせてから、手腕を発揮した。晩年は、長男・豊三郎が名古屋商業学校校長となり、快堂もその赴任に従い、名古屋に移って詩人の会に入った。
［家族］長男＝高柳豊三郎（名古屋商業校長）

滝 一夫　たき・かずお
　　陶芸家　佐賀大学教授

［生年月日］明治43年（1910年）2月13日
［没年月日］昭和46年（1971年）11月7日
［出生地］福岡県福岡市　［学歴］東京美術学校（現・東京芸術大学）彫刻科〔昭和13年〕卒
商工省陶磁器試験所瀬戸試験場に勤務し、昭和19年研究部工芸課長として京都の試験所本所勤めとなり、27年退職。その間、15年の紀元二千六百年奉祝文展に初入選する。退職後は作家活動に専念し、27、28年の朝日新聞社主催の日本現代陶芸展で連続受賞し、29年の日展でも特選となる。36年日展会員となり、36年と41年には審査委員もつとめた。また31年佐賀大学助教授となり、33年教授に就任した。

滝川 鉦一　たきかわ・しょういち
　　陶芸家

［生年月日］大正12年（1923年）8月9日
［没年月日］平成16年（2004年）12月29日
［出身地］愛知県瀬戸市　［学歴］名古屋工専卒
母校の瀬戸窯業高の教職を務め、昭和42年退職し作陶を開始。日展に出品した「黒い花器」は瀬戸市永年保存に指定された。
［受賞］中日賞, 光風会展工芸賞, 朝日陶芸展知事賞

滝沢 政蔵　たきざわ・まさぞう
　　左官　宇都宮左官組合組合長

［生年月日］安政1年（1854年）
［没年月日］昭和2年（1927年）
［出生地］下野国宇都宮（栃木県）　［専門］土蔵造り, 漆喰彫刻
宇都宮左官組合初代組合長・滝沢五郎平の甥。格天井やシャンデリアの釣り元を飾る漆喰彫刻や、漆喰製の人形・面・置物などに多彩で芸術的な作品を残した。また、大正4年～昭和2年に第5代宇都宮左官組合長を務め、上野商店、篠原家住宅などの土蔵造り建築の設計・施行も手がけた。大正7年竣工で鉄筋コンクリート造り外装タイル貼りの旧宇都宮銀行（のち宇都宮信用金庫材木町支店）の施行にも関わった。
［親族］おじ＝滝沢五郎平（宇都宮左官組合初代組合長）

滝田 椿渓　たきた・ちんけい
　　陶芸家

［生年月日］嘉永6年（1853年）10月18日
［没年月日］昭和7年（1932年）1月

[出身地]尾張国常滑(愛知県)

幼い頃、2代稲葉高道に陶技を師事。遠州中泉で松本宝二の工場に従事ののち、三州碧海郡西端に赴き、手島挙二と西端焼を始める。南蛮風の茶器に長じ、茶花道にも通じていた。

田口 育子　たぐち・いくこ
染織作家,ファッションデザイナー　杉山女学園大学講師

[没年月日]平成17年(2005年)9月8日
染織作家として活動し、杉山女学園大学でも教鞭を執る。平成13年乳がんが見つかるが、がんと闘う日々の中でもファッションを楽しもうと、ガウンやパジャマをデザインして15年には作品展を開催。17年7月乳がん仲間と安城市の病院で初のファッションショーを開き、9月には入院している愛知県がんセンターでのファッションショー開催を準備していたが、準備中に急逝した。

田口 逸所　たぐち・いっしょ
篆刻家

[生年月日]弘化3年(1846年)
[没年月日]明治43年(1910年)3月
[出生地]江戸　[本名]田口乾三
昌平黌に学び維新後、静岡県史生となり望月穀軒に漢学を師事、かたわら趣味で中井敬所に篆刻を学ぶ。晩年は官を辞し、篆刻を友とした。

田口 善国　たぐち・よしくに
漆芸家　東京芸術大学名誉教授

[生年月日]大正12年(1923年)3月1日
[没年月日]平成10年(1998年)11月28日
[出生地]東京市麻布区(東京都)　[本名]田口善次郎　[学歴]高輪中卒　[資格]重要無形文化財保持者(蒔絵)〔平成1年〕　[専門]蒔絵　[団体]漆工史学会,日本伝統工芸会
松田権六に師事して漆芸技術を修得し、さらに日本画を奥村土牛、古美術を吉野富雄、大和絵を前田氏実に学ぶ。昭和21年日展初入選。25年から2年間東京芸術大学で文様・図案を研究。36年より日本伝統工芸展に出品、37年日本伝統工芸会正会員となり、斬新な意匠、造形の作品を制作し、受賞を重ねる。一方、漆工史を学び、日光東照宮拝殿、中尊寺金色堂の復元に参加。49年東京芸術大学美術学部漆芸科講師となり、50年助教授、57年教授に就任。平成元年人間国宝に認定された。代表作に「野原蒔絵小箱」「水鏡蒔絵水指」「『煌めく』蒔絵棚」「王蜂蒔絵飾箱」など。

[家族]息子=田口善明(漆芸家)
[師弟]師=松田権六,奥村土牛,吉野富雄,前田氏実
[受賞]MOA岡田茂吉賞(優秀賞,第1回)〔昭和63年〕、日本伝統工芸展日本工芸会会長賞(第9回・10回)〔昭和37年・38年〕、日本伝統工芸展文部大臣賞〔昭和43年〕「野原蒔絵小箱」
[叙勲]紫綬褒章〔昭和60年〕

宅間 裕　たくま・ひろし
貴石彫刻作家　宅間工房社長

[生年月日]昭和16年(1941年)
[没年月日]平成15年(2003年)6月12日
[出身地]山梨県　[団体]日本工芸会,山梨美術協会

貴石彫刻で名をなした父に師事、象眼の技法に優れた。作品が細金細工の人間国宝・西出大三の目にとまり、昭和59年～平成11年正倉院宝物復元に携わった。15年工芸史に残る150人の代表作を選んだ山口県立美術館の日本伝統工芸展50年記念展に、トルコ石を素材にかたどった作品「南風」が選

ばれた。山梨県水晶美術彫刻協同組合理事長を務めた。
[受賞]日本伝統工芸展奨励賞

武居 星華　たけい・せいか
屋代井流押絵宗家

[没年月日]昭和62年(1987年)1月1日
[出身地]香川県　[本名]武居ハナ

戦後、屋代井流を興し、古典手芸の押絵の普及に力を入れた。

武石 勇　たけいし・いさむ
漆芸家

[生年月日]大正9年(1920年)
[没年月日]平成7年(1995年)7月8日
[出生地]大阪府　[団体]日展, 現代工芸美術家協会, 元光風会

日展にて入選多数、個展も数多く開催。関西展審査員、大阪府工芸理事・審査員、文化財漆協会理事を務め、その功績により、大阪府工芸・茨木市文化功労者に選ばれる。

竹内 英輔　たけうち・えいほ
鋳金家

[生年月日]昭和7年(1932年)
[没年月日]平成11年(1999年)1月11日
[出生地]福井県　[団体]日展, 現代工芸美術家協会

蓮田修吾郎に師事。日展にて入選、特選、無鑑査出品。また日本現代工芸美術展、福井県展で審査員を務める。

竹内 吟秋　たけうち・ぎんしゅう
陶芸家　九谷陶器組合頭取

[生年月日]天保2年(1831年)2月5日
[没年月日]大正2年(1913年)11月2日
[出生地]加賀国金沢(石川県金沢市)　[本名]竹内知雅　[旧姓名]浅井　[別名等]幼名=源三郎, 号=皚斎, 有節斎　[専門]九谷焼

絵画を堀文錦、小島春晁に、陶画を飯田屋八郎右衛門に学ぶ。明治11年江沼郡山代の塚谷誠に陶法を学び、京都の雲林院宝山を招いて自宅で陶法を習う。古九谷の復活を志し、12年維新舎を自費設立。13年九谷陶器会社支配人となる。18年加藤友太郎、ドイツ人化学者・ワグネルらに陶法、彩釉法を学ぶ。細密な筆法で赤と金彩を駆使し、華麗な色絵法を完成させた。21年九谷陶器組合頭取に選ばれる。27年石川県立工業学校の教職に就いた。

竹内 清九郎　たけうち・せいくろう
七宝工

[生没年]生没年不詳
[出生地]尾張国海東郡遠島村(愛知県)

尾張の遠島村で七宝工として活動。明治6年ウィーン万博に出品したほか、10年の第1回内国勧業博覧会にも参加した。

武内 晴二郎　たけうち・せいじろう
陶芸家

[生年月日]大正10年(1921年)10月22日
[没年月日]昭和54年(1979年)3月14日
[出生地]岡山県岡山市　[学歴]中央大学

民芸運動に関わった美術評論家で、大原美術館の初代館長を務めた武内潔真の二男。昭和17年中央大学に進むが、18年応召。中国戦線に送られ、20年負傷して左腕を失った。復員後の21年、倉敷の羽島窯で制作した後、23年長野県南安曇郡に転居。25年倉敷に戻って制作を再開、29年日本民芸協会新作展に入選。33年同展で日本民芸館賞を受賞。また、国画会展に出品して会友・会員となった。35年倉敷に酒津堤窯を開き、

日本陶芸展や現代日本陶芸展、日本陶磁名品展などに招待出品した。
[家族]父=武内潔真(美術評論家)、息子=武内真木(陶芸家)
[受賞]日本民芸協会新作展日本民芸館賞〔昭和33年〕

竹内 忠兵衛　たけうち・ちゅうべえ
工芸家

[生年月日]嘉永5年(1852年)
[没年月日]大正11年(1922年)
[専門]七宝焼

名古屋の七宝会社に工人として勤務。磁胎七宝を得意とし、明治9年フィラデルフィア万博、第1回及び第2回内国勧業博覧会などに会社から出品した。20年代より銅胎七宝の作品を制作した。

竹内 碧外　たけうち・へきがい
木工芸家

[生年月日]明治29年(1896年)4月21日
[没年月日]昭和61年(1986年)2月13日
[出生地]福井県　[本名]竹内寅松

明治41年堀田瑞松、その弟子・林松香に師事、大正元年京都に出て同門下・福田三松に唐木細工の技法を学んだ。制作のかたわら木工芸などの古典研究に打ち込み、唐木材や各種材の識別、用法に精通。のち正倉院木器調査に当たり詳細な文書記録を残した。唐木細工、京指物、洋家具、指物や刳物など幅広い制作を試みた。代表作に「行雲流水文硯箱・文台」など。昭和46年唐木技法で国指定の無形文化財に選定された。

武腰 善平　たけごし・ぜんぺい
陶工

[生年月日]天保14年(1843年)
[没年月日]明治40年(1907年)

[出生地]加賀国能美郡寺井村(石川県能美市)　[専門]九谷焼

九谷庄三の門に入って修業、慶応元年(1865年)一家をなす。師を助け、その事業に協賛。明治5年、金沢産物方役所の命で東京・芝山内の各寺院の陶器御用を務め、九谷焼の販路拡張に尽くしたが、間もなく帰郷して陶画に専念した。

竹園 自耕　たけその・じこう
漆芸家

[生年月日]明治25年(1892年)
[没年月日]昭和42年(1967年)
[出生地]石川県輪島市　[本名]竹園耕太郎
[専門]蒔絵(輪島塗)

鈴木繁太郎に師事し蒔絵を修得。昭和4年第10回帝展に初入選。7年第13回帝展では「漆器花鳥文飾筥」で特選。以後、帝展、新文展、日展に出品を続ける。戦時中は輪島軍刀会社を設立し、軍部からの漆の導入に努めた。戦後27年第8回日展では「水辺文具筥」で北斗賞受賞。沈金の前大峰とともに輪島塗の発展に尽力した。
[師弟]師=鈴木繁太郎
[受賞]帝展特選(工芸部、第13回)〔昭和7年〕「漆器花鳥文飾筥」、日展北斗賞(第8回)〔昭和27年〕「水辺文具筥」

竹田 有恒　たけだ・ありつね
陶芸家

[生年月日]明治31年(1898年)
[没年月日]昭和51年(1976年)
[出生地]石川県能美郡根上村　[本名]竹田恒　[資格]石川県無形文化財保持者〔昭和51年〕　[専門]釉裏金彩　[団体]日本工芸会

九谷焼窯元・川尻青藍堂に徒弟として入り、絵付けを習得。昭和3年京都の川尻七平の窯の絵付け師となり、染付や陶彫、象嵌などの技術を学んだ。昭和5年金沢に窯を築

く。金箔を下にして、その上から釉薬をかける"釉裏金彩"の技法を完成させ、36年伝統工芸展に「釉裏金彩鉢」を出品、注目を集める。10年商工省展褒状以来、受賞多数。
[家族]息子＝竹田恒夫(陶芸家)
[師弟]師＝尾竹竹波、川尻七平
[受賞]商工省展褒状〔昭和10年・13年〕、汎太平洋博褒状〔昭和12年〕、日本伝統工芸展朝日新聞社賞〔昭和40年〕「釉裏金彩鉢」、北国文化賞〔昭和51年〕、日本伝統工芸展優秀賞〔昭和38年〕、日本伝統工芸展朝日新聞社賞〔昭和40年〕

武田 喜平　たけだ・きへい
陶工

[生年月日]享和1年(1801年)
[没年月日]明治6年(1873年)
[別名等]別名＝喜平次、銘＝永喜山　[専門]但馬出石焼

屋号は大黒屋。出石城下東の椋谷に窯を設け、染付の名手であったといわれる。また、販売にも力を入れ、越後から出雲方面まで販路を広げた。

武田 秀平　たけだ・しゅうへい
陶工

[生年月日]安永1年(1772年)
[没年月日]弘化1年(1844年)
[別名等]別名＝信興、陶号＝民山

姫路藩士花井四郎兵衛の十一男。文化11年(1814年)加賀藩家老前田直方に仕えたのち、文政元年(1818年)藩主前田斉広に召される。多種多芸で、書画や彫刻に長じて緻密な作品に優れ、また盆砂では景雲堂と号して一派の元祖となり、木彫りでも友月と号して活躍した。5年若杉窯から本多貞吉の高弟・山上松次郎らを招いて春日山に民山窯を開く。一方自宅にも錦窯を築いて絵付けを本格的に進め、赤釉金彩の密描を試みたが、これはのち飯田屋八郎右衛門の"八郎手"の先駆となった。

竹田 縫殿之助　たけだ・ぬいのすけ
からくり細工師

[生年月日]生年不詳
[没年月日]明治3年(1870年)10月15日
[別名等]名＝清一

大坂の人。竹田からくりの6代目竹田清寿の門弟・百三郎の息子といわれる。天保から慶応年間(1830～1868年)に活動後、弘化年間(1844～1848年)以降は江戸に移り、秋山平十郎らの興行でからくり細工を担当した。

武智 光春　たけち・こうしゅん
表具師

[没年月日]平成14年(2002年)5月5日
[出身地]愛媛県松山市　[本名]武智春雄

松山、京都、大阪で表具師の修業をし、昭和11年より名古屋市で表装美術店・整古堂を営む。国の重要文化財に指定されている与謝蕪村の墨絵「蘇鉄図」「寒山拾得」の落書きを消すため57年より修復を始め、門外不出の技法を駆使してよみがえらせた。また日本画家・福田平八郎の作品の修復も手がけたことから、30余年にわたりその作品の収集を続け、平成5年作品30点を愛媛県に寄贈した。

竹中 微風　たけなか・びふう
漆芸家

[生年月日]明治27年(1894年)
[没年月日]昭和31年(1956年)1月16日
[出生地]富山県東礪波郡城端町(南砺市)
[本名]竹中宇平次　[専門]城端蒔絵

大正12年頃に京都に移住。昭和9年帝展、11年改組帝展、文展などに入選。12年「鶴の

屏風」をパリ万博に出品、金賞を受けた。平成17年50回忌を記念して孫の手により「蒔絵 竹中微風資料集 鶴」が編まれた。

竹林 薫風　たけばやし・くんぷう
一刀彫り作家　奈良県工芸協会理事長

[没年月日]昭和59年(1984年)12月11日
[出身地]奈良県奈良市　[本名]竹林薫　[学歴]川端画学校卒

奈良の伝統工芸である一刀彫りの第一人者。東京の川端画学校を卒業後、父の後を継ぎ彫刻師となる。昭和43年に完成した皇居新宮殿の火焰太鼓の鳳凰龍の彫刻部分を担当した。著書に「奈良の一刀彫り」など。
[家族]息子=竹林信雄(彫刻家)

建部 宗由　たけべ・そうゆ
表具師

[生没年]生没年不詳

徳川秀忠の命で書画の表具・修補を行ったほか、小堀遠州と金森宗和の紹介で諸大名や茶人からの依頼も多く受け、名手として知られた。京都の大文字屋で破られた現・国宝の「虚堂智愚墨蹟」(「破れ虚堂」)の修復も手掛けた。孫の忠信も名手となった。

竹本 隼太　たけもと・はやた
陶芸家

[生年月日]嘉永1年(1848年)
[没年月日]明治25年(1892年)11月30日
[出生地]江戸深川高橋大工町(東京都)　[本名]竹本正典

江戸の代々外国奉行を務める旗本の家に生まれる。16歳から出仕して従五位下美作守となり、慶応元年(1865年)の長州征討の折、大坂において楽焼を楽しみ、作陶の面白さを知った。明治初年に江戸・小石川高田豊川町に合翠園を築窯。当初は薩摩焼風の作品を作っていたが、河原忠次郎、納富介次郎らから最新の技術を学ぶ。明治10年内国勧業博覧会で受賞。中国・日本の古陶磁の研究に力を入れ、その復活を試みた。また西欧の技術をもとに、玳玻釉などの国産の近代的な窯変磁を完成させた。代表作に「辰砂瓶」。

田代 清治右衛門　たしろ・せいじえもん
陶工

[生年月日]生年不詳
[没年月日]万治1年(1658年)
[別名等]別名=源吾右衛門

元和9年(1623年)磐城中村藩主相馬利胤が将軍の供奉として上洛した際、御室窯焼の風雅さに感動し、同行随員の源吾右衛門に、京都御室窯野々村仁清の元で修行するよう命じた。修行の後、清治右衛門と名乗り、帰郷して相馬に開窯。開窯は寛永7年(1630年)、慶安元年(1648年)など諸説がある。相馬焼の創始者とされるが、のち2代目清治右衛門が走馬を描くようになったことから、相馬焼は"相馬駒焼"とも呼ばれるようになった。

田付 栄助　たつけ・えいすけ
蒔絵師

[生没年]生没年不詳

幕末頃に京都で活動。獣類の図柄の蒔絵を得意とし、島津家の委嘱で印籠に千疋猿を施して高評を博した。

田付 長兵衛　たつけ・ちょうべえ
蒔絵師

[生没年]生没年不詳

江戸時代前期の蒔絵作品を代表する東京国立博物館蔵の「角田川蒔絵文台硯箱」に

「角田河田付長兵衛高忠」の銘があることからその存在が知られているが、詳しい経歴は不明。室町時代からはじまる蒔絵の伝統様式に忠実な作風である。なお、同時期の作品に出雲大社蔵「亀甲剣木瓜紋蒔絵文台硯箱」があり、その作者の田付長兵衛広忠はこの長兵衛と同系統の蒔絵師と見られる。

田付 寿秀　たつけ・ひさひで
印籠蒔絵師

[生年月日]宝暦7年(1757年)
[没年月日]天保4年(1833年)
[出生地]京都　[別名等]号＝東渓

印籠の蒔絵で知られ「文政十二年七十三歳」の銘が入った作などがある。飄逸な生活を送り、歌人賀茂季鷹と交遊して狂歌をよくした。

龍村 徳　たつむら・とく
染織家　(株)龍村美術織物会長

[生年月日]明治44年(1911年)8月23日
[没年月日]平成8年(1996年)11月30日
[出身地]大阪府大阪市　[学歴]早稲田大学理工学部〔昭和12年〕卒

父は近代染織に大きな足跡を残した初代龍村平蔵。昭和12年安宅商会に入社。15年龍村織物(現・龍村美術織物)に転じ、23年代表取締役、龍村織物美術研究所理事。30年社長、59年会長となる。織宝苑社長、龍村興産社長兼任。
[家族]父＝龍村平蔵(初代)、兄＝龍村平蔵(2代目)、弟＝龍村平蔵(3代目、龍村美術織物社長)

龍村 平蔵(1代目)　たつむら・へいぞう
織物作家・研究家　龍村織物美術研究所所長

[生年月日]明治9年(1876年)11月14日
[没年月日]昭和37年(1962年)4月11日
[出生地]大阪府船場(大阪市)

大阪の富豪辰村惣兵衛の嫡孫。17歳の時家を出て呉服行商、西陣で仕入れ見習いをしながら、西陣織、博多織を研究。明治38年龍村製織所を西陣に設立し、高浪織、ゴブラン織、綾浪織など美術織物を制作し、また古代織物の研究、正倉院古代裂(ぎれ)や名物裂の復元に努めた。大正4年農商務省に初めて出品し1等賞を得る。昭和6年より文展工芸部門審査員をつとめ、帝展にも作品を発表、また海外にも多数出品した。13年には龍村織物美術研究所を設立。同年ベルリンの第1回世界手工業博覧会で金賞を受け、31年日本芸術院恩賜賞、33年紫綬褒章を受賞。芸術として評価される織物の礎を築いた。主な作品に「漢羅楽浪壁掛」「金唐革大唐花帯地」など。
[家族]息子＝龍村平蔵(2代目)、龍村徳(龍村美術織物会長)、六男＝龍村平蔵(3代目、龍村美術織物社長)、孫＝龍村仁(映画監督)
[受賞]日本芸術院賞恩賜賞〔昭和31年〕、世界手工業博覧会金賞(第1回・ベルリン)〔昭和13年〕、野間賞(美術奨励賞、第3回)〔昭和18年〕
[叙勲]紫綬褒章〔昭和33年〕

龍村 平蔵(2代目)　たつむら・へいぞう
織物作家・研究家　龍村平蔵織物美術研究所所長

[生年月日]明治38年(1905年)4月28日
[没年月日]昭和53年(1978年)11月28日
[出生地]大阪府大阪市　[本名]龍村謙　[別名等]別名＝龍村光翔　[学歴]東京帝国大学文学部美学美術史学科〔昭和4年〕卒

父は近代染織に大きな足跡を残した初代龍村平蔵。昭和4年東京帝国大学を卒業後、翌年までゴブラン織り研究などのため欧州各国に遊学。9年龍村織物美術研究所を創設。12年東京帝室博物館の裂類を復元、研究に

あたったほか、41年には正倉院宝物の古裂の調査を担当。同年2代目平蔵を襲名。51年龍村平蔵織物美術研究所所長。文部省国宝調査員、文化財保護審議会専門委員も務めた。主な作品に興善寺所蔵の「花樹対鹿錦」の復元がある。
［家族］父＝龍村平蔵(初代)、弟＝龍村徳(龍村美術織物会長)、龍村平蔵(3代目)、息子＝龍村仁(映画監督)
［受賞］蚕糸学術賞〔昭和46年〕

伊達 幸太郎　だて・こうたろう
陶画工

［生年月日］元治1年(1864年)
［没年月日］大正10年(1921年)10月
［出生地］伊予国原町村千足(愛媛県)　［専門］砥部焼
明治12年おじの向井和平に選ばれて京都の幹山工場に赴き西洋絵付法を伝習。「砥部沿革史」「砥部焼改良論」を共同出版。晩年は長崎県比恵古場で陶画に従事。

伊達 弥助　だて・やすけ
機業家　西陣織物の功労者

［生年月日］天保10年(1839年)
［没年月日］明治25年(1892年)3月20日
［出生地］京都府　［別名等］幼名＝徳松　［資格］帝室技芸員〔明治23年〕
伊達家は代々西陣で織屋を営み、父・初代弥助は明治7年フランス人から織紋飛梭の機械を輸入、織り方を伝えたが9年に没した。2代弥助を襲名。辻礼輔に画法、舎密術を受け古代の絵画彫刻を参考として伊達錣織を発明。23年帝室技芸員。25年臨時全国宝物取調局の御用掛を命ぜられた。

立川 善太郎　たてかわ・ぜんたろう
銅器着色師　立川美術着色所代表、高岡伝統工芸士会会長

［生年月日］大正6年(1917年)1月16日
［没年月日］平成17年(2005年)12月30日
［出生地］富山県高岡市　［資格］伝統工芸士(銅器着色)〔昭和51年〕
祖父の代から続く高岡銅器の着色師として、少年時代より父に師事。昭和51年伝統工芸士認定。高岡大仏の明治の再建以来、代々お色直しに携わる他、札幌五輪の聖火台、高岡駅前の大伴家持像や富山城址公園の前田正甫公像の着色も手がけた。
［受賞］労働大臣表彰〔昭和58年〕、現代の名工〔昭和58年〕、高岡市市民功労者表彰〔昭和61年〕
［叙勲］黄綬褒章〔昭和60年〕、勲六等瑞宝章

館林 源右衛門(6代目)　たてばやし・げんうえもん
陶芸家

［生年月日］昭和2年(1927年)4月2日
［没年月日］平成1年(1989年)11月27日
［出生地］佐賀県西松浦郡有田町　［本名］金子源　［学歴］有田工窯業〔昭和20年〕卒
柿右衛門、今右衛門と共に、有田名窯3右衛門として知られる、源右衛門家に生まれ、先代の指導の下、染付赤絵の画工として修業。昭和31年古伊万里で洋食器に取り組み、35年6代目源右衛門を襲名。45年ドレスデン美術館蔵古伊万里第一次調査に参加、49年同館古伊万里帰郷(さとがえり)交渉選考委員、展示会運営委員をつとめるなど古伊万里焼の技法継承、再発見に大きな役割を果たした。海外個展多数。また、古伊万里の文様をネクタイやふろしきにもデザインして現代に生かす工夫もした。
［受賞］ミネアポリス市名誉市民、国際芸術文化賞(日本文化振興会)〔昭和63年〕

立松 山城　たてまつ・やましろ
釜師

[生年月日] 天保4年(1833年)
[没年月日] 大正4年(1915年)
[別名等] 名＝倉助、光定

尾張国(愛知県)の人。江戸に出て9代堀山城藤兵衛の門人となり、山城と号した。釜のほかに、五徳・燗鍋の名手としても知られた。

田所 芳哉　たどころ・ほうさい
漆芸家

[生年月日] 大正1年(1912年)9月9日
[没年月日] 平成5年(1993年)9月14日
[出生地] 東京市日本橋(東京都)　[本名] 田所平吉　[学歴] 日本橋高小卒

昭和2年小学校卒業後、塗師渡辺喜三郎に師事。32年第4回日本伝統工芸展に出品した「三彩茶入」が奨励賞を受賞し、以後、第25回(53年)まで毎年同展に出品。48年埼玉県大宮市(現・さいたま市大宮区)へ移住。日本工芸展正会員。
[師弟] 師＝渡辺喜三郎
[受賞] 日本伝統工芸展奨励賞(第4回)〔昭和32年〕「三彩茶入」

田中 一米　たなか・いちべい
陶芸家

[生年月日] 明治27年(1894年)10月23日
[没年月日] 昭和20年(1945年)6月21日
[出身地] 京都府　[本名] 田中辰蔵

清水窯、信楽窯などで修業。大正15年歌人・中村憲吉の招きにより広島市に芸州窯を開いた。

田中 清寿　たなか・きよとし
装剣金工家

[生年月日] 文化1年(1804年)
[没年月日] 明治9年(1876年)
[出生地] 陸奥国会津(福島県)　[別名等] 名＝明義、清寿、通称＝文次郎、号＝東龍斎、一東子、一家式、寿叟法眼、竜法眼

初め会津正阿弥一派の金工に師事。のち河野春明の門人となり、師名の一字をゆるされて明義を名乗る。天保年間(1830〜43年)に清寿と改名。江戸芝桜川辺新銭座に住して東龍斎と号し、"東龍斎風"と呼ばれる江戸前の彫技で活躍。嘉永年間(1848〜53年)に法眼に叙せられた。「仁王図鐔」にみる力強い高彫りや「瓢図鐔」の鋤出高彫り金象嵌の技法は高く評価されたが、明治になって廃刀となったため、装剣金工家が活躍する時代も終焉を迎えた。

田中 宗慶　たなか・そうけい
陶工

[生没年] 生没年不詳
[専門] 楽焼

楽家2代目・楽常慶の父といわれ、初代楽長次郎の妻方の家筋の長とされる。長次郎の没後は常慶と窯を守り、楽焼・楽家の基礎を築いた。作品に、黒楽茶碗「天狗」などがある。
[家族] 二男＝楽常慶(陶工)

田中 稲月(2代目)　たなか・とうげつ
蒔絵師

[没年月日] 平成19年(2007年)11月7日
[本名] 田中正輝　[資格] 鳥取県指定無形文化財保持者

蒔絵師だった父の初代田中稲月の跡を継ぎ、新たに棗制作に取り組むなど作域を広

げて活躍した。作風は優雅で格調高く、併用した螺鈿などの技術にも秀でた。
［家族］父＝田中稲月（1代目）

田中 陶山　たなか・とうざん
陶芸家

［生年月日］昭和2年（1927年）6月4日
［没年月日］平成5年（1993年）11月7日
［出身地］静岡県小笠郡大須賀町　［本名］田中貢　［学歴］静岡第二師範卒　［専門］書陶
陶芸に書を取り入れた書陶の第一人者。

田中 友三郎　たなか・ともさぶろう
陶芸家

［生年月日］文政12年（1829年）11月8日
［没年月日］大正2年（1913年）1月24日
［出身地］美濃国（岐阜県）　［専門］笠間焼
明治元年に笠間焼を起し、2年より陶業に就く。40年笠間陶器同業組合組合長。

田中 宗継　たなか・むねつぐ
刀匠

［生年月日］明治34年（1901年）
［没年月日］昭和29年（1954年）
［出生地］栃木県泉村　［本名］田中兼次　［別名等］刀銘＝昭盛
旧泉村の鍛冶職・田中兼太郎の二男に生まれ、父のもとで鍛冶技法を習得。のち矢板町に独立。栃木県選出の衆議院議員で刀匠の栗原彦三郎の門下に入り、日本刀を制作。昭和11年新作日本刀第1回展覧会に昭盛銘で出品、最優秀賞受賞。以後、数々の展覧会で入賞。のち笠間繁継に師事し、宗継銘を允許された。
［師弟］師＝栗原彦三郎、笠間繁継
［受賞］新作日本刀展覧会最優秀賞（第1回）〔昭和11年〕

田辺 一竹斎　たなべ・いっちくさい
竹工芸家

［生年月日］明治43年（1910年）5月9日
［没年月日］平成12年（2000年）2月24日
［出生地］大阪府堺市　［本名］田辺利雄　［別名等］前名＝田辺竹雲斎，別号＝小竹雲斎
［団体］日本新工芸家連盟
竹工芸の名工として知られた初代竹雲斎の長男として生まれ、父に師事。昭和6年小竹雲斎と号し、帝展に初入選、12年2代目竹雲斎を襲名。戦後は日展に出品し、27年特選・朝倉賞受賞、28年無鑑査。のち審査員、評議員参与を歴任。また、54年日本新工芸美術家連盟を創立。レース編みのような繊細な"透かし編み"技法を生み出し、竹工芸の世界に新風を送り込んだ。平成3年竹雲斎を長男に譲り、一竹斎を名乗ってからも、現代の名工として制作を続けた。代表作に、「蟠竜図盆」（昭6年）、「螺旋紋花籃」（27年）、「流紋花籃」（37年）など。
［家族］父＝田辺竹雲斎（1代目），長男＝田辺竹雲斎（3代目）
［師弟］師＝田辺竹雲斎（1代目）
［受賞］大阪府芸術賞〔昭和34年〕、日展特選・朝倉賞（第8回、昭27年度）「螺旋紋花籃」、日本新工芸展内閣総理大臣賞（第2回）〔昭和55年〕
［叙勲］勲四等瑞宝章〔昭和56年〕、紺綬褒章〔昭和57年〕

田辺 竹雲斎(1代目)　たなべ・ちくうんさい
竹工芸家

［生年月日］明治10年（1877年）6月3日
［没年月日］昭和12年（1937年）5月26日
［出生地］兵庫県尼崎　［本名］田辺常雄
尼崎藩殿医の三男に生まれる。明治28年19歳のとき初代和田和一斎について竹技を学び、25歳で一家をなす。輸出工芸に力をい

れたが、大正中期より美術作品に力作を発表、また門下の養成につとめる。昭和3年堺美術界を組織し、日本画・工芸の展覧会を開催した。代表作にパリ万博出品の「瓢形花籠」(大正14年)など。
[家族]長男=田辺一竹斎(竹雲斎2代目)、孫=田辺竹雲斎(3代目)
[師弟]師=和田和一斎
[受賞]大阪府実業功労者〔昭和7年〕、パリ万国現代装飾美術工芸博覧会銀賞〔大正14年〕「瓢形花籠」

田辺 保平　たなべ・やすひら
金工家

[生年月日]天保1年(1830年)
[没年月日]明治30年(1897年)10月
[出生地]肥後国熊本北新坪井町(熊本県)
[別名等]通称=栄次郎　[専門]肥後象嵌
父の技を修得し、肥後象嵌の妙手となる。

谷井 直方　たにい・なおかた
陶芸家

[生没年]生没年不詳
[出身地]近江国甲賀郡信楽(滋賀県)
明治初期の名工で茶器をつくった。天保期の高橋春斎らと並び称された。

谷口 幸珉　たにぐち・こうみん
彫金家　滋賀県美術作家協会理事長

[生年月日]明治39年(1906年)2月2日
[没年月日]平成10年(1998年)11月20日
[出生地]福井県　[本名]谷口啓三　[団体]日本金工協会
文展、日展にて入選を重ねる。滋賀県美術展審査員、滋賀県美術作家協会理事長などを務めた。
[家族]長男=谷口啓司(嵯峨美術短期大学教授)

[受賞]福井県文化功労章、大津市功労章、滋賀県工芸芸術奨励賞、福井県文化賞

谷口 良三　たにぐち・りょうぞう
陶芸家

[生年月日]大正15年(1926年)3月8日
[没年月日]平成8年(1996年)6月7日
[出生地]京都府　[学歴]京都市立第二工業学校窯業科〔昭和17年〕卒　[団体]日展、日本新工芸家連盟、京都陶芸家クラブ
昭和21年から作陶活動に入り、宇野三吾らとの四耕会、さらに清水卯一・木村盛和との緑陶会を経て、24年京都陶芸家クラブに参加、主宰の清水六兵衛に師事する。同クラブの中心メンバーの一人。碧釉を特色とし、碧彩に心象をたくして深い青を求め続けた。61年京都府教育委員長をつとめた。
[師弟]師=清水六兵衛
[受賞]日展北斗賞〔昭和36年〕、日本陶磁器協会賞〔昭和36年〕、日本現代工芸美術展現代工芸賞〔昭和40年〕、日展菊華賞〔昭和41年〕、光風会展辻永賞、京都府文化賞(功労賞、第8回)〔平成2年〕、日展内閣総理大臣賞(第27回)〔平成7年〕

胤吉　たねよし
刀匠

[生年月日]文政4年(1821年)
[没年月日]明治36年(1903年)4月29日
[出生地]近江国石山(滋賀県)　[旧姓名]堀井来助　[別名等]別名=石山吉文
月山貞吉の門に入り、石山吉文と称した。嘉永4年(1851年)江戸に赴いて荘司直胤に師事し、胤吉と号した。明治25年明治天皇銀婚式に刀を奉納。28年宮内省御鍛冶を拝命。

田畑 喜八(3代目)　たばた・きはち
染色家

[生年月日]明治10年(1877年)8月16日
[没年月日]昭和31年(1956年)12月25日
[出生地]京都府京都市上京区　[旧姓名]田畑貴之助　[学歴]京都府画学校中退　[資格]重要無形文化財保持者(友禅)〔昭和30年〕　[専門]友禅

11歳の時から父2代目喜八について友禅の技術を学び、14歳で京都四条派の幸野楳嶺に、ついで竹内栖鳳に師事し、友禅意匠の基礎である日本画を学ぶ。明治32年3代喜八を襲名し、家業の手描友禅染を継ぐ。第3回内国勧業博覧会で銀賞を受ける。昭和3年昭和工芸協会が設立され、会員となる。20年長男に家督を譲り、友禅染の研究に専念。28年日本工人社を結成、手描友禅の新人育成に尽力。30年重要無形文化財保持者に認定された。代表作に「格天井に四季草花模様友禅染振袖」「友禅染振袖『松林鶴』」「落葉模様友禅染色留袖」「月に月見草模様友禅染訪問着」など。また古代裂(ぎれ)を収集、"田畑家コレクション"を遺した。
[家族]父＝田畑喜八(2代目)、長男＝田畑喜八(4代目)
[師弟]師＝田畑喜八(2代目)、幸野楳嶺、竹内栖鳳
[受賞]内国勧業博覧会銀賞(第3回)

田畑 喜八(4代目)　たばた・きはち
染織家　日本染織作家協会理事長

[生年月日]明治41年(1908年)9月1日
[没年月日]昭和58年(1983年)12月27日
[出生地]京都府京都市　[本名]田畑喜壱郎
[別名等]別名＝田畑起壱郎　[学歴]京都絵画専門学校研究科〔昭和5年〕卒　[専門]友禅

昭和20年父である3代目喜八のあとを継ぎ、4代目喜八を襲名。日本染織作家協会理事長も務めた。

[家族]父＝田畑喜八(3代目)、息子＝田畑喜八(5代目)
[受賞]日本伝統工芸展最高賞、日本染織作家展文部大臣賞

田原 陶兵衛(12代目)　たはら・とうべえ
陶芸家　日本工芸会理事、萩焼深川本窯元12代目

[生年月日]大正14年(1925年)6月19日
[没年月日]平成3年(1991年)9月27日
[出生地]山口県長門市　[本名]田原源次郎
[別名等]号＝田原宗陶　[学歴]山口高文科(現・山口大学)〔昭和23年〕卒　[資格]山口県無形文化財保持者(萩焼)〔昭和56年〕
[団体]日本工芸会

萩焼深川本窯の二男。シベリア抑留で体をこわし、官僚への夢を断念。兄の11代陶兵衛に師事し、職人として修業を積んだが、6年目の昭和31年兄の急死により12代陶兵衛を襲名した。34年日本伝統工芸展初入選、47年日本工芸会正会員。30余年の作陶生活では萩焼の普及に尽力。なかでも古萩の技法の再現に心血を注ぎ、"陶兵衛粉引"と呼ばれる化粧がけや灰被りに独自の作風を産む。56年に山口県から無形文化財保持者の指定を受ける。

[家族]父＝田原陶兵衛(10代目)、兄＝田原陶兵衛(11代目)、長男＝田原陶兵衛(13代目)
[受賞]山口県選奨〔昭和58年〕、中国文化賞(第42回)〔昭和60年〕

玉置 びん　たまおき・びん
染織家

[生年月日]明治30年(1897年)9月13日
[没年月日]昭和55年(1980年)12月4日
[出生地]東京府末吉村(東京都)　[専門]かっぺた織

幼い頃から、八丈島に伝わる織物・かっぺた織を習得。文様織の複雑な手間から伝承者が少なく、唯一の継承者となった。昭和37年記録作成等の措置を講ずべき選択無形文化財に選ばれた。

玉楮 象谷　たまかじ・ぞうこく
漆芸家

[生年月日] 文化4年（1807年）10月4日
[没年月日] 明治2年（1869年）2月1日
[出生地] 讃岐国高松（香川県高松市）

現高松市内の刀の鞘（さや）塗師の長男として生まれる。京都などに遊学、彫漆、存星（ぞんせい）、蒟醬（きんま）など中国や東南アジアの漆器を研究して独自の日本的技法・象谷塗を確立した。これが後の讃岐蒟醬となる。藩主松平家の保護を受け、宝蔵品の修理や漆器の制作に取り組み、香川漆器の基礎を築く。藩主に納めた漆器は作品日記ともいうべき「御用留」（ごようどめ）に記載されている。代表作に「蒟醬料紙硯箱」「菊彫漆鞍」など。

玉水 弥兵衛　たまみず・やへえ
陶工　玉水焼の祖

[生年月日] 生年不詳
[没年月日] 享保7年（1722年）
[別名等] 号＝一元　[専門] 玉水焼

楽一入の庶子といわれる。山城国玉水村で楽焼の脇窯である玉水焼（弥兵衛焼）を興し、堂上で賞翫された。その後、玉水焼は8代続いたが、明治維新後に途絶えた。

玉屋 庄兵衛(7代目)　たまや・しょうべえ
からくり人形師

[生年月日] 大正12年（1923年）
[没年月日] 昭和63年（1988年）5月18日
[出身地] 愛知県名古屋市　[本名] 高科正守

7歳の時、からくり人形師玉屋6代目の祖父の後を継ぎ、上野美校（現・東京芸大）で美術を学ぶ。昭和44年、茶運び人形の作り方が詳細に記述されている「機巧図彙（からくりずい）」の説明と寸分違わない人形の復元に、日本でただ1人成功。また54年には京都・祇園祭に120年振りに「蟷螂山」を復活させた。
[家族] 息子＝玉屋庄兵衛（8代目）、玉屋庄兵衛（9代目）
[受賞] CBCクラブ文化賞〔昭和50年〕

田村 雲渓(1代目)　たむら・うんけい
陶芸家

[生年月日] 昭和6年（1931年）1月17日
[没年月日] 昭和60年（1985年）12月28日
[本名] 田村寿弘　[学歴] 立教大学卒　[専門] 多田焼

元禄時代から岩国藩に伝わり百年前に途絶えていた多田焼を昭和47年に岩田市多田で復活させた。初代雲渓を名乗り、京焼きの系統で青磁色に特色のある多田焼の伝統を受け継ぐ。56年4月に岩国市から美川町へ窯を移した。60年9月、長男の崇彦に2代目雲渓を譲り、游閑を名乗った。
[家族] 長男＝田村雲渓（2代目）
[受賞] 陶光会総理大臣賞〔昭和58年〕

田村 金星　たむら・きんせい
陶芸家

[生年月日] 明治29年（1896年）9月4日
[没年月日] 昭和62年（1987年）11月13日
[本名] 田村利臣　[資格] 小松市無形文化財保持者（九谷細字技術）　[専門] 九谷焼

16歳で九谷焼上絵職人となる。古今集、新古今集の和歌を題材に器物に細字を埋める九谷細字技術の保持者で、3センチ四方に

百人一首全句を書き込む技術は他の追随を許さなかった。
[家族]孫=田村敬星（九谷細字技術）[親族]義父=小田清山
[師弟]小田清山
[受賞]小松市文化賞〔昭和57年〕

田村 耕一　たむら・こういち
陶芸家　日本工芸会副理事長，東京芸術大学名誉教授

[生年月日]大正7年（1918年）6月21日
[没年月日]昭和62年（1987年）1月3日
[出生地]栃木県安蘇郡犬伏町　[学歴]東京美術学校（現・東京芸術大学）工芸科図案部〔昭和16年〕卒　[資格]重要無形文化財保持者（鉄絵）〔昭和61年〕　[専門]鉄絵

節句人形製造卸業の家に生まれる。昭和16年東京美術学校工芸科卒業後、17年応召。戦後、21年京都の松風研究所に入り富本憲吉に師事して陶芸を学んだほか、全国の窯場を回って修業。25年浜田庄司の推薦で栃木県窯業指導所に勤務。28年独立し佐野市に築窯。31年東京で第1回個展開催。35年日本伝統工芸展に初入選。奨励賞受賞。37年日本工芸会正会員となる。42年イスタンブール国際陶芸展グランプリ金賞受賞。51年日本陶磁協会賞金賞。また日本工芸会陶芸部会長として陶壇をとりしきる一方、東京芸術大学教授（昭和52〜61年）として幾多の後進を指導。61年重要無形文化財保持者（人間国宝）に認定される。たしかな理論と豊かな人間性に定評があった。壺、皿、陶板を中心に青磁銅彩、白泥鉄絵銅彩、白磁、染付に独自の作amazonを切り開いてきた。陶画にすぐれ、陶板に優品が多い。代表作に「鉄絵銅彩梅文大皿」「白泥椿文壺」、陶壁「翔鶴」など。著書に「陶芸の技法」。

[家族]息子=田村了一（陶芸家）
[師弟]師=富本憲吉，浜田庄司

[受賞]日本陶磁協会賞〔昭和31年〕，栃木県文化功労者〔昭和45年〕，日本陶磁協会賞金賞〔昭和51年〕，日本伝統工芸展奨励賞（第7回）〔昭和35年〕「鉄釉草花文大皿」，イスタンブール国際陶芸展グランプリ金賞〔昭和42年〕「鉄釉菊花文深鉢」
[叙勲]紫綬褒章〔昭和48年〕，勲三等瑞宝章〔昭和62年〕

田村 吾川　たむら・ごせん
陶芸家

[生年月日]大正8年（1919年）4月5日
[没年月日]平成21年（2009年）9月13日
[出身地]新潟県北蒲原郡安田町（阿賀野市）
[本名]田村正太郎　[学歴]安田尋常高小卒
佐々木象堂に師事。佐渡の真野町（現・佐渡市）で窯を開く。新潟県展参与、新潟県美術家連盟副理事長を務めた。
[師弟]師=佐々木象堂

田村 権左右衛門　たむら・ごんざえもん
陶工

[生年月日]生年不詳
[没年月日]天和3年（1683年）

後藤才次郎らと九谷焼を創始したと思われる人物であるが、詳細は不明。古九谷に関しても明確なことが判明しておらず、その開窯と廃窯について定説がない。大聖寺藩主前田利治の命で田村権左右衛門が吸坂窯を開いたのが古九谷の端緒、とする説があり、一般には明暦から元禄期（1655〜1703年）の約50年間と推定される。当時の郡奉行の巡検記録書に「九谷焼は後藤（才次郎）が焼きたるにはあらず。田村権左衛門と云うもの焼きたり」と名前が残る。

為次　ためつぐ
刀工

[生没年] 生没年不詳

備中国青江派の刀工で、鎌倉時代初期に活躍した。代表作で、正治2年（1200年）吉香友兼が梶原景時一族を討伐した際に佩したとされ、周防岩国藩主・吉川家に伝来した名刀「狐ヶ崎」は国宝に指定されている。

田原 友助　たわら・ともすけ
陶工

[生没年] 生没年不詳
[出生地] 朝鮮　[本名] 申主碩

文禄・慶長の役の際、弟の申武信と共に朝鮮から渡来。元和元年（1615年）島津家久が大隅国加治木の星山仲次に命じて鹿児島城下に竪野窯を開かせた際に、兄弟そろって推挙されて製陶業に従事した。その後、主碩には田原友助の名が、弟申武信には田原万助の名が与えられた。

俵 萠子　たわら・もえこ
評論家, エッセイスト, 陶芸家　俵萠子の陶芸塾主宰, 俵萠子美術館館長

[生年月日] 昭和5年（1930年）12月7日
[没年月日] 平成20年（2008年）11月27日
[出生地] 大阪府大阪市　[本名] 中野萠子
[学歴] 大阪外国語大学仏語学科〔昭和28年〕卒　[専門] 女性問題, 教育問題, 高齢社会問題　[団体] 日本ペンクラブ, 日本文芸家協会, 日本エッセイストクラブ

昭和28年サンケイ新聞に入社。俵孝太郎と結婚、48年の離婚後も俵姓を名乗った。40年フリーとなり、婦人問題・教育問題をテーマに評論活動。52年参院選東京地方区に革新自由連合より出馬するが落選。中野区教育委員、女性による民間教育審議会（女性民教審）世話人代表、がん患者団体支援機構理事長なども務めた。一方、55歳を過ぎてから陶芸を始め、プロとして個展を開き、陶芸教室を主宰。7年父の郷里である群馬県の赤城山麓に俵萠子美術館を開館した。
[家族] 長女＝俵協子（ジャーナリスト）
[記念館] 俵萠子美術館（群馬県富士見村）

丹山 青海　たんざん・せいかい
陶工

[生年月日] 文化10年（1813年）
[没年月日] 明治19年（1886年）
[出生地] 丹波国熊野郡湊大向村（京都府）
[本名] 勝太郎　[旧姓名] 岸本　[別名等] 号＝友鹿山人, 諱＝守誠　[専門] 京都粟田口焼

岸本松三郎の三男に生まれ、のちに陶工新力山利喜造の養子に。天保9年（1838年）京都に出て、中村竹洞に絵画を学ぶ。嘉永4年（1851年）粟田口中ノ町で開窯。6年青蓮院宮の陶器物産所開設に伴い、御用陶工となった。維新後は丹山を本姓とし、明治2年には南紀男山焼でも製陶した。4年から輸出用陶器の試作を始め、5年その功績で京都府から表彰を受けた。同年第1回京都博覧会に出品、以後も出品を続け、第4回からは品評人を務めた。10年第1回内国勧業博覧会で銀牌、11年パリ万博で銀牌を受賞。京焼における銅版印刷の開発で知られ、著書に「陶器弁解」がある。

丹山 陸郎　たんざん・ろくろう
陶工

[生年月日] 嘉永5年（1852年）12月11日
[没年月日] 明治30年（1897年）1月17日
[出生地] 京都　[本名] 丹山守文　[別名等] 号＝薫谷　[学歴] ウィーン工芸技術学校, カールスバット陶器専門大学, フランス陶器工業大学

京都粟田口の陶工であった父・丹山青海から作陶の手ほどきを受ける。また、画家の中村竹渓に師事して絵画も習った。慶応2年（1866年）長崎に赴いてドイツ人ヨンクの

もとで西洋化学を学び、次いで東京に移ってワグナーから化学や窯業法を教わった。明治6年ウィーン万博の政府派遣使節員となって渡欧。オーストリアのウィーン工芸技術学校やチェコのカールスバット陶器専門大学に留学する傍ら、ヨーロッパ各地の陶器製造所を巡り、知見を広めた。帰国後は、西洋陶磁器の鋳型成型法や水金法などを紹介し、京焼の技術革新に貢献した。15年から19年までフランス陶器工芸大学の研修生として再びヨーロッパに渡り、製陶の調査に従事した。
[家族]父＝丹山青海（陶工）
[師弟]師＝中村竹溪, ヨンク, ワグナー

谷田 忠兵衛　たんだ・ちゅうべえ
漆芸家

[生没年]生没年不詳
[出生地]江戸

宝暦・明和年間（1751〜1772年）ごろに活躍。阿波徳島藩主・蜂須賀重喜に召し抱えられ、江戸から阿波国に移る。朱漆の地に白・黄・緑・褐色などの色漆を用いて、尾形光琳風の山水や人物、花鳥などを描いた華麗な密陀絵、金蒔絵などを得意としたほか、黒漆塗に金箔を押してタンポで斑文をつける"金コガシ"の技法も生み出し、その作品は"谷田蒔絵"と呼ばれた。代表作に「草花密陀絵蒔絵食籠」。子孫に技が伝えられることはなく、これらの手法は一代限りで絶えた。

【ち】

近田 精治　ちかだ・せいじ
陶芸家

[生年月日]昭和10年（1935年）3月1日
[没年月日]平成16年（2004年）2月1日

[出身地]岐阜県多治見市　[学歴]多治見工窯業科〔昭和26年〕卒　[団体]日展, 日本新工美協

加藤卓男に釉薬を、山根重太郎にロクロを師事。母校である多治見工窯業専攻科教諭の傍ら、作陶を行う。日展、日本現代工芸展、中日国際展、朝日陶芸展に入選・入賞。フィレンツェ国際展に出品。伝統の美濃陶法で斬新な装飾器を制作した。

チカップ 美恵子　ちかっぷ・みえこ
アイヌ解放運動家, アイヌ文様刺繍家, エッセイスト

[生年月日]昭和23年（1948年）9月2日
[没年月日]平成22年（2010年）2月5日
[出身地]北海道釧路市　[本名]伊賀美恵子
[学歴]釧路弥生中卒　[専門]アイヌ文様, 民族文化

両親ともアイヌ。18歳で結婚し東京都八王子市に住むが、離婚後、札幌へ移り、アイヌ文様刺繍やアイヌ舞踊などの文化継承とアイヌ解放運動に取り組む。平成8年秋アイヌ文様刺繍の初の作品集を出版。著書に「風のめぐみ—アイヌ民族の文化と人権」「アイヌ・モシリの風」「カムイの言霊」、「アイヌ肖像権裁判・全記録」「天皇踊り、天女舞う」（共著）「山姥たちの物語」（共著）などがある。
[家族]母＝伊賀ふで（詩人）, 兄＝伊賀久幸（北海道ウタリ協会釧路支部長）[親族]伯父＝山本多助（北海道ウタリ協会初代理事長）
[受賞]女性文化賞（第6回）〔平成14年〕

遅塚 久則　ちずか・ひさのり
刀装金工家

[生年月日]享保10年（1725年）
[没年月日]寛政7年（1795年）
[出生地]江戸　[別名等]初名＝喜太郎, 十一, 字＝伯徵, 号＝九々唇, 休足

大森英秀の門弟で、28歳から35歳まで彫金術を学び、一時中断したのち40歳で彫金を再び始めた。精緻な象嵌色絵を得意とし、絢爛豪華な図柄は、師をしのぐほどであったと伝えられる。孔雀や鳳凰、雉子、山鳥などを好んで用いたが、牛馬や仙人の意匠の鐔も残る。

千葉 あやの　ちば・あやの
染織家

[生年月日] 明治22年(1889年)11月14日
[没年月日] 昭和55年(1980年)3月29日
[出生地] 宮城県栗原郡栗駒町文字荒屋敷前
[学歴] 文字小卒　[資格] 重要無形文化財保持者(正藍染)〔昭和30年〕　[専門] 正藍染

幼少から機織に優れた。明治42年千葉家へ嫁ぎ、大正12年頃から義母より宮城県栗原郡地方に伝わる麻織物の機織と正藍染(正藍冷染)を習う。わが国最古の正藍染の伝承者として、昭和30年人間国宝に認定される。32年灰の不始末から家屋や工房を全焼する。34年4月〜43年3月娘よしの、孫娘まつ江を含む5人に正藍染技術保存伝承事業が実施される。43年記録映画「藍に生きる」が完成した。作品に「麻地正藍染着物」などがある。

[家族] 娘＝千葉よしの(染織家)
[受賞] 河北文化賞〔昭和38年〕
[叙勲] 勲五等瑞宝章〔昭和41年〕

千葉 よしの　ちば・よしの
染織家

[生年月日] 明治42年(1909年)11月
[没年月日] 平成21年(2009年)7月24日
[出生地] 宮城県栗原郡栗駒町(栗原市)　[資格] 宮城県重要無形文化財〔昭和55年〕　[専門] 正藍染

宮城県栗駒町の女性に継承されてきた、奈良時代から伝わる我が国最古の草木染・正藍染(しょうあいぞめ)で人間国宝となった千葉あやのの長女。1950年代から正藍染に取り組み、母の技法を継承。以後、唯一の正藍染継承者として、昔ながらの技法を守り続け、昭和55年宮城県重要無形文化財に指定された。平成12年浜松市で初の個展を開催した。

[家族] 母＝千葉あやの(染織家)
[受賞] 文化功労賞〔昭和62年〕、伝統文化ポーラ賞(地域賞, 第19回)〔平成11年〕

千村 鷺湖　ちむら・がこ
尾張藩士, 陶工

[生年月日] 享保12年(1727年)
[没年月日] 寛政2年(1790年)
[別名等] 名＝諸成, 通称＝総吉, 字＝伯就, 号＝自適園, 七楽居, 大観堂

尾張藩士・千村夢沢の嫡男。元文元年(1736年)知行300石を継ぎ、馬廻役となる。寛保2年(1742年)藩主・徳川宗勝の小姓となり近侍したが、延享4年(1747年)病気のために辞した。病気治癒後、宝暦年間に先手物頭となって江戸に赴き、安永5年(1776年)職を辞した。傍ら、余技で陶器を焼き、評判を呼んだ。漢詩文集「自適園集」などの著作がある。

中条 峰雄　ちゅうじょう・みねお
漆芸家

[生年月日] 昭和15年(1940年)2月15日
[没年月日] 平成20年(2008年)10月29日
[出身地] 静岡県静岡市　[学歴] 静岡県立中央職業補導所漆工科〔昭和30年〕卒　[団体] 日本現代工芸美術家協会, 現代工芸神静会

昭和31年蒔絵師として独立。51年静岡県展に初入選し、平成2年日展会友となった。

[受賞] 優秀技能者静岡県知事表彰, 富嶽文化賞展準大賞(第2回), 富嶽文化賞展奨励賞(第10回), 茶道美術展奨励賞

中堂 憲一 ちゅうどう・けんいち
染色家

[生年月日]大正10年(1921年)2月14日
[没年月日]平成3年(1991年)12月19日
[出身地]京都府 [学歴]京都市立絵画専門学校図案科〔昭和17年〕卒 [専門]美学,形染絵 [団体]日本新工芸家連盟,京都府工芸作家協会,日展

日展特選北斗賞を受け無鑑査出品1回。日展依嘱出品4回、審査員3回のち評議員。昭和55～平成2年大阪成蹊女子短期大学デザイン美術科教授。型染の技法の特徴を生かしながら既成概念にこだわらず力強くおおらかな作風。
[受賞]日展特選北斗賞,京展賞,京都府工芸美術展知事賞,日本新工芸展(第8回)会員大賞,全日空賞,京都府文化賞功労賞〔昭和63年〕

長義 ちょうぎ
刀工

[生没年]生没年不詳
[出身地]備前国邑久郡長船(岡山県)

備前国長船の刀工で、文和年間から康暦年間にかけて活躍した。本来は"ながよし"と読むべきであるが、長吉という刀工がいるため"ちょうぎ"と呼ばれる。年紀は、同時期の長船で活躍した兼光が北朝の年号を用いたのに対して、南朝の年号を使い、作風も従来の備前刀と比べて異色。「大坂長義」と呼ばれる短刀など、重要文化財に指定されている作品がある。
[家族]兄=長重(刀工)

帖佐 美行 ちょうさ・よしゆき
彫金家 日本新工芸家連盟会長

[生年月日]大正4年(1915年)3月25日
[没年月日]平成14年(2002年)9月10日
[出生地]鹿児島県薩摩郡宮之城町 [本名]帖佐良行 [資格]日本芸術院会員〔昭和49年〕 [団体]光風会,日本金工作家協会,日本新工芸家連盟,日展

10代で彫金師を志し、上京して、昭和5年小林照雲、15年海野清に師事。16年以来美術協会展に連続出品、17年からは文展、日展に連続8回入選。29年日展特選の「龍文象嵌花瓶」や、30年日展特選の「回想(銀製彫金花器)」をはじめとして、海外展覧会受賞、各国政府買上げ作品は数多い。32年日展審査員、33年日本金工作家協会設立、36年現代工芸美術家協会創設に参加。49年から芸術院会員を務め、50年日展常務理事、53年日本新工芸家連盟を結成、代表委員、57年会長となる。また55年奈良・東大寺の昭和大修理落慶法要のために高さ1メートルを超える大花瓶「白鳳凰」と大香炉「青龍」を制作した。代表作に「創生」「永界望想」「牧場のある郊外」「夜光双想」「双鳥の譜」「自然の胎動」「空に捧げる花」「鹿児島県立明治百年記念館大壁面・天空への招待」など。小さな世界に精緻をこらしてきた従来の彫金を、大建築の壁面装飾のスケールにまで広げた表現が特色。平成5年文化勲章受章。
[師弟]師=海野清,小林照雲
[受賞]日本芸術院賞〔昭和40年〕「夜光双想」,文化功労者〔昭和62年〕,日展特選〔昭和29年・30年〕,日展文部大臣賞〔昭和37年〕「牧場のある郊外」,日赤金色有功章〔昭和52年〕
[叙勲]紺綬褒章〔昭和53年以降6回〕,勲三等旭日中綬章〔昭和62年〕,文化勲章〔平成5年〕

長寿 ちょうじゅ
陶工

[生年月日]天保13年(1842年)
[没年月日]明治19年(1886年)

[専門]大樋焼

大樋焼5代勘兵衛の門人、加登屋吉右衛門の子。安政3年(1856年)金沢山の上町に開窯。飴釉の茶陶を焼いた。

陳 元贇　ちん・げんぴん
尾張藩士、陶工、柔術家

[生年月日]天正15年(1587年)
[没年月日]寛文11年(1671年)6月9日
[出生地]明の虎林　[別名等]名＝珦、通称＝陳五官、字＝義都、号＝既白山人、菊秀軒、芝山、升庵

元和5年(1619年)明から来日。長崎、京都、江戸に滞在したのち、寛永15年(1638年)ごろから尾張藩に陶工家として仕え、名古屋城の御深井焼を指導したといわれる。また、自身も呉須で詩や絵を描いた上に透明な青白色の釉薬を施した元贇焼を創始。書にも長じ趙子昂の流れをくみ、また拳法・柔術も得意として、国昌寺柔術を編みだした。
[墓所]建中寺

沈 寿官(12代目)　ちん・じゅかん
陶芸家

[生年月日]天保6年(1835年)
[没年月日]明治39年(1906年)7月10日
[別名等]号＝玉光山　[専門]薩摩焼

慶長9年(1604年)薩摩藩主・島津義弘が朝鮮から招来した陶工の一人・沈当吉の12代目子孫。安政4年(1857年)に藩窯の工長となったが、廃藩後、在来の衆工を集め、明治6年苗代川藤に独立開業した。子の正彦が沈寿官を名乗り家業を踏襲。
[家族]息子＝沈寿官(13代目)
[叙勲]緑綬褒章〔明治34年〕

珍慶(2代目)　ちんけい
工芸家

[生年月日]生年不詳
[没年月日]慶応1年(1865年)
[本名]安楽吉兵衛

薩摩の工芸家。兄の初代珍慶(安田万次郎)が作る矢立が全国的に評判になり"珍慶の矢立"と称賛されるようになった。2代目珍慶となってからは、矢立のほかに刀鍛冶や鉄砲の製造修理も行い、薩摩藩の武器製造に協力した。以後、4代目まで続いた。

【つ】

筑城 良太郎　ついき・りょうたろう
漆工芸家

[生年月日]明治7年(1874年)
[没年月日]昭和7年(1932年)
[出生地]石川県江沼郡山中町

明治26年山中漆器に独得の千筋挽きの技法を確立。以後毛筋、稲穂目筋など筋物に新境地を開いた。国内外の博覧会や美術工芸展にも度々入賞。山中漆器研究会を設立し、後進の指導にあたった。代表作の香合は山中町指定文化財となっている。

堆朱 伝次郎　ついしゅ・でんじろう
塗師　宮内省内匠寮御用達

[生年月日]嘉永1年(1848年)
[没年月日]昭和4年(1929年)2月
[出生地]江戸・神田

代々幕府の御用塗師をつとめる。16歳のとき父と共に日光東照宮の造営をする。のち宮内省内匠寮の御用達をつとめる。

堆朱 養清　ついしゅ・ようせい
漆工

[生没年] 生没年不詳

享保年間(1716〜1736年)に江戸で活躍。幕府の堆朱工である楊成と名の音が相通ずるのを嫌って、"よんぜい"と自称した。将軍家の御印籠師とも伝えられる。

堆朱 楊成(1代目)　ついしゅ・ようぜい
漆工

[生没年] 生没年不詳
[別名等] 名=長充

室町前期、足利将軍家2代義詮に仕えた。中国に始まった漆芸技法・堆朱を初めて日本にとり入れ、優れた作品を多く生み出したため、唐の名工張成・楊茂の名をあわせた"楊成"の称を将軍家から賜ったといわれる。以後、堆朱家は数多くの名工を輩出し、現代に至るまで続いている。

堆朱 楊成(18代目)　ついしゅ・ようぜい
漆芸家

[没年月日] 明治23年(1890年)3月8日
[本名] 堆朱国平　[別名等] 通称=平八郎、平十郎　[専門] 彫漆(堆朱彫)

南北朝時代から続く彫漆工の家に生まれ、万延元年(1860年)家督を相続。文久元年(1861年)日光廟修繕の用を命じられる。慶応4年(1868年)受領屋敷を返納、廃業にいたる。
[家族] 息子=堆朱楊成(19代目)、堆朱楊成(20代目)

堆朱 楊成(19代目)　ついしゅ・ようぜい
漆芸家

[生年月日] 慶応2年(1866年)12月
[没年月日] 明治29年(1896年)11月8日
[本名] 堆朱経長　[別名等] 通称=好三郎　[専門] 彫漆(堆朱彫)

南北朝時代から続いたが明治維新で中断した家業の漆芸を再興し、専ら制作に従事した。
[家族] 父=堆朱楊成(18代目)、弟=堆朱楊成(20代目)

堆朱 楊成(20代目)　ついしゅ・ようぜい
漆芸家

[生年月日] 明治13年(1880年)8月28日
[没年月日] 昭和27年(1952年)11月3日
[出生地] 東京　[本名] 堆朱豊五郎　[別名等] 号=経長　[資格] 日本芸術院会員〔昭和24年〕　[専門] 彫漆(堆朱彫)

彫漆を兄の19代楊成、絵画を佐竹永湖、牙彫を石川光明に学び、漆芸作家として修業する。明治29年20代楊成を襲名。40年東京勧業博覧会で「彫漆香合三点」が2等賞になり、大正3年東京大正博覧会に「堆朱彫」を出品して2等賞になる。また、パリ万博、ニューヨーク万博にも出品して受賞し、10年の農商務省第9回工芸展で1等になる。昭和8年の第14回帝展では審査員となり、また文部省美術審査員、文展審査員、日展審査員などもつとめ、日本芸術院会員にもなった。他の代表作に「牡丹堆朱盆」「乾漆木蓮図硯箱」など。
[家族] 父=堆朱楊成(18代目)、兄=堆朱楊成(19代目)

塚田 秀鏡　つかだ・しゅうきょう
彫金家

[生年月日] 嘉永1年(1848年)9月14日
[没年月日] 大正7年(1918年)12月26日
[出生地] 江戸・神田

はじめ奈良派の金工勝見宗斎の門に入る。のち加納夏雄に師事。大正2年帝室技芸員。7年12月に三井男爵家より両陛下に献上した鵷鴒の置物が絶品であった。

塚谷 竹軒 つかたに・ちっけん
陶工, 陶磁商

[生年月日] 文政9年 (1826年)
[没年月日] 明治26年 (1893年)
[出生地] 加賀国江沼郡大聖寺 (石川県) [本名] 塚谷浅 [別名等] 初名＝沢右衛門, 後名＝陶作, 号＝竹軒 [専門] 九谷焼

祖父は「茂想紀聞」を著した大聖寺藩士・塚谷沢右衛門 (五明)。万延元年 (1860年) 大聖寺藩産物方首席となり, 陶磁業など殖産興業の振興に努める。維新以来衰亡に瀕していた九谷本窯を救うため, 明治4年山代に移り, 陶工大蔵寿楽らと協力し, 九谷本窯を譲り受け山代陶器所を興した。12年九谷陶器会社の設立の際は陶工部長として参加。晩年は石川県師範学校教師も務め, 能書家でもあった。

[家族] 祖父＝塚谷沢右衛門 (大聖寺藩士)

塚原 芥山 つかはら・かいざん
陶芸家

[生年月日] 明治40年 (1907年) 3月21日
[没年月日] 昭和20年 (1945年) 7月18日
[出生地] 福井県福井市 [本名] 塚原正志 [別名等] 号＝芥, 陶芥 [学歴] 福井中卒

新聞記者, 代用教員などを経て, 愛知県の瀬戸で修業。昭和6年郷里である福井市に戻り, 窯を築いた。10年窯の名を越路窯とし, 花瓶などを製作した。

塚本 快示 つかもと・かいじ
陶芸家

[生年月日] 大正1年 (1912年) 12月14日
[没年月日] 平成2年 (1990年) 6月10日
[出生地] 岐阜県土岐郡駄知町 [本名] 塚本快児 [別名等] 別名＝塚本源右衛門 [学歴] 駄知町立商工補習学校〔昭和8年〕卒 [資格] 岐阜県無形文化財指定保持者 (青白磁)〔昭和48年〕, 重要無形文化財保持者 (白磁・青白磁)〔昭和58年〕 [専門] 白磁, 青白磁 [団体] 日本工芸会

江戸時代から美濃焼をつくり続ける"快山窯"の11代目。大正15年小学校卒業後, 家業の製陶業を手伝う。昭和8年11代目を継ぐ。18年小山冨士夫の「影青襍記」に感銘し, 青白磁の研究を始める。20年窯場に戻り, 食器生産を再開。23年鎌倉の小山冨士夫を訪問して指導を受け, 以来, 中国の青白磁と白磁の再現に取り組む。またクラフトデザイナーの日根野作三にも師事し, クラフト運動にも参加。28年から本格的に陶芸作家として活動。38年から日本伝統工芸展に出品し, 40年と47年に日本工芸会会長賞, 42年にNHK会長賞など受賞。58年白磁・青白磁の分野で初めての重要無形文化財保持者 (人間国宝) に認定される。代表作に「白瓷唐草文輪花大皿」(53年),「白磁刻花文花箱」(61年),「青白磁彫花鉢」(平成2年) などがある。

[家族] 息子＝塚本満 (陶芸家)
[師弟] 師＝小山冨士夫, 日根野作三
[受賞] 日本陶磁協会賞 (第23回, 昭53年度)〔昭和54年〕, 中日文化賞 (第33回)〔昭和55年〕, 土岐市名誉市民〔昭和58年〕, 全国陶磁器大展コンクール東京都知事賞〔昭和28年〕, カリフォルニア21世紀博覧会金賞〔昭和39年〕「ベリーセット」, 日本伝統工芸展日本工芸会会長賞 (第12回・19回)〔昭和40年・47年〕「青白磁大鉢」「青白磁組鉢」, 日本伝統工芸展NHK会長賞 (第14回)〔昭和42年〕
[叙勲] 紫綬褒章〔昭和52年〕, 勲四等旭日小授章〔昭和59年〕

塚本 貝助　つかもと・かいすけ
七宝工

[生年月日]文政11年(1828年)11月8日
[没年月日]明治30年(1897年)12月6日
[出生地]尾張国海東郡遠島村(愛知県)

万延年間中に林庄五郎より七宝焼を伝授。自力で大皿鉢の七宝に成功、大和絵を写しだす。また東京築地四十一番館アーレンス商会に入社。そこで技術の指導にあたり七宝の革新につとめた。

塚本 儀三郎　つかもと・ぎさぶろう
七宝工

[生年月日]天保11年(1840年)
[没年月日]大正10年(1921年)
[出身地]尾張国海東郡遠島村(愛知県)

林庄五郎に師事。塚本貝助らと七宝焼を学び、山梨で七宝の改良を助けた。

塚本 乾乜　つかもと・けんば
陶工

[生没年]生没年不詳
[本名]塚本寅吉

三浦乾也に師事。洋学者・大槻如電より、画才を欠くことから乾也の"也"から一画を欠いて"乾乜"と命名されたという。轆轤の名手で、明治40年代は愛知県瀬戸に赴いて作陶し、晩年の大正期には京都に移った。
[師弟]師=三浦乾也

槻尾 宗一　つきお・そういち
金工家

[生年月日]大正4年(1915年)
[没年月日]平成4年(1992年)
[出生地]富山県　[学歴]東京美術学校(現・東京芸術大学)工芸科鍛金部〔昭和12年〕卒

昭和23年富山県立高岡工芸学校に勤務、27年産業工芸試験所主任研究員。28年段々社に参加。31年創作工芸協会に参加。同年日本デザイナー・クラフトマン協会結成に参加。同年第12回日展で特選受賞。36年通産省産業意匠奨励審議会委員、41年大阪府立工業奨励館デザイン部長、52年日本クラフト・デザイン協会事務局長を歴任した。

月岡 勝三郎(2代目)　つきおか・かつさぶろう
工芸家

[生年月日]明治38年(1905年)12月11日
[没年月日]昭和51年(1976年)1月6日
[出生地]東京・神田　[本名]月岡仙太郎　[専門]切金砂子

幼時から父親に切金砂子の技術指導を受け、昭和3年初代の死去をうけ2代目を継承。31年日本伝統工芸展に初入選し、正会員となる。東京芸術大学、愛知県立芸術大学、武蔵野美術大学、女子美術大学の講師を務めた。主要作品に明治宮殿東車寄の戸襖、壁張りの金雲形砂子蒔、霞砂子蒔、鎌倉円覚寺白竜誕生の砂子蒔などがある。
[家族]父=月岡勝三郎(初代)

月形 那比古　つきがた・なひこ
陶芸家　斗陶会名誉会長

[生年月日]大正12年(1923年)5月22日
[没年月日]平成18年(2006年)8月16日
[出生地]新潟県糸魚川市　[学歴]日本大学芸術学部卒　[団体]鳳凰会

人間国宝・荒川豊蔵の作陶精神に傾倒。古志野の再現を目指し、鬼志野(窯変志野)を創陶。49年岐阜県土岐市に月形大陶坊美術館を創設。禅に親しみ、禅の精神を作陶に反映させた、豪放で重厚・個性的な作品を多く制作した。著書に「鬼志野図鑑」がある。

[受賞]文部大臣賞〔昭和27年〕,国際芸術文化賞〔昭和60年〕,芸術グラフ賞〔昭和61年〕
[記念館]月形大陶坊美術館(岐阜県土岐市)

辻 一堂 つじ・いちどう
陶芸家

[生年月日]明治44年(1911年)9月1日
[没年月日]昭和58年(1983年)6月27日
[出生地]佐賀県太良町　[本名]辻貞男　[学歴]商工省陶磁器試験場卒　[専門]有田焼
昭和7年香蘭社美術品工場図案部に入社し、28年美術品部長を最後に退社。29年新興古伊万里研究所(現・聡窯)を開く。31年日展に初入選して以来、15回入選した。
[家族]長男=辻毅彦(陶芸家),孫=辻聡彦(陶芸家)
[受賞]有田町産業文化功労賞〔昭和45年〕,佐賀県展文部大臣賞〔昭和29年〕,佐賀県陶磁展通産大臣賞〔昭和33年〕,西日本陶芸展最高賞(2回)

辻 勝蔵 つじ・かつぞう
陶工

[生年月日]弘化4年(1847年)
[没年月日]昭和4年(1929年)
[別名等]別名=常明,辻喜平次　[専門]有田焼
代々、肥前国有田で陶工を営む家柄。3代目から禁裏御用を賜り、6代目からは藩を経由せずに直接上納することを許されて常陸大掾の官職を受けた。自身は11代目に当たり、フィラディルフィア万博に向けて合本組織香蘭社の創設に参画。明治12年には同社から分かれ、精磁会社を設立した。

辻 協 つじ・きょう
陶芸家

[生年月日]昭和5年(1930年)11月27日

[没年月日]平成20年(2008年)7月8日
[出生地]東京都　[本名]辻協子　[学歴]女子美術大学洋画科〔昭和27年〕卒
昭和28年陶芸家・辻清明と結婚。30年多摩丘陵に登り窯を築き、辻陶器工房を設立。43年初の個展「辻協器展」を開催。46年女性で初の日本陶磁協会賞を受賞した。61年にはドイツで展示会を開催。極小の香匣から真円の大壺まで、細心大胆な作域を示し、陶板、合子にも意欲作がある。
[家族]夫=辻清明(陶芸家),長女=辻けい(美術家)
[受賞]日本陶磁協会賞〔昭和46年〕

辻 鉦二郎 つじ・しょうじろう
陶芸家

[生年月日]嘉永1年(1848年)
[没年月日]大正9年(1920年)8月10日
[出身地]尾張国愛知郡古沢村(愛知県名古屋市)　[別名等]号=凌古堂　[専門]夜寒焼
父は茶人で酔雪焼を創始した辻惣兵衛。明治7年頃、石川県の陶法を学ぶ。22年郷里である東古渡の夜寒の里に移り、夜寒焼と称した。
[家族]父=辻惣兵衛(茶人)

辻 晋六 つじ・しんろく
陶芸家

[生年月日]明治38年(1905年)
[没年月日]昭和45年(1970年)
[学歴]蔵前高工窯業科卒
商工省陶磁器試験所技官を務め、のち京都山科に築窯。新デザイン普及に貢献。
[家族]長男=辻勘之(陶芸家)

辻 清明 つじ・せいめい
陶芸家

[生年月日]昭和2年(1927年)1月4日

[没年月日] 平成20年（2008年）4月15日
[出生地] 東京都世田谷区　[本名] 辻清明
10代で陶芸の道に入る。昭和15年から本格的な作陶を始め、16年姉と辻陶器研究所設立。28年光風会展工芸賞受賞。30年多摩丘陵に移転し築窯、辻陶器工房を設立。39年日本陶磁協会賞受賞。国内だけでなくオーストラリア、西ドイツなどでも個展を開いた。62年長野県穂高町にも登り窯を築窯。信楽の土と自然釉による剛直な作風で、板皿や酒器の他にオブジェなども制作。古今東西の家具・木工・陶磁器収集家でもあったが、平成2年火事で焼失。作品に「球と方形の対話」「信楽大合子・象」、作品集「辻清明器蒐集」などがある。
[家族] 妻＝辻協（陶芸家）、姉＝辻輝子（陶芸家）
[師弟] 師＝富本憲吉、板谷波山、浜田庄司
[受賞] 日本陶磁協会賞〔昭和39年〕、日本陶磁協会賞金賞〔昭和58年〕、藤原啓賞（第4回）〔平成2年〕、東京都名誉都民〔平成18年〕、光風会展工芸賞〔昭和28年〕

辻 毅彦　つじ・たけひこ
陶芸家

[生年月日] 昭和11年（1936年）12月5日
[没年月日] 平成16年（2004年）9月29日
[出身地] 佐賀県　[学歴] 佐賀工機械科卒
[団体] 日展、現代工芸美術家協会、現代美術家協会
高卒後、理研工業に勤務。その後、お茶の水美術学院、横浜造型研究所で修業。昭和36年から日展へ入選を重ね、56年特選。父・辻一堂も日展で活躍し、父子で新古伊万里様式ともいえる作風を展開。スケッチを基に描き、白磁の素地に転写して製図用デバイダーの針や彫刻刀で彫って絵付けする"線刻"の技法を有田焼に導入した。平成10年日展審査員をつとめる。
[家族] 父＝辻一堂（陶芸家）

[受賞] 佐賀県芸術文化賞〔昭和57年〕

辻 常陸（14代目）　つじ・ひたち
陶芸家

[生年月日] 明治42年（1909年）
[没年月日] 平成19年（2007年）3月15日
[出身地] 佐賀県西松浦郡有田町　[本名] 辻常喜　[学歴] 東京工業大学窯業科〔昭和5年〕卒
昭和22年14代目辻常陸を襲名し、我が国で初めて皇室に磁器食器を納め、最初の皇室御用窯元となった辻常陸窯（辻精磁社）を継承。多くの御料器を制作し、皇室に納めた。

辻 光典　つじ・みつすけ
漆芸家

[生年月日] 大正4年（1915年）11月11日
[没年月日] 平成4年（1992年）9月17日
[出生地] 旧満州・ハルビン　[学歴] 東京美術学校（現・東京芸術大学）〔昭和14年〕卒
[団体] 光風会
在学中の昭和13年光風会展に初入選、18年会員。通商産業省、労働省勤務の傍ら、主に漆を素材とした絵画を制作。独自の抽象的世界を展開し、27年以来、日展に出品、特選を重ねる。毎年個展を開催。作品に「壁画風神雷神」「クノサス」。
[受賞] 日本芸術院賞（第20回）〔昭和39年〕「クノサス」（装飾画）、日展文部大臣賞〔昭和36年〕

辻 与次郎　つじ・よじろう
釜師

[生没年] 生没年不詳
[出生地] 近江国栗太郡辻村（滋賀県）　[別名等] 名＝実久
西村道仁の弟子とされる。京都三条釜座に住し、千利休の釜師として知られ、利休好

みの阿弥陀堂釜、雲竜釜、四方釜、尻張釜などを造り、また羽打ちや焼抜きの技法を創始。文禄3年（1594年）伏見城の百間廊下に燈籠を造り、"天下一"の称を豊臣秀吉から与えられた。釜以外の作品では鰐口、雲龍文鉄燈籠、梵鐘などがある。

辻村 松華　つじむら・しょうか
　　　漆芸家　東京美術学校教授

[生年月日]慶応3年（1867年）12月3日
[没年月日]昭和4年（1929年）1月31日
[出生地]相模国中郡比々多村（神奈川県）
[本名]辻村延太郎　[旧姓名]近藤　[学歴]東京美術学校（現・東京芸術大学）漆芸科〔明治29年〕卒

蒔絵を白山松哉に、図案を岸光景に学び、明治29年東京美術学校卒業。33年同校助教授となり、38年教授に就任。同年パリ・ガイヤール工場に招かれ渡仏。農展、商工展、帝展などで活躍し、農商務省工芸審査員、帝展工芸部推薦となる。古典的な情緒の中に清潔で簡潔なデザイン感覚を盛り込んだ作風を得意とした。代表作に「蒔絵手筥 菊花に鶺鴒文様」など。
[師弟]師＝白山松哉，岸光景

津田 信夫　つだ・しのぶ
　　　鋳金家　東京美術学校教授

[生年月日]明治8年（1875年）10月23日
[没年月日]昭和21年（1946年）2月17日
[出生地]千葉県佐倉　[別名等]号＝大寿　[学歴]東京美術学校（現・東京芸術大学）鋳金科〔明治33年〕卒　[資格]帝国美術院会員，帝国芸術院会員〔昭和12年〕

東京美術学校助教授を経て、大正8年教授に就任。12年から3年間、ヨーロッパに留学。帝展に工芸部設置のため尽力し、昭和2年その審査員となる。10年帝国美術院会員、12年帝国芸術院会員となる。19年東京美術学校を定年退官。またフランスからアカデミー勲章及びエトアール・ノアール勲章を贈られた。代表作に東京日本橋の鋳造装飾獅子・麒麟などがある。

津田 助広（2代目）　つだ・すけひろ
　　　刀工

[生年月日]寛永14年（1637年）
[没年月日]天和2年（1682年）3月14日
[出生地]摂津国打出村

初代津田助広の子。明暦3年（1657年）越前守を受領。寛文以降の所作銘は楷書で"津田氏"と題したため"角津田"と称される。寛文7年（1667年）大坂城代青山因幡守に召し抱えられる。延宝2年（1674年）所作銘を近衛流の筆法に変えたため、これ以降は"丸津田"と称されるようになった。所作の刀は1670余口におよび、大波の寄せては返すような華やかな"濤瀾刃"という沸出来の刃文を創始して一世を風靡し、大坂鍛冶を代表する名工とされる。

土田 宗悦　つちだ・そうえつ
　　　蒔絵師

[生没年]生没年不詳
[出生地]京都府　[別名等]通称＝半六

元禄年間（1688〜1703年）に京都に住み、その後江戸に出て赤坂に住した。尾形光琳と同時代に活躍し、光琳と同様に本阿弥光悦の作風を慕い、数多くの光悦風蒔絵を模造した他、光悦風の大型印籠なども手掛けた。

土田 友湖（1代目）　つちだ・ゆうこ
　　　袋物師　千家十職・土田家1代目

[生年月日]元禄2年（1689年）
[没年月日]明和2年（1765年）
[出身地]近江国蒲生郡土田村（滋賀県）　[別名等]名＝半平，勘平，通称＝半四郎

彦根藩士で鉄砲組頭を務めた土田七太夫の後裔。藤堂家の茶頭・亀岡宗理の門弟として家職を譲られ、表千家7代如心斎より友湖の号を与えられた。初代以降、土田家では通称を半四郎、剃髪後に友湖と名乗ることになった。

土田 友湖（2代目） つちだ・ゆうこ
袋物師　千家十職・土田家2代目

［生年月日］享保17年（1732年）
［没年月日］宝暦7年（1757年）
土田家初代友湖の子として2代目となるが、父の存命中に早世した。
［家族］父＝土田友湖（1代目）

土田 友湖（3代目） つちだ・ゆうこ
袋物師　千家十職・土田家3代目

［生年月日］延享4年（1747年）
［没年月日］天明4年（1784年）
［別名等］別名＝土田友甫、号＝一得斎
土田家初代友湖の甥。丁字屋嘉兵衛の長男。表千家7代如心斎から一得斎の号を受ける。

土田 友湖（4代目） つちだ・ゆうこ
袋物師　千家十職・土田家4代目

［生年月日］享保5年（1720年）
［没年月日］享和1年（1801年）
［別名等］名＝くに、別名＝鶴寿院貞松
土田家初代友湖の娘で2代友湖の姉。のちの5代目が幼少であったため、家業を継いだ。
［家族］父＝土田友湖（1代目）、兄＝土田友湖（2代目）

土田 友湖（5代目） つちだ・ゆうこ
袋物師　千家十職・土田家5代目

［生年月日］安永8年（1779年）
［没年月日］文政8年（1825年）
［別名等］号＝伸定、蓮乗
土田家3代友湖の長男。この代より表千家9代了々斎の計らいで、茶入の仕覆に加えて帛紗を手掛けるようになった。
［家族］父＝土田友湖（3代目）

土田 友湖（6代目） つちだ・ゆうこ
袋物師　千家十職・土田家6代目

［生年月日］文化1年（1804年）
［没年月日］明治16年（1883年）
土田家5代友湖の子。書画に長じ、家系秘伝書を記して古代裂地の図譜を書写したが、元治元年（1864年）の兵火で消失したといわれる。
［家族］父＝土田友湖（5代目）

土田 友湖（7代目） つちだ・ゆうこ
袋物師　千家十職・土田家7代目

［生年月日］天保7年（1836年）
［没年月日］明治44年（1911年）
［本名］土田半四郎　［別名等］別号＝聴雪
千家十職の一つで、茶入の袋など茶道具を製作する6代目土田友湖の養子となる。

土田 友湖（8代目） つちだ・ゆうこ
袋物師　千家十職・土田家8代目

［生年月日］文久2年（1862年）
［没年月日］明治44年（1911年）
［本名］土田仙之助　［別名等］別号＝淡雪
千家十職の一つで、茶入の袋など茶道具を製作する7代目土田友湖の婿養子となる。岳父を送ったひと月後に亡くなった。

[家族]二男＝土田友湖(9代目) [親族]岳父＝土田友湖(7代目)

土田 友湖(9代目)　つちだ・ゆうこ
袋物師　千家十職・土田家9代目

[生年月日]明治26年(1893年)
[没年月日]大正3年(1914年)
[本名]土田安治郎
千家十職の一つで、茶入の袋など茶道具を製作する8代目土田友湖の二男に生まれる。22歳で早世した。
[家族]父＝土田友湖(8代目)

土田 友湖(10代目)　つちだ・ゆうこ
袋物師　千家十職・土田家10代目

[生年月日]万延1年(1860年)
[没年月日]昭和15年(1940年)
[本名]土田阿さ
千家十職の一つで、茶入の袋など茶道具を製作する7代目土田友湖の長女に生まれる。8代目の妻で、9代目の母にあたる。
[家族]父＝土田友湖(7代目)、夫＝土田友湖(8代目)、二男＝土田友湖(9代目)

土田 友湖(11代目)　つちだ・ゆうこ
袋物師　千家十職・土田家11代目

[生年月日]明治37年(1904年)
[没年月日]昭和40年(1965年)
[本名]土田良三
千家十職の一つで、茶入の袋など茶道具を製作する8代目土田友湖の三男。次兄が9代目、母が10代目を継ぎ、自身は11代目となった。
[家族]父＝土田友湖(8代目)、母＝土田友湖(10代目)、兄＝土田友湖(9代目)、二男＝土田友湖(12代目)

土本 悠子　つちもと・ゆうこ
人形作家

[生年月日]昭和7年(1932年)9月20日
[没年月日]平成3年(1991年)6月25日
[出身地]京都府京都市　[学歴]早稲田大学文学部卒
人形劇団プークなどに在籍。NHKの連続人形劇「ひげよ、さらば」の人形制作チームの一員。
[家族]夫＝土本典昭(記録映画監督)

土谷 一光(2代目)　つちや・いっこう
陶工

[生年月日]嘉永3年(1850年)
[没年月日]大正13年(1924年)
[出身地]加賀国(石川県)　[本名]横萩徳松
父の初代一光に陶法を師事。明治12年加賀鶯谷で作陶。15年ころ越中安居焼を指導。のち金沢で製陶のかたわら楽焼を原呉山に学んだ。
[家族]父＝土谷一光(1代目)

土屋 佐吉　つちや・さきち
染織家

[没年月日]明治37年(1904年)
明治のはじめ長崎で洋式染織法を外国人に学ぶ。のち上京して本所に工場を設立、我国染織界の鼻祖と称された。

土屋 善四郎(1代目)　つちや・ぜんしろう
陶工

[生年月日]生年不詳
[没年月日]天明6年(1786年)1月
[出生地]出雲国(島根県)　[別名等]名＝芳方
土器職を営む土屋善右衛門の子。宝暦6年(1756年)6代松江藩主松平宗衍の命で、

楽山焼を再興するため、御立山(楽山)焼物師となる。のち7代藩主松平治郷(不昧)が布志名焼の陶工に製陶を命じたが好みの物が出来なかったため、楽山から布志名村へ移り、焼き物御用教方として指導にあたった。ちなみに楽山焼、布志名焼を併せて"出雲焼"と称する。その後、2代目善四郎は江戸で製陶に従事し、藩主治郷より"雲善"の号と瓢形印を賜り、布志名焼土屋窯では代々この印を用いるようになった。

土屋 善四郎(2代目) つちや・ぜんしろう
陶工

[生年月日]生年不詳
[没年月日]文政4年(1821年)
[別名等]名=政芳, 号=雲善

出雲楽山・布志名の陶工で松江藩主松平家の御用を務める。江戸に赴いて藩主松平治郷(不昧)より雲善の号を授かり、御庭焼を務めて茶器を製作した。

土屋 安親(1代目) つちや・やすちか
装剣金工

[生年月日]寛文10年(1670年)
[没年月日]延享1年(1744年)9月27日
[出生地]出羽国庄内(山形県) [別名等]通称=弥五八, 号=東雨

庄内藩家老土屋忠左衛門の子。庄内の正阿弥珍久に師事し、元禄16年(1703年)江戸に出て奈良辰政の門に入る。正徳から享保期(1711～1730年)に陸奥守山藩主松平頼貞に仕えたのち、享保15年(1730年)薙髪して東雨と号した。鐔、小柄、目貫など作品の種類や数は多く、地金の扱いや形の工夫に優れ、奈良利寿、杉浦乗意らと共に"奈良三作"と称される。

綱俊(2代目) つなとし
刀工

[生年月日]天保7年(1836年)
[没年月日]明治28年(1895年)11月2日
[出身地]日向国(宮崎県) [本名]加藤綱俊
[別名等]初名=是俊, 通称=助一郎, 号=長運斎

初代綱俊の三男。日向飫肥藩主伊東家につかえる。廃藩後、工部省器械場雇となり、のち独立した。
[家族]父=綱俊(1代目)(刀工)

津根 蛟人 つね・こうじん
陶芸家 麦の会代表

[生年月日]昭和3年(1928年)8月16日
[没年月日]昭和63年(1988年)
[出身地]東京 [本名]津根滋

野津佐吉に学び灰釉の茶器など作る。スイスのプチ・パレ美術館、フランスのサロン・ド・ナシオン、カナダのバンクーバ美術館、メキシコなどの企画展に出品。陶光会全国展運営委員を経て、群炎美協運営委員。

恒次 つねつぐ
刀工

[生没年]生没年不詳

備中国青江派の刀工で、鎌倉時代中期に活躍した。後鳥羽上皇の御番鍛冶を務め、兵庫県本興寺が所蔵する名物「数珠丸」など重要文化財に指定されている太刀がある。

鶴田 和三郎 つるた・わさぶろう
漆芸家

[生年月日]天保14年(1843年)
[没年月日]大正10年(1921年)10月
[出生地]加賀国金沢(石川県)

永井与三兵衛に髹漆の技を学ぶ。日本美術協会、日本漆工会に出品し、内外の博覧会でも受賞を重ね、また農展、商工展に出品を続けた。洗手刷毛目塗、艶消紋彩塗などを発明。石地錆塗を工夫し、輸出工芸に用いる。また明治年皇居御造営に際し、北梅組をおこした。代表作に「蒔絵香盆 撫子花文様」など。
［師弟］師＝永井与三兵衛

鶴巻 三郎　つるまき・さぶろう
人形作家　新潟県美術家連盟理事長

［生年月日］明治41年（1908年）2月3日
［没年月日］平成17年（2005年）6月12日
［出生地］新潟県三条町（三条市）　［団体］日展
紙塑人形作家として、戦後早くから日展に出品し、昭和21年日展特選。53年新潟県美術家連盟の初代理事長に就任。平成元年自宅に自作を展示する鶴巻三郎記念館を開館した。
［家族］長女＝鶴巻純子（彫刻家）
［師弟］師＝広川松五郎
［受賞］新潟日報文化賞（第37回）〔昭和59年〕、三条市名誉市民〔平成14年〕、日展特選（第2回）〔昭和21年〕「せんこはなび」、日本現代工芸美術展文部大臣賞〔昭和59年〕「抱包」
［叙勲］勲五等双光旭日章〔昭和53年〕

【 て 】

手柄山 正繁　てがらやま・まさしげ
刀工

［生年月日］宝暦7年（1757年）
［没年月日］文政10年（1827年）4月24日

［出身地］播磨国手柄山（兵庫県）　［別名等］姓＝三木、初名＝氏繁、別名＝手柄山朝七、通称＝井上六兵衛
父は播磨国姫路の刀匠大和大掾丹霞氏繁。大坂助広に師事し、天明8年（1788年）白河藩主松平定信に知行500石で召し抱えられた。江戸で鍛刀し、白河正繁と銘をうつ。享和3年（1803年）甲斐守を受領、手柄の姓を受ける。晩年は定信より「神妙」の2字を与えられた。作風は、地肌は板目がつみ無地風となり、刃文は濤乱風大互の目乱れが得意。
［墓所］善学寺

出口 尚江　でぐち・ひさえ
陶芸家

［生年月日］大正4年（1915年）3月10日
［没年月日］昭和52年（1977年）7月28日
［出生地］京都府綾部市本宮町
大本教本部婦人会会長や祭教院斎司の傍ら、昭和37年頃から陶芸を始める。石黒宗麿、金重陶陽らに師事し、41年東白窯を開いた。43年日本伝統工芸展に「三彩大皿」「三彩小壺」が初入選。46年日本伝統工芸会正会員。
［家族］父＝出口王仁三郎

手代木 幸右衛門　てしろぎ・こうえもん
陶工

［生年月日］寛政7年（1795年）
［没年月日］嘉永7年（1855年）
［出身地］岩代国大沼郡本郷村（福島県）　［専門］岩代会津焼
磁祖佐藤伊兵衛の門弟となり、白磁焼成を始める。藩主の御用品を上納し、新製瀬戸職人に召出される。研究の末、素地を白色に、青華を鮮明にするセメ焚き法を発明し

た。この改良により、他の産地に優るとも劣らない白磁が完成したといわれる。
［師弟］師＝佐藤伊兵衛
［墓所］福島県会津本郷町小学校裏墓地

鉄元堂 正楽　てつげんどう・しょうらく
装剣金工

［生年月日］生年不詳
［没年月日］安永9年（1780年）
［出生地］京都　［別名等］別名＝岡本尚茂, 初名＝敏行, 通称＝鉄屋源兵衛, 鉄源
初め一宮長常の下地師であったが、のち鉄屋伝兵衛の門下となる。冶鉄の技巧に優れ、堅い材質のものを高肉あるいは薄肉彫するなど自在に加工、それに金銀色絵を付けた鍔を多く製作し、一宮長常・大月光興と共に京都三名工のひとりに数えられた。

寺 利郎　てら・としろう
陶芸家

［生年月日］大正3年（1914年）12月25日
［没年月日］平成1年（1989年）10月2日
九谷焼の功労者九谷庄三につながる家系。昭和16年商工省陶磁試験所研修。文展、日展に連続入選。国画会無鑑査。ソ連国立美術館に永久保存。芸術保存資格認定。
［受賞］現展北国賞

寺井 直次　てらい・なおじ
漆芸家

［生年月日］大正1年（1912年）12月1日
［没年月日］平成10年（1998年）3月21日
［出生地］石川県金沢市竪町　［学歴］東京美術学校（現・東京芸術大学）工芸科漆工部〔昭和10年〕卒　［資格］石川県指定無形文化財保持者（加賀蒔絵）〔昭和52年〕、重要無形文化財保持者（蒔絵）〔昭和60年〕　［専門］蒔絵　［団体］日本工芸会

同郷の人間国宝・松田権六に師事。昭和10年東京・理化学研究所に入所、12年静岡工場工芸部長、16年理研電化工業静岡工業副工業長となる。この間、アルミを素地にした金属漆器の技術（金胎素地）を開発。終戦にともない退職し、金沢に戻り作家として独立。戦前は文展、戦後は日展で活躍。32年日展会員。また30年から日本伝統工芸展に出品。35年日本工芸会理事、55年常任理事となる。ウズラなどの卵の殻を細かく割り、その一つ一つを張り合わせて、量感や色彩の変化を生む蒔絵の卵殻技法に工夫を重ね、こまやかで優美な味わいを持つ作品を生み出した。50年金胎素地による制作を再開。60年人間国宝の認定を受ける。一方、25〜47年石川県立工業高校教諭、47〜48年石川県立輪島漆芸技術研修所初代所長を務めた。代表作に「雷鳥の図箱」「極光（オーロラ）二曲屏風」「千鳥蒔絵箱」「金胎蒔絵水指 春」「瑞雲文蒔絵金胎漆箱」「金胎蒔絵漆箱 飛翔」など。作品集に「寺井直次作品集」がある。
［師弟］師＝松田権六
［受賞］金沢市文化賞〔昭和45年〕、北国文化賞, 石川テレビ賞, 中日文化賞（第42回）〔平成1年〕、日展特選〔昭和23年・31年〕「鷺小屏風」「極光二曲屏風」、日展北斗賞（第11回）〔昭和30年〕「雷鳥の図箱」
［叙勲］勲四等瑞宝章〔昭和58年〕

寺池 陶烋　てらいけ・とうしゅう
陶芸家

［生年月日］明治40年（1907年）
［没年月日］昭和55年（1980年）6月26日
［出生地］石川県金沢市　［本名］寺池茂男
［学歴］京都市陶磁器試験場附属伝習所
初め安達陶仙に師事し、九谷焼を学ぶ。昭和4年京都市陶磁器試験場附属伝習所に入所。8年第14回帝展に初入選。この頃、清水六和に師事しながら五条会展や蒼潤社展に

出品。以後、帝展、新文展、日展など出品を続ける。30年京都陶芸家クラブを退会後は無所属として独自の作陶活動を続ける。
[家族]息子＝寺池静人（陶芸家）
[師弟]師＝安達陶仙、清水六和

寺石 正作　てらいし・しょうさく
染色家、緞帳作家

[生年月日]大正10年（1921年）3月15日
[没年月日]平成12年（2000年）1月20日
[出身地]京都府京都市　[学歴]京都市立絵専図案科〔昭和17年〕卒　[団体]日展
宝塚大劇場や東京・歌舞伎座、京都・南座などの緞帳製作を手掛けた。
[受賞]北斗賞会員賞、現代工芸大賞会員賞、京展賞、京都府文化賞功労賞〔平成3年〕

寺内 信一　てらうち・しんいち
陶磁器彫刻家

[生年月日]文久3年（1863年）
[没年月日]没年不詳
[出生地]山口県山口市宮野　[別名等]雅号＝半月　[学歴]工部美術学校彫刻科〔明治15年〕卒
工部美術学校を卒業して皇居造営事務局に勤務。同局を退職し愛知県・常滑美術研修所、瀬戸高等小学校製陶手工科などの教師を勤めたのち、明治31年有田工業学校に移り、2代目校長を務める。大正元年中国に渡り湖南高等学校教授。7年愛媛県砥部に招かれ村立砥部徒弟学校（現・松山南校砥部分校）の校長に就任。昭和3年同校校長を退いて有田に帰り、自宅に窯を築き、陶磁制作に精励した。著書に「瀬戸陶業史」「有田磁業史」がある。

寺内 洪　てらうち・ひろし
表具師

[没年月日]平成9年（1997年）3月25日
[出身地]東京
祖父は岡倉天心に目をかけられ、父は横山大観の表装を手がけてきたという表具師の3代目。16歳で京都へ修業に出、戦後は父のもとで修業。22歳の時から大観のもとに通い、作品の約3割、院展出品作のほとんどを父と子とで表装した。東京芸術大学保存修復技術科非常勤講師、横山大観記念館の評議員を務め、大観作品の鑑定にもあたった。
[家族]父＝寺内新太郎（表具師）

寺尾 市四郎　てらお・いちしろう
陶工

[生年月日]文化4年（1807年）
[没年月日]明治11年（1878年）
[出身地]尾張国春日井郡大森村（愛知県）
瀬戸の川本治兵衛の弟子。嘉永年間（1848～1854年）の初めに湖東焼に招かれたが、まもなく帰山。安政2年（1855年）再び招かれ、3年職人頭となって三人扶持を賜り、4年には二人扶持を加増され、寺尾の苗字を許された。そのころ湖東焼に招かれていた幹山伝七を養子に迎え、湖東焼閉窯後は一緒に京都へ移ったが、のち離縁した。安政年間に愛知郡川名村（現・名古屋市昭和区川名町）に開窯し、銅版印刷の染付磁器などを焼成。轆轤を用いた大形品の製作に巧みであったといわれる。
[師弟]師＝川本治兵衛

寺尾 恍示　てらお・こうじ
陶芸家

[生年月日]昭和4年（1929年）1月5日
[没年月日]昭和62年（1987年）5月1日
[出生地]京都府京都市　[本名]寺尾幸次
[学歴]京都市立第一工業〔昭和21年〕卒

父から轆轤の手ほどきを受けた後、河合卯之助に師事。昭和33年モダンアート展に入選。34～38年走泥社同人。朝日新人展、毎日選抜展などに出品。38年以降は個展を中心に発表。40年頃から陶芸を離れ、さまざまな素材を用いた立体造形に移行するが、55年再び陶器制作に戻る。皿や鉢、花生、壺、といった小ぶりの日用の器に自身のコンセプトを展開した。
［師弟］師＝河合卯之助

寺西 宗山 てらにし・そうざん
金工家

［没年月日］平成9年（1997年）2月10日
［出身地］愛知県名古屋市　［本名］寺西末吉
［資格］無形文化財保持者〔昭和48年〕
流し込み象嵌および鑞付け透り鉄袋打と呼ばれる茶道具作りの技法を編み出し、昭和48年国の無形文化財の指定を受けた。

照井 蔵人 てるい・くらと
漆芸家, 蒔絵師

［生年月日］大正5年（1916年）1月15日
［没年月日］平成11年（1999年）7月30日
［出身地］岩手県　［別名等］雅号＝照井久良人　［学歴］秋田県立川連漆器試験場伝習生〔昭和9年〕卒　［専門］会津塗　［団体］日展
津田憲二に師事し、10年間修業ののち、昭和20年独立し、工房TERUIを設立。27年第6回福島県総合美術展に出品、美術賞を受賞、50年伝統工芸士に認定された。
［師弟］師＝津田憲二
［受賞］福島県美術功労者〔昭和60年〕

天下一喜兵衛 てんかいちきへえ
竹籠師

［生没年］生没年不詳

摂津国有馬の竹籠師・天川七兵衛の弟子。奈良で元興寺籠を作り"天下一"と称された。

天狗久 てんぐひさ
人形師

［生年月日］安政5年（1858年）
［没年月日］昭和18年（1943年）
［出身地］阿波国（徳島県）　［本名］吉岡久吉
［専門］阿波人形浄瑠璃
明治25年徳島県国府町に仕事場を開設。阿波人形浄瑠璃の人形師として、木偶を芸術の域にまで高めた。宇野千代に小説「人形師天狗屋久吉」がある。

天狗弁 てんぐべん
人形細工師

［生没年］生没年不詳
［出身地］淡路国（兵庫県）　［本名］大江弁治郎
明治時代に文楽座の人形を作っていたが、腕自慢の鼻が高いことから"天狗弁"の通称がついたという。文楽座の番付に「人形細工人天狗弁」とある。文楽座との関係を絶って後、郷里・淡路に帰り没した。

天野 わかの てんの・わかの
漆芸家

［生年月日］明治29年（1896年）9月21日
［没年月日］昭和27年（1952年）9月18日
［出身地］石川県輪島　［旧姓名］住谷　［別名等］号＝文堂　［専門］輪島塗
藤井観文に沈金の技法を学ぶ。昭和6年帝展に初入選。輪島塗で初の女性作家として活動、23年第4回日展で「群鳥文飾箱」が特選となった。
［師弟］師＝藤井観文
［受賞］帝展入選〔昭和6年〕，日展特選（第4回）〔昭和23年〕「群鳥文飾箱」

【と】

戸出 政志　といで・まさし
陶芸家

[生年月日]昭和4年(1929年)
[没年月日]平成3年(1991年)7月4日
[団体]日本新工芸家連盟

北出塔次郎に師事し陶芸の基礎を学ぶ。昭和26年日展初入選、57年特選。日展のほか朝日陶芸展、中日国際陶芸展、日本新工芸展にも出品活躍、関西総合美術展で受賞。
[受賞]日展特選〔昭和57年〕「秋麗」

東郷 寿勝　とうごう・じゅかつ
陶芸家

[生年月日]安政2年(1855年)2月20日
[没年月日]昭和11年(1936年)3月23日
[出生地]薩摩国(鹿児島県)　[本名]朴寿勝
[専門]苗代川焼

豊臣秀吉の朝鮮出兵の際に連れてこられた朝鮮人陶工の末裔で、鹿児島県日置郡伊集院郷で苗代川焼に従事。明治年間において同村の沈寿官に次ぐ良工として知られた。太平洋戦争開戦・敗戦時の外相・東郷茂徳の父。
[家族]長男=東郷茂徳(外相)

道明 新兵衛(6代目)　どうみょう・しんべえ
組紐工芸家

[生年月日]明治12年(1879年)6月27日
[没年月日]昭和37年(1962年)10月11日
[出生地]新潟県　[資格]無形文化財保持者(工芸組紐技術)〔昭和35年〕

明治35年5代目道明新兵衛の婿養子となり、家業の組紐制作に従事。昭和8年養父が亡くなり6代目を襲名。35年工芸組紐技術の無形文化財指定保持者に指定された。甲冑や刀剣、経巻、箱などの組紐の修理・復元・創作を手がけた。
[家族]長男=道明新兵衛(7代目)、孫=山岡一晴(組紐工芸家)
[叙勲]黄綬褒章〔昭和36年〕、勲六等瑞宝章〔昭和37年〕

堂本 漆軒　どうもと・しっけん
漆芸家

[生年月日]明治22年(1889年)11月3日
[没年月日]昭和39年(1964年)7月28日
[出生地]京都府京都市　[本名]堂本五三郎
[団体]日展

富田香漆(幸七)師事。昭和3年第9回帝展に初入選以来、度々入選をつづけ、18年までに文帝展入選8回。戦後は日展に作品を発表し、26年以来出品委嘱、29年審査員、晩年は評議員をつとめた。京都工芸作家協会理事、全日本工芸美術家協会京都支部役員をつとめるなど長老として京都漆芸界の発展に尽力した。
[家族]長男=堂本阿岐羅(日本画家)、弟=堂本印象(日本画家)、堂本四郎(堂本美術館館長)　[親族]甥=堂本尚郎(洋画家)、堂本元次(日本画家)
[受賞]京都美工院展首席賞
[墓所]妙厳院(京都・四条大宮)

道楽　どうらく
陶工

[生没年]生没年不詳
[別名等]名=吉右衛門

楽家3代道入の弟で、若くして放蕩のために家を出て、明暦2年(1656年)和泉国(大阪府)堺で窯を興した。左書きの楽の字を

印形とし、厚手の赤楽を多く焼いた。子がいなかったので京都より弥兵衛を招いて後を継がせ、湊焼(本湊焼)と称したともいわれる。
[家族]兄=楽道入(陶工)

富樫 光成　とがし・こうせい
漆芸家,工芸家

[生年月日]明治17年(1884年)1月4日
[没年月日]昭和42年(1967年)12月23日
[出身地]新潟県村山市　[本名]富樫助蔵
[専門]彫漆,鎌倉彫

明治39年上京、20代目堆朱楊成に師事し漆芸の道に入る。日本漆芸展、帝展、文展、日本伝統工芸展などに出品。文展無鑑査。代表作に「梅文鎌倉彫文庫」などがある。
[師弟]師=堆朱楊成(20代目)

渡嘉敷 貞子　とかしき・さだこ
染色家

[生年月日]明治44年(1911年)2月28日
[没年月日]昭和44年(1969年)1月25日
[出身地]沖縄県那覇市

昭和27年頃から沖縄の伝統的な染色技法である紅型の名人・城間栄喜に入門。28年には師とともに琉球紅型技術保存会会員となり、戦争などで大きな被害を受けた紅型の復興に力を尽くした。また、展覧会などへの出品も盛んに行い、29年からは沖縄タイムス社主宰の沖展を中心に作品を発表。さらに35年紅型研究所を設立し、模様やデザインに工夫を凝らすなど紅型による新しい表現を追求し続けた。41年紅型作家では初となる個展を開催。43年には日本民芸館展奨励賞を受賞した。
[師弟]師=城間栄喜
[受賞]沖縄タイムス賞〔昭和31年〕、日本民芸館展奨励賞〔昭和43年〕

常盤木 隆正　ときわぎ・たかまさ
工芸家

[生年月日]大正7年(1918年)1月25日
[没年月日]平成9年(1997年)4月21日
[出身地]新潟県三条市

富樫光成に師事。日展、伝統工芸新作展、日本現代工芸美術展に入選。また、現代工芸綜合展で受賞歴がある。

徳右衛門　とくえもん
陶工

[生年月日]生年不詳
[没年月日]寛文7年(1667年)
[別名等]姓=中野

もと伊万里の商人で、長崎で中国人に赤絵の技法を学んだあと、肥前有田南河原の酒井田柿右衛門の隣に住み、その作陶を助けた。自らも柿右衛門に劣らぬほどの陶器を製作したが、柿右衛門が彼の窯に砂を散布したために失敗に終わり、それが原因で死亡したと伝えられる。寛文元年(1661年)の伊万里焼に「徳」の字を器底に入れた作品があり、徳右衛門の手になるものといわれるが、作風と年代に疑問があり真贋は定かではない。

徳田 百吉　とくだ・ももきち
陶芸家

[生年月日]明治40年(1907年)11月1日
[没年月日]平成9年(1997年)9月8日
[出身地]石川県小松市　[本名]徳田外次
[別名等]前名=徳田八十吉　[学歴]小松中卒
[資格]石川県指定無形文化財保持者(陶芸)
[専門]九谷焼　[団体]日展

名陶工として広く知られた養父の初代徳田八十吉、安達陶仙、富本憲吉に師事。大正13年、15歳のときに商工省工芸展覧会に初入選するなど早くから才能を発揮し、戦

前、戦後を通じ各種の展覧会に出品、受賞を重ねた。昭和31年2代目八十吉を襲名。独自の金襴手技法を創出、上絵付技法に新しい世界を開いた、現代九谷焼を代表する名手。石川県指定無形文化財、九谷焼技術保存会会長を務めた。平成元年11月徳田百吉に改名。
[家族]養父=徳田八十吉(1代目)、長男=徳田八十吉(3代目)
[師弟]師=徳田八十吉(1代目)、安達陶仙、富本憲吉
[受賞]日展北斗賞〔昭和29年〕「銀杏飾皿」、小松市文化賞、北国文化賞
[叙勲]勲四等瑞宝章

徳田 八十吉(1代目) とくだ・やそきち
陶芸家

[生年月日]明治6年(1873年)2月20日
[没年月日]昭和31年(1956年)2月20日
[出生地]石川県小松市 [旧姓名]二木 [資格]無形文化財保持者(九谷焼)〔昭和28年〕
[専門]九谷焼

少年時、家業の染色業を手伝いながら、荒木探令に日本画を学んだ。義姉の嫁ぎ先の松雲堂松本左平に師事、九谷焼絵付を5年間修業。古九谷、吉田屋窯をめざして釉薬の研究を続け、深厚釉という新しい色調を出すのに成功。明治30年から各種美術展でたびたび受賞。大正～昭和にかけ、宮中、各宮家への献上品など、九谷を代表する陶芸作家となった。昭和28年無形文化財保持者。
[家族]養子=徳田百吉(2代目八十吉)、孫=徳田八十吉(3代目)
[受賞]北国文化賞〔昭和28年〕

徳田 八十吉(3代目) とくだ・やそきち
陶芸家 石川県陶芸協会会長

[生年月日]昭和8年(1933年)9月14日
[没年月日]平成21年(2009年)8月26日
[出生地]石川県小松市 [本名]徳田正彦
[学歴]金沢美術工芸短期大学(現・金沢美術工芸大学)〔昭和29年〕中退 [資格]石川県指定無形文化財保持者(九谷焼)〔昭和61年〕、重要無形文化財保持者(彩釉磁器)〔平成9年〕 [専門]九谷焼、彩釉磁器 [団体]日本工芸会、一水会

祖父は九谷焼の陶工・初代徳田八十吉で、2代目八十吉(徳田百吉)の長男。昭和29年金沢美術工芸短期大学(現・金沢美術工芸大学)を中退、家業に就き、父の仕事を手伝い、祖父から九谷焼の上絵釉薬の調合法や絵付けを教わった。46年日本伝統工芸展に「彩釉鉢」を初出品、NHK会長賞を受賞。47年日本工芸会正会員。52年「耀彩鉢」で日本伝統工芸展日本工芸会総裁賞。九谷焼は同時代の絵画に大きな影響を受けてきたという考えから、戦後の抽象絵画に着目。絵付を主体とする九谷焼の世界を脱して色釉による抽象表現に活路を見いだした。伝統的な九谷五彩のうち、赤を除いた黄・紺青・緑・紫の4色を基調に100色以上を作り出し、幻想的に輝き、しかも深く澄んだ微妙な色の濃淡で表現する独特の様式「耀彩」を創造した。61年石川県指定無形文化財保持者。63年3代目八十吉を襲名。平成9年人間国宝に認定された。
[家族]父=徳田百吉、祖父=徳田八十吉(1代目)
[師弟]師=徳田八十吉(1代目)、徳田百吉
[受賞]北国文化賞〔昭和60年〕、藤原啓記念賞(第3回)〔昭和63年〕、小松市文化賞〔平成2年〕、外務大臣表彰〔平成3年〕、小松市名誉市民〔平成9年〕、MOA岡田茂吉賞(第10回)〔平成9年〕、朝日陶芸展優秀賞

〔昭和45年〕,日本伝統工芸展NHK会長賞〔昭和46年〕「彩釉鉢」,日本伝統工芸展日本工芸会総裁賞〔昭和52年〕「耀彩鉢」,日本伝統工芸展保持者選賞〔昭和61年〕,日本陶芸展最優秀作品賞・秩父宮賜杯(第11回)〔平成3年〕「耀彩鉢 創生」
［叙勲］紫綬褒章〔平成5年〕

徳見 知敬 とくみ・ともたか
陶画師

［生年月日］嘉永6年(1853年)
［没年月日］大正11年(1922年)2月25日
［出生地］肥前国小城(佐賀県)　［別名等］号＝荻村,英南

小城藩校などに学び,明治5年有田に移住。納富介次郎に陶画、南画を師事し,宮内省御用品などに絵付した。21年起産社を創業、32年には有田徒弟学校教諭となり,図案及び陶画を教えた。

徳山 嘉明 とくやま・よしあき
漆芸家

［没年月日］昭和58年(1983年)10月25日
［出身地］石川県金沢市　［専門］加賀蒔絵

戦前、戦中は文展(現在の日展)に連続入選。戦後は"華美に流れている"と漆芸界のあり方を批判、反骨の蒔絵師として知られた。

徳力 牧之助 とくりき・まきのすけ
陶芸家

［生年月日］明治43年(1910年)
［没年月日］昭和61年(1986年)2月15日
［出生地］京都府京都市　［学歴］京都市立美術工芸学校彫刻科〔昭和2年〕卒,東京美術学校(現・東京芸術大学)塑像科〔昭和4年〕中退　［団体］新匠工芸会

初め彫刻を学ぶが、のち兄の孫三郎とともに富本憲吉を中心とした新匠美術工芸会に参加し、以後、新匠会で活躍した。
［家族］兄＝徳力富吉郎(版画家),徳力孫三郎(陶芸家)
［受賞］国展国画奨学賞(第10回)〔昭和10年〕

徳力 孫三郎 とくりき・まごさぶろう
陶芸家

［生年月日］明治41年(1908年)
［没年月日］平成7年(1995年)7月11日
［出生地］京都府京都市　［学歴］京都府立京都第二中学校〔大正15年〕卒　［団体］新匠工芸会

河村蜻山に師事し、蒼玄会に入会。昭和11年から終戦まで国画会への出品を続けるなど、戦争中も制作活動に打ち込む。戦後の昭和22年富本憲吉らと新匠工美術工芸会を創立、以後同会展に毎年出品。15年以後は専ら作家自身の考案になる釉彩陶器を制作した。
［師弟］師＝河村蜻山
［受賞］京都市文化功労者〔昭和57年〕,国展国画奨学賞(第14回)〔昭和14年〕,現代日本陶芸展朝日賞(第1回)〔昭和27年〕,新匠会展稲垣賞(第29回)〔昭和49年〕

戸沢 弁司 とざわ・べんじ
陶工

［生年月日］文政11年(1828年)
［没年月日］明治32年(1899年)
［出生地］江戸芝土橋辺(東京都)　［本名］戸沢弁次郎

18歳のとき京都に出て修業、備前焼、薩摩焼も伝習。明治初年土佐山内侯に招かれ江戸向島で薩摩焼をはじめ、のち浅草今戸辺で彫塑品を製したが、開港後は輸出向けのものを手掛ける。明治9年ドイツ人アーレ

ンスに雇われ、10年より起立商工会社の誂品も制作。内外博覧会で賞牌を受けた。

利岡 光仙(1代目) としおか・こうせん
陶工

[生年月日] 慶応2年(1866年)
[没年月日] 昭和10年(1935年)
[出生地] 加賀国能美郡八幡村(石川県) [本名] 利岡新次 [別名等] 号＝興山、光山 [専門] 九谷焼

兄は明治期の九谷焼で上質な素地を制作したことで知られる初代松原新助。兄について陶磁器の世界に入り、納富介次郎に師事。明治22年素地窯を新設し、松本佐平と輸出向けの置物類を制作した。大正9年金沢市に窯を築いた。
[家族] 兄＝松原新助(1代目)
[師弟] 師＝納富介次郎

利岡 光仙(3代目) としおか・こうせん
陶芸家　金沢九谷焼工業協同組合理事長

[生年月日] 明治31年(1898年)2月4日
[没年月日] 昭和61年(1986年)12月11日
[出身地] 石川県小松市 [専門] 九谷焼

金沢市で光仙窯を経営、轆轤の名手として知られた。金沢九谷焼工業協同組合の初代理事長も務めた。

俊長 としなが
刀工

[生没年] 生没年不詳
[出身地] 近江国(滋賀県) [別名等] 別名＝甘呂俊長

鎌倉時代後期・南北朝時代の近江国蒲生郡の刀工。正宗の系統に属する高木貞宗の門人と伝えられるが確証はない。作風は大和伝の特色がうかがえる。銘は江州甘呂俊

長。作品は、短刀(重要文化財)と太刀(重要美術品)がある。

戸島 一彦 とじま・かずひこ
陶芸家

[没年月日] 平成16年(2004年)12月6日
[出生地] 愛知県名古屋市

29歳から美濃焼の吉田喜彦の下で3年間修業して独立。福井、群馬での作陶を経て、富山県氷見に吉懸窯を開いた。同じく陶芸家の妻と釉薬作りや50時間にわたって薪をくべ続ける窯たきまで全ての行程を2人で行い、素焼きをせずに本焼きだけを行う手法をとった。
[家族] 妻＝勇永美和子(陶芸家)

戸田 柳造 とだ・りゅうぞう
陶工

[生年月日] 文化5年(1808年)
[没年月日] 慶応1年(1865年)
[出身地] 尾張国(愛知県) [専門] 渋草焼

尾張国春日部郡品野村(瀬戸市)に出て陶工となる。天保13年(1842年)美濃国高山郡大名田村(岐阜県高山市)渋草に開窯。赤絵、青華磁などを制作し、「飛騨九谷」の名を得て渋草焼の創始者となった。
[墓所] 玄興寺(岐阜県高山市)、高山市渋草町戸田家裏山

百々 玉翁 どど・ぎょくおう
蒔絵師

[生年月日] 生年不詳
[没年月日] 天保11年(1840年)
[別名等] 通称＝新蔵

祖父は蒔絵の名工として知られた百々玉泉。父の後を継いで蒔絵に従事し、19歳で加賀藩主・前田家の調達品に蒔絵を施して名声を博した。仙洞御所や肥前藩主・鍋

島家の調度品も手がけたという。51歳で江戸に上り、徳川家より裏葵紋付の衣を拝領した。
[家族]父＝百々玉善（蒔絵師），祖父＝百々玉泉（蒔絵師）

百々 玉泉　どど・ぎょくせん
蒔絵師

[生年月日]生年不詳
[没年月日]安永4年（1775年）3月19日
[別名等]通称＝善次郎
祖先は近江彦根藩士といい、祖父の代より蒔絵師を営み、名工として知られた。北村養軒につき、茶道をよくしたという。
[家族]子＝百々玉善（蒔絵師），孫＝百々玉翁（蒔絵師）

鳥羽 鐐一　とば・りょういち
工芸家　鳥羽漆芸代表

[生年月日]昭和6年（1931年）11月18日
[没年月日]平成16年（2004年）12月14日
[出生地]静岡県　[学歴]静岡市立高卒　[資格]静岡県指定無形文化財保持者（金剛石目塗）　[専門]金剛石目塗
父が生み出した金剛石目塗を受け継ぎ、その名を確立させた。静岡漆器工業協同組合理事長も務めた。
[受賞]伝統文化ポーラ賞（地域賞，第20回）〔平成12年〕
[叙勲]黄綬褒章〔平成16年〕

戸畑 恵　とばた・めぐみ
人形師

[生年月日]明治43年（1910年）11月25日
[没年月日]平成6年（1994年）6月30日
[出生地]福岡県福岡市簀子町　[別名等]作家名＝戸畑茂四郎　[学歴]福岡市立男子高小〔大正14年〕卒　[専門]博多人形

高小卒業後、16歳で内山定雄に入門し、博多人形を修業。のち一木八右衛門に師事し、昭和8年独立。45年第21回新作博多人形展で通商産業大臣賞を受賞。51年伝統工芸士に認定され、福岡県優秀技能者として福岡県知事より表彰を受けた。
[受賞]現代の名工〔平成4年〕
[叙勲]勲七等青色桐葉章〔昭和60年〕

土肥 刀泉　どひ・とうせん
陶芸家

[生年月日]明治32年（1899年）3月31日
[没年月日]昭和54年（1979年）6月23日
[出生地]千葉県印旛郡公津村八代　[本名]土肥卓　[学歴]成田中〔大正6年〕卒
大正8年頃より陶器の試作を始める。昭和2年東陶会創立に参加して会員となり、帝展、文展に出品。戦後は日展に出品を続けた。25年日展に「釉彩花瓶」を委嘱出品、30年審査員を務め「仙果文手付花瓶」を出品、33年会員、39年評議員を経て、49年参与となった。日展出品作は他に「釉彩手付花瓶」「琅瓷釉彩花瓶」など。
[家族]娘＝土肥紅絵（陶芸家），女婿＝土肥満（陶芸家）
[叙勲]勲四等瑞宝章〔昭和47年〕

富木 伊助　とみき・いすけ
鍛工

[生年月日]天保6年（1835年）
[没年月日]明治27年（1894年）7月
[出身地]加賀国金沢（石川県）　[別名等]号＝宗頼
鍛冶を業とし、とくに鐔を得意とした。また明珍式の錬鉄細工に長じ、花鳥虫魚の置物が得意。老後は庸軒流の華道を教えた。

富木 庄兵衛　とみき・しょうべえ
工芸家

[生没年]生没年不詳
[専門]七宝焼

明治後半に活躍した名古屋の七宝焼の名工。明治15年開業し、26年シカゴ万博に出品。以降、28年第4回内国勧業博覧会、33年パリ万博、36年第5回内国勧業博覧会、37年セントルイス万博、38年リエージュ万博などに出品、数多く受賞した。

富田 幸七　とみた・こうしち
蒔絵師

[生年月日]安政1年(1854年)2月2日
[没年月日]明治43年(1910年)3月17日
[出身地]京都府　[旧姓名]奥村光一

漢学を富岡鉄斎、国学を猪熊夏樹に学び、文久3年(1863年)より蒔絵を山本利兵衛に師事した。絵画意匠は岸光景に師事。明治32年京都漆工商工組合副組長、34年京都美術工芸学校教諭。37年金閣寺の修理に際して漆工工事の監督を務めた。この間、第4回・5回の内国勧業博覧会や、33年パリ万博、34年グラスゴー万博、37年セントルイス万博などに出品。42年京都漆器奨励会の設立に参加した。
[師弟]師＝山本利兵衛, 岸光景

富永 源六　とみなが・げんろく
陶芸家　佐賀県議

[生年月日]安政6年(1859年)2月7日
[没年月日]大正9年(1920年)2月5日

嬉野村内野山の磁器を明治28年に振興。染付、上絵付を出し、源六焼と称された。32年佐賀県議。

富本 憲吉　とみもと・けんきち
陶芸家　京都市立美術大学教授

[生年月日]明治19年(1886年)6月5日
[没年月日]昭和38年(1963年)6月8日
[出生地]奈良県生駒郡安堵村　[学歴]東京美術学校(現・東京芸術大学)図案科〔明治42年〕卒　[資格]重要無形文化財保持者(色絵磁器)〔昭和30年〕　[専門]色絵磁器

奈良県安堵村の旧家に生まれ、10歳で家督を継ぐ。明治41年ロンドンに留学、43年帰国、バーナード・リーチに会う。大正2年頃から作陶と研究の生活に入り、4年安堵に本窯完成、初窯を焚く。15年柳宗悦らの来訪を受け、日本民芸美術館設立書に連署する。昭和2年国画会会員となり工芸部を創設。東京に移住。3年祖師谷の初窯に成功。5年東京で「富本憲吉作陶展」を開き安価品を特売。6年ロンドンでリーチと合同展を開く。11年九谷で色絵磁器の研究と制作を始め、16～17年頃代表的な作品を多く制作し、四弁花連続模様を完成した。19年母校の東京美術学校教授。戦後、21年芸術院会員を辞し京都に移り、22年新匠美術工芸会(現・新匠工芸会)を結成。25年より京都市立美術大学教授。平安窯銘で日常食器の頒布会を始める。色絵磁器の名人で、色絵、白磁に独創的なデザインを創作。古九谷陶器の現代化など近代的技法を開発研究し、26年には金銀の同時焼き付けに成功した。30年重要無形文化財保持者(人間国宝)に認定される。36年文化勲章受章。代表作に「赤地金銀彩羊歯模様蓋付飾壺」(28年)、「色絵金銀彩羊歯模様八角飾箱」(34年)、「色絵金彩羊歯模様飾壺」(35年)など。
[家族]妻＝富本一枝(婦人運動家), 二女＝富本陶(ピアニスト)
[叙勲]文化勲章〔昭和36年〕
[墓所]円通院(奈良県安堵町)[記念館]富本憲吉記念館(奈良県安堵町)

友田 安清 ともだ・やすきよ
陶業家　兵庫県出石郡立陶器試験所所長, 日本硬質陶器技師長

[生年月日] 文久2年（1862年）
[没年月日] 大正7年（1918年）7月
[出生地] 加賀国金沢（石川県）　[旧姓名] 木村　[別名等] 号＝九径

金沢藩士・木村畋の長男に生まれ、9歳で伯父・友田運蔵の養嗣子となる。絵画を幸野楳嶺・岸竹堂・池田九華に学び、陶画を内海吉造・岩波玉山に習い、九径または九渓と号す。明治15年納富介次郎に製陶著画の新法・西洋式顔料着画法を習い、18年ドイツ人化学者・ワグネルに製陶法と顔料調整法を、20年中沢岩太に化学を学ぶ。22年石川県立工業学校教諭を経て、24年陶磁器工場・友田組を金沢に起こす。傍ら、洋式顔料の製造を始め弟・吉村又男と共営。32年兵庫県出石郡立陶磁器試験所長として招かれ7年間務める。39年金沢に林屋組を創立、のち日本硬質陶器と改称し、41年以来技師長を務めた。

朝忠 ともただ
刀工

[生没年] 生没年不詳
[出身地] 美作国（岡山県）

鎌倉時代前期の承元年間（1207〜1211年）頃に活躍した刀工。承元2年後鳥羽天皇の命による番鍛冶24人の一人に選ばれ、10月を同じく美作の実経と受け持った名工。

友成 ともなり
刀工

[生没年] 生没年不詳

平安末期の刀工。備前国で活躍し、いわゆる古備前の刀工を代表する名工として知られる。永延年間の人とする説もあるが、嘉禎年間の年紀銘を持つ太刀があることから、代を重ねていたか、同銘が考えられる。御物の太刀「鶯丸」や厳島神社所蔵・個人蔵の国宝がある他、重要文化財に指定された太刀もある。

倫光 ともみつ
刀工

[生没年] 生没年不詳
[出身地] 備前国邑久郡長船（岡山県）

備前国長船の刀工で、貞治年間から応安年間にかけて活躍した。兼光の弟子で、弟ともいう。日光市の二荒山神社所蔵の大太刀が国宝になっている他、重要文化財に指定されている太刀や短刀もある。

豊川 光長（2代目） とよかわ・みつなが
彫金家

[生年月日] 嘉永4年（1851年）1月11日
[没年月日] 大正12年（1923年）9月1日
[旧姓名] 斎藤

15歳のとき初代豊川光長の門に入り、のち養嗣となる。宮内省御用品を多数製作。

豊田 勝秋 とよだ・かつあき
鋳金家　東京高等工芸学校教授

[生年月日] 明治30年（1897年）9月24日
[没年月日] 昭和47年（1972年）4月22日
[出生地] 福岡県久留米市　[学歴] 東京美術学校（現・東京芸術大学）鋳造科〔大正9年〕卒, 東京美術学校研究科〔大正12年〕修了

東京美術学校で津田信夫らに師事。同校研究科修了後、大正13年東京高等工芸学校（現・千葉大学）助教授となり、昭和13年教授。のち鹿児島女子短期大学、29年佐賀大学各教授を務めた。この間、大正15年工芸団体・无型（むけい）を、昭和9年実在工芸美術会を高村豊周らと結成し精力的に活動する。

2年第8回帝展に第4部美術工芸が設けられ、「鋳銅花盛」を出品、6年「鋳銅花挿」が帝展特選、以来帝展、新文展、日展に出品。その後、帝展審査員、日展会員を務める傍ら、地元の美術振興にも力を注いだ。
[家族]息子＝豊田勝業（美術収集家）
[師弟]師＝津田信夫
[受賞]西日本文化賞〔昭和44年〕，帝展特選〔第12回・14回，昭6年度・8年度〕「鋳銅花挿」「鋳銅広間用四方花挿」

鳥巣 水子　とりす・みずこ
染織作家

[生年月日]大正14年（1925年）
[没年月日]平成16年（2004年）12月29日
[出生地]長崎県福江市　[学歴]東京府立第五高女〔昭和18年〕卒，津田塾専門学校（現・津田塾大学）英文科〔昭和21年〕卒　[専門]花織，花倉織，花絽織　[団体]日本工芸会
子どもが大学を卒業した後、自宅で開いていた英語塾をやめて織物の勉強を始める。沖縄の伝統的な染織技法に惹かれ、昭和49年福岡市美術展に初出品した花織作品で市長賞を受賞。58年花倉織着物「黒潮」で日本伝統工芸展NHK会長賞を受賞。著書に「私の花織・花絽織」。
[受賞]福岡市美術展市長賞〔昭和49年〕，日本伝統工芸展NHK会長賞〔昭和58年〕「黒潮」
[叙勲]紫綬褒章〔平成3年〕，勲四等宝冠章〔平成11年〕

【な】

内藤 四郎　ないとう・しろう
彫金家　東京芸術大学名誉教授

[生年月日]明治40年（1907年）3月14日
[没年月日]昭和63年（1988年）1月12日
[出生地]東京市四谷区（東京都）　[学歴]東京美術学校（現・東京芸術大学）金工科〔昭和6年〕卒，東京美術学校研究科〔昭和9年〕修了　[資格]重要無形文化財保持者（彫金）〔昭和53年〕

清水南山（亀蔵）、海野清、深瀬嘉臣らに師事。昭和4年帝展初入選。16年国画会工芸部会員となり、第16回展から出品。18年国立工芸技術講習所（のち東京美術学校工芸技術講習所）助教授に就任。22年新匠美術工芸会（現・新匠工芸会）会員、28年生活工芸集団に参加、生活工芸展出品。31年URジュウリー協会設立員、日本デザイナー・クラフトマン協会会員となりクラフト展に出品。35～49年東京芸術大学教授を務めた。この間、36年日本工芸会会員となり、日本伝統工芸展に出品、41年日本工芸会副理事長。49年永青文庫理事。また38年、45年と正倉院宝物金工品等の調査を行い、51年「正倉院の金工」を執筆。43年皇居新宮殿建築金具を制作した。53年人間国宝認定。無骨にも見える"蹴彫"を特徴とし、石材を埋め込むなど、自由な発想で力強い作品を制作した。代表作に「柳文銀壺」「金銀山水文皿」「波文銀扁壺」など。
[家族]長男＝内藤五琅（日本画家），二男＝内藤六郎（陶芸家）
[師弟]師＝清水南山，海野清，深瀬嘉臣
[叙勲]勲三等旭日中綬章〔昭和53年〕

内藤 春治　ないとう・はるじ
鋳金家　東京芸術大学名誉教授

[生年月日]明治28年（1895年）4月1日
[没年月日]昭和54年（1979年）5月23日
[出生地]岩手県盛岡市　[学歴]東京美術学校（現・東京芸術大学）鋳造科〔大正14年〕卒，東京美術学校研究科〔昭和3年〕卒　[団体]全日本工芸美術協会，日本鋳金家協会

有坂安太郎、松橋宗明に師事。大正3年南部鋳金研究所に入所。8年上京し、香取秀真に師事。14年法壺会(昭和3年凹凸に改称、7年解散)、大正15年工芸団体・无型(むけい)、昭和10年実在工芸美術会結成に参加。4年帝展特選となり、以後も新文展、日展に出品。この間、19年東京美術学校教授、37年東京芸術大学名誉教授。日展参与、日本鋳金作家協会副会長もつとめた。
[師弟]師=有坂安太郎、松橋宗明、香取秀真
[受賞]日本芸術院賞〔昭和29年〕「青銅花瓶」、帝展特選(第10回)〔昭和4年〕「花挿のある照明装置」

直胤 なおたね
刀工

[生年月日]安永8年(1779年)
[没年月日]安政4年(1857年)
[出生地]出羽国山形(山形県)　[本名]庄司
[別名等]通称=箕兵衛、号=大慶

寛政年間の終わり頃に上京して水心子正秀に弟子入り、享和年間から安政年間にかけて活躍した。文政5年(1822年)前後に筑前大掾、嘉永5年(1852年)頃に美濃介を受領した。各地を遍歴して作刀した。

仲 伊市 なか・いいち
竹工芸家

[没年月日]平成12年(2000年)9月4日
[出身地]兵庫県西宮市

兵庫県に江戸時代から伝わる竹細工"有馬かご"の技法の一つで、薄くそいだ竹を花模様に編み上げる"花刺し"の唯一の継承者だった。
[受賞]伝統的工芸品産業功労者表彰〔昭和53年〕

中 武久 なか・たけひさ
人形作家、郷土史家

[生年月日]昭和19年(1944年)
[没年月日]平成10年(1998年)
[出生地]鹿児島県徳之島

中卒後、瀬戸市の陶磁器貿易会社に入社、陶人形の妖艶さにひかれ、昭和48年独立。陶器にガラス文様をつける技術を開発するなど、幻想的センスで新境地を開く。フランスでパフォーマンスを行ったこともあった。一方、民俗学にテーマを求め、47年より鹿児島県・奄美の徳之島で南島文化の研究調査を行う。「アサヒグラフ」「平凡パンチ」「新日本文学」、「徳州新聞」「中日新聞」「中部経済新聞」などで論文・論説を多数執筆。著書に「邪馬台国資料総覧」「徳之島にあった古代王国」など。

中 儀延 なか・よしのぶ
染色家

[生年月日]明治28年(1895年)2月6日
[没年月日]昭和56年(1981年)7月7日
[出生地]石川県金沢市川原町　[学歴]石川県立工業学校卒　[資格]石川県指定無形文化財保持者(加賀小紋)〔昭和53年〕　[専門]加賀小紋　[団体]日本工芸会

石川県立工業学校を卒業後、加賀小紋の修業を積む。昭和38年日本伝統工芸展に入選。43年日本工芸会正会員。加賀小紋の第一人者で、中でも鮫小紋染の技術に優れた。53年加賀小紋の石川県指定無形文化財保持者に認定された。
[受賞]金沢文化賞、北国文化賞、日本伝統工芸展会長賞(第19回)〔昭和47年〕
[叙勲]勲五等双光旭日章

中内 節　なかうち・みさお
伊賀組みひも作家

［没年月日］平成6年（1994年）10月13日
［団体］日本工芸会
伊賀地方の伝統工芸の伊賀組みひも作家。一方、昭和44年名張市観阿弥顕彰会結成以来会長を務め、創座の地の碑建立や、観阿弥祭の開催などの活動を続ける。
［家族］長男＝中内中（組みひも作家）
［受賞］名張市功労者表彰〔昭和59年〕、三重県平成文化賞〔平成3年〕
［叙勲］勲五等瑞宝章〔昭和62年〕

中尾 宗言　なかお・そうげん
表具師, 茶人

［生没年］生没年不詳
京都で江戸時代中期に表具師を家業とした。足利義政が珠光に与えた「珠光庵主」の額を所持していたといわれる。

中尾 米吉　なかお・よねきち
陶工

［生年月日］天保9年（1838年）
［没年月日］明治29年（1896年）6月
［出身地］肥前国杵島郡（佐賀県）　［専門］二川焼
もと肥前杵島郡弓野焼の工人。西南戦争後、筑後三池郡の二川焼を再興した。

中大路 茂永　なかおおじ・しげなが
蒔絵師

［生没年］生没年不詳
蒔絵師・中大路茂房の弟。兄の業を継承して多くの印籠を製作。写生的な作風で、横山華山や円山派の画家に下絵を描かせた作品は巧妙な出来に定評があった。孝明天皇の即位に際して調度品の製作にあたった。

中大路 茂房　なかおおじ・しげふさ
蒔絵師

［没年月日］天保1年（1830年）
賀茂別雷神社の社家から出て京都元誓願寺堀川西に居住し、精巧で写生的な趣がある印籠を数多く製作した。弟である中大路茂永も兄と同様に印籠を手掛けた。

長岡 住右衛門（1代目）　ながおか・すみえもん
陶工

［生年月日］宝暦7年（1757年）
［没年月日］文政12年（1829年）8月10日
［別名等］別名＝長岡住右衛門貞政　［専門］楽山焼
土器師与之助の下で修業中に認められ、出雲松絵藩主・松平治郷（不昧）の命によって享和元年（1801年）再興楽山焼5代目を継承。以後、楽山焼の中興として茶器を作り、文化13年（1816年）には江戸・大崎の松江藩別邸にも開窯。茶入れ、水指、朝鮮茶碗、茂山茶碗などを製作した。
［家族］養子＝長岡住右衛門（2代目）

長岡 住右衛門（2代目）　ながおか・すみえもん
陶工

［生年月日］生年不詳
［没年月日］安政6年（1859年）6月22日
［別名等］号＝空斎, 長岡住右衛門空斎　［専門］楽山焼
土屋善四郎政芳の二男に生まれる。藩命により初代長岡住右衛門の養子となり、2代目住右衛門を継ぐ。文政4年（1821年）肥前で上絵付けを学び、楽山窯に色絵ものが作られるようになる。轆轤技ののびやかで杉形の茶碗を多く手掛け、海老茶碗、秋草茶碗、春草茶碗などを得意とした。

[家族]養父＝長岡住右衛門（1代目）

長岡 住右衛門（3代目） ながおか・すみえもん
陶工

[没年月日]明治26年（1893年）11月17日
[別名等]号＝長岡空入　[専門]楽山焼
楽山焼7代を継ぎ、出雲松江藩主・松平定安の命で嘉永7年（1854年）と元治2年（1865年）に諸大名への進物用の陶器をつくった。
[家族]息子＝長岡住右衛門（4代目），孫＝長岡住右衛門（5代目）

長岡 住右衛門（4代目） ながおか・すみえもん
陶工

[没年月日]明治12年（1879年）3月26日
[別名等]初名＝庄之助　[専門]楽山焼
明治7年家業を継ぎ、10年内国勧業博覧会で賞牌を受ける。早世したため楽山焼の名跡は継がなかった。
[家族]息子＝長岡住右衛門（5代目），父＝長岡住右衛門（3代目）

長岡 住右衛門（5代目） ながおか・すみえもん
陶芸家

[生年月日]明治6年（1873年）
[没年月日]昭和35年（1960年）4月21日
[別名等]通称＝国、号＝長岡空味　[専門]楽山焼
明治12年父が早世したため楽山焼8代を継ぐ。26年祖父の死後に作陶を始め、名人を謳われた。
[家族]父＝長岡住右衛門（4代目），祖父＝長岡住右衛門（3代目）

中川 伊作 なかがわ・いさく
陶芸家

[生年月日]明治32年（1899年）
[没年月日]平成12年（2000年）1月2日
[出身地]京都府京都市　[本名]西伊三郎
[学歴]京都市立絵画専門学校卒
専門学校を卒業後、日本創作版画協会員として活躍。版画創作に優れた業績を残すが、沖縄に伝わる南蛮焼の美しさを発見し、蒐集・試作に打ち込む。著作「南蛮雅陶」も出版。昭和35年より渡米、美術学校の客員教授として版画を教え、各大学で東洋美術を講ずる。昭和48年帰国、復帰直後の沖縄に移住。49年知花に登窯を築き、以来、南蛮焼一筋に作陶を続けた。
[家族]長男＝西真（嵯峨美術短期大学教授）

永川 勝治 ながかわ・かつじ
染色家

[生年月日]明治30年（1897年）11月28日
[没年月日]没年不詳
[専門]京鹿の子絞
大正8年学校卒業後、家業の絞り染分け業に従事、昭和51年伝統工芸士に認定された。京都府伝統産業優秀技術者として京都府知事表彰を受けた。
[叙勲]勲七等青色桐葉章

中川 耕山 なかがわ・こうざん
銅版彫刻家

[生年月日]嘉永3年（1850年）
[没年月日]明治32年（1899年）8月18日
[出生地]越後国柏崎（新潟県）　[別名等]通称＝長次郎、別号＝耕刀軒良孝
江戸で装剣金工の竜眼斎寿良に学んだのち、梅村翠山に銅版術を学び、内田正雄の「輿地誌略」の挿絵を制作。明治7年渡米、

石版術を学び、梅村と銅石版彫刻会社を設立した。

中川 紹益（1代目） なかがわ・じょうえき
金物師

[生年月日]永禄2年（1559年）
[没年月日]元和8年（1622年）
[出生地]越後国高田（新潟県）　[別名等]通称＝与十郎, 名＝紹高, 別名＝道銅紹益

初め武具工であったが、天正年間（1573〜91年）京都に移って千家に出入りするようになり、天正16年（1588年）千利休の求めに応じて湯沸"利休薬鑵"を製作。これをきっかけに、鋳金工として主に茶道具の銅鉄器製作で名を成し、千家十職の一家に数えられるようになった。

中川 浄益（6代目） なかがわ・じょうえき
金物師　千家十職・中川家10代目

[生年月日]明和3年（1766年）
[没年月日]天保4年（1833年）
[別名等]名＝頼方, 号＝宗清

茶道の千家十職の一つで金物師である5代目中川浄益の長男。表千家8代目啐啄斎の勘気を被って出入りを禁じられたが、9代目了々斎の代に許され、家業を発展させた。また、宗清の名で茶人としても知られた。
[家族]長男＝中川浄益（7代目）, 父＝中川浄益（5代目）

中川 浄益（7代目） なかがわ・じょうえき
金物師　千家十職・中川家7代目

[生年月日]寛政8年（1796年）
[没年月日]安政6年（1859年）
[別名等]名＝頼実

中川家6代浄益の長男。砂張打物の名人と伝えられる。父の時代に起こった天明の大火（1788年）で伝来の古文書などを焼失したことから、「藤原中川系図」を記して先祖代々の石塔を新調するなど、家系の温存に尽力した。"いがみ浄益"と呼ばれた。
[家族]父＝中川浄益（6代目）

中川 浄益（10代目） なかがわ・じょうえき
金物師　千家十職・中川家10代目

[生年月日]明治13年（1880年）
[没年月日]昭和15年（1940年）5月17日
[出生地]越後国高田（新潟県）　[本名]中川淳三郎　[別名等]法名＝紹心, 別号＝鎚鋳軒

千家十職の一つで、金属工芸の茶道具を製作し、近代の名工といわれた。

中川 浄益（11代目） なかがわ・じょうえき
金物師　千家十職・中川家11代目

[生年月日]大正9年（1920年）
[没年月日]平成20年（2008年）1月15日
[出生地]京都府京都市　[本名]中川源吉
[別名等]法名＝紹真, 筆名＝中川登志　[学歴]京都市立第二工業学校（現・伏見工）金属工芸科〔昭和13年〕卒

千家十職の一つで、金属工芸の茶道具を製作する10代目中川浄益の長男に生まれる。昭和15年の先代の死去に伴い、16年11代目を襲名。青年時代は茶道や写真に熱中した。40年大津市の皇子山のふもとに移り住んだ。
[家族]父＝中川浄益（10代目）

中川 哲哉 なかがわ・てっさい
漆芸家

[生年月日]明治30年（1897年）2月17日

[没年月日] 昭和51年 (1976年) 12月31日
[出生地] 山形県天童市　[本名] 中川晋弥
[専門] 乾漆

大正元年漆芸の修業のため郷里・山形を出、京都の中村宗哲、東京の六角紫水らを訪問。8年独立、13年第11回農商務省工芸展に入選。昭和2年帝展に出品した「乾漆盆」が宮内省買い上げとなった。乾漆技術を研究して独自の技法を生み出し、生涯にわたって乾漆の制作を続けた。

中川 二作　なかがわ・にさく
陶画工

[生年月日] 嘉永3年 (1850年)
[没年月日] 明治39年 (1906年)
[出生地] 加賀国能美郡長野村 (石川県)　[専門] 九谷焼

文久3年 (1863年) より寺井の庄三について陶画を修め、明治3年開業。33年賞勲局より銀盃下賜。

長倉 三朗　ながくら・さぶろう
陶芸家　高山市立飛騨民俗館名誉館長

[生年月日] 明治44年 (1911年) 11月2日
[没年月日] 平成9年 (1997年) 2月15日
[出生地] 岐阜県高山市　[学歴] 斐太中中退

昭和20年故郷・高山市に帰り、寛永、天保期に操業した小糸焼を復活、陶業に従事。34年市立飛騨民俗館の設立に参画し、のち「飛騨の里」の建設に尽力。著書に「高山祭屋台雑考」「飛騨のやきもの」「日本の民俗—岐阜」など。

中里 末太郎　なかざと・すえたろう
陶芸家　長崎県陶芸協会会長

[生年月日] 明治30年 (1897年) 1月26日
[没年月日] 平成3年 (1991年) 7月23日
[出身地] 長崎県　[別名等] 号＝陽山　[学歴] 有田工卒　[資格] 長崎県無形文化財保持者〔昭和49年〕

江戸時代以来の長崎県の三川内焼薄手白磁技法の伝統技術を継承し、保存伝承者として保存と発展に尽力した。昭和47年県陶芸協会を設立。49年県無形文化財保持者となった。

中里 太郎右衛門(1代目)　なかざと・たろうえもん
陶工

[生没年] 生没年不詳
[別名等] 名＝又七　[専門] 唐津焼

朝鮮半島から渡来し、福本弥作、大島彦右衛門 (尹角清) とともに、慶長年間 (1596～1615年) 初期に肥前国大川野組田代村 (伊万里市) に開窯。慶長10年 (1605年) ごろ川原村 (伊万里市) に、元和元年 (1615年) ごろ椎の峯 (伊万里市) に移り、唐津藩 (佐賀県) の御用陶工となった。子孫は代々藩の御用を務め、明治4年の廃藩置県後は民窯として茶陶の伝統を受け継いでいる。

中里 逢庵　なかざと・ほうあん
陶芸家　中里太郎右衛門陶房代表取締役

[生年月日] 大正12年 (1923年) 5月31日
[没年月日] 平成21年 (2009年) 3月12日
[出生地] 佐賀県唐津市　[本名] 中里忠夫
[別名等] 前名＝中里太郎右衛門　[学歴] 東京高等工芸学校 (現・千葉大学工学部) 工芸図案科〔昭和18年〕卒　[学位] 学術博士 (京都造形芸術大学)〔平成16年〕　[資格] 佐賀県重要無形文化財保持者〔平成4年〕、日本芸術院会員〔平成19年〕　[専門] 唐津焼
[団体] 日工会、日展

人間国宝・12代目中里太郎右衛門の長男。父祖伝来の御茶碗窯で修業し、昭和26年日展

初入選。33年特選。42年日展会員、60年理事となる。44年13代目中里太郎右衛門を襲名。平成14年京都大徳寺にて得度、名跡を長男・忠寛に譲り、逢庵を名のる。大壺の"叩き"による造形に独自の技法を作りあげ、高い評価を得た。また、古唐津についての著作も多く、研究者としても知られた。11年唐津市文化財審議委員。19年日本芸術院会員。
[家族]父＝中里無庵（12代目中里太郎右衛門・人間国宝）、弟＝中里重利（陶芸家）、中里隆（陶芸家）、長男＝中里太郎右衛門（14代目）
[受賞]日本芸術院賞（第15回）〔昭和59年〕「叩き唐津手付瓶」、日本陶磁協会賞〔昭和36年〕、佐賀県政功労者〔昭和61年〕、唐津市政功労者〔平成7年〕、日展北斗賞〔昭和31年〕、日展特選〔昭和33年〕、日展内閣総理大臣賞〔昭和56年〕
[叙勲]紺綬褒章〔平成9年・11年〕、旭日中綬章〔平成20年〕

中里 無庵 なかざと・むあん
陶芸家

[生年月日]明治28年（1895年）4月11日
[没年月日]昭和60年（1985年）1月5日
[出生地]佐賀県東松浦郡唐津村　[旧姓名]無津呂重雄　[別名等]前名＝中里太郎右衛門　[学歴]有田工業学校別科〔大正3年〕卒
[資格]重要無形文化財保持者（唐津焼）〔昭和51年〕　[専門]唐津焼　[団体]日本工芸会
12歳ごろから陶芸を始め、工業学校卒業と同時に父親に師事して昭和2年に12代太郎右衛門を襲名。佐賀、長崎両県に散在する古唐津の成形技法や焼成法などの研究を重ねて唐津焼独特の"たたき技法"を完成、三百数十年前の古唐津を現代に再現した。この技法伝承が認められ、30年に国の無形文化財に指定されている。37年大阪で初個展開催。40年韓国を訪問。岸岳飯洞甕下窯を参考にし、御茶盌窯の一隅に割竹式の登り窯を築く。42年前年の第13回日本伝統工芸展出品の「叩き黄唐津壺」が文化庁買い上げとなる。44年には長男に13代を襲名させ、自分は京都・大徳寺で得度して無庵と号し、作陶三昧の生活に入った。48年ソウルの国立現代美術館で「中里太郎右衛門父子展」開催。51年人間国宝に認定される。代表作に「叩き黄唐津壺」「彫唐津茶盌　銘白雨」「朝鮮唐津耳付水指」など。
[家族]父＝中里天祐（11代目太郎右衛門）、長男＝中里逢庵（13代目太郎右衛門）、三男＝中里重利（陶芸家）、五男＝中里隆（陶芸家）
[受賞]日本陶磁協会賞（第7回、昭35年度）、佐賀県文化功労者、唐津市市政功労賞〔昭和41年〕、唐津市名誉市民〔昭和53年〕
[叙勲]紫綬褒章〔昭和41年〕、勲四等瑞宝章〔昭和44年〕、紺綬褒章〔昭和52年〕

中里 安吉郎 なかざと・やすきちろう
陶芸家

[没年月日]昭和60年（1985年）9月15日
[別名等]号＝雅介　[資格]佐世保市指定無形文化財保持者（工芸技術）
初代・中里森三郎（陽山）の長男として生まれ、三川内焼の菊細工技術を継承。唯一の菊花彫刻技術保持者として、昭和48年佐世保市指定無形文化財（工芸技術）となった。作品に「白磁菊畑細工三足香炉」などがある。
[家族]父＝中里陽山（1代目）

永沢 永信（3代目） ながさわ・えいしん
陶芸家

[生年月日]明治43年（1910年）
[没年月日]昭和52年（1977年）5月8日
[出身地]兵庫県　[学歴]京都陶磁講習所修了

出石焼再興を果たした祖父信吉に師事し、出石焼3代目を継承。
[家族]子＝永沢永信(4代目)
[受賞]兵庫県文化賞

中島 兼吉　なかじま・かねきち
鋳物師　東京砲兵工廠技師

[生年月日]文政12年(1829年)
[没年月日]明治42年(1909年)6月20日
[出生地]越後国(新潟県)　[学歴]ライデン大学(オランダ)

越後高田藩士・中島家に養子に入り、同藩御抱えの鋳物師として大砲鋳造に携わり、のち幕府オランダ留学生に職方(技術者)として選ばれ、文久2年(1862年)渡欧。オランダのライデン、ハーグ、アムステルダムなどで鋳造、鍛冶を学び、慶応3年(1867年)帰国。軍艦操練所出仕を経て、維新後は大阪砲兵工廠技師、東京砲兵工廠技師を務めた。明治14年中島鉄工場を設立。
[家族]孫＝柳兼子(声楽家)

中島 三郎　なかしま・さぶろう
垂水人形師

[生年月日]大正13年(1924年)
[没年月日]平成19年(2007年)5月5日
[出身地]鹿児島県垂水市　[学歴]加治木工業応用化学科〔昭和16年〕卒

サウジアラビアで日本人学校校長を務め、昭和58年黒神小学校校長を退職後、有志数人と戦後途絶えていた垂水人形の復活に取り組んだ。平成元年人形工房を開き、7年鹿児島県伝統工芸品指定を受ける。市民講座で教えるなど後継者の育成にも尽力した。
[叙勲]希少工芸品産地功労者褒賞(平15年度)

中島 秀吉　なかじま・ひできち
染織家

[生年月日]明治16年(1883年)9月4日
[没年月日]昭和43年(1968年)2月2日
[出生地]三重県鈴鹿市寺家町　[学歴]一身中学中退　[資格]重要無形文化財保持者(伊勢型紙道具彫)〔昭和30年〕　[専門]伊勢型紙(道具彫)

明治34年から津市栗真町の豊田喜蔵に師事、伊勢型紙道具彫を7年間修業。41年から大阪の田村駒商店、伊藤万商店で8年間、型紙彫刻に従事。大正5年から郷里に戻り独立自営した。昭和30年仲間5人と一緒に人間国宝に認定される。38年から鈴鹿市の伊勢型紙伝承者養成事業の講師を務める。作品に「桜互の目紋」など。
[師弟]師＝豊田喜蔵
[叙勲]黄綬褒章〔昭和36年〕

中島 均　なかじま・ひとし
陶芸家

[生年月日]昭和12年(1937年)6月6日
[没年月日]昭和56年(1981年)11月15日
[学歴]有田工高〔昭31年〕卒　[団体]日本現代工芸美術協会

昭和33年に日展に初入選。35年西日本工芸展で最高賞を受賞、同年若手作家による灼土会を結成、新風を吹きこむ。日本現代工芸美術協会会員。この十数年、釉裏紅・辰砂の"赤"に情熱を燃やしていた。
[家族]弟＝中島宏(陶芸家)

永末 吉右衛門　ながすえ・きちうえもん
陶芸家

[生年月日]大正6年(1917年)3月3日
[没年月日]平成17年(2005年)2月15日
[出生地]福岡県田川郡方城町(福智町)　[本名]永末晴美　[学歴]伊方高小〔昭和4年〕卒

昭和13年応召して中国戦線に送られ、行軍中に落馬して戦傷を負う。19年戦傷により復員して兵役免除。親戚の上野焼高鶴窯で療養を兼ねて陶芸を始め、21年京都で朝日焼の14代目松林豊斎に師事。24年豊前吉右衛門窯を開いた。工芸団体には所属せず、独自の道を歩いた。
[家族]長男＝永末修策（陶芸家）、二男＝永末隆平（陶芸家）
[師弟]師＝松林豊斎（14代目）

長曽禰 虎徹　ながそね・こてつ
刀工

[生年月日]慶長10年（1605年）
[没年月日]延宝5年（1677年）
[出生地]越前国（福井県）　[別名等]名＝興里
室町末期から桃山時代にかけて甲冑工として知られた一族の出身で、江戸に出て刀工として名をあげ、数珠刀と呼ばれる互の目に太い足の入った作風で知られ、寛文年間（1661～1672年）頃を最盛期に、大業師として名声を得た。晩年の作品に「住東叡山忍岡辺」と銘したものがあり居住地が推察できる。

中田 兼秀　なかた・かねひで
刀匠　関刀匠会会長

[生年月日]大正2年（1913年）8月24日
[没年月日]平成1年（1989年）3月17日
[出身地]長野県　[本名]中田勇
渡辺兼永刀匠に日本刀鍛錬を学び、750年の伝統を持つ関伝日本刀鍛練技術を伝承。関刀匠界第一人者として活躍。昭和13年にドイツのヒトラーとイタリアのムッソリーニに日本刀を贈ったほか、32年には昭和天皇の前で日本刀鍛練を披露し、刀を献上した。
[師弟]師＝渡辺兼永、川島正秀

[受賞]大日本刀匠協会会長賞、日本美術刀剣保存協会努力賞
[叙勲]勲五等瑞宝章〔昭和52年〕

永田 友治　ながた・ゆうじ
蒔絵師

[生没年]生没年不詳
[出生地]山城国（京都府）　[別名等]号＝金書子、青々子
長野横笛（2代目）の門人。高蒔絵の下蒔に錫粉を用い"友治上げ"と呼ばれるようになる技法や、錫粉を蒔いた上に朱を蒔き、綿で磨いて光沢を出してから金消粉を蒔く"朱蒔き"の技法を考案した。尾形光琳様式の蒔絵を得意とし、蒔絵の名工といわれた。代表作に「波千鳥蒔絵提重」があるほか、明治天皇即位の調度、皇后入内の道具なども制作した。

中台 瑞真　なかだい・ずいしん
木工芸家

[生年月日]大正1年（1912年）8月8日
[没年月日]平成14年（2002年）4月23日
[出生地]千葉県千葉市　[本名]中台真三郎
[学歴]高小卒　[資格]重要無形文化財保持者（木工芸）〔昭和59年〕　[団体]日本工芸会
海産物商の長男に生まれ、大正14年14歳で上京、指物師の竹内不山に弟子入りする。昭和8年独立、東京・芝で制作を始めるとともに、この頃から大日本茶道学会長・田中仙樵に茶道関連の指導を受け、以後、茶道具づくりに専心。37年第9回日本伝統工芸展で「桐車軸盆」が初入選、38年第10回同展で「桐盛器」が奨励賞受賞。同年日本工芸会正会員となる。55年同会理事・木材工部会長、のち参与。盆や盛器、茶道具など桐材の刳物（くりもの）や指物の創作を続ける一方、木工芸界の指導に尽力した。59年重要無形文化財保持者（人間国宝）に認定さ

289

れる。平成7年文化庁より工芸技術記録映画「木工芸―中台瑞真の刳物」が製作された。代表作に「輪花盛器」「八角鏡形文欅木御厨子」「桐入角手箱」など。
[師弟]師=竹内不山、田中仙樵
[受賞]港区名誉区民〔平成8年〕、日本伝統工芸展40周年記念表彰〔平成5年〕、日本伝統工芸展奨励賞(第10回)〔昭和38年〕「桐盛器」
[叙勲]勲四等瑞宝章〔昭和58年〕

中西 一順　なかにし・かずまさ
指物師(軍配)

[生年月日]昭和14年(1939年)
[没年月日]平成4年(1992年)8月26日
[出生地]山形県　[別名等]号=中西順光　[資格]江東区無形文化財保持者〔昭和60年〕
中学卒業後、木工となり、父・中西次に師事、後を継いだ。相撲の軍配を作る日本でただ一人の職人だった。
[家族]父=中西次(指物師)

中庭 茂三　なかにわ・もさん
陶工

[生年月日]生年不詳
[没年月日]元禄7年(1694年)8月18日
[旧姓名]阿比留　[別名等]初名=寿閑
対馬藩の陶工。寛文5年(1665年)初めて朝鮮へ渡って以来、同藩が朝鮮の倭館内に開いた釜山窯を代表する陶工として活躍した。

長野 横笛　ながの・おうてき
蒔絵師

[生没年]生没年不詳
[別名等]通称=次郎兵衛、橘屋
京都堺町通押小路に住み、同業者の取締を務めた。茶器類の蒔絵に秀で、武蔵野図の茶器200個をつくって評判となった。子の次郎兵衛が後を継ぎ、父子ともに名手として知られたが、嘉永年間(1848～1854年)ごろ断絶したといわれる。

中野 恵祥　なかの・けいしょう
鋳金家

[生年月日]明治32年(1899年)
[没年月日]昭和49年(1974年)
[出身地]東京都中央区　[本名]中野三郎
[別名等]別号=三朗
白崎白善、香取秀真に師事して、鋳・彫金・板金打出しなどの金工技術を習得。大正14年東京高等工芸学校金属製品分科、のち古河鋳造研究所に勤務。昭和2年第4部美術工芸部が新設された第8回帝展に入選。16年新文展無鑑査。22年「板金端鳥鈕香炉」が日展特選、26年には同展審査員。また第4回から日本伝統工芸展にも出品し、鑑査員を務めた。代表作に「小鳥鈕筥」(昭35年)「純金打出獅子鈕箱」(38年)など。
[師弟]師=白崎白善、香取秀真
[受賞]日展特選(第3回、昭22年度)「板金端鳥鈕香炉」

中野 親夫　なかの・ちかお
博多人形師　博多人形商工業協同組合理事長

[没年月日]昭和59年(1984年)9月13日
[出身地]福岡県福岡市　[資格]伝統工芸士(博多人形)〔昭和58年〕
博多人形作り一筋に、博多祇園山笠の飾り山笠の人形師として活躍。昭和48年現代の名工、58年には伝統工芸士に選ばれた。
[受賞]現代の名工〔昭和48年〕

中野 常次郎　なかの・つねじろう
ガラス職人

[生年月日]文久1年(1861年)

[没年月日]昭和9年(1934年)12月6日
[出身地]江戸

明治5年加賀屋久兵衛の弟子・新井忠太郎に弟子入り。25年独立し、理化学用ガラスの製造・販売を手がけた。我が国で初めて薬品に強い理化学用硬質ガラスを開発した。
[師弟]師=新井忠太郎

長野 垤志　ながの・てつし
釜師

[生年月日]明治33年(1900年)10月28日
[没年月日]昭和52年(1977年)7月14日
[出生地]愛知県名古屋市　[本名]長野松蔵
[資格]重要無形文化財保持者(茶の湯釜)〔昭和38年〕　[専門]茶の湯釜

画家を志して16歳で上京、郵便局の集配人や市電の変電所勤めなどしながら本郷洋画研究所で学ぶ。関東大震災後、名古屋に戻るが、翌年再び上京し、山本安曇に師事して唐銅鋳金技術を学ぶ。昭和5年香取秀真の七日会に入会。6年名古屋の釜師・伊藤一正を知って茶の湯釜鋳造の研究に入る。8年第14回帝展で「青銅方盤」が特選となり、工芸家として自立。12年頃より和鏡、梵鐘を制作。23年日展審査員。25年頃より和銑釜の制作を始める。34年第6回日本伝統工芸展で「松林の図肩衝釜」がNHK会長賞受賞。至難とされた和銑による釜の鋳造法を30年余かけて完成、また芦屋釜、天明釜などの古釜の伝統を現代に生かした第一人者となった。38年人間国宝に認定。他の代表作に「四季花文だつま釜」「海と空の釜」など。著書に「あしやの釜」「天明の釜」「茶の湯釜全集」(全10巻)など多数。
[家族]息子=長野裕(金工家)
[師弟]師=山本安曇、香取秀真、伊藤一正
[受賞]帝展特選(第14回)〔昭和8年〕「青銅方盤」、日本伝統工芸展NHK会長賞(第6回)〔昭和34年〕「松林の図肩衝釜」

[叙勲]紫綬褒章〔昭和39年〕、勲四等瑞宝章〔昭和52年〕

中ノ子 勝美　なかのこ・かつみ
博多人形師

[生年月日]大正7年(1918年)8月26日
[没年月日]平成20年(2008年)7月18日
[出生地]福岡県福岡市博多区　[専門]古型博多人形

彩色人形「古型博多人形」を創案した中ノ子吉兵衛から、直系4代目の制作者にあたる。

中ノ子 タミ　なかのこ・たみ
人形師

[生年月日]明治16年(1883年)8月23日
[没年月日]昭和46年(1971年)12月19日
[出生地]福岡県福岡市　[資格]福岡県指定無形文化財保持者

博多人形の始祖と言われる中ノ子吉兵衛の孫娘で、自身も早くから父に人形作りの手ほどきを受ける。博多人形は兄の代で一旦は滅ぶが、のちにその再興を志し、21歳で人形師として独立。線の太い作風で知られ、特にお多福や招き猫・恵比寿・大黒などを得意とした。福岡県指定無形文化財保持者に選ばれるなど、晩年まで人形作り一筋に生きた。
[家族]祖父=中ノ子吉兵衛(人形師)

永原 雲永房則　ながはら・うんえいふさのり
陶工

[生年月日]天保2年(1831年)
[没年月日]明治24年(1891年)
[出生地]出雲国布志名(島根県)　[本名]永原房則　[別名等]別名=永原与蔵、永原雲永、号=雲永、洞雪、通称=永助　[専門]布志名焼

布志名焼の創始者で、茶人として知られた出雲松江藩主・松平治郷(不昧)お抱えの陶工・初代永原与蔵の孫。父の2代与蔵(建定)も名匠として知られた。自身も陶工として立ち、32歳で松江藩取り立てとなって父祖伝来の永原窯で陶器製作に従事。維新後、藩窯の廃止や茶道の不振で窮地に立たされるが、若山製陶会社の技術主任として招かれ、主に輸出用の洋食器や花瓶を手がけた。轆轤の扱いに巧みで、色絵の茶碗や写しで本領を発揮した。代表作に田部美術館所蔵の「布志名色絵宝尽くし唐草文銚子」などがある。
[家族]父＝永原建定(陶工), 祖父＝永原与蔵(1代目)(陶工)

永原 英造　ながはら・えいぞう
陶工

[没年月日]明治19年(1886年)
出雲の陶工。神楽崎焼を大成させた。

中原 末恒　なかはら・すえつね
蒔絵師

[生没年]生没年不詳
平安後期に活躍。元暦元年(1184年)紀助正らと、後鳥羽天皇の大嘗会にて蒔絵の御用を務める。

永原 与蔵(1代目)　ながはら・よぞう
陶工

[生年月日]安永3年(1774年)
[没年月日]天保10年(1839年)
[別名等]幼名＝利重, 別名＝永原与蔵順睦
寛政4年(1792年)から出雲国布志名(島根県玉湯町)で製陶に従事。文化13年(1816年)出雲松江藩主・松平治郷(不昧)の命で雲藩御用窯となる。出雲青地釉の形物を得意とした。「順睦」「雲与」の丸印を押す。

[家族]息子＝永原建定(陶工), 孫＝永原雲永房則(陶工)

長町 天道　ながまち・てんどう
陶芸家

[生年月日]昭和17年(1942年)3月22日
[没年月日]平成9年(1997年)5月23日
[出生地]香川県大川郡白鳥町　[本名]長町稔
昭和32年天神窯窯元・岡本欣三、35年砥部焼・梅野武之助に師事。49年当地に築窯し独立。59年日展に初入選、後3年連続入選。さまざまな粘土を使って独特の色彩効果を高める象嵌研磨技法で注目された。
[師弟]師＝岡本欣三, 梅野武之助
[受賞]香川県知事賞「犬」, 朝日陶芸展特別賞(川崎記念賞, 第34回)〔平成9年〕「東雲'96-2」

中村 衍涯　なかむら・えんがい
人形師　人形衍涯代表

[生年月日]大正10年(1921年)10月5日
[没年月日]平成4年(1992年)7月8日
[出生地]福岡県福岡市　[本名]中村博喜
[学歴]奈良屋青年学校〔昭和16年〕卒　[資格]福岡県無形文化財〔昭和63年〕　[専門]博多人形
昭和11年高尾八十二に入門して人形作りを始める。17年入隊、22年復員。旧満州で兵役に就き中国の風土に魅せられたのがきっかけとなり、李白らの詩人や仙人を題材にした古典人形の作品が多い。42年日本美術展初入選。44〜46年博多人形商工業協同組合理事長。63年福岡県無形文化財に指定された。
[叙勲]黄綬褒章〔昭和60年〕

中村 勝馬　なかむら・かつま
染色家

[生年月日]明治27年(1894年)9月18日

［没年月日］昭和57年（1982年）4月21日
［出生地］北海道函館市　［学歴］川端画学校日本画科〔大正2年〕中退　［資格］重要無形文化財保持者（友禅）〔昭和30年〕　［専門］江戸前友禅

明治45年上京し、大正2年三越呉服店の専属図案家増山隆方に師事、衣裳図案、友禅技法を学ぶ。13年独立して名古屋の松坂屋専属となり友禅衣裳の制作を担当。昭和4年東京の三越呉服店考案部に転じ、染色逸品会の出品制作を続けた。17年東京都染色工芸組合理事長。18年国指定の第一次工芸技術保存資格者の認定を受け、戦時経済統制下でも制作を続けた。戦後は東京友染の復興をはかり、22年から二科会工芸部審査員をつとめ、30年日本工芸会設立に尽力。この間、染色工人社を設立し、代表取締役に。無線伏せの技法を得意とし、伝統的友禅に現代的な新風を吹き込んだ。30年人間国宝に認定される。代表作に「一越縮緬地友禅雲文黒留袖」（33年）、「一越縮緬地友禅訪問着 朦」（37年）、「友禅黒留袖 青雲」（48年）など。
［家族］長男＝中村光哉（染色家）
［師弟］師＝増山隆方
［叙勲］紫綬褒章〔昭和41年〕、勲四等瑞宝章〔昭和45年〕

中村 光哉　なかむら・こうや
染色家　東京芸術大学名誉教授

［生年月日］大正11年（1922年）8月6日
［没年月日］平成14年（2002年）11月9日
［出生地］東京・青山　［学歴］東京美術学校（現・東京芸術大学）日本画科〔昭和19年〕卒　［団体］現代工芸美術家協会

友禅染の人間国宝だった父・勝馬に師事。昭和21年日展に初入選し、34年四曲屏風「遊園地」で特選。40年会員となる。東京芸術大学教授、文星芸術大学美術学部長を歴任。友禅染の世界に新しい領域を切り開いた。代表作に屏風「明時」「回想」など。
［家族］父＝中村勝馬（染色工芸家）
［受賞］北斗賞〔昭和31年〕「楽器」
［叙勲］勲三等瑞宝章〔平成7年〕

中村 貞雄　なかむら・さだお
ガラス工芸家

［生没年］生没年不詳

大阪のガラス工芸の第一人者として活躍。昭和15年「翠色曲線文硝子花器」が紀元二千六百年奉祝美術展に入選した。18年にはガラス工芸関係の芸術保存資格者に認定された。

中村 秋塘　なかむら・しゅうとう
陶芸家

［生年月日］慶応1年（1865年）
［没年月日］昭和3年（1928年）
［出生地］加賀国江沼郡大聖寺（石川県）　［本名］中村亀太郎　［専門］九谷焼

九谷焼の陶工であった父・茂一郎につき、竹内吟秋にも師事。明治10年家督を継いだ。八郎風の赤絵細描の名手であり、金彩にもすぐれた腕をみせた。大正2年には硅質手と名付けられた独自の技法を開発。6年自邸に窯を築いて素地と絵付けの改良を重ね、大正15年フィラデルフィア万博に大日本窯業協会を代表して出品し、最高大賞を獲得した。
［家族］二男＝中村翠恒（陶芸家）
［師弟］師＝竹内吟秋

中村 翠恒　なかむら・すいこう
陶芸家　石川県陶芸協会会長

［生年月日］明治36年（1903年）4月3日
［没年月日］昭和60年（1985年）9月8日
［出身地］石川県加賀市　［本名］中村恒　［別名等］前名＝中村秋塘　［学歴］石川県立工業

学校〔大正13年〕卒　[資格]石川県指定無形文化財保持者(九谷焼)　[専門]九谷焼
安達陶仙、2代目伊東陶山、河村蜻山、板谷波山に師事し、戦前から帝展・文展で活躍。昭和3年帝展初入選。のち日展会員。代表作に「瑞鳥飾皿」。ややもすると上絵装飾の技術中心にはしる傾向の九谷焼に改革の必要を早くから主張。従来の色絵技術のほか、染付、鉄釉、辰砂、窯変といった本窯の仕事を積極的に取り入れた。九谷陶芸界の頂点に立つ一人だった。
[家族]父＝中村秋塘(1代目)
[受賞]紀元二千六百年奉祝美術展覧会・最高賞、日展特選〔昭和22年〕、日展特選・朝倉賞〔昭和28年〕、日展文部大臣賞〔昭和45年〕、中日文化賞〔昭和52年〕

中村 宗哲(1代目)　なかむら・そうてつ
塗師

[生年月日]元和3年(1617年)
[没年月日]元禄8年(1695年)
[出生地]京都　[別名等]名＝玄弼、通称＝八兵衛、八郎兵衛、号＝漆翁、勇山、公遊、方寸斎
千家十職の一つ中村宗哲の初代で、専ら千家のために茶器を制作。蒔絵よりも塗りを本領とし、地味な作風で棗・折敷・椀・盃などを作った。自らも茶道や俳諧をよくし、藤村庸軒らとも交遊した。茶杓削りもよくした。

中村 宗哲(2代目)　なかむら・そうてつ
塗師　千家十職・中村家2代目

[生年月日]寛文11年(1671年)
[没年月日]宝永3年(1706年)
[別名等]幼名＝八兵衛、別名＝元哲、号＝汲斎
千家十職の一つ中村宗哲の2代目。塗師として活躍し、名工と賞されたが早世した。

中村 宗哲(3代目)　なかむら・そうてつ
漆工　千家十職・中村家3代目

[生年月日]元禄12年(1699年)
[没年月日]安永5年(1776年)
[別名等]幼名＝鍋千代、号＝漆桶、方寸庵、漆翁、汲斎、勇斎、俳号＝紹朴
歴代宗哲のなかでも特に名人として知られる。宝暦12年(1762年)後桜町天皇即位の調度に蒔絵を施し、中宮入内道具を制作。茶人としての嗜みも深く、表千家6代、7代、8代宗左に重用され、千家好みの棗などの基礎となる型づくりに貢献した。また、古作の摸写なども多数制作。"彭祖の棗"と称される10種700の棗を制作し、重厚な作風で「乱菊の棗」「夜桜の棗」などが特に知られる。

中村 宗哲(4代目)　なかむら・そうてつ
塗師　千家十職・中村家4代目

[生年月日]享保13年(1728年)
[没年月日]寛政3年(1791年)
[別名等]通称＝八郎兵衛、名＝為安、号＝深斎、別名＝豊田八郎兵衛
中村家3代目宗哲の婿養子。茶道具の製作には豊田八郎兵衛の名を用いた。「武者小路千家7代直斎好み源氏車香」「裏千家8代又玄斎好みつくつく臼水指」「裏千家9代不見斎好み糸目懐石家具」などが知られる。
[親族]岳父＝中村宗哲(3代目)

中村 宗哲(5代目)　なかむら・そうてつ
塗師　千家十職・中村家5代目

[生年月日]明和1年(1764年)
[没年月日]文化8年(1811年)
[別名等]名＝八兵衛、守一、号＝豹斎、漆畝
千家十職の一つ、塗師中村家の4代目宗哲の婿養子。初代からの寸法帳や切型などの整備を行い、また、家譜も整えた。

[家族]長男＝中村宗哲（6代目），二男＝中村宗哲（7代目），孫＝中村宗哲（8代目）[親族]岳父＝中村宗哲（4代目）

中村 宗哲（6代目） なかむら・そうてつ
塗師　千家十職・中村家6代目

[生年月日]寛政4年（1792年）
[没年月日]天保10年（1839年）
[別名等]幼名＝昌之助，名＝八兵衛，為一，号＝撲斎

千家十職の一つ、塗師中村家の5代目宗哲の長男。文化8年（1811年）6代目を継いだが、4年後に弟に家督を譲り、分家した。
[家族]長男＝中村宗哲（8代目），父＝中村宗哲（5代目），弟＝中村宗哲（7代目），祖父＝中村宗哲（4代目）

中村 宗哲（7代目） なかむら・そうてつ
塗師　千家十職・中村家7代目

[生年月日]寛政10年（1798年）
[没年月日]弘化3年（1846年）
[別名等]幼名＝槌六，名＝安一，八兵衛，号＝獏斎，黒牡丹

中村家5代宗哲の二男。裏千家11代玄々斎の推挙により、尾張徳川家から「得玄」の印を拝領した。歴代中最も優れた作品を残し、「認得斎好み夕顔中棗」「玄々斎好みの西山名所棗の連作」などが知られる。
[家族]父＝中村宗哲（5代目）

中村 宗哲（8代目） なかむら・そうてつ
塗師　千家十職・中村家8代目

[生年月日]文政12年（1829年）
[没年月日]明治17年（1884年）
[本名]中村忠一　[別名等]幼名＝丑之助，通称＝八郎兵衛，忠一，号＝到斎，聴雨

千家十職の一つ中村宗哲の7代目の長男。茶道具を製作した。

[家族]父＝中村宗哲（7代目），四女＝中村宗哲（10代目）[親族]女婿＝中村宗哲（9代目）

中村 宗哲（9代目） なかむら・そうてつ
塗師　千家十職・中村家9代目

[生年月日]安政3年（1856年）
[没年月日]明治44年（1911年）
[本名]中村義生　[別名等]通称＝喜三郎，号＝英斎，俳号＝一畝，雲水

千家十職の一つ中村宗哲の8代目の婿養子。妻は10代目宗哲。茶道具を製作した。
[家族]妻＝中村宗哲（10代目）[親族]岳父＝中村宗哲（8代目）

中村 宗哲（10代目） なかむら・そうてつ
塗師　千家十職・中村家10代目

[生年月日]文久2年（1862年）
[没年月日]大正15年（1926年）
[出生地]京都（京都府）　[本名]中村真子　[別名等]通称＝尼宗哲

千家十職の一つ、塗師中村家の8代目宗哲の四女として生まれる。9代目宗哲の妻。京都最初の女学校である女工場に学び、才女といわれた。新町一条から武者小路新町に居を移し、明治44年9代宗哲が没した後、漆を続け、大正時代、不審庵斎好みの茶器などを作った。和歌、俳句を趣味とした。
[家族]父＝中村宗哲（8代目），夫＝中村宗哲（9代目），二男＝中村宗哲（11代目）

中村 宗哲（11代目） なかむら・そうてつ
塗師　千家十職・中村家11代目

[生年月日]明治32年（1899年）10月28日
[没年月日]平成5年（1993年）8月16日
[出生地]京都府京都市　[本名]中村忠蔵
[別名等]後名＝中村元斎　[学歴]室町尋常小卒

300年前から代々続いている千家十職の一つ、塗師(ぬし)の家系に生まれる。9代目宗哲の二男。大正の末、母の10代目宗哲(尼宗哲)の跡を継いで11代目を襲名。以来長年にわたり、茶の湯に用いられる漆器や懐石関係の品物を製作、茶道界だけでなく、漆芸界にも大きな影響を与えた。昭和61年引退。
[家族]父＝中村宗哲(9代目)、母＝中村宗哲(10代目)、長女＝中村宗哲(12代目)
[受賞]京都府文化功労賞〔昭和51年〕、日本キワニス文化賞(第23回)〔昭和62年〕

中村 宗哲(12代目)　なかむら・そうてつ
塗師　千家十職・中村家12代目

[生年月日]昭和7年(1932年)3月26日
[没年月日]平成17年(2005年)11月5日
[出生地]京都府京都市　[本名]中村弘子
[学歴]京都市立美術大学(現・京都市立芸術大学)工芸科〔昭和30年〕卒　[団体]日本漆工協会

千家十職の一つ、三百数十年の歴史をもつ塗師(ぬし)の家系に長女として生まれる。後継者になることを心に決め、京都美術大学工芸科でただひとり"塗り"を専攻。昭和61年高齢のため引退した父の跡を継いで、12代目宗哲を襲名、千家十職約400年の歴史の中で初めて正式の女性当主となった。伝承資料・技術・意匠の研修に携わる傍ら、日展、朝日新人展、毎日選抜展などに出品した。著書に「漆器入門・漆の歴史」「中村宗哲歴代作品集」などがある。
[家族]父＝中村宗哲(11代目)、夫＝諏訪蘇山(3代目)(陶芸家)、長女＝中村公子(彫刻家)、二女＝中村宗哲(13代目)、三女＝諏訪蘇山(4代目)(陶芸家)
[受賞]京都府あけぼのの賞、京都府文化功労賞〔平成5年〕、ダイヤモンドレディ賞(第14回)〔平成11年〕、京都市文化功労者〔平成12年〕

中村 陶吉　なかむら・とうきち
陶芸家

[生年月日]大正1年(1912年)7月31日
[没年月日]平成19年(2007年)1月28日
[出身地]静岡県周智郡森町　[学歴]掛川中(旧制)〔昭和5年〕卒　[専門]森山焼

森山焼の創始者である父・秀吉に師事。昭和24年父の死去で2代目を継承した。
[家族]父＝中村秀吉(陶芸家)
[師弟]師＝中村秀吉

中村 道年(2代目)　なかむら・どうねん
陶芸家

[生年月日]明治39年(1906年)
[没年月日]昭和47年(1972年)
[本名]中村正次

初代道年の長男。昭和12年父没後2代襲名。戦時、本窯を廃し楽焼研究、のち表千家即中斎より八事窯と命名。光悦風。

中村 道年(3代目)　なかむら・どうねん
陶芸家

[没年月日]昭和63年(1988年)
[学歴]旭丘高美術科卒

旭丘高美術科を卒業後、父について楽焼を学ぶ。大正12年に開窯した八事窯を継ぎ、3代目中村道年を名のった。
[家族]妻＝中村道年尼(陶芸家)、長男＝中村道年(5代目)

中村 富栄　なかむら・とみえい
漆芸家

[生年月日]大正14年(1925年)
[没年月日]平成5年(1993年)9月2日

[出身地]東京都　[学歴]東京美術学校(現・東京芸術大学)附属工芸技術講習所〔昭和24年〕卒　[専門]クラフトデザイン

昭和24年第3回新匠会公募展受賞。25年新工芸協会結成に参加、26年第1回展に出品。31年日本デザイナー・クラフトマン協会結成に参加。日本クラフトデザイン協会理事などを務め、通産省マル優事業、輸出開発事業のデザイン指導に尽力した。
[受賞]中小企業庁長官賞〔昭和35年〕「酒器セットのデザイン」、国井喜太郎産業工芸賞(第15回)〔昭和62年〕「漆工芸による地場産業への貢献」、日本ニュークラフト展ニュークラフト賞(第9回)〔昭和43年〕「漆角皿」

中村　梅山　なかむら・ばいざん
陶芸家

[生年月日]明治40年(1907年)4月28日
[没年月日]平成9年(1997年)
[出生地]石川県金沢市　[本名]中村豊治
[学歴]金沢工中退

昭和2年父が自邸に築いた家業の梅山窯を継ぎ、作陶の道へ入る。陶工を全員解雇して、自ら土集めから成形、釉薬の調合、絵付けなど全ての工程を行い、技術を独習。14年に東京日本橋・三越で第1回の個展。以後コンクールには出品せず、個展を中心に多彩な作品を発表し続けた。著書に「NHK国宝への旅第13巻」(共著)。長男・錦平、二男・卓夫、三男・康平も陶芸家として活躍する。
[家族]長男=中村錦平(陶芸家)、二男=中村卓夫(陶芸家)、三男=中村康平(陶芸家)

中村　鵬生　なかむら・ほうせい
染織家

[生年月日]明治39年(1906年)10月2日
[没年月日]昭和34年(1959年)1月21日
[出身地]京都　[本名]中村成之助

大正8年山鹿清華に師事。昭和4〜11年まで川島甚兵衛織物の図案部に勤める。この間、5年帝展に初入選。以後、文展や日展に出品を重ね、25年「野鶴手織錦壁掛」が日展特選となった。
[師弟]師=山鹿清華
[受賞]日展特選〔昭和25年〕「野鶴手織錦壁掛」

中村　勇二郎　なかむら・ゆうじろう
染織家

[生年月日]明治35年(1902年)9月20日
[没年月日]昭和60年(1985年)10月20日
[出生地]三重県鈴鹿市寺家町　[学歴]白子町立工業徒弟学校〔大正7年〕卒　[資格]重要無形文化財保持者(伊勢型紙道具彫)〔昭和30年〕　[専門]伊勢型紙(道具彫)

12歳から父・兼松のもとで家業の伊勢型紙の道具彫り技術を学び、4代目を継ぐ。昭和29年伊勢型紙彫刻組合長に就任。30年仲間5人と一緒に人間国宝に認定された。約2000種類の型紙彫刻技術を編み出す一方、38年から後継者養成のため道具彫りの講師となり育成事業に力を入れるなど、その道一筋に歩み、47年勲五等瑞宝章を受章。また48年から56年にかけて天皇陛下はじめ、皇族に計7点の作品を献上している。
[家族]父=中村兼松(伊勢型紙道具彫師)
[叙勲]勲五等瑞宝章〔昭和47年〕

中村　六郎　なかむら・ろくろう
陶芸家

[生年月日]大正3年(1914年)2月4日
[没年月日]平成16年(2004年)4月11日
[出生地]岡山県備前市伊部　[専門]備前焼

昭和20年人間国宝の金重陶陽に師事。36年独立して六郎窯を築く。酒をこよなく愛

し、独得の野性味あふれる酒器に定評があり、"徳利の六さん"と呼ばれた。
[家族]長男＝中村真（陶芸家）
[師弟]師＝金重陶陽
[叙勲]勲七等青色桐葉章

中山 江民　なかやま・こうみん
　　　　漆芸家

[生年月日]慶応3年（1867年）1月15日
[没年月日]大正13年（1924年）4月15日
[出身地]江戸　[本名]中山由次郎　[専門]蒔絵

漆芸家・小川松民の子に生まれ、通称は由次郎。のち父の師・中山胡民の跡を継ぎ、蒔絵振興会を創立。また諸芸に通じ俳諧をよくした。
[家族]父＝小川松民（漆芸家），養父＝中山胡民（蒔絵師）

中山 胡民　なかやま・こみん
　　　　蒔絵師

[生年月日]文化5年（1808年）
[没年月日]明治3年（1870年）
[出生地]武蔵国葛飾郡寺島村（東京都）　[別名等]通称＝祐吉，号＝泉々

幼時に江戸に出て、原羊遊斎に入門して蒔絵を学ぶ。精巧で緻密な技巧による作品で知られ、櫛、硯箱、手箱、茶道具類を多く制作、のち法橋に叙せられた。両国矢の倉に住んでいたが、のち今戸に移った。代表作に「虫籠蒔絵菓子器」がある。門人には小川松民がいる。
[師弟]師＝原羊遊斎
[墓所]法泉寺（東京都墨田区東向島）

仲村渠 致元　なかんだかり・ちげん
　　　　琉球陶工

[生年月日]貞享3年（1686年）

[没年月日]宝暦4年（1754年）
[出生地]琉球（沖縄県）　[別名等]唐名＝用啓基

享保9年（1724年）から4年間、八重山島民に陶芸技術を伝えた後、享保15年（1730年）薩摩に渡って、薩摩焼、朝鮮焼などの陶法を学ぶ。その後、琉球に戻って薩摩系の陶法を琉球に広め、特に香入や花瓶に工夫を凝らして白焼陶器を普及させるとともに、庶民用の雑器も多く手がけた。陶業振興の功で、宝暦2年（1752年）王府より士籍がゆるされた。

名木 広行　なぎ・ひろゆき
　　　　蒔絵師

[没年月日]平成5年（1993年）11月13日
[出生地]東京都港区　[本名]名木勇　[資格]墨田区無形文化財工芸技術保持者〔昭和62年〕

14歳の時から蒔絵師の父親につき修業した。

柳楽 泰久　なぎら・やすひさ
　　　　陶芸家

[生年月日]昭和10年（1935年）2月14日
[没年月日]平成13年（2001年）6月6日
[出生地]島根県簸川郡多伎町（出雲市）　[団体]日本工芸会

出雲市の職業訓練校で陶芸の基礎を学び、昭和26年島根県立陶磁器試験場に入所。38年岐阜県立多治見陶磁器試験場に内地留学。42年自宅に寿康窯を開く。50年退職して陶芸家として独立、窯を松江市宍道町に移す。茶陶を中心に鉄釉の大型作品を得意とした。
[受賞]田部美術館大賞茶の湯造形展奨励賞（第6回・15回）〔平成1年・10年〕「織部陶筥」「伊羅保茶碗」，日本伝統工芸展奨励賞

(第20回)〔昭和48年〕,日本工芸会中国支部展金重陶陽賞〔平成2年〕

名倉 鳳山(4代目) なぐら・ほうざん
硯刻作家

[生年月日]大正12年(1923年)6月4日
[没年月日]平成11年(1999年)4月29日
[出身地]愛知県鳳来町　[本名]名倉正康
[学歴]高小卒　[団体]日本工芸会,三軌会
鳳来寺山麓で産出する石を材料にした鳳来寺硯を制作。昭和38年4代目鳳山を襲名。硯を美術工芸品にまで高めた。硯石研究の第一人者としても知られる。著書に全国を巡り硯石と各地の技法を集大成した「日本の硯」がある。
[受賞]互井賞

名越 家昌 なごし・いえまさ
釜師

[生年月日]生年不詳
[没年月日]寛永6年(1629年)4月14日
[出生地]山城国(京都府)　[別名等]通称=弥五郎,号=随越
京都三条釜座・名越善正の二男。慶長19年(1614年)京都方広寺の大梵鐘製作に際し、兄三昌と共に鋳物師たちを統率してこれに従事。のち徳川幕府御用釜師として仕え、江戸名越家を興して幕末まで栄えた。門人に松沢浄勝、一ノ瀬浄芳らがおり、主な作品に日光慈眼大師堂の銅灯籠などがある。

名越 三昌 なごし・さんしょう
釜師

[生年月日]生年不詳
[没年月日]寛永15年(1638年)
[出生地]山城国(京都府)　[別名等]通称=弥右衛門,法号=古浄味
京都三条釜座名越善正の長男。慶長19年(1614年)京都方広寺の大梵鐘鋳造に鋳物師総棟梁として従事。弟家昌らも活躍したが大梵鐘には三昌のみ銘文に記された。この功により越前少掾となり、弟が江戸名越家を興したのに対し、三昌の系譜は京名越家として栄え、四方釜、常張釜、尻張釜、阿弥陀堂釜など絹肌で品の良い釜を多く手掛けた。

名越 三典 なごし・さんてん
釜師

[生年月日]生年不詳
[没年月日]享保7年(1722年)
[別名等]名=昌晴,通称=弥右衛門,別名=名越三典浄味
釜屋・名越善正の子が京都名越と江戸名越とに分家した後の京都名越家の4代目。剃髪して浄味と号し、三典浄味、足切浄味などと呼ばれた。表千家6代覚々斎好みの釜などをつくったが、以後名越家の品は下間庄兵衛が代作した。京都寂光寺の梵鐘、小堀遠州好み唐銅色紙風炉などを残した。

名越 善正 なごし・ぜんせい
釜師

[生年月日]生年不詳
[没年月日]元和5年(1619年)4月
[別名等]通称=弥七郎
名越浄祐の子で名越家11代目。京都三条釜座に住みその中心的存在として活躍、名工として知られ"天下一"と号した。のち徳川家康の釜師にもなった。有名な作品に道仁との合作による猿釜がある。

名越 弥七郎 なごし・やしちろう
釜師

[生年月日]生年不詳

[没年月日] 文明2年（1470年）
[別名等] 号＝弥阿弥
京都の釜屋名越家の5代目。足利義政へ茶湯釜を献上した。以後、専業釜師として、代々その地位を継承した。

名定 一呂　なさだ・いちろ
　　革細工職人

[没年月日] 平成16年（2004年）6月13日
兵庫県の伝統的工芸品に指定されている姫革細工の職人。伝統技法の継承に加え、独自の技法を考案した。
[受賞] ふるさと文化賞〔平成8年〕

濤川 惣助　なみかわ・そうすけ
　　七宝作家

[生年月日] 弘化4年（1847年）
[没年月日] 明治43年（1910年）2月9日
[出生地] 下総国海上郡旭町（千葉県海上町）
[別名等] 号＝魁香　[資格] 帝室技芸員〔明治29年〕

若くして江戸に出、酒商、陶器商などを経て、七宝制作に転じた。明治10年名古屋の七宝会社がドイツ人化学者・ワグネルから譲り受けた工場の東京工場を17年より管理。これより先に11年パリ万博に出品。14年頃から絵画風の有線七宝に新分野を開拓し、第2回内国勧業博覧会に出品して金賞を受賞。20年頃には無線七宝を完成し、濃淡・ぼかしによる日本画そのままの七宝を制作。26年シカゴ万博の出品で有名になり、29年帝室技芸員となった。有線七宝の並河靖之とともに"明治七宝界の双璧"と謳われた。
[叙勲] 緑綬褒章〔明治28年〕
[墓所] 青山墓地（東京都港区）

並河 靖之　なみかわ・やすゆき
　　七宝作家

[生年月日] 弘化2年（1845年）9月
[没年月日] 昭和2年（1927年）5月28日
[出生地] 京都府柳馬場（京都市中京区）　[旧姓名] 高岡　[資格] 帝室技芸員〔明治29年〕

川越藩士の三男として京都に生まれる。安政2年（1855年）青蓮院宮家の侍臣である並河靖全の養子となる。賀陽宮、伏見宮家に仕える傍ら、明治初期から尾張七宝の桃井英升に師事して七宝技術を学び、当時京都に滞在していたドイツ人化学者・ワグネルの指導を受けて独自の技術を開発。3年頃、京都に七宝工場を設立。10年第1回内国勧業博覧会で受賞し、11年から製作に専念。黒色透明釉の発明や微細な植線技法による絵画的な文様、ぼかしの技法などを駆使して芸術的な作品を生み出し、東京で活躍した無線七宝の濤川惣助と並び称され、"明治七宝界の双璧"と謳われた。29年帝室技芸員。27年に建てられた邸宅は、のちに国登録有形文化財に指定され、平成15年並河靖之七宝記念館が開館した。
[記念館] 並河靖之七宝記念館（京都府京都市東山区）

波平 行安　なみのひら・ゆきやす
　　刀工

[生没年] 生没年不詳
[出生地] 薩摩国（鹿児島県）
愛知県猿投神社に"行安"と銘のある太刀が伝わっているが、詳しい業績は不明。なお、"行安"の名は波平派の名跡として嘉永の頃まで伝わった。

奈良 貞利　なら・さだとし
　　蒔絵師

[生没年] 生没年不詳

[別名等]通称=八郎左衛門
元禄2年(1689年)日光東照宮造営の際に、幸阿弥長救、古満休伯らとともに蒔絵に従事した。

奈良 雪勝　なら・せっしょう
蒔絵師

[生没年]生没年不詳
[別名等]通称=八左衛門

江戸初期に活躍。延宝8年(1680年)徳川家綱の廟造営の際、菱田房貞、幸阿弥長房らと蒔絵に従事した。

奈良 利輝　なら・としてる
装剣金工家

[生年月日]天正8年(1580年)
[没年月日]寛永6年(1629年)
[別名等]通称=小左衛門, 号=周防

漆工を務め、寛永元年(1624年)江戸幕府に塗師として召される。晩年は刀剣などの彫金を業としたと伝わる。現存する作品はなく、また詳細な経歴も未詳なため、実際に金工として仕事をしたか疑問視する説もある。なお、子の利宗は彫金の奈良派の事実上の始祖とされ、幕末まで栄える一派を形成した。

奈良 利寿　なら・としなが
装剣金工

[生年月日]寛文7年(1667年)
[没年月日]元文1年(1737年)12月14日
[出生地]江戸　[別名等]通称=太兵衛

奈良利永(または利治)に師事して腕を磨き、土屋安親、杉浦乗意と共に名工として"奈良三作"と称された。作品には縁頭が多く、腰の低い独特の形で、真鍮や赤銅などの地金を使い、象嵌により花鳥や人物などを表現。また鐔は少ないがすべて鉄地で特色ある細密な高肉彫、金銀象嵌を施す。利寿以降の奈良派作品は"新奈良派"と称されるほど独自の境地と彫技に優れ、中興の祖とされる。代表作に「大森彦七図鐔」「牟礼高松図鐔」など。

成井 立歩　なるい・たっぽ
陶芸家

[没年月日]平成22年(2010年)2月25日
[本名]成井正直　[専門]益子焼

益子焼の円道寺窯3代目。伝統的なけり轆轤と登り窯を駆使し、大胆な造形や個性的な赤絵の作品を制作。昭和47年にはオーストラリアに2ヶ月滞在、同地で作陶してシドニーなどで個展を開催した。また、多くの後進を育てた。
[受賞]栃木県芸術祭賞(第1回), 国画賞(第54回)

成瀬 誠志　なるせ・せいし
陶工

[生年月日]弘化2年(1845年)
[没年月日]大正12年(1923年)
[出生地]美濃国恵那郡茄子川村(岐阜県)
[別名等]名=和六

13歳で茄子川焼の篠原利平治につき、慶応2年(1866年)独立。しかし、経営難のために廃窯して水野粂蔵の窯の陶工となった。ここで九谷焼の絵付け師である加藤栄次郎より陶画の技術を学んだ。明治4年上京。5年土佐藩の元藩主・山内豊信(容堂)らの援助を受け、芝の増上寺内に工房を構えて本格的に薩摩焼風陶器の絵付けを開始。19年帰郷して工房を構えた。その精密な絵付けは高い評価を得、エドワード・モース「日本陶器目録」には薩摩焼風陶器の細密画の元祖として紹介されている。
[師弟]師=篠原利平治, 加藤栄次郎

鳴海 要　なるみ・かなめ
　　　陶芸家

[生年月日] 大正9年 (1920年) 10月5日
[没年月日] 平成16年 (2004年) 8月28日
[出身地] 青森県岩木町　[学歴] 弘前工木材工芸科中退

昭和26年弘前工業試験場窯業部に入所し、29年瀬戸の加藤土師萌に師事。31年東京芸術大学副手を務め、39年帰郷して岩木町賀田に工房を開く。りんご樹灰を釉薬にしたりんご釉を考案した。平成15年鳴海要記念陶房館が開館。
[師弟] 師＝加藤土師萌
[受賞] 日展入選〔昭和33年〕、現代日本陶芸展特賞〔昭和39年〕
[記念館] 鳴海要記念陶房館 (青森県岩木町)

南紀 重国 (1代目)　なんき・しげくに
　　　刀工

[生年月日] 生年不詳
[没年月日] 寛永8年 (1631年)
[別名等] 初名＝包国

大和手掻派の流れをくむ刀工で、徳川家康に仕えて駿河府中に住したが、元和5年 (1619年) 徳川頼宣に従って和歌山に移住し、紀州徳川家に仕えた。刀、脇指を中心とする作品は豪壮な形状で、直刃、乱刃に優れた物が多い。

難波 仁斎　なんば・じんさい
　　　漆芸家

[生年月日] 明治36年 (1903年) 2月27日
[没年月日] 昭和51年 (1976年) 5月8日
[出生地] 岡山県岡山市栢谷　[本名] 難波仁次郎　[旧姓名] 広瀬　[学歴] 岡山工芸学校塗工科〔大正13年〕卒　[資格] 岡山県重要無形文化財工芸技術保持者　[専門] 描蒟醬

大正14年京都の水木図案研究所勤務を経て、昭和2年から母校の岡山工芸学校で教鞭を執る。34年岡山大学教育学部講師。商工展、帝展、文展、日展などに出品、日本伝統工芸展には31年以来連続入選。図柄を直接描いてとぎだす"描蒟醬 (かんきんま)"と呼ばれる技法を確立した。代表作に「波文鉢」「描蒟醬竹林文卓」など。
[受賞] 日本伝統工芸展日本工芸会総裁賞 (第9回、昭37年度)、山陽新聞社賞 (第22回)〔昭和39年〕、中国文化賞 (第21回)、足守町文化功労賞、岡山県文化賞 (第16回)
[叙勲] 勲五等双光旭日章〔昭和49年〕

南部 勝進　なんぶ・しょうしん
　　　鋳金家　金沢美術工芸大学名誉教授

[生年月日] 大正6年 (1917年) 3月13日
[没年月日] 平成17年 (2005年) 10月12日
[出身地] 富山県

丸山不忘に鋳造技術を師事。陸軍航空技術学校金属材料科主任、陸軍技手、金沢美術工芸大学助教授を経て、教授。日本鋳金家協会会員で、金沢市工芸協会参与、内灘町絵画工芸協会会長も務めた。
[師弟] 師＝丸山不忘

南部 芳松　なんぶ・よしまつ
　　　染織家

[生年月日] 明治27年 (1894年) 9月20日
[没年月日] 昭和51年 (1976年) 11月5日
[出生地] 三重県鈴鹿市寺家町　[学歴] 白子町立白子徒弟学校〔明治42年〕卒　[資格] 重要無形文化財保持者 (伊勢型紙突彫)〔昭和30年〕　[専門] 伊勢型紙 (突彫)

子どものころから父親について伊勢型紙彫刻を学ぶ。明治42年山梨県谷村で甲斐絹型を、44年から東京・日本橋堺町で小林勇蔵に中形彫刻を学ぶなど染色業界の型紙彫刻を幅広く研究。小紋や浴衣、友禅などの文

様を染める伊勢型紙彫刻の中心地、三重県鈴鹿市で、やがて業界の指導者となった。数ある型彫り技術の中では突彫が得意。戦後、昭和21年伊勢型紙彫刻組合が組織され、初代組合長となり、型紙の保存振興に尽力、生前に収集した伊勢型紙の貴重な資料は鈴鹿市に保管されている。30年仲間5人と一緒に人間国宝に認定される。38年から鈴鹿市の伊勢型紙伝承者養成事業の講師を務める。
［師弟］師＝小林勇蔵
［受賞］三重県民功労賞〔昭和46年〕
［叙勲］紫綬褒章〔昭和35年〕、勲五等双光旭日章〔昭和40年〕

【に】

二唐 広 にがら・ひろし
刀匠

［没年月日］昭和62年（1987年）2月1日
［出身地］青森県弘前市　［別名等］号＝国俊
［資格］青森県無形文化財保持者（日本刀鍛刀技術）〔昭和48年〕

津軽藩に代々仕えた鍛冶職の5代目。48年青森県無形文化財（日本刀鍛刀技術）の指定を受け、57年勲五等瑞宝章を受章した。
［叙勲］勲五等瑞宝章〔昭和57年〕

西浦 円治（3代目） にしうら・えんじ
陶工

［生年月日］文化4年（1807年）
［没年月日］明治17年（1884年）
［出身地］美濃国多治見　［別名等］別名＝加藤円治

明治2年まで美濃焼物取締所の取締役を務め、13年濃陶社を設立。市之倉の自宅に窯を築き、細密画を描いた染付磁器や、花を赤い釉と本金で描いた華やかな製品などをつくった。

西垣 勘四郎（1代目） にしがき・かんしろう
装剣金工家

［生年月日］慶長18年（1613年）
［没年月日］元禄6年（1693年）
［出身地］豊前国中津（大分県）または丹波
［別名等］名＝吉弘, 吉教

肥後の鐔工平田彦三に入門し、白銀細工の免許を取得。のち細川家のお抱え工となり、20人扶持を賜る。寛永9年（1632年）主家の移封に伴い八代に移住した。鉄地に唐草・老松・桐などを透かし彫りし、"勘四郎縁"と称される縁頭を得意とした。勘四郎は3代続き、肥後金工の一派を成した。「遠見松透鐔」「桐花透鐔」などの作品が残る。

西垣 勘四郎（2代目） にしがき・かんしろう
鐔工

［生年月日］寛永16年（1639年）
［没年月日］享保2年（1717年）
［出身地］肥後　［別名等］名＝永久, 初名＝茂作, 吉当

初代の子。後藤顕乗の門下で、その作品は師をしのぐ出来であったといわれる。

西川 宗悦 にしかわ・そうえつ
竹工芸家

［没年月日］昭和56年（1981年）3月17日
［出身地］京都府京都市　［本名］西川新治郎

柄杓、茶杓など茶道具製作の3代目。竹芸作家協会理事なども務めた。

西沢 吉太郎(8代目) にしざわ・きちたろう
鋳物師

[没年月日]昭和56年(1981年)10月2日
[出身地]滋賀県　[資格]滋賀県無形文化財保持者〔昭和56年〕

釣り鐘、鰐口、半鐘など鳴り物鋳造の西沢吉太郎8代目を21歳で継承。土と竹の輪だけの鋳型を用いる伝統的な惣型法による技術を、全国でただ一人現代に伝え、主な作品に百済寺鐘、日系カナダ移民百年祭記念鐘などがある。

西嶋 武司 にしじま・たけし
染織家　京都市立芸術大学名誉教授

[生年月日]昭和4年(1929年)5月23日
[没年月日]平成15年(2003年)11月5日
[出生地]京都府　[学歴]京都市立美術大学卒　[団体]日展、京都工芸美術作家協会、日本新工芸家連盟

自然風景をモチーフに、型染の特性を生かし、色を重ねる手法で独特の透明感を生み出す。日展において特選、無鑑査出品。また、日展評議員、日本新工芸家連盟審査委員、監事、京都工芸美術作家協会副理事長を歴任した。代表作に「遊覧飛行(タスマンフライト)」がある。
[受賞]日展特選〔昭和50年・55年〕、京都美術文化賞(第10回)〔平成9年〕、京都市文化功労者〔平成9年〕、日本新工芸展内閣総理大臣賞〔平成10年〕

西塚 栄治 にしずか・えいじ
漆芸家

[生年月日]昭和18年(1943年)6月16日
[没年月日]平成21年(2009年)10月1日
[出身地]石川県輪島市　[専門]蒔絵

父は蒔絵師の西塚誠一。父に師事し、昭和44年日展に初入選。55年「NORTH」、平成5年「銀色の海」で日展特選。堂々とした作風の蒔絵パネルを得意とした。現代工芸美術家協会評議員、石川県美術文化協会常任評議員などを務めた。
[家族]父=西塚誠一(蒔絵師)
[師弟]師=西塚誠一
[受賞]日展特選〔昭和55年・平成5年〕「NORTH」「銀色の海」、日本現代工芸美術展会員賞・東京都知事賞

西田 潤 にしだ・じゅん
陶芸家　京都精華大学芸術学部助手

[生年月日]昭和52年(1977年)
[没年月日]平成17年(2005年)3月26日
[出身地]大阪府吹田市　[学歴]京都精華大学美術学部造形学科〔平成12年〕卒、京都精華大学大学院〔平成14年〕修士課程修了

大きな甕や鉢状の容器の中に造形物と釉薬を詰め込んで焼成、生じたひび割れをバールで押し開け、熱を受けた釉薬がさまざまに変化する様子を展示する独特の陶芸作品により高い評価を得た。平成15年イタリアのファエンツア国際現代陶芸コンクールでグランプリを受賞。17年インドネシアのジャワで陶芸施設の建設作業中に死去した。
[受賞]朝日陶芸展奨励賞〔平成12年〕、京都府美術工芸新鋭選抜展優秀賞〔平成13年〕、韓国世界陶磁ビエンナーレ銅賞〔平成13年〕、国際陶磁器フェスティバル美濃大賞〔平成14年〕、京都府文化賞(奨励賞、第22回)〔平成16年〕、ファエンツア国際現代陶芸コンクール・グランプリ〔平成15年〕

西出 大三 にしで・だいぞう
截金家

[生年月日]大正2年(1913年)6月7日
[没年月日]平成7年(1995年)7月8日

[出生地]石川県江沼郡橋立村　[学歴]東京美術学校(現・東京芸術大学)彫刻科木彫部〔昭和12年〕卒　[資格]重要無形文化財保持者(截金)〔昭和60年〕　[団体]日本工芸会, 日本こけし工芸会, 日本七宝作家協会

在学中から京都・奈良の仏像・仏画を調査して截金や彩色法の研究を行い, 平安〜鎌倉時代に流行した截金技法を復元した。昭和21年第1回日展に木彫「あま」を出品。30年国の記録作成等の措置を講ずべき無形文化財(截金)に選択される。32年第4回日本伝統工芸展に「木彫截金彩色『瑞鳥』」で入選。33年同展技術賞受賞。34年日本工芸会正会員, 45年同会理事・第六部会会長, 49年同会第七部会(諸工芸)会長に就任。60年人間国宝に認定される。代表作に「截金彩色飾合子『富士』」「木彫截金彩色『飾馬』」「檜截金雲竜華文盤」など。

[家族]兄=西出次郎(作曲家)
[師弟]師=高村光太郎
[受賞]日本伝統工芸展技術賞(第5回)〔昭和33年〕「截金彩色飾合子『富士』」
[叙勲]紫綬褒章〔昭和53年〕, 勲四等瑞宝章〔昭和59年〕

西出 宗生　にしで・むねお
染色家　大阪樟蔭女子大学名誉教授

[生年月日]大正6年(1917年)4月24日
[没年月日]平成16年(2004年)6月
[出生地]大阪府　[本名]西出宗雄　[学歴]泉尾工卒　[団体]関西展, 摂津市美術協会(会長), 吹田市美術協会(会長)

日展で入選を重ね, 大阪府より工芸教育の表彰を受けた。

[受賞]吹田市文化功労賞

西頭 哲三郎　にしとう・てつさぶろう
博多人形師　博多人形商工組合理事長

[生年月日]大正10年(1921年)10月11日
[没年月日]平成8年(1996年)6月10日
[出生地]福岡県福岡市　[学歴]高小卒　[資格]福岡県指定無形文化財保持者, 伝統工芸士〔昭和58年〕

小島与一に師事し, 昭和22年に独立。27年福岡市主催人形展で内閣総理大臣賞を受賞, 50年福岡県技能功労者として表彰される。

[受賞]現代の名工〔昭和51年〕, 福岡市文化賞(第18回)〔平成5年〕

二科 十朗　にしな・じゅうろう
染色家　東筑紫短期大学教授

[生年月日]明治39年(1906年)6月9日
[没年月日]昭和53年(1978年)7月30日
[出身地]熊本県　[学歴]熊本工染織科卒
[団体]太平洋美術会, 日本染色文化協会, 福岡県工芸美術協会(会長)

熊本工業学校染織科を卒業後, 上京して太平洋美術研究所で油絵を学んだほか, 染色研究家の上村六郎に師事して天然染料を使った染色を研究。のち朝鮮で活動し, 朝鮮美術展で総督賞を受賞した。太平洋戦争後は熊本に戻り, 二科展, 西部美術展, 福岡県展や日展などに出品。福岡県工芸美術協会会長, 東筑紫短期大学教授などをつとめた。天然染料によるろうけつ染めを得意とし, 代表作に「タヒチ」「バリ島」などがある。

西村 九兵衛　にしむら・くへえ
釜師

[生没年]生没年不詳
[別名等]名=家久, 号=道三

織田信長の釜師西村道仁の子。幼少の頃に父が死去し、浄味の弟子となったと伝えられるが、資料によっては出生などに異説もあり、また経歴もよくわかっていない。京三条釜座で活動し、のち千宗旦の釜師となり、蒲団釜、四方釜、唐犬釜、累座釜などを製作した。

西村 治兵衛　にしむら・じへえ
染織家　衆院議員

[生年月日]文久1年(1861年)3月
[没年月日]明治43年(1910年)12月14日
[出身地]京都府　[本名]西村貞規

漢学・法律学を修め、弘治元年(1555年)創業の法衣商・千切屋の分家で呉服商・千治(千切屋治兵衛)14代目店主となる。明治26年には臨時博覧会事務局からの発注でシカゴ万博に「羽二重地友禅染花鳥図屏風」を出品した。また京都商業会議所会頭、京都鉄道会社取締役、京都商工銀行副頭取、商工貯金銀行頭取、京都織物取締役、京都銀行集会所委員長、京都呉服商組合組長などを歴任。一方、京都市議・議長を経て、41年京都市から衆院議員に当選1回。第4回内国勧業博覧会審査官、第5回内国勧業博覧会評議員、日本大博覧会評議員、セントルイス万博織物審査官なども務めた。

西村 善五郎(1代目)　にしむら・ぜんごろう
陶工

[生年月日]生年不詳
[没年月日]永禄1年(1558年)
[別名等]号=宗印、宗義、寄翁、法名=宗禅、別名=永楽善五郎

京焼の陶家。大永年間(1521〜1528年)ごろ大和国西京(現・奈良市西ノ京町)に居住する土器師として、春日大社の斎器を制作した。一方、茶人・武野紹鷗の好みで茶の湯用の土風炉を焼造し、のち土風炉づくりを家業として京都の永楽焼における"善五郎"名跡の初代となった。以後、代々に渡って土風炉を手掛けるようになり、明治4年以後は永楽姓となった。
[家族]子=西村宗善(陶工)

西村 荘一郎　にしむら・そういちろう
木工芸家

[生年月日]弘化3年(1846年)1月23日
[没年月日]大正3年(1914年)9月30日
[出身地]伯耆国富永村(鳥取県)　[旧姓名]国谷　[専門]木象嵌

9歳で西村嘉六の養子となる。20歳の頃、名和町の大工・長谷川治左衛門に木象眼(埋木細工)を学び、慶応元年(1865年)独立。明治時代、国内外の博覧会に出品して多くの賞を受賞。明治21年日本美術協会委員。作品に「花卉嵌木額」などがある。
[師弟]師=長谷川治左衛門

西村 宗雲　にしむら・そううん
陶工

[生年月日]生年不詳
[没年月日]承応2年(1653年)
[出生地]京都府　[別名等]通称=西村善五郎、永楽善五郎

土風炉を製する西村家(のちの永楽家)の4代目。この時代に京都の土風炉の評価が高まったと言われる。

西村 総左衛門　にしむら・そうざえもん
染色家

[生年月日]安政2年(1855年)5月25日
[没年月日]昭和10年(1935年)5月16日
[出生地]京都府　[旧姓名]三国　[別名等]名=直篤

戦国時代から続く京都の織物商千切屋（のち千総屋）の12代当主。明治6年頃から友禅染の下絵を岸竹堂や今尾景年・菊池芳文ら京都在住の画家に依頼し、明治維新の変動を受けて衰退しつつあった京都の染織業の振興を計った。また京都の染色技術者広瀬治助が発明した色糊（化学染料と糊を混合したもの）を友禅に導入し、加茂川友禅の名で12年の京都博覧会に出品して金牌を受賞。この成功が契機となり、大衆的な型友禅に注目が集まるようになった。さらにビロード友禅を開発したことにより染織の工芸美術品的な価値が高まり、26年のシカゴ万博に「近江八景ビロード友禅壁掛」、33年のパリ万博に「雁来紅図友禅額」を出品して高い評価を得た。
[受賞]京都博覧会金牌〔明治12年〕

西村 宗善 にしむら・そうぜん
陶工

[生年月日]生年不詳
[没年月日]文禄3年（1594年）
[別名等]通称＝西村善五郎，永楽善五郎 [専門]京焼

初代善五郎の子。大和国西京を離れて堺に移住し、初代以来の武野紹鷗好みの土風炉を制作。土風炉の名手とうたわれた。
[家族]父＝西村善五郎（1代目）

西村 宗筌 にしむら・そうぜん
陶工

[生年月日]生年不詳
[没年月日]元禄10年（1697年）
[出生地]京都府　[別名等]通称＝西村善五郎，永楽善五郎

土風炉を製する西村家（のちの永楽家）の5代目。この頃から千家の仕事を受けるようになり、千家十職の一家となった。

西村 宗全 にしむら・そうぜん
陶工

[生年月日]生年不詳
[没年月日]元和9年（1623年）
[別名等]通称＝西村善五郎，永楽善五郎

京都上京室町上立売安楽小路に居を置き、その地は"風炉の辻"と称された。またその名声も高く、永楽焼の風炉は"宗全風炉"と呼ばれるほどであった。
[家族]父＝西村宗善（陶工）

西村 道仁 にしむら・どうにん
釜師

[生年月日]永正1年（1504年）
[没年月日]弘治1年（1555年）
[別名等]通称＝国次

名越浄祐の門人とされるが略歴は不詳。京都三条釜座に住し、名越善正と共に釜座の名工として知られ、"天下一"と号し、主に武野紹鷗の釜師として活躍した。紹鷗好みの「さくら川」という釜や、善正との合作の「猿釜」を作ったといわれるが、作品数が少なく作風についてはよくわかっていない。釜以外にも擬宝珠、梵鐘などの在銘作がある。弟子に辻与次郎がいる。

西村 道冶 にしむら・どうや
釜師

[生没年]生没年不詳
[別名等]名＝孝知，富常，通称＝弥一郎，弥三右衛門，号＝道也

京都三条釜座の西村家2代目で、"なりどうや"と俗称される。表千家6代覚々斎時代の釜師として活躍、中荒肌の作風で西村家随一の名手といわれる。「釜師之由緒」「名物釜所持名寄」などを著した。享保年間（1716～1736年）に没したと思われる。

西村 道弥 にしむら・どうや
釜師

[生年月日]生年不詳
[没年月日]寛文12年(1672年)
[別名等]名＝吉利, 通称＝弥一郎, 弥三右衛門

京都三条釜座に住み、千家にはじめて出入りするようになる。砂肌の作風を多くし、表千家4代江岑時代の釜師として活躍した。以後、西村家は代々"道や(弥・也・爺)"を称するため、"古道弥"とも呼ばれる。

西村 道爺 にしむら・どうや
釜師

[生没年]生没年不詳
[別名等]名＝知義, 通称＝三右衛門

京都三条釜座の西村家4代目で、俗称"テテ道爺"と呼ばれる。表千家7代如心斎時代の釜師として活躍した。

西村 徳泉(3代目) にしむら・とくせん
陶芸家　徳泉窯3代目, 京焼清水焼伝統工芸士会会長, 京都炭山協同組合理事長

[生年月日]昭和3年(1928年)8月26日
[没年月日]平成19年(2007年)4月7日
[専門]清水焼

2代目西村徳泉の長男で、父の死去により29歳で3代目を継ぐ。絵を鳥海二楽子、陶芸を楠部弥弌に師事。日展、日本現代工芸展などに出品。藍色で緻密な文様を描く祥瑞染付による茶陶を制作し、第一人者とされた。

[家族]父＝西村徳泉(2代目)
[師弟]師＝楠部弥弌, 鳥海二楽子
[受賞]現代の名工
[叙勲]勲七等青色桐葉章

西村 敏彦 にしむら・としひこ
鋳金家

[生年月日]明治22年(1889年)
[没年月日]昭和22年(1947年)
[出生地]東京都　[学歴]東京美術学校(現・東京芸術大学)〔大正3年〕卒

父は彫金家の西村雲松で、2代目雲松を名のったこともある。明治42年東京美術学校(現・東京芸術大学)に入学。大正8年に創設された装飾美術家協会で活動した後、15年工芸団体・无型(むけい)に創立同人として参加した。また、帝展に工芸部を設置する運動にも取り組み、昭和3年帝展に初入選。その後、実在工芸美術会にも参加し、無鑑査、会友となった。

[家族]父＝西村雲松(鋳金家)

西村 彦兵衛 にしむら・ひこべえ
蒔絵師

[生年月日]享保5年(1720年)
[没年月日]安永2年(1773年)
[出生地]近江国小浜村(滋賀県)　[別名等]名＝宗忠, 宗政

京都で象牙屋に奉公し、蒔絵の技術を学ぶ。普賢菩薩が象に乗る図を蒔絵にした扁額を菩提寺の蓮光寺に納めたことから"象彦"と称され、これを屋号とした。のち家業は引きつがれて、代々彦兵衛を名乗った。

西村 了全 にしむら・りょうぜん
陶工

[生年月日]明和7年(1770年)
[没年月日]天保12年(1841年)1月
[別名等]通称＝西村善五郎, 別名＝永楽了全, 永楽善五郎

京都永楽焼の陶工で、"西村善五郎"は室町時代以降続く名跡。9代目宗巌の子で、幼少期に父と死別したため千家に引き取られ

た。楽了入、青木木米らに陶技を学び、代々家業としていた土風炉を制作したほか、楽焼、瀬戸写しなどの作品を手掛けた。表千家9代目千宗左より1字を貰い受けて了全と号したが、11代目善五郎が紀州藩より永楽の姓を賜ると、永楽了全とも名乗った。

二宮 桃亭 にのみや・とうてい
工芸家

[生没年] 生没年不詳

寛政年間(1789~1801年)ごろ江戸で医師を業とするかたわら、沈金彫にも従事。刀の代りに鼠の歯を用いて自在に文様を彫ったといわれ、中でも精巧な「孔雀の図」が名品として知られる。

二橋 美衡 にはし・びこう
彫金家

[生年月日] 明治29年(1896年)2月6日
[没年月日] 昭和52年(1977年)9月9日
[出生地] 静岡県磐田郡二俣町　[本名] 二橋利平　[学歴] 東京美術学校(現・東京芸術大学)金工科〔大正14年〕卒

昭和4年第10回帝展、同11回、同12回各帝展で連続特選となる。第15回では推薦となり、16年第4回文展には審査員となった。戦後は日展に出品し、没年まで参事、審査員、評議員などを度々務めた。

【ぬ】

沼波 弄山 ぬなみ・ろうざん
陶工

[生年月日] 享保3年(1718年)
[没年月日] 安永6年(1777年)
[出生地] 伊勢国桑名(三重県)　[別名等] 名=重長、通称=五左衛門、別号=寸方斎

桑名の豪商であったが、茶道を好み、表千家6代目宗左(覚々斎)、7代目宗左(如心斎)に師事。自宅に窯を築いて楽焼風の焼物を制作していたが、元文年間(1736~40年)に小向村に窯を移して本格的な作陶を開始。宝暦年間(1751~63年)には江戸向島小梅に窯を築き、将軍の来観も受けた。京焼に中国やオランダなど異国風の文様を加え、当時の文人の好みに合った茶器類を多く制作。作品に"万古"(または"万古不易")の印が付けられたことから"万古焼"と称されたが、弄山の作品は、のちに再興した万古焼と区別して現在では"古万古"と呼ばれる(従って"古万古焼"の創始者とされる)。

沼田 一雅 ぬまた・かずまさ
彫刻家、工芸家　東京美術学校教授、日本陶彫会会長

[生年月日] 明治6年(1873年)5月5日
[没年月日] 昭和29年(1954年)6月5日
[出生地] 福井県福井市木田新町　[本名] 沼田勇次郎　[学歴] 大阪府立北野学院〔明治15年〕卒

大阪府立北野学院を卒業した明治15年頃から彫刻に興味を抱き、19年の兵庫県産業品評会に彫刻を出品して銅賞を受賞。24年上京、東京美術学校教授で木彫家の竹内久一に師事。26年第9回彫刻競技会で1等賞を受賞し、以後、11回、14回、15回で銀賞を受賞した。また日本美術協会展覧会でも26年に1等賞、30年に銀牌を受賞。27年東京美術学校鋳造科蠟型助手となり、29年助教授に就任。33年パリ万博で「猿廻し置物」が1等金牌を受賞して一躍脚光を浴びた。36年海外窯業練習生として渡仏、国立セーヴル陶磁器製作所で陶磁器彫刻を研究。39年帰国、42年東京美術学校教授となった。大正10年再び渡仏し、セーヴル陶磁器製作

所および欧州へ視察旅行に出かけた。昭和8年から帝展、文展審査員。10年京都に居住し、京都高等工芸学校、商工省陶磁器試験所において彫刻を指導。16年神奈川県茅ヶ崎市に移り、セーヴル様式の窯を築いて陶彫制作に専念した。戦後、21年瀬戸市に陶彫研究所を創設、26年日本陶彫会を結成し会長。29年日本芸術院賞恩賜賞を受賞した。作品に「正木直彦陶彫像」などがある。
[受賞]日本芸術院賞恩賜賞〔昭和29年〕

漆部造 弟麻呂　ぬりべのみやつこ・おとまろ
漆工

[生没年]生没年不詳
[別名等]別名＝漆部弟麻呂

唐招提寺金堂の本尊廬舎那仏像の台座に名前が墨書きされており、奈良時代に制作にあたった工人の一人と思われる。漆部造は漆塗りに関連する伴造系の士族で、漆工技術に優れて同像の制作に従事していたと考えられる。

【 ね 】

根来 実三　ねごろ・じつぞう
釜師, 鋳金家

[生年月日]明治21年（1888年）11月21日
[没年月日]昭和50年（1975年）4月30日
[出生地]和歌山県和歌山市　[学歴]大阪郵便局通信生養成所〔明治38年〕卒　[資格]無形文化財記録保持者〔昭和48年〕　[団体]日本工芸会

明治38年大阪在住裏千家御用釜師4代佐々木彦兵衛に鋳造技術を師事。大正14年上京、目黒に住み、香取秀真に師事。昭和3年文展初入選、6年遠州流茶道家元職方釜師となった。16年文展無鑑査、21年「四方釜」が日展特選。48年茶釜作りの名工として無形文化財記録保持者に指定され、勲四等瑞宝章を受章。自身を"未熟者"と称して生涯弟子をとらなかった。
[家族]息子＝根来茂昌（釜師）
[師弟]師＝佐々木彦兵衛, 香取秀真
[受賞]日本伝統工芸展朝日新聞社賞〔昭和32年〕, キワニス文化賞（第9回・昭和48年度）
[叙勲]勲四等瑞宝章〔昭和48年〕

【 の 】

納富 介次郎　のうとみ・かいじろう
工芸教育家, 製陶家　江戸川製陶所設立者

[生年月日]天保15年（1844年）4月3日
[没年月日]大正7年（1918年）3月9日
[出生地]肥前国小城町（佐賀県）　[旧姓名]柴田　[別名等]号＝介堂

日本画、南画、油絵などを学ぶ。文久2年（1862年）上海に渡航、帰国後、佐賀藩の顧問として上海貿易を始める。明治6年ウィーン万博のために渡欧し、各地の製陶所を見学。8年帰国後、勧学寮で伝習などに携わる。10年第1回内国勧業博覧会の審査員を務める。同年〜17年東京・牛込新小川町に江戸川製陶所を開設、欧風直立円窯を築造し、伝習事業を続けた。20年より石川、富山、香川、佐賀の各県工業学校長を歴任し、窯業技術の育成に努めた。晩年は東京で絵画、彫刻を制作した。

野上 隆　のがみ・たかし
染織家

[生年月日]大正9年（1920年）8月2日
[没年月日]平成19年（2007年）9月15日

[出生地]富山県高岡市　[学歴]京都高等工芸学校(現・京都工芸繊維大学)図案科〔昭和16年〕卒　[専門]ろうけつ染　[団体]光風会

昭和22年教員となり、23年から富山県染織試験場嘱託職員を兼務して染織に興味を持つ。28年日展に初入選。以来、教員の傍ら、ろうけつ染め作家として光風会展や日本現代工芸美術展、亜細亜現代美術展などに出品。51年退職して染織に専念。染織工芸碧会を主宰して後進の育成にも力を注いだ。
[受賞]高岡市民功労者表彰〔昭和59年〕、富山県教育委員会芸術文化功労者表彰〔昭和63年〕、亜細亜現代美術展交友会賞〔昭和60年〕、日本染織作品展努力賞〔昭和62年〕、日本の美術展パリー市民賞(第4回)〔平成1年〕、亜細亜現代美術展文部大臣奨励賞〔平成2年〕、亜細亜現代美術展北村西望賞〔平成6年〕、亜細亜現代美術展平和堂貿易賞〔平成8年〕

野口 三四呂　のぐち・さんしろう
人形作家, 写真師

[生年月日]明治34年(1901年)
[没年月日]昭和12年(1937年)
[出生地]静岡県三島市　[本名]野口三四郎
写真師のかたわら人形制作を行う。昭和11年第1回総合人形芸術展覧会で「水辺興談」が人形芸術院賞を受賞。鹿児島寿蔵・堀柳女らとともに甲戌会同人として活動し、初期人形運動で重要な役割を担った。

野口 真造　のぐち・しんぞう
染色家　大彦染繍美術研究所長, 戸板女子短期大学名誉教授

[生年月日]明治25年(1892年)2月11日
[没年月日]昭和50年(1975年)12月29日
[出身地]東京　[学歴]商工中卒

中学卒業後、父の彦兵衛に師事、専ら染色の考案の仕事に携わる。父の没後、大彦染繍美術研究所を設け、古代衣裳染色の研究、復元をした。
[家族]父＝野口彦兵衛(染色家)

野口 園生　のぐち・そのお
人形作家

[生年月日]明治40年(1907年)1月23日
[没年月日]平成8年(1996年)7月25日
[出生地]東京市下谷区谷中清水町(東京都)
[資格]重要無形文化財保持者(衣裳人形)〔昭和61年〕　[専門]衣裳人形　[団体]日本工芸会

昭和12年衣裳人形の重要無形文化財保持者であった堀柳女に入門し技法を学び、詩情に富み個性的な作品を生み出す。15年童宝美術院人形展優秀賞、22年第3回日展出品。25年野口園生人形塾"蒼園会"開設。同年現代人形美術展朝日新聞社賞、28年同展会員。31年第1回個展開催。34年日本工芸会正会員、53年理事。同年から2年間日本工芸会人形部会長。61年重要無形文化財保持者(人間国宝)認定。代表作に「月の出」「きまま者」「夕餉時」「おぼろ夜」など。著書に「野口園生人形作品集」がある。
[師弟]師＝堀柳女
[受賞]童宝美術院人形展優秀賞(第10回)〔昭和15年〕、現代人形美術展朝日新聞社賞〔昭和25年〕
[叙勲]勲四等瑞宝章〔昭和54年〕

野口 彦兵衛　のぐち・ひこべえ
染色家

[生年月日]嘉永1年(1848年)
[没年月日]大正14年(1925年)1月
[出生地]江戸両国　[旧姓名]河村
江戸・麹町にあった幕府御用達の呉服商・加太屋へ奉公に出て染物を学び、年季明け後

は日本橋橘町の呉服問屋・大黒屋(大幸)の養子に入り、河村姓から野口姓となった。明治8年別家して大彦を称した。明治20年染物工場を開設、京都に対抗して江戸の染色技術の振興を図り、"東京大彦染"として販路を拡大した。手描や型友禅を得意とし、親交のあった柴田是真の弟子を下図職に多く用いた。
[家族]二男=野口真造(染色家)

野口 光彦　のぐち・みつひこ
御所人形作家

[生年月日]明治29年(1896年)2月23日
[没年月日]昭和52年(1977年)8月6日
[出生地]東京　[本名]野口光太郎

祖父の弟子小泉寛司に師事。明治45年3世清雲斎を継ぐ。昭和初期の人形復興で、五芸会、甲乙会などの同人として活躍、同門の平田郷陽らと美術人形運動を興す。昭和12年第1回文展に「村童」「砂丘に遊ぶ子供」で特選。以後新文展、日展、日本伝統工芸展などに出品。14年ベルギー国際人形展に「富士雛」を出品、ベルギー政府買い上げ、17年第6回文展に「歓喜童児」を出品、宮内省買い上げとなるなど高い評価を受け、御所人形の伝統の上に、近代風の造形感覚を表現することに成功した。日本人形作家協会代表、日本工芸会正会員などを務めた。

野口 明豊　のぐち・めいほう
人形作家

[生年月日]明治25年(1892年)
[没年月日]昭和53年(1978年)
[出生地]埼玉県　[本名]野口光次郎

市松人形、節句人形を斉木東玉に、活き人形を安本亀八に師事。昭和11年第1回帝展に「幼女」が入選、帝展に初入選した人形作家の一人となった。
[師弟]師=斉木東玉、安本亀八

野崎 佐吉　のざき・さきち
陶工

[生没年]生没年不詳
[出身地]加賀国(石川県)　[別名等]別名=能登屋吉左衛門

京都の錦光山の窯で磁器製法を学ぶ。明治18年金沢鶯谷の鶯谷庄米の窯を譲り受け、土屋一光(2代目)とともに経営した。

野崎 比彩映　のざき・ひさえ
七宝作家

[生年月日]昭和17年(1942年)3月26日
[没年月日]平成17年(2005年)12月16日
[本名]野崎春美　[学歴]富山女子高卒　[団体]日本工芸会

19歳で結婚。普通の主婦だったが、37歳の時にテレビで見た七宝の美しさに惹かれ、早川義一に師事。以後、全国展で入選を重ね、平成14年「有線七宝合子『秋彩』」で日本伝統工芸展総裁賞を受賞。モダンな色彩感覚と繊細なデザインに定評があった。
[師弟]師=早川義一
[受賞]日本伝統工芸展総裁賞〔平成14年〕「有線七宝合子『秋彩』」、日本伝統工芸展奨励賞〔平成15年〕

野々村 仁清　ののむら・にんせい

[生没年]生没年不詳
[出身地]丹波国野々村(京都府)

尾形乾山の師で、乾山が著した「陶工必用」に拠ると、仁和寺の"仁"と名の清右衛門の"清"を合わせて"仁清"と号したという。また、その姓から丹波国野々村の出身で、丹波焼の陶工であったと考えられている。京都粟田口で修業したあと、尾張国瀬戸でも修業したという。仁和寺の知遇を得て門前に窯を築き、御室焼・仁和寺焼と呼ばれた。茶人・金森宗和の指導を受け、その好みに

よる斬新な意匠を盛り込んだ作品を制作。優雅で華麗な独特の色絵様式を確立し、生前から高い評価を得た。延宝年間には家督を長子に譲っている。代表作に国宝「色絵雉香炉」「色絵藤花文茶壺」などがある。

野原 カメ　のはら・かめ
染織家

[没年月日] 平成21年（2009年）9月3日
[出身地] 沖縄県島尻郡南風原町喜屋武　[専門] 琉球絣
琉球絣の生産に従事し、琉球絣事業協同組合設立に際して家内工業的に織物に携わる女性たちに働きかけて組合員拡大に貢献した。また、南風原花織の再現と復興に努めた。
[受賞] 沖縄県功労者表彰（平13年度）

信家　のぶいえ
鐔工

[生没年] 生没年不詳
尾張に住して活躍した鐔工で、その作品は頑丈で実用性を重んじたものが多い。木瓜形、撫角形などの形を好み、厚手板鐔に毛彫りや小透を施し、素朴で深い味わいがある。代表作に「巴透かし鐔」や黒田家伝来の国宝の太刀に施された「題目に斧透かし鐔」「松葉分鐔」「網目文鐔」などがある。芸州をはじめ各地にも同名の鐔工がいるほか、武田信玄に仕えた甲冑工明珍信家も同名であるが、これは別人とする説が有力である。

信田 洋　のぶた・よう
彫金家

[生年月日] 明治35年（1902年）4月28日
[没年月日] 平成2年（1990年）10月25日
[出生地] 東京市日本橋区（東京都）　[本名] 信田六平　[学歴] 東京美術学校（現・東京芸術大学）彫金科〔昭和3年〕卒
在学中から北原千鹿に彫金を師事。昭和2年北原主宰の工人社同人となり、15年まで中心メンバーとして活躍。5年第11回帝展初入選、9年第15回帝展特選。以来帝展、新文展、日展に出品。21年日展審査員、35年評議員、53年参与となる。また20年新日本美術会を結成、32年日本金工制作協会を創立。25年第1回芸術選奨文部大臣賞受賞。代表作に「真鍮透彫箱」「芙蓉置物」などがある。また、昭和初年から千葉市に住み、地元の文化発展にも尽力した。
[師弟] 師＝清水亀蔵、北原千鹿
[受賞] 芸術選奨文部大臣賞（第1回、昭25年度）「芙蓉置物」、千葉県教育功労者、千葉県文化功労者、帝展特選（第15回、昭9年度）「蒸発用湯沸瓶」

信房　のぶふさ
刀工

[生没年] 生没年不詳
平安末期の刀工。いわゆる古備前の刀工で、古備前の名工で"三平"と称される高平、助平、包平の父ともいわれる。羽前庄内藩主・酒井家に伝来した致道博物館所蔵の太刀と、「十万束」との号を持つ御物太刀が国宝となっている他、重要文化財に指定された太刀もある。

野村 正二　のむら・しょうじ
手漉和紙製作者

[生年月日] 大正2年（1913年）3月8日
[没年月日] 平成18年（2006年）1月23日
[出生地] 鹿児島県蒲生町　[学歴] 南満州工業専門学校卒　[資格] 蒲生町無形民俗文化財〔昭和63年〕　[専門] 蒲生和紙

鹿児島県蒲生町に手漉和紙職人の長男として生まれる。29歳で中国に渡り、南満州工業専門学校で学ぶ。同地の航空機製造会社で働いたのち昭和22年帰郷、父の後継者として家業を継ぎ、43年からは町内で唯一の手漉和紙業者となった。小説家・海音寺潮五郎が晩年愛用した和紙としても知られ、63年鹿児島県伝統的工芸品と蒲生町無形民俗文化財に指定された。平成13年和紙製造から引退した。
[受賞]南日本文化賞〔昭和58年〕、伝統的工芸品産業小規模産地功労者(紙部門)〔平成8年〕、鹿児島県文化財功労者表彰〔平成13年〕

則重　のりしげ
刀工

[生没年]生没年不詳
[本名]佐伯

越中国の刀工で、新藤五国光に師事したという。鎌倉後期に活躍し、正和3年(1314年)と元亨4年(1324年)の年紀作がある。永青文庫所蔵の短刀が国宝となっている他、重要文化財に指定された太刀や短刀もある。

則房　のりふさ
刀工

[生没年]生没年不詳
[出身地]備前国邑久郡(岡山県)

備前国片山の刀工で、一文字派に属した。鎌倉時代中期に活躍した。信房の子といわれ、後鳥羽上皇の御番鍛冶を務めた。徳川幕府第5代将軍・徳川綱吉が孫の誕生祝いに贈ったという太刀が国宝となっている。

則宗　のりむね
刀工

[生年月日]仁平2年(1152年)
[没年月日]建保2年(1214年)
[出生地]備前国福岡(岡山県)　[別名等]別名=備前大夫、刑部丞、行宗

後鳥羽上皇の作刀を務める後鳥羽院番鍛冶に選ばれる。菊一文字の銘を上皇より与えられ、また秘銘には香の一字を用い、福岡一文字派の祖とされる。細身で反りの高い優美な作風で、のちには華やかな丁字乱れも焼いた。作品に東京日枝神社蔵の太刀、長篠の合戦での功績により織田信長から賜った奥平信昌の太刀(共に国宝)、三井家の太刀(重要文化財)などがある。

野路　善鏡　のろ・ぜんきょう
塗師

[生没年]生没年不詳
[出生地]大和国(奈良県)　[別名等]別名=篠井秀次

千利休の塗師として、盛阿弥紹甫と並び称されるほどの腕前を持った。豊臣秀吉からも天下一の称を賜り"天下一与次秀次"と称した。
[家族]父=篠井秀次(1代目)

【は】

萩谷　勝平　はぎや・かつひら
彫金師

[生年月日]文化1年(1804年)
[没年月日]明治19年(1886年)9月6日
[旧姓名]寺門　[別名等]号=生涼軒

寺門与重の二男として生まれ、萩谷仁兵衛の養子に。兄である寺門勝房に彫金を学び、鐔、目貫、小柄等に据文高彫りと色絵を施した技巧で独自の作風を築いた。明治維新後も水戸に留まり、海野勝珉、小泉勝親、鈴木勝容、川上勝俊ら多くの弟子を養

成。明治10年第1回内国勧業博覧会に彫鏤銅器を出品して鳳紋賞を受けた。
[墓所]妙雲寺(茨城県水戸市見川)

硲 伊之助　はざま・いのすけ
洋画家,陶芸家　一水会創設者

[生年月日]明治28年(1895年)11月14日
[没年月日]昭和52年(1977年)8月16日
[出生地]東京都　[別名等]号＝三彩亭　[学歴]慶応義塾普通部〔明治44年〕中退

本郷絵画研究所、日本水彩画研究所に学び、明治45年萬鉄五郎、岸田劉生らとヒューザン会を結成。大正3年第1回二科展に「女の習作」を出品、二科賞を受賞。15年春陽会、昭和8年二科会会員。昭和11年有島生馬、石井柏亭、安井曽太郎らと一水会を設立。19年東京美術学校助教授に就任。一方、古九谷に憧れてその再現を目指し、26年より初代徳田八十吉の窯を訪れて作陶を開始。34年木下義謙、12代目酒井田柿右衛門、12代目今泉今右衛門らと一水会に陶芸部を設立。三彩亭と号し、37年加賀市吸坂にアトリエを構えて作陶に励んだ。
[受賞]和歌山県文化功労章〔昭和51年〕、二科賞〔大正3年・7年〕
[記念館]加佐ノ岬硲伊之助美術館(石川県加賀市)

箸尾 清　はしお・きよし
刺繍作家

[生年月日]明治21年(1888年)
[没年月日]昭和58年(1983年)2月6日
[出生地]三重県尾鷲市

二男として生まれる。明治35年渡辺伝七より刺繍の手ほどきを受け、43年より京都高等工芸学校の科外生として図案や色染、機織などについて5年間にわたって学んだ。また、同校では鹿子木孟郎と都鳥英喜に洋画も習う。大正5年箸尾刺繍伝習所を開設。京都府立第一高等女学校や府立女子専門学校、成安女子短期大学、東京の実践女子専門学校などで教鞭を執った他、各宮家の妃や女王殿下にも御進講した。

橋爪 彩子　はしづめ・あやこ
陶芸家

[生年月日]昭和47年(1972年)
[没年月日]平成18年(2006年)6月17日
[出生地]静岡県静岡市　[学歴]愛知県立芸術大学美術学部卒,愛知県立芸術大学大学院修了

愛知県立芸術大学美術学部で加藤作助らに陶芸を師事。平成8年から4年連続で東海伝統工芸展に入選。大学院修了後は愛知県美浜町で作陶活動に入り、また11年より岡崎市の知的障害者更生施設・藤花荘で絵画陶芸指導員を務めたが、18年34歳で急逝。白い化粧土を表面に塗って、引っ掻いて地の土の色を出す"掻きおとし"と呼ばれる技法を得意とした。19年追悼展が開催された。
[師弟]師＝加藤作助

橋本 市蔵(1代目)　はしもと・いちぞう
漆工

[生年月日]文化14年(1817年)
[没年月日]明治15年(1882年)2月7日
[出生地]江戸　[別名等]幼名＝市三郎,通称＝橋市

鞘塗師橋本又次郎の子に生まれ、姓名の1字ずつとって橋市と称す。明治4年に廃刀令が発令されたため、家業を廃し、竹の模様塗を考案し、"橋市の竹塗"として有名になった。6年ウィーン万博有功賞牌、10年第1回内国勧業博覧会竜紋賞などを受賞している。
[家族]養子＝橋本市蔵(2代目)
[受賞]内国勧業博覧会竜紋賞〔明治10年〕

橋本 市蔵 (2代目) はしもと・いちぞう
漆芸家

[生年月日] 安政3年 (1856年)
[没年月日] 大正13年 (1924年) 1月
[出生地] 江戸・芝宇田川町　[旧姓名] 大林
元治元年 (1864年) 初代市蔵の門に入り、明治5年その養子となる。15年2代目を襲名。21年皇居造営の際、宮殿の鏡縁の竹塗をつとめ、以後は漆工の指導に努めた。
[家族] 養父=橋本市蔵 (1代目)

橋本 一至 (1代目) はしもと・いっし
彫金家

[生年月日] 文久3年 (1863年) 6月1日
[没年月日] 明治29年 (1896年) 6月15日
[出身地] 京都府　[別名等] 通称=玄治、号=夕秀舎、浄延
父親は近江の出で、京都で呉服商を営む。後藤一乗に学び、高弟の一人となった。明治9年天皇の佩剣金具を制作。28年第4回内国勧業博覧会では審査員をつとめた。

蓮田 修吾郎 はすだ・しゅうごろう
金属造型作家　東京芸術大学名誉教授

[生年月日] 大正4年 (1915年) 8月2日
[没年月日] 平成22年 (2010年) 1月6日
[出生地] 石川県金沢市野田町　[学歴] 東京美術学校 (現・東京芸術大学) 工芸科鋳金部 〔昭和13年〕卒　[資格] 日本芸術院会員〔昭和50年〕　[団体] 日展
石川県立工業学校図案絵画科を卒業し、昭和8年東京美術学校 (現・東京芸術大学) 工芸科鋳金部に進んで高村豊周に師事。24年日展に初入選。26年「トロフィー」で日展特選、34年「野牛とニンフ」で日展文部大臣賞。37年「森の鳴動」で日本芸術院賞。50年東京芸術大学教授となり、同年日本芸術院会員。56年現代工芸美術家協会会長、平成9年最高顧問。昭和62年文化功労者に選ばれ、平成3年文化勲章を受章した。大型のレリーフなどで建築空間を飾る手法を確立し、金属造型という分野を開拓。昭和56年日本金属造型研究所を創立して理事長となり、53年より日本金属造型展を毎年開催した。代表作に、北海道納沙布岬にある北方四島返還祈念シンボル像「四島のかけ橋」(56年) や、「ルルド雲仙」(50年) などがある。また、37年作品を贈ったことがきっかけでドイツと交流を深め、日独の文化交流に貢献。57年には西ドイツ一等功労十字章を受けた。
[師弟] 師=高村豊周
[受賞] 日本芸術院賞〔昭和37年〕「森の鳴動」、文化功労者〔昭和62年〕、石川県名誉県民〔平成4年〕、金沢市名誉市民〔平成4年〕、鎌倉市名誉市民〔平成19年〕、日展特選〔昭和26年〕「トロフィー」、日展文部大臣賞〔昭和34年〕「野牛とニンフ」
[叙勲] 紺綬褒章〔昭和42年〕、西ドイツ一等功労十字章〔昭和57年〕、文化勲章〔平成3年〕

長谷川 一望斎 はせがわ・いちぼうさい
金属工芸家

[没年月日] 平成5年 (1993年) 5月11日
[出身地] 愛知県名古屋市中区　[本名] 長谷川清一
江戸末期の尾張藩お抱えの鍔師から3代目。茶道具の金・銀細工で知られ、昭和51年米国建国200年を祝って名古屋市が姉妹都市ロサンゼルス市に贈った銀の茶がまを制作した。

長谷川 重美 はせがわ・じゅうび
印籠蒔絵師

[生没年] 生没年不詳

[別名等]別名=巨鮮斎
江戸後期頃、印籠の蒔絵師として活動。「畳紙蒔絵印籠」などが残る。

長谷川 兵夫　はせがわ・ひょうお
陶工　福良焼の祖

[生年月日]文化1年(1804年)
[没年月日]文久3年(1863年)10月17日
[出生地]陸奥国安積郡福良村(福島県)

当時盛んであった会津本郷焼にならって福良焼をはじめる。天保10年(1839年)会津藩主松平容保に歎願書を提出、福良での新製瀬戸焼の御用命をうけた。長男の清吾が2代目を継ぎ、明治期に入ると福良焼の全盛をむかえた。

畠 春斎(2代目)　はた・しゅんさい
釜師

[生年月日]昭和19年(1944年)4月26日
[没年月日]平成19年(2007年)10月14日
[出身地]富山県高岡市　[本名]畠重男

加賀藩の2代目藩主・前田利長が高岡に招いた筋目鋳物師の流れを汲む。茶の湯釜の制作を始めた初代春斎の二男で、昭和41年22歳から父に師事。46年日本伝統工芸展に初入選。48年同展に鋳肌に縦の筋を刻み込んだ幾何学的なデザインの「筋文肩衝 平釜」を出品、注目を集め、奨励賞を受賞した。以来、縦筋を基調としたモダンなデザインを持ち味とし、独自の作風を築いた。57年2代目春斎を襲名。平成3〜17年日本工芸会富山支部幹事長。18年富山県立水墨美術館で個展を開催した。
[受賞]日本伝統工芸展奨励賞〔昭和48年〕、日本伝統工芸展日工会会長賞〔昭和53年〕、伝統工芸日本金工展朝日新聞社賞〔平成1年〕、日本伝統工芸展重要無形文化財保持者選賞〔平成4年〕

秦 蔵六(1代目)　はた・ぞうろく
鋳金家

[生年月日]文政6年(1823年)
[没年月日]明治23年(1890年)
[出生地]山城国愛宕郡岩屋端村(京都府)
[別名等]初名=米蔵

天保4年(1833年)2代目龍文堂の門下となり、鋳法を学ぶ。その後独立し、中国の周・漢の古銅器の鋳造法を学ぶ。孝明天皇の銅印、徳川慶喜の征夷大将軍の金印の鋳造を手がけたほか、明治6年には宮内省の命によって、長男の2代蔵六と共に明治天皇の御璽・国璽を鋳造して名声を博した。茶器や文房具などの小品を得意とし、代表作に「銅製鼎形花瓶」がある。
[家族]長男=秦蔵六(2代目)

秦 蔵六(2代目)　はた・ぞうろく
鋳金家

[生年月日]安政1年(1854年)
[没年月日]昭和7年(1932年)11月22日

初代蔵六の長男で、父と同じ鋳金の道に入る。明治6年宮内省の命を受け、父と共に明治天皇の御璽・国璽を鋳造した。父の作風を受け継ぎ、中国古銅器の復元に努めた。
[家族]父=秦蔵六(1代目)

羽田 登喜男　はた・ときお
染色家　羽田手描友禅研究所長

[生年月日]明治44年(1911年)1月14日
[没年月日]平成20年(2008年)2月10日
[出生地]石川県金沢市彦三五番丁(彦三町)
[学歴]小将町高小〔大正14年〕卒　[資格]京都手描友禅技術保存資格者〔昭和18年〕、重要無形文化財保持者(友禅)〔昭和63年〕
[専門]友禅　[団体]日本工芸会

造園師の三男として生まれ、大正14年隣家の友禅職人・南野耕月に入門し加賀友禅を

学ぶ。昭和6年京都に上り、曲子光峰に師事して京友禅の技術も修得。12年作家として独立。加賀友禅と京友禅の特色を融合させた作風で、30年訪問着「孔雀」が第2回日本伝統工芸展に初入選。32年日本工芸会正会員、36年理事。63年重要無形文化財保持者(人間国宝)に認定された。名作のほとんどが現存しない友禅染において、現代の友禅を後世に残そうと、祇園祭の蟷螂山の"胴掛け"に取り組む。57年メーンの"前掛け"「瑞祥鶴浴図」を完成。平成16年"後掛け"「瑞兆遊泳之図」を献納、全懸装品を制作完納。8年リヨン染織美術館で「羽田家のキモノ展」を開催。昭和61年のダイアナ妃来日の際に本振袖を贈った。他の代表作に「友禅訪問着『薫苑瑞鳥』」「友禅中振袖『滝桜』」「友禅訪問着『越前花野』」など。
[家族]長男＝羽田登(染織家)
[師弟]師＝南野耕月、曲子光峰
[受賞]京都府美術工芸功労者表彰〔昭和53年〕、京都府文化賞(特別功労賞、第8回)〔平成2年〕、京都市文化功労者〔平成2年〕、日本伝統工芸展東京都知事賞〔昭和51年〕
[叙勲]藍綬褒章〔昭和51年〕、勲四等瑞宝章〔昭和57年〕
[記念館]羽田美術館(京都府京都市)

畠山 三代喜　はたけやま・みよき
彫金家　北海道教育大学名誉教授

[生年月日]昭和2年(1927年)1月5日
[没年月日]平成14年(2002年)7月24日
[出身地]北海道生田原町　[学歴]日本大学芸術学部卒、東京美術学校(現・東京芸術大学)附属工芸技術講習所卒　[団体]日展、光風会、金工協会、北海道金工作家協会
昭和26年北海道学芸大学札幌分校(現・北海道教育大学札幌校)助手となり、45年北海道教育大学教授。平成2年定年退官後、道都大学教授を務めた。北海道の彫金家の草分け的存在で、銅などの金属板を木槌で打ち出す技法で多くの金属工芸作品を制作。北海道金工作家協会会長を務め、後進の指導にも尽力した。
[受賞]北海道文化奨励賞〔昭和56年〕、札幌市芸術賞〔昭和60年〕、北海道文化賞〔平成10年〕
[叙勲]紺綬褒章〔昭和53年〕

畑中 宗兵衛　はたなか・そうべい
陶芸家　畑中春草堂本店会長

[没年月日]昭和56年(1981年)3月2日
[出身地]岐阜県高山市　[専門]渋草焼
高山特産の焼き物、渋草焼の家に生まれ、京都で修業。郷里に帰って渋草焼の技術、技法の向上に努め、後継者の養成、身障者、中高年齢者の雇用にも力を尽くした。
[受賞]現代の名工〔昭和54年〕
[叙勲]勲六等瑞宝章〔昭和55年〕

服部 杏圃　はっとり・きょうほ
陶画工

[生没年]生没年不詳
椿椿山に師事した後、蕃書調書画学局でも絵を学ぶ。明治2年我が国で初めて西洋顔料による陶磁器の絵付けに成功した。同年肥前佐賀藩の元藩主・鍋島直正(閑叟)に招聘されて有田に錦手画法を伝え、4年には愛知県瀬戸へ赴く。6年我が国がウィーン万博に初めて陶磁器を出品した際には、東京・下谷の官立工場の工場長として絵付けを担当した。帰国後は起立工商会社の絵付け師となった。代表作に「色絵花果文皿」がある。
[師弟]師＝椿椿山

服部 香蓮　はっとり・こうれん
陶芸家

[生年月日]嘉永3年(1850年)

[没年月日] 没年不詳
手捏ねの女流製陶家。蓮葉その他の細密彫刻にすぐれ、茶器、筆洗などつくった。

服部 唯三郎　はっとり・ただざぶろう
七宝工

[生没年] 生没年不詳
[出身地] 愛知県名古屋市
明治21年名古屋で七宝業を開業。23年第3回内国勧業博覧会を皮切りに、明治後期の数々の博覧会に作品を出品した。

服部 正時　はっとり・まさとき
漆芸家

[没年月日] 平成3年(1991年)2月1日
[資格] 伝統工芸士〔昭和51年〕　[専門] 沈金
昭和5年以来沈金一筋。この間、沈金に蒔絵の技法を併用した新しい表現方法で新境地を開拓、後継者も多数養成した。福井県工芸作家協会長もつとめた。
[受賞] 現代の名工〔昭和54年〕
[叙勲] 勲六等瑞宝章〔昭和55年〕

羽田 五郎　はねだ・ごろう
塗師

[生没年] 生没年不詳
室町時代後期に活動した塗師で、茶道具の塗師の最古の人物とされる。"羽田盆"と呼ばれる黒漆塗四方盆の創始者といわれる。

羽淵 宗印　はねぶち・そういん
茶杓削師

[生没年] 生没年不詳
[別名等] 名＝嘉広
茶杓削りの名手として珠徳に次いでその名を上げ、竹茶杓に工夫を凝らした。天文21年(1552年)ごろから活動した。

浜 達也　はま・たつや
彫金家

[生年月日] 大正2年(1913年)3月21日
[没年月日] 平成1年(1989年)10月11日
[出身地] 長野県　[学歴] 諏訪中卒　[団体] 光風会、日展、日本金工作家協会
昭和41年第9回日展で審査員をつとめた。代表作に「真鍮銅赤銅象嵌の壺」。
[師弟] 師＝清水南山
[受賞] 光風会賞

浜田 庄司　はまだ・しょうじ
陶芸家　日本民芸協会会長

[生年月日] 明治27年(1894年)12月9日
[没年月日] 昭和53年(1978年)1月5日
[出生地] 神奈川県橘樹郡高津村溝ノ口　[本名] 浜田象二　[学歴] 東京高等工業学校(現・東京工業大学)窯業科〔大正5年〕卒　[資格] 重要無形文化財保持者(民芸陶器)〔昭和30年〕　[専門] 民芸陶器、益子焼
大正5年京都市立陶磁器試験場に勤め、釉薬の研鑽を積む。6年バーナード・リーチに出会い、7年千葉県我孫子の工房を訪ね、柳宗悦らに出会う。9年リーチの誘いで渡英、セント・アイブスで作陶。12年ロンドンで個展開催。13年帰国後は栃木県の益子に定住し、益子焼の改良発展に尽力。14年沖縄壺屋の新垣栄徳の工房に通い、赤絵を始める。同年以降、柳宗悦、河井寛次郎とともに民芸運動を推進。昭和4年以降国画会展(現・国展)に出品。11年日本民芸館開館。30年人間国宝に認定され、43年文化勲章受章。37年日本民芸館長、49年日本民芸協会会長となる。また52年には世界中で収集した民芸作品を集めた益子参考館を開設し、館長、理事長を務めた。素朴で力強い作風で、国際的に最も知られた作家の一人。代表作に「赤絵糖黍紋花瓶」「塩釉紋押花瓶」「飴釉白青十字掛大鉢」など。

[師弟]師＝板谷波山
[受賞]芸術選奨文部大臣賞〔昭和27年〕「壺」, ロンドン王立美術大学名誉学位
[叙勲]紫綬褒章〔昭和39年〕, 文化勲章〔昭和43年〕
[記念館]浜田庄司館（栃木県益子町）

浜田 義徳　はまだ・よしのり
陶工

[生年月日]明治15年（1882年）
[没年月日]大正9年（1920年）
[出身地]熊本県八代町

明治37年有田の工業学校を卒業して、草場見節の唐津焼復興に尽力。42年には朝鮮汗頭浦の三和高麗焼の古陶の復興に努めた。

浜野 矩随（1代目）　はまの・のりゆき
装剣金工家

[生年月日]享保20年（1735年）
[没年月日]天明7年（1787年）8月29日
[別名等]通称＝忠五郎, 別号＝望窓軒, 蓋雲堂

初代浜野政随の門下となり、15歳頃に師より矩随の名を認められる。浜野派の豪快な彫法を受けつぎ、杉浦乗意風の薄肉彫を得意としつつ、色絵を施した独自の作風を確立し、浜野流の興隆に貢献した。

浜野 矩随（2代目）　はまの・のりゆき
彫金工

[生年月日]明和8年（1771年）
[没年月日]嘉永5年（1852年）
[本名]染野松次郎　[別名等]別号＝寿松軒, 東龍斎

天明5年（1785年）初代の門人となり、寛政6年（1794年）2代となった。

浜野 政随（1代目）　はまの・まさゆき
装剣金工家

[生年月日]元禄9年（1696年）
[没年月日]明和6年（1769年）
[別名等]通称＝太良兵衛, 別号＝乙柳軒, 味墨, 閑径, 驪風堂, 子順, 遊壺亭, 穐峰斎, 半圭子, 一瞬堂, 玉渓舎, 圭寶

奈良派の名工利寿に師事。のち独立して浜野派を立て、兼随, 矩随など多くの弟子を育成し、横谷派, 奈良派と並ぶ町彫りの主要門流となった。作品は師利寿と同様に縁頭が多く、大模様の高肉彫を得意とした。また、和漢の故事を題材にしたものも多く見られ、多様な図柄を写実的に表すなど独自の作風を築いた。代表作に「葦に鷺図鐔」。

浜野 政随（2代目）　はまの・まさゆき
彫金工

[生年月日]元文5年（1740年）
[没年月日]安永5年（1776年）
[別名等]名＝兼随, 別号＝開眼子, 味墨, 政慎, 乙柳軒, 滝花堂

江戸神田大工町にて彫金工として活躍した。

早川 謙之輔　はやかわ・けんのすけ
木工作家　杣工房主宰

[生年月日]昭和13年（1938年）
[没年月日]平成17年（2005年）8月27日
[出生地]岐阜県中津川市付知町　[学歴]中津高卒

昭和44年岐阜県付知に杣工房を創立、主宰。49年から隔年ごとに「盆」「顧縁」「座卓」とテーマを決めた個展を開く。他に静岡市立芹沢美術館の天井張りなどの仕事で注目を集める。木の魅力を紹介した著作でも知られ、著書「木工」「木工2」「木工のは

なし」「黒田辰秋 木工の先達に学ぶ」などがある。

早川 尚古斎(1代目) はやかわ・しょうこさい
竹工芸家

[生年月日]文化12年(1815年)
[没年月日]明治30年(1897年)
[出生地]福井県 [本名]早川藤五郎

天保4年(1833年)より京都で10年間修業。弘化2年(1845年)大阪へ移り、尚古斎を号す。明治10年第1回内国勧業博覧会で鳳紋賞を受賞し、皇后買い上げとなる。14年第2回内国勧業博覧会では有功賞2等を受賞。籠師の第一人者として活躍した。
[家族]息子=早川尚古斎(2代目)、五男=早川尚古斎(3代目)、孫=早川尚古斎(4代目)
[受賞]内国勧業博覧会鳳紋賞〔明治10年〕、内国勧業博覧会有功賞〔明治14年〕

早川 尚古斎(3代目) はやかわ・しょうこさい
竹工芸家

[生年月日]元治1年(1864年)
[没年月日]大正11年(1922年)
[出生地]大阪 [本名]早川栄三郎

初代早川尚古斎の五男として生まれる。東京で活動していたが、明治38年2代目を継いだ兄が亡くなったため、大阪に戻り3代目を襲名。この間、11年パリ万博で鳳紋賞を受賞。19年奈良博覧会で一等賞を受賞。作風は自由奔放な荒編みであった。
[家族]父=早川尚古斎(初代)、兄=早川尚古斎(2代目)、長男=早川尚古斎(4代目)
[受賞]パリ万博鳳紋賞〔明治11年〕、奈良博覧会一等賞〔明治19年〕

早川 尚古斎(4代目) はやかわ・しょうこさい
竹工芸家

[生年月日]明治35年(1902年)
[没年月日]昭和50年(1975年)
[出生地]大阪 [本名]早川忠治郎

3代目早川尚古斎の長男として生まれる。15歳頃より竹工を学び、21歳で4代目早川尚古斎を襲名。方円籃など新しい籠花入を創作、籠師として活躍した。昭和12年竹工芸の功労者として大阪府知事より銀杯を受けた。20年戦災にあい、京都に移住。
[家族]父=早川尚古斎(3代目)、祖父=早川尚古斎(1代目) [親族]伯父=早川尚古斎(2代目)

林 景正 はやし・かげまさ
陶芸家

[生年月日]明治24年(1891年)1月24日
[没年月日]昭和63年(1988年)6月6日
[出身地]岐阜県土岐市 [本名]林賢造 [旧姓名]加藤 [資格]岐阜県重要無形文化財保持者〔昭和33年〕

美濃焼の陶祖12代目として生まれるが、二男に家督を譲り独立。美濃焼の伝統と製法を守り、黄瀬戸の名人として知られた。昭和33年岐阜県重要無形文化財保持者に指定された。
[家族]四男=林虎男(陶芸家)、弟=加藤景秋(陶芸家)
[受賞]土岐市功労者〔昭和49年〕
[叙勲]勲五等瑞宝章〔昭和52年〕

林 喜兵衛 はやし・きひょうえ
七宝工

[生年月日]嘉永1年(1848年)
[没年月日]昭和6年(1931年)
[出生地]尾張国海東郡遠島村(愛知県)

明治元年尾張の海東郡遠島村で七宝業を開業。26年シカゴ万博など、多くの博覧会に出品した。同郷の林小伝治らとともに、尾張七宝の特有である濃紺地の有線七宝を得意とした。

林 小伝治　はやし・こでんじ
工芸家

［生年月日］天保2年（1831年）
［没年月日］大正4年（1915年）11月
［出生地］尾張国海東郡遠島村（愛知県）　［専門］七宝

文久元年（1861年）生地・尾張遠島村の林庄五郎から七宝焼の技法を学ぶ。開港間もない横浜で外国人に製品を販売し、明治政府の七宝焼輸出の先駆けとなった。明治20年名古屋七宝焼組合を設立、27年七宝補習学校を開き、後進の育成に尽力した。子孫が小伝治を襲名。
［叙勲］緑綬褒章〔明治35年〕

林 尚月斎　はやし・しょうげつさい
竹工芸家

［生年月日］明治44年（1911年）
［没年月日］昭和61年（1986年）
［出生地］東京都　［本名］林忠之助

中島高次郎に師事して竹工芸を学び、昭和9年新竹芸工房を開く。18年新文展に入選。20年日本竹芸社を設立して産業工芸分野に進出。22年型々工芸集団、25年ココ工芸、26年生活工芸集団を結成。28年第1回生活工芸展で受賞。32年には日展北斗賞を受けた。
［師弟］師＝中島高次郎
［受賞］生活工芸展受賞（第1回）〔昭和28年〕、日展北斗賞〔昭和32年〕

林 二郎　はやし・じろう
木工芸家

［生年月日］明治28年（1895年）9月29日
［没年月日］平成8年（1996年）11月23日
［出生地］東京・銀座　［別名等］別名＝JIRO
［学歴］上野美術学校日本画科〔大正2年〕中退

大正2年京都で竹内栖鳳の私塾生となり、木版に出会う。その後独学で、木工家具作りの道へ。12年関東大震災で家が焼け福井県鯖江に移り、家具作りのための挽き物の技術を修得。5年後再び上京。春台会、生活工芸集団、工精会などに属し、建築家と組んで部屋全体の意匠にも携わる。昭和11年日本橋高島屋で第1回家具個展を開催、以後連続同展を開く。戦後も日本橋三越、銀座和光などで、個展、グループ展を開催。29年からは自ら木彫教室を開く。日本での西洋家具（ペザント・アート）の第一人者。平成7年世田谷美術館で生誕100年記念展が開催された。著書に「ペザント・アートへ―木工生活八十年」、写真集「ジロー木工50年」。
［家族］長男＝林遊卯（木工芸家）

林 谷五郎　はやし・たにごろう
七宝作家

［生没年］生没年不詳

米屋を営む傍ら、七宝制作に取り組み、大正年間から昭和初期にかけて活躍。愛知を代表する七宝作家として知られた。

林 泥平　はやし・どろへい
陶工

［生年月日］生年不詳
［没年月日］嘉永6年（1853年）
［別名等］通称＝弥十郎, 別名＝古林仕平　［専門］萩焼

佐伯半六の子孫で、6代目林半六を継ぐ。萩焼の名工として知られ、文政11年(1814年)小畑焼の開窯に頭取として関与した。14年子の良平が出奔したことにより家禄を没収されると古林仕平を名のり、深川に移って深川焼を制作。その後、萩藩に呼び戻されて大島へ遠島となり、移された見島でも陶業に従事。許された後は小畑焼の永久山窯で働いた。

林 平八郎　はやし・へいはちろう
陶芸家

[生年月日]大正12年(1923年)9月16日
[没年月日]昭和55年(1980年)3月2日
[学歴]京都美術学校卒　[団体]光風会
楠部弥弌が師。創作工芸品、特に灰釉、色釉の花瓶、飾皿、茶碗、徳利などを作る。日展、現代工芸展、朝日陶芸展に入選入賞。京展の審査員もつとめる。

林 又七　はやし・またしち
刀装金工

[生年月日]慶長18年(1613年)
[没年月日]元禄12年(1699年)
[出生地]肥後国熊本(熊本県)　[別名等]名=林重治、重吉
清兵衛勝光の子。父や兄は鉄砲工で、又七も初めは鉄砲製作に従事したが、のち刀装に才能を発揮するようになる。肥後熊本藩主加藤家に仕えていたが、加藤家の改易後は細川忠利の抱工となり20人扶持を賜った。鉄砲の鍛錬技術を応用した鉄地の鐔の作品が多く、優れた透彫や金象嵌を特色とし、華麗さと品格を持つ肥後金工中の名工と評される。彼の一派は肥後春日村久末に代々居住したため春日派と称すが、その祖とされる。

林 沐雨　はやし・もくう
陶芸家

[生年月日]明治34年(1901年)
[没年月日]平成3年(1991年)4月29日
[出身地]京都府京都市　[本名]林義一
色絵、小動物などの陶彫が有名。終戦後間もなく、当時としてはモダンで繊細なデザインが米軍の目に留まり、ニューヨークをはじめ、全米各地の食器店で作品コーナーが設けられ、人気を呼んだ。昭和21年伝統工芸技術保持者に。
[家族]二男=林康夫(陶芸家)

早見 頓斎　はやみ・とんさい
茶杓削師

[生没年]生没年不詳
[別名等]号=明三
小堀遠州の茶杓の下削り師で、茶頭も兼ねる。茶杓銘「此手柏」には別竹で裏張するなど、技巧の持ち主として知られた。

原 呉山　はら・ござん
陶工

[生年月日]文政10年(1827年)
[没年月日]明治30年(1897年)
[出生地]加賀国金沢(石川県)　[本名]原与三兵衛　[別名等]通称=紺屋伊右衛門, 号=呉山, 青竹庵, 猶文　[専門]楽焼
原家は十間町で代々銀座寄合を務めた。呉山は多芸多才な人で、茶道を裏千家宗春、香道を湯川一井庵、俳諧を梅田江波、和歌を田中躬之などに学び、文久年間頃より卯辰山麓に築窯し楽焼を始めた。祖父与三兵衛との関係から青木木米に私淑して陶業を志す。明治12年から本格的に鶯谷伝燈院辺りに築窯し、南蛮や交趾、備前、伊賀、御本などの写しを作った。横萩一光と知り合い、一光に茶道や楽焼の法を教え、逆に一

光から本窯について学ぶ。また永楽和全とも親交があった。
[師弟]師=青木木米, 横萩一光(1代目)

原 照夫　はら・てるお
陶芸家

[没年月日]昭和60年(1985年)5月27日
陶芸を学び渡米。ワシントンのコーコラン美術学校などで陶芸を教える。かたわら、日本式の民家や庭を設計して評判になった。

原 米洲　はら・べいしゅう
人形作家　米洲会長

[生年月日]明治26年(1893年)7月18日
[没年月日]平成1年(1989年)10月21日
[出身地]栃木県宇都宮市　[本名]原徳重
[学歴]宇都宮商卒　[資格]無形文化財保持者〔昭和41年〕
沢栗五洲に師事し、人形木彫を修得。のち、家業の武者人形製作に従事。昭和22年米洲作として営業を開始、27年米洲を設立し社長、48年会長。御所、木目込み、武者、おやま等数多くの種類をこなし、41年には胡粉仕上の技法で、人形師では初めて国の無形文化財に推定された。また、海外での評価も高く、フランスのパリ人類学博物館、スウェーデン極東美術館に御所人形が展示されている。
[叙勲]黄綬褒章〔昭和41年〕、勲五等瑞宝章〔昭和45年〕

原 安民　はら・やすたみ
鋳金家

[生年月日]明治3年(1870年)
[没年月日]昭和4年(1929年)1月6日
[旧姓名]川崎安

鋳金製作のかたわら雑誌「日本美術」を経営した。

原 羊遊斎　はら・ようゆうさい
蒔絵師

[生年月日]明和6年(1769年)
[没年月日]弘化2年(1845年)
[別名等]通称=久米次郎, 号=更山
文化から文政期(1804～30年)頃に江戸神田に住し、酒井抱一の下絵を用いた尾形光琳風の装飾性豊かな意匠を、薄肉高蒔絵を基調にした伝統的な蒔絵技法を駆使して制作。江戸後期の多彩な蒔絵の中でも華麗で際だつ作風で知られる。抱一、鷹見泉石、大田南畝、谷文晁ら当時の一流文化人と交流し、中山胡民など多くの門人を育成した。作品とされるものに「片輪車蒔絵大棗」「蔓梅擬目白蒔絵軸盆」など。

原田 嘉平　はらだ・かへい
博多人形師

[生年月日]明治27年(1894年)
[没年月日]昭和57年(1982年)8月11日
[出生地]福岡県福岡市博多区冷泉町　[資格]福岡県無形文化財保持者〔昭和41年〕
明治42年、14歳で白水六三郎に入門し、大正6年独立。11年パリ万博に「浮世絵文政の宵」を出品して銅賞を受賞。博多人形一筋に70年、風俗人形を得意とし、昭和41年福岡県無形文化財保持者に指定された。
[師弟]師=白水六三郎
[叙勲]勲六等旭日章〔昭和43年〕

針生 乾馬(3代目)　はりう・けんば
陶芸家

[生年月日]明治36年(1903年)9月16日
[没年月日]平成1年(1989年)3月3日
[本名]針生嘉孝　[専門]堤焼

仙台堤焼の窯元に生まれる。父の2代目乾馬に師事した後、独立。堤焼の復興に尽くした。
[家族]父＝針生乾馬（2代目）

張間 喜一　はりま・きいち
漆芸家　輪島塗技術保存会会長

[生年月日]明治35年（1902年）4月19日
[没年月日]昭和56年（1981年）12月14日
[出生地]石川県輪島市　[学歴]東京美術学校（現・東京芸術大学）漆工科〔大正15年〕卒　[専門]輪島塗

石川県立工業学校描金科、東京美術学校（現・東京芸術大学）漆工科に学ぶ。卒業すると六角紫水研究所助手を半年間務めた後、石川県商工技手工業試験場に勤務。昭和3年より母校の石川県立工業学校で教鞭を執った。12年第1回新文展に入選。17年「鷺漆器衝立」で文展特選。21年静岡県立工業試験場長、30年輪島漆器研究所顧問、44年同研究所長を歴任。52年輪島塗技術保存会会長。
[受賞]文展特選〔昭和17年〕「鷺漆器衝立」
[叙勲]勲五等双光旭日章〔昭和51年〕

張間 麻佐緒　はりま・まさお
漆芸家

[生年月日]明治44年（1911年）8月25日
[没年月日]平成9年（1997年）2月21日
[出生地]石川県輪島市　[本名]張間政雄
[学歴]輪島中卒　[団体]日展、現代工芸美術家協会

沈金を前大峰に、蒔絵を安原祥雲に師事。昭和8年帝展に初入選。以後、日展、文展、二千六百年記念奉祝展などで入選を重ねる。日展審査員も務めた。
[師弟]師＝前大峰、安原祥雲
[受賞]日展北斗賞〔昭和28年〕、日展特選・北斗賞〔昭和38年〕

播磨屋 清兵衛　はりまや・せいべえ
ガラス職人

[生没年]生没年不詳
[本名]久米

長崎でガラスの製法を習得。宝暦年間（1751～1764年）大坂へ移り、天満天神の前に工房を開いて簪、杯などの玩弄物を製作した。

春名 繁春　はるな・しげはる
陶画工, 図案家

[生年月日]弘化4年（1847年）
[没年月日]大正2年（1913年）
[出生地]加賀国金沢（石川県）　[別名等]号＝栄生堂

加賀藩の御用絵師・佐々木泉龍に絵画を、任田旭山に陶画を学ぶ。明治維新後、阿部碧海の製陶場に入り、次いで円中孫平の工人となり、明治初期の金沢九谷の名工として知られた。明治15年横浜に出て薩摩焼絵付け（横浜薩摩）に従事。22年東京職工学校（現・東京工業大学）に模範工として招聘され、ドイツ人化学者・ワグネルの旭焼を手伝う。30年頃からは京都市陶磁器試験場に勤務し、錦光山宗兵衛の図案指導も行った。

番浦 省吾　ばんうら・しょうご
漆芸家

[生年月日]明治34年（1901年）2月24日
[没年月日]昭和57年（1982年）10月15日
[出生地]石川県七尾市　[学歴]七尾中卒

石川県七尾市の蒔絵師について漆芸を学び、大正末、京都に出て蒔絵の研究を進める。昭和5年第11回帝展に初入選、以降帝展、新文展に入選を重ねる。戦後は日展に出品を続け、24年審査員、33年評議員、37年会員、46年理事となり、また同年京都漆芸家協会を設立して会長となるなど関西漆

芸界の中心として活躍。37年には「象潮」で日本芸術院賞を受賞。41年には大阪の四天王寺極楽門漆絵大壁画を完成した。海や雲をテーマにした作品が多く、金や銀、色漆を使った不定形な画面で独特のイメージを表現した。他の代表作に「草花図彩漆衝立」(11年)、「双象」(47年)など。
[家族]息子＝番浦有爾(彫刻家)、番浦史郎(陶芸家)、番浦鴻蔵(漆芸家)
[受賞]日本芸術院賞(第19回)〔昭和37年〕「象潮」、京都府美術工芸功労者〔昭和47年〕、京都市文化功労者〔昭和49年〕、パリ万博名誉賞〔昭和12年〕
[叙勲]勲四等旭日小綬章〔昭和56年〕

繁慶 はんけい
刀工、鉄砲工

[生没年]生没年不詳
[出生地]三河国(愛知県) [別名等]鉄砲工名＝清堯

鉄砲工として清堯を名のり、徳川家康に召し抱えられて家康並びに、その子で徳川御三家の祖となった義直・頼宣・頼房のために火縄銃を作った。刀工としては繁慶と銘を切り、刀や鉄砲を各地の大社に奉納した。

板東 陶光 ばんどう・とうこう
陶芸家 雪炎窯主

[生年月日]明治44年(1911年)1月16日
[没年月日]平成12年(2000年)7月30日
[出生地]北海道北見市 [本名]坂東国光
[学歴]遠友中 [団体]道展

昭和5～22年松原陶光、加藤都雪に師事。20年旭川市に開窯、大雪窯と命名。55年夕張郡長沼町に開窯、雪炎窯と命名。作品は雪の結晶のような模様の〈雪の華〉シリーズで高い評価を受ける。また日本古来のまき窯・穴窯での創作に励み、作品についたまき窯の灰が高温で溶けた窯変の自然美が特徴。

[家族]二男＝坂東豊光(陶芸家)
[師弟]師＝松原陶光、加藤都雪
[受賞]北海道第1期開発功労知事賞〔昭和34年〕、旭川市文化賞〔昭和34年・46年〕、国際芸術文化賞、北方短歌青鷺賞〔昭和63年〕

般若 侑弘 はんにゃ・ゆうこう
染色家

[生年月日]明治31年(1898年)3月21日
[没年月日]昭和55年(1980年)9月12日
[出身地]東京 [本名]般若富久造

岡部光成、桜井霞洞、和田三造に師事し、高島屋染織研究所に入る。従来は着物に使われていたろうけつ染で壁掛や衝立を制作するなど、染織を現代の生活空間の装飾に活用した先駆者の一人。昭和4年に帝展に初入選し、以来帝展、日展に出品を続けた。代表作に、25年の第6回日展「けしの花図屏風」(特選受賞)、31年の第12回日展「花と仏頭」など。
[受賞]日本芸術院賞〔昭和44年〕「青い朝」

【ひ】

比嘉 乗昌 ひが・じょうしょう
漆工

[生没年]生没年不詳
[出生地]琉球国首里(沖縄県)

琉球において、尚敬3年(1715年)に、漆の重ね塗り技法による"堆錦塗"を開発。また後に名護間切喜瀬地頭職になったと伝えられる。

東端 真筰 ひがしばた・しんさく
漆芸家

[生年月日]大正2年(1913年)4月30日

[没年月日]昭和53年(1978年)8月23日
[出生地]三重県尾鷲市　[本名]東端新作
[別名等]号=新策,真筰,山牟　[学歴]京都市立美術工芸学校漆工科〔昭和12年〕卒
中大路季嗣、奥村霞城に師事。在学中の昭和11年、「蔓草図手箱」が文展鑑査展に入選。20年創人社結成に参加。21年第1回より日展に出品し、35年漆スクリーン「明ける」が日展特選・北斗賞、40年漆パネル「光棍」が日展菊華賞受賞。京都府工芸美術作家協会理事、現代工芸美術家協会常任理事もつとめた。
[師弟]師=中大路季嗣、奥村霞城
[受賞]日展特選・北斗賞(第3回,昭35年度)「漆スクリーン〈明ける〉」、日展菊華賞(第8回,昭40年度)「漆パネル〈光棍〉」

飛来 一閑(15代目)　ひき・いっかん
一閑張師　千家十職・飛来家15代目

[没年月日]昭和56年(1981年)7月1日
[出生地]京都府京都市　[本名]飛来禎治
千家十職の一つで、一閑張師の14代飛来一閑の養子となる。紙を張った上に漆を塗る一閑張の技法で、棗、菓子器を製作、茶道各流派に納めた。
[家族]妻=飛来敏子(14代目一閑長女)、長女=飛来一閑(16代目)[親族]義父=飛来一閑(14代目)

樋口 富蔵　ひぐち・とみぞう
陶工　能茶山焼の祖

[生年月日]明和2年(1765年)
[没年月日]文政10年(1827年)
[出身地]肥前国大村(長崎県)　[専門]能茶山焼
肥前国大村の出身で、文政3年(1820年)土佐藩が磁器の国産化を図った際に同国に招かれ、能茶山焼を興した。没後、二男が2代目を襲名して陶業を続けたが、明治維新に至って廃窯となった。
[家族]二男=樋口富蔵(2代目)

日下田 博　ひげた・ひろし
染織家　日下田紺屋当主(8代目)

[生年月日]明治42年(1909年)10月27日
[没年月日]平成15年(2003年)7月8日
[出身地]栃木県益子町　[学歴]真岡中〔大正2年〕卒　[資格]栃木県指定無形文化財保持者〔昭和51年〕　[団体]日本民芸協会
昭和15年江戸中期から続く藍染業日下田紺屋(こうや)の8代目当主となる。日本の伝統的な藍染、草木染の手法を継承しながら、創作図案による型染の技法を用いて現代感覚を取り入れた作品作りに腐心。浜田庄司らの民芸運動に共鳴し、27年日本民芸協会会員となり、藍染を芸術の分野まで高めた。49年栃木県無形文化財技術保持者に指定される。益子町教育委員長、同町文化財保護審議委員長、下野手仕事会会長など歴任。
[受賞]栃木県文化功労者〔昭和63年〕、下野県民賞〔平成6年〕
[叙勲]勲六等〔平成7年〕

肥後 新造　ひご・しんぞう
陶画工,画家

[生年月日]嘉永1年(1848年)
[没年月日]没年不詳
[別名等]号=左右斎,如雪　[専門]薩摩焼
安政5年(1858年)狩野派の画家・国分友雪に絵を師事し、明治時代に至って薩摩焼竪野系田ノ浦窯を引き継いだ慶田窯で陶画工として活動。23年内国勧業博覧会、26年シカゴ万博で受賞した同窯作品の絵付けをほどこした。
[師弟]師=国分友雪

久田 吉之助　ひさだ・きちのすけ
陶工

[生年月日]明治10年(1877年)
[没年月日]大正7年(1918年)
明治40年ころ武田伍一の指導でタイル製造をはじめる。大正6年帝国ホテルの建材をうけおう。常滑焼の建材の先駆をなした。

菱田 房貞　ひしだ・ふささだ
蒔絵師

[生没年]生没年不詳
[別名等]通称＝甚右衛門
徳川幕府に仕え、延宝8年(1680年)家綱廟の造営の際、奈良雪勝、幸阿弥長房らと扉4枚に蒔絵を施す。高厳院神殿造営の際は子の成信とともに蒔絵に携わった。名は房具という説もある。
[家族]子＝菱田成信(蒔絵師)

菱田 安彦　ひしだ・やすひこ
ジュエリー作家　武蔵野美術大学教授

[生年月日]昭和2年(1927年)8月23日
[没年月日]昭和56年(1981年)4月4日
[出生地]岐阜県　[学歴]航空士官学校、東京美術学校(現・東京芸術大学)工芸科彫金部〔昭和27年〕卒
東京美術学校在学中、日展に4回入選。昭和29年イタリア留学、国立ローマ工芸学校鍛金科に学び、金工全般、彫刻を研究。30年帰国後、日展を離れ、新しいジュウリー・クラフト運動を興す。31年国際工芸美術協会、URジュウリー協会を設立し、またクラフトセンター・ジャパン設立に参画。38年日本ジュウリー・デザイナー協会を設立し初代理事長に就任。44年から武蔵野美術大学教授。この間、49年まで独、伊、米の国際展に招待出品。また46年、47年にはデビアス国際賞の審査員を務めた。著書に「美について」「クラフトデザイン」「彫金入門」、共著に「宝石の魅力」など。

肥前 忠吉(1代目)　ひぜん・ただよし
刀工

[生年月日]元亀3年(1572年)
[没年月日]寛永9年(1632年)
[出生地]肥前　[別名等]別名＝忠広、通称＝橋本新左衛門
慶長元年(1596年)肥前佐賀藩主・鍋島家に命じられて上洛し、埋忠明寿に作刀を学んだのち、3年佐賀に戻って佐賀藩工となる。その後、寛永元年(1624年)再び上洛し、武蔵大掾を受領。銘を忠吉から忠広に改める。多くの弟子を育成し、新刀(慶長以後に制作された刀)における大流派の一つ肥前刀の祖とされる。

肥前 忠吉(2代目)　ひぜん・ただよし
刀工

[生年月日]生年不詳
[没年月日]元禄6年(1693年)
[別名等]名＝忠広、通称＝平作郎
寛永18年(1641年)近江大掾を受領。銘は"肥前国近江大掾藤原忠広"。

肥前 忠吉(3代目)　ひぜん・ただよし
刀工

[生年月日]生年不詳
[没年月日]貞享3年(1686年)
[別名等]名＝忠吉、通称＝新三郎
2代目の子。万治3年(1660年)陸奥大掾を受領。寛文2年(1662年)陸奥守となる。

一柳 友善(1代目) ひとつやなぎ・ともよし
装剣金工家

[生年月日]享保1年(1716年)
[没年月日]安永7年(1778年)
[別名等]本姓=平野、初名=亮助、通称=伊左衛門

篠崎保平の門人となったのち、一柳派を興して活躍し、水戸藩の御用細工師を務めた。水戸は優れた彫金工を多く輩出し、幕末頃には"水戸彫り"という作風で知られるまでになったが、その先駆けとして重要な人物であり、多くの弟子を育成したほか、直系は大正11年(1922年)に没した6代友善まで続いた。代表作に「竜透鐔」など。

人見 城民 ひとみ・じょうみん
漆芸家

[生年月日]明治27年(1894年)1月2日
[没年月日]昭和47年(1972年)10月4日
[出生地]栃木県下都賀郡壬生町 [本名]人見与四郎 [別名等]別号=笑友 [学歴]壬生尋常高小卒 [専門]日光堆朱 [団体]日本工芸会

壬生尋常高等小学校を卒業後、日光彫の上に朱漆を塗り重ねる日光堆朱の2代目・上野桐恵の内弟子となり、約16年に渡って日光彫と漆芸を修業。その後、独立して東京平和大博覧会や共進会などで作品を発表。大正期には皇室献上品も手がけた。昭和13年商工省監察官から技術保存のための工芸品制作を許可された。戦後は日本伝統工芸展や日本工芸新作展で活躍。音丸耕堂に彫漆、松田権六に蒔絵の指導を受けた。作品に「薬草図日光堆朱硯筥」などがある。
[受賞]栃木県文化功労者〔昭和35年〕

日根野 作三 ひねの・さくぞう
陶磁器デザイナー

[生年月日]明治40年(1907年)
[没年月日]昭和59年(1984年)6月5日
[出身地]三重県上野市西高倉 [学歴]東京高等工芸学校(現・千葉大学工学部)工芸図案科附属工芸彫刻部卒

小森忍の山茶窯製陶所に勤めた後、京都の国立陶磁器試験所でクラフトデザインの指導に当たる。戦後は陶磁器デザイナーとして独立。各地でクラフトデザインの指導・啓蒙に尽力、浜田庄司をして"戦後日本の陶磁器デザインの80パーセントは日根野氏がつくられた"と言わしめた。著書に「陶磁器の装飾技法」「陶磁器デザイン概論」などがある。三重県展審査員も務めた。

日野 厚 ひの・あつし
図案家

[生年月日]明治19年(1886年)
[没年月日]昭和22年(1947年)
[出生地]新潟県 [学歴]東京工業教員養成所図案科卒

明治44年~大正5年愛知県立陶器学校に図案科教諭として勤務し、それまでの陶磁器にはない大胆な図案を導入・指導して瀬戸の陶芸界に影響を与えた。大正9年大倉陶園の設立に際して支配人となり、11年東京高等工芸学校(現・千葉大学)が設立されると図案科講師となった。農展、商工展などの審査員も歴任した。

氷見 晃堂 ひみ・こうどう
木工芸家

[生年月日]明治39年(1906年)10月30日
[没年月日]昭和50年(1975年)2月28日
[出身地]石川県金沢市 [本名]氷見与三治
[学歴]小将町尋常高小〔大正10年〕卒 [資

格〕石川県指定無形文化財保持者〔昭和44年〕、重要無形文化財保持者（木工芸）〔昭和45年〕

大正10年指物師北島伊三郎に師事。また13年には唐木細工の池田作美に師事して指物技術を習得。昭和3年石川県工芸奨励会正会員。9年砂磨法の復活を完成。18年より晃堂の雅号を用いる。21年第1回日展に入選。以後独力で技術を磨き、数々の賞を受賞。30年以降は日本伝統工芸展に出品。35年日本工芸会正会員、37年理事。堅実な指物技法とともに、砂磨法、木象嵌、金銀線象嵌、金銀縮れ線象嵌などの加飾技法に独自の境地を開拓、加賀指物の技法を継承しながら、現代の木工芸に新しい息吹きを与えた。45年には人間国宝に認定される。代表作に「透彫小屏風」「金銀線象嵌欅平卓」「唐松砂磨茶箱」「大般若理趣分経之箱」など。平成16年晃堂が使用した指物製作用具4033点が、金沢市指定文化財（有形民俗文化財）に指定された。
〔師弟〕師＝北島伊三郎、池田作美
〔受賞〕北国文化賞〔昭和39年〕、日展北斗賞（第9回）〔昭和28年〕「透彫小屏風」、日本伝統工芸展奨励賞（第6回）〔昭和34年〕「桑造木象嵌平卓」、日本伝統工芸展東京都知事賞（第7回）〔昭和35年〕「金銀線象嵌欅平卓」、日本伝統工芸展20周年記念特別賞（第20回）〔昭和48年〕「大般若理趣分経之箱」
〔叙勲〕紫綬褒章〔昭和46年〕、勲四等旭日小綬章〔昭和50年〕

飛来 一閑　ひらい・いっかん
一閑張師

〔生年月日〕天正6年（1578年）
〔没年月日〕明暦3年（1657年）
〔出生地〕中国西湖飛来峰下　〔別名等〕号＝朝雪斎、金剛山人、蝶々子

寛永元年（1624年）明から日本に帰化し、出身地の西湖飛来峰下に因んで飛来と名乗った。京都に住み、和紙を張り重ねた上に漆を塗る"一閑張"を創始。千宗旦には特に茶器を賞され、のちに千家十職の一人として、茶道具など多くの作品を残した。

平井 千葉　ひらい・ちば
刀剣研磨師

〔没年月日〕昭和12年（1937年）4月26日

明治維新後、刀剣研磨業が衰退する中で、新しい技法を確立。名刀の研磨を多く手がけ、明治・大正期の名人と謳われた。
〔家族〕長男＝本阿弥日洲（刀剣研磨師）

平石 晃祥　ひらいし・こうしょう
漆芸家

〔生年月日〕明治43年（1910年）12月2日
〔没年月日〕昭和64年（1989年）1月6日
〔出身地〕石川県　〔本名〕平石孝

昭和7年京都へ出て漆芸家・奥村霞城に師事。9年帝展初入選、以来帝展、文展、日展に入選を重ね、特選・北斗賞を受賞、審査員をつとめた。その間、21年から55年まで、京都市立美術工芸学校（のち日吉丘高校、銅駝美術工芸高校）で後進の指導に当った。乾漆に色漆をあしらった潮騒、雲など自然現象を抽象的に表現、京都漆芸界の長老として活躍した。
〔師弟〕師＝奥村霞城
〔受賞〕京都府美術工芸功労者〔昭和55年〕、京都市文化功労者〔昭和57年〕

平岡 利兵衛　ひらおか・りへえ
陶芸家　萬珠堂会長

〔没年月日〕昭和58年（1983年）2月12日
〔出身地〕京都府京都市　〔専門〕清水焼

京都高等工芸学校（現・京都工芸繊維大学）教授を経て、昭和27年清水焼の老舗・萬珠堂社長。55年会長に退いた。

[家族]長男=平岡尚夫(萬珠堂社長)

平田 郷陽(1代目)　ひらた・ごうよう
人形作家

[生年月日]明治11年(1878年)4月18日
[没年月日]大正13年(1924年)7月6日
[出生地]岡山県賀陽郡宍粟村見延　[本名]平田恒次郎

農業・平田光太郎の三男に生まれる。大原孫三郎の援助で神戸の彫刻師に入門し、のち当時流行のまるで生きているように見える人形"生き人形"に魅せられ上京、2代目・3代目安本亀八に師事。その技法を用い節句人形を制作、その名を知られるようになる。大正天皇即位祝賀博覧会の岡山開催時、「乃木大将一代記」の生き人形を出品し人気を集めた。大正12年の関東大震災で東京浅草の家を失い、一家で岡山県身延に帰郷、まもなく岡山市西川に転居するが、半年後脳溢血で死去した。
[家族]息子=平田郷陽(2代目)
[師弟]師=安本亀八(2代目)、安本亀八(3代目)

平田 郷陽(2代目)　ひらた・ごうよう
人形作家

[生年月日]明治36年(1903年)11月25日
[没年月日]昭和56年(1981年)3月23日
[出生地]東京市浅草馬道(東京都)　[本名]平田恒雄　[学歴]浅草田原町小学校〔大正5年〕卒　[資格]重要無形文化財保持者(衣裳人形)〔昭和30年〕　[専門]衣裳人形

13歳で"生き人形"の名工として知られた人形師の父・初代郷陽について修業に入り、大正13年21歳で2代目郷陽を継ぐ。昭和2年日米親善のための答礼人形コンクールで第1位入賞。3年創作人形の研究団体白沢会を設立、10年日本人形社、16年人形美術院を結成し、衣裳人形の研究と制作に努力した。11年第1回改組帝展に「桜梅の少将」が初入選、以後帝展、新文展、日展、日本伝統工芸展に出品を続け、多くの受賞を重ね、日展審査員などを歴任した。また、13年童人舎人形塾を創設、30年頃から陽門会を主宰、多くの子弟を育成した。30年人間国宝に認定。代表作に「桜梅の少将」「姥と金太郎」「陽ざし」「清泉」など。作品集に「平田郷陽人形作品集」「平田郷陽人形芸50年」がある。
[家族]父=平田郷陽(1代目)(人形作家)
[受賞]日米親善のための答礼人形コンクール第1位〔昭和2年〕、日展特選(第6回)〔昭和25年〕「木喰皮装像」、日展北斗賞〔昭和28年〕
[叙勲]紫綬褒章〔昭和43年〕、勲四等旭日小綬章〔昭和49年〕

平田 通典　ひらた・つうてん
琉球陶工

[生年月日]寛永18年(1641年)
[没年月日]没年不詳
[出生地]琉球国(沖縄県)　[別名等]唐名=宿藍田

琉球より清に渡って陶芸技術を学び、釉薬に苦心を重ねて磁器色玉などを手がける。首里城正殿の龍頭瓦、孔子塑像、茶碗や花瓶など優雅な作品の創作を通じて琉球の陶器発展の基礎を築いた。王室や貴族に珍重されて名声を博し、その功績によって地頭に任ぜられ、陶工の社会的地位向上にも貢献した。

平田 道仁　ひらた・どうにん
七宝職人

[生年月日]天正19年(1591年)
[没年月日]正保3年(1646年)
[出生地]美濃国(岐阜県)　[別名等]通称=彦四郎

慶長年間(1596～1614年)に朝鮮から七宝焼きの技法を学んで帰朝し、徳川将軍家の七宝師として仕えた。作品は、初め虫鳥類の文様で不透明な泥七宝であったが、次第に金七宝を使用した宝尽くし文様に変化した。鉄地に七宝を施した鍔などの製作も行った。

平田 彦三　ひらた・ひこぞう
金工家

[生年月日]生年不詳
[没年月日]寛永12年(1635年)
[旧姓名]松本

江戸時代前期の装剣金工家。細川家の抱工で、始め金銀貨の鑑定をしていたが、白銀細工に転向した。細川忠興の移封に従って、京都から肥後(熊本県)に移住したといわれる。主として鍔の制作にあたり、「翁鑢梅花透鐔」「菊花鐔」などがある。地金には山金、素銅、真鍮を用いた。板鐔を透かしたものや、唐草文などの彫り込み象嵌を好んだ。

平田 宗幸　ひらた・むねゆき
鍛金家　東京美術学校教授

[生年月日]嘉永4年(1851年)3月13日
[没年月日]大正9年(1920年)2月25日
[出生地]江戸・神田小柳町　[別名等]幼名=惣之助　[資格]帝室技芸員〔大正6年〕　[団体]日本美術協会, 日本金工協会

代々鍛金の家柄で、父・3代平田平之助より幕府の御用を務める。幕府御用打物師・平田三之進重之の弟子となり、明治6年家業を継ぐ。明治に入り武具製造がなくなったが、従来の技術に改良を加え、置物・額などの制作に活路を見いだし、鍛金を金属工芸の一分野にまで高めた。代表作に「茄子形水滴」などがある。大正7年より東京美術学校(現・東京芸術大学)教授も務めた。

[墓所]昌清寺(東京本郷元町)

平田 陽光　ひらた・ようこう
人形作家

[生年月日]明治39年(1906年)
[没年月日]昭和50年(1975年)
[出生地]東京都

父である初代・平田郷陽、兄である2代目郷陽に師事する。日展、日本伝統工芸展などに出品した。
[家族]父=平田郷陽(1代目), 兄=平田郷陽(2代目)

平塚 茂兵衛　ひらつか・もへい
七宝工

[生没年]生没年不詳

明治前期に活躍した東京の七宝焼の名工。第1回内国勧業博覧会では、横浜の嘱品家大関定次郎の工人として「一双の銀盞」を出品し、龍紋賞牌を受賞。この時期の七宝としては希な透明釉を焼きつける、その独特の手法は七宝流しと呼ばれた。

平中 歳子　ひらなか・としこ
人形師, 歌人

[生年月日]明治43年(1910年)5月14日
[没年月日]昭和63年(1988年)1月2日
[出生地]京都府京都市　[本名]平中敏子
[学歴]京都府立第一高等女学校〔昭和3年〕卒　[団体]日本工芸会

「多磨」「定型律」「花宴」「女人短歌」「潮汐」などを通じ歌人として活躍する一方、戦後は人形師・面屋庄三に師事して人形作家の道へ。昭和34年の第6回日本伝統工芸展で受賞、翌年、日本工芸会正会員となる。奈良・天平時代の美人や雷公・童女などの創作人形に、伝統の御所人形とは一味違っ

た、素朴なリアリティー漂う作風を確立した。歌集に「瓔珞」「青蓮」がある。
［家族］夫＝平中苓次（立命館大学教授）
［師弟］師＝面屋庄三、北原白秋、北見志保子、鹿児島寿蔵
［受賞］京都市文化功労者〔昭和58年〕、京都府文化賞（功労賞）〔昭和60年〕

平沼 浄　ひらぬま・きよし
　　　　　竹工芸家

［生年月日］明治31年（1898年）
［没年月日］昭和53年（1978年）
［出生地］東京

昭和7年から国画会展に指物作品を出品。陶芸家富本憲吉らと交流したほか、文化人の集まりである砧人会に参加。21年真赤土会を結成し作品を発表するが、解散後は公展から退いた。竹指物のほか、塗りあげた漆を研いで竹の表皮を出す籃胎漆器を手掛けた。
［師弟］師＝林有楽斎

平野 吉兵衛（2代目）　ひらの・きちべえ
　　　　　　　　　　鋳金家

［生年月日］明治1年（1868年）
［没年月日］昭和17年（1942年）
［出身地］京都府

金属の錆研究家。中国の古銅器に詳しく、その新しい表現に努めた。京都工芸院で指導的役割を果たした。
［家族］父＝平野吉兵衛（1代目）

平野 善次郎　ひらの・ぜんじろう
　　　　　　　博多人形師

［没年月日］平成9年（1997年）4月26日
［出身地］福岡県福岡市博多区芥屋町（奈良屋町）　［資格］伝統工芸士〔昭和51年〕

子どもの頃から絵が好きで、美術学校進学を夢みていたが、両親を早く亡くしたため断念。小学校卒業直後、人形師の小島与一に弟子入りし、腕を磨く。博多どんたくの豪壮な飾り山製作にも打ち込んだ。
［師弟］師＝小島与一
［受賞］博多人形新作展総理大臣賞「三国志」、卓越技能者表彰〔昭和63年〕
［叙勲］勲六等瑞宝章〔平成3年〕

平野 敏三　ひらの・としぞう
　　　　　陶芸家　滋賀県立信楽窯業試験場長

［生年月日］大正2年（1913年）
［没年月日］平成15年（2003年）
［出生地］和歌山県　［学歴］京都高等工芸学校（現・京都工芸繊維大学工芸学部）窯業科卒

滋賀県立信楽窯業試験場に勤務。同試験場長を退職後、作陶生活に入る。東京三越、ボストンアートエイシャなどで個展を開く。共著に「信楽焼について」「信楽伊賀」「日本のやきもの〈3〉/伊賀・信楽・長次郎」がある。

平野 利太郎　ひらの・としたろう
　　　　　　　染色家

［生年月日］明治37年（1904年）4月18日
［没年月日］平成6年（1994年）3月4日
［出生地］東京　［専門］日本刺繍　［団体］日展、日本工芸会

曽祖父以来代々刺繍の家業を継ぎ、父松太郎に就いて伝統的な日本刺繍の技法を修業する。大正14年日本美術協会工芸展に刺繍額「風景」初入選、昭和4年帝展に刺繍三折衝立「宝相華」初入選。またパリ万国博工芸展で「刺繍アルバム」銀賞を受賞。21年日展特選。28年日展審査員を務め、57年日本工芸会の正会員に認定された。著書に「現代の刺繍」「日本の刺繍」、共著に「刺繍手芸」。

333

[師弟]師=岡倉秋水, 吉村忠夫, 広川松五郎
[受賞]日本美術協会工芸展銀賞〔昭和9年・10年・18年〕, 文化選奨〔昭和11年〕「刺繍壁掛・みのり」, 伝統工芸新作展入選・日本工芸会東京支部賞〔昭和54年〕「刺繍訪問着・あかい実」, 伝統文化ポーラ特賞(第5回)〔昭和60年〕

平松 宏春　ひらまつ・こうしゅん
彫金家

[生年月日]明治29年(1896年)1月7日
[没年月日]昭和46年(1971年)6月2日
[出身地]兵庫県　[本名]平松礼蔵
彫金家桂光春に師事。昭和9年帝展に初入選、26年特選、29年日展審査員となる。戦後の日展工芸部有数の作家。格調高い作柄は宮内省買上にもなる。また大阪芸術大学教授もつとめた。
[家族]息子=平松保城(彫金家)
[受賞]大阪府芸術賞, 池田市名誉市民

広江 紋次郎　ひろえ・もんじろう
漆芸家

[生年月日]天保3年(1832年)
[没年月日]明治34年(1901年)3月7日
[出生地]能登国輪島(石川県)　[別名等]号=一向
独特の描線を考案した沈金の名工。

広川 青五　ひろかわ・せいご
染織家　東京学芸大学名誉教授

[生年月日]大正12年(1923年)2月11日
[没年月日]平成18年(2006年)9月13日
[出生地]新潟県三条市　[本名]広川省吾
[学歴]東京美術学校(現・東京芸術大学)〔昭和23年〕卒　[団体]日本現代工芸美術家協会, 日展

昭和25年自由書院編集部、杉村商店、武蔵野美術大学、戸板女子短期大学非常勤講師を経て、東京学芸大学教授、のち大妻女子短期大学部教授。29年日展初入選、33年特選。37年第1回日本現代工芸美術展出品、58年文部大臣賞受賞。著書に「工芸デザイン」「蠟纈染の技法」、共著に「現代デザイン辞典」。
[受賞]日展特選〔昭和33年〕「人物」, 日本現代工芸美術展文部大臣賞(第22回)〔昭和58年〕
[叙勲]勲三等瑞宝章〔平成11年〕

広川 松五郎　ひろかわ・まつごろう
染色工芸家, 画家　東京芸術大学教授

[生年月日]明治22年(1889年)1月29日
[没年月日]昭和27年(1952年)11月2日
[出生地]新潟県三条市　[学歴]東京美術学校(現・東京芸術大学)図案科〔大正2年〕卒
大正14年パリ万博に出品、銀賞受賞。15年工芸団体・无型(むけい)を創立、同人となる。昭和2年第8回帝展で特選をうけ、翌年無鑑査となり、以後帝展、新文展に出品をつづけ、帝展審査員にもあげられた。7年東京美術学校助教授、10年同校教授、24年東京芸術大学教授。25年日展参事。25年に唯一の染織研究団体・示風会を創立。蠟染、友禅染、染め革など様々な技法を駆使し、新しい染色工芸における様式を作り出した戦前工芸界の重鎮。代表作に「臈染文武紋壁掛」「手織つむぎ友禅壁掛」などがある。
[受賞]パリ万国現代装飾美術工芸博覧会銀賞〔大正14年〕

広瀬 治助　ひろせ・じすけ
染色家

[生年月日]文政5年(1822年)1月1日
[没年月日]明治23年(1890年)4月6日
[出生地]京都　[別名等]通称=備治

友禅業を営み、明治維新後京都の舎密局に出入りして人造染料の研究を行う。明治12年縮緬(ちりめん)へ捺染したのち、蒸して水洗いする「写し染」「写し友禅」の技法を創案した。優秀な品質で原価を節減できるため、今日、友禅の多くはこの技法によっており(型友禅)、手描き友禅と区別している。

樋渡 瓦風　ひわたし・がふう
俳人、人形作家　秋田県現代俳句協会会長

[生年月日] 昭和2年(1927年)1月25日
[没年月日] 平成11年(1999年)12月24日
[出生地] 秋田県横手市　[本名] 樋渡昭太
[学歴] 秋田師範横手準備場卒、海運通信学校普通科電信術(第66期)卒　[専門] 中山人形

復員後、家業の中山人形製作に従事し、昭和62年4代目を継承。傍ら、俳人としても活躍し、47年巽巨詠子より「幻魚」主宰を継承。秋田県現代俳句協会会長も務めた。
[受賞] あざみ賞(昭34年度)、秋田県芸術文化賞(昭63年度)

樋渡 ヨシ　ひわたり・よし
人形作家

[生年月日] 万延1年(1860年)
[没年月日] 昭和8年(1933年)5月12日
[出生地] 出羽国平鹿郡(秋田県平鹿町)　[専門] 中山人形

天保年間に秋田へ移り住んだ薩摩出身の陶工・宇吉の長男と結婚。舅から粘土を分けてもらい、土人形を作り始める。夫と死別したのち明治7年秋田県中山へ移住し、以後は人形作りで生計を立てた。地方周りの芝居から着想を得て、「熊谷と敦盛」「常磐御前」「お軽」など歌舞伎の名場面約200種類を土人形で再現、これらは中山人形と呼ばれ、評判を呼んだ。

牝小路 又左衛門　ひんのこうじ・またざえもん
陶工

[生没年] 生没年不詳
[専門] 肥後小代焼

寛永9年(1632年)細川忠利の肥後入部の際、牝小路家初代の源七と葛城家初代の八左衛門が豊前上野から小岱山麓に移り住んで始めたのが小代焼。明和6年(1769年)牝小路家7代目として、葛城家4代目の助七(安左衛門)と共同して新たに瓶焼窯を築き、茶器や日用雑器などを焼造した。

【 ふ 】

武一 勇次郎　ぶいち・ゆうじろう
陶画工

[生没年] 生没年不詳
[出生地] 阿波国(徳島県)

文化10年(1813年)加賀国若杉村の若杉窯の本多貞吉に師事。文政2年(1819年)本多が亡くなった後は同窯の主工となったが、天保年間に入ると能登や越中の各地の窯で指導にあたった。屋号を赤絵屋といい、南画に優れた腕を持ち、独特の色絵を得意とした。

深海 墨之助　ふかうみ・すみのすけ
陶芸家

[生年月日] 弘化2年(1845年)2月20日
[没年月日] 明治19年(1886年)2月2日
[出身地] 肥前国有田(佐賀県)

柴田花守に画法を、ドイツ人化学者・ワグネルに西洋の彩料を学ぶ。明治8年香蘭社の創立に加わり、12年退社して洋食器製造を試みた。

335

深海 竹治　ふかうみ・たけじ
陶芸家

[生年月日]嘉永2年（1849年）
[没年月日]明治31年（1898年）1月2日
[出身地]肥前国有田（佐賀県）　[別名等]号＝英山

墨之助の弟。画を柴田花守に学ぶ。南画を能くし、彫刻にも巧みで、兄を助けて専ら技術に熱中。明治30年有田徒弟学校の教師をつとめた。
[家族]父＝深海平左衛門（陶芸家），兄＝深海墨之助（陶芸家）

深海 平左衛門　ふかうみ・へいざえもん
陶工

[生年月日]文政8年（1825年）
[没年月日]明治4年（1871年）
[別名等]別名＝年木庵喜三

朝鮮半島から渡来した陶工・深海宗伝の子孫。深川栄左衛門らと香蘭社を設立した。茶器類を得意とした。
[家族]長男＝深海墨之助（陶芸家），二男＝深海竹治（陶芸家）

深川 栄左衛門(8代目)　ふかがわ・えいざえもん
陶業家

[生年月日]天保3年（1832年）
[没年月日]明治22年（1889年）10月23日
[出身地]肥前国有田（佐賀県）

安政3年（1856年）家業を継ぐ。明治元年より輸出品を造り、長崎出島に支店を開いた。8年深海墨之助らと香蘭社を創立し、9年フィラデルフィア万博に出品した。12年深海の退社後は独立し、電化製品等を製造。
[家族]長男＝深川栄左衛門（9代目），二男＝深川忠次（陶芸家）

[叙勲]黄綬褒章

深川 忠次　ふかがわ・ちゅうじ
陶芸家　深川製磁創業者

[生年月日]明治4年（1871年）
[没年月日]昭和9年（1934年）2月
[学歴]高京高商卒

香蘭社を設立した8代目深川栄左衛門の二男として生まれる。明治25年シカゴ万博で渡米し、陶磁器業界を視察して帰国、27年貿易の振興にと深川製磁を設立。33年にはパリ万博で渡仏、1年滞欧した。37年セントルイス万博にも参加するが一方で日常食器の輸出にも尽力した。41年はじめて皇室用食器を納入、43年には宮内省御用達となる。44年株式会社に改組。大正11年から昭和2年まで有田町長を務めた。デザイナー兼事業家として有田焼の普及に貢献。
[家族]父＝深川栄左衛門（8代目），兄＝深川栄左衛門（9代目），孫＝深川明（深川製磁会長）
[受賞]パリ万博一等金賞〔明治33年〕，セントルイス万博一等金牌〔明治37年〕

深見 重助(13代目)　ふかみ・じゅうすけ
染織家

[生年月日]明治18年（1885年）3月16日
[没年月日]昭和49年（1974年）2月19日
[出生地]京都府京都市上京区　[別名等]幼名＝喜多郎　[資格]重要無形文化財保持者(唐組)〔昭和31年〕　[専門]唐組有職糸組物

享保年間（1716～35）から京都西陣で代々唐組を業とし250年続いた"松葉屋"深見家の13代目。父重助について組紐の技術を学び、明治34年猪熊夏樹に有職の指導を受け、植物染の研究も積んだ。昭和5年13代目を襲名。宮中、神社などの儀式用の組紐(唐組平緒)の制作に当たり、明治42年、昭和4

年、28年、48年の4度にわたり伊勢神宮式年遷宮の際、御神宝太刀の平緒を制作。また大正4年立太子礼の際、唐組平緒を調達、各皇族の御成年式、御成婚などにも平緒を調達した。また正倉院宝物の紐緒修理、復原に従事、戦後は国宝経巻の紐緒の修理復原に携わり、厳島神社の平家納経、中尊寺の紺紙金字一切経付属の紐緒を復原制作した。昭和31年重要無形文化財保持者に認定された。
[師弟]師＝猪熊夏樹
[受賞]キワニス文化賞〔昭和41年〕、京都市文化功労者〔昭和46年〕
[叙勲]紫綬褒章〔昭和35年〕、勲四等瑞宝章〔昭和42年〕

深海 宗伝　ふかみ・そうでん
陶工

[生年月日]生年不詳
[没年月日]元和4年(1618年)
[専門]新太郎焼

朝鮮・深海の出身。文禄・慶長の役に際して、肥前国武雄の戦国武将・後藤家信に伴われ朝鮮半島から渡来。帰化して武雄で陶業に従事し、新太郎焼と呼ばれたという。没後、妻と一統は有田稗古場に移ったとされ、深海平左衛門や深海墨之助らはその子孫という。

福岡 縫太郎　ふくおか・ぬいたろう
漆工家　女子美術大学教授

[生年月日]明治33年(1900年)9月1日
[没年月日]昭和53年(1978年)10月22日
[出生地]東京市日本橋区(東京都)　[別名等]号＝萍哉　[学歴]東京美術学校(現・東京芸術大学)漆工科選科〔昭和3年〕卒

昭和3年東京美術学校助手となり、5年ベルギー、フランス、ドイツに留学、助手を辞任。6年帰国、7年大阪府商工技手となり大阪府工業奨励館に勤務、15年商工省工芸指導技師、18年大日本工芸会課長を務めた。戦後は27年工業技術院産業工芸試験所に勤務、35年退職。のち女子美術短期大学、東京芸術大学各非常勤講師などを経て、41年女子美術大学教授となった。代表作に彫漆額皿「海」、漆器パネル「幻想」、花クルス蒔絵盛器などがある。

福沢 健一　ふくざわ・けんいち
漆芸家

[生年月日]明治28年(1895年)
[没年月日]昭和45年(1970年)5月13日
[出身地]富山県砺波市　[団体]日展、新綜工芸会

昭和8年帝展で「葡萄手箱」が入選、以後入選を重ねる。25年日展審査員、29年参事となり、33年新綜工芸会の創立に参加、43年委員長をつとめた。

福島 親之　ふくしま・ちかゆき
根付師

[生年月日]天保8年(1837年)
[没年月日]明治15年(1882年)7月
[別名等]通称＝安太郎、号＝華岸、杉廼舎

絵画を父に学び、彫刻を善くし、根付師をして一家をなす。能の人物など巧みに彩色し、浅草人形と称された。

福蔵　ふくぞう
漆工

[生没年]生没年不詳

紀州根来寺の僧であったが、応永年間(1394年～1428年)に能登・輪島に移り重蓮寺に入る。その際、膳、椀などを製作したのが輪島塗の初めであると伝えられる。文献上その存在を確認できず、伝説的性格の濃い人物。

福田 憲史　ふくだ・けんじ
陶芸家

［生年月日］昭和25年（1950年）7月29日
［没年月日］平成20年（2008年）5月11日
［出身地］宮城県気仙沼市　［本名］福田憲二
［学歴］和光大学芸術学専攻卒　［団体］日本工芸会

昭和50年益子で修業。51年帰郷し、窯を築いて独立。加守田章二に師事。日本陶芸展、日本伝統工芸展などに入選。
［受賞］河北工芸展宮城県美術館長賞〔平成10年〕、河北工芸展宮城県知事賞〔平成14年〕、河北工芸展青森県知事賞〔平成17年〕

福田 力三郎　ふくだ・りきさぶろう
陶芸家

［生年月日］明治41年（1908年）
［没年月日］昭和59年（1984年）8月1日
［出生地］京都　［学歴］京都二中卒　［団体］新匠工芸会, 日本工芸会

初め河村蜻山の門に入り、のち富本憲吉に師事する。戦後の昭和22年富本憲吉の新匠工芸会創立に参加、会員に。30年を超える中国古陶の地道な研究を基に、白瓷、青瓷、油滴、柿釉などに円熟の境地を示す。58年には全日本伝統工芸作家展に招待出品。
［家族］父＝福田松斎（2代目）
［師弟］師＝富本憲吉
［受賞］国画奨学賞〔昭和13年〕、新匠工芸会富本賞〔昭和39年〕、新匠工芸会稲垣賞〔昭和46年〕

福地 三松　ふくち・さんしょう
陶画工

［生年月日］弘化2年（1845年）
［没年月日］大正8年（1919年）5月
［出身地］肥前国（佐賀県）

佐賀藩士。画を柴田花守に学ぶ。有田の香蘭社に入り鯉の絵付に長じた。

福地 宗実　ふくち・そうじつ
陶工

［生年月日］明治1年（1868年）
［没年月日］大正15年（1926年）
［出身地］播磨赤穂

大正6年三重県四日市で楽焼をはじめ、のち東京でガス窯で焼く工夫をし、成功した。

福地 復一　ふくち・ふくいち
美術家　東京美術学校教授

［生年月日］文久2年（1862年）3月12日
［没年月日］明治42年（1909年）7月24日
［出生地］伊勢国山田（三重県）

初め芝の三田英語学校に学び、明治22年頃から美術界に身を投じ、伊勢神苑会、帝室博物館などに関係、また渡欧して英国・フランスの博物館事業を調査する。東京美術学校（現・東京芸術大学）の図案科初代教授となり、のち日本図案会を創設。31年東京美術学校事件で校長・岡倉天心排斥の中心となった。著書に「帝国美術史」「東洋美術史」「美術工芸」「図案集」などがある。

福原 達朗　ふくはら・たつろう
陶芸家

［生年月日］明治38年（1905年）
［没年月日］昭和49年（1974年）1月10日
［出生地］栃木県大田原市　［学歴］東京美術学校（現・東京芸術大学）西洋画科卒

佐久山藩主の家系に生まれる。春陽会、二科会、帝展に出品し、行人社を結成するなど初め洋画家として世に出るが、戦後、陶芸に転向。昭和21年郷里・佐久山に築窯。浜田庄司にも指導を受ける。29年光風会会員

に推され、以後、同会展の審査員を務めた。絵付けを得意とするが、特に銅の釉薬が薄赤色に発色する辰砂の絵付けで知られた。
[師弟]師＝浜田庄司
[受賞]栃木県文化功労者〔昭和35年〕

福来石 王兵衛　ふくらいいし・おうびょうえ
能面工

[生没年]生没年不詳
[出身地]越前国（福井県）

室町時代前期の能面工。世阿弥の「申楽談義」の中に、竜右衛門、夜叉らとともに、その名が見える。実績についてはほとんど不明。尉面（老人を表す面）の一種の朝倉尉は、石王兵衛が越前の朝倉家に献上した面から生まれたといわれる。

藤 和人　ふじ・かずと
人形師

[没年月日]平成9年（1997年）4月19日
[資格]伝統工芸士　[専門]博多人形

純日本風の女人形という作風を確立、同僚の作家に影響を与えた。昭和55年伝統工芸士。博多祇園山笠では10年以上人形制作を担当していた。
[受賞]中小企業庁長官賞

藤井 観文　ふじい・かんぶん
漆芸家

[生年月日]明治21年（1888年）
[没年月日]昭和48年（1973年）
[出生地]石川県鳳至郡阿井町　[本名]藤井徳一　[専門]沈金

漆器製造販売業を営む家に生まれ、明治34年3代橋本佐助の弟子となる。絵画の修業も志し、大正7年頃上京して日本画を川合玉堂に師事、のち安田靫彦につく。10年第3回帝展に初入選、以後日本画部門で入選を重ね、昭和13年の第2回新文展で工芸部門に入選してからは両部門で制作を行う。日本画では院展院友となり、工芸では日展において特選や北斗賞を受賞。後年は漆芸制作に専念し、日本伝統工芸展で、39年・40年と連続優秀賞受賞し、その地位を確固たるものとする。沈金技法の中でも片切彫りの手法に秀で、代表作に「片切沈金彫孔雀図衝立」「沈金鉄線文筥」がある。
[師弟]師＝橋本佐助（3代目）、川合玉堂、安田靫彦
[受賞]日展特選（第2回）〔昭和21年〕「白鷺水草文沈金彫漆手筥」、日本伝統工芸展文部大臣賞（第11回、昭39年度）、日本伝統工芸展日本工芸会総裁賞（第12回、昭40年度）

藤井 達吉　ふじい・たつきち
工芸家

[生年月日]明治14年（1881年）6月6日
[没年月日]昭和39年（1964年）8月27日
[出生地]愛知県碧海郡棚尾村（碧南市）

美術学校進学が許されず、服部七宝店（名古屋）に就職。明治37年七宝作品出陳のためセントルイス万博に赴く。38年帰国。大正元年バーナード・リーチらとヒュウザン会を創立。学歴も社会的背景もないまま、伝統に捕われない斬新なデザインで、刺繍作品、絵、紙工芸を発表、注目される。7年工芸界発展のために津田青楓らと運動を起こし、昭和2年帝展に第4部工芸部を設置させるが、社会的栄達を得るためと誤解され、その潔癖さ故、生涯出品はせず、"悲運の工芸家"と呼ばれた。4～12年帝国美術学校図案工芸科教授。この間陶芸はじめ各地の伝統工芸を調査。25年愛知県西加茂郡小原村に自費を投じて小原農村美術館を建設。平成9年東京国立近代美術館工芸館で「藤井達吉展―近代工芸の先駆者」展が開催された。

藤川 黒斎　ふじかわ・こくさい
　　漆芸家

[生年月日]文化5年(1808年)
[没年月日]明治18年(1885年)11月2日
[出生地]讃岐国高松(香川県)　[別名等]幼名=清次郎, 名=舜造

讃岐国高松の鞘塗師の子で、兄は漆芸家の玉楮象谷。兄が讃岐高松藩主より玉楮の姓を賜ったため、分家して藤川姓を継いだ。家号を文綺堂と称し、一般市民の求めに応じて盆類、菓子器、花器、茶器などを制作。兄と同じく名工として知られ、明治10年第1回内国勧業博覧会に「犀皮家具」を出品して鳳紋賞を受けた。
[家族]兄=玉楮象谷(漆芸家)
[受賞]内国勧業博覧会鳳紋賞(第1回)〔明治10年〕「犀皮家具」

藤沢 栗山　ふじさわ・りつざん
　　陶芸家

[生年月日]大正14年(1925年)12月27日
[没年月日]昭和62年(1987年)

鹿伏に築窯し、昭和27年頃から楽焼を始める。茶陶作家として注目され、ほかに鉄釉、灰釉の作もある。日本工芸家四国展などに入賞。

藤重 藤厳　ふじしげ・とうげん
　　塗師

[生没年]生没年不詳
[出生地]大和国(奈良県)　[別名等]本姓=樽井

藤重藤元の子でもと樽井氏を称し、中次の茶入を考案したともいわれる。元和元年(1615年)大坂城落城の際に、徳川家康の命で父の藤元と共に焼け落ちた蔵の中から名物の茶器を掘出して補修し、その功を賞された。また、茶道で用いる中次の茶入れを考案した。
[家族]父=藤重藤元(塗師)

藤代 松雄　ふじしろ・まつお
　　刀剣研磨師　美術刀剣研磨技術保存会幹事長

[生年月日]大正3年(1914年)4月21日
[没年月日]平成16年(2004年)6月12日
[出生地]東京市神田(東京都)　[資格]重要無形文化財保持者(刀剣研磨)〔平成8年〕

大正4年麹町区三番町(現・千代田区九段南)に転居。昭和2年14歳の時から父・福太郎について家業の日本刀研磨の修業を始め、兄に刀剣鑑定などを師事。社寺が所有する名刀の研磨に携わり、30年日光二荒山神社蔵「禰々切丸」、平成3年岡山・吉備津神社蔵の大太刀「法光」、5年吉備津神社蔵「吉備津丸」などを手がけた。昭和51年新宿区大京町に転居。平成8年人間国宝に認定される。美術刀剣研磨技術保存会幹事長も務めた。美術刀剣に関する研究書も多く、「名刀図鑑」(1～22輯, 昭和26～35年)、「新版名刀図鑑」(1～28集, 昭和53年～平成5年)、「日本刀工辞典」(改訂版, 昭和36年)などを刊行。また、57年から「藤代松雄刀剣鑑定書」を発行した。
[家族]父=藤代福太郎(刀剣研磨師)
[師弟]師=藤代福太郎
[叙勲]勲四等旭日小綬章〔平成10年〕

藤田 喬平　ふじた・きょうへい
　　ガラス工芸家

[生年月日]大正10年(1921年)4月28日
[没年月日]平成16年(2004年)9月18日
[出生地]東京都新宿区百人町　[学歴]東京美術学校(現・東京芸術大学)工芸科彫金部〔昭和19年〕卒　[資格]日本芸術院会員〔平成1年〕　[団体]日本ガラス工芸協会, 千葉

県美術会，アメリカガラス美術協会，英国ガラス作家協会，現代工芸美術家協会
ガラス芸術を志すが専門に教える学校がなく、東京美術学校(現・東京芸術大学)工芸科彫金部に学ぶ。昭和21年第1回日展に鉄のオブジェ「波」を出品して入選。22年岩田工芸硝子に入社してガラス工芸の道へ進み、1年半後に退社して独立。記念品や贈答品製作の傍ら、新しい技法を追及。32年第1回個展。50年世界のスタジオグラス展(コペンハーゲン)に招待出品、52年以降は欧米でも個展開催。我が国に新しいジャンルである"ガラス芸術"を確立し、色ガラスに金箔を混ぜた"飾筥"という独自の作風で"現代の琳派"と評される華麗な作品をつくり出した。51年〜平成15年日本ガラス工芸協会会長を務めた。8年宮城県松島町に藤田喬平ガラス美術館が開館。代表作に花器「虹彩」、飾り箱「菖蒲」「春に舞う」などがある。
[家族]長男=藤田潤(ガラス工芸家)
[受賞]日本芸術院賞恩賜賞(第45回)〔平成1年〕「春に舞う」、文化功労者〔平成9年〕
[叙勲]勲三等瑞宝章〔平成6年〕、紺綬褒章〔平成9年〕、文化勲章〔平成14年〕
[記念館]藤田喬平ガラス美術館(宮城県松島町)

藤田 清正　ふじた・きよせ
漆芸家

[生年月日]大正10年(1921年)4月30日
[没年月日]平成17年(2005年)
[出身地]青森県弘前市　[別名等]号=清堂
[学歴]補習学校成人課修了　[専門]津軽塗
青森県工業試験場漆工課に務め、様々な色や技法を組み合わせた約400枚の見本手板を作った。多彩な技法を駆使した創造性豊かな作風の漆芸家として知られた。
[家族]長男=藤田正堂(漆芸家)

[受賞]日本キワニス文化賞(第30回)〔平成6年〕

藤田 龍峰(1代目)　ふじた・りゅうほう
陶工

[生年月日]明治8年(1875年)8月4日
[没年月日]昭和28年(1953年)7月
[出身地]兵庫県明石市　[本名]藤田滝蔵
[専門]備前焼
松蔭新田村の寺岡源次郎窯、明石朝霧窯で修業後、京都、万古を経て、大正3年岡山県伊部の金重利吉窯に入る。10年独立。轆轤の名工といわれ、焼成も青焼の研究で石灰窯を開発、煎茶器を作る。昭和6年桟切り窯を研究、炭桟切りの作品で人気を得た。
[家族]五男=藤田龍峰(2代目)

藤田 龍峰(2代目)　ふじた・りゅうほう
陶芸家

[生年月日]大正2年(1913年)1月10日
[没年月日]昭和48年(1973年)2月13日
[出生地]岡山県和気郡伊部町　[本名]藤田俊一　[資格]岡山県重要無形文化財〔昭和29年〕　[専門]備前焼
備前焼陶工・初代藤田龍峰の五男として生まれ、15歳の頃から父に陶技を学ぶ。はじめ朱泥風のものや石炭窯による青備前を焼くが、後年、この時習得した磨きの手法による煎茶器、花入、酒器などを多く作った。細工物よりも轆轤技に優れ、同年代の備前焼作家の中で異色の存在だった。昭和19年2代目龍峰を襲名。24年金重陶陽らと備前窯芸会を結成し、古備前の土味や形姿を研究する一方、26年には北大路魯山人の影響を受け、李朝風白磁、青織部、黄瀬戸などの食器を制作するなど、常に自己の作行の幅を広げていった。29年岡山県重要無形文化財に指定された。
[家族]父=藤田龍峰(1代目)

[師弟]師＝藤田龍峰（1代目）

藤林 昌吉　ふじばやし・しょうきち
蒔絵師

[生年月日]安政6年（1859年）5月18日
[没年月日]昭和13年（1938年）1月28日
[出身地]加賀国金沢（石川県）

加賀藩主・前田家お抱えの蒔絵師の家柄といわれ、代々昌兵衛を称した。父について技を学ぶ。明治9年東京の蒔絵師・太田勇蔵に師事。日本画は狩野派の佐々木泉龍に師事した。10年大聖寺の松島社設立にあたり、漆器製造の監督を務めた。

藤村 国俊　ふじむら・くにとし
刀匠

[生年月日]明治25年（1892年）
[没年月日]昭和40年（1965年）11月15日
[出生地]山口県玖珂郡広瀬村　[本名]松太郎　[別名等]号＝松龍子

父に従い左官見習いを経て、鍛冶を修業。のち横須賀の海軍工廠に勤める。その後岩国に帰って鍛冶業を開業、刀剣を手がけて評判となり、昭和37年には正宗賞を受賞した。

藤村 時雄　ふじむら・ときお
陶芸家

[没年月日]平成11年（1999年）2月27日

東条町で秋津窯を開き、各地の個展で独特のうわぐすりを使った作品を発表。

藤村 与兵衛　ふじむら・よへえ
陶画工

[没年月日]明治37年（1904年）11月
[出身地]加賀国（石川県）　[別名等]号＝旭山

薪焚きの錦窯業をはじめ、大器焼成の途をひらく。明治年間には森村組の特約絵付師となる。

藤本 陶津(1代目)　ふじもと・とうしん
陶芸家

[生年月日]明治8年（1875年）12月15日
[没年月日]昭和42年（1967年）3月23日
[出身地]広島県福山市　[本名]藤本喜三雄

明治40年山陽陶器工場長に就任。大正8年独立して郷里で真鉄焼をはじめる。作品に「稲妻耳付花瓶」などがある。
[受賞]文部大臣奨励賞〔昭和26年〕

藤本 陶津(2代目)　ふじもと・とうしん
陶芸家

[生年月日]大正3年（1914年）12月18日
[没年月日]平成21年（2009年）8月28日
[出生地]広島県福山市　[本名]藤本肇　[団体]光風会（名誉会員）

父は陶芸家の初代藤本陶津。家業を継ぎ、昭和25年日展に初入選。42年「耐」で日展特選北斗賞。53年同会員。光風会展にも出品し、59年杉浦非水賞を受けた。この間、50年に2代目陶津を襲名した。
[家族]父＝藤本陶津（1代目）
[受賞]広島文化賞（第1回）〔昭和55年〕、山陽新聞社賞〔昭和56年〕、地域文化功労者文部大臣表彰〔昭和62年〕、中国文化賞〔平成4年〕、日展特選・北斗賞「耐」〔昭和42年〕、光風会展杉浦非水賞〔昭和59年〕
[叙勲]勲五等瑞宝章〔平成3年〕

藤本 能道　ふじもと・よしみち
陶芸家　東京芸術大学名誉教授

[生年月日]大正8年（1919年）1月10日
[没年月日]平成4年（1992年）5月16日
[出生地]東京市（東京都）　[学歴]東京美術学校（現・東京芸術大学）工芸科図案部〔昭

和16年〕卒,文部省工芸技術講習所(陶芸)修了　[資格]重要無形文化財保持者(色絵磁器)〔昭和61年〕　[専門]色絵磁器　[団体]日本工芸会

加藤土師萌,富本憲吉に師事する。昭和21年京都に移り,22年富本の新匠美術工芸会(現・新匠工芸会)に参加。30年頃前衛陶器の走泥社や絵画のモダン・アート協会で活躍。37年頃から再び色絵磁器に戻り,39年日本伝統工芸展に初入選,41年日本工芸会正会員となる。以来,色絵磁器に"釉描加彩"という独自の技法を導入し,国内外の展覧会で活躍。陶芸家には稀な抜群の絵画的描写力をもち,花鳥風月に秀でた。この間,31年京都市立美術大学講師,助教授を経て,37年東京芸術大学助教授,45年教授。60年～平成2年学長を務めた。48年青梅市梅郷に築窯,西多摩が"陶芸の里"となる端緒となった。61年人間国宝に認定される。代表作に「梅白釉釉描色絵金銀彩赤い花図扁壺」「草白釉色絵金銀彩紅白梅尾長十二角大皿」「草白釉釉描加彩鵯鵠図八角筥」など。著書に「やきもの絵付十二ケ月」「藤本能道作品集」などがある。

[師弟]師=富本憲吉,加藤土師萌
[受賞]日本陶磁協会賞(第2回,昭30年度),日本陶芸協会賞金賞(第25回,昭55年度),ジュネーブ国際展銀賞〔昭和40年〕
[叙勲]紺綬褒章〔昭和56年〕,勲二等旭日重光章〔平成3年〕

藤原 兼房(23代目)　ふじわら・かねふさ
刀匠　藤原兼房利器製作所創業者

[生年月日]明治32年(1899年)2月9日
[没年月日]昭和52年(1977年)7月1日
[出身地]岐阜県　[本名]加藤鉀一

美濃の関伝日本刀の伝統を守り,昭和28年藤原兼房利器製作所を設立。刃物製品の生産をはじめた。

藤原 啓　ふじわら・けい
陶芸家

[生年月日]明治32年(1899年)2月28日
[没年月日]昭和58年(1983年)11月12日
[出生地]岡山県和気郡伊里村穂波　[本名]藤原啓二　[別名等]洗礼名=ヨハネス　[学歴]早稲田大学英文科〔大正11年〕中退　[資格]重要無形文化財保持者(備前焼)〔昭和45年〕　[専門]備前焼

文学を志し,中学を中退して上京し,大正8年博文館編集部に勤務。その後坪内逍遙の研究会に入って西条八十,サトウハチローらと親しくなる一方,片山哲,河上丈太郎と交わり,社会主義運動に身を投じた。しかし昭和12年社会主義運動に行きづまって帰郷,勧められて備前焼の道に入る。三村梅景,金重陶陽に師事し桃山時代の備前焼の再興に尽くす。30年第2回日本伝統工芸展で初入選,31年日本工芸会正会員に。44年皇居新宮殿に「備前擂座壺」一対を納める。45年人間国宝に認定される。その陶芸には文人画的な風格があった。52年藤原啓記念館完成。57年藤原啓記念賞を設立。

[家族]息子=藤原雄(備前焼・人間国宝),藤原敬介(陶芸家),孫=藤原和(陶芸家)[親族]甥=藤原建(陶芸家)
[師弟]師=三村梅景,金重陶陽
[受賞]山陽文化賞〔昭和38年〕,岡山県文化賞〔昭和38年〕,中国文化賞〔昭和38年〕
[叙勲]勲四等旭日小綬章〔昭和46年〕,勲三等瑞宝章〔昭和58年〕
[記念館]藤原啓記念館(岡山県備前市)

藤原 建　ふじわら・けん
陶芸家

[生年月日]大正13年(1924年)7月12日
[没年月日]昭和52年(1977年)11月25日
[出生地]岡山県和気郡伊里村　[資格]岡山県重要無形文化財〔昭和48年〕　[専門]備前焼　[団体]日本工芸会

叔父の藤原啓や金重陶陽、金重素山に学び、また北大路魯山人の助手として陶技を磨いた。昭和31年窯を築いて独立。古備前の土味を巧みに表すセンスに長け、現代日本陶芸展、日本伝統工芸展、岡山県美術展などに連続入賞。日本陶磁協会賞、岡山県知事賞などを受賞した。48年岡山県重要無形文化財保持者に認定された。
［親族］叔父＝藤原啓（陶芸家）
［師弟］師＝藤原啓、金重陶陽、金重素山、北大路魯山人
［受賞］日本陶磁協会賞〔昭和37年〕、金重陶陽賞（第1回）〔昭和44年〕、岡山県知事賞

藤原 貞経　ふじわら・さだつね
蒔絵師

［生没年］生没年不詳

鎌倉時代に活躍。仁治3年（1242年）在銘の当麻寺厨子蒔絵扉に蒔絵師として「左馬允藤原貞経」の名がある。

藤原 錬造　ふじわら・てつぞう
陶芸家

［生年月日］明治9年（1876年）
［没年月日］昭和38年（1963年）
［出生地］三重県　［専門］信楽焼（タヌキの置物）

京都の清水焼の窯元で陶工修行をしていた時、タヌキに興味を持ち、動物園に通い、文献を読み、ついには実際にタヌキを飼って生態観察を重ねた。昭和24年1作目を完成させ、滋賀県信楽の陶芸界に新風を巻き起こした。

藤原 孚石（1代目）　ふじわら・ふせき
日本画家、嵯峨面作家

［没年月日］昭和57年（1982年）7月
［本名］藤原喜三郎

四条派の流れを組む日本画家の傍ら、織物や染め物を使って絵を創作する綵絵（あやえ）を編み出したほか、ろうけつ染めや楽焼も手がけた。さらに22歳の時日本美術院の第1回研究生として上京した時、ロシア・アバンギャルド作家の個展を見たことがきっかけで店舗装飾ともいわれる街頭芸術にも取り組むなど様々な芸術面で才能を発揮。一方嵯峨の地に愛着を持ち、昭和の初めに厭離庵の裏に住まいを移す。民芸品として名前だけが伝わっていた紙面・嵯峨面の由来を掘り起こして技法も考案して嵯峨面を再生させ、長男が2代目孚石を継ぐ。晩年「嵯峨の追憶」と題した画集を出版。
［家族］長男＝藤原孚石（2代目）

藤原 雄　ふじわら・ゆう
陶芸家　倉敷芸術科学大学教授

［生年月日］昭和7年（1932年）6月10日
［没年月日］平成13年（2001年）10月29日
［出生地］岡山県和気郡伊里村穂波　［学歴］明治大学文学部日本文学科〔昭和30年〕卒
［資格］岡山県重要無形文化財保持者（備前焼）〔昭和55年〕、重要無形文化財保持者（備前焼）〔平成8年〕　［専門］備前焼　［団体］日本工芸会、岡山県備前焼陶友会（名誉会長）

父は備前焼の人間国宝・藤原啓。大学卒業後、出版社に勤務するが父の病気のため帰郷し、助手として修業。幼い頃から目が不自由だったがハンディをほとんど意識することなく作陶に励んだ。素朴、豪放な作風を特徴とする備前壺、鉢、水指を主に作る。昭和33年第5回日本伝統工芸展に初入選。36年日本工芸会正会員。47年の岡山天満屋での「百壺展」を皮切りに「百徳展」（徳利）「百華展」（花入）「百鉢展」と一器種に絞ったテーマ別の個展を開催。欧米で備前焼の講師をするなど国際的にも活躍、備前焼の国際化にも貢献した。63年日本工芸会理事。平成6年脳血栓で倒れたが、7～11

年倉敷芸術科学大学教授を務めるなど後進の指導にも尽力。岡山県重要無形文化財保持者などを経て、8年人間国宝に選ばれ、陶芸の分野で初めて二代続けて認定された。
[家族]父=藤原啓(備前焼・人間国宝)、弟=藤原敬介(陶芸家)、息子=藤原和(陶芸家)
[受賞]芸術選奨文部大臣賞(平元年度)〔平成2年〕、日本陶磁協会賞(第12回、昭41年度)〔昭和42年〕、金重陶陽賞〔昭和48年〕、岡山県文化奨励賞〔昭和49年〕、岡山県文化賞〔昭和60年〕、中国文化賞(第43回)〔昭和61年〕、明治大学特別功労賞〔平成9年〕、バルセロナ国際陶芸展グランプリ〔昭和38年〕
[叙勲]紺綬褒章〔昭和59年〕、紫綬褒章〔平成10年〕、勲四等旭日小綬章〔平成13年〕

藤原 楽山(1代目)　ふじわら・らくざん
陶芸家

[生年月日]明治9年(1876年)7月26日
[没年月日]昭和5年(1930年)2月8日
[出生地]岡山県邑久郡鶴山村　[本名]藤原幸八　[専門]備前焼

岡山県邑久郡鶴山村(現・備前市)で大崎吉造の二男に生まれ、明治31年藤原家の養子となる。陶器改撰所で久本葛尾に轆轤を学び、森琳三の窯で藤江永孝の食塩青を会得。独立して円筒窯を工夫、完成させた。作品は抹茶器、煎茶器で、葛尾譲りの轆轤に優れ、特に抹茶碗は落ち着いた姿に力が張りつめ、たてやすく飲みやすいと評判を呼んだ。
[師弟]師=久本葛尾、森琳三

藤原 楽山(2代目)　ふじわら・らくざん
陶芸家

[生年月日]明治43年(1910年)11月18日
[没年月日]平成8年(1996年)9月3日
[出生地]岡山県備前市伊部　[本名]藤原六治　[資格]岡山県重要無形文化財〔昭和29年〕　[専門]備前焼　[団体]岡山県備前焼陶友会、備前陶心会

初代藤原楽山の三男。20歳頃から父について陶技を習い、父の没後、2代目継承。初代から受け継いだ塩青焼を完成。昭和23年丸技作家に認定。茶器を得意とし、特に抹茶碗においては現代日本の3大名匠の一人に数えられた。また香炉にも逸品が多い。

二木 成抱　ふたぎ・せいほう
漆芸家

[生年月日]明治17年(1884年)
[没年月日]昭和29年(1954年)
[出生地]石川県金沢市　[本名]二木一喜　[専門]蒔絵(加賀蒔絵)

山本利成に師事して蒔絵を修業。昭和3年第9回帝展に初入選、以後、帝展と新文展に入選を重ねる。五十嵐道甫や清水九兵衛に私淑して作風を学んで、加賀蒔絵の伝統技法を受け継ぎながら近代的写実の構図に取り組んだ。代表作に「蒔絵秋草図飾棚」がある。
[師弟]師=山本利成

舟掛 宗四郎　ふなかけ・そうしろう
漆芸家

[生年月日]安政6年(1859年)3月5日
[没年月日]大正14年(1925年)10月12日
[出身地]能登国輪島(石川県)

代々輪島塗の沈金を業とする家に生まれる。明治30年沈金象眼技法を考案。

舩木 道忠　ふなき・みちただ
陶芸家

[生年月日]明治33年(1900年)5月18日
[没年月日]昭和38年(1963年)1月22日
[出生地]島根県志布名(松江市)　[学歴]東京美術学校(現・東京芸術大学)洋画科卒　[資

格]島根県無形文化財志布名焼技術保持者〔昭和37年〕　［専門］志布名焼　［団体］国画会

志布名焼の窯元・舩木平兵衛窯を営む家に生まれる。東京美術学校洋画家に学んだのち帰郷し、家業を継いで陶芸家となった。昭和初期には柳宗悦の民芸運動に参加し、浜田庄司やバーナード・リーチらに感化を受けて制作に没頭。衰退しつつあった志布名焼の復興を志し、自家伝承の技に中世英国陶器の技法を取り入れた作品を数多く制作、好評を博した。また、島根と中央美術界との橋渡し役も務めるなど、県の工芸発展にも貢献。昭和10年には国画会会員となり、37年県無形文化財志布名焼技術保持者に認定された。代表的な作品に「三彩釉押文花生」などがある。

船木 与次兵衛　ふなき・よじべえ
陶工

[生没年] 生没年不詳
[出身地] 出雲国（島根県）　［別名等］別名＝舩木与次兵衛村政　［専門］布志名焼

江戸時代中期の陶工。佐々木高綱の家臣舩木与次兵衛次村から23代目の子孫。父は出雲国八束郡乃木村（現・松江市）でカワラケを焼いた助左衛門。初めは天目楽焼に従事したが、寛延3年（1750年）布志名（現・玉湯町）に移り、3人の子とともに陶業に従事。瓦製造ののち、日用雑器を中心に製作し、のちに布志名焼と称される陶器の創始者となった。

船越 春珉　ふなこし・しゅんみん
鋳金家

〔没年月日〕昭和15年（1940年）12月26日
[出身地] 東京都

東京で彫金業を営みながら鋳金作家としても活動。日本美術協会、東京彫工会、日本金工協会会員となり、出品。また帝展にも出品、昭和11年には無鑑査となる。代表作に「彫金花瓶 群蝶」。

船田 一琴　ふなだ・いっきん
装剣金工家

［生年月日］文化9年（1812年）10月18日
［没年月日］文久3年（1863年）
[出生地] 出羽国庄内五日町（山形県）　［別名等］幼名＝勇太郎，名＝庄助，庄治，義長

金工船田寛常の子。幼少時に父と死別し、熊谷派の金工家義信が母と結婚して養父となる。文政9年（1826年）江戸へ出て義信の師、熊谷義之に入門して義長と名乗る。その後、京都の後藤一乗に入門。天保5年（1834年）一乗の一字をゆるされて一琴を名乗り、江戸に戻って仕事を始め、のち鶴岡藩に仕えた。また郷里庄内の酒井家の抱工も務め、江戸と庄内を行き来しながら、船田家を再興させつつ、多くの門弟育成にも努めた。作風は四神図、竜、花卉などで初めは一乗風を強く意識させたが、次第に独自の彫境を開拓した。「富士図鐔」などにみられる甲鋤彫りといわれる、すくい鏨の技法を得意とした。

船橋 玄悦　ふなばし・げんえつ
対馬藩医，陶工

［生年月日］生年不詳
［没年月日］寛文4年（1664年）

京都から移って対馬藩の医師となる一方、陶芸にも優れた才能を発揮。寛文3年（1663年）朝鮮に渡り、釜山窯で玄悦御本茶碗を焼いた。

船橋 舟珉　ふなばし・しゅうみん
蒔絵師

[生没年] 生没年不詳

[出生地]東京都　[旧姓名]船橋岩次郎
12歳から植松抱民に師事し、保井抱中と門下の高弟として知られた。明治10年師に従って精工社の職人となったが、同年独立。33年パリ万博、37年セントルイス万博などに出品。大正年間の末頃まで活躍した。
[師弟]師＝植松抱民

降旗 正男　ふりはた・まさお
ガラス工芸家

[没年月日]昭和23年（1948年）
[学歴]東京高等工芸学校
東京高等工芸学校で立体図案を学び、大倉陶園、各務クリスタル製作所図案部に勤務した。第3回文展、紀元二千六百年奉祝美術展に入選。昭和18年にはガラス工芸関係の芸術保存資格者に認定された。優れた意匠感覚に高い評価を得たが、22年はっとり和光での新作展が最後となり、翌年病気のため夭折した。

古庄 理一郎　ふるしょう・りいちろう
藍染め職人　古庄染工場会長

[生年月日]大正3年（1914年）3月21日
[没年月日]平成11年（1999年）3月2日
[出身地]徳島県徳島市富田浦町　[学歴]阿波中（旧制）卒　[資格]徳島県無形文化財技術保持者〔昭和52年〕
太平洋戦争後、生家の紺屋業を再興。伝統的な藍液造り"木灰発酵建て"を復活させ、独特の染色技法"注染"を開発。昭和52年純正藍の注染が徳島県無形文化財に指定され、その技術保持者として認定された。同年全国の染織家と天然藍匠同人を結成、代表を務める。56年現代の名工に選ばれた。
[受賞]現代の名工〔昭和56年〕

古瀬 堯三(3代目)　ふるせ・ぎょうぞう
陶芸家

[生年月日]昭和11年（1936年）5月24日
[没年月日]平成21年（2009年）9月13日
[本名]古瀬隆　[学歴]京都市立美術大学陶芸科〔昭和34年〕卒　[専門]赤膚焼
赤膚焼6代目（2代目古瀬堯三）の長男。富本憲吉、近藤悠三、藤本能道に師事。昭和43年3代目堯三を襲名した。
[家族]父＝古瀬堯三（2代目）

古谷 道生　ふるたに・みちお
陶芸家

[生年月日]昭和21年（1946年）2月16日
[没年月日]平成12年（2000年）7月20日
[出生地]滋賀県甲賀郡信楽町　[学歴]甲南高窯業科卒
滋賀県信楽町の信楽道生陶房で信楽を、三重県阿山町の伊賀道生陶房で伊賀をつくる。京都市立陶工訓練所修了ののち内田邦夫クラフト研で学び、各地の窯場修業を経て、昭和44年信楽に戻り独立。のち、50年に伊賀丸柱にも築窯。日本伝統工芸展、日本陶芸展、中日国際展などに入選。焼締、火色窯変、自然釉で茶碗などをつくる。
[受賞]信楽陶芸展最優秀賞、西武工芸大賞展大賞、滋賀県文化奨励賞〔平成8年〕

古野 一春　ふるの・いっしゅん
博多人形作家　博多人形作家協会会長

[生年月日]明治36年（1903年）8月
[没年月日]平成12年（2000年）7月7日
[出身地]福岡県福岡市博多区　[本名]古野泰助　[資格]福岡県無形文化財〔昭和63年〕
17歳で博多人形師・小島与一に入門。以来人形作り一筋に歩む。大正3年古野博多人形工房を設立。戦時中は国から博多人形保存資格者の指定を受けた。能人形界の第一人

文蔵　ぶんぞう
　　能面作家

[生没年] 生没年不詳
[出身地] 越前国（福井県）

南北朝・室町時代前期の伝説的能面作家。十作の一人で、女面の巧者といわれる。世阿弥元清の「申楽談儀」によると、観阿弥と同時代の金剛座の統率者金剛権守が、文蔵作の面をつけたという。強い表情の面を好んで作ったとされるが、確実な作品は遺されていない。

【へ】

別所 吉兵衛　べっしょ・きちべえ
　　陶工

[生没年] 生没年不詳

千利休時代、京都烏丸仏光寺に住んで古瀬戸の模作を制作。のちの子孫は、代々押小路柳馬場で万屋を屋号とし、七里市兵衛を称したといわれる。

逸見 東洋　へんみ・とうよう
　　工芸家

[生年月日] 弘化3年（1846年）10月18日
[没年月日] 大正9年（1920年）12月24日
[出生地] 備前国岡山（岡山県岡山市）　［本名］逸見大吉　［別名等］別号＝竹貫斎義隆

文久2年（1862年）京都に上り、刀工の技術を学ぶ。元治元年（1864年）に郷里岡山に帰り、竹貫斎義隆の名で刀工となった。類い希なる技量を持ち、"明治正宗"ともてはやされたが、明治5年の廃刀令で廃業。その後は木彫や竹彫・漆芸・堆朱・堆黒などを幅広く手がけるようになり、精緻かつ鋭い切れ味を持った彫りでそれぞれ独特の作品を残した。28年ツゲ材の蟹の置物で第4回内国勧業博覧会一等賞金牌を獲得。また、43年堆朱食籠を明治天皇に、大正4年には兄との合作で太刀を大正天皇に献上している。工芸の他にも柔術・弓術・書道・謡曲・茶道などにも通じた。作品は他に「風神雷神図堆朱盆」などがある。

[受賞] 内国勧業博覧会一等賞金牌（第4回）〔明治28年〕

【ほ】

法阿　ほうあ
　　漆工

[生没年] 生没年不詳

鎌倉時代後期の漆工。正和4年（1315年）朝廷が近江国に日枝神社を造営した際、清光、守近など13人の漆工の一人として召されたといわれる。

宝山 文蔵(1代目)　ほうざん・ぶんぞう
　　陶工

[生没年] 生没年不詳
[出生地] 近江国信楽郷神山（滋賀県）　［別名等］別名＝雲林院文蔵

天文年間（1532～54年）京都の御菩薩池に窯を開いて後、万治3年（1660年）京都粟田口に窯を移した。

北条 きの　ほうじょう・きの
結城紬職人

[没年月日] 昭和60年（1985年）8月18日
[出身地] 茨城県　[資格] 重要無形文化財総合指定（結城紬）〔昭和51年〕

昭和31年結城紬織の部の技術保持者として国重要無形文化財に指定。51年「本場結城紬技術保持会」が団体指定を受けるまで人間国宝だった。

宝来 甚四郎　ほうらい・じんしろう
茶杓師

[生没年] 生没年不詳

宝来は奈良市の大和西大寺付近の村落。武野紹鷗時代の茶杓削りの名手といわれる。豊臣秀吉の時代には孫の甚四郎が活躍した。

朴 正意　ぼく・せいい
陶工

[生年月日] 生年不詳
[没年月日] 元禄2年（1689年）
[出生地] 薩摩国小山田村（鹿児島県）　[別名等] 日本名＝小山田佐兵衛

肥前国百貫窯の開創者。寛永3年（1626年）肥前に柳元窯を開いて以降、木原ほか各地に築窯して分派を形成。陶器制作を広く手がけた。

朴 正官　ぼく・せいかん
陶画工

[生年月日] 文政8年（1825年）
[没年月日] 没年不詳
[出生地] 薩摩国（鹿児島県）　[専門] 薩摩焼

父は薩摩焼苗代川系（苗代川焼）の窯主取役・朴正伯。父の請願により招聘された竪野冷水窯の樋渡次右衛門、内田源助から絵付けを学ぶ。弘化元年（1844年）錦手取役となり、苗代川焼における本格的な薩摩金襴手を創始した。安政2年（1855年）薩摩藩主・島津斉彬に召されて磯焼の集成館焼物所に赴き、帰村を許された後もたびたび同所を訪れて制作に従事した。慶応3年（1867年）父や息子たちの協力もあってパリ万博に錦手大花瓶を出品、高い評価を得た。

朴 平意　ぼく・へいい
陶工　薩摩焼苗代川系の祖

[生年月日] 永禄2年（1559年）
[没年月日] 寛永1年（1624年）
[別名等] 名＝清右衛門, 興用　[専門] 薩摩焼

文禄・慶長の役に際して、薩摩藩主・島津義弘に伴われ朝鮮半島から渡来。慶長4年（1599年）薩摩国串木野に窯を築いたが、8年下伊集院村苗代川に移り、9年庄屋となって清右衛門興用の和名を名のった。同地で元屋敷窯を開く。息子・貞用と藩内で白陶土を発見して白薩摩創製に貢献、薩摩焼苗代川系（苗代川焼）の祖となった。

細井 順子　ほそい・じゅんこ
絹織物技術者

[生年月日] 天保13年（1842年）
[没年月日] 大正7年（1918年）9月26日
[出生地] 越前国六条村（福井県福井市）

農家の長女に生まれるが、呉服商細井万次郎と結婚。福井に新鋭織機が導入される際、器用さを見込まれて、伝習生に選ばれ京都府織工場へ派遣された。佐倉常七の指導の下で製織技術を習得し、明治10年福井織工会社が創立されると教師となり、10年余り女子工員の指導に当たった。"織り姫"第一号として繊維王国福井の実現に尽くした。

細田 育宏 ほそだ・やすひろ
　　木工芸家　東京学芸大学名誉教授

[生年月日] 昭和6年(1931年)8月19日
[没年月日] 平成21年(2009年)12月14日
[出身地]島根県　[学歴]東京教育大学〔昭和29年〕卒　[団体]日本デザイン学会、美術科教育学会、日本新工芸家連盟

小・中・専門学校、短大、大学などで41年間教壇に立つ。日展、国内展、国際展での入賞、入選多数。著書に「教授定年退官記念美術教育諸問題随想録—自作木工レリーフ作品掲載」などがある。

細野 実 ほその・みのる
　　　　工芸家

[生年月日] 昭和13年(1938年)7月20日
[没年月日] 平成20年(2008年)2月5日
[出生地]新潟県村上市　[学歴]村上高〔昭和33年〕卒

彫り師の家に生まれ、昭和33年彫り師の塚田永秀に弟子入り。村上宮大工の伝統技術を受け継ぎ、戦災で焼失したままとなっていた東京・八王子の八王子まつりの山車復興を手がけてから、村上大祭のおしゃぎり(屋台)など、全国各地の祭りの山車などを手がけた。八王子とは縁が出来、毎年のように八王子まつりに通った。彫刻家としても活躍し、48年日展に初入選。平成14年「雲の標」で日展特選。
[師弟]師=塚田永秀
[受賞]現代工芸新潟展新潟県知事賞〔昭和40年〕、日展特選〔平成14年〕「雲の標」

甫竹 ほちく
　　　茶杓師

[生没年] 生没年不詳
[別名等]通称=重右衛門

堺の人で絹商人だったが、慶首座に茶杓削りの技を学び、千利休から秘伝を授けられて茶杓師となる。古田織部の愛顧を受け、徳川秀忠にもたびたび茶杓を献上したといわれる。以後、子孫4代は甫竹を称し、天和年間(1681〜1684年)ごろまで堺に住んだが、のち京都へ移った。

法華三郎 信房(8代目) ほっけさぶろう・のぶふさ
　　　刀匠

[生年月日] 明治42年(1909年)5月15日
[没年月日] 平成12年(2000年)10月25日
[出身地]宮城県松山町　[本名]高橋昇　[学歴]高小卒　[資格]宮城県重要無形文化財保持者〔昭和41年〕

藩制時代から続く三郎信房の8代目で、昭和38年柾目肌の美しさが特徴の作風"大和伝"を復元。41年宮城県無形文化財に指定された。
[受賞]河北文化賞(第28回)〔昭和53年〕

堀 浄政 ほり・じょうせい
　　　釜師

[生年月日] 文化7年(1810年)
[没年月日] 万延1年(1860年)
[出生地]越後国地蔵堂町(新潟県)　[旧姓名]小島

名越家8代昌孝の門下となる。のち堀浄知の後を継ぎ、越後で活動した。堀仁三郎と孫の堀浄弘が後を継いだ。
[家族]孫=堀浄弘(釜師)
[師弟]師=名越昌孝

堀 浄知 ほり・じょうち
　　　釜師

[生年月日] 生年不詳
[没年月日] 天保3年(1832年)

[別名等]別名=西村次郎吉
名越家7代昌明に学ぶ。はじめ西村次郎吉を称し、江戸浅草竹町に住む。名手として知られ、名越昌孝から堀の姓を許された。
[師弟]師=名越昌明

堀 山城(1代目)　ほり・やましろ
釜師

[生年月日]生年不詳
[没年月日]寛永4年(1627年)
[出生地]山城　[別名等]名=清光, 通称=弥助, 号=浄栄
元和3年(1617年)江戸幕府に招かれて京都から下り、その仕事ぶりが認められて御細工御用を命ぜられる。山下御門川岸通に細工所を与えられ、切米も給された。作品には尾上釜、田舎家釜、筒釜などがあり、日光東照宮の銅灯籠が知られる。幕末まで徳川家の御用釜師として続く堀山城家の祖とされる。

堀 山城(2代目)　ほり・やましろ
釜師

[生年月日]生年不詳
[没年月日]天和2年(1682年)
[別名等]名=清光, 通称=弥助, 号=浄甫
初代の子。寛永4年(1627年)父のあとをつぐ。釜より大型の鋳造などが得意で、上野東照宮参道の銅灯51基のうち12基に名を残す。

堀 山城(3代目)　ほり・やましろ
釜師

[生没年]生没年不詳
[出生地]京都府　[別名等]通称=吉五郎, 号=浄珉
明暦2年(1656年)2代目浄甫の養子となり、弥助と改名。のちに浄珉と号す。天和2年(1682年)3代目をついだ。

堀 山城(5代目)　ほり・やましろ
釜師

[生年月日]生年不詳
[没年月日]享保1年(1716年)
[別名等]通称=藤兵衛, 名=清次
正徳2年(1712年)5代目をつぐ。増上寺の徳川家宣廟前の銅灯籠に名を残す。

堀 山城(8代目)　ほり・やましろ
釜師

[生没年]生没年不詳
[別名等]通称=藤兵衛
5代目以降、没落しかかっていた名跡の由緒を、天明6年(1786年)幕府に申し立て、翌年御細工頭司配に任ぜられて復興をはたす。京都の大火においては、禁裏や二条城などの再建の御用を務める。また幕府の婚礼品なども手がけた。

堀 柳女　ほり・りゅうじょ
人形作家

[生年月日]明治30年(1897年)8月25日
[没年月日]昭和59年(1984年)12月9日
[出生地]東京市芝区(東京都)　[本名]山田松枝　[旧姓名]柿内　[学歴]清水女塾卒　[資格]重要無形文化財保持者(衣裳人形)〔昭和30年〕　[専門]衣裳人形
明治38年堀家の養女となる。初め日本画を学んだが、竹久夢二と知り合い、昭和2年仲間達と人形づくりに取り組むようになった。5年グループ、どんたく社を結成。8年三越で個展開催。9年鹿児島寿蔵らと甲戌会を、女性人形作家らと七夕会を結成、創作人形運動をおこした。11年帝展入選。12

351

年堀柳女人形塾を開設。22年山田金雄と結婚。26年日展工芸で初の女性審査員に。彫刻や日本人形の伝統的技法を学び、風や波の音、水の流れなど自然を取り入れた"柳女人形"を完成。30年衣裳人形で人間国宝に認定される。58年にはレーガン大統領夫人のナンシーさんに人形作りを披露。代表作に「潺」「古鏡」「黄泉比良坂」など。著書に「人形に心あり」「堀柳女人形」など。
[受賞]日展特選(彫塑部、第5回)〔昭和24年〕「静思」、日展北斗賞〔昭和27年〕
[叙勲]紫綬褒章〔昭和42年〕、勲四等瑞宝章〔昭和48年〕

堀井 清司　ほりい・きよし
　　木彫熊製作家　ほりい社長

[生年月日]大正8年(1919年)1月15日
[没年月日]平成3年(1991年)5月9日
[出生地]北海道空知郡奈井江町　[学歴]奈井江尋常高小卒

14歳から木彫熊製作の道に入り、独学で堀井式木彫熊を完成、観光民芸品を工芸品の域にまで高めた。
[受賞]北海道産業貢献賞「卓越した技能者」知事賞〔昭和59年〕、現代の名工〔昭和62年〕

堀井 胤次　ほりい・たねつぐ
　　刀匠

[生年月日]大正12年(1923年)2月24日
[没年月日]平成14年(2002年)10月3日
[出生地]北海道室蘭市　[学歴]室蘭中(現・室蘭栄高)〔昭和15年〕卒　[団体]全日本刀匠会

昭和15年日本製鋼所(日鋼)に入社。室蘭製作所瑞泉鍛刀所で父・俊秀に師事。17年新作日本刀展に初出展し入選。47年分家初代を襲名、51年瑞泉鍛刀所の3代目となる。60年筑波万博の政府出展歴史館で鍛刀を実演するなど名刀匠の地位を確立。平成8年、150年に及ぶ堀井家の歴史をまとめた「えにし」を自費出版。
[受賞]室蘭市功労者〔昭和63年〕、北海道文化財保護功労者〔平成11年〕

堀江 興成　ほりえ・おきなり
　　装剣金工家

[生没年]生没年不詳
[別名等]通称=弥十郎、号=一枝軒、名=英俊、晴雲堂

江戸に住し、浜野政随に彫鏤の技術を学んだが、政随の没後は大森英秀、尾崎直政にも学んだ。彫技に優れ、品位のある作風で活躍し、門弟も多かったといわれる。

堀尾 卓司　ほりお・たくじ
　　硯師

[生年月日]明治43年(1910年)2月12日
[没年月日]昭和61年(1986年)5月18日
[出生地]山口県下関市南部町　[本名]堀尾薫　[学歴]豊浦中(旧制)卒

赤間関硯作りの第一人者。豊浦中学を卒業後、本格的に硯師の道に入る。昭和7年24歳の時、商工省工芸美術展覧会に入選。31歳で上京し、彫刻の新田藤太郎に師事。17年文展に初入選、18年国の"技術保持者"に選ばれる。33年には献上硯を制作。60年下関市文化財保護審議会会長。
[家族]息子=堀尾信夫(硯師)
[受賞]山口県芸術文化振興奨励賞〔昭和28年〕、山口県芸術文化功労選奨〔昭和53年〕、文部省地域文化功労者〔昭和58年〕、下関市教育文化功労賞

堀川 光山　ほりかわ・こうざん
　　陶芸家

[生年月日]安政3年(1856年)12月14日

[没年月日]没年不詳
[出身地]常陸国(茨城県)
明治年間、楽焼で三井家に出入り。のち本焼に入り、上野美術校内に窯を築く。晩年には同業組合長をつとめた。

堀川 次男　ほりかわ・つぎお
　　鋳造職人

[没年月日]平成9年(1997年)4月26日
[出身地]東京都荒川区　[資格]荒川区指定無形文化財保持者
美術鋳物職人として、最高裁判所や国会議事堂の門標、浅草寺の天水おけなどを作った。
[受賞]荒川区功労者表彰(平7年度)

堀部 久次郎　ほりべ・きゅうじろう
　　染色工

[没年月日]平成11年(1999年)1月3日
[出身地]愛知県名古屋市西区　[別名等]雅号=祥龍
絵を描くのが好きで14歳のとき手描友禅の世界に。以来この道一筋に打ち込み、ひのきやしだの葉を使ったろうけつ染の一種、"樹光染"を編み出した。昭和63年愛知県優秀技能者に選ばれた。愛知県染創工芸協同組合理事長なども務めた。
[家族]息子=堀部満久(友禅作家)
[受賞]愛知県優秀技能者〔昭和63年〕

本阿弥 光悦　ほんあみ・こうえつ
　　芸術家

[生年月日]永禄1年(1558年)
[没年月日]寛永14年(1637年)2月3日
[出生地]京都府　[別名等]名=二郎三郎、号=自得斎、徳友斎、太虚庵
室町時代より刀剣の磨礪・浄拭・鑑定を生業とする本阿弥家の分家の長男。父が加賀藩主・前田家に出入りしていたことから、自身も金沢へ赴いたことがあり、慶長8年(1603年)父の没後に知行200石を継いだ。元和元年(1615年)父の代より関係の深かった徳川家康から京都の鷹峯の地を拝領。一族や工芸家を連れて移り住み、法華信仰を中心として形成された芸術の里を開いた。書道・工芸・絵画など様々な芸術・文化の分野に才能を発揮し、書は近衛信尹、松花堂昭乗と並んで"寛永の三筆"と称され、光悦流の一流を成した。陶芸は楽茶碗に優れ「不二山」「雨雲」「時雨」など国宝・重要文化財に指定される名品を残し、蒔絵は国宝「舟橋蒔絵硯箱」など、斬新な意匠によって光悦蒔絵と称される作品を残した。また、豪商の角倉素庵と協力し、装幀に意匠が凝らした"嵯峨本"と称される古活字版を制作したことも有名。
[家族]孫=本阿弥光甫(芸術家)

本阿弥 光遜　ほんあみ・こうそん
　　刀剣研磨師, 刀剣鑑定家

[生年月日]明治12年(1879年)4月29日
[没年月日]昭和30年(1955年)7月26日
[出生地]群馬県前橋市
12歳で上京し、本阿弥琳雅に入門して刀剣鑑定と研磨を修業。明治40年独立して日本刀研究会を起こした。戦後は美術刀剣保存協会評議員などを務めた。著書に「日本刀」「日本刀大観」「刀剣鑑定講話」などがある。
[師弟]師=本阿弥琳雅

本阿弥 光甫　ほんあみ・こうほ
　　芸術家

[生年月日]慶長6年(1601年)
[没年月日]天和2年(1682年)7月24日
[別名等]号=空中斎
江戸初期を代表する芸術家・光悦の孫。家業である刀剣の磨礪・浄拭・鑑定に従事し、

祖父同様に加賀前田家に仕え、自身の代に100石を加増されて300石の知行を賜った。寛永18年(1641年)法眼に叙せられる。幼少期より祖父や父・光瑳の教育を受け、多芸多才で知られた。茶道、書画、彫刻に通じ、陶芸では"空中信楽"と称される信楽焼風の茶器をよくした。光悦とその母・妙秀の事績について記した「本阿弥行状記」を述作したと伝えられる。

本阿弥 日洲　ほんあみ・にっしゅう
刀剣研磨師　本阿弥宗家22代目

[生年月日]明治41年(1908年)2月23日
[没年月日]平成8年(1996年)7月13日
[出生地]東京市芝区烏森町(東京都)　[本名]本阿弥猛夫　[学歴]大倉商(現・東京経済大学)〔大正12年〕卒　[資格]重要無形文化財保持者(刀剣研磨)〔昭和50年〕

明治・大正期の名人といわれた平井千葉の長男で、大正9年より父に刀剣の研磨と鑑定を学ぶ。のち本阿弥琳雅に師事。昭和3年本阿弥家の養子となり(本阿弥宗家第22代)、同家に伝わる"家研ぎ"を継承。6年伊勢神宮内宮の御宝刀を研磨、14年後鳥羽天皇生誕700年奉賛会の奉納御刀を研磨。10年頃から陸軍、内務省の軍刀審査員となる。23年日本美術刀剣保存協会、24年東京国立博物館、25年文化財保護委員会(現・文化庁)などの刀剣審査委員を歴任し、45年日本刀古代研磨技術保存会幹事長に就任。また、米国のボストン、メトロポリタン両美術館にある刀剣の調査を行なった。50年人間国宝に認定された。
[家族]実父=平井千葉(刀剣研磨師)
[師弟]師=平井千葉、本阿弥琳雅
[叙勲]勲四等旭日小綬章〔昭和53年〕

本荘 義胤(1代目)　ほんじょう・よしたね
刀工、刀身彫工

[生没年]生没年不詳
[出生地]出羽国本荘(秋田県)　[別名等]通称=亀之助、号=漱玉園、拾藻斎

文化・文政年間(1804～29年)頃に活躍。水心子正秀の元で鍛刀を学ぶ一方、刀身に彫刻を施す技法を開発し、"義胤彫"を生み出す。中年以降は鐔の制作にもあたった。

本多 貞吉　ほんだ・ていきち
陶工

[生年月日]明和3年(1766年)
[没年月日]文政2年(1819年)4月6日
[出生地]肥前国島原(長崎県)

伊予の砥部焼、摂津の三田焼などの窯で製陶しつつ陶技を磨いたのち、文化3年(1806年)青木木米に従い、加賀国金沢で春日山窯の築造に参加。その後も加賀に留まり、能美郡の磁土を用いて若杉窯を開き、「能美九谷」と称した。磁器窯としての将来性を期待した加賀藩は大規模な工場を作り、貞吉はその職長となって多種の陶磁器を焼成し、再興九谷焼の発展に大きく貢献した。

本田 与三郎　ほんだ・よさぶろう
七宝作家

[生没年]生没年不詳

本多とも称する。明治21年愛知県名古屋に観光外国人専門の七宝店舗を開き、22年のパリ万博に出品して金賞を獲得。28年の内国勧業博覧会、32年のパリ万博には同じく名古屋で活動した鈴木弥六と共同で、合名会社鈴木本多兄弟商会として出品している。

本間 舜華　ほんま・しゅんか
　　　漆芸家

[生年月日] 明治27年(1894年)4月8日
[没年月日] 平成3年(1991年)10月12日
[出生地] 山形県酒田市　[本名] 本間健蔵
[旧姓名] 米山　[団体] 日展,日本漆工協会

高等小学校を卒業後、鶴岡の田村青畝のもとで修業後、東京の辻村松華に師事。大正14年パリ万博で銀賞、15年フィラデルフィア万博で1等賞を受賞。昭和9年帝展に初入選し、12年文展で文部大臣賞を受賞。以後、文展、日展に出品し、審査員もつとめた。著書に「思い出すまま」がある。
[師弟] 師=辻村松華
[受賞] 文展文部大臣賞〔昭和12年〕,パリ万博銀賞,フィラデルフィア万博1等,漆工功労者〔昭和54年〕

本間 琢斎　ほんま・たくさい
　　　鋳金家

[生年月日] 文化9年(1812年)9月
[没年月日] 明治24年(1891年)8月7日
[出生地] 越後国大久保(新潟県)　[旧姓名] 原
[別名等] 名=貞信,通称=文平,仁左衛門

天保年間に本間家を継ぐ。弘化4年(1847年)弟の良助とともに佐渡奉行・中川飛騨守に招かれ、佐渡で大砲製作に従事。文久年間には洋学者・佐久間象山に指導を受け、洋式の新型大砲を開発した。維新後は鋳金家として活躍し、主に銅製品の制作に没頭。明治5年には斑紫銅を発明。以後、この技法を用いた作品を6年のウィーン万博(功労賞牌を受賞)や14年の第2回内国勧業博覧会(妙技二等賞を受賞)など内外の博覧会に出品し、数多くの賞を獲得した。また、鋳金のみならず宮中の陶器製作も手がけている。作品に佐渡金を用いた純金の孔子像などがある。

[受賞] ウィーン万博功労賞牌〔明治6年〕,内国勧業博覧会妙技二等賞(第2回)〔明治14年〕

【ま】

毎田 仁郎　まいだ・じんろう
　　　染織家

[生年月日] 明治39年(1906年)7月1日
[没年月日] 平成5年(1993年)9月11日
[出身地] 石川県金沢市　[学歴] 犀川小〔大正7年〕卒　[専門] 加賀友禅　[団体] 日本工芸会,加賀染振興協会

大正8年下村光鳳に師事し、13年間の修業の後独立。昭和52年伝統工芸士に認定される。また、伝統工芸日本染織展審査員をつとめた。
[家族] 長男=毎田健治(染織家)
[受賞] 北国文化賞,日本伝統工芸展日本工芸会奨励賞〔昭和55年〕,金沢市文化賞〔昭和56年〕
[叙勲] 勲四等瑞宝章〔平成3年〕

前 大峰　まえ・たいほう
　　　漆芸家

[生年月日] 明治23年(1890年)11月10日
[没年月日] 昭和52年(1977年)6月8日
[出生地] 石川県鳳至郡町野村川西　[本名] 前得二　[学歴] 粟蔵尋常高小卒　[資格] 重要無形文化財保持者(沈金)〔昭和30年〕　[専門] 沈金

明治39年輪島塗沈金の名工・3代目橋本佐助に弟子入りし、大正元年23歳で独立した。沈金は漆器の表面に彫刻刀で文様を彫り、その凹部に金箔などを埋めて文様を表すもの。大正8年に発足した石川県工芸奨励会の展覧会に毎回出品しては腕をみがき、

昭和4年第10回帝展に初出品初入選を果たす。翌年には「沈金遊鯰文手箱」が特選となり、輪島塗の沈金作家の中でも代表的存在となった。21年日展特選、24年「沈金蘭と猫の図小屏風」で文部大臣賞受賞。29年以降は日本伝統工芸展に出品。従来の沈金が線彫り中心のため立体的表現が困難だったのに対し、点描でそれを可能にした。30年人間国宝に認定される。代表作に「ひな鶏飾筥」「沈金蘭と猫の図小屏風」「沈金雷鳥文飾筥」「沈金芒絵飾筥」など。
［家族］息子＝前史雄（漆芸家）
［師弟］師＝橋本佐助（3代目）
［受賞］石川県文化功労賞〔昭和37年〕，輪島市名誉市民〔昭和38年〕，日本漆工協会漆工功労者〔昭和45年〕，帝展特選（第11回）〔昭和5年〕「沈金遊鯰文手筥」，日展特選（第2回）〔昭和21年〕「ひな鶏飾筥」，日展美術文部大臣賞（第5回）〔昭和24年〕「沈金蘭と猫の図小屏風」
［叙勲］紫綬褒章〔昭和39年〕，勲四等瑞宝章〔昭和41年〕，勲三等瑞宝章〔昭和50年〕

前田 桑明　まえだ・そうめい
木工芸家

［没年月日］昭和17年（1942年）
［出生地］東京三宅島　［本名］前田文之助

慶応元年頃に生まれる。明治28年第4回内国勧業博覧会に出品した「桑書棚」が宮内省の買い上げとなる。大正天皇、昭和天皇即位大典に際し献上の桑製調度品を制作。御蔵島産桑材を自在に用い、重厚な作風の厨子や書棚などを数多く制作、桑材全盛の時代を築いた。彫刻家石川光明と親交を結び、合作も多く手がけた。また、博覧会の審査員や日本美術協会理事などを歴任し、木工界の重鎮として活躍した。

前田 竹房斎（1代目）　まえだ・ちくぼうさい
竹工芸家

［没年月日］昭和25年（1950年）
［出生地］大阪　［本名］前田房二郎

明治5年頃に生まれる。14歳頃から竹工を独学し、17歳頃には一家を成した。大正期後半には、皇后や宮家などへの献上品を多く制作。大正11年英国皇太子来日の際には、台覧を仰いだ。いわゆる堺手の籠で高い評価を得た。

前田 竹房斎（2代目）　まえだ・ちくぼうさい
竹工芸家

［生年月日］大正6年（1917年）7月7日
［没年月日］平成15年（2003年）3月12日
［出生地］大阪府堺市　［本名］前田房次　［別名等］前号＝方斎　［学歴］関西簿記専卒　［資格］重要無形文化財保持者（竹工芸）〔平成7年〕　［団体］日本工芸会，日本伝統工芸展

昭和10年父の初代前田竹房斎に師事し、方斎と号す。11～12年朝鮮、ハワイに渡航。12～17年中国へ徴兵。27年2代目竹房斎を襲名。28年第9回日展に「透編花籃」が初入選、以降第11回まで出品。34年日本伝統工芸展に「花籃」が初入選、45年以降同展を基軸に活動する。47年日本工芸会正会員。竹材の持つ美しさを生かしながら、立体的な造形、意匠表現に独自の工夫を凝らした繊細で高雅な作風を築いた。平成7年人間国宝。代表作に「抱 花籃」「花籃 和」「印葉花籃」など。
［家族］父＝前田竹房斎（1代目）
［受賞］日本伝統工芸展東京都知事賞（第19回）〔昭和47年〕「印葉花籃」，伝統工芸木竹展奨励賞（第1回）〔昭和62年〕「萌生花籃」
［叙勲］勲四等瑞宝章〔平成4年〕

前田 千代松　まえだ・ちよまつ
漆芸家

[没年月日] 平成9年（1997年）11月21日
[資格] 江東区登録無形文化財（工芸技術）漆工保持者

会席膳や文箱、茶道具、鎌倉彫などの漆塗りを手がけた。

前田 南斉　まえだ・なんさい
木工芸家

[生年月日] 明治13年（1880年）
[没年月日] 昭和33年（1958年）
[出生地] 静岡県　[本名] 前田兼吉

萩谷幸作、安保木方斎に師事したのち、明治34年桑樹匠として独立。37年東京府工芸展に初出品し、二等賞。大正3年東京大正博覧会、11年平和記念東京博覧会、14年パリ万博、15年フィラデルフィア万博などで受賞。同年木竹工芸会結成に参加。日本美術協会委員、審査員などを歴任した。木工界を代表する指物師で、多くの弟子を育てた。

[師弟] 師＝萩谷幸作、安保木方斎

前田 正範　まえだ・まさのり
陶芸家

[生年月日] 昭和3年（1928年）7月4日
[没年月日] 平成4年（1992年）4月29日
[出身地] 京都府京都市　[学歴] 京都第二商中卒　[団体] 日展、日本新工芸連盟

6代目清水六兵衛に師事。日展特選、無鑑査、入選多数。日本新工芸展外務省買上げ。京都市展入賞、無鑑査、また審査員を務めた。

前原 利男　まえはら・としお
歌人，染色家

[生年月日] 明治33年（1900年）9月9日
[没年月日] 昭和60年（1985年）3月22日
[出生地] 岡山県津山市

染色工芸作家で歌人としても活躍。大正9年尾上柴舟の「水甕」に入社、のち同人・相談役。また「近畿水甕」を主宰。歌集に「草炎」「素彩」「手描友禅」がある。

蒔絵師源三郎　まきえしげんざぶろう
蒔絵師

[生没年] 生没年不詳
[出生地] 大和国奈良（奈良県）

事績や経歴の詳細は不詳ながら「浮世絵類考」に名がみられ、元禄から宝永期（1688～1711年）にかけて活躍したとみられる。井原西鶴「好色二代男」「近年諸国ばなし」「扶桑近代艶隠者」、金衣軒作「好色十二人男」「人倫訓蒙図彙」などの挿絵作者に比定される。

真葛 長造　まくず・ちょうぞう
陶工

[生年月日] 寛政8年（1796年）
[没年月日] 嘉永4年（1851年）
[出生地] 京都　[別名等] 名＝蝶三郎、号＝延寿軒、香斎、通称＝真葛入道

慶長年間（1596～1614年）に知恩院前で楽焼を製作していた宮川有閑斎の10代にあたる。若年の頃は江戸に出ていたが、天保年間（1830～43年）に青木木米の弟子となり、祇園の真葛原に窯を開いて真葛入道と自称。また作品を真葛焼と称し、真葛原にちなんで葛花文様を多く手掛けた。木米の死後は伝統的な京焼に回帰し、野々村仁清

写の色絵陶器を得意とした。子の寅之助が
のち宮川香山と名乗って家業をついだ。

正木 文京　まさき・ぶんきょう
医師, 陶工

[生没年] 生没年不詳
[出生地] 尾張国（愛知県）

安永年間から天明年間（1772～88年）にかけ
て名古屋で医師を開業。その一方で陶芸に
励み茶器などを製作。「吉堂」「貫龍」など
の作品を残した。

マサコ・ムトー
洋画家, 豆紙人形作家

[生年月日] 大正2年（1913年）2月
[没年月日] 平成18年（2006年）6月4日
[出生地] 山口県下関市　[本名] 武藤正子
[学歴] 梅光女学院〔昭和5年〕卒　[専門] パ
ステル画

22歳で結婚、主婦業を続けるが、昭和57年
に夫を亡くし、58年からパステル画を始め
る。このときすでに緑内障で右目を失明、
左目も視力を失いつつあったが、6年間で
作品は100点を超え、平成元年初の個展を
開いた。高齢になって描き始めた女性とし
て"日本のグランマ・モーゼス"とも呼ばれ
る。また88歳から豆紙人形を作り始め、大
正時代の風俗や昔話の記憶をたどって制作
を続けた。
[家族] 長女＝トシコ・ムトー（漫画家）、二
女＝ヒロコ・ムトー（作家）
[師弟] 師＝中山力治

正恒　まさつね
刀工

[生没年] 生没年不詳

平安末期の刀工。備前国で活躍し、いわゆ
る古備前の刀工を代表する名工として知ら
れる。陸奥国出身の有正、またはその子と
いわれ、一般に奥州太郎という。同銘が何
人もいる。阿波藩主・蜂須賀家に伝来した
太刀など国宝となっている太刀が5口ある。

正恒　まさつね
刀工

[生没年] 生没年不詳

備中国青江派の刀工で、養和年間から建永
年間にかけて活躍した。鶴岡八幡宮所蔵の
太刀が国宝となっている他、重要文化財に
指定されている太刀もある。

正宗　まさむね
刀工

[生年月日] 文永1年（1264年）
[没年月日] 興国5・康永3年（1344年）
[別名等] 通称＝五郎入道

藤三郎行光の子で、新藤五国光の弟子であ
ったといわれるが確かではない。硬軟の鋼
を組み合わせた地金と、"湾（のたれ）"と呼
ばれる大模様の刃文を特徴とする作風"相
州伝"を極め、国光に始まる相州鍛冶の大
成者と評される。確かな在銘作品が極めて
少なく、現存品では、能の観世家から徳川
将軍家に献上された「観世正宗」、身幅が
広いことから「包丁正宗」と呼ばれる短刀
など数振りが残るのみ。

真清水 蔵六（1代目）　ましみず・ぞう
ろく
陶工

[生年月日] 文政5年（1822年）
[没年月日] 明治10年（1877年）6月12日
[出生地] 山城国久我村（京都府）　[旧姓名]
清水　[別名等] 幼名＝太三郎, 太兵衛, 号＝
宗岳

庄屋の三男で、天保5年（1834年）京都に出て叔父和気亀亭に陶法を学ぶ。14年五条坂に開窯して翌年から蔵六と称し、妙法院宮教仁法親王より真の一字を賜り真清水と改姓。中国・朝鮮陶磁器を研究、特に青磁に優れ"青磁の蔵六"と呼ばれ、青木木米以来の逸材といわれた。染付、高麗青磁、三島などのほか、早くから茶道を千宗室に学び、宗室好みの抹茶茶碗なども制作。元治元年（1864年）宗室が孝明天皇へ献茶をする際に茶器を造り、宗岳の号を贈られた。明治維新後は京都府勧業場御用掛として明治4年第1回京都博覧会に参画、第4・5回は審査員も務めたほか、6年ウィーン万博、9年フィラデルフィア万博など海外の博覧会にも出品した。
[家族]長男＝真清水蔵六（2代目）

真清水 蔵六（2代目） ましみず・ぞうろく
陶工

[生年月日]文久1年（1861年）5月
[没年月日]昭和11年（1936年）6月13日
[別名等]幼名＝寿太郎，号＝泥中庵

13歳から父・初代蔵六に作陶を学び、明治10年父が没すると17歳で家業を継承するが、以後母が五条坂の家を守り、明治15年22歳で家督を継ぐ。父の影響を受けて古陶を研究し、国内各地、中国、朝鮮の窯をまわって調査。大正元年京都山科に開窯し、昭和6年まで"蔵六風"と呼ばれる青磁、白磁、染付、三島などの花瓶や菓子器などを制作。晩年は隠遁して洛西西山に窯を構えた。著書に「陶奇」「古陶録」「泥水庵今昔陶話」など。
[家族]父＝真清水蔵六（1代目）

増井 和 ますい・かず
くみひも職人　伊賀くみひも伝統工芸士会会長

[生年月日]大正6年（1917年）7月13日
[没年月日]平成5年（1993年）12月14日

昭和7年京都にて友禅に従事、和装図案を研究。20年家業の組紐に従事。37～43年三重県組紐協同組合理事長をつとめる。58年伝統工芸士に認定された。
[受賞]現代の名工〔昭和56年〕

増田 三男 ますだ・みつお
彫金家

[生年月日]明治42年（1909年）4月24日
[没年月日]平成21年（2009年）9月7日
[出生地]埼玉県北足立郡大門村間宮　[学歴]東京美術学校（現・東京芸術大学）金工科彫金部卒，東京美術学校金工科彫金部研究科〔昭和11年〕修了　[資格]重要無形文化財保持者（彫金）〔平成3年〕　[団体]日本工芸会

7人きょうだいの三男。9歳の時に他人が撃った猟銃が暴発して顔に傷を受け、指1本と半分を失った。東京美術学校（現・東京芸術大学）で清水南山、海野清らに師事、彫金の基礎的技法を学んだ。在学中の昭和8年、帝展に初入選。19年より母校の浦和中学（現・浦和高校）に美術講師として勤務。柳宗悦が主導した民芸運動に関心を持ち、陶芸家・富本憲吉から大きな影響を受けた。21年「山茱萸文黄銅壺」で第1回日展の特選に輝く。22年富本が結成した新匠美術工芸会（現・新匠工芸会）に出品、同会員。25年生活工芸集団、31年URジュウリー協会の創設に参加。37年日本工芸会会員となり、日本伝統工芸展へ初出品した「金彩銀蝶文箱」で同展東京都教育委員会賞。51年紫綬褒章、57年勲四等瑞宝章を受章。銀・鉄・銅などの素材を打ち出した壺や箱の表面に、たがねを使って装飾する独自の技術を編み出し、

山水文、動植物など古典的モチーフを用いた作品で高い評価を得た。平成3年人間国宝に認定される。90歳を過ぎても制作を続け、21年100歳で亡くなった。他の代表作に「銀象嵌鉄鴨文箱」「金銀彩壺 山背」など。
[師弟]師＝清水南山、海野清、富本憲吉
[受賞]新文展特選(第3回)〔昭和14年〕「銀鉄からたち文箱」、国展国画奨学賞〔昭和17年〕、新文展特選(第7回)〔昭和19年〕「黄銅雲雀文壺」、日展特選(第1回)〔昭和21年〕「山茱萸文黄銅壺」、新匠会展富本賞〔昭和36年〕、日本伝統工芸展東京都教育委員会賞〔昭和37年〕「金彩銀蝶文箱」、日本伝統工芸展朝日新聞社賞〔昭和44年〕「打出雪装竹林水指」、日本伝統工芸展保持者選賞〔平成2年〕「金銀彩壺 山背」
[叙勲]紫綬褒章〔昭和51年〕、勲四等瑞宝章〔昭和57年〕

増田 宗介　ますだ・むねすけ
　　甲冑工

[生没年]生没年不詳
[出身地]出雲国(島根県)

鎌倉時代前期の甲冑工。出雲守を称し、京都、鎌倉に住んだといわれる。甲冑工の家系で有名な明珍家の始祖。

増村 益城　ますむら・ましき
　　漆芸家　日本文化財漆協会会長

[生年月日]明治43年(1910年)7月1日
[没年月日]平成8年(1996年)4月20日
[出生地]熊本県上益城郡津森町　[本名]増村成雄　[学歴]熊本市立商工学校漆工科〔昭和2年〕卒、熊本市立商工学校研究所研究生〔昭和4年〕修了　[資格]重要無形文化財保持者(髹漆)〔昭和53年〕　[専門]髹漆

熊本の農家で育ち、商工学校の漆工科に学ぶ。昭和5年奈良の辻永斎に師事、7年上京して赤地友哉に師事し、12年髹漆作家とし て独立。東京・豊島区に居住。実在工芸展、日本漆芸院展、新文展、日展で活躍。31年以降は日本伝統工芸展に出品。47年日本文化財漆協会設立、理事に就任。48年伊勢神宮式年遷宮の御神宝を制作。乾漆技法で独自の創作活動を展開し、53年人間国宝に認定。代表作に「乾漆盛器」「乾漆根来盤」「乾漆提盤」など。
[家族]息子＝増村紀一郎(漆芸家)
[師弟]師＝辻永斎、赤地友哉
[受賞]日本伝統工芸展日本工芸会総裁賞(第4回)〔昭和32年〕「乾漆盛器」、日本伝統工芸展文部大臣賞(第7回)〔昭和35年〕
[叙勲]紫綬褒章〔昭和49年〕、勲四等旭日小綬章〔昭和55年〕

松井 康成　まつい・こうせい
　　陶芸家、僧侶　茨城工芸会会長、月崇寺住職

[生年月日]昭和2年(1927年)5月20日
[没年月日]平成15年(2003年)4月11日
[出生地]長野県北佐久郡本牧村　[本名]松井美明　[学歴]明治大学文学部文学科〔昭和27年〕卒　[資格]重要無形文化財保持者(練上手)〔平成5年〕　[専門]練上手　[団体]日本工芸会

昭和32年父の跡を継いで茨城県笠間市の月崇寺住職となり、35年築窯して月崇寺焼を復興。42年から田村耕一に師事。中国の古い技法で、色や濃淡の異なる土を組み合わせて様々な模様を表す練上手(ねりあげで)と象嵌の研究に取り組み、44年日本伝統工芸展に初入選。その後、練上嘯裂文、象裂瓷、堆瓷、風白瓷、萃瓷など伝統の技法に現代的な要素を加えて、新しい装飾スタイルを確立した。平成5年昭和生まれの工芸家として初の人間国宝に選ばれた。代表作に「練上地象裂文壺『追憶』」「練上裸樹文深鉢」「晴日練上壺」「練上玻璃光壺」など。
[師弟]師＝田村耕一

松井 道珍　まつい・どうちん
墨工

[生没年] 生没年不詳
[別名等] 名＝又三郎

楠木正勝の後裔。松井佐渡守義忠の三男道正の長男として生まれる。はじめ大和十市城主中原遠忠に仕えたが、天正年間(1573～1592年)に奈良に移り、製墨を始めたといわれる。延喜図書寮造墨式、李家製墨法、空海二諦坊油煙墨遺法などを研究し、良質の油煙墨を得て、慶長8年(1603年)これを朝廷に献上した。その子道寿が自邸の老梅にちなんで古梅園を号した。

松枝 玉記　まつえだ・たまき
久留米絣職人

[生年月日] 明治38年(1905年)3月22日
[没年月日] 平成1年(1989年)6月17日
[出身地] 福岡県三潴郡大木町　[学歴] 八女中[大正11年]卒　[資格] 重要無形文化財総合指定(久留米絣)[昭和50年]

大正11年叔父に師事して久留米絣職人となる。昭和32年久留米絣(染め)の重要無形文化財技術保持者に指定されるが、50年の制度改正で団体指定となった。
[家族] 妻＝松枝一(久留米絣職人)、孫＝松枝哲也(久留米絣職人)
[受賞] 日本伝統工芸染色展奨励賞[昭和43年]、西日本文化賞[昭和60年]
[叙勲] 勲五等双光旭日章[昭和51年]

[受賞] 藤原啓記念賞(第2回)[昭和61年]、日本陶磁器協会賞金賞(第34回、平1年度)、MOA岡田茂吉賞大賞(第4回)[平成3年]、日本伝統工芸展日本工芸会総裁賞(第18回)[昭和46年]
[叙勲] 紫綬褒章[昭和63年]、勲四等旭日小綬章[平成12年]

松枝 一　まつえだ・ひとし
久留米絣職人

[生年月日] 明治40年(1907年)8月15日
[没年月日] 平成2年(1990年)8月22日
[出身地] 福岡県三潴郡大木町　[学歴] 柳河高女[大正14年]卒　[資格] 重要無形文化財総合指定(久留米絣)[昭和50年]

昭和32年久留米絣が国の重要無形文化財に認定されると同時に夫・玉記とともに重要無形文化財技術保持者(くくり、織り)となる。43年日本伝統染織展で「寿筵」が入賞、45年万博で「福寿の海」が展示された。50年制度改正で団体指定となった。
[家族] 夫＝松枝玉記(久留米絣職人)、孫＝松枝哲也(久留米絣職人)
[受賞] 福岡県文化功労者[昭和45年]、西日本文化賞(第44回)[昭和60年]

松尾 徳助　まつお・とくすけ
陶工

[生没年] 生没年不詳
[出身地] 肥前国有田(佐賀県)

明治22年頃、石炭素焼の研究をはじめ、26年に成功。磁器に石炭焼成を試みた先駆。

松枝 不入　まつがえ・ふにゅう
漆工

[生没年] 生没年不詳
[別名等] 号＝一声庵、無塵庵、別名＝神楽岡不入

尾張国(愛知県)の人。松平治郷(不昧)の知遇を受けたが、生涯一度も松江には赴かなかったので、不入の号を与えられた。晩年は京都神楽岡に隠遁し、神楽岡不入と呼ばれた。乾漆や象嵌などを併用し、落ち着いた作品が多い。

松方 ミエ　まつかた・みえ
　　宝飾デザイナー

［生年月日］大正11年（1922年）
［没年月日］昭和56年（1981年）2月16日
［本名］松方美恵子　［学歴］プリンシピア・カレッジ, ボストン美術学校
明治維新の元勲・松方正義の娘。昭和15年渡米後、プリンシピア・カレッジ、ボストン美術学校で美術を学んだ。宝石彫金の分野で活躍、ボストン市でアトリエ兼宝石店を経営した。その作品はスミソニアン博物館の米国美術部門に展示されている。
［家族］祖父＝松方正義（首相）, 姉＝ライシャワー, ハル（ライシャワー駐日米国大使夫人）

松崎 仙石　まつざき・せんせき
　　陶工

［生年月日］天保12年（1841年）2月
［没年月日］明治43年（1910年）6月
［出身地］出雲国松江（島根県）　［専門］松江焼
出雲の陶工。元治元年（1864年）京阪の陶業を視察。明治6年松江に開窯。39年石見の肥田泰山が無名異人焼を指導した。

松下 一身　まつした・かずみ
　　型紙工芸家　伊勢型紙技術保存会理事

［没年月日］平成19年（2007年）10月24日
［出身地］三重県鈴鹿市　［団体］日展
型紙の技法を生かした創作に取り組み、昭和56年日展に初入選。以来13回入選した。

松下 三光（1代目）　まつした・さんこう
　　陶工

［生年月日］文化3年（1806年）
［没年月日］明治2年（1869年）

［出身地］尾張国常滑（愛知県）　［別名等］名＝常蔵, 号＝海窓亭
千家流の茶を学ぶ。南蛮写しを創意し、香合などの茶器や煎茶器を制作した。

松田 華山（3代目）　まつだ・かざん
　　陶芸家

［生年月日］明治35年（1902年）6月9日
［没年月日］昭和23年（1948年）9月21日
［出生地］岡山県和気郡伊部村　［本名］松田竹志　［専門］備前焼
初代葛尾、2代花山を継承する備前焼窯元の名門。ドイツ式マッフル窯、ドーナツ型二重窯、登り窯で作陶。
［家族］二男＝松田華山（4代目）

松田 華山（4代目）　まつだ・かざん
　　陶芸家

［生年月日］昭和11年（1936年）10月8日
［没年月日］平成15年（2003年）9月27日
［出身地］岡山県備前市　［本名］松田信敏
［学歴］備前高窯業科〔昭和30年〕卒　［資格］岡山県重要無形文化財保持者〔平成14年〕　［団体］日本工芸会
昭和30年から作陶を始め、4代目華山を襲名。36～43年母校の備前高窯業科で教鞭を執る。56年備前陶心会会長。備前焼本来の健全・素朴な境地を追求し、器肌に木目を施した"木目備前"で知られた。
［家族］父＝松田華山（3代目）　［親族］義兄＝各見政峯（陶芸家）, 甥＝各見飛出記（陶芸家）
［受賞］現代日本陶芸展朝日賞〔昭和37年〕, 岡山県文化奨励賞〔昭和60年〕, 山陽新聞賞〔平成9年〕

松田 喜代次　まつだ・きよじ
　　工芸家

［没年月日］平成7年（1995年）1月26日

[出生地]京都府京都市　[別名等]別名=松田唐喜　[資格]滋賀県指定無形文化財保持者(もみ紙)〔昭和39年〕　[専門]もみ紙
京都紙師の出身で「8代目唐喜」を名乗る。子どものころから木版、砂子、吹絵など各種唐紙の製法を覚え、いつももみ紙を専門とするようになった。52年日本工芸会正会員に認定された。

松田 権六　まつだ・ごんろく
漆芸家　東京芸術大学名誉教授

[生年月日]明治29年(1896年)4月20日
[没年月日]昭和61年(1986年)6月15日
[出生地]石川県金沢市大桑町　[学歴]東京美術学校(現・東京芸術大学)漆工科〔大正8年〕卒　[資格]日本芸術院会員〔昭和22年〕、重要無形文化財保持者(蒔絵)〔昭和30年〕　[専門]蒔絵
7歳頃から仏壇の蒔絵を習う。兄・孝作、六角紫水らに師事。大正15年並木製作所(現・パイロット万年筆)入社、パイロット万年筆とダンヒルのパイプに蒔絵を施す。昭和2年東京美術学校助教授となり、18年教授に就任。この間、8年に渡欧。4年帝展で特選、のち審査員。以降新文展、日展に出品。22年芸術院会員。漆芸とくに蒔絵制作の第一人者で、東洋の古今の漆芸に関して造詣が深く、30年人間国宝に認定される。同年日本工芸会設立に参加、以降日本伝統工芸展に出品し、37年同会理事長。また、日光東照宮、中尊寺金色堂、正倉院宝物、法隆寺夢殿などの文化財の保存・調査・修理に従事。38年文化功労者、51年文化勲章受章。代表作に「秋野泥絵平卓」「鷺蒔絵棚」「蓬萊之棚」「鶴亀蒔絵棗」「蒔絵竹林文箱」「蒔絵螺鈿有職文飾箱」などがあり、著書に「時代椀大観」「うるしの話」がある。
[家族]兄=松田孝作(漆芸家)
[師弟]師=松田孝作,六角紫水

[受賞]文化功労者〔昭和38年〕、毎日出版文化賞(第19回)〔昭和40年〕「うるしの話」、金沢市名誉市民〔昭和53年〕、輪島市名誉市民〔昭和58年〕、帝展特選(第4回、昭4年度)「秋の夜」
[叙勲]勲三等旭日中綬章〔昭和42年〕、勲二等瑞宝章〔昭和49年〕、文化勲章〔昭和51年〕

松波 保真　まつなみ・ほしん
塗師

[生年月日]明治15年(1882年)4月15日
[没年月日]昭和29年(1954年)2月4日
[出生地]石川県金沢市　[本名]松波多吉
代々加賀藩主・前田家の御用大工をつとめた松波家に生まれる。明治26年12歳で金沢市の塗師、礪波彦太郎に師事。その後、東金生の門に入り、印籠塗りを学ぶ。34年上京し、明治漆器工場へ入り、新興漆芸について学ぶ。38年帰京し、岩崎家専属の漆工となり、美術品の鑑定などに従事。また全国各地の神社仏閣の建築物漆塗修理を行なう。43年小石川砲兵工廠に奉職し兵器の漆塗作業部門を担当。45年宮内省主馬寮に勤務し漆工作業に従事。大正5年以後自営。昭和4年の伊勢神宮遷宮においては御神宝の漆塗りを担当。定規と独特の引鋸を併用した松波式定規引鋸と呼ばれた手法で精巧無比な器を創り上げた。27年助成の措置を講ずべき無形文化財に選定される。
[師弟]師=礪波彦太郎、東金生

松林 長兵衛　まつばやし・ちょうべえ
陶工　山城朝日焼の再興者

[生年月日]生年不詳
[没年月日]明治16年(1883年)
慶安年間(1648〜52年)ごろから途絶えていた遠州七窯の一つ・山城朝日焼を、文久元年(1861年)再興した。慶応2年(1866年)に

は庭田家の注文による茶壺制作を京都町奉行所に願い出て、明治初めにかけて本格的な陶器生産を開始。当時の文人趣味に応えるべく、当初は宇治の茶師や近在の町人の注文による煎茶碗や急須類を焼成。のち薄茶碗、水指、徳利、猪口、飯茶碗なども手掛けた。

松林 豊斎 (14代目) まつばやし・ほうさい
陶芸家

［生年月日］大正10年（1921年）3月12日
［没年月日］平成16年（2004年）9月14日
［出生地］京都府京都市　［本名］松林豊彦　［別名等］隠居名＝松林猶香庵　［学歴］京都市立第二工業学校陶磁科卒、国立陶磁器試験所修了　［専門］朝日焼　［団体］京都伝統陶芸家協会

遠州七窯の一つと称される朝日焼の14代目。2代松林光斎の長男として生まれ、昭和23年父の死去により14代を継ぐ。伝統的な作風を追求しながら、独自の細やかで瀟洒な世界を展開。自ら窯を創案するなど研究を怠らず、50年には穴窯と登窯を併設した新窯「玄窯」を築き、鹿背、燔師などの窯変を追求。平成6年隠居、得度。
［家族］父＝松林光斎（2代目）、長男＝松林豊斎（15代目）

松林 松之助 まつばやし・まつのすけ
陶芸家

［生年月日］慶応1年（1865年）
［没年月日］昭和7年（1932年）
［出身地］京都　［別名等］号＝昇斎　［専門］宇治朝日焼

祖父・松林長兵衛に学び、宇治朝日焼12代窯元となる。紅斑の御本を特色とする茶器を得意とした。

［家族］祖父＝松林長兵衛（陶芸家）

松原 定吉 まつばら・さだきち
染色家

［生年月日］明治26年（1893年）2月24日
［没年月日］昭和30年（1955年）12月30日
［出生地］富山県魚津　［学歴］小学校〔明治36年〕中退　［資格］重要無形文化財保持者（長板中形）〔昭和30年〕　［専門］長板中形

明治36年上京、日本橋の中形屋・川辺屋の九里正三郎に師事、長板中形の型付を研修、大正2年亀戸町の竹中竹次についた。5年独立し、亀戸水神森近くに板場を持つ。14年江戸川区西小松川に転居、工房を開く。昭和4年頃よりインディゴ・ピュアによる染めに着手する。7年頃より本格的に型付と染めを一貫作業とし、全工程を手がける。戦時中は廃業に追い込まれるが、21年再開。28年本藍染による長板中形を開始。また補助金により、甕場と室（むろ）をつくり、戦後の東京に初めて江戸時代の紺屋を復元した。29年第1回日本伝統工芸展に出品。30年重要無形文化財保持者（長板中形）に認定される。白地に藍染め模様の地白（じしろ）ものを得意とした。代表作に「長板中形 変り縞文様浴衣」「長板中形 地白鷹菊くす玉文様浴衣」などがある。福与、利男、八光、与七の4兄弟が後継者。
［家族］息子＝松原利男（染色家）、松原八光（染色家）
［師弟］師＝九里正三郎、竹中竹次

松原 新助 まつばら・しんすけ
陶業家

［生年月日］弘化3年（1846年）
［没年月日］明治32年（1899年）
［出生地］加賀国能美郡八幡村（石川県）

明治10年阿部碧海のために九谷焼の素地をつくる。15年有田九窯を、20年洋式石炭窯

をつくる。九谷改良所の石炭窯を引きうけ、輸出素地をつくり錦野吉二らに供給。

松原 利男　まつばら・としお
染色家

[生年月日]昭和4年(1929年)
[没年月日]平成7年(1995年)
[出身地]東京　[学歴]松江尋常高小〔昭和18年〕卒　[専門]長板中形, 藍形染　[団体]日本染色作家連盟, 日本工芸会
昭和20年より父・松原定吉に師事し、長板中形、藍形染、紅花染などを学ぶ。31年第3回日本伝統工芸展に初入選。33年同展で技術賞、36年には奨励賞を受賞した。34年日本工芸会会員。平成3年紫綬褒章、11年勲四等旭日小綬章を受章。文化財委員などを務め、伝統工芸の保存に尽力する一方で、新しいデザインや技法にも取り組んだ。
[家族]父=松崎定吉(染色家), 弟=松原八光(染色家)
[師弟]師=松崎定吉
[叙勲]紫綬褒章〔平成3年〕, 勲四等旭日小綬章〔平成11年〕

松原 八光　まつばら・はっこう
染色家

[生年月日]昭和8年(1933年)11月28日
[没年月日]平成4年(1992年)4月6日
[出身地]東京　[資格]東京都江戸川区無形文化財保持者　[団体]日本工芸会
父・松原定吉に師事して長板中形による本藍染めを学ぶ。日本伝統工芸展で入選を重ね、重要文化財の「片倉家伝来小紋胴服」などの復元も手がけた。
[家族]父=松原定吉(染色家), 兄=松原利男(染色家)

松村 九助　まつむら・くすけ
陶業家

[生年月日]天保15年(1844年)
[没年月日]明治45年(1912年)3月2日
[出身地]肥前国西松浦郡有田村(佐賀県)
明治7年長崎のコバルト青料を尾濃磁器に応用。一方、貿易に従事し、名古屋に赤絵工場を設ける。

松村 八次郎　まつむら・はちじろう
硬質陶器の先駆者

[生年月日]明治2年(1869年)
[没年月日]昭和12年(1937年)9月8日
[出身地]肥前西松浦郡曲川村　[旧姓名]西山八次郎　[学歴]東京工業学校〔明治24年〕卒
明治25年名古屋の松村九助の養子となる。29年に硬質磁器の特許を得、35年より硬質陶器を製出。
[叙勲]緑綬褒章〔昭和3年〕

松村 弥平太　まつむら・やへいた
陶工

[生年月日]承応3年(1654年)
[没年月日]宝永5年(1708年)6月8日
[別名等]初名=民吉, 別名=山桜嵐関
父は対馬藩に仕えた絵師。延宝4年(1677年)茶碗焼のために朝鮮の釜山窯に渡る。5年対馬藩に出仕し、同年再び釜山に渡り、作陶に従事した。宝永5年(1708年)同地で客死。俳諧を服部嵐雪に学び、山桜嵐関を名のって狂歌をよくしたという。

松本 雅亮　まつもと・がりょう
陶芸家

[没年月日]平成13年(2001年)3月12日
[出身地]栃木県日光市　[本名]清風明夫
[学歴]立命館大学卒　[団体]日工会, 日展

京都工業試験場を経て、磁器の創作活動に入る。微妙な色彩バランスと精巧な造形感覚を反映した青磁で知られた。日展には昭和58年から10回以上入選した。
[受賞]マロニエ文化賞〔平成5年〕

松本 喜三郎　まつもと・きさぶろう
生人形師

[生年月日]文政8年(1825年)2月
[没年月日]明治24年(1891年)4月30日
[出生地]肥後国井手の口(熊本県)

生来の器用さから、地蔵祭の作り物競技などで青年期から頭角を現す。20歳の時に等身大の人形を作り"生人形"と評判になった。結婚後も都会で活躍する夢を捨てきれず、間もなく離婚して大坂へ赴き、嘉永7年(1854年)難波新地での初興行「鎮西八郎嶋廻り」が大成功をおさめる。安政2年(1855年)東上、浅草・奥山に「生人形大蔵」を開場。さらに「浮世見立四十八癖」、明治4～8年には「西国三十三所観音霊験記」を発表、いずれも大入りでロングランを記録した。15年帰郷し、「本朝孝子伝」が最後の作品となった。また日本で最初に義足を作ったほか、大学東校(現・東京大学)の依頼を受けて人体模型図を作るなど、医学にも貢献した。

松本 佐吉(2代目)　まつもと・さきち
陶芸家

[生年月日]明治38年(1905年)10月15日
[没年月日]昭和63年(1988年)9月30日
[出身地]石川県能美郡寺井町　[本名]岩田吉二

初め梅田梅光に陶画を学び、梅雪と号する。昭和3年初代松本佐吉の娘・清子と結婚し、松本家の養子に迎えられ、松雲堂4代目を継ぐ。その後、玉井敬泉に日本画を、板谷波山に陶芸を師事。9年帝展に初入選。戦後、第1回日展から入選を重ね、27年に「秋晴藍九谷花瓶」で特選および朝倉賞を受賞し頭角を現す。一時期、日本伝統工芸展にも発表を続けたが、晩年は無所属。51年石川県指定無形文化財九谷焼技術保存会会員。古九谷青手や吉田屋窯風の彩色と構図の冴えは他者の追従を許さず、また独自の釉裏金彩の手法を確立し、染付にも妙味をみせた。代表作に「染付鷺花瓶」「吸花釉花壺」「緑地釉裏金彩水指」など。
[師弟]師＝梅田梅光, 玉井敬泉, 板谷波山
[受賞]小松市文化賞〔昭和44年〕, 日展特選・朝倉賞〔昭和27年〕「秋晴藍九谷花瓶」
[叙勲]勲四等瑞宝章〔昭和59年〕

松本 佐平　まつもと・さへい
陶芸家

[生年月日]嘉永4年(1851年)
[没年月日]大正7年(1918年)
[出生地]加賀小松町　[別名等]号＝佐瓶

明治元年父の松屋菊三郎に師事、絵画を徳田寛所に学ぶ。赤絵、青九谷の両絵付風を達成、一家をなし、明治大正の名匠と称された。

松本 佩山(1代目)　まつもと・はいざん
陶芸家

[生年月日]明治28年(1895年)9月11日
[没年月日]昭和36年(1961年)10月8日
[出生地]佐賀県西松浦郡有田町上幸平　[本名]松本勝治　[学歴]有田工〔大正2年〕卒
昭和12年熊本工学校で講師を務める。太平洋戦争中は贅沢禁止令にもかかわらず、芸術品を作るための供給をうける"まる芸"に九州でただ一人認定された。
[墓所]佐賀県有田町報恩寺

丸田 正美　まるた・まさみ
　　陶芸家

[生年月日]大正14年(1925年)9月10日
[没年月日]昭和54年(1979年)12月6日
[出生地]佐賀県武雄市　[学歴]有田工窯業科〔昭和17年〕卒

黒牟田の窯元に生まれる。昭和25年益子の浜田庄司に師事。日本伝統工芸展、一水会展などで入選、入賞を重ねた。黒牟田焼の伝統技法を用い、黒釉、緑釉、刷毛目で茶碗、壺、菓子鉢、酒器などを制作したほか、塩釉を使って民芸的な独自の作風を築いた。

[家族]弟＝丸田泰義(陶芸家)[親族]甥＝丸田巧(陶芸家)
[叙勲]日本工芸会

丸谷 端堂　まるたに・たんどう
　　鋳金家

[生年月日]明治33年(1900年)
[没年月日]昭和59年(1984年)12月8日
[出身地]東京都　[本名]丸谷修造

山本安曇、山本純民、香取秀真に師事。大正15年東京府工芸展で3等賞受賞。以後、東京鋳金会展、商工省工芸展、日本美術協会展などで受賞を重ねる。昭和15年新文展出品、17年同展無鑑査。戦後は日展に出品を続け、24年以後審査員、評議員、参事、参与を歴任。

[師弟]師＝山本安曇, 山本純民, 香取秀真

丸山 不忘　まるやま・ふぼう
　　鋳金家　東京芸術大学名誉教授

[生年月日]明治23年(1890年)4月5日
[没年月日]昭和45年(1970年)10月22日
[出身地]山形県米沢市　[本名]丸山義男
[学歴]東京美術学校(現・東京芸術大学)鋳造科〔大正6年〕卒

大正6～10年香川県立高松工芸学校教諭をつとめた後、東京で鋳金工場を経営。昭和21年東京美術学校教授となり、34年退官。東京鋳金家協会委員長も務めた。戦前は高村光雲、光太郎の原型による鋳造作品を全て手がけた。帝展、日展などに出品。奈良薬師寺の東塔相輪や日光菩薩の修理なども行った。

万右衛門　まんえもん
　　陶工

[生没年]生没年不詳

茶入を作り、京都柳馬場三条に住んで唐物写しを業とした。「落穂」「田面」「振鼓」などの作品を残した。

万年 三郎　まんねん・さぶろう
　　陶芸家　九谷伝習会会長

[没年月日]昭和63年(1988年)2月26日
[出身地]山形県鶴岡市　[学歴]山形大学工学部卒

金沢市内の精練会社の研究員となったが、九谷焼に魅せられ、石川県九谷焼伝習生として陶芸を学び、昭和49年に独立。たたら造りの技法で現代的な九谷焼を追求する一方、陶芸教室などを通じて幅広く陶芸の楽しみを教えた。また、セラミック・スピーカーを開発し注目された。

【み】

三浦 乾也　みうら・けんや
　　陶芸家, 造船家

[生年月日]文政4年(1821年)3月3日
[没年月日]明治22年(1889年)10月7日

[出生地]江戸・銀座（東京都）　[別名等]号＝天禄堂

幕府御家人の子として生まれる。将軍の御前で腕前を披露したという伯父・井田吉六に陶芸を学ぶ。尾形乾山流の色絵製陶を得意とし、乾山焼5代西村藐庵から「乾山伝書」を譲られ、乾也の名を与えられる。6代乾山を称した他、独学で習得した漆や蒔絵などの技術を組み合わせた破笠細工や、根付・簪などの"乾也玉"でも知られる。一方、嘉永6年（1853年）に来航した黒船を目にして造船を志し、幕命により長崎で造船技術を学ぶ。安政3年（1856年）仙台藩に招かれ、4年日本最初の洋式軍艦・開陽丸を建造。維新後は再び製陶に力を入れ、明治8年東京・向島に窯を築き、乾山風の茶器や置物を作った。また長崎の亀山焼、三重の射和万古焼、仙台の堤焼などの援助も行った。

[師弟]師＝井田吉六、西村藐庵

三浦 小平二　みうら・こへいじ
陶芸家　東京芸術大学名誉教授

[生年月日]昭和8年（1933年）3月21日
[没年月日]平成18年（2006年）10月3日
[出生地]新潟県佐渡島　[学歴]東京芸術大学美術学部彫刻科〔昭和30年〕卒　[資格]重要無形文化財保持者（青磁）〔平成9年〕
[専門]青磁　[団体]日本工芸会

生家は佐渡の無名異焼の窯元で、三浦小平の長男として生まれる。祖父は三浦常山。東京芸術大学美術学部彫刻科在学中より加藤土師萌に師事、昭和33年同大陶磁器研究室副手となる。助手、講師を経て、46年退官、制作に専念。48年父の死により窯を継ぐ。61年東京芸術大学助教授に復帰、平成2年教授。12年退官、文星芸術大学教授。妻が園長を務める、国立市の私立幼稚園にアトリエを構え、40年以上にわたって制作を続けた。佐渡の朱泥土が中国南宋の官窯青磁の土に近いと感じて青磁器の制作を手が

けるようになり、青磁に人物や風物の色絵を付ける独自の作品世界を確立。9年青磁分野としては初めて人間国宝に選ばれた。代表作に「青磁豆彩花瓶『インド文』」「青磁大鉢」「青磁飾り壺『らくだ』」「青磁茜豆彩大皿『火焔山』」など。

[家族]祖父＝三浦常山（陶芸家）、父＝三浦小平（陶芸家）
[師弟]師＝加藤土師萌
[受賞]日本陶磁協会賞〔昭和52年〕、日本陶磁協会賞金賞〔平成5年〕、MOA岡田茂吉賞（工芸部門大賞、第7回）〔平成6年〕、新潟日報文化賞〔平成6年〕、現代日本陶芸展朝日新聞社賞（第10回）〔昭和37年〕、伝統工芸新作展優秀賞（第7回）〔昭和42年〕、日本伝統工芸展文部大臣賞（第5回）〔昭和51年〕、日本伝統工芸展日本伝統工芸会保持者賞（第42回）〔平成7年〕「青磁飾壺『寺院』」
[叙勲]紫綬褒章〔平成8年〕、勲四等旭日小綬章〔平成15年〕

三浦 常山　みうら・じょうざん
陶業家

[生年月日]天保7年（1836年）
[没年月日]明治36年（1903年）10月
[出生地]佐渡国相川（新潟県）　[本名]三浦小平治　[専門]常山焼

佐渡相川の代々名主の家に生まれる。明治維新後、佐渡における殖産事業としてやきものに注目し、陶業を志す。三浦乾也に学び、明治6年常山窯を開設。その後、江戸後期以来佐渡で行われていた無名異の土によるやきものの改良を志向。高火度の朱泥・紫泥を完成し、常山焼と称した。19年東京・上野に居を移し、ドイツ人化学者・ワグネルなどとも親交を深め、内外の博覧会に出品。上京後は台北常山と称して作陶を行ったが、22年に帰郷。その後、常山焼は長男良平（2代目）、三男清吉（3代目）、良平の長男舜太郎（4代目）に継承された。

[家族]長男=三浦常山(2代目)、三男=三浦常山(3代目)、孫=三浦常山(4代目)
[師弟]師=三浦乾也

三浦 小平　みうら・しょうへい
陶芸家

[生年月日]明治31年(1898年)10月1日
[没年月日]昭和47年(1972年)9月8日
[出生地]新潟県佐渡郡相川町
日本美術学校、葵橋洋画研究所で洋画を学ぶ。大正11年画家志望を断念し、帰郷。父・3代目常山の薫陶をうけながら家業の陶芸に従事。昭和4年父親が急逝して、跡目は2代目常山(伯父)の長男が帰郷して継いだため、常山窯を離れて独立、5年小平窯を創始した。23年日展に「いか文花瓶」が入選、24年第1回個展を開催。29年現代日本陶芸展に招待出品し、以後毎回出品。33年には国際陶芸展に「渚のリズム大皿」を招待出品。45年には第四銀行賞を受けた。
[家族]父=三浦常山(3代目)(陶芸家)、長男=三浦小平二(陶芸家)

三浦 竹軒　みうら・ちくけん
陶芸家

[生年月日]明治33年(1900年)2月
[没年月日]平成2年(1990年)1月30日
[出身地]京都府京都市　[本名]三浦竹三郎
[学歴]京都二中卒
一時3代目竹泉を襲名するが、昭和9年独立して竹軒を名乗る。
[家族]父=三浦竹泉(1代目)

三浦 竹泉　みうら・ちくせん
陶芸家

[生年月日]嘉永6年(1853年)
[没年月日]大正4年(1915年)3月19日

[出生地]京都　[本名]三浦政吉　[旧姓名]渡辺　[別名等]通称=駒次郎、別号=有声居、節月庵　[専門]京焼

3代目高橋道八の弟子となり、五条坂の陶工三浦駒次郎の名を継ぐ。明治16年独立し、五条橋東に築窯。西洋の彩色磁器の技法をとりいれ釉薬や染付を工夫した。訳書に「和漢対照陶説」がある。

三浦 明峰　みうら・めいほう
漆芸家

[生年月日]明治33年(1900年)
[没年月日]昭和50年(1975年)12月16日
[出身地]東京都　[専門]乾漆蒔絵　[団体]日本工芸会
植松包美系の乾漆蒔絵で活躍した。

三上 栄次郎　みかみ・えいじろう
京漆器師

[没年月日]昭和58年(1983年)11月22日
東本願寺の総漆塗、勅使門や東京・赤坂離宮内の漆塗イスなどの制作に携わり、昭和51年、通産省の伝統的工芸品功労者褒賞受賞。また京都市内の男性最高齢者でもあった。
[受賞]通産省伝統的工芸品功労者褒賞〔昭和51年〕

三上 勝三　みかみ・かつぞう
漆芸家

[生年月日]大正4年(1915年)2月10日
[没年月日]平成5年(1993年)1月6日
[学歴]弘前市立高小〔昭和4年〕卒　[資格]伝統工芸士〔昭和50年〕　[専門]津軽塗
相馬佐吉に師事し、8年間修業の後、昭和12年独立。38年全国漆器展で中小企業長官より受賞。43年日本漆器連合会理事、61年〜平成2年理事長をつとめた。

[受賞]現代の名工〔昭和54年〕
[叙勲]黄綬褒章〔昭和56年〕

三木 清　みき・きよし
蒔絵師

[生年月日]大正7年（1918年）
[没年月日]昭和14年（1939年）
[出生地]京都府京都市　[学歴]京都市立美術工芸学校漆工科（現・銅駝美術工）〔昭和11年〕卒

京都の名工で、大正天皇即位の高御座・御帳台などを手がけた蒔絵師・三木玉真の長男。昭和11年京都市立美術工芸学校漆工科（現・銅駝美術工）を卒業すると、父の下で働く。13年京都府美術工芸展に入選。同年応召して朝鮮龍山第二十師団歩兵第七十九連隊第一中隊に入隊。間もなく肺結核を発病、14年7月内地の陸軍病院に移送され、秋に亡くなった。
[家族]父＝三木玉真（蒔絵師）

水内 杏平　みずうち・きょうへい
漆芸家　京都工芸美術作家協会理事長

[生年月日]明治42年（1909年）3月18日
[没年月日]平成13年（2001年）5月13日
[出生地]京都府京都市　[本名]水内平一郎
[学歴]京都市立美術工芸学校漆工科（現・銅駝美術工高）〔大正15年〕卒　[団体]新匠工芸会, 京都府工芸美術作家協会

漆芸を迎田秋悦に、デッサンを鹿子木孟郎に師事。昭和10年から京都府工美展、京都市展、帝展、日展などに出品を重ねる。45年から新匠工芸展に出品。この間、21年日吉丘高漆芸科教諭、54年帝塚山短期大学講師、のち京都工芸美術作家協会理事長を務めた。漆芸の第一人者で著書に「漆器入門」「漆庵空語」「茶の漆器」などがある。
[受賞]富本賞〔昭和52年〕, 京都府文化功労賞〔昭和58年〕

水川 陶影　みずかわ・とうえい
陶芸家

[生年月日]大正3年（1914年）4月14日
[没年月日]平成13年（2001年）3月14日
[出身地]岡山県茂平　[本名]水川勝治　[学歴]京都高等工芸（現・京都工芸繊維大学）窯業科〔昭和12年〕卒　[団体]日本工芸会

高等工芸学校を卒業後帰郷、吉備焼初代の父・豊山に師事し作陶。軍役を経て戦後、近藤悠三、宇野三吾に師事。昭和34年日本伝統工芸展に初入選。青磁、天目、辰砂、鈞窯、釉裏紅を主に大皿、花瓶、茶器など創作した。
[受賞]中国支部展知事賞, 笠岡市文化賞, 金重陶陽賞, 岡山県教育文化功労賞, 山陽新聞社文化賞, 笠岡市文化功労表彰〔昭和39年〕

水越 与三兵衛（1代目）　みずこし・よそべえ
陶工

[生年月日]生年不詳
[没年月日]弘化2年（1845年）
[別名等]通称＝与兵衛, 与三平, 字＝義資, 号＝調和軒

京都三条の豪商の子。水越は母方の姓。中年になってから製陶を京都岡崎の文山に学び、文化年間（1804～17年）五条坂に開窯。主に南蛮花入の写し、唐津焼、萩焼の茶道具の写しなど写し物を制作し、亀甲の中に"与三"の2字がある印を用いた。文政5年（1822年）に加賀の陶工桶屋伊三郎に陶法を教授したという記録が「九谷陶磁史」に残る。2、3代継承されたが間もなく途絶えた。

水越 与三兵衛（2代目）　みずこし・よそべえ
陶工

[生没年]生没年不詳

京焼の陶工として、細密で濃厚な色絵を持つ磁器を得意とした。

水谷 美三　みずたに・よしぞう
彫金工芸師

[生年月日]明治35年(1902年)4月12日
[没年月日]昭和52年(1977年)12月29日
[出生地]京都府京都市下寺町五条京都市下寺町五条　[別名等]雅号＝美興

彫金師・初代水谷源治郎の子として生まれ、2代目としてその業を継ぐ。昭和35年京都知事技能最優秀賞、45年京都市長技能最優秀賞、46年労働大臣技能最優秀賞などを受賞した。主な作品に京都東本願寺山門丸根巻唐獅文彫金、国会議事堂御便殿内装飾金物彫金、伊勢神宮御神殿装飾金物彫金などがある。

水野 銀治　みずの・ぎんじ
陶工

[生年月日]享和3年(1803年)
[没年月日]明治1年(1868年)5月16日
[出生地]岩代国大沼郡穂谷沢村(福島県)
[旧姓名]遠藤

遠藤武右衛門の二男に生まれ、水野源右衛門の養子に。会津本郷焼の陶工となり、弘化3年(1846年)頃町奉行支配を命じられ、陶土(戸の口土)を発見。不況時助成金の拠出と窮職者の救済などに当たり、販路の拡張にも尽力した。また、水車を奨励して陶土粉砕に力を入れたほか、窯場の増築など陶業の発展に寄与した。
[墓所]蛭ケ窪墓地(福島県大沼郡会津美里町)

水野 愚陶　みずの・ぐとう
陶芸家

[生年月日]明治37年(1904年)
[没年月日]昭和28年(1953年)
[出生地]岐阜県土岐郡笠原町　[本名]水野修吉

瀬戸の陶原料商・柴芳商店に勤めた後、陶器絵具商柴屋を独立・開業した。昭和8年美術出版や陶器販売を手がける宝雲舎に勤務して加藤唐九郎の「陶器大辞典」編纂に従事。13年初代川喜田半泥子の千歳山窯に滞在した後、同年北大路魯山人の星岡茶寮の食器製作を依頼された。14年郷里の岐阜県笠原に戻り、半泥子の指導を受け笠原窯を開く。小林一三、荒川豊蔵らとも親交があり、鼠志野を得意とした。

水野 源左衛門　みずの・げんざえもん
陶工　会津本郷焼の祖

[生年月日]慶長9年(1604年)
[没年月日]正保4年(1647年)
[別名等]名＝成治　[専門]会津本郷焼

寛永年間頃は陸奥国岩瀬郡で陶器を制作。その後、正保年間に会津藩主・保科正之に招かれて、大沼郡本郷村に窯を開き、会津本郷焼の祖となった。
[家族]弟＝水野瀬戸右衛門(陶工)

水野 源六　みずの・げんろく
蒔絵師

[生年月日]天保9年(1838年)
[没年月日]明治28年(1895年)
[出生地]加賀国金沢(石川県)　[別名等]号＝水野光春

加賀藩白銀職頭取を務めた水野家へ養子に入り、慶応2年(1864年)家督を継いで8代目となった。明治6年ウィーン万博、9年フィラデルフィア万博などに出品、高い評価を得た。10年設立の銅器会社に参画、12年には銅器製造を行う魁春堂を起こした。

水野 佐紀　みずの・さとし
　　　陶芸家

[生年月日]昭和25年(1950年)9月27日
[没年月日]平成5年(1993年)8月1日
[出身地]愛知県　[学歴]武蔵野美術大学デザイン科卒　[団体]現代工芸美術家協会
前衛陶芸のほか、伝統的な鉢、皿、花器なども手がけた。
[受賞]バロリス国際陶芸展グランプリ〔昭和47年〕、長三賞陶芸展長三賞、中日国際陶芸展東海テレビ準賞〔昭和54年〕、朝日陶芸展朝日陶芸賞〔昭和57年・58年〕、朝日陶芸展朝日陶芸グランプリ〔昭和59年〕、日本現代工芸美術展現代工芸賞〔昭和61年〕

水野 瀬戸右衛門　みずの・せとえもん
　　　陶工

[生年月日]生年不詳
[没年月日]万治3年(1660年)
[別名等]通称＝長兵衛、名＝成長　[専門]会津本郷焼
会津本郷焼の祖である水野源左衛門の弟。正保4年(1647年)兄が亡くなったため、慶安元年(1648年)会津藩に招かれて兄の後を継承。会津本郷焼の確立に努め、藩主・保科正之より瀬戸右衛門成長の称号を許された。

水野 梅寿　みずの・ばいじゅ
　　　陶工

[生年月日]文政5年(1822年)
[没年月日]明治35年(1902年)8月26日
[出生地]尾張国常滑(愛知県常滑市)　[別名等]通称＝久兵衛、別号＝好文亭
常滑の陶工。轆轤の扱いに秀で、白泥・朱泥・火色の茶器類の製作を得意とした。また、好文亭と号して俳諧や茶も嗜み、この分野での門弟も多い。

水野 博　みずの・ひろし
　　　友禅作家

[生年月日]大正7年(1918年)
[没年月日]昭和54年(1979年)
[出生地]富山県砺波市　[専門]加賀友禅　[団体]日本工芸会、加賀友禅技術保存会
昭和8年京都の友禅作家・土屋素秋に弟子入り、また画家・池田瑞月に日本画を学ぶ。20年金沢で独立し、27年頃から友禅の創作を再開、木村雨山にも師事する。39年第11回日本伝統工芸展に初入選し、以後、入選・受賞を重ねる。47年日本工芸会正会員となり、53年には石川県指定無形文化財加賀友禅技術保存会会員に認定される。庭に咲く草花を主要テーマとし、写生を基本とした意匠構成から生まれた詩情あふれる作品を残した。
[師弟]師＝土屋素秋, 池田瑞月, 木村雨山
[受賞]日本伝統工芸染職展日本工芸会賞(第16回)〔昭和54年〕「友禅訪問着 しだれ梅紋」

三田村 自芳　みたむら・じほう
　　　漆芸家

[生年月日]明治19年(1886年)
[没年月日]昭和54年(1979年)8月6日
[出身地]東京都　[専門]江戸蒔絵　[団体]新綜工芸会(名誉会員)
江戸蒔絵の正統を継ぐ。日本画のエッセンスを反映させた漆作品を制作した。代表作に「百合花蒔絵文庫」など。
[家族]息子＝三田村秀芳(漆芸家), 孫＝三田村有純(漆芸家)
[受賞]漆工功労賞, 帝展特選〔昭和4年〕「百合花蒔絵文庫」

三田村 秀芳　みたむら・しゅうほう
　　　漆芸家

[生年月日]大正3年(1914年)

[没年月日]昭和57年(1982年)7月21日　[出身地]東京都　[本名]三田村秀雄　[専門]江戸蒔絵　[団体]日本漆工協会

江戸時代に創始された江戸蒔絵・赤塚派の9代目。号は宗漆庵秀芳。新綜工芸会創立委員、日本漆工協会監事などを務めた。
[家族]父=三田村自芳(漆芸家)、長男=三田村有純(漆芸家)
[受賞]美協賞

御手洗 佑美　みたらい・ゆみ
チャイナペイント作家

[生年月日]昭和15年(1940年)
[没年月日]平成6年(1994年)9月5日
[出生地]島根県松江市　[学歴]同志社大学文学部美学科〔昭和38年〕卒

昭和38年結婚、43年夫の赴任先の米国テキサス州ヒューストンに在住中、陶磁器に絵付けするチャイナペイントに出合う。帰国後、日本のチャイナペイントの草分けとして活躍。51年の個展以後、神戸市芦屋を中心に個展を開催、教室でも活動した。平成3年乳がんを発病、著書に「ガンわたしは幸福に死ぬ」がある。

三井 安蘇夫　みつい・あそお
金属工芸家　東京芸術大学名誉教授

[生年月日]明治43年(1910年)12月19日
[没年月日]平成11年(1999年)3月25日
[出生地]栃木県　[学歴]東京美術学校(現・東京芸術大学)工芸・鍛金卒　[専門]鍛金

昭和27年から東京芸術大学助教授、教授を務め、53年退官、名誉教授に。また金属工芸家として古典を学び復活に取り組む一方接合の技法を開発。平成5年栃木県立美術館で「拡大する鍛金―三井安蘇夫とその後継者たち」と題する展覧会が開催された。
[受賞]日本現代工芸美術展文部大臣賞(第34回)〔平成7年〕

三井 義夫　みつい・よしお
彫金家

[生年月日]明治32年(1899年)9月22日
[没年月日]昭和34年(1959年)1月2日
[出生地]東京・中根岸　[別名等]号=為楽
[学歴]東京美術学校(現・東京芸術大学)金工科選科〔昭和3年〕卒

彫金家土田勝業に学ぶ。のち海野清に師事。昭和2年の帝展で「楽園之図手箱」が入選。30年日展で「彫金象嵌花器〈ナマズ〉」が日本芸術院賞。
[師弟]土田勝業,海野清
[受賞]日本芸術院賞(第12回)〔昭和30年〕

満田 弥三右衛門　みつた・やそうえもん
織工

[生年月日]生年不詳
[没年月日]弘安5年(1282年)8月25日
[出生地]筑前国冷泉津(福岡県)　[別名等]別名=満田弥三右衛門

鎌倉時代前期の織工。東福寺の僧弁円が宋に渡った際に同行し、織物の技術を学ぶ。帰国後、工夫を加えて独鈷織、綾羽織、雪下織、竹下織、広東織など様々な織の手法を考案したと伝えられる。

光忠　みつただ
刀工

[生没年]生没年不詳

近忠の子で、備前国邑久郡長船に住す。身幅の広い豪壮な造込みのある太刀を製作。一文字派と同じ華やかな丁字乱れの刃文であるが、蛙子丁字や互の目などが交わるのが特徴。鎌倉・室町時代を通して、最も多く刀剣を製作した長船派の祖とされ、長船派からは光忠の子長光、景光、兼光をはじめ名匠を多く輩出し、備前刀剣の代名詞と

なった。織田信長や小早川隆景など、多くの戦国武将に好まれた。

三橋 鎌山　みつはし・けんざん
鎌倉彫師

[生年月日] 弘化2年（1845年）
[没年月日] 大正3年（1914年）2月14日
[出生地] 相模国鎌倉郡扇ケ谷村（神奈川県）
[本名] 永輔　[別名等] 号＝永作、康運

仏師大石樹の二男に生まれ、安政7年（1860年）鎌倉仏師の流れをひく三橋家の養子に。神道保護・仏教軽視の時代にあって、工芸品としての鎌倉彫り製作に活路を開く。明治10年第1回内国勧業博覧会で特別名誉金賞を受賞。一作主義で、精緻な下絵は華族らに愛された。深彫りの有栖川菊などを創案した。

[墓所] 寿福寺（神奈川県鎌倉市）

光世　みつよ
刀工

[生没年] 生没年不詳

筑後国三池の刀工で、平安時代後期に活躍した。薩摩国の波平一派とともに九州で最も古い刀工であり、"三池典太"と称される。前田育徳会所蔵の名物「大典太」が国宝となっている他、重要文化財に指定された太刀もある。短刀も作った。

皆川 月華　みながわ・げっか
染色家　日本染色造形協会会長

[生年月日] 明治25年（1892年）6月4日
[没年月日] 昭和62年（1987年）5月11日
[出生地] 京都府京都市上京区　[本名] 皆川秀一　[学歴] 京都師範附属高小卒

明治44年安田翠仙に友禅の染色図案を学ぶ。大正4年頃から月華の号を名のる。6年都路華香に日本画を、関西美術院で洋画を学ぶ。11年頃より古代裂を中心とした古美術及び植物染料の研究を始める。昭和2年第8回帝展に「富貴霊獣文」で初入選、7年には服飾「山海図」で特選となる。その後、日展評議員、理事、参事を歴任。また、昭和2年山鹿清華らと彩工会を設立、蒼潤社、京都工芸院などの創立にも参加。戦後は日展のほか、日本現代工芸美術展などに出品し、35年代表作「濤」で日本芸術院賞を受賞。染色工芸の草分けとして知られた。祇園祭山鉾装飾も手がけた。

[家族] 孫＝皆川隆樹（建築家）[親族] 女婿＝皆川泰蔵（染色工芸家）
[師弟] 師＝安田翠仙、都路華香
[受賞] 日本芸術院賞〔昭和35年〕「濤」、京都市文化功労者〔昭和47年〕、京都府文化特別功労者〔昭和58年〕、帝展特選（第13回、昭7年度）「山海図服飾」
[叙勲] 勲三等瑞宝章〔昭和48年〕
[墓所] 正定院（京都）

皆川 泰蔵　みながわ・たいぞう
染色家　鹿児島女子短期大学教授、日本現代染織造形協会理事長

[生年月日] 大正6年（1917年）10月21日
[没年月日] 平成17年（2005年）4月10日
[出生地] 京都府京都市　[本名] 皆川泰造
[学歴] 京都市立美術工芸学校図案科〔昭和10年〕卒　[専門] ろう染め　[団体] 日展、日本現代工芸美術家協会、日本現代染織造形協会

昭和16年新文展に「萬里長城染屏風」で初入選。戦後は主に日展で活躍し、24年「本巣湖畔の農家」で特選。47年日展評議員。ろう染め一筋に歩み、そのモチーフを民家、社寺、庭園などに求めて世界各地を訪ねた。55年には西ドイツの3都市で巡回個展を開き、成功をおさめた。また41年から鹿児島女子短期大学教授を務めた。60年日本現代染織造形協会理事長。著書に「コプ

ト裂 古代エジプトの染織」「染 世界の旅」「皆川泰蔵 染の世界」などがある。
[家族]妻＝皆川千恵子(日本画家)、息子＝皆川隆樹(建築家) [親族]岳父＝皆川月華(染色家)
[受賞]日展特選〔昭和24年〕「本栖湖の農家」、日展菊花賞〔昭和35年〕「京都染屏風」、日展文部大臣賞〔昭和55年〕「BAGHDAD」、京都府文化功労賞〔昭和59年〕、京都市文化功労者〔平成1年〕、京都府文化賞特別功労賞(第15回)〔平成9年〕
[叙勲]紺綬褒章(4回)、勲四等瑞宝章〔平成5年〕

南 汎 みなみ・ばん
陶芸家 民芸協会理事

[生年月日]大正15年(1926年)8月5日
[没年月日]平成10年(1998年)4月6日
[出身地]奈良県

西脇呉石に南画を学ぶが、昭和34年陶芸を志す。丹波の大上亨に入門。44年神戸市垂水区に築窯。46年北川光次に古舞子焼陶法を師事。神戸陶芸研究所主宰、成徳学園高陶芸科講師を務めた。51年江戸時代中期から大正にかけてあった旧舞子焼登り窯を復元した舞子焼末汎窯を神戸市西区に築窯。54年京都粟田焼の雲林院宝山に師事。平成2年神戸焼に名を改めた。
[受賞]神戸市文化賞〔平成2年〕

三根 暁 みね・さとし
金工家 暁雲鍛々工房主、九州造形短期大学助教授

[生年月日]大正14年(1925年)4月10日
[没年月日]平成16年(2004年)5月16日
[出生地]佐賀県唐津市

小学校教師となるが昭和20年応召。敗戦後、3年半の抑留生活を送り、抑留仲間の錺(かざり)職人から金物の取扱い技術を学ぶ。帰国後、電力会社に勤めながら、余暇に装飾品を作り続ける。作品が九州造形短期大学学長の目に留まったことがきっかけで、同短大で鍛金、七宝、材料科学などを教えるようになり、電力会社は50歳で退社。自宅に暁雲鍛々工房を開き、絵画と金工を手掛けた。のち新潟県燕市の職人から学んだ日本伝統の"絞り"という鍛金技法でフライパンを作り、"手作りフライパン"として好評を博した。

三村 昌弘 みむら・まさひろ
彫金家

[生年月日]大正4年(1915年)
[没年月日]平成10年(1998年)7月29日
[出生地]長野県

介川芳秀に師事。昭和23年「黄銅布目象嵌花瓶ひるがを」で日展特選。長野県芸文協会長、県展審査員、諏訪市美術館運営委員長なども務めた。
[叙勲]紺綬褒章

宮入 行平 みやいり・ゆきひら
刀匠

[生年月日]大正2年(1913年)3月17日
[没年月日]昭和52年(1977年)11月24日
[出生地]長野県埴科郡坂城町 [本名]宮入堅一 [別名等]旧名＝宮入昭平 [学歴]坂城尋常高小〔昭和2年〕卒 [資格]重要無形文化財保持者(日本刀)〔昭和38年〕 [専門]日本刀

若いころから作刀を志望、昭和12年24歳で上京し、赤坂の栗原彦三郎の日本刀鍛錬伝習所に入門。15年から新作日本刀展で受賞を重ねる。持前の研究熱心から、古い兜から釘に至るまでの地鉄(じがね)の材料を分析しては自家製鋼法を編み出し、古名刀に似た美しさと迫力のある数多くの作品を発表した。25年第59回伊勢神宮式年遷宮の御

神宝大刀を制作、以後第60回、61回用も制作。他に靖国神社、東郷神社の太刀、常睦宮華子妃殿下の守り刀などを残した。38年人間国宝に認定される。著書に「刀匠一代」がある。
[家族]祖父＝宮入小左衛門（刀工）[親族]甥＝宮入法広（刀匠）
[師弟]師＝栗原彦三郎
[受賞]信毎文化賞〔昭和31年〕、坂城町名誉町民章〔昭和37年〕、新作日本刀展総裁名誉賞（第5回）〔昭和15年〕、作刀技術発表会特賞（第1回～5回）〔昭和30～35年〕
[叙勲]紫綬褒章〔昭和47年〕、勲四等旭日小綬章〔昭和52年〕

宮内 フサ みやうち・ふさ
郷土人形作家

[生年月日]明治16年（1883年）9月10日
[没年月日]昭和60年（1985年）12月23日
[出身地]香川県高松市

人形師・梶川政吉の二女。小学校卒業後、本格的に人形づくりを始め、江戸時代から高松に伝わる張り子人形（高松張り子）づくりを受け継いだ。代表作「鯛持ちえびす」は昭和34年の年賀記念切手の図案にも採用された。
[受賞]山陽新聞賞〔昭和31年〕、香川県文化功労者〔昭和41年〕、四国新聞文化賞〔昭和58年〕

宮川 香山（1代目） みやがわ・こうざん
陶芸家

[生年月日]天保13年（1842年）1月6日
[没年月日]大正5年（1916年）5月20日
[出生地]京都　[本名]宮川虎之助　[資格]帝室技芸員〔明治29年〕　[専門]真葛焼

京都祇園真葛原に窯を開いた真葛長造（楽焼宮川家9代）の四男。万延元年（1860年）に家業を継ぐ。明治3年頃、海外貿易の産品として陶磁器の可能性を夢みていた横浜商人に招かれて開港まもない横浜に移窯、4年太田村で開窯した。6年ウィーン万博に出品、名誉金杯を受賞。以後、真葛焼は国内外で高い評価を得る。29年帝室技芸員となり、30年横浜陶画協会を設立、31年日本美術院正会員。彫の細工や古器の写しに秀で、明治の三大名工といわれた。この横浜真葛焼（太田焼）は太平洋戦争中の空襲で窯場は焼失、3代当主と10数人いた陶工たちが戦災死したため、70余年で歴史は断たれた。
[家族]父＝真葛長造（楽焼宮川家9代）、息子＝宮川香山（2代目）

宮川 香山（2代目） みやがわ・こうざん
陶芸家

[生年月日]安政6年（1859年）
[没年月日]昭和15年（1940年）4月20日
[出身地]京都府　[本名]宮川半之助　[専門]真葛焼

初代宮川香山の兄・長平の子として生まれたが、幼くして父を失い、初代香山の養子となる。明治25年大日本窯業協会会員となり、宮川半之助として本格的に活動を開始。26年シカゴ・コロンブス万博で受賞。その際、渡米してシンシナティのロックウッド窯を見学。さらに英国の窯場も巡り、西欧の最新陶業を視察した。33年パリ万博の際にも渡仏して一等賞金牌を得る。43年の日英博覧会には神奈川県出品人総代としてロンドンに赴いた。大正5年初代が亡くなり、翌6年に2代目を襲名。同年日本美術協会主催美術展覧会の審査員を務めた。昭和2年関東の陶芸家らと東陶会を結成し、板谷波山らと顧問となる。大正期以降は東洋陶磁の伝統様式に回帰し、中国の宋・元・明の青磁や青花、あるいは仁清・乾山などの京焼の色絵陶器をベースにした気品ある精巧な作風を展開した。

[家族]養父＝宮川香山（1代目）

宮城 勝臣　みやぎ・かつとみ
陶芸家　宮城陶房主宰

[没年月日]平成16年（2004年）1月19日
[出身地]沖縄県大宜味村塩谷

子どもの時から家業の宮城窯業（現・宮城陶房）を手伝い、昭和34年家業を継ぐ。レンガ、カワラ、花鉢、断熱カワラ、クリンカー・タイルと焼物すべてに携わった後、陶芸の道へ進む。カワラにしか使われなかったクチャ（島尻層）を使った陶器原料"クチャセラ"を開発し、独自の焼き物を制作した。52年米国テキサス州で個展を開催。62年現代の名工に選ばれる。沖縄県陶器事業協同組合初代理事長を務めた。
[受賞]科学技術庁長官賞〔昭和56年〕、沖縄県工芸公募展優秀賞、現代の名工〔昭和62年〕

宮口 一寛斎　みやぐち・いっかんさい
刀工

[生年月日]天保9年（1838年）
[没年月日]明治39年（1906年）
[出身地]駿河国府中（静岡県）　[本名]宮口繁寿

安政年間京都粟田口で技を磨く。明治36年内国勧業博覧会に刀剣四口を出品。

宮坂 房衛　みやさか・ふさえ
彫金家

[生年月日]明治43年（1910年）10月9日
[没年月日]平成13年（2001年）9月9日
[出身地]長野県諏訪市　[団体]日展

海野清に師事。日展では依嘱出品、商工大臣賞の他、昭和24年「竜松花瓶」で特選、48年「帽子をかぶった姉妹」で内閣総理大臣賞を受賞。また同展では北斗賞も受けた。

[師弟]師＝海野清
[受賞]日展内閣総理大臣賞〔昭和48年〕「帽子をかぶった姉妹」
[叙勲]勲四等瑞宝章〔平成2年〕

宮崎 寒雉　みやざき・かんち
釜師

[生年月日]寛永10年（1633年）
[没年月日]正徳2年（1712年）2月
[出生地]能登国中居（石川県）　[別名等]名＝義一、通称＝彦九郎、入道寒雉

元は能登の鋳物師で、上洛して浪越三昌に師事し、姥口、霰などの釜を鋳造。4代目千宗室にも釜の製作指導を受けた。加賀藩主前田利常に召し出されて前田家に仕え、宮崎の姓を賜り寒雉を号とし、釜師宮崎家の祖となる。伯葉釜、乙御前釜、車軸釜、大講堂釜などを得意としたほか、梵鐘や仏具なども手がけた。

宮崎 彦九郎　みやざき・ひこくろう
釜師

[生年月日]大正4年（1915年）1月18日
[没年月日]平成6年（1994年）8月15日
[出身地]石川県加賀市大聖寺町　[別名等]雅号＝宮崎寒雉　[学歴]石川県立工〔昭和10年〕卒

裏千家茶道の釜師として、江戸時代初めから続く宮崎寒雉（かんち）の13代目を継ぎ、技を伝えた。
[家族]長男＝宮崎尚樹（釜師）、二男＝宮崎豊治（彫刻家）
[受賞]淡々斎茶道文化賞（第18回）〔昭和58年〕

宮地 允則　みやじ・まさのり
七宝工

[生没年]生没年不詳

[出生地]尾張国海東郡篠田村（愛知県）

尾張の篠田村で七宝工として活動。明治6年のウィーン万博や9年のフィラデルフィア万博などへの出品に、七宝会社の工人として携わった。

宮下 善寿　みやした・ぜんじゅ
陶芸家

[生年月日]明治34年（1901年）6月13日
[没年月日]昭和63年（1988年）5月9日
[出生地]京都府京都市　[学歴]京都市立陶磁器試験場附属伝習所卒

昭和初期から中国・朝鮮をはじめ、欧米各地で研修。昭和4年帰国し、河村蜻山主宰の日本陶芸協会に入会。12年第1回新文展に初入選、以後連続入選。戦後は日展を中心に作品を出品、50年には同展内閣総理大臣賞受賞。53年日展参与。京都陶芸界の最長老として活躍した。

[家族]長男＝宮下善爾（陶芸家）
[師弟]師＝楠部弥弌
[受賞]京都府美術工芸功労者〔昭和51年〕、京都市文化功労者〔昭和56年〕、日展特選（彫塑部、第5回、昭24年度）「陶器紅映瓷花壺」、日展特選（工芸部、第11回、昭30年度）「秋慶文盛器」、日展内閣総理大臣賞（第4科、第7回、昭50年度）「白翠瓷飾瓶」
[叙勲]勲四等瑞宝章〔昭和62年〕

宮島 勇　みやじま・いさむ
染織家

[生年月日]大正5年（1916年）2月20日
[没年月日]平成15年（2003年）12月22日
[出生地]京都府京都市　[学歴]大津商〔昭和8年〕卒　[団体]日本工芸会

西陣の機屋の長男として生まれる。大正10年一家が大津市に移転。昭和28～38年経継ぎ紐帯地、貼り絵箔帯地、モール錦帯地、斜織帯地の技術を次々完成。45年プレ・インカの羅を復元した。
[受賞]日本染織展日本工芸会会長賞〔昭和41年〕「叢」（斜織袋帯）、日本染織展文化財保護委員会委員長賞〔昭和42年〕「仙瀑」（斜織袋帯）、日本伝統工芸展日本工芸会総裁賞〔昭和57年〕「海流」（羅羽織）
[叙勲]紫綬褒章〔昭和60年〕、勲四等旭日小綬章〔平成2年〕

宮田 藍堂　みやた・らんどう
鋳金家

[生年月日]安政3年（1856年）4月22日
[没年月日]大正8年（1919年）11月2日
[出身地]越後国（新潟県）　[本名]宮田伝平

佐渡島の出身。本間琢斎、岡崎雪声に師事。明治35年郷里に戻り制作。

宮田 藍堂（3代目）　みやた・らんどう
鋳金家

[生年月日]大正15年（1926年）1月10日
[没年月日]平成19年（2007年）5月25日
[出生地]新潟県佐和田町（佐渡島）　[本名]宮田宏平　[学歴]東京美術学校（現・東京芸術大学）工芸科鋳金部〔昭和24年〕卒　[専門]佐渡臘型

蠟型鋳金家・2代目宮田藍堂の長男。東京美術学校（現・東京芸術大学）在学中の昭和21年、第1回日展に初入選。22年第3回日展で特選、41年第9回新日展で菊華賞を受賞。43年日展審査員、44年同会員となる。51年現代工芸美術家協会常務理事、53年日展評議員。平成5年3代目藍堂を襲名した。家伝の、蜜蜂の巣からとれる蜜蠟に松脂を混ぜたものから原型を制作する蠟型鋳金で現代的作品を発表。金沢美術工芸大学講師も務めた。
[家族]父＝宮田藍堂（2代目）、弟＝宮田亮平（東京芸術大学学長）

[受賞]新潟日報文化賞〔平成6年〕,日展特選〔昭和22年〕「月兎三趣釣花生」,日本現代工芸美術展現代工芸会員賞〔昭和38年〕,日展菊華賞〔昭和41年〕,日本現代工芸美術展内閣総理大臣賞〔昭和57年〕
[叙勲]紺綬褒章〔昭和55年・61年〕

宮永 東山(1代目) みやなが・とうざん
陶芸家

[生年月日]明治1年(1868年)
[没年月日]昭和16年(1941年)12月15日
[出生地]加賀国金沢(石川県) [本名]宮永剛太郎

明治時代に京都の深草に陶窯を築き工房を設けた。以来大正、昭和に亘って農展、商工展など各種の展覧会に傑作を出品し続け、多くの賞を得た。昭和2年帝展に美術工芸部が設けられて無鑑査となり、16年改組後の第3回文展に「群鹿の図瓶掛」を出品、絶作となった。
[家族]息子=宮永東山(2代目)(陶芸家),孫=宮永東山(3代目)(陶芸家)

宮永 東山(2代目) みやなが・とうざん
陶芸家 京都伝統陶芸協会副会長

[生年月日]明治40年(1907年)8月15日
[没年月日]平成7年(1995年)3月4日
[出身地]京都府京都市 [本名]宮永友雄
[学歴]京都高等工芸学校(現・京都工芸繊維大学)図案科〔昭和5年〕卒,京都陶磁器試験場〔昭和10年〕修了

父で陶芸家の初代宮永東山に師事。昭和10年若手を中心に陶芸研究会を結成。14年朝鮮に渡り、主として古墳・古陶について研究視察を行う。16年文展に入選し、技術保存のための特別措置により技術保存者に認定される。同年2代目東山を襲名。33年16代目永楽善五郎、高橋道八らと京都伝統陶芸家協会を結成した。その後、同創立記念展に出品し、個展でも活動した。武者小路有隣斎家元、千茶道文化学院講師。造形に優れ、深みのある青磁や染付を得意とした。
[家族]父=宮永東山(1代目),息子=宮永東山(3代目)
[師弟]師=宮永東山(1代目),沼田一雄

宮之原 謙 みやのはら・けん
陶芸家 東陶会会長

[生年月日]明治31年(1898年)2月9日
[没年月日]昭和52年(1977年)8月23日
[出生地]鹿児島県鹿児島市鷹師町 [学歴]早稲田大学理工学部建築科中退

昭和の初め山内多門に日本画を、2代目宮川香山、板谷波山に陶芸を学んだ。2年東陶会に参加、4年帝展に初入選、6、7年帝展に連続特選となり、8年帝展無鑑査、13、14年に連続審査員。その間8年から新潟陶苑の指導に当たった。戦後日展に属し25年日展参事、24年には東京教育大学教育学部講師として工芸を指導した。代表作に「象嵌磁泰山木飾壺」「窯変釉百合彫文壺」「金彩サボテン壺」「釉象嵌『梅』小香炉」などがある。
[師弟]師=宮川香山(2代目),板谷波山
[受賞]日本芸術院賞〔昭和32年〕,千葉県文化功労者〔昭和45年〕

宮林 宣 みやばやし・のぶ
陶芸家 二上焼窯元

[没年月日]昭和62年(1987年)3月13日

昭和38年二上山のふもと高岡市東海老坂で開窯、中国・宋代の磁州窯をヒントに、独特の掻き落とし技法で作陶した。

宮本 包則 みやもと・かねのり
刀工

[生年月日]天保1年(1830年)

[没年月日]大正15年(1926年)10月24日
[出生地]伯耆国東伯郡旭村大柿(鳥取県)
[資格]帝室技芸員〔明治39年〕
22歳のときより備前の横山祐包について技を学ぶ。慶応2年(1867年)勅を奉じ一刀を献じ、3年能登守を拝す。明治22年の伊勢神宮式年祭に御宝刀を奉ずる。39年帝室技芸員。明治天皇、大正天皇、昭和天皇、秩父宮、高松宮、三笠宮の御守刀を奉納。

明珍 信家　みょうちん・のぶいえ
甲冑師

[生没年]生没年不詳
[別名等]初名=安家, 号=覚意
代々甲冑工を本職としてきた明珍家の17代目。上州(群馬県)に住み、武田晴信から一字を賜って信家と改名、甲州(山梨県)や相州(神奈川県)小田原にも移り住んだとされる。鐔工として著名な信家と同一人物視されたこともあったが、現在では別人とみなされている。

明道 長次郎　みょうどう・ちょうじろう
ガラス工芸家

[生年月日]明治44年(1911年)
[没年月日]昭和19年(1944年)
[出生地]大阪府大阪市
大正14年旧満州・大連の中学を中退し、南満州硝子に入社。同社で各務鉱三に師事した。昭和5年帰国して東京の各務のアトリエに通い、9年各務クリスタル製作所の設立に参加。11年東京工芸品展覧会、14年新文展に入選したが、16年応召。19年ビルマ戦線で戦死した。

三好 貞三　みよし・ていぞう
京蒔絵師

[没年月日]昭和59年(1984年)3月18日
[出生地]滋賀県
16歳で当時の京蒔絵の第一人者・尾関桃舟に師事。象牙の蒔絵を得意とし、昭和51年現代の名工に選ばれた。
[師弟]師=尾関桃舟
[受賞]現代の名工〔昭和51年〕

三善 長道　みよし・ながみち
刀工

[生年月日]寛永10年(1633年)
[没年月日]貞享2年(1685年)
[別名等]通称=藤四郎
祖父・三善国長は戦国武将・加藤嘉明に仕え、寛永4年(1627年)同家の陸奥国会津転封に従い、同地に移った。20年会津騒動により加藤家が改易されると三善家は会津に留まり、新たな会津藩主・保科正之に仕えた。万治2年(1659年)陸奥大掾を受領し、子孫も刀工として活動した。

三好 木屑軒也二　みよし・もくしょうけんやじ
指物師, 茶人

[生年月日]明治7年(1874年)
[没年月日]昭和17年(1942年)
[別名等]通称=知孫
武者小路千家の茶法を修める。指物師として名人と評判が高く、蒔絵・髹漆なども得意。

三好 木屑(1代目)　みよし・もくしょう
指物師

[生没年]生没年不詳

[出生地]大坂阿弥陀池(大阪府)　[別名等]号=知新, 通称=淡路屋弥次兵衛

阿波三好郡の郷士・大久保家を祖とし、藩主蜂須賀家より三好の姓を受け、帯刀を許されたという。大坂阿弥陀池に生まれ、文化5年(1808年)堀江に移って淡路屋弥次兵衛と名乗り、大坂城内御用指物師となった。唐木の寄木細工やからくり細工に優れ、奇観筐に妙技を発揮した。慶応年間(1865～1868年)に80歳で没したといわれる。

三好 美明　みよし・よしあき
竹細工師

[没年月日]平成5年(1993年)6月17日
[出身地]徳島県徳島市　[資格]徳島県無形文化財保持者(工芸技術)〔平成4年〕

小学校を卒業後、家業の竹細工を手伝う。戦後、同業の兄から独立するにあたり、全国でも数少ない明け荷(相撲取りの巡業用トランクに使われる張行李)作りを手がけることに。栃錦、初代若乃花、柏戸、大鵬、曙ら歴代の横綱や小錦などの明け荷を手がけた。

[受賞]現代の名工〔昭和60年〕

弥勒　みろく
能面工

[生没年]生没年不詳

室町時代上期の能面工。春日、日光といった能面師と並び伝説的な名匠の一人とされる。世阿弥の「申楽談儀」にその名が登場するが、作品は遺されていない。

三輪 栄造　みわ・えいぞう
陶芸家

[生年月日]昭和21年(1946年)11月11日
[没年月日]平成11年(1999年)7月21日
[出生地]山口県萩市　[学歴]武蔵野美術大学彫刻科〔昭和45年〕卒　[専門]萩焼　[団体]日本工芸会

造形美術の研究のため米国に留学。帰国後、父11代目休雪の下で陶芸修業に入る。のち、伯父・休和の養子となる。萩焼の伝統に新しい息吹きを吹き込む俊英と期待されたが、平成11年52歳で死去。作品は皿、鉢、花入、酒器、茶器など萩焼の伝統に沿ったものだが、量感や躍動感のある強靱な造形性を備えている。13年遺作集「三輪栄造 陶芸作品集」が刊行された。

[家族]父=三輪休雪(11代目, 人間国宝), 兄=三輪龍作, 弟=三輪和彦(陶芸家)[親族]伯父(養父)=三輪休和(人間国宝)
[師弟]師=三輪休雪(11代目)
[受賞]田部美術館大賞, 山口県芸術文化振興奨励賞

三輪 休雪(1代目)　みわ・きゅうせつ
陶工

[生年月日]元和1年(1615年)
[没年月日]宝永2年(1705年)
[出生地]大和国三輪荘(奈良県)　[別名等]名=吉兵衛

寛文年間(1661～72年)に毛利家に仕えて製陶に従事し、休雪の号を与えられる。萩の松本に窯を開いたことから"松本焼"とも称される。萩焼独特の白濁釉を用いた茶器を得意とし、また楽焼風のものも手がけた。

三輪 休和　みわ・きゅうわ
陶芸家　日本工芸会正会員

[生年月日]明治28年(1895年)4月20日
[没年月日]昭和56年(1981年)10月24日
[出生地]山口県萩市　[本名]三和邦広　[別名等]前名=三輪休雪　[学歴]萩中〔明治43年〕中退　[資格]重要無形文化財保持者(萩

焼）〔昭和45年〕, 山口県指定無形文化財保持者〔昭和31年〕　[専門]萩焼
旧萩藩の御用窯である萩焼・三輪窯の9代目雪堂の二男。明治43年萩中を中退して家業に従事。44年江戸千家流の茶道稽古を始め、宝生流謡曲も習う。昭和2年、32歳で10代目休雪を襲名。17年川喜多半泥子のもと、金重陶陽、荒川豊蔵と陶器研究会・ひね会を結成。31年「平茶碗」を第3回日本伝統工芸展に初出品、初入選する。高麗茶碗や古萩の研究を重ねた末、高麗茶碗に日本風の趣を調和させた独自の作風を樹立したが、とくに藁灰釉の工夫で完成させた、春の雪のような温かみのある美しい"白"の「休雪白（しろ）」は休和陶芸の評価を定着させた。32年日本工芸会正会員。31年県無形文化財指定、32年文化財保護委員会の記録作成無形文化財保持者指定。42年休雪号を弟に譲り、隠居して休和と号した。45年には萩焼作家として初めて人間国宝に認定される。50年「一楽二萩三唐津展」を開催。代表作に「萩編笠水指」「萩筆洗茶碗」「萩耳付花入」など。著書に「窯日誌」「茶の湯会記」がある。
[家族]父＝三輪雪堂（萩焼三輪窯9代）、弟＝三輪休雪（11代）
[受賞]萩名誉市民〔昭和47年〕
[叙勲]紫綬褒章〔昭和42年〕、勲四等旭日小綬賞〔昭和48年〕

三輪 雪山　みわ・せつざん
陶芸家

[生年月日]天保11年（1840年）
[没年月日]大正10年（1921年）8月13日
[別名等]通称＝泥介　[専門]萩焼
慶応元年（1864年）萩焼（松本萩）の8代目となる。豪放な造形と大胆なへら使いで知られた。

三輪 ミトリ　みわ・みとり
刺繍職人

[没年月日]平成18年（2006年）12月30日
[出身地]石川県　[資格]伝統工芸士（加賀繍）〔平成6年〕　[専門]美川刺繍
15歳から刺繍を始め、京都へ修業に行く。その後、平成18年89歳で亡くなるまで70年以上にわたって美川刺繍の職人として仕事を続けた。美川刺繍の新分野として依頼された、仏壇用の阿弥陀如来絵図が遺作となった。
[受賞]北国風雪賞（第24回）〔平成18年〕

【む】

向井 一太郎　むかい・いちたろう
表具師　東京表具社長、全国表具経師内装組合連合会名誉会長

[生年月日]明治38年（1905年）
[没年月日]平成9年（1997年）4月9日
[出生地]東京
14歳から修業を始め、大正10年父・直次郎の清雅堂に入る。昭和24年東京表具を設立、家業を継いで4代目となる。吉田五十八、村野藤吾、谷口吉郎をはじめ多くの建築家の設計による建物の表具を手がけ、表具の新しい創作方法や意匠の創案に力を注いだ。全国表具経師内装組合連合会会長、東京表具経師内装文化協会常任顧問などを歴任した。
[家族]長男＝向井周太郎（工業デザイナー）
[受賞]吉田五十八賞特別賞〔昭和60年〕
[叙勲]勲六等単光旭日章〔昭和57年〕

向井 和平(2代目) むかい・わへい
陶業家

[生年月日]天保13年(1842年)11月12日
[没年月日]明治37年(1904年)10月9日
[出生地]伊予国浮穴郡砥部郷五本松村(愛媛県) [専門]砥部焼

砥部焼陶工・初代和平の二男に生まれ、襲名して2代目和平となる。曽祖父・源治はもと桶屋で、文化10年(1813年)砥部の五本松に開窯し、従来の砥石屑の代わりに新発見の川登石を採用するなど砥部焼の功労者であった。2代目和平は愛山と号し、早くに漢学を修めるが、20歳で家業に従事、その後は生涯を陶業一筋に尽くし、砥部磁器の改良に努める。明治12年伊達幸太郎を京都の幹山伝七に遣わし西洋絵付けを学ばせ、新様式を開発、13年同業の城戸徳蔵と共に輸出品を製造する。23年淡黄磁器の焼成を考案し、26年シカゴ万博に陶鶴を出品して1等入賞、海外に砥部焼の名を知らしめた。原料陶石の発見、近代的製造法の導入、陶工の養成と錦絵磁器製造の開始、また販路の開拓と輸出の振興など、砥部焼の発展に尽力した功績は大きい。37年緑綬褒章を受け、同年10月没した。長男は早世し、二男・清雄が継承するが、大正11年頃に廃業した。
[家族]父=向井和平(1代目)

武蔵川 建三 むさしがわ・けんぞう
漆芸家

[没年月日]平成20年(2008年)1月8日
[出身地]富山県高岡市 [専門]高岡漆器

幼い頃から高岡漆器の職人である父の仕事をみて育ち、生家の隣に暮らしていた父の師・石瀬松次郎の自宅兼仕事場に出入りした。尋常小学校を卒業後、漆器職人の道に進み、高岡漆器の代表的技法である青貝塗りを専門とした。高岡巧美会や高岡漆芸みどり会の会長も務めた。
[家族]長男=武蔵川義則(武蔵川工房代表)
[受賞]現代の名工

牟田 久次 むた・きゅうじ
型紙彫刻師

[生年月日]弘化4年(1847年)
[没年月日]明治35年(1902年)5月
[出生地]筑前国朝倉郡甘木(福岡県)

織物の捺染の型紙の彫刻師であったが、明治10年肥前有田で紙型陶画(薄葉)の彫刻をはじめ、陶器絵付の簡便法として広く行われるようになった。のち、銅版を彫刻して陶画転写の便に供した。

武藤 金悦 むとう・きんえつ
鋳物工芸作家 秋田県工芸家協会会長

[生年月日]昭和7年(1932年)7月1日
[没年月日]平成10年(1998年)4月13日
[出身地]秋田県秋田市 [学歴]秋田高定卒

昭和22年父・金次郎に師事。28年秋田市第1回県外派遣生として岩手県工業試験場へ入り、33年秋田大学鉱山学部機械科に勤務。38年武藤工芸鋳物工場を継ぐ。実用性に工芸美を取り入れた鋳物製品の製作と後継者の育成に貢献。工芸家としても胸像など作品を多数発表した。
[受賞]秋田県芸術文化賞〔昭和55年〕,光風会展T氏賞(第51回),秋田市文化章〔平成8年〕

宗近 むねちか
刀工

[生没年]生没年不詳
[別名等]別名=三条小鍛冶宗近

京都三条に住したと伝えられ、日本刀の最初期の完成者とされる。代表作に「宗近」

銘の太刀、徳川将軍家に伝来した「三条」銘の三日月宗近の太刀などがある。一門から吉家、兼永、国永らが出た。

宗広 力三　むねひろ・りきぞう
染織家

[生年月日]大正3年(1914年)4月25日
[没年月日]平成1年(1989年)11月21日
[出生地]岐阜県郡上郡八幡町初音　[学歴]郡上農林学校〔昭和7年〕卒　[資格]岐阜県無形文化財保持者〔昭和52年〕、重要無形文化財保持者(紬縞織・絣織)〔昭和57年〕
[専門]紬縞織, 絣織

昭和11年青年のための修養道場"凌霜塾"の建設運動に参加。18年頃より近郷の生活向上のため羊を飼育しホームスパンの試作を行う。戦後、地元の郡上紬織物の研究を始め、22年から絣の研究も行う。27年郡上郷土芸術研究所(のち郡上工芸研究所)を創設し、郡上紬の生産と研究生養成に従事。40年第12回日本伝統工芸展に初出品、45年17回展で日本工芸会会長賞を受賞、以後連続出品。この間、43年郡上染織資料館を建設。44年日本工芸会正会員。55年健康上の理由から、神奈川県南足柄市に移り住み南足柄工芸研究所を開設、足柄紬の研究を行い、織物制作と研究生育成をつづけた。57年人間国宝。代表作に「白茶地絣着物・待春」「朱赤丸文紬織着物」「藍地霜凌ぐ竹文様絣着物」「朱赤地格子竹文様絣着物」「鼠地練上文様絣着物」「鼠地吉野絣着物『山』」など。
[家族]娘＝吉沢佳子(染織家)
[師弟]師＝浅井修吉
[受賞]岐阜県芸術選奨〔昭和36年〕、岐阜県芸術文化賞〔昭和40年〕、岐阜県知事表彰〔昭和43年〕、八幡町名誉町民章〔昭和57年〕、日本伝統工芸染織展東京都教育委員会賞〔昭和41年〕、日本伝統工芸染織展文化庁長官賞〔昭和43年〕、日本伝統工芸展日本工芸会会長賞(第17回, 昭45年度)

[叙勲]紫綬褒章〔昭和59年〕、勲四等旭日小綬章〔平成1年〕

村岡 菊治　むらおか・きくじ
人形作家

[生年月日]大正9年(1920年)
[没年月日]平成10年(1998年)8月30日
[出生地]東京　[本名]村岡喜久治　[団体]日本人形美術院

人形師の3代目に生まれる。昭和11年から及川映峰のもとで、かしら作りを修業。15年人形社展で佳作賞。16年独立。23年岡本玉水、平田郷陽主宰の日本人形美術院会員に推挙される。民話「夕鶴」などに題材を得た創作人形で知られる。49年朝日カルチャーセンター講師。55年東京・日本橋三越で「村岡八人兄弟創作人形展」開催。58年国際ひとかた工芸会を結成。平成元年カナダの2都市で「村岡きょうだい展」、5年東京田中八重洲画廊で個展「人形の夢六十年」開催。著書に「人形の夢・村岡菊治のしごと」がある。

村上 九郎作　むらかみ・くろうさく
彫刻家

[生年月日]慶応3年(1867年)
[没年月日]大正8年(1919年)5月
[出生地]加賀国小松(石川県)　[別名等]号＝鉄堂　[専門]木彫

明治20年第2回内国勧業博覧会に出品してその技術を高く評価される。21年石川県工業学校教諭、のち高岡工芸学校教諭、校長を歴任。この間、26～27年渡米。鎌倉彫的彫刻に優れた技を見せ、多くは当時の山中商会の依頼で輸出用品を作った。仏具欄間にも秀作を残している。

村上 如竹　むらかみ・じょちく
　　装剣金工家

[生没年]生没年不詳
[出生地]江戸　[別名等]名＝清次郎, 仲矩, 別号＝武陽山, 歓笙堂

江戸芝新門前町に住し、父の業である鐔師をついだが、のちに装剣金工となった。虫や魚の意匠を得意とし、それに珊瑚、青貝、螺鈿などを嵌入して変化をつけるなど工夫を施した。高彫りのほか片切彫り、平象嵌などにも長じ、子の如節のほかに如蘭、如篤、如柳などの門人を輩出し、村上派の祖として活躍した。作品に「蜻蛉図小柄」「二福神図鐔」「鶴丸文鐔」など。

村上 正典　むらかみ・まさのり
　　陶芸家　鳴門教育大学名誉教授

[生年月日]昭和10年（1935年）3月29日
[没年月日]平成19年（2007年）1月31日
[出身地]東京都　[学歴]京都市立芸術大学卒　[団体]大学美術教育学会, 美術科教育学会, 日本陶芸協会

上絵、五彩を中心に活躍。全関西展、第一美術展、新匠会、一水会、三軌会、新協展などで入選入賞。デンマーク日本工芸秀作展ほかに海外出品。日府展理事も務めた。
[師弟]師＝富本憲吉, 近藤悠三
[受賞]日府展奨励賞, 国際陶芸展日陶協会長賞, 韓国大使館賞

村上 道太郎　むらかみ・みちたろう
　　染色家　万葉染研究所長

[生年月日]大正8年（1919年）2月10日
[没年月日]平成4年（1992年）1月28日
[出生地]高知県高知市　[学歴]中央大学法学部〔昭和19年〕卒　[専門]草木染

旧満洲で敗戦を迎え、シベリアに抑留。昭和24年復員し、独学で草木染めの道に入る。草木など植物による染色を"万葉染め"と名付け、研究を続けた。59年縄文、万葉の時代からの日本人と色のかかわり、当時の染めの技術の解明、又さまざまな材料による染色の楽しみなどについて書いた「万葉草木染め」を執筆。他の著書に「着物・染と織の文化」「色の語る日本の歴史（上・中・下）」「染料の道」などがある。

村上 元彦　むらかみ・もとひこ
　　染色工芸作家

[生年月日]大正8年（1919年）
[没年月日]昭和61年（1986年）6月17日
[出身地]東京都　[本名]村上喜一郎

人間国宝の芹沢銈介（けいすけ）に師事。著書に「そめ」「型染の制作」「元彦書票集」。昭和34年より型染絵星会を主宰した。
[師弟]師＝芹沢銈介

村越 道守　むらこし・みちもり
　　彫金家

[生年月日]明治34年（1901年）
[没年月日]昭和18年（1943年）4月8日
[出生地]東京市（東京都）　[学歴]東京高等工芸学校〔大正14年〕卒

在学中、北原千鹿に師事して彫金を学ぶ。大正15年帝展工芸部設置のために結成された日本工芸美術会の第1回展に出品。同年工芸団体・无型（むけい）結成に参加。昭和2年北原千鹿主宰の工人社同人となる。同年第8回帝展初入選、以降毎年出品を続け、第12回展・第13回展で連続特選。14年新文展審査員。工芸作家協会常務理事も務めた。
[師弟]師＝北原千鹿
[受賞]帝展特選（第12回・第13回, 昭6年度・7年度）「壁間嵌入見透装飾」「隅棚」

村下 信吉　むらした・しんきち
　　染織家

[没年月日] 昭和63年（1988年）11月9日
[専門] 加賀友禅

50年以上にわたって加賀友禅作家として活躍。昭和60年に金沢市と石川県の伝統産業優秀技術者表彰を受け、染物協同組合の理事も務めた。

村瀬 美香　むらせ・びこう
　　陶芸家

[生年月日] 文政12年（1829年）
[没年月日] 明治29年（1896年）11月21日
[出身地] 尾張国（愛知県）　[別名等] 初称＝馬句三郎、称＝八郎右衛門、号＝不二山人、美香　[専門] 不二見焼

陶法を市江鳳造に学び、嘉永5年頃より磁印を試焼。明治に入って楽焼風の茶器をつくり、不二見焼と称した。

村田 英晤　むらた・えいご
　　陶芸家

[生没年] 生没年不詳
[出身地] 熊本県　[専門] 日奈久焼

明治13年熊本県芦北郡日奈久町に窯を開く。模した高田焼は稚拙な出来であったが、蟹爪釉の諸器が秀でていたといわれる。

村田 金次郎　むらた・きんじろう
　　陶工

[生没年] 生没年不詳
[出身地] 京都府

文化年間（1804〜1818年）の頃、京都・鐘鋳町の音羽屋の窯を買い取り、亀水屋と称する。土物を焼き、のち染め付けを専業とした。

村田 元　むらた・げん
　　陶芸家

[生年月日] 明治37年（1904年）8月5日
[没年月日] 昭和63年（1988年）3月8日
[出身地] 石川県金沢市石引　[本名] 村田意
昭和19年、40歳で浜田庄司に師事。29年独立。
[師弟] 師＝浜田庄司
[受賞] 栃木県文化功労者〔昭和59年〕

村田 弘道　むらた・こうどう
　　陶芸家，僧侶　妙徳寺（臨済宗）住職

[没年月日] 平成13年（2001年）4月27日
[専門] 丹波焼

丹波焼で日展や日本現代工芸展に入選を重ね、陶芸和尚として知られた。

村田 整珉　むらた・せいみん
　　鋳物師

[生年月日] 宝暦11年（1761年）
[没年月日] 天保8年（1837年）11月24日
[出身地] 江戸　[別名等] 初姓＝木村、通称＝総次郎、号＝北玉叟

安永5年（1776年）仏具鋳物師田川珉武の弟子となって鋳造を学び、置物・花瓶・仏具など蠟型鋳造の名工として知られるようになる。近代彫刻の先駆けともいえる精緻な文様や写実的な作風を得意とした。文化12年（1815年）東照宮200年忌の際には、将軍徳川家斉および紀州藩主から日光山への献上物の制作を命ぜられた。

村田 比呂乎　むらた・ひろお
　　能面師　慶応義塾大学名誉教授

[生年月日] 明治41年（1908年）11月
[没年月日] 昭和63年（1988年）4月8日

[本名]村田碩男　[学歴]慶応義塾大学文学部独文科卒, 慶応義塾大学大学院修了　[専門]ドイツ文学

昭和49年慶応義塾大学を定年退職、名誉教授となる。"自分の人生は65歳から"と能面師として再出発、63年東京・上野公園内の両大師で能面師としての人生の集大成ともいえる「比呂乎能面展」を開催、14年間に打ちあげた60の能面を展示した。

村田 吉生　むらた・よしお
漆芸家

[生年月日]明治41年(1908年)6月6日
[没年月日]昭和62年(1987年)10月26日
[出生地]富山県　[本名]村田吉雄　[学歴]東京美術学校(現・東京芸術大学)中退

山崎覚太郎に師事。富山県工業試験場などに勤務し、昭和28年日展初入選。32年日展特選。44年天皇陛下献上品を制作。県工芸作家連盟会長、日本現代工芸美術家協会会長、県文化財保護審議委員などを務めた。
[家族]長男=村田吉一(北陸アルミニウム常務)
[受賞]北日本文化賞,日展特選・北斗賞〔昭和32年〕,日展菊華賞〔昭和37年〕
[叙勲]勲四等瑞宝章

村正　むらまさ
刀工

[生没年]生没年不詳

伊勢国桑名に住し、経歴の詳細は不明ながら、美濃の関兼定、山城系の平安城長吉らとつながりがあったと推察され、また正宗の弟子という説もある。表裏刃文の揃った"箱乱れ"と称される独特の作風を特徴とする。村正の刀により、徳川家康の祖父・松平清康が殺され、父・松平広忠が負傷し、長男・徳川信康の介錯刀として使われるなど不吉事が続いたことから、江戸時代には徳川家に呪いをもたらす妖刀として忌避されるようになった。初代は南北時代にさかのぼるともいわれるが、遺品などで確認できるのは室町時代以降で、同名の刀工が少なくとも3代は続いたとみられる。

村松 万三郎　むらまつ・まんざぶろう
金工家

[生年月日]嘉永5年(1852年)
[没年月日]明治41年(1908年)1月25日
[出生地]江戸・下谷徒士町　[別名等]幼名=万吉, 号=寛柳斎壽春

彫金家芳春斎寿景の門に入り、のち独立して鎚金術に移る。煙草入金具、刀剣などの製作に従事。白金溶解法、伸縮時計鎖など発明。

村山 一壺　むらやま・いっこ
陶芸家　人吉市文化協会会長

[生年月日]明治38年(1905年)3月29日
[没年月日]平成4年(1992年)
[出身地]熊本県人吉市　[本名]村山高治
[学歴]西南学院〔大正11年〕卒　[団体]熊本県美術連盟,人吉美術協会,熊本県文化懇話会

昭和13年一勝地焼を再興。また、古仏頂焼(一壺焼)の窯を構えて独自の作陶に取組んだ。鮮紅手、辰砂釉などのほか、多彩な釉薬を用いて、茶器、花道・香道用具などを制作。一方、人吉市総合美術展の創設に尽力し、人吉市文化協会会長などを歴任。陶芸を通じた文化活動や、文化財保護の功績で、人吉市や熊本県文化財保護委員会より表彰を受けた。
[受賞]熊本県文化功労者〔昭和58年〕

【め】

面竹 正太郎 めんたけ・しょうたろう
人形作家

[生年月日]明治28年(1895年)
[没年月日]昭和55年(1980年)8月31日
[出身地]京都府 [本名]岡本正太郎 [資格]無形文化財記録保持者 [団体]日本工芸会
父の3世面竹新治郎について人形制作を修業。御所人形にすぐれ、頭師としては第一人者。昭和28年、人形「這子(はいこ)」で無形文化財保持者になる。
[受賞]京都府美術工芸功労者〔昭和47年〕

面屋 庄三 めんや・しょうぞう
御所人形作家, 彫刻家 京人形司13世, 大阪芸術大学名誉教授, 天児会主宰, 荘人会主宰

[生年月日]明治43年(1910年)4月20日
[没年月日]平成6年(1994年)2月14日
[出身地]京都府京都市 [本名]岡本庄三
[学歴]京都市立美工彫刻科〔昭和4年〕卒
[資格]重要無形文化財保持者〔昭和28年〕
[団体]新制作協会, 日本美術家連盟, 京都府工芸美術作家協会, 京展
昭和4年二科会初入選。21年新制作協会初入選、28年会員。この間、京人形制作を始め、20年13世面屋を襲名。32年浪速短期大学教授、33年天児会主宰、38年荘人会主宰、大阪芸術大学教授。著書に「京人形」、作品に「三番叟」「草刈童子」「うずめの命」など。
[家族]父=面屋庄次郎(12世面屋庄), 三男=面屋庄甫(京人形司14世)
[師弟]師=藤川勇造

[受賞]京都市文化功労者〔昭和54年〕, 京都府文化功労者〔昭和58年〕, 国際芸術文化賞〔昭和59年〕, 文化庁長官表彰〔平成3年〕

【も】

茂右衛門 もえもん
陶工

[生没年]生没年不詳
後窯茶入の作者で、瀬戸・備前に赴き茶入をつくった。瀬戸六作の一人、大窯作者弥之助の弟または吉兵衛の弟子ともいわれる。

茂山 もさん
陶工

[生年月日]生年不詳
[没年月日]元禄7年(1694年)8月17日
[出身地]対馬国 [本名]阿比留茂山 [別名等]別名=中庭茂山, 阿比留茂三 [専門]朝鮮釜山窯
江戸時代前期の朝鮮釜山窯の陶工。寛文4年(1664年)釜山焼に従事していた船橋玄悦が没したため、翌年釜山に渡り和館の燔師(陶工)として、寛文9年(1669年)、延宝4年(1676年)、6年、9年と数度渡鮮、幕府及び藩主用の陶器を製作した。のち、対馬藩主宗義貞の桟原邸に中庭を造ったことから、中庭の姓を賜った。主として抹茶器を作った。

望月 半山 もちずき・はんざん
蒔絵師

[生没年]生没年不詳
[別名等]別名=小川破笠
蒔絵を初代小川破笠に師事し、のち2代目破笠を称した。宝暦年間の頃に活躍。江戸・

浅草福井町に住み、庭に大きな梅の木があったことから"梅の木の半山"と呼ばれた。師の写実的・文人的な様式を受け継ぎながら、より装飾性を加味した作風。現存する作品は少ないが、海外でも人気が高く、ヨーロッパの美術館には半山作といわれるものがいくつか存在する。作品に「舞楽蒔絵提箪笥」などがある。
[師弟]師=小川破笠(1代目)

元井 三門里　もとい・みどり
絵更紗作家

[生年月日]明治18年(1885年)
[没年月日]昭和31年(1956年)
[出生地]大分県

少年時代から絵に親しみ、大正3年日本画を学ぶために京都へ移る。8年古美術店で見つけた古い更紗に惹かれて更紗作りを始め、のちインドやタイから伝わった古い更紗のダイナミックで素朴な画風に写実的で精巧な日本画の要素を取り入れた"絵更紗"を考案。染料を赤・青・黄の三原色しか用いないのも特徴。11年から上京区中長者町にあった自宅で絵更紗を広めるための画塾を開き、多くの門人を育てた。

本野 東一　もとの・とういち
染色家　大阪芸術大学名誉教授

[生年月日]大正5年(1916年)
[没年月日]平成8年(1996年)7月17日
[出生地]京都府京都市　[学歴]京都高等工芸学校(現・京都工芸繊維大学)図案科〔昭和13年〕卒　[団体]モダンアート協会

島津製作所マネキン部、昭染化学工業、七彩工芸でデザイナーとして勤務した後、昭和27年独立。ろう染の技術を用いて袋物や服飾などの染織品の制作を始める。30年モダンアート展に近代感覚あふれる幾何学抽象の染色作品「壁面構成」を発表して注目される。31年モダンアート協会生活美術部会員となる。44年と49年米国で個展開催。平成3〜6年染・清流展出品。一方、大阪芸術大学教授として後進の育成に努めた。
[受賞]モダンアート展作家大賞(第34回)〔昭和59年〕

元橋 音治郎　もとはし・おとじろう
染色家

[没年月日]昭和48年(1973年)9月12日
[出身地]京都府京都市　[専門]手描友禅

小学校卒業後、60年余にわたり手描友禅ひとすじに打ち込み、京都市伝統産業技術功労者となった。日本工芸会正会員。

桃井 英升　もものい・えいしょう
七宝工

[生没年]生没年不詳
[出身地]尾張国遠島村(愛知県)

塚本貝助の門弟。明治8年東京アーレンス商社に招かれ、師らと共にその七宝工場に従事した。

森 市松　もり・いちまつ
陶芸家　埼玉大学教授

[生年月日]大正14年(1925年)11月28日
[没年月日]昭和63年(1988年)5月11日
[出身地]東京　[学歴]東京高師卒　[専門]美術教育

京都教育大学教授、上越教育大学教授、埼玉大学教授などを歴任。
[師弟]師=宮之原謙

森 一正　もり・いっせい
陶芸家

[生年月日]明治33年(1900年)
[没年月日]昭和54年(1979年)

[出生地]石川県能美郡寺井野町　[本名]森一正　[資格]寺井町無形文化財保持者〔昭和48年〕　[専門]九谷焼

家業の陶器業を継ぐが、昭和11年富本憲吉との出会いを機に単なる陶画工でなく陶芸作家を志すようになる。12年第12回国画会展に初入選、以来、新文展、日展、新匠会展、一水会展などに出品。48年九谷五彩技術で寺井町無形文化財保持者に認定される。代表作に「色絵山海文陶板小屏風」「色絵朝霧飾皿」などがある。

森 香洲　もり・こうしゅう
　　陶芸家　虫明焼窯元

[生年月日]安政1年(1854年)
[没年月日]大正10年(1921年)12月13日
[出生地]備前国邑久郡虫明村(岡山県邑久郡邑久町)　[本名]森彦一郎

宮川香山に陶芸の技法を学ぶ。郷里岡山県虫明で虫明焼の制作に従事するが、明治10年代に不況のため一時的に窯が閉鎖されると、神奈川県に師の香山を訪ね、再びその指導を受けた。その後、倉敷の酒津窯や軽井沢の三笠窯などで修業を積む。大正7年より郷里虫明に設立された備前焼株式会社虫明工場に所属し、そこで晩年に至るまで作陶を続けた。薄作りの茶碗や水差しにすぐれた作品が多い。
[師弟]師=宮川香山

森 露子　もり・つゆこ
　　染色家

[没年月日]平成18年(2006年)4月6日
[出生地]宮崎県北諸県郡山田町　[学歴]宮崎女子師範二部卒　[団体]アララギ会

高校卒業後、美術コースにあこがれるが、軍人気質の父親に反対され、師範学校に進学。宮崎県山田町や高鍋町の小中学校で21年間教壇に立ったあと、宮崎県児童相談所の児童福祉司を19年務め、昭和47年退職。37年から、ろうつけ染めを始め、興梠義孝に手ほどきを受けた。興梠が米国移住後は、城秀男に師事。58年からは熱帯植物のモンステラと取り組んだ。
[師弟]師=興梠義孝、城秀男
[受賞]宮崎市文化功労賞〔昭和57年〕

盛 秀太郎　もり・ひでたろう
　　こけし作家

[生年月日]明治28年(1895年)
[没年月日]昭和61年(1986年)7月27日
[出生地]青森県南津軽郡山形村温湯(黒石市)　[資格]黒石市無形文化財保持者〔昭和57年〕

温湯(ぬるゆ)温泉の木地職人で、ねぶた絵やアイヌ模様など豊かな色彩と、やさしく素朴な顔で知られる"温湯こけし"の生みの親。親交のあった板画家・棟方志功から"津軽美人の原点。日本一のこけし"と激賞され、「秀太郎こけし」は全国で知られるようになった。昭和53年伝統こけし功労者として勲六等瑞宝章を受章。
[受賞]現代の名工〔昭和52年〕、全日本こけしコンクール名人位(第5回)〔昭和38年〕
[叙勲]勲六等瑞宝章〔昭和53年〕

森 正洋　もり・まさひろ
　　産業陶磁器デザイナー、陶芸家

[生年月日]昭和2年(1927年)11月14日
[没年月日]平成17年(2005年)11月12日
[出生地]佐賀県藤津郡塩田町　[学歴]多摩造形芸術専門学校(現・多摩美術大学)工芸図案科〔昭和27年〕卒

学研編集部、長崎県窯業試験場デザイン室を経て、昭和31年白山陶器へ入社し、デザインを担当。入社2年後に長い注ぎ口が特徴の「G型醤油注」を発表。液だれしにくい機能とモダンなデザインが評価され、35

年第1回グッドデザイン賞を受賞した。53年退社し、森正洋産業デザイン研究所を設立。この間、49〜57年九州産業大学教授、平成元〜5年愛知県立芸術大学教授を務めた。また九州陶磁器デザイナー協会理事長などを歴任した。機能性を重視した造形思考で次々に革新的な仕事を展開、産業陶磁器デザイナーとして国際的にも高く評価された。一貫して無意味な装飾を排除した機能的なものを追求、また自由な発想を尊重するため、作品にはユニークで楽しいものも多い。
［師弟］師＝松本佩山
［受賞］グッドデザイン賞（第1回）〔昭和35年〕「G型醤油注」、国井喜太郎賞（第1回）〔昭和49年〕、毎日産業デザイン賞（第20回）〔昭和50年〕、日本陶芸協議会賞金賞〔平成12年〕、勝見勝賞〔平成17年〕、ファエンツァ国際陶芸展インダストリアル部金賞（第20回）〔昭和50年〕、バレンシア国際工業デザイン展陶芸部金賞〔昭和52・58年〕

森 夜潮　もり・やちょう
漆芸家

［生年月日］明治37年（1904年）
［没年月日］平成5年（1993年）
［出生地］大分県日田郡　［本名］森洋夫　［学歴］日田工芸学校（現・日田林工高）描金科〔大正10年〕卒

日田漆器勤務を経て、京都の漆芸家・迎田秋悦に師事。昭和9年独立して上京、作家生活を送った後、郷里の日田林工勤務。50年に初めての個展を開き、61年「傘寿記念漆しごと回顧展」を開催した。また俳句も詠み、「山茶花」の同人で西日本新聞・郷土文芸欄の選者でもあった。
［受賞］日田市文化功労者〔昭和53年〕
［叙勲］黄綬褒章〔昭和56年〕

森 有節　もり・ゆうせつ
陶工

［生年月日］文化5年（1808年）
［没年月日］明治15年（1882年）4月
［出生地］伊勢国桑名（三重県）　［別名等］通称＝与五左衛門、号＝有節、摘山堂

天保2年（1831年）弟与平と共に伊勢国朝明郡小向村に居を構えて万古焼の再興を図る。釉薬の研究を進め、菊盛り上げ法、腥臙脂薬、黒色釉などを発明し、その焼物を有節万古と称した。また木型による酒器、茶器の型物成形も試みた。のちその功が認められて、桑名藩主松平氏から五人扶持となり、苗字帯刀をゆるされた。慶応3年（1867年）国産陶器職取締役を命ぜられ、明治時代まで活躍した。

森 如野　もり・ゆきの
能面師

［没年月日］昭和57年（1982年）11月21日
［出生地］長崎県長崎市　［本名］森ハルエ

昭和37年京都の女能面師・北沢如意に入門。10年間修業ののち47年福岡市で能面打塾を開き、精神性の強い制作技法によって多くの弟子を養成した。得意は翁面。宇美八幡などの神楽座に神楽面も奉納。

守家　もりいえ
刀工

［生没年］生没年不詳
［出生地］備前国邑久郡長船（岡山県）

備前国長船に隣接する畠田の刀工で、畠田派の祖。備前国福岡の一文字派に属した守近の孫という。鎌倉時代後期に活躍し、重要文化財に指定されている太刀がある。
［家族］息子＝真守（刀工）

森川 杜園　もりかわ・とえん
人形師

[生年月日]文政3年（1820年）6月26日
[没年月日]明治27年（1894年）
[出生地]大和国奈良（奈良県）　[本名]森川友吉

独学で奈良一刀彫人形を始め、安政3年（1856年）春日若宮大宿所前絵師職、ついで春日有職奈良人形師となる。明治維新後に内国勧業博、シカゴ万国博などで受賞。一方で大蔵流狂言師山田弥兵衛も襲名しており、「蘭陵王」など能や狂言に関連する彫像が多い。

森口 華弘　もりぐち・かこう
染色家

[生年月日]明治42年（1909年）12月10日
[没年月日]平成20年（2008年）2月20日
[出生地]滋賀県野洲郡守山町　[本名]森口平七郎　[学歴]守山尋常小〔大正10年〕卒　[資格]重要無形文化財保持者（友禅）〔昭和42年〕　[専門]友禅

大正13年京都の友禅師・3代目中川華邨に入門して友禅の技法を修める一方、疋田芳沼に日本画を学んだ。昭和14年30歳で独立。洛北の貴船川で友禅染め一筋に励み、蒔絵に着想を得た蒔糊技法を生み出して独自の友禅を完成させた。30年第2回日本伝統工芸展朝日新聞社賞、31年同展文化財保護委員会委員長賞を受賞。同年日本工芸会正会員、35年理事、45～63年副理事長を歴任。この間、42年重要無形文化財保持者（人間国宝）に認定された。62年脳梗塞で倒れたが復帰。平成19年二男で染織家の森口邦彦も人間国宝に認定され、工芸分野で初の親子2代の人間国宝となった。代表作に「友禅振袖・梅林」「友禅訪問着・桂垣」「友禅訪問着・華苑文様」「友禅訪問着・彩華」などがある。

[家族]二男＝森口邦彦（染織家）
[師弟]師＝中川華邨（3代目）、疋田芳沼
[受賞]京都新聞文化賞〔昭和35年〕、京都市文化功労者〔昭和49年〕、滋賀県文化賞〔昭和57年〕、京都府文化賞（特別功労賞）〔昭和62年〕、伝統文化ポーラ賞（大賞、第18回）〔平成10年〕、日本伝統工芸展朝日新聞社賞（第2回）〔昭和30年〕「友禅訪問着・早春」、日本伝統工芸展文化財保護委員会委員長賞（第3回）〔昭和31年〕「薫」
[叙勲]紫綬褒章〔昭和46年〕、紺綬褒章〔昭和53年・54年〕、勲四等旭日小綬章〔昭和55年〕

森崎 昌弘　もりさき・まさひろ
甲冑師

[没年月日]平成16年（2004年）1月26日
[出身地]岡山県岡山市　[資格]岡山県指定重要無形文化財保持者

平成11年甲冑製作技術者として、岡山県指定重要無形文化財保持者に認定される。14年県立博物館所蔵で国宝の赤韋威大鎧の複製を手掛けた。

森下 一雄　もりした・かずお
若狭めのう細工師

[没年月日]平成2年（1990年）3月14日
[学歴]小浜中中退

40年以上めのう作りを続け、昭和51年からはめのう会館で指導もした。
[受賞]現代の名工

森田 久右衛門　もりた・きゅうえもん
陶工

[生年月日]寛永18年（1641年）
[没年月日]正徳5年（1715年）
[出生地]土佐国（高知県）　[別名等]名＝光久、号＝松伯、通称＝久右衛門

13歳で土佐藩主・山内忠義に招かれた大坂の陶工・久野正伯の最初の弟子となり、藩命によって陶法を学ぶ。万治元年（1658年）正伯が帰坂した後は、焼物御用として山崎平内と共に尾戸焼の発展に尽力し、土佐尾戸焼の基礎を拓いた。延宝5年（1677年）300個の茶器を山内豊昌に献上したことから江戸での焼き物見学を許され、6年から7年に各地の窯所を見聞した旅の様子を「森田久右衛門日記」に書き残した。以降、子孫は代々久右衛門を襲名、大正期の断絶を経て再興されている。

森野 嘉光　もりの・かこう
陶芸家

[生年月日]明治32年（1899年）4月15日
[没年月日]昭和62年（1987年）5月2日
[出身地]京都府京都市　[本名]森野嘉一郎
[学歴]京都絵画専門学校日本画科〔大正10年〕卒

陶家の長男に生まれる。第3回帝展に「比叡の山麓」が初入選、日本画家としてデビュー。大正12年に雑誌「白樺」の李朝陶磁特集に感動、陶芸に進む。昭和2年「青流草花文茂瓶」が帝展初入選。作風は塩釉と緑釉窯変という二つの独創的な釉法によって特色づけられる。昭和56年「作陶六十年展」を開催。
[家族]長男＝森野泰明（陶芸家）
[受賞]日本芸術院賞〔昭和38年〕「塩釉三足花瓶」、文展特選〔昭和16年〕「塩釉枇杷図花瓶」、京都市文化功労者
[墓所]延年寺旧跡墓地（京都・鳥辺山）

盛光　もりみつ
刀工

[生没年]生没年不詳
[出身地]備前国邑久郡長船（岡山県）

備前国長船の刀工で、明徳年間から永享年間にかけて活躍した。応永年間の年紀のものが多く"応永備前"と呼ばれる中でも、康光、師光と並んで"応永三光"と称される。羽後久保田藩主・佐竹家に伝来した太刀など、重要文化財に指定されているものがある。

森本 助左衛門（1代目）　もりもと・すけざえもん
陶工　鹿背山焼の創始者

[生没年]生没年不詳

文政10年（1827年）祖父助左衛門宅の近くに良土を発見し、大和五条村（現・奈良市五条）の陶工を雇用して鹿背山焼の製陶を始めた。弘化4年（1847年）領主の一条家の招聘によって招かれた小川文斎により、カクレ谷の本焼き窯で陶技を伝授された。

守屋 松亭　もりや・しょうてい
漆芸家

[生年月日]明治23年（1890年）3月4日
[没年月日]昭和47年（1972年）4月19日
[出生地]京都府　[本名]守屋音三郎　[別名等]初号＝乙堂

明治41年上京して白山松哉に師事、蒔絵を学ぶ。大正15年第13回商工省工芸展覧会に出品して褒賞を受賞。昭和4年帝展に初入選。帝展や文展に出品する一方、日本美術協会展、日本漆芸協会展、日本工芸展などにも出品。蒔絵で動植物を表した作品が多い。また、茶道に造詣が深く、晩年は棗などの茶道具や硯箱を中心に手がけたといわれる。
[師弟]師＝白山松哉

森山 富吉　もりやま・とみきち
久留米絣職人

[没年月日]昭和34年（1959年）2月18日

[出生地]福岡県　[資格]無形文化財技術保持者(久留米絣)〔昭和32年〕

大正13年八女郡広川町に移り、妻のトヨノとともに家業の絣織技術の向上に励む。昭和32年自身は絣手くびりと藍染、妻は手織技術保持者代表に認定され、無形文化財技術保持者となる。没後の51年、技術保持団体の"久留米絣技術保持者会"が重要無形文化財に認定される。

[家族]妻=森山トヨノ(久留米絣職人)、息子=森山虎雄(1代目)(久留米絣職人)、孫=森山虎雄(2代目)(久留米絣職人)

森山 トヨノ　もりやま・とよの
久留米絣職人

[生年月日]明治23年(1890年)2月23日
[没年月日]昭和34年(1959年)7月23日
[出生地]福岡県八女郡　[資格]無形文化財技術保持者(久留米絣)〔昭和32年〕

森山富吉と結婚。大正13年八女郡広川町に移り、夫とともに家業の絣織技術の向上に励む。昭和32年夫は絣手くびりと藍染、自身は手織技術保持者代表に認定され、無形文化財技術保持者となる。没後の51年、技術保持団体の"久留米絣技術保持者会"が重要無形文化財に認定される。

[家族]夫=森山富吉(久留米絣職人)、息子=森山虎雄(1代目)(久留米絣職人)、孫=森山虎雄(2代目)(久留米絣職人)

森山 虎雄(1代目)　もりやま・とらお
久留米絣職人

[生年月日]明治42年(1909年)6月18日
[没年月日]昭和55年(1980年)2月1日
[出生地]福岡県八女郡中広川村　[資格]重要無形文化財技術保持者(久留米絣)

久留米絣を家業とする家に生まれ、父・森山富吉、母・森山トヨノはともに久留米絣の無形文化財技術保持者であった。大正14年16歳の頃から本格的に久留米絣を習い、昭和34年重要無形文化財技術保持者に認定された。51年法改正によって技術保持団体の久留米絣技術保持者会に指定替えとなった。日本工芸会正会員。

[家族]父=森山富吉(久留米絣職人)、母=森山トヨノ(久留米絣職人)、息子=森山虎雄(2代目)(久留米絣職人)

[受賞]福岡県絣検査実施記念特賞〔昭和30年〕、全国織物大会銀賞〔昭和40年〕、全国織物大会全国織物産地部会賞〔昭和49年〕、全国織物コンクール特選・国務大臣賞〔昭和27年〕

主水正 正清　もんどのしょう・まさきよ
刀工

[生年月日]寛文10年(1670年)
[没年月日]享保15年(1730年)6月6日
[出身地]薩摩国給黎郡喜入郷(鹿児島県)
[本名]宮原清右衛門　[別名等]初名=清盈、通称=覚太夫

薩摩藩工・丸田惣左衛門正房の門人。初め清盈を名のり、後年に正清に改めた。享保6年(1721年)同国の一平安代と江戸浜御殿での鍛刀に参加、その技を賞されて全国277工人から選ばれ、将軍家から一ツ葵紋の使用を許された他、朝廷からは主水正を受領した。

【や】

矢加部 アキ　やかべ・あき
久留米絣職人

[生年月日]明治28年(1895年)10月10日
[没年月日]昭和44年(1969年)5月22日

[出生地]福岡県三潴郡大木町笹淵　[資格]重要無形文化財技術保持者（久留米絣）

幼少から絣製作に親しむ。大正6年農家の二男六郎を婿養子に迎えてからは、農業の傍ら行商をして、5年間で機械機具を揃えた。久留米絣業界が盛んになるにつれ手くびり機織に励み、戦時中の中断を経て、戦後は巧緻な絣作りに打ち込んだ。昭和31年久留米絣が重要無形文化財指定となり、翌年夫は藍建、自身は手くびりの手織技術保持者として認定された。
[叙勲]黄綬褒章〔昭和36年〕

矢加部 六郎　やかべ・ろくろう
久留米絣職人

[没年月日]昭和33年（1958年）2月15日
[出身地]福岡　[資格]重要無形文化財技術保持者（久留米絣）

大正6年矢加部アキと結婚して婿養子となり、妻とともに農業のかたわら久留米絣を作る。戦時中の中断を経て、戦後は巧緻な絣作りに打ち込み、昭和31年久留米絣が重要無形文化財指定となると、翌年自身は藍建、妻は手くびりの手織技術保持者として認定された。

八木 一艸　やぎ・いっそう
陶芸家

[生年月日]明治27年（1894年）
[没年月日]昭和48年（1973年）9月2日
[出身地]大阪府大阪市　[本名]八木栄二
[学歴]京都市陶磁器試験場附属伝習所〔大正4年〕卒

明治42年楽焼・吉向松月に入門して陶芸を始め、大正元年京都市陶磁器試験場附属伝習所に入所。4年卒業後、高橋清山、高橋道八に師事。9年楠部弥弌らとともに赤土社を結成、創作陶芸の道を開いた。昭和2年燿々会結成に参加し、6年には辛未会創立同人となる。戦前は帝展や商工省展などに出品したが、戦後は無所属を通した。中国陶器に造詣が深く、とくに青磁の第一人者として知られた。
[家族]息子＝八木一夫（陶芸家），孫＝八木明（陶芸家），八木正（木彫作家）
[師弟]師＝吉向松月，高橋清山，高橋道八

八木 一夫　やぎ・かずお
陶芸家　京都市立芸術大学教授

[生年月日]大正7年（1918年）7月4日
[没年月日]昭和54年（1979年）2月28日
[出生地]京都府京都市東山　[学歴]京都市立美術工芸学校彫刻科〔昭和12年〕卒

学校を卒業後、沼田一雄に師事し、昭和21年京都で鈴木治らと青年作陶家集団を結成。翌年第3回日展に「豚児闌春」が初入選、京展では「金環蝕」が京都市長賞を受賞。23年山田光らと前衛陶芸団体・走泥社を結成して第1回展を開く。25年には「少女低唱」「飛翔するカマキリ」など4点がニューヨーク近代美術館に陳列され大きな反響を呼ぶ。29年従来の陶芸の実用性を全く無視したオブジェ作品「ザムザ氏の散歩」を発表したが、これは轆轤でつくった円筒を輪切りにした全くの新手法。その後、アンフォルメ、抽象表現主義など新思潮に対応しながら独創的なオブジェを作り、陶芸に新分野を確立した。46年より京都市立大学陶芸科教授。遺文集に「刻々の炎」がある。
[家族]父＝八木一艸（陶芸家），妻＝八木敏（染織家），息子＝八木明（陶芸家），八木正（木彫作家）
[受賞]オステンド国際陶芸展（ベルギー）大賞（第2回）〔昭和34年〕「鉄象嵌花器」，プラハ国際陶芸展（チェコ）大賞（第3回）〔昭和37年〕「碑・妃」

八木沢 啓造　やぎさわ・けいぞう
　　竹工芸家

[生年月日]昭和2年（1927年）10月11日
[没年月日]平成18年（2006年）8月9日
[出生地]栃木県大田原市　[別名等]別名＝八木沢蒼玕　[学歴]田中航空計器養成学校卒
[団体]日本工芸会, 栃木県竹工芸振興会

昭和20年竹細工の那須竹工会社を設立。黒羽町の竹工芸家・鈴木弥一に師事。24年大田原市に工房を設け独立。50年海外技術協力功労者、現代の名工に選ばれる。53年小説家・水上勉の依頼で"越前竹人形"12体を制作。また東南アジアをはじめ国内外で指導に当たった。日本工芸会正会員、栃木県竹工芸振興会長など歴任。

[家族]長男＝八木沢正（竹工芸家）
[師弟]師＝鈴木弥一
[受賞]海外技術協力功労者〔昭和50年〕, 現代の名工〔昭和50年〕, シアトル市名誉市民〔昭和60年〕, 下野県民賞〔平成元年〕, 栃木県文化功労者〔平成元年〕, 千嘉代子賞〔平成11年〕, 大田原市名誉市民〔平成17年〕

安井 如苞　やすい・じょほう
　　陶画工

[生没年]生没年不詳
[出身地]出雲国（島根県）

出雲布志名の陶画工。若山陶器試験場に専属。独特の手法で花鳥虫魚を描き、著彩などの自在なのに注目された。

保井 抱中　やすい・ほうちゅう
　　蒔絵師

[没年月日]大正11年（1922年）2月12日
[本名]保井庄吉

明治2年12歳から植松抱民に師事し、船橋舟珉と門下の高弟として知られた。11年独立。また、同年精工社の嘱託となり、同社依頼の宮内省御用品の制作にも携わった。13年起立工商会社に入り、17年まで同社の製品にも関与。23年日本漆工会の設立に参画。第3回・4回・5回の内国勧業博覧会や、33年パリ万博などに出品。宮内省の買い上げ品も多い。

安江 孝明　やすえ・こうめい
　　金箔職人　安江金箔工芸館理事長

[生年月日]明治31年（1898年）7月15日
[没年月日]平成9年（1997年）9月15日
[出生地]石川県金沢市　[本名]安江孝明
[資格]伝統工芸士〔昭和57年〕

7歳で箔師の道に入る。金箔を手打ちで最大限に薄く延ばす技能（「7寸箔」を打ち技）では第一人者。奈良・東大寺大仏殿鴟尾の箔の張り替えの仕事に携わった。箔師の伝統技術を残すため、昭和49年金沢市北安江に安江金箔工芸館を自費で建設。私財を投じて収集した金箔に関する資料を展示・公開。

[家族]息子＝安江孝一（金箔職人）, 安江良介（岩波書店社長）, 安江孝司（法政大学教授）
[受賞]北国文化賞〔昭和49年〕, 伝統文化ポーラ特賞（第6回）〔昭和61年〕
[叙勲]勲七等青色桐葉章〔昭和59年〕

保田 勝久　やすだ・かつひさ
　　陶芸家

[生年月日]昭和4年（1929年）9月11日
[没年月日]平成19年（2007年）2月6日
[出身地]東京都　[学歴]早稲田大学商学部〔昭和28年〕卒　[団体]千葉工芸会, 千葉美術会

夫婦で陶芸教室に通ったのがきっかけとなり、45歳の昭和49年、経営コンサルタントとしてのサラリーマン生活から足を洗い陶芸の道に進む。同年房総半島に山林を買って窯を作り、本格的な修業に入った。山本

正年に師事。61年以降は公募展への出品を止め、新作発表は個展のみとした。中国・宋代以降、幻の技術とされた木葉天目の再現を研究し、成功した。
[師弟]師＝山本正年
[受賞]土屋文化振興財団賞〔平成6年〕,市川市美術展市長賞〔昭和63年・平成2年〕,市川市美術展議長賞〔平成1年〕

安田 茂郎 やすだ・しげお
陶芸家　松斎陶苑社長

[生年月日]昭和4年(1929年)5月18日
[没年月日]平成2年(1990年)12月29日
[出身地]京都府京都市　[学歴]京都市立美術工芸学校図案科〔昭和21年〕卒
富本憲吉に師事して陶芸の道に入り、昭和28年新匠工芸会会員。青磁、白滋、均窯などを得意とした。
[師弟]師＝富本憲吉
[受賞]京展市長賞,新匠展富本賞

康継 やすつぐ
刀工

[生年月日]生年不詳
[没年月日]元和7年(1621年)9月9日
[出身地]近江国坂田郡下坂(滋賀県)　[本名]下坂康継　[旧姓名]大宮　[別名等]通称＝市左衛門、別名＝越前康継
越前国に移り住み、同国を治めていた徳川家康の二男・結城秀康に抱えられた。慶長年間に家康・秀忠よって江戸に召し出されると、その腕を認められ、葵の紋と"康"の字を受領して"康継"を名のった。3代目の時に江戸と越前の両家に分かれ、幕末まで同銘が続いた。

安綱 やすつな
刀工

[生没年]生没年不詳

伯耆国大原の刀工で、平安時代中期に活躍した。刀剣に銘を残す最古の刀工であり、古い刀剣書は大同年間から弘仁年間の人とするが、今日では永延年間頃の人とみられている。源頼光が大江山で酒呑童子を退治した時の太刀とされる名物「童子切安綱」で知られ、同作は国宝として東京国立博物館に所蔵されている。

安原 機芳 やすはら・きほう
蒔絵師

[生年月日]天保14年(1843年)
[没年月日]明治32年(1899年)3月
[出生地]加賀国金沢(石川県)　[本名]安原清
画を森春岳、蒔絵を五十嵐与右衛門に学ぶ。専ら漆器蒔絵をもって業とした。明治26年日本美術協会大阪支会の設立に参画。また、内外の博覧会に出品して賞をうけた。

安原 喜明 やすはら・よしあき
陶芸家

[生年月日]明治39年(1906年)6月18日
[没年月日]昭和55年(1980年)10月28日
[出身地]東京都　[学歴]成蹊中中退
大正13年横浜の2代目宮川香山に師事、昭和2年頃から板谷波山にも師事。2年東陶会創立に参加。5年帝展に初入選。14年と23年に特選受賞。帝展、新文展、日展、東陶会展などに出品を続ける。36年自宅展を発展させた土窯会を結成、以降56年まで土窯グループ作陶展を開催。42年第8回日展出品の「炻器花挿 種子の旅」で日本芸術院賞受賞。日展審査員を6回務め、52年から理事を務めた。
[師弟]師＝宮川香山(2代目),板谷波山
[受賞]日本芸術院賞(第24回,昭42年度),新文展特選(第3回,昭14年度)「炉器盒子」,日展特選(第4回,昭23年度)「孔雀文透彫盛

鉢」、日展文部大臣賞(新日展第8回、昭40年度)「炻器花挿」

安本 亀八(1代目) やすもと・かめはち
生人形師

[生年月日]文政9年(1826年)
[没年月日]明治33年(1900年)12月8日
[出生地]肥後国(熊本県) [別名等]後名=安本亀翁

肥後熊本の仏師善蔵の子。地元の地蔵祭で、等身大の写実的な人形を制作、展示し、松本喜三郎と競い合った。嘉永5(1852)年大坂・難波新地で生人形「いろは比喩」を興行し話題となる。明治8年上海に渡り、英国租界で約60体の人形を展示。15年東京・浅草で人気役者の似顔人形を見せたほか、「東海道五十三駅(つぎ)」などを制作した。31年長男に2代目を譲り亀翁と改名した。
[家族]長男=安本亀八(2代目)

安本 亀八(2代目) やすもと・かめはち
生人形師

[生年月日]安政4年(1857年)
[没年月日]明治32年(1899年)7月3日
[別名等]幼名=亀治郎

初代安本亀八の長男。明治5年大阪・難波新地で初代の生人形興行に初めて参加、以後各地で興行。31年2代目亀八を襲名したが、翌年7月旅先の鹿児島で急逝した。
[家族]父=安本亀八(1代目)

安代 やすよ
刀工

[生年月日]延宝8年(1680年)
[没年月日]享保13年(1728年)
[出生地]薩摩国(鹿児島県) [別名等]名=玉置小市、通称=主馬首、姓=一平

一平安貞の子。父と波平安国に作刀技術を学ぶ。戦国時代が完全に終わり、需要の少ない刀工不遇の時代にあって活躍し、宮原正清と並んで薩摩新刀の名鍛冶と評された。享保6年(1721年)宮原と共に江戸御浜御殿で将軍徳川吉宗の佩刀を造り、その賞として従五位下・主馬首に任官され、刀に一葉葵紋を刻すことをゆるされた。その作風は、身幅の広い豪壮さと、沸の激しい乱刃を特徴とする。

矢田部 通寿 やたべ・つうじゅ
金工家

[生年月日]元禄10年(1697年)
[没年月日]明和5年(1768年)
[出生地]常陸国水戸(茨城県) [別名等]別名=道寿、胤寿、別号=常陽水

水戸の軍地功阿弥に入門し、のち奈良利寿に師事。鋭い彫技と雄壮な高肉彫の作風で活躍し、水戸彫りの興隆に尽力して中興の祖と称される。門下からも優れた後継者を多数輩出し、その系統から玉川派、打越派、一柳派が興った。主な作品に「狂獅子図鐔」「雲竜文透鐔」など。

柳川 直政 やながわ・なおまさ
装剣金工家

[生年月日]元禄5年(1692年)
[没年月日]宝暦7年(1757年)
[出生地]江戸 [別名等]幼名=平次郎、通称=三左衛門、号=宗円、宗柳

吉岡因幡介に入門した後、横谷宗珉に学ぶ。小道具類を主に手掛け、写生風な作風により獅子、牡丹などの彫作に優れた。2代目であるが柳川家の開祖とされ、また横谷家の隆盛にも寄与した。晩年は出家した。

柳 悦孝　やなぎ・よしたか
　　染織家　女子美術大学学長

[生年月日] 明治44年(1911年)7月25日
[没年月日] 平成15年(2003年)8月20日
[学歴] 安房中卒

民芸運動の創始者・柳宗悦の甥で、染織工芸家として活躍。女子美術大学学長、沖縄県立芸術大学附属研究所長も務めた。著書に「工芸染色ノート」がある。
[親族] おじ=柳宗悦(民芸運動の創始者)

藪 明山　やぶ・めいざん
　　陶画工

[生年月日] 嘉永6年(1853年)
[没年月日] 昭和9年(1934年)5月
[出生地] 大坂長堀(大阪府)　[別名等] 名=政七　[専門] 薩摩焼

大阪の画家・藪長永の二男。壮年にして東京に出、薩摩焼の描画を習得。明治13年大阪中之島に薩摩焼描場を設け、輸出用の薩摩風色絵陶器を作る。21年堂島に移転し、さらに輸出を進め、銅版転写の下絵を用い、金彩の華やかな作風を示した。国内外の博覧会に出品して受賞を重ね、名声を博した。
[家族] 父=藪長永(画家)

藪 六右衛門　やぶ・ろくえもん
　　陶工

[生年月日] 寛政2年(1790年)
[没年月日] 明治5年(1872年)
[出生地] 能登国(石川県)

加賀久谷焼若杉窯の本多貞吉に陶法を学び、文政2年(1819年)小野窯を開く。天保元年(1830年)隣村の鍋谷に陶石を発見し、以降はこれを用いた。天保5年(1834年)藩御用となり規模を拡張。南画の影響を受けた赤絵細密表現のものを多く制作した。幕末期には素地製造窯として発展した。

矢部 富右衛門　やべ・とみうえもん
　　陶工

[生年月日] 文政13年(1830年)9月15日
[没年月日] 明治43年(1910年)10月13日
[出生地] 岩代国長沼(福島県)　[専門] 長沼焼

岩代国長沼(現・福島県須賀川市)では、会津本郷焼の祖となった水野源左衛門・瀬戸右衛門兄弟により創始された長沼焼が行われてきたが、幕末に至って途絶し、陶土がそのまま売却されていた。それを惜しんで長沼焼の再興に尽力、長沼焼中興の祖と呼ばれる。

山打 三九郎　やまうち・さんくろう
　　漆工

[生没年] 生没年不詳

飛騨春慶の祖・成田三右衛門の弟。延宝・天和年間(1673～1684年)ごろ能代に赴いて春慶塗を始め、これが能代春慶の起りともいわれる。
[家族] 兄=成田三右衛門(漆工)

山内 春樹　やまうち・はるき
　　窯業技術者

[生年月日] 明治16年(1883年)
[没年月日] 昭和20年(1945年)
[出身地] 福井県越前町　[学歴] 大阪高等工業学校窯業科卒

山内窯の2代目山内伊右衛門の長男として生まれる。大阪高等工業学校窯業科を卒業後、京都、栃木などで焼き物に関する職業に携わり、大正12年三重県工業試験場窯業技術員。同試験場四日市分場に勤務し、昭和9年には四日市分場を窯業試験場として独立させた。退職後は14年頃まで四日市で

焼き物工場を開き、釉薬の調合・製造販売に従事。20年満州の開拓団として窯業指導に赴き、亡くなった。
［家族］父＝山内伊右衛門（2代目）（越前焼窯元）

山浦 清麿　やまうら・きよまろ
　　刀工

［生年月日］文化10年（1813年）3月6日
［没年月日］安政1年（1854年）11月14日
［出生地］信濃国小諸（長野県）　［別名等］名＝環、別名＝四谷正宗

兄と信州上田の刀工河村寿隆に鍛法を師事し、江戸で幕臣窪田清音に武道を師事。弘化3年（1846年）清麿と名を改め、腕を磨いて古作・志津風の作風を完成させ、江戸四谷で源清麿と称して一家をなした。勤王の志が強かったため、幕府の朝廷政策を悲憤して自刃した。

山浦 真雄　やまうら・まさお
　　刀工

［生年月日］文化1年（1804年）
［没年月日］明治7年（1874年）5月18日
［出生地］信濃国小県郡赤岩村（長野県）　［別名等］幼名＝駒次、名＝定利、通称＝善大夫、昇、正雄、号＝天然子、遊雲斎

信濃国の刀工で、信濃上田藩の刀工・河村寿隆に師事。文政11年（1828年）上京して水心子正秀、大慶真胤について帰郷。嘉永2年（1849年）上田に移り、6年松代藩に召し抱えられた。明治4年引退した。
［家族］弟＝山浦清麿（刀工）
［墓所］大輪寺（長野県上田市）

山尾 侶延　やまお・とものぶ
　　金工家

［生没年］生没年不詳

［出生地］石川県金沢

長男の山尾侶之とともに鋳工を手掛け、明治6年ウィーン万博に蛇牡丹紋の石菖鉢を出品した。

山尾 光侶　やまお・みつとも
　　象嵌師

［生年月日］文久2年（1862年）
［没年月日］大正12年（1923年）
［出生地］加賀国金沢（石川県）　［本名］山尾次吉　［専門］加賀象嵌

桑村系白銀師山尾家2代目侶延の子として生まれる。8代目水野源六（光春）に師事し、師と父の一字をとって、3代光侶と名のる。銅器会社で職工として製作にあたり、明治から大正にかけて加賀象嵌の伝統をくんだ名工として知られた。代表作に「雉の香炉」「唐草文香炉」などがある。
［家族］父＝山尾侶延（象嵌師）、兄＝山尾侶之（象嵌師）
［師弟］師＝水野源六（8代目）

山岡 古都　やまおか・こと
　　染色家

［没年月日］平成17年（2005年）10月26日
［出身地］兵庫県　［本名］山岡只夫　［専門］紅型

昭和26年染色の道に入り、様々な作品を創作。また草木染や古代染の研究でも活躍。48年沖縄の伝統染織工芸の発展に向け、那覇市に伝統工芸館・首里琉染、50年石垣島に八重山琉染工芸館を開設、古紅型の染色法の継承などに取り組んだ。首里城「綾門大綱曳」の旗頭復元図の制作や、NHK大河ドラマ「琉球の風」の衣装を手がけた。

山岡 三秋　やまおか・みあき
陶芸家　こぶ志陶苑社長,こぶ志陶芸館館長

[生年月日]明治37年(1904年)9月14日
[没年月日]平成9年(1997年)12月24日
[出生地]三重県東柘植村(伊賀市)　[学歴]愛知県立窯業高,京都陶磁器講習所修了　[資格]岩見沢市無形文化財〔昭和53年〕　[団体]北海道陶芸会(名誉会長)

愛知、京都の学校で陶芸を学び、昭和2年北海道立工業試験場に勤務。21年岩見沢市にこぶ志窯を開き北海道陶芸界の草分けとして活躍。32年から2年間商社派遣の技術指導でフィリピンに滞在。
[受賞]岩見沢市文化賞〔昭和42年〕,北海道文化奨励賞〔昭和47年〕,岩見市市政功労者

山鹿 清華　やまが・せいか
染織家

[生年月日]明治18年(1885年)3月12日
[没年月日]昭和56年(1981年)6月26日
[出生地]京都府京都市烏丸通三条上ル　[本名]山鹿健吉　[学歴]京都市立絵画専門学校予科中退　[資格]日本芸術院会員〔昭和32年〕

江戸時代の儒学者・兵学者として名高い山鹿素行の子孫。小学校卒業後、西陣の西田竹雪に織物図案を、35年から河辺華挙に日本画を学ぶ。43年図案家・神坂雪佳に師事し佳都美会に入会。44年文展に日本画で初入選、大正3年農展に刺繍帯地で受賞。この頃から古裂の収集と模写に努める。明治末期から大正にかけて関西図案会、新工芸院、京都図案家協会などの創立に尽力、撚糸、染めなど広く内外の染織技法の研究を続けて独創的な手織綴綿をあみ出した。昭和2年帝展特選、以後帝展、新文展、日展に出品を続け、26年「無心」で日本芸術院賞を受賞し、32年日本芸術院会員、44年文化功労者となる。代表作に「手織錦無心壁掛」「湖宮舫図」「万寿山」などがあり、京都・南座などの大どん帳も出がけた。
[師弟]師=西田竹雪,河辺華挙,神坂雪佳
[受賞]日本芸術院賞〔昭和26年度〕〔昭和27年〕,文化功労者〔昭和44年〕,京都市名誉市民〔昭和45年〕,パリ万国装飾美術工芸博覧会グランプリ〔大正14年〕,帝展特選(第8回,昭2年度)「阿蘭陀船」,新文展特選(第7回,昭19年度)「手織錦驀進図壁掛」
[叙勲]勲二等瑞宝章〔昭和49年〕

山川 永徳斎(3代目)　やまかわ・えいとくさい
人形師

[没年月日]昭和16年(1941年)

明治37年セントルイス万博に修繕係として渡米。そのまま美術館東洋美術研究員として20年間余り滞在した。帰国後の昭和3年、3代目永徳斎を襲名。東京・日本橋に店を構えた。
[家族]孫=山本夏彦(コラムニスト・作家)

山川 孝次　やまかわ・こうじ
金工家

[生年月日]文政11年(1828年)
[没年月日]明治15年(1882年)
[出生地]石川県金沢市　[専門]加賀象嵌

金工を柳川春茂に師事。江戸の名工・横谷宗珉の流れを組み、その高い腕前から"加賀宗珉"と呼ばれた。明治6年ウィーン万博出品作品の制作に携わったほか、9年フィラデルフィア万博、10年第1回内国勧業博覧会など、内外の博覧会で受賞。10年設立の銅器会社にも参画し、宮内省御用品などの制作にあたった。

山岸 堅二　やまぎし・けんじ
　　染織家

[生年月日] 明治33年 (1900年)
[没年月日] 昭和43年 (1968年) 12月28日
[出生地] 長野県　[専門] 創作染色

太平洋画会研究所で洋画を学び、片多徳郎に師事。昭和10年頃から創作染色を手がけ、11年「果園の家族」で新文展に初入選。以後、官展に出品を続け、18年、19年「防空人物譜染屏風」「臨時報道染色壁掛」で文展特選。22年「迎火染壁掛」が日展特選になった。

[受賞] 文展特選〔昭和18年・19年〕「防空人物譜染屏風」「臨時報道染色壁掛」、日展特選〔昭和22年〕「迎火染壁掛」

山岸 盛　やまぎし・もり
　　木地師

[没年月日] 平成21年 (2009年) 6月29日
[専門] 輪島塗椀木地

輪島塗の椀木地一筋に歩み、技術の高度化・生産性向上に努めた。

[受賞] 北国風雪賞〔平成5年〕

山口 伊太郎　やまぐち・いたろう
　　西陣織作家　紫紘社長, 紫紘工芸社長

[生年月日] 明治34年 (1901年) 12月18日
[没年月日] 平成19年 (2007年) 6月27日
[出生地] 京都府京都市上京区　[学歴] 成逸尋常小〔大正3年〕卒

大正3年佐野機業店に勤務、9年独立し西陣高級帯地製造・卸商を営む。昭和16年京都市議に当選。24年西陣織物協同組合を設立し理事、29年西陣織物同業組合理事長、同年紫紘を設立し社長、40年紫紘工芸設立、社長。紫紘、紫紘工芸、紫峰、東京紫紘各社長の他、西陣織物館名誉理事、京都府工芸美術総合研究委員会委員などを務めた。家業を譲った後の70歳から国宝「源氏物語絵巻」(徳川美術館所蔵, 3巻) の西陣織での製作に従事。全4巻のうち3巻までを作り上げ、100歳を超えても製作を続けたが、完成を見ずに105歳で長逝した。平成20年最終巻となる4巻が完成。この間、7年には「源氏物語絵巻」をパリ国立ギメ博物館に寄贈した。弟の安次郎も西陣織職人。

[家族] 息子＝野中明 (紫紘代表取締役), 弟＝山口安次郎 (西陣織職人)
[受賞] 伝統文化ポーラ賞特賞 (第13回)〔平成5年〕, 京都府文化賞 (特別功労賞, 第24回)〔平成18年〕
[叙勲] 黄綬褒章〔昭和43年〕, 勲五等瑞宝章〔昭和48年〕, フランス芸術文化勲章〔平成5年〕

山口 貞次郎　やまぐち・さだじろう
　　陶画工

[生年月日] 弘化3年 (1846年)
[没年月日] 没年不詳
[出身地] 東京

陶画を高橋松月に、蒔絵を石橋藤之助に習う。花鳥が巧みであった。

山口 善造　やまぐち・ぜんぞう
　　工芸作家　山口特殊電線社長, 滋賀県公安委員長

[生年月日] 大正2年 (1913年) 4月27日
[没年月日] 平成15年 (2003年) 8月19日
[出生地] 京都府京都市西陣　[学歴] 膳所中〔昭和6年〕卒

中卒後、金箔を扱う家業を継ぐため金属糸の研究を開始。22歳でラメ織の本場、フランスに留学、最先端技術を修得した。帰国後の昭和19年金属糸を製造開発する山口特殊電線を設立、社長。イーグレックシステム会長も務める。傍ら工芸作家として、仕事の過程から銀の酸化反応を利用し、紙や

焼き物、金属の表面に、つややかで複雑な色の変化を生み出す技法を創案。銀糸の製造技術の探求と絵画などの伝統芸術を融合させ新しい芸術技法を生み、創造、耀変、技道の三つの言葉を合わせた"創耀技"と名付けた。他に53年～平成2年滋賀県公安委員を務め、委員長を3期務めた。趣味も幅広く絵画をたしなみ、将棋は6段の腕前で日本将棋連盟滋賀支部連合会長を務めた。
[叙勲]勲四等旭日小綬章

山口 照次　やまぐち・てるじ
陶工

[生没年]生没年不詳
[専門]有田焼

轆轤に長じ、有田工業学校に勤め、のち有田製陶所に入る。明治40年ころ白川に開窯。大川内風の青磁、染付の皿などは古人以上と称された。

山口 縫造　やまぐち・ぬいぞう
陶工

[生年月日]文政3年（1820年）
[没年月日]明治36年（1903年）
[出身地]大和国（奈良県）　[専門]赤膚焼

轆轤を巧みにし、名工白木のためにその素地をつくった。

山口 通恵　やまぐち・みちえ
染色家　京都造形芸術大学芸術学部教授

[生年月日]昭和25年（1950年）6月3日
[没年月日]平成20年（2008年）9月10日
[出身地]京都府京都市　[学歴]成安女子短期大学卒、立命館大学卒

昭和46年染色作家として出発。52年京都芸術短期大学（現・京都造形芸術大学）助手、講師、助教授を経て、教授。

[受賞]新人染織展創作賞（第7回）

山口 安次郎　やまぐち・やすじろう
西陣織職人、能装束織師　山口織物会長

[生年月日]明治37年（1904年）10月1日
[没年月日]平成22年（2010年）2月7日
[出身地]京都府京都市上京区西陣　[学歴]成逸小卒

京都市西陣の機屋に生まれる。小学校卒業以来、技をみがき、帯や内掛は着物通に評判が高い。戦後から金剛流宗家・初世金剛巌の依頼を受け、300年前の能装束の復元を手がける。新作も手がけ、200点以上の能装束を製作、海外でも作品展を開催。105歳で亡くなるまで、現役最高齢の西陣織職人として仕事を続けた。兄の伊太郎も西陣織職人。
[家族]兄＝山口伊太郎（紫紘工芸社長）
[受賞]現代の名工〔昭和57年〕、京都府文化賞（特別功労賞、第24回）〔平成18年〕
[叙勲]勲六等瑞宝章〔昭和58年〕

山崎 覚太郎　やまざき・かくたろう
漆芸家　東京美術学校教授、日展会長

[生年月日]明治32年（1899年）6月29日
[没年月日]昭和59年（1984年）3月1日
[出身地]富山県富山市　[別名等]雅号＝北堂　[学歴]東京美術学校（現・東京芸術大学）漆工科〔大正13年〕卒　[資格]日本芸術院会員〔昭和32年〕

大正14年パリ万博で金賞受賞。15年東京美術学校講師となり、昭和3年助教授、18年同教授兼工業技術講習所教授を歴任して21年退官。この間、2年帝展に初入選し、3年から連続3回特選。14年より新文展・日展審査員。28年「三曲衝立・猿」で日本芸術院賞受賞。32年日本芸術院会員、41年文化功労者。また40年に現代工芸美術家協会を創立

403

し会長に就任、新人の発掘や国内展、海外展の開催に力を注いだ。日展では44年理事長、49年会長。現代漆工芸の先駆者で色うるしのパイオニア。他の代表作に「額面・疾風」など、著書に「海外工芸の新傾向」がある。
[受賞]日本芸術院賞〔昭和28年〕「三曲衝立・猿」、文化功労者〔昭和41年〕、日展特選〔昭和3年・4年・6年〕
[叙勲]勲二等瑞宝章〔昭和45年〕、勲二等旭日重光章〔昭和52年〕

山崎 光洋 やまざき・こうよう
陶芸家

[生年月日]明治23年(1890年)5月3日
[没年月日]昭和54年(1979年)8月23日
[出生地]石川県能美郡寺井町　[団体]京都伝統陶芸家協会

大正元年京都に出て早苗会に入り、山元春挙に日本画を学ぶ。2年農展に入選、5年同展で優賞となり、大正15年のパリ万博では最高賞を受賞した。戦後の昭和26年清水六兵衛らと無厭会を結成。35年京都伝統陶芸家協会を創立、幹事を務めた。代表作に「辰砂大花瓶」「鳳凰紋花瓶」など。

山崎 鶴亀 やまさき・つるき
紗製織職人

[生年月日]明治30年(1897年)10月26日
[没年月日]平成1年(1989年)4月26日
[出生地]高知県長岡郡後免町(南国市)　[資格]選定保存技術保持者(手漉き和紙用具製作)〔昭和51年〕

明治時代から高知市内の織物会社で見習い奉公。大正9年小笹織物工場(高知市)に入社、手漉き和紙用の紗(しゃ)の製織に従事し、昭和2年専門工場である池川丸紗工場を自営。すく紗の種類によって糸づくりから織り方まで異なる複雑な紗の製法について精通している全国唯一の技術者であった。
[受賞]高知県文化賞

山崎 信為 やまざき・のぶため
陶工

[生年月日]生年不詳
[没年月日]天保11年(1840年)
[別名等]別名=山崎代作、幼名=新兵衛　[専門]土佐尾戸焼

尾戸焼陶工4代森田弥源次光次の二男に生まれ、同じく尾戸陶工の父・山崎源之丞光信の養子となり、文化5年(1808年)山崎家5代を継ぐ。京都で修業をするため、藩庁婚儀御用の足軽職を願い出て京都に赴き、御用終了後も滞在して修行に励んだ。尾戸より能茶山に移る前の尾戸窯受難の時代の人として、苦汁をなめた。

山崎 平内 やまざき・へいない
陶工

[生年月日]生年不詳
[没年月日]宝永7年(1710年)
[専門]尾戸焼

久野正伯が土佐国で興した尾戸焼を継承。子孫も明治に至るまで同地で陶業に従事した。

山下 恒雄 やました・つねお
工芸家　東京芸術大学名誉教授

[生年月日]大正13年(1924年)12月10日
[没年月日]平成10年(1998年)1月29日
[出生地]神奈川県大和市　[学歴]東京美術学校(現・東京芸術大学)工芸科〔昭和24年〕卒　[専門]鍛金　[団体]現代工芸美術家協会、日展

東京芸術大学教授を経て、広島市立大学芸術学部教授。日展評議員なども務めた。

[受賞]北斗賞〔昭和36年〕「北風の唄」、現代工芸美術展特賞〔昭和40年〕「渓」、日展菊華賞〔昭和42年〕「草原の舞踏会」、現代工芸美術展総理大臣賞〔昭和58年〕「しぐなるII」

山下 豊蔵　やました・とよぞう
陶業家

[生年月日]安政2年(1855年)11月21日
[没年月日]大正5年(1916年)4月
[出身地]尾張国常滑(愛知県)

初代森下木二に習い、明治7年より自営。29年知多郡武豊に土管会社をおこす。40年韓国の技師に招かれた。

山下 め由　やました・めゆ
染織家

[生年月日]明治30年(1897年)5月11日
[没年月日]昭和59年(1984年)4月1日
[出生地]東京(八丈島)　[資格]東京都無形文化財技術保持者　[専門]黄八丈

八丈島の絹織物・黄八丈を代々手がけ、7歳の時から祖父に糸染めの技法を伝授される。以来、黄八丈の染め・織りに従事した。
[家族]娘=山下八百子(染織家)
[受賞]吉川英治文化賞〔昭和57年〕

山下 八百子　やました・やおこ
染織家　山下めゆ工房代表

[生年月日]大正9年(1920年)3月21日
[没年月日]平成21年(2009年)12月14日
[出生地]東京都八丈島　[資格]東京都無形文化財技術保持者〔昭和61年〕　[専門]黄八丈

伊豆・八丈島特産の絹織物として知られる黄八丈を代々手がけている山下家の6代目。13歳の時から染織一筋。昭和61年5代目の母・め由に続いて東京都無形文化財技術保持者に認定された。63年江戸時代の黄八丈の柄見本帳で、島に唯一残されていた「永鑑帳」を10年がかりで忠実に復元し、東京で「江戸黄八丈展」を開催。平成11年にも22冊の「平成永鑑帳」を完成させた。
[家族]母=山下め由(染織家)
[受賞]東京都名誉都民〔平成14年〕

山科 宗甫　やましな・そうほ
貝細工師

[生年月日]生年不詳
[没年月日]寛文6年(1666年)8月9日
[別名等]通称=四郎三郎、号=山花亭、本姓=渡辺

父は千利休の女婿千少庵で、兄は千宗旦。茶の湯を父と兄から学ぶ。山科の鯛屋小六の養子となり、青貝細工を業としたことから、屋号を貝屋と称したとされる。姓は京都・山科に住んだことによる。
[家族]兄=千宗旦(茶人)

山田 栄一　やまだ・えいいち
染色家

[生年月日]明治33年(1900年)12月17日
[没年月日]昭和31年(1956年)8月11日
[出生地]京都府京都市　[別名等]号=悦堂
[資格]重要無形文化財保持者(友禅楊子糊)〔昭和30年〕　[専門]友禅楊子糊

大正3年より三越京都染工場において友禅の下絵、彩色を修業。6年伊藤輝山に師事して植物染・印金・蠟纈を学ぶ。8年吉川与三郎に楊子糊を口伝。9年独立、友禅の下絵・彩色の仕事を始める。15年正倉院裂の模写をまとめた「正倉院裂臨写図大成」を刊行。18年東京・日本橋の満つ本呉服店専属となり、友禅揚子糊の研究を始める。20年愛知県愛知郡鳴海町に疎開、21年独立。戦後衰退していた揚子糊の技法を復興し、30年人間国宝に認定される。代表作に「訪

405

問着牡丹模様中振」「縮緬地友禅揚子糊黒留袖『地塘遊嬉』」など。
［家族］息子＝山田忠夫（染色家）
［師弟］師＝伊藤輝山，吉川与三郎

山田 寒山　やまだ・かんざん
篆刻家，陶芸家

［生年月日］安政3年（1856年）
［没年月日］大正7年（1918年）12月26日
［出生地］尾張国（愛知県）　［本名］山田潤子
出家して禅僧となったが、のちに還俗する。小曽根乾堂、呉昌碩に師事して篆刻家として知られ、伊藤博文や尾崎紅葉らと交流があった。明治の末から東京・今戸の水野窯で作陶を行う。篆刻、作陶の他、詩、書画、表装から製菓にも秀でた。中国・蘇州の寒山寺の荒廃に心を痛めてその復興を志し、「夜半の鐘」を新鋳して寄贈。自らの号も同寺に拠る。著書に「羅漢印譜」。
［親族］女婿＝山田正平（篆刻家）
［師弟］師＝小曽根乾堂，呉昌碩

山田 常嘉　やまだ・じょうか
蒔絵師

［生没年］生没年不詳
［出生地］江戸　［旧姓名］寺田　［別名等］号＝常嘉斎，常加
はじめ寺田氏を称す。江戸・南塗師町に住んで印籠蒔絵を得意とし、研出蒔絵や高蒔絵を駆使した作品を数多く制作した。御印籠師として徳川将軍家に仕え、天和3年（1683年）幕府の命により御用蒔絵師・幸阿弥長房とともに印籠や香箱を作ったといわれる。以降、子孫は代々常嘉又は常嘉斎と号し、同様に印籠蒔絵を業としたと考えられる。

山田 常山（1代目）　やまだ・じょうざん
陶工

［生年月日］慶応4年（1868年）
［没年月日］昭和17年（1942年）
［出生地］尾張国常滑（愛知県）　［本名］山田浜二郎　［専門］常滑焼
少年の頃に伊奈宗助の製陶工場に入って水野龍助、伊藤善之助に陶技を学んだ後、鯉江方寿の金島窯の陶工となる。明治11年方寿より招かれた金士恒に宜興窯式茶器の成形法を師事、特に優秀であったことから初代杉江寿門、初代片岡二光と並んで"金士恒"印の使用を許可された。朱泥急須の名品を多く制作し、中でも岳父・吉原霞州が篆刻を施したものは評価が高い。人間国宝の3代目山田常山は孫。
［家族］息子＝山田常山（2代目），孫＝山田常山（3代目）［親族］岳父＝吉原霞州

山田 常山（3代目）　やまだ・じょうざん
陶芸家

［生年月日］大正13年（1924年）10月1日
［没年月日］平成17年（2005年）10月19日
［出生地］愛知県常滑市　［本名］山田稔　［別名等］前号＝小常山　［学歴］常滑工窯業科〔昭和16年〕卒　［資格］愛知県指定無形文化財保持者（朱泥急須）〔平成6年〕，重要無形文化財保持者（常滑焼〈急須〉）〔平成10年〕　［専門］常滑焼，急須　［団体］日本工芸会，日本煎茶工芸協会
常滑焼の名工として知られる初代山田常山の孫で、父は2代目常山。常滑工窯業科在学中から祖父に、戦後は父に師事。昭和22年頃から小常山を名のり、36年父の死により3代目常山を襲名。この間、33年日本伝統工芸展に初入選。38年日本工芸会正会員。50年急速な量産化の波に抗し、常滑手作り急須の会を設立して会長に就任。朱泥や紫泥、鵜泥、自然釉の焼き締めをはじめ、伊

勢湾の海藻を巻いて焼いた"藻がけ"や、焼き上がりがナシの表面のようになる"梨皮"など、多彩な技法で作品を制作、伝統技法の保存と振興に尽力した。平成6年朱泥急須で愛知県指定無形文化財保持者、10年愛知県内初の人間国宝に指定された。代表作に「梨皮朱泥茶注」「梨皮紫泥茶注」「朱泥燻し焼絞り出し茶注」「朱泥糸目茶注」など。

[家族]祖父=山田常山（1代目）、父=山田常山（2代目）、二男=山田絵夢（陶芸家）
[師弟]師=山田常山（1代目）、山田常山（2代目）
[受賞]日本陶磁協会賞〔平成5年〕、東海テレビ文化賞〔平成10年〕、ブリュッセル万博グランプリ〔昭和33年〕、生活工芸展第1席朝日賞〔昭和34年〕、ヴァロリス国際陶芸展名誉最高大賞〔昭和48年〕
[叙勲]勲五等瑞宝章〔平成8年〕、旭日小綬章〔平成16年〕

山田 喆　やまだ・てつ
陶芸家、俳人

[生年月日]明治31年（1898年）9月10日
[没年月日]昭和46年（1971年）5月3日
[出身地]新潟県三条市　[本名]山田徹秀
昭和7年京都に出て、陶芸を学ぶ。22年富本憲吉らと新匠美術工芸会設立。文人趣味的な作風で注目され、38年芸術選奨をうけた。また俳句もよくし、大正中期から塩谷鵜平に師事。ほかに篆刻を小沢碧童に学んだ。「青い地球」同人。著書に句文集「風塵集」「陶房閑話」など。
[家族]長男=山田光（陶芸家）

山田 朝春　やまだ・ともはる
陶芸家

[生年月日]大正9年（1920年）6月5日
[没年月日]平成8年（1996年）11月23日
[出身地]愛知県瀬戸市

彫塑技術を修得し、のち陶芸に入る。日本陶芸展、朝日陶芸展、日展などに入選入賞。ロックフェラー財団買上げ。伊勢神宮、東京神田三崎神社ほかで陶彫を制作。食器類は灰釉、鉄釉、織部釉などの手法をつかう。

山田 光　やまだ・ひかる
陶芸家　大阪芸術大学教授

[生年月日]大正13年（1924年）1月7日
[没年月日]平成13年（2001年）11月29日
[出生地]岐阜県岐阜市　[学歴]京都高等工芸学校窯業科〔昭和20年〕卒　[団体]日本クラフトデザイン協会（名誉会員）

富本憲吉に従って新匠工芸を盛り立てた山田喆（てつ）の長男。昭和21年日展初入選。同年青年作陶家集団を結成するが、23年意見の対立から同集団を解散し、陶芸家の八木一夫、鈴木治と共に走泥社を発足。純粋造形としての陶芸に取り組む。37年からクラフト運動に参加、門工房を設立して意欲的にクラフト制作に取り組んだ。オブジェのほかクラフトの器、茶器類も手がけ、走泥社のリーダーとして活躍。42年新陶人を結成、生活工芸運動を推進した。54年から大阪芸術大学教授。作品に「塔」シリーズ、「黒陶スクリーン」、「窓」シリーズなど。
[家族]父=山田喆（陶芸家）
[受賞]日本陶磁協会賞〔昭和36年〕、新匠会賞、京都市文化功労者〔平成7年〕、京都美術文化賞（第11回）〔平成10年〕、円空大賞（知事賞、第1回）〔平成12年〕、岐阜市民栄誉賞〔平成12年〕、京都府文化賞（特別功労賞、第20回）〔平成14年〕

山田 貢　やまだ・みつぎ
染色家

[生年月日]明治45年（1912年）2月3日
[没年月日]平成14年（2002年）12月7日

[出生地]岐阜県岐阜市　[学歴]金華高小卒
[資格]重要無形文化財保持者(友禅)〔昭和59年〕　[専門]友禅

14歳で中村勝馬に師事し、手描友禅と蠟染めの染色工法を修得。昭和22年二科展に初入選。26年友禅作家として独立。22年第4回日本伝統工芸展に初入選、以後同展を中心に活躍。43年日本工芸会常任理事染織部会長、のち参与。作風は写生による波文や古典的な巴文などを主題とし、簡単で明瞭な意匠と清新な色調で手描友禅に独自の道を開いた。59年人間国宝に認定される。代表作に「紬地友禅着物 夕凪」「一越縮緬訪問着 ながれ」「縮緬地糯糊糸目友禅着物 初雪」など。
[師弟]師=中村勝馬
[受賞]世田谷区特別文化功労者〔昭和57年〕、日本伝統工芸染織展文化庁長官賞(第3回、昭和41年度)「訪問着『爽丘』」、日本伝統工芸展日本工芸会賞(第24回)〔昭和52年〕

山田 稔　やまだ・みのる
陶芸家

[生年月日]昭和17年(1942年)3月4日
[没年月日]平成4年(1992年)11月30日
[出身地]大阪　[団体]新匠工芸会、京都工美協会、日本工芸会

辻晋六に師事。鹿谷窯に拠り作陶。日本伝統工芸展連続入選、日本陶芸展、現代工芸展ほかに入選。青磁、天目、淡青釉、墨流しの食器などつくる。
[師弟]師=辻晋六
[受賞]京展奨励賞、市展市長賞、京都クラフト展銅賞

山田 宗光　やまだ・むねみつ
鍛金家

[生年月日]天保2年(1831年)
[没年月日]明治41年(1908年)4月2日
[出身地]加賀国大聖寺(石川県)　[別名等]通称=五郎平

家は代々刀鍛冶であったが、父の代で加賀象嵌を修めた。父業を継ぎ、象嵌工としてすぐれた。

山田 宗美　やまだ・むねよし
金工家

[生年月日]明治6年(1873年)10月12日
[没年月日]大正5年(1916年)3月15日
[出身地]石川県江沼郡大聖寺町　[別名等]通称=山田長三郎

家業を父の宗光に学ぶ。鎚鉄法の改良に力をそそぎ、一枚の鉄板を接合することなく香炉類を丸打出しにする法を創案、その妙技古今独歩と称された。明治33年パリ万博及び35年日本美術協会展で金牌、第5回内国勧業博覧会で1等など受賞。
[家族]父=山田宗光(鍛金家)

大和 松緑　やまと・しょうろく
陶芸家

[生年月日]安政2年(1855年)8月22日
[没年月日]大正10年(1921年)7月18日
[出身地]長門国(山口県)　[本名]大和作太郎　[専門]萩焼

陶工として三輪窯8代目雪山に弟子入り。明治14年に開窯した東光寺窯の職長を務め、これが20年に廃窯になると、萩市の自宅近くに窯を築いて独立、松緑窯と名付けた。23年には山口焼の職長として招かれる。25年宮野に窯を築いて独立し、山口萩焼を創始。以後、山口萩焼は正一、春信、吉孝の3人の子に受け継がれ、さらに現在では多くの窯によって操業されている。師・雪山譲りの強い轆轤目をみせた豪放な作風で知られる。
[師弟]師=三輪雪山

山永 光甫 やまなが・こうほ
漆芸家

[生年月日]明治22年(1889年)1月
[没年月日]昭和48年(1973年)6月10日
[出生地]大分県下毛郡三郷村　[本名]山永源吾　[別名等]号=可光　[学歴]別府町立工業徒弟学校〔明治42年〕卒　[専門]髹漆

高等小学校を卒業後、別府町立工業徒弟学校に入って漆芸を学ぶ。大正5年頃に上京して渡辺喜三郎に師事し、六角紫水や藤井達吉の指導も受けた。大正12年関東大震災により金沢に移り住んだが、昭和7年再び上京。12年日本漆芸院創設に参加。太平洋戦争末期の20年に岐阜県へ疎開、以後は同地で制作を続けた。22年富本憲吉の新匠工芸会の設立に唯一の漆芸家として参加。32年加藤唐九郎らと「名匠四人展」を開催した。
[受賞]中日文化賞(第17回)〔昭和39年〕

山中 忠左衛門 やまなか・ちゅうざえもん
陶芸家

[生没年]生没年不詳
[出身地]伊勢国(三重県)　[専門]万古焼

有節万古が家法を秘していたので、これを苦心の末に明治3年成功。無釉石器質の急須など主として、四日市を中心に発展。世に新万古とよばれた。

山中 篤一 やまなか・とくいち
工芸家

[生年月日]明治20年(1887年)3月22日
[没年月日]昭和32年(1957年)4月4日
[出身地]香川県琴平　[別名等]号=象堂　[学歴]琴平工業徒弟学校卒

大阪、京都で修業を積み、郷里で一刀彫の制作を始める。樟や松の木目を生かした彫刻に取り組んだ。

山根 寛斎 やまね・かんさい
木工芸家

[生年月日]昭和8年(1933年)2月7日
[没年月日]平成22年(2010年)3月14日
[出生地]広島県福山市　[本名]山根寛次　[学歴]神辺商　[資格]広島県無形文化財保持者〔平成15年〕　[専門]指物　[団体]日本工芸会

15歳の時に隣家に住む小説家・井伏鱒二の勧めで、宮大工・指物師に弟子入り。寛斎の号も井伏の命名による。昭和35年茶道具を修竹軒玉堂、52年木工芸の人間国宝・大野昭和斎に師事。56年日本伝統工芸展に初入選。60年日本工芸会正会員。主な作品に「神代木画箱『細漣』」「朴造木画箱」「玉椿杢彩箱」など。
[師弟]師=修竹軒玉堂, 大野昭和斎
[受賞]広島県地域文化功労者表彰〔平成6年〕, 中国文化賞(第57回)〔平成12年〕, 日本伝統工芸展奨励賞〔平成2年〕, 日本工芸会中国支部展金重陶陽賞〔平成9年〕

山村 松庵 やまむら・しょうあん
陶工

[生年月日]生年不詳
[没年月日]万治1年(1658年)
[出生地]長門国(山口県)　[別名等]名=作之進, 新兵衛光政

文禄・慶長の役の際に渡来した朝鮮の陶工で、萩焼の開祖・李勺光の子。父の没後は叔父・李敬(のち改名して坂高麗左衛門)に陶技を学ぶ。成人した後、高麗焼物細工御茶入の家として長州藩に召し出された。寛永2年(1625年)長州藩初代毛利秀就より作之允に任ぜられ、松本窯薪山御用焼物所惣都合として焼物師たちを統率。のち、明暦2年(1656年)頃に弟子らが独立して深川の三之瀬に移住すると、嫡男の平四郎光俊も深川に移住して「三之瀬焼物所惣都合〆」とな

り、深川焼を興して山村家による管理体制がほぼ確立した。しかし、万治元年(1658年)以前に起こした刃傷沙汰の仇討ちを遺児に受けて亡くなり、これにより山村家の地位は大いに失墜した。
[家族]父＝李勺光(陶工)[親族]叔父＝坂高麗左衛門(陶工)

山室 百世　やまむろ・ひゃくせい
鋳金家　和光社長

[生年月日]明治33年(1900年)11月1日
[没年月日]平成2年(1990年)10月31日
[出生地]富山県　[本名]山室源作　[学歴]高岡工芸学校金工科〔大正8年〕卒

大正8年服部時計店入社。美術工芸部長を経て、和光社長。昭和36年退任し、鋳金家としての活動に専念。官展特選審査員、日展評議員などを歴任。
[受賞]芸術院賞(第13回・昭和32年度)「鋳銅平足扁壺」

山室 光子　やまむろ・みつこ
教育者, 美術工芸家

[没年月日]平成11年(1999年)1月9日
[学歴]自由学園卒

自由学園最初の留学生として、笹川和子と共にヨーロッパに留学。チェコスロバキア国立工芸学校、ドイツのイッテンシューレでデザインの基礎を学び、帰国。自由学園工芸研究所で美術工芸教育に携わる。昭和13年北京生活学校発足時の指導者を経て、21年帰国。のち40年余りの間、自由学園女子部の教師として美術指導、クラス担任などを担当。
[家族]父＝山室軍平(日本救世軍創始者)、姉＝山室民子(救世軍活動家)

山本 安曇　やまもと・あずみ
鋳金家

[生年月日]明治18年(1885年)
[没年月日]昭和20年(1945年)3月
[出生地]長野県南安曇郡有明村　[本名]山本菊一　[学歴]東京美術学校(現・東京芸術大学)鋳造科〔明治45年〕卒

東穂高高等小学校を卒業後、上京して京北中学に学ぶ。郷里の小学校で教員を務めた後、明治40年東京美術学校(現・東京芸術大学)鋳造科に入学。同級には杉田禾堂がいる。同郷の先輩である彫刻家・荻原守衛と親交を持ち、その作品の鋳造を手がけた。大正3年青壺会、7年金人会、13年光爐会、14年工芸済々会の結成に参加。昭和2年帝展に工芸部が設置されると朧銀燭台「三光」で入選。5年無鑑査。7年と8年には審査員を務め、7年出品の「盤」、8年出品の「獅子耳花瓶」は宮内省に、改組第1回帝展出品の「三蔵法師」は政府に買い上げられた。20年3月東京大空襲により戦災死した。

山本 春正(1代目)　やまもと・しゅんしょう
蒔絵師

[生年月日]慶長15年(1610年)
[没年月日]天和2年(1682年)
[別名等]通称＝次郎三郎

優雅で気品ある作品を多く制作。蒔絵師のかたわら、和歌を木下長嘯子に学んで「古今類句」の刊行に関わり、また伊藤仁斎と交友して漢籍に親しむ。晩年には出家して舟木と号した。
[家族]子＝山本春正(2代目)

山本 春正(2代目) やまもと・しゅんしょう
蒔絵師

[没年月日] 宝永4年(1707年)
[別名等] 名＝景正, 幼名＝七十郎, 通称＝次郎兵衛

初代の子。元禄元年(1688年)東山天皇の即位に際し、調度品へ蒔絵装飾を行ったことで知られる。精密で鮮やかな色彩の作品を多く製作した。
[家族]父＝山本春正(1代目), 子＝山本春正(3代目)

山本 春正(3代目) やまもと・しゅんしょう
蒔絵師

[生年月日] 承応3年(1654年)
[没年月日] 元文5年(1740年)
[別名等] 幼名＝兵太郎, 通称＝八左衛門, 名＝政幸, 号＝常照

2代目の子。のち剃髪して常照と号した。
[家族]父＝山本春正(2代目), 子＝山本春正(4代目)

山本 春正(4代目) やまもと・しゅんしょう
蒔絵師

[生年月日] 元禄16年(1703年)
[没年月日] 明和7年(1770年)
[本名]柏木伴助　[別名等]幼名＝庄吉, 名＝春継, 通称＝八左衛門

父の後を継ぎ4代目となる。宝暦12年(1762年)姓名を柏木伴助と改めた。
[家族]父＝山本春正(3代目), 子＝山本春正(5代目)

山本 春正(5代目) やまもと・しゅんしょう
蒔絵師

[生年月日] 享保19年(1734年)
[没年月日] 享和3年(1803年)
[別名等]別名＝正令, 春正, 幼名＝勝之丞, 通称＝次郎兵衛, 号＝得住

4代目の子。天明8年(1788年)京都の大火で類焼して名古屋へ移住。やがて尾張徳川家の御具足方となったが、晩年に出家した。以後10代まで子孫は名古屋で蒔絵を業とし、棚や棗など茶道具を中心に手掛けた。
[家族]父＝山本春正(4代目), 子＝山本春正(6代目)
[墓所]極楽寺(愛知県名古屋市)

山本 春正(6代目) やまもと・しゅんしょう
蒔絵師

[生年月日] 安永3年(1774年)
[没年月日] 天保2年(1831年)
[別名等]名＝正之, 幼名＝又四郎, 通称＝与三次郎

5代目の子。尾張家小納戸具足方の御用となる。のち出家して敬通と号した。
[家族]父＝山本春正(5代目), 子＝山本春正(7代目)

山本 春正(7代目) やまもと・しゅんしょう
蒔絵師

[生年月日] 文化3年(1806年)
[没年月日] 明治4年(1871年)
[別名等]幼名＝吉次郎, 寛太郎, 名＝正徳, 号＝静一庵, 卜斎

6代目の子。53歳で剃髪して卜斎と改め、家業を弟の正周に譲った。

[家族]父=山本春正(6代目), 弟=山本春正(8代目)

山本 春正(8代目) やまもと・しゅんしょう
蒔絵師

[生年月日] 文化13年(1816年)
[没年月日] 明治10年(1877年)
[別名等]名=清五郎, 正周

6代目の末子で、兄正徳の後を受けて家業を継いだ。子の正章、正兼が、それぞれ9代・10代春正を継いだ。

[家族]父=山本春正(6代目), 兄=山本春正(7代目), 子=山本春正(9代目), 山本春正(10代目)

山本 正年 やまもと・せいねん
陶芸家

[生年月日] 大正1年(1912年)9月20日
[没年月日] 昭和61年(1986年)3月14日
[出身地]北海道余市町 [本名]山本正年
[学歴]東京高等工芸学校(現・千葉大)彫刻科〔昭和9年〕卒 [団体]日展, 日本新工芸家連盟

高等工芸在学中に陶芸を始める。昭和28年以来、日展に連続入選。日展審査員、日展評議員、光風会理事を務め、北海道教育大学講師として後輩の指導にもあたった日本陶芸界の実力者。代表作に「膚」「瑞光」などがある。

[家族]息子=山本正道(彫刻家)
[受賞]日展特選, 日展朝日新聞社賞
[叙勲]紺綬褒章〔昭和59年〕

山本 陶秀 やまもと・とうしゅう
陶芸家

[生年月日] 明治39年(1906年)4月24日
[没年月日] 平成6年(1994年)4月22日
[出生地]岡山県和気郡伊部町 [本名]山本政雄 [学歴]伊部尋常高小〔大正8年〕卒 [資格]岡山県重要無形文化財保持者〔昭和31年〕、重要無形文化財保持者(備前焼)〔昭和62年〕 [専門]備前焼 [団体]日本工芸会

農家の生まれで、大正11年から陶技を習い、昭和8年伊部に窯を築いて独立。13年京都の楠部弥弌に師事。戦時中は手榴弾の弾体をつくったこともある。23年技術保存認定を受ける。30年花入れが日本伝統工芸展に初入選、以来連続入選。31年岡山県重要無形文化財に認定、34年日本工芸会正会員、45年同会理事。62年には人間国宝に選ばれた。端正な形、轆轤の技術は、他に比すべきものがない完成度をみせ、特に茶器を得意とし"茶陶の陶秀"と呼ばれた。代表作に「備前窯変耳付花入」「備前緋襷大鉢」「備前流胡麻丸花瓶」など。

[家族]長男=山本雄一(陶芸家), 三男=山本篤郎(陶芸家), 四男=山本出(陶芸家), 孫=山本竜一(陶芸家)
[師弟]師=楠部弥弌
[受賞]岡山県文化賞〔昭和47年〕、三木記念賞〔昭和50年〕、山陽新聞文化賞〔昭和50年〕、備前市功労賞〔昭和51年〕、毎日芸術賞(第18回, 昭和51年度)〔昭和52年〕「茶入展」、備前市名誉市民〔平成3年〕、中・四国九県連合工芸展優秀賞〔昭和14年〕、ブリュッセル万博グランプリ金賞〔昭和34年〕「緋襷大鉢」
[叙勲]紫綬褒章〔昭和51年〕、紺綬褒章〔昭和56年〕、勲四等瑞宝章〔昭和57年〕

山本 八郎 やまもと・はちろう
神鏡・和鏡製作工

[生年月日] 昭和6年(1931年)5月5日
[没年月日] 平成20年(2008年)3月16日
[出身地]京都府京都市

旧制中学の頃から家業の和鏡・神鏡の製作を手伝い、昭和21年山本鏡店に入る。35年

山本合金製作所に社名変更。60年常務、平成3年退任。入店以来60年余にわたって和鏡・神鏡一筋に励み、鋳型から鋳造、切削、鍍金の仕上げ加工までを手がけた。真土型法という伝統的鋳造法の唯一の継承者で、昭和天皇や高円宮のご霊代鏡も制作。19年現代の名工に選ばれた。
[受賞]京都府伝統産業優秀技術者表彰〔平成6年〕、現代の名工〔平成19年〕

山本 与興　やまもと・よこう
陶工

[生年月日]宝暦3年(1753年)
[没年月日]文化14年(1817年)
[出身地]加賀国(石川県)　[専門]加賀楽焼
加賀藩年寄衆村井家のお抱え医師の傍ら、楽焼も手がけた。楽家3代道入に私淑して楽焼を研究。茶事をよくしたため、作品の多くは抹茶茶碗である。藩主前田治脩、斉広に茶器を献上したこともある。

山本 利兵衛(1代目)　やまもと・りへえ
蒔絵師

[生年月日]元禄1年(1688年)
[没年月日]明和3年(1766年)
[出生地]丹波国桑田郡(京都府)　[別名等]名＝武継
宝永年間(1704～10年)京都の吉文字屋家に弟子入りし、正徳4年(1714年)蒔絵師として開業。延享3年(1746年)の桃園天皇即位に際して、調度品を製作した。

山本 利兵衛(2代目)　やまもと・りへえ
蒔絵師

[生年月日]寛保3年(1743年)
[没年月日]寛政3年(1791年)
[別名等]名＝周三
初代の子。明和8年(1771年)後桃園天皇即位に際して、調度品を製作。
[家族]父＝山本利兵衛(1代目)

山本 利兵衛(3代目)　やまもと・りへえ
蒔絵師

[生年月日]明和7年(1770年)
[没年月日]天保9年(1838年)
[別名等]名＝光春、号＝嶺月
蒔絵を2代目周三に学んで名手と称され、亀甲型の印籠や千鳥型の杯の工夫に優れた。代々の利兵衛は天皇即位の調度制作をまかされており、自身も文化14年(1817年)仁孝天皇の即位調度の蒔絵を命ぜられた。また吉田元陳に狩野派の画技を学び、宮中の屏風を描くなど多芸で知られた。
[家族]子＝山本利兵衛(4代目)

山本 利兵衛(4代目)　やまもと・りへえ
蒔絵師

[没年月日]明治3年(1870年)
[別名等]名＝武光
3代目の子。弘化3年(1846年)孝明天皇即位に際して、調度品を製作。その後も宮中炎上後の調度品の制作を行うなどし、安政4年(1857年)には内裏常職となる。6年和宮降嫁に際しても調度品を制作した。
[家族]父＝山本利兵衛(3代目)、子＝山本利兵衛(5代目)

山本 利兵衛(5代目)　やまもと・りへえ
蒔絵師

[生年月日]天保10年(1839年)3月
[没年月日]明治41年(1908年)4月9日

[出身地]京都　[別名等]名＝光利, 号＝心月
4代目の子。明治天皇即位に当たり調度に蒔絵を施す。また漆器の改良工夫に努め、京都漆器業界の発展に尽力した。
[家族]父＝山本利兵衛（4代目）

山本　柳吉　やまもと・りゅうきち
陶芸家

[生年月日]天保1年（1830年）
[没年月日]明治30年（1897年）7月
[出身地]肥前国有田（佐賀県）
鍋島家より神戸楠公社奉納、長崎諏訪社に奉納などの大燈籠をつくった。

山脇　洋二　やまわき・ようじ
彫金家　東京芸術大学名誉教授

[生年月日]明治40年（1907年）12月2日
[没年月日]昭和57年（1982年）12月11日
[出生地]大阪府　[学歴]東京美術学校（現・東京芸術大学）金工科彫金部〔昭和5年〕卒
昭和6年第12回帝展に初入選。11年、13年新文展特選、21年第2回日展特選、以来同展に連続出品。これより先に8〜14年帝国博物館研究生、18年東京美術学校助教授、31〜50年東京芸術大学教授。この間40年文化財保護審議会専門委員、46年日本創作七宝協会会長、日展参与、50年日本新工芸家連盟代表委員、56年山梨県立宝石美術専門学校初代校長を歴任。また24年文部省の依頼で法隆寺五重塔の秘宝調査・複製品製作に従事、25年正倉院宝物金土品調査に参加した。代表作に「銀野牛」「舞御堂小箱」「蜥蜴文硯箱」などがある。
[受賞]日本芸術院賞（第18回）〔昭和37年〕「金彩游砂額」

【 ゆ 】

由水　十久　ゆうすい・とく
加賀友禅作家

[生年月日]大正2年（1913年）9月9日
[没年月日]昭和63年（1988年）7月10日
[出身地]石川県金沢市　[本名]由水徳男
[資格]石川県無形文化財加賀友禅技術保持者
子どもの頃から日本画を学び、昭和2年から京都の紺谷静蕉に友禅を師事。13年独立し、22年金沢に帰郷。童（わらべ）をモチーフとした友禅で人気を得、染色のほか童子画も手がけた。48年から加賀染振興組合理事、52年伝統工芸士、53年石川県無形文化財加賀友禅技術保持者。歌誌「新歌人」同人でもあった。
[師弟]師＝紺谷静蕉
[受賞]伝統文化ポーラ大賞（第8回）〔昭和63年〕

行光　ゆきみつ
刀工

[生没年]生没年不詳
鎌倉時代後期、相模国鎌倉で新藤五国光の弟子となった。在銘のものには師に似た直刃の短刀があり、東京国立博物館蔵の国宝と御物になっている。他に無銘の極めものがあり、重要文化財に指定されているものも多数ある。

柚原　恒蔵　ゆはら・つねぞう
染色工

[生年月日]明治43年（1910年）12月21日
[没年月日]昭和58年（1983年）4月7日

[出身地]岐阜県高山市
昭和9年家業の染色業に就く。優れた技能で祭りの鳥毛打衣装や獅子のユタン染などを復元したほか、飛騨特有の版画染めを開発。神社ののぼりなどを手描きで作った。56年現代の名工に選ばれた。
[受賞]現代の名工〔昭和56年〕
[叙勲]勲六等瑞宝章〔昭和57年〕

由良亀(3代目)　ゆらかめ
文楽人形師

[没年月日]平成9年(1997年)9月25日
[出身地]兵庫県　[本名]藤本玉美
父は大阪・ミナミの"くいだおれ人形"の制作者としても知られる人形師。本名で和紙のマネキン人形づくりをしていたが、52歳のときに3代目由良亀を名乗り、浄瑠璃人形の制作・修復を始める。"乙女文楽"の人形制作も指導した。
[家族]父=由良亀(2代目)

【よ】

横石 臥牛　よこいし・がぎゅう
陶芸家

[生年月日]明治29年(1896年)
[没年月日]昭和36年(1961年)
[出生地]長崎県佐世保市　[資格]長崎県指定無形文化財保持者
宗雲12代。平戸藩三陶山のひとつ、木原刷毛目の伝統を継ぎ、ヨーロッパ音楽のイメージと西海伊之浦瀬戸の渦潮を見て西海刷毛目の技法を完成させた。
[家族]息子=横石臥牛(宗雲13代)

横倉 嘉山　よこくら・かざん
鋳金家

[没年月日]昭和59年(1984年)7月12日
[出身地]山形県山形市　[本名]横倉正雄
日展会員、日本新工芸家連盟東北支部会長。昭和34年ベルギー万博でグランプリ受賞。

横萩 一光(1代目)　よこはぎ・いっこう
陶工

[生年月日]文化5年(1808年)
[没年月日]明治15年(1882年)
[出生地]越中国土屋村(富山県)　[本名]横萩錦三郎　[別名等]号=一光, 通称=土屋一光
天保年間(1830～44年)に富山藩主前田利保に唐津師として招かれ、富山城下の寺町に住む。安政5年(1858年)埴生村(現・小矢部市)の埴生焼3代竹亭(柳山)に招かれ製陶す る。文久2年(1862年)加賀藩の御用唐津師として招かれ、河北郡木津村(現・かほく市)の室屋喜右衛門の木津焼を製する。明治4年久田宗兵衛が金沢の鶯谷に築窯した際に招かれ、磁器を作った。のち京都に移住した。
[家族]長男=横萩一光(2代目)

横萩 一光(2代目)　よこはぎ・いっこう
陶工

[生年月日]嘉永3年(1850年)
[没年月日]大正13年(1924年)
[出身地]京都　[本名]横萩徳松
初代横萩一光の長男。陶法を父に学び、明治12年京都から金沢に移り、14年岩花堂で作陶する。15年富山県福野町(現・南砺市)安居の斎藤市右衛門とともに安居焼を開窯。16年金沢に戻り、鶯谷窯で粟田口焼風・仁清風の製品を作る。35年京都に帰った。
[家族]父=横萩一光(1代目)

415

[師弟]師＝横萩一光（1代目）

横谷 宗珉　よこや・そうみん
装剣金工家

[生年月日]寛文10年（1670年）
[没年月日]享保18年（1733年）8月6日
[出生地]江戸　[別名等]通称＝長二郎, 次兵衛

横谷家初代・宗与の子。家を継いで幕府御彫物役を務めたが、のち辞して町彫となったといわれ、門下から柳川直政、吉川元珍、大森英昌など多くの町彫工を輩出して、町彫の祖とされる。自由な題材や材質による作風を展開し、また、英一蝶や狩野探幽らの下絵を用いた絵風彫金を編みだした。目貫、縁頭、小柄に獅子牡丹や布袋などの絵彫を施すのを得意とした。

横山 一夢　よこやま・いちむ
木工芸家

[生年月日]明治44年（1911年）3月1日
[没年月日]平成12年（2000年）3月28日
[出生地]富山県東礪波郡井波町（南砺市）
[本名]横山善作　[専門]木彫　[団体]日展、現代工芸美術家協会

生家は木彫の町として知られる井波の名門。昭和16年第4回文展に「雄鷺」衝立が初入選。以後文展、日展に入選を重ね、28年第9回日展で「響」が北斗賞、33年第1回新日展では「秋の調」パネルが特選。38年日展会員、39年現代工芸美術家協会会員、46年日展評議員となり、平成4年から参与。昭和55年第19回日本現代工芸展で「静かな朝」パネルが富山県庁買上げ。この間、「松の精」二曲屏風が東京都庁、「石の精」パネルが富山県庁、「はれた朝」パネルが愛知県厚生年金会館にいずれも買上げ。日展、現代工芸展等に出品を続けるほか、長男・善一、二男・幹との親子3人展も行う。54年横山一夢工芸美術館を建設、自作他を展示公開。
[家族]長男＝横山善一（木工芸家）, 二男＝横山幹（木工芸家）
[受賞]富山県工芸文化賞〔昭和37年〕, 富山新聞社芸術賞〔昭和38年〕, 北日本新聞社文化賞〔昭和50年〕, 国際アカデミー賞〔昭和57年〕, 日展特選〔昭和33年〕, 日本現代工芸美術展文部大臣賞〔昭和55年〕
[叙勲]黄綬褒章〔昭和47年〕, 勲四等瑞宝章〔昭和57年〕
[記念館]横山一夢工芸美術館（富山県南砺市）

横山 嘉兵衛　よこやま・かへえ
機業家

[生年月日]嘉永5年（1852年）7月
[没年月日]大正2年（1913年）2月23日
[出生地]上野国桐生町新宿（群馬県）

幼少より岩瀬如淵の門に学ぶ。15歳で父に就いて家業の機織に従事。明治9年フランスの万博に出品。17年フランス式ジャガード機械を購入。肩掛、襟巻などを製造し輸出を開始。21年宮城御窓掛を拝命、木製軽便ジャガードを創製、全国に普及。また洋服裏地類の輸入を防止しようと織甲斐絹、紋羽二重などを製出。

横山 白汀　よこやま・はくてい
木工芸家

[生年月日]明治34年（1901年）5月15日
[没年月日]昭和47年（1972年）11月23日
[出生地]富山県　[学歴]高岡工芸卒

200年に余る歴史と伝統をもつ井波彫刻の名家・横山作太郎の長男に生まれる。昭和16年第4回文展に「木目込屏風」が初入選、以来堂塔彫刻など産業工芸一筋に発展していた井波に美術工芸の新風を吹き込むことになった。戦後は日展に出品を続け、26年

第7回展で「北風(3曲スクリーン)」が特選、新日展第2回(34年)、第7回(39年)では審査員を務めた。45年改組第2回日展では「鎮魂歌〈漆〉三曲屏風」が桂花賞を受賞、47年日展評議員に推された。一方、36年発足の現代工芸美術家協会にも参加、毎年同展に作品を発表し、晩年には協会理事を務めた。

横山 弥左衛門孝茂 よこやま・やざえもんたかしげ
銅器職人

[没年月日]明治12年(1879年)
[出身地]石川県金沢市
江戸末期に金沢から高岡に移る。息子の弥左衛門孝純とともに銅器を制作。大型作品は親子で合作し、内外の博覧会にも出品した。
[家族]長男=横山弥左衛門孝純(銅器職人)

横山 弥左衛門孝純 よこやま・やざえもんたかすみ
銅器職人

[生年月日]弘化2年(1845年)4月14日
[没年月日]明治36年(1903年)7月20日
[出生地]加賀国金沢(石川県)　[別名等]号=北岳　[専門]高岡銅器
銅器職人・横山弥左衛門孝茂の長男。金沢に生まれるが、江戸末期に高岡に移る。明治20年頃東京に移住。内外の博覧会に出品して高い評価を得るなど、日本を代表する高岡銅器職人として活躍した。
[家族]父=横山弥左衛門孝茂(銅器職人)

横山 幸文 よこやま・ゆきふみ
漆芸家　高岡短期大学教授

[生年月日]昭和17年(1942年)6月3日
[没年月日]平成14年(2002年)11月11日
[出身地]富山県東砺波郡井波町　[学歴]金沢美術工芸大学産業工学科工業デザイン専攻〔昭和41年〕卒　[団体]日本現代工芸美術家協会, 日展, 現代工芸富山会
昭和53年漆芸の屏風で初の日展特選。61年第18回日展でも屏風「遙か…」が特選に入選。平成4年高岡短期大学教授、9年日展評議員、10年日本現代工芸美術家協会評議員。
[受賞]日展特選〔昭和53年・61年〕, 北陸現代工芸展会長賞, 富山県教育芸術文化功労者

吉賀 大眉 よしか・たいび
陶芸家

[生年月日]大正4年(1915年)2月8日
[没年月日]平成3年(1991年)10月13日
[出生地]山口県萩市　[本名]吉賀寿男　[学歴]東京美術学校(現・東京芸術大学)彫塑科〔昭和13年〕卒　[資格]日本芸術院会員〔昭和57年〕　[専門]萩焼　[団体]現代工芸美術家協会
戦前の文展入選を皮切りに日展系作家として活躍。地元伝統の萩焼茶陶はもちろん、萩の土や釉薬を使っての現代センスの花瓶や壺などに独自の作風を確立。昭和43年山口芸術短期大学教授。日展常務理事、現代工芸美術家協会副会長を務めた。57年日本芸術院会員。
[家族]長男=吉賀将夫(陶芸家), 孫=吉賀伸(彫刻家)
[受賞]日本芸術院賞〔昭和46年〕「連作暁雲」, 文化功労者〔平成2年〕, 日本陶磁協会賞〔昭和30年〕, 日展特選・北斗賞〔昭和32年・33年〕, 日展内閣総理大臣賞〔昭和44年〕「暁雲」

好川 恒方 よしかわ・つねかた
陶芸家

[生年月日]明治16年(1883年)5月6日
[没年月日]昭和53年(1978年)8月16日

［出生地］愛媛県松山市

一時大阪へ出るが、明治35年帰郷し、36年水田焼を創始。大正11年「羅漢」「寒山拾得」が宮内省買上げ。また愛媛県美術会の審査員などもつとめた。

吉田 明　よしだ・あきら
陶芸家

［生年月日］昭和23年（1948年）
［没年月日］平成20年（2008年）12月5日
［出生地］東京都青梅市　［専門］妻有焼

昭和38年中学時代に焼き物に興味をもち、独学で庭に窯を築く。40年より本格的に陶芸を志し、愛知県陶磁器試験場で修業。日本陶芸倶楽部助手を経て、常滑、今治、有田などで修業を重ねた。47年八王子市の陣馬山麓に穴窯を築き、平成6年青梅市に青梅窯を開く。18年新潟県十日町地域での大地の芸術祭に参加後、十日町市に拠点を移し、地域の土を使った妻有焼を始め、普及に努めた。著書に「奥多摩の窯場から」などがある。

吉田 源十郎　よしだ・げんじゅうろう
漆芸家

［生年月日］明治29年（1896年）3月20日
［没年月日］昭和33年（1958年）4月4日
［出生地］高知県安芸町　［学歴］東京美術学校（現・東京芸術大学）漆工科選科〔大正8年〕卒

石井士口（吉次郎）に師事。大正10年上野の平和博覧会出品で注目され、昭和5年帝展特選以来次々受賞、12年、17年、18年文展審査員、21年日本漆工芸会を主宰、会長となり、日展参事。23～31年金沢美術工芸短期大学教授、金沢美術工芸大学教授。第7、12回日展審査員。30年第11回日展出品作「花の棚」はソ連国立美術館所蔵となった。他の代表作に「漆南天棚」「小瑠璃図手箱」など。
［家族］息子＝吉田左源二（工芸家）
［受賞］帝展特選（第11回）〔昭和5年〕、帝展特選（第14回）〔昭和8年〕、帝展推賞（第1回）〔昭和11年〕、帝国芸術院賞（第2回）〔昭和17年〕「梅蒔絵飾棚」

吉田 至永　よしだ・しえい
彫金家

［生年月日］天保5年（1834年）2月25日
［没年月日］明治37年（1904年）11月22日
［出生地］京都府松屋町下長者町

14歳で佐藤東峰に彫金の術を学ぶ。のち橋本一至に師事。文久2年（1862年）禁裏御用を仰付けられる。明治8年両陛下京都御臨幸に際し、玉堂富貴の菓子器を謹作、御買上となる。11年大阪造幣局に奉職し、貨幣の彫刻に従事した。

吉田 醇一郎　よしだ・じゅんいちろう
漆芸家

［生年月日］明治31年（1898年）1月15日
［没年月日］昭和44年（1969年）12月23日
［出生地］新潟県西蒲原郡味方村味方　［学歴］白根尋常高等科卒

明治45年上京し、浅草で徒弟奉公し、かたわら日本画を山田敬中に、漆工を植松包美に学ぶ。大正13年聖徳太子奉賛展に出品入選。以後、文展、日展に出品し、特選を2回受賞。27年日展参事、35年改組日展の会員、35年評議員となる。
［師弟］師＝山田敬中, 植松包美

吉田 丈夫　よしだ・たけお
ガラス工芸家

［生年月日］大正5年（1916年）2月23日
［没年月日］平成14年（2002年）

[出生地]富山県　[別名等]雅号＝吉田燠人
[学歴]東京美術学校(現・東京芸術大学)工芸科漆工部〔昭和14年〕卒

昭和16年文部省工芸技術講習所、18年東亜研究所、21年富山県立高岡工芸学校、24年各務クリスタル製作所に勤務。34年クラフトセンタージャパン設立委員、評議員、のち理事、常務理事、相談役を歴任。この間、昭和13年経緯工芸同人、18年第6回新文展入選、22年型々工芸集団結成、27年創作工芸協会結成に参加、31年日本デザイナー・クラフトマン協会結成に参加。60年カガミクリスタル作家契約。
[受賞]神奈川県民ホール開設記念大賞、実在工芸美術展実在工芸賞(第3回)〔昭和13年〕、日展特選(第9回、昭28年度)「クリスタル花瓶」

吉田 たすく　よしだ・たすく
織物作家

[生年月日]大正11年(1922年)4月9日
[没年月日]昭和62年(1987年)7月
[出生地]鳥取県倉吉市　[本名]吉田祐　[学歴]研数専卒　[資格]鳥取県伝統工芸士　[団体]新匠工芸会

昭和22年織物研究はじめる。23年国展出品、以後数年出品。36年大坂・阪急百貨店で個展。以後毎年開催、27回展に至る。40年東京池袋、西武百貨店で個展。61年東京・有楽町阪急百貨店で吉田たすく・公之介綾綴織展開催。著書に「タピストリー春夏秋冬」「図説・紬と絣の手織技法入門」など。
[受賞]新匠工芸会賞〔昭和53年〕、新匠工芸会展稲垣賞〔昭和57年〕

吉田 忠七　よしだ・ちゅうしち
工匠

[生年月日]天保10年(1839年)
[没年月日]明治7年(1874年)3月21日

[出生地]京都府

糸商家に長く奉公し、製糸機と織機を発明するなど、京都・西陣で工匠として知られた。明治5年京都府が西陣織に洋織機を導入するためにフランスへの海外留学者を募集していることを知るとこれに応募し、佐倉常七、井上伊兵衛と渡仏。リヨンでジャカード織機の技術習得に努め、さらに留学期間延長を申し出て染色法も修める。7年横浜への帰国途中、乗船のニール号が伊豆の入間沖で暴風雨に巻き込まれ沈没し、溺死した。

吉田 楳堂　よしだ・ばいどう
漆芸家

[生年月日]明治29年(1896年)
[没年月日]昭和61年(1986年)
[出生地]石川県小松市京町　[本名]吉田久
[専門]彫漆

明治45年小松出身の彫刻家・村上九郎作の門下となり、木彫を習得。師の勧めにより彫漆も修得。独立後、欄間や彫刻などに独自の作風を開拓するとともに、彫漆作品の制作にも励んだ。昭和7年帝選初入選、以来連続入選。22年第2回日展で特選、27年第8回日展では特選・朝倉賞を受賞。日展無鑑査、委嘱を経て、30年審査員となる。同年より日本伝統工芸展に出品を続けた。代表作に「彫漆風呂先」「堆朱手元箪笥」などがある。
[師弟]師＝村上九郎作
[受賞]金沢市文化賞〔昭和23年〕、日展特選(第3回)〔昭和22年〕「彫漆風呂先」、日展特選・朝倉賞(第8回)〔昭和27年〕「堆朱手元箪笥」

吉田 文之　よしだ・ふみゆき
象牙工芸家

[生年月日]大正4年(1915年)4月23日

[没年月日]平成16年(2004年)12月19日
[出身地]奈良県　[資格]重要無形文化財保持者(撥鏤)〔昭和60年〕　[専門]撥鏤　[団体]日本工芸会

正倉院宝物などの復元模造や修理に尽力した吉田立斎の長男として生まれる。小学校卒業後、父について漆芸や、象牙の表面を紅や紺、緑の漆で染めて、その上から撥ね彫りで繊細な文様を浮かび上がらせる"撥鏤(ばちる)"の技法を習得。昭和9年商工省工芸展で受賞。10年応召して兵役に就き、21年復員。以後、国内唯一の撥鏤技法の伝承者として正倉院宝物などの復元模造や修理に携わる傍ら、39年以降日本伝統工芸展を中心に活動した。60年人間国宝に認定される。代表作に「紅牙撥鏤尺」「紫牙撥鏤箸『遥』」「紫牙撥鏤箸『両極圏』」など。
[家族]父=吉田立斎(漆芸家)
[師弟]師=吉田立斎
[叙勲]勲四等旭日小綬章〔昭和62年〕

吉田 実　よしだ・みのる
陶芸家

[生年月日]明治44年(1911年)5月5日
[没年月日]昭和63年(1988年)
[出生地]東京・目黒　[学歴]帝国美術学校工芸図案科(1期生)卒

東京・目黒の資産家の家庭に生まれる。創立したばかりの帝国美術学校(武蔵野美術大学の前身)に進学。デザインを志すが在学中、陶芸の道に。卒業後、愛知県瀬戸市で5年間の修業期間を経て、昭和14年調布に蚕室を借りて窯を築く。34年深大寺山門下で楽焼窯を作り、以後本格的な作陶活動に入る。瀬戸灰釉、織部、志野、瀬戸黒、御深井などの茶陶から花器、食器など幅広く制作。公募展へはほとんど出品せず、個展も開かなかったが、平成13年遺作展が開催された。

芳武 茂介　よしたけ・もすけ
クラフトデザイナー，金工家　武蔵野美術大学名誉教授

[生年月日]明治42年(1909年)11月12日
[没年月日]平成5年(1993年)8月3日
[出生地]山形県　[学歴]東京美術学校(現・東京芸術大学)工芸科鍛金部〔昭和10年〕卒　[団体]日本クラフトデザイン協会(名誉会員)

商工省工芸指導所に入り、昭和12年帝展初入選。16年新文展で特選、27年日展審査員に。31年に佐藤潤四郎、佐々文夫、畑正夫らと日本デザイナークラフトマン協会(現・日本クラフトデザイン協会)を設立、日常の手仕事製品の重要性を唱え、特産品産業の見直しを図った。代表作には鋳鉄による皿、陶器によるガーデンランプ、ガラス酒器などがある。著書に「北欧デザイン紀行」「焼もの塗もの金もの」など。
[師弟]師=高村豊周
[受賞]芸術選奨文部大臣賞〔昭和51年〕
[叙勲]勲四等旭日小綬章〔昭和55年〕

吉野 竹治　よしの・たけはる
高岡銅器職人　吉野鋳造所代表

[生年月日]大正9年(1920年)4月19日
[没年月日]平成20年(2008年)1月21日
[学歴]高岡工芸学校金属工芸科〔昭和13年〕卒　[資格]高岡市伝統工芸産業技術保持者〔昭和57年〕，富山県指定無形文化財金属工芸双型鋳造技術保持者〔平成2年〕，伝統工芸士〔昭和50年〕

江戸時代から鋳造業を営む吉野家の長男として生まれる。名工として知られた父に師事し、昭和21年家業を継承。50年伝統工芸士に認定された。52年高岡銅器団地協同組合理事長に就任。55年高岡伝統工芸加工技術振興展で最優秀賞、57年日本花茶器美術工芸展で関専会賞を受賞。同年高岡市伝統

工芸産業技術保持者、平成2年富山県指定無形文化財金属工芸双型鋳造技術保持者の指定を受けた。
[家族]父=吉野竹次郎(高岡銅器職人)[親族]娘婿=吉野義信(吉野鋳造所代表)
[受賞]高岡市市民功労者表彰〔昭和54年〕、名古屋通産局長表彰〔昭和61年〕、高岡伝統工芸加工技術振興展最優秀賞〔昭和55年〕、日本花茶器美術工芸展関専会賞〔昭和57年〕

吉原 昭夫　よしはら・あきお
工芸家

[生年月日]昭和2年(1927年)5月1日
[没年月日]平成10年(1998年)12月31日
[出生地]栃木県今市市　[別名等]号=北宰
[団体]漆工史学会

6歳から日本画に親しみ、東京の画家望月春江の内弟子となった。昭和26年日光社寺文化財保存会彩色助手となり、東照宮、輪王寺、二荒山神社の彩色修復にあたる。36年同会漆彩色専門技術主任技師。62年本地堂焼失にともなう彩色及び彫刻等の図案復原。62年東京芸術大学大学院非常勤講師(美術学部)。モンゴルのラマ教寺院の彩色復元の指導も行った。著書に「日光社寺建築彩色文様図譜」「日光東照宮龍図案集」他。
[受賞]下野県民賞(文化部門)〔昭和60年〕、吉川英治文化賞(第25回)〔平成3年〕「東照宮ほか日光二社一寺の各文化財の修理保存に尽した功績」

吉平　よしひら
刀工

[生没年]生没年不詳
[出身地]備前国邑久郡長船(岡山県)

備前国福岡の刀工で、一文字派に属した。吉家の門人といわれ、鎌倉時代中期に活躍した。「菊紋吉平」と呼ばれる太刀が国宝となっている他、重要文化財に指定されている作品もある。

吉房　よしふさ
刀工

[生没年]生没年不詳
[出身地]備前国邑久郡長船(岡山県)

備前国福岡の刀工で、一文字派に属した。同名の刀工が数人おり、初代は鎌倉時代初期に活躍した。東京国立博物館所蔵の「岡田切」など5口が国宝となっている他、重要文化財に指定されている作品もある。

吉村 周山　よしむら・しゅうざん
根付師

[生年月日]生年不詳
[没年月日]安永5年(1776年)
[別名等]名=充興、通称=周次郎、別名=法眼

大坂の人。性川充信に絵を学び、中国の神話や神仙伝に取材した作品を多く手掛けた。檜の古材に彫刻をほどこし、さらに彩色を加える技法で、数多い根付師のなかでも独特の作風を築いている。自らの作品に銘を刻むことがなかったため、真作と確認できるものは少ない。

四本 貴資　よつもと・たかし
染色家　東京造形大学名誉教授

[生年月日]大正15年(1926年)1月4日
[没年月日]平成19年(2007年)12月5日
[出生地]台湾　[本名]四本公英　[学歴]日本大学理工学部工業化学科〔昭和25年〕卒

昭和29年芹沢銈介のもとで型染を学ぶ。31～32年桑沢デザイン研究所でデザインを学ぶ。33年国展(国画会展)に初入選、34年国画賞受賞、39年国画会会員となる。38年初

421

個展開催。一方、43年東京造形大学助教授、46年教授。日本陶芸展の審査員も務めた。
[親族]岳父＝芹沢銈介
[師弟]師＝芹沢銈介
[受賞]国展国画賞（第33回）〔昭和34年〕、国展会友優作賞（第37回）〔昭和38年〕

与那覇 朝大　よなは・ちょうたい
画家, 陶芸家　朝大窯主幹

[生年月日]昭和8年（1933年）10月8日
[没年月日]平成20年（2008年）7月2日
[出生地]沖縄県石垣島（石垣市）　[学歴]石垣小卒　[団体]新美術協会

19歳で画家となり、コザ（現・沖縄市）を拠点に、米兵相手に肖像画を描いて生計を立てた。昭和44年米国の画商の招きでニューヨークなどで個展を開催。新美術協会に所属し、48年会員。同展日本美術選賞や美術協会大賞などを受けた。平成11年フランス芸術協会から二十世紀芸術遺産認定作家に認定され、16年作品「廃墟」がスイスのジュネーブ国際平和遺産認定作家賞（美術部門）を受賞。一方、昭和48年より陶芸の道に入って宜野湾市に窯を開き、陶芸でも多くの賞を受ける。歴代沖縄県知事の肖像画を制作し、「首里城正殿」（平成8年）、「識名園」（11年）など切手デザインも手がけた。
[家族]長男＝与那覇大智（画家）
[受賞]沖縄県優秀技能者表彰〔昭和56年〕、宜野湾市文化功労賞〔昭和61年〕、宜野湾市特別功労賞〔平成4年〕、新美術協会新人賞〔昭和46年〕、新美術協会佳作賞〔昭和47年〕、沖縄県産業デザインコンクール会長賞〔昭和52年〕、沖縄県芸術祭美術展覧会奨励賞〔昭和54年〕、新美術協会展会員秀作賞〔昭和55年〕、沖縄県芸術祭美術展覧会知事賞〔昭和55年〕、現代沖縄陶芸展奨励賞（知事賞）〔昭和55年〕、現代沖縄陶芸展金賞〔昭和56年・62年〕、西日本陶芸美術展沖縄県知事賞〔昭和57年〕、新美術協会日本港運協会賞〔昭和58年〕、新美術協会日本港湾福利厚生協会賞〔昭和59年〕、新美術協会光琳賞・日本美術選賞〔昭和61年〕、九州山口陶磁展毎日新聞社賞〔昭和61年・63年〕、現代工芸美術展沖縄県教育委員会賞〔昭和61年〕、新美術協会新美術協会大賞・芸術大賞〔昭和62年〕、西日本陶芸美術展琉球新報社賞〔昭和62年〕、新美術協会展桃山芸術大賞〔平成4年〕、アート・オブ・ジ・イヤーグランプリ〔平成10年〕、ジュネーブ国際平和遺産認定作家賞〔平成16年〕「廃墟」、郷土代表作家名誉賞〔平成18年〕「識名園の石橋」

与那嶺 貞　よなみね・さだ
染織家

[生年月日]明治42年（1909年）1月20日
[没年月日]平成15年（2003年）1月30日
[出生地]沖縄県中頭郡読谷山　[旧姓名]知念
[学歴]首里女子実業学校研究科卒　[資格]沖縄県無形文化財技能保持者（読谷山花織）〔昭和50年〕、重要無形文化財保持者（読谷山花織）〔平成11年〕　[専門]読谷山花織

15歳から4年間、首里女子実業学校で染色の基礎を学ぶ。昭和5年結婚、19年夫と死別して、洋裁、保母などで生計を立てる。39年沖縄県読谷村の池原昌徳村長や長老らに勧められ、14～15世紀の琉球王朝時代に南方貿易を通じて伝えられ、明治期以降廃れた"読谷山花織（ゆんたんざはなうい）"の復元に取り組む。紺や茶の地白に白や赤、黄、緑の糸で紋様を織りだす綿や絹の紋織物の一つで技法を知る人は皆無だったが、祖母の形見をほどくなど独自の研究を重ね、伝統技法に創意工夫を加え、現代的感覚を盛り込んだ作品を創作した。44年読谷山花織愛好会を結成。50年沖縄県無形文化財技能保持者の指定を受け、平成11年人間国宝に認定された。
[受賞]現代の名工, 沖縄タイムス芸術選大賞〔昭和61年〕、沖縄県文化功労賞〔平成2

年〕, 沖縄タイムス文化賞〔平成5年〕, 伝統文化ポーラ特賞〔平成7年〕, 読谷村名誉村民〔平成12年〕, 沖展奨励賞〔昭和40年〕, 西部工芸展金賞〔昭和54年〕
［叙勲］勲六等瑞宝章, 勲四等宝冠章〔平成13年〕

米沢 蘇峰　よねざわ・そほう
陶芸家

［生年月日］明治30年（1897年）8月1日
［没年月日］昭和34年（1959年）1月25日
［出身地］石川県金沢市　［本名］米沢時一
［学歴］京都市立美術工芸学校図案科〔大正7年〕卒

叔父の諏訪蘇山の門に入り, 修業。その間, 清水六和, 中沢岩太などの指導をうけ, 昭和5年第11回帝展に初出品。以降, 帝展, 新文展, 日展などに出品。28年日展審査員。作品に「青瓷花瓶」など。
［家族］二男＝諏訪蘇山（3代目）, 孫＝諏訪蘇山（4代目）　［親族］叔父＝諏訪蘇山（1代目）
［師弟］師＝諏訪蘇山, 清水六和, 中沢岩太

米沢 弘正　よねざわ・ひろまさ
象嵌師

［生年月日］嘉永4年（1851年）
［没年月日］大正12年（1923年）
［出生地］加賀国金沢（石川県）　［本名］米沢清左衛門　［専門］加賀象嵌

代々白銀屋と称し, 白銀細工や刀剣金具などの制作を家業とした米沢家に生まれる。父清右衛門に手ほどきを受けた後, 鈴木嘉平に師事し, 加賀象嵌を学ぶ。明治6年高岡の問屋金森宗七が金沢に開店した銅器製造の宗金堂に勤務する。10年設立の銅器会社に職工監として入り, 12年職工棟取となる。22年からは自身の銅器製造の青泓堂を経営。37年セントルイス万博で銀賞受賞。白銀師という町職人の技と加賀象嵌の技とを併せ持つ精緻な作品を残した。
［家族］父＝米沢清右衛門（白銀師）, 息子＝米沢弘安（加賀象嵌作家）
［師弟］師＝鈴木嘉平
［受賞］セントルイス万博銀賞〔明治37年〕

米沢 弘安　よねざわ・ひろやす
象嵌師

［生年月日］明治20年（1887年）
［没年月日］昭和47年（1972年）10月19日
［出生地］石川県金沢市堤町　［資格］石川県指定無形文化財保持者（加賀象嵌）〔昭和44年〕　［専門］加賀象嵌　［団体］日本工芸会

父弘正は銅器会社の職工棟取として活躍した加賀象嵌の名工。父から手ほどきを受けた後, 鉄打ち出し技法の名工として知られた山田宗美に師事し, 自らも創意を加えた鉄打ち出しを行った。昭和3年帝展に初入選, 戦後は日本伝統工芸展に出品を続けた。39年日本工芸会正会員。44年加賀象嵌で石川県指定無形文化財保持者に認定され, 47年には国の"記録作成等の措置を講ずべき無形文化財"に選ばれた。代表作に「金銀象嵌紅葉狩香炉」など。
［家族］父＝米沢弘正（加賀象嵌師）
［師弟］師＝山田宗美
［受賞］金沢市文化賞〔昭和43年〕

米田 昭　よねだ・あきら
金工家　北陸銅器製作所社長

［生年月日］昭和2年（1927年）7月30日
［没年月日］平成20年（2008年）6月29日
［出身地］富山県高岡市　［学歴］高岡工芸学校金工科〔昭和20年〕卒

銅器業を営む家に四男として生まれる。昭和21年義兄が創業した北陸銅器製作所に入る。48年専務を経て, 平成元年社長。10年会長。高岡銅合金協同組合理事長も務め

た。業務の傍ら、香取正彦に師事して日展で入選を重ねた。50代から中断していた作家活動を再開、日本金工展や日本伝統工芸富山展などに出品した。
[親族]義兄＝島崎吉男（北陸銅器製作所創業者），甥＝島崎信（北陸銅器製作所社長）
[師弟]師＝香取正彦
[受賞]富山県政功労表彰〔平成4年〕

米光 光正 よねみつ・みつまさ
彫金家

[生年月日]明治21年（1888年）5月1日
[没年月日]昭和55年（1980年）3月29日
[出生地]熊本県熊本市　[本名]米光太平
[資格]熊本県無形文化財保持者〔昭和34年〕，重要無形文化財保持者（肥後象嵌・透）〔昭和40年〕　[専門]肥後象嵌・透

小学校卒業後、母の弟で象嵌師であった叔父・田辺吉太郎に入門し、肥後象嵌を学ぶ。大正6年光正と号す。40歳の時独立。日本刀の鉄鐔に九曜桜、乾海鼠（ほしこ）などの模様を透かし彫りする技術を体得、近来の名工といわれた。昭和40年"肥後象嵌・透"が国の重要無形文化財に指定され、自身も人間国宝に認定された。
[親族]叔父＝田辺吉太郎
[師弟]師＝田辺吉太郎
[叙勲]勲五等旭日双光章〔昭和41年〕，勲四等瑞宝章〔昭和55年〕

萬屋 仁兵衛(1代目) よろずや・にへい
からくり人形師

[生年月日]昭和25年（1950年）1月22日
[没年月日]平成7年（1995年）8月23日
[出生地]愛知県東春日井郡坂下町　[本名]高科正夫　[別名等]前名＝玉屋庄兵衛

中学卒業後、家を出て職を転々。25歳の時に木偶師の父に師事してからくり人形師の道を歩みはじめる。30歳の時に青年会議所30周年青少年まつり文化大賞を受賞、親善使節としてロサンゼルス、メキシコへ派遣される。昭和58年、59年名古屋市民の劇場「尾張の山車機巧競」を監修。63年、250年以上続くからくり人形師・玉屋庄兵衛の8代目を襲名。伝統技術に加え、コンピューター制御で物語が演じられるからくりモニュメントも手がけた。平成7年弟に庄兵衛の名を譲り、初代萬屋仁兵衛を名のった。主な作品に、名古屋デザイン博の「橋弁慶」、道後温泉の「那須与一」、蒲郡市の三谷祭の山車に乗せる「恵比寿人形」、犬山駅前の「カラクリ時計モニュメント」などがある。
[家族]父＝玉屋庄兵衛(7代目)，弟＝玉屋庄兵衛(9代目)
[受賞]青少年まつり文化大賞（名古屋青年会議所）〔昭和55年〕，都市文化奨励賞（第14回）〔平成4年〕，NHK東海いぶき賞（第1回）〔平成7年〕

【ら】

楽 一入 らく・いちにゅう
陶工　千家十職・楽家4代目

[生年月日]寛永17年（1640年）
[没年月日]元禄9年（1696年）1月22日
[別名等]通称＝吉左衛門，幼名＝左兵衛　[専門]楽焼

京都楽家の3代目道入の子で4代目となる。明暦2年（1656年）家督を継いで吉左衛門を襲名。元禄4年（1691年）隠居剃髪し、一入と名のった。当初は父の影響を受けた独創的な作風であったが、やがて千利休100回忌を迎えて利休の茶が再評価された時代の風潮もあり、初代楽長次郎に倣った作風へと進んだ。釉技においては父の技を受け継ぎ、黒釉の中に朱斑を散在させる独自の朱

釉を完成させた。作品に、黒楽茶碗「金毛」「カノコ斑」「嘉辰」などがある。
[家族]父＝楽道入(陶工)，祖父＝楽常慶(陶工)

楽 覚入　らく・かくにゅう
陶芸家　千家十職・楽家14代目

[没年月日]昭和55年(1980年)5月6日
[別名等]通称＝楽吉左衛門　[学歴]東京美術学校(現・東京芸術大学)彫刻科〔昭和15年〕卒　[専門]楽焼

千家十職の一つ、楽焼茶碗を制作する楽家に生まれる。戦後間もなく14代吉左衛門を継ぐ。昭和53年母屋の北隣に楽美術館を開設した。
[家族]父＝楽惺入(13代目吉左衛門)，妻＝楽和子(楽美術館理事長)，長男＝楽吉左衛門(15代目)

楽 慶入　らく・けいにゅう
陶工　千家十職・楽家11代目

[生年月日]文化14年(1817年)
[没年月日]明治35年(1902年)
[出生地]丹波国南桑田郡国分庄(京都府)
[本名]小川　[別名等]幼名＝惣吉，通称＝吉左衛門，諱＝喜貫　[専門]楽焼

酒造家の三男に生まれ、文政10年(1827年)楽家10代旦入の養子となる。弘化2年(1845年)29歳で11代目を継ぐ。幕末・明治の伝統文化が不遇な時代にもかかわらず意欲的に活動し、花入、水指、向付、香炉、煎茶道具など、茶碗以外の作品も制作。作風は3代道入に倣い、礦石釉や紺青釉を用いて掛け分けなども行った。明治8年には表千家11代碌々斎に随行して、萩、出雲、備前などの窯で作陶。また山科に西本願寺の御庭窯露山焼を開き、光尊上人から枠が分銅形をした「雲亭」の印を受けた。
[家族]養父＝楽旦入(陶工)

楽 弘入　らく・こうにゅう
陶芸家　千家十職・楽家12代目

[生年月日]安政4年(1857年)
[没年月日]昭和7年(1932年)9月24日
[出生地]京都(京都府)　[本名]田中喜長　[別名等]幼名＝小三郎，惣次郎，通称＝楽吉左衛門，別号＝雪馬　[専門]楽焼

明治4年15歳で千家十職の一つ、楽焼茶碗を制作する12代目吉左衛門を襲名。23年初代長次郎の300年忌を慶入とともに営み、記念の赤茶碗を300腕制作した。大正8年長男惺入に家督を譲り、弘入と号して滋賀県石山に隠居。没するまで作陶を行う。また千家家元とともに、衰退した茶道会の復興に尽力した。
[家族]父＝楽慶入(11代目吉左衛門)，長男＝楽惺入(13代目吉左衛門)

楽 左入　らく・さにゅう
陶工　千家十職・楽家6代目

[生年月日]貞享2年(1685年)
[没年月日]元文4年(1739年)
[別名等]初名＝惣吉，通称＝吉左衛門，名＝嘉顕　[専門]楽焼

京都・油小路二条にあった大和屋の二男で、京都楽家の5代目宗入の養子となり6代目を継ぐ。宝永5年(1708年)家督を継いで吉左衛門を襲名。享保13年(1728年)隠居剃髪し、左入と名のった。18年赤楽・黒楽の茶碗200個を連作して"左入二百"と称され、それぞれに表千家7代目如心斎より銘が付けられている。また、初代長次郎、3代目道入、本阿弥光悦の写しにすぐれた。作品に、黒楽茶碗「楓橋夜泊」、赤楽茶碗「龍田」「開口」「毘沙門」などがある。
[家族]長男＝楽長入(陶工)，養父＝楽宗入(陶工)

楽 常慶　らく・じょうけい
陶工　千家十職・楽家2代目

[生年月日]生年不詳
[没年月日]寛永12年(1635年)
[別名等]通称＝吉左衛門,幼名＝与次　[専門]楽焼

陶工・田中宗慶の二男といわれ、楽家初代の楽長次郎の跡を継いで同家2代目となり、吉左衛門を称した。以降、同家当主は代々吉左衛門を名のる。本阿弥光悦に楽茶碗作陶の手ほどきをし、光悦を通じて江戸幕府第2代将軍・徳川秀忠や、加賀藩主・前田家と繋がりを持った。作品に、黒楽茶碗「黒木」「鉄拐」「ほととぎす」などがある。また、"香炉釉"といわれる白楽釉を創始した。
[家族]父＝田中宗慶(陶工)

楽 惺入　らく・せいにゅう
陶芸家　千家十職・楽家13代目

[生年月日]明治20年(1887年)
[没年月日]昭和19年(1944年)
[別名等]初名＝惣吉,名＝喜英,通称＝吉左衛門,号＝甑土軒,双橘　[専門]楽焼

京都楽家の12代目弘入の長男で、13代目となる。大正8年歴代当主で最も年配の33歳で吉左衛門を襲名。作陶の傍ら、昭和10～17年茶道研究誌「茶道せせらぎ」を刊行した。
[家族]長男＝楽覚入,父＝楽弘入,孫＝楽吉左衛門(15代目)

楽 宗入　らく・そうにゅう
陶工　千家十職・楽家5代目

[生年月日]寛文4年(1664年)
[没年月日]享保1年(1716年)9月3日
[別名等]名＝平四郎,惣吉,通称＝吉左衛門
[専門]楽焼

雁金屋三右衛門の子で、楽家4代一入の婿養子となり、27歳で後を継ぐ。宝永5年(1708年)剃髪隠居し、表千家5代随流斎宗佐の一字を授かって宗入と号した。作風は初代長次郎に倣い、黒楽はカセ釉、赤楽は白味を帯びる。「亀毛」「梅衣」「北海」「福の神」「福寿草」「生月」「スル墨」「太郎」「次郎」「三郎」「露時雨」などの茶碗、「元禄十六年三月廿八日長次郎 五代吉左衛門」の彫銘のある表千家残月亭の鬼瓦が有名。「宗入文書」を残した。
[親族]岳父＝楽一入(陶工),従兄＝尾形光琳(工芸家),尾形乾山(陶工)

楽 旦入　らく・たんにゅう
陶工　千家十職・楽家10代目

[生年月日]寛政7年(1795年)
[没年月日]嘉永7年(1854年)
[別名等]名＝惣治郎,通称＝吉左衛門,諱＝喜愷,号＝秀人　[専門]楽焼

楽家9代了入の二男で、兄が夭折したため家督を継ぐ。文化8年(1811年)了入が隠居し、吉左衛門を襲名。文政2年(1819年)了入に従って紀州侯徳川治宝の御庭焼偕楽園窯に赴き、9年治宝から楽の印判を拝領した。弘化2年(1845年)剃髪隠居し、表千家10代吸江斎宗旦から一字を与えられ旦入と称した。作風は了入に似るが小振りで装飾性豊かなものが多く、黒楽の釉がけは薄めで坏土の黄色を呈し、赤楽は濃淡の変化に富む。偕楽園窯に参加した時の「旦入日記」や、先祖の考証などを書き残している。
[家族]父＝楽了入(陶工)

楽 長次郎　らく・ちょうじろう
陶工

[生年月日]永正13年(1516年)
[没年月日]天正17年(1589年)

渡来人阿米夜の子で、母は日本人といわれるが異説もある。千利休の指導により、その美意識に沿った黒楽、赤楽の茶碗を製作し、京都楽焼の開祖となる。半筒形を基本とし、作意のないおおらかな雰囲気を持つこの鉛釉陶器は、初め豊臣秀吉の聚楽第に因んで聚楽茶碗と呼ばれたが、のち楽茶碗あるいは楽焼と呼ばれるようになった。元和年間(1615〜1624年)頃になって、楽姓を名乗るようになったとみられる。代表的な作品に「大黒」「東陽坊」「早船」「検校」「木守り」など。

楽 長入　らく・ちょうにゅう
陶工　千家十職・楽家7代目

[生年月日]正徳4年(1714年)
[没年月日]明和7年(1770年)
[別名等]初名=惣吉, 通称=吉左衛門, 栄清, 号=槌斎　[専門]楽焼

京都楽家の6代目左入の長男で、7代目となる。享保13年(1728年)家督を継いで吉左衛門を襲名。宝暦12年(1762年)隠居剃髪し、初代長次郎の一字をとって長入と名のった。重厚でおおらかな作風で、細工物に長じる一方、工芸的な彫塑作品にもすぐれた腕をみせた。
[家族]長男=楽得入(陶工), 父=楽左入(陶工), 祖父=楽宗入(陶工)

楽 道入　らく・どうにゅう
陶工　千家十職・楽家3代目

[生年月日]慶長4年(1599年)
[没年月日]明暦2年(1656年)2月23日
[別名等]通称=のんこう, 吉左衛門, 吉兵衛
[専門]楽焼

京都楽家の2代目常慶の子で3代目となる。生前は吉兵衛と称し、"のんこう"の俗称で知られる。本阿弥光悦と親しく交わり、光悦茶碗のほとんどは道入の釉や窯で焼かれ

た。開祖長次郎の作風を一変させ、千利休の美学からも離れ、薄造りで光沢のある釉を用いた華やかさのある作風により、楽歴代の中でも随一の名工とされる。黒楽茶碗銘「獅子」「稲妻」「升」「千鳥」および赤楽茶碗銘「鳳林」「若山」「鵺」は"のんこう七種"と称される代表的作品。
[家族]父=楽常慶(陶工)

楽 得入　らく・とくにゅう
陶工　千家十職・楽家8代目

[生年月日]延享2年(1745年)
[没年月日]安永3年(1774年)
[別名等]初名=惣吉, 通称=吉左衛門, 佐兵衛　[専門]楽焼

京都楽家の7代目長入の長男で、8代目となる。18歳で家督を継いで吉左衛門を襲名したが、明和7年(1770年)父が亡くなると弟に家督を譲って隠居、佐兵衛を名のった。寛政10年(1798年)の二十五回忌に際して得入の法号が贈られた。
[家族]父=楽長入(陶工), 弟=楽了入(陶工), 祖父=楽左入(陶工)

楽 了入　らく・りょうにゅう
陶工　千家十職・楽家9代目

[生年月日]宝暦6年(1756年)
[没年月日]天保5年(1834年)
[出生地]京都　[別名等]幼名=惣次郎, 名=喜全, 別号=秀人, 雪馬　[専門]楽焼

京都楽家の7代目長入の二男。本来は楽家をつぐはずだった兄の得入が病弱であったため、明和7年(1770年)に家督を譲られて9代目となる。長次郎風、のんこう風の作風が多いが、ほかにも独自の作風による作品を残し、楽家中興の名工と称された。文化8年(1811年)に出家した際、9代目千宗左より一字を受け了入と号した。文政8年(1825

427

年)近江石山寺の門前に草庵を建てて隠居した。
[家族]父=楽長入(陶工),兄=楽得入(陶工),祖父=楽左入(陶工)

【り】

李 参平　り・さんぺい
陶工

[生年月日]生年不詳
[没年月日]明暦1年(1655年)8月11日
[出生地]朝鮮忠清道金江　[別名等]日本名=金ヶ江三兵衛

文禄・慶長の役に際して肥前の戦国武将・鍋島直茂に伴われ、朝鮮半島から渡来。初め多久に居住し、朝鮮風の陶器を製作していたが、白磁製作を志し、元和2年(1616年)有田の泉山に白磁鉱を発見。有田に移住して上白川天狗谷の地に開窯し、白磁の焼成に成功したことから、肥前有田磁器創業の祖とされる。この開窯以後、有田近辺は日本における陶業の中心地となった。なお、伊万里港から製品が出荷されたことから伊万里焼とも称される。没後は龍泉寺(有田町)に葬られた記録が残る。

李 勺光　り・しゃくこう
陶工　萩焼の祖

[生没年]生没年不詳
[専門]萩焼

文禄・慶長の役に際して、戦国武将・毛利輝元に伴われ朝鮮半島から渡来。豊臣秀吉から身柄を毛利家に預けられ、関ケ原の戦いの後で同家が長門国に移封されると同国萩に窯を築き、萩焼の祖となった。初代坂高麗左衛門の兄。
[家族]弟=坂高麗左衛門(1代目)

リーチ, バーナード
Leach, Bernard Howell
陶芸家

[生年月日]1887年1月5日
[没年月日]1979年5月6日
[国籍]英国　[出生地]香港　[学歴]スレイド美術学校(ロンドン)〔1908年〕中退

生後間もなく母と死別し、日本在住の祖父母に引きとられ、幼時を京都で過ごす。その後、英国に戻るが、日本への憧れから1909年銅版画家として来日。東京・上野桜木町で「白樺」の同人にエッチングを教える。のち宮川香山に師事し楽焼を始め、'12年6代目尾形乾山に入門、'16年師の本窯を譲り受け、千葉県我孫子の柳邸に築窯、'19年焼失するまで製陶に専念した。この間、富本憲吉、柳宗悦、浜田庄司らと親交を結び、日本の民芸運動に大きく貢献した。'20年浜田を伴って帰国。'21年コーンウォール州セント・アイブズに築窯、'36年デボン州ダーティントン・ホールに移り、以後ここを本拠とする。東洋陶磁の特質に英国の伝統的な陶技を適応させ、独自の作風を築いた。戦後は米国、北欧でも指導し、日本にも度々訪れ、国際文化交流に貢献した。著書に「陶工の本」('40年)「陶工の仕事」('67年)などがある。
[師弟]師=尾形乾山(6代目)
[受賞]勲二等瑞宝章(日本)〔1966年〕,国際交流基金賞(1974年度)

【ろ】

六谷 梅軒　ろくたに・ばいけん
染織家

[生年月日]明治40年(1907年)2月15日
[没年月日]昭和48年(1973年)4月26日

[出生地]三重県鈴鹿市寺家町　[本名]六谷紀久男　[学歴]白子町立工業学校　[資格]重要無形文化財保持者(伊勢型紙錐彫)〔昭和30年〕　[専門]伊勢型紙(錐彫)

大正8年白子町立工業学校に通いながら父・芳蔵のもとで伊勢型紙彫刻(錐彫)を学ぶ。11年京都で錐彫技術を修業。昭和14年独立。17年小宮康助の勧めで極鮫小紋の研究に励む。極鮫小紋や極通しなど精緻な技術の名手であった。30年仲間5人と一緒に人間国宝に認定される。38年から鈴鹿市の伊勢型紙伝承者養成事業の講師を務める。
[師弟]師=小宮康助

六角 紫水　ろっかく・しすい
漆芸家　東京美術学校教授

[生年月日]慶応3年(1867年)3月20日
[没年月日]昭和25年(1950年)4月15日
[出生地]広島県佐伯郡大柿町　[本名]六角注多良　[旧姓名]藤岡　[別名等]幼名=忠太郎　[学歴]東京美術学校(現・東京芸術大学)工業科漆工部〔明治26年〕卒　[資格]帝国芸術院会員〔昭和16年〕

17歳で上京し、明治22年東京美術学校に一期生として入学、小川松珉の誘いで漆芸を始める。26年卒業後、東京美術学校助教授となる。29～31年古社寺保存計画調査官。37年岡倉天心らと渡米して、ボストン美術館、メトロポリタン美術館等に勤務し、東洋美術品の整理に従事。帰国後、大正5年東京美術学校教授に就任。15年朝鮮・楽浪郡趾の発掘調査に参加、楽浪漆器の研究も行う。昭和2年帝展に出品、5年帝国美術院賞受賞。3年帝展審査員、16年帝国芸術院会員を歴任、戦後は日展審査員もつとめた。著書に「東洋漆工史」「考古学講座・漆工史」がある。
[家族]養子=六角大壌(漆芸家)、孫=六角鬼丈(建築家)

[受賞]帝国美術院賞〔昭和5年〕「曉天吼号の図漆器手箱」

六角 大壌　ろっかく・だいじょう
漆芸家　東京芸術大学教授

[生年月日]大正2年(1913年)12月21日
[没年月日]昭和48年(1973年)11月25日
[出生地]愛知県名古屋市　[本名]六角頴雄　[学歴]東京美術学校(現・東京芸術大学)漆工科〔昭和12年〕卒

昭和12年から文展に出品、18年特選となる。22年東京芸術大学助教授となり、日本漆工協会常任理事、日本工芸会理事を歴任。48年教授就任直後に急死。代表作は「乾漆蒔絵提盤虚空蔵」「和合食篭二段龍鳳文朱溜」。
[家族]養父=六角紫水(漆芸家)、息子=六角鬼丈(建築家)
[受賞]日展特選〔昭和18年・19年・21年・24年〕

【 わ 】

和賀 仙人　わが・せんにん
人形師　メルヘン工房主宰

[没年月日]平成11年(1999年)5月27日
[出身地]東京　[本名]岡田晟

理髪店の家に生まれる。画家を志したのち、人形の表現力に魅せられ、人形を作って自ら操る仕事に就く。朝の幼児向けテレビ番組「ポンキッキーズ」(フジ)で人気の縫いぐるみキャラクター"ガチャピン""ムック"、「8時だヨ!全員集合」に登場した"ジャンボマックス"の生みの親。一方、昭和63年頃、脳こうそくで右半身が不自由になり、平成9年には肺がんの告知も受けたが、病と闘いながら仕事を続け、モンゴルやパキ

スタンなど海外でも公演。10年がんの子どもたちのために、チャリティー公演「仙人のポケット」を行った。メルヘン工房を主宰。

若林 寿山　わかばやし・じゅざん
陶工

[生年月日] 天保4年(1833年)
[没年月日] 明治39年(1906年)10月
[出身地] 近江国彦根(滋賀県)　[別名等] 別名＝喜之助　[専門] 湖東焼

湖東焼の丸窯師をつとめた。明治のはじめ京都の幹山工場に入り、蹴轆轤で挽物に従事、宮内省の御用品をつくった。

若林 彦一郎　わかばやし・ひこいちろう
天命鋳物師

[生年月日] 大正9年(1920年)
[没年月日] 昭和55年(1980年)
[出生地] 栃木県佐野市　[学歴] 佐野商卒　[資格] 佐野市指定無形文化財技能保持者〔昭和55年〕

天命鋳物若林家の5代目に生まれ、父勇吉の手ほどきを受けて家業に入る。傍ら、鋳金家・高橋康夫に美術工芸を、足利市郷土史家・丸山瓦全に天命鋳物の歴史などについて師事する。勘を頼りに行ってきた鋳物制作に科学的手法を導入した。代表作に足利市ばん阿寺本堂・不動堂大鰐口、日光本寺堂風鐸・宝鐸、福井県明通寺三重塔風鐸・宝鐸、東京都文京区聖カテドラル教会鐘などがある。昭和55年佐野市指定無形文化財技能保持者に認定される。
[家族] 父＝若林勇吉(天命鋳物若林家4代目)
[師弟] 師＝高橋康夫、丸山瓦全

若藤 源治郎　わかふじ・げんじろう
陶工

[生没年] 生没年不詳

[出身地] 加賀国能美郡若杉村(石川県)　[専門] 九谷焼

各地の窯に学び、慶応2年(1866年)自ら開窯。九谷陶器の改良につとめた。

脇中 芳男　わきなか・よしお
刀匠

[生年月日] 大正8年(1919年)11月11日
[没年月日] 平成14年(2002年)2月12日
[出身地] 広島県呉市　[学歴] 芸南高卒　[資格] 広島県無形文化財保持者(日本刀製作)

人間国宝の刀匠、月山貞勝に師事。昭和41年呉市に道場を開いた。57年から広島県刀職会会長を務め、58年県無形文化財保持者に認定された。
[師弟] 師＝月山貞勝

涌井 辰雄　わくい・たつお
陶芸家

[生年月日] 大正5年(1916年)
[没年月日] 昭和57年(1982年)4月
[出生地] 山形県最上郡新庄町(新庄市)　[専門] 札幌焼

新庄藩窯の血を引き、4歳で父を亡くす。13歳の時に北海道で札幌焼の製作に携わっていた叔父を頼って札幌へ移る。昭和11年北海道立工業試験場に入り、焼き物に適した道内の土を研究。52年定年退職すると札幌市の自宅庭に窯を築き、大正末期に姿を消した札幌焼を復活させた。53年には自宅を改造して札幌焼民芸館を開くが、57年に亡くなった。平成19年妻により遺作・遺品が北海道開拓記念館に寄贈された。

涌井 弥兵衛　わくい・やへえ
陶工　新庄東山焼の祖

[生年月日] 享和1年(1801年)7月7日
[没年月日] 明治5年(1872年)9月3日

[出生地]越後国蒲原郡小杉村(新潟県) [専門]新庄東山焼

文化13年(1816年)から文政3年(1820年)にかけて、磐城国大堀村の瀬戸師・巳代吉に師事して製陶技術の皆伝を受ける。11年(1828年)秋田藩寺内村の瀬戸場に召抱えられて棟梁を務め、天保2年(1831年)には窯の改善が評価され二人扶持を賜った。11年窯を辞し、京都へ修業に向かう途中の12年、通りかかった出羽国新庄で同地に留まって陶業を開くよう説得を受け、新庄藩に3人扶持で召し抱えられた。新庄東山焼の祖として土焼を行う一方、石焼(磁器)を企図して良質の陶石を探索した。

ワグネル, ゴットフリート
Wagener, Gottfried
窯業指導者

[生年月日]1831年7月5日
[没年月日]1892年11月8日
[国籍]ドイツ ハノーバー [学歴]ゲッティンゲン大学 [学位]理学博士

幼い頃から勉学に優れ、ゲッティンゲン大学で高等教員資格を取得。フランスやスイスで教職に就き、1868年石鹸製造会社設立に加わり来日。佐賀藩の依頼により有田焼の改良に取り組み、我が国初の石炭窯を導入して大きな成果を上げた。のち上京、大学南校(現・東京大学)で物理や語学を講じ、1873年ウィーン万博、1876年フィラディルフィア万博では顧問として出品する工芸品の調査・選定や技術指導、帰国後の報告書編纂などに携わり、成功に導いた。1878年京都舎密局に赴任して同地の産業振興に尽力、日本の伝統産業に西洋の最新技術を注入し、特に石炭窯や釉下彩技法により陶磁器や七宝焼きを飛躍的に発展させた。1881年建言が採用されて東京職工学校が設立され、1884年同校陶器玻璃科の主任教師となった。我が国近代窯業の父と呼ばれる。

和気 亀亭(4代目) わけ・きてい
陶工

[生年月日]文政9年(1826年)
[没年月日]明治35年(1902年)
[出生地]京都府 [本名]和気平吉 [別名等]初名=亀屋平吉

江戸中期に京都五条坂で窯を開いた亀屋平兵衛以来、代々陶工として活躍。父は3代目和気亀亭。文久2年(1862年)に家督を継ぎ、亀屋平吉を称す。維新後、本姓である和気氏を名乗り、また父祖の号である亀亭を襲名した。明治6年より京都府の勧業場御用掛として作陶に従事し、9年のフィラデルフィア万博や11年のパリ万博など国内外の博覧会に作品を出展し、高い評価を受けた。
[家族]父=和気亀亭(3代)

和沢 含山 わざわ・がんざん
陶工

[生年月日]安政5年(1858年)
[没年月日]昭和2年(1927年)
[出身地]加賀国金沢(石川県) [本名]和沢橘三郎

明治8年石川県勧業場に入り、尾形周平らに製陶を学ぶ。27年ころ富山県に招かれ、越中焼、福光焼を創始した。

鷲頭 ヨシ わしず・よし
小千谷縮技術伝承者

[生年月日]生年不詳
[没年月日]昭和48年(1973年)5月14日
[出生地]新潟県小千谷市

昭和30年国の重要無形文化財に指定された小千谷縮・越後上布の糸をつむぐ技術の伝承者。7歳頃から小千谷縮の糸を作る苧積み技術を修得し、約600人いるとされた技術者の中でも第一人者といわれた。
[叙勲]勲七等宝冠章〔昭和42年〕

431

和田 一真　わだ・いっしん
　　　装剣金工家

[生年月日] 文化11年（1814年）
[没年月日] 明治15年（1882年）12月4日
[出生地] 京都　[別名等] 初名＝蒭之進、名＝政隆、大進、号＝月琴堂、眉山、幽斎、松子丈、天然花、真政籠

馬場秀政の子。藤木久兵衛に学んでいたが、刀剣商沢田忠兵衛に素質を見出され、後藤一乗の門下となる。高彫り、色絵象嵌などの彫金に優れた。

和田 国次　わだ・くにつぐ
　　　鋳物師

[生没年] 生没年不詳
[別名等] 通称＝吉兵衛、別名＝和田信濃

京都三条釜座に住み、信濃大掾を代々受領していたことから和田信濃とも称す。和田家は寛永10年（1633年）の京都大念寺の梵鐘を最古に、代替わりしながら何代か続き、嘉永元年（1848年）の壬生寺の梵鐘まで、90点近くの梵鐘、灯籠、鰐口、擬宝珠などを手掛けている。

和田 重太郎　わだ・じゅうたろう
　　　陶画工

[生没年] 生没年不詳
[出身地] 加賀国江沼郡山代村（石川県）

陶器の図案、絵画に長じた。明治31年佐賀県出品協会に招かれ、有田に赴き、パリ万博の出品製作に従事した。

和太 守卑良　わだ・もりひろ
　　　陶芸家　東北芸術工科大学教授

[生年月日] 昭和19年（1944年）7月26日
[没年月日] 平成20年（2008年）9月7日
[出生地] 兵庫県西宮市　[本名] 和田守弘
[学歴] 京都市立美術大学工芸科（現・京都市立芸術大学）陶器専攻〔昭和42年〕卒

大学を卒業してから10年間、安芸市の内原野に移り住み、井内芳樹、西邨滋と"土佐三太郎工房"を名のって作陶。昭和52年笠間市に移って窯を築き、素材に地土を用い、手びねりで成形した陶器を制作。器面を線彫り文様で埋めつくして、そこに泥漿を塗り込み、"杉文""雲花文"と命名。ここから発色の異なる土を塗り込む"彩土"や、自然の崩壊砂を用いる"砂盌"などを展開、器と装飾文様が一体となったユニークな作風。55年イタリアのファエンツァ国際陶芸展で金賞を受賞。63年には日本陶磁協会賞を受けた。のち東北芸術工科大学教授。
[受賞] 日本陶磁協会賞〔昭和63年〕、ファエンツァ国際陶芸展金賞〔昭和55年〕、北関東美術展優秀賞、日本陶芸展賞〔昭和62年〕

渡部 儀右衛門　わたなべ・ぎえもん
　　　会津丸物塗師

[生年月日] 文政12年（1829年）2月
[没年月日] 明治27年（1894年）
[出生地] 陸奥国会津郡若松原ノ町（福島県）

代々会津丸物塗りの名手として知られる渡部家に生まれ、若くして家業を継ぐ。明治になって会津木盃の製作が始まると、率先して研究に傾注した。

渡辺 喜三郎　わたなべ・きさぶろう
　　　漆芸家

[没年月日] 大正10年（1921年）11月21日

生家は代々喜三郎を名のる塗師の家柄で、弘化元年頃に生まれる。大正年間には茶道家の指導を受け、茶道具、特に懐石道具を制作。山永光甫らを指導した。

渡辺 喜三郎(6代目)　わたなべ・きさぶろう
漆芸家

[没年月日] 昭和61年(1986年)1月6日
[出身地] 東京都

大正13年、6代目喜三郎となり、主に茶器の制作を手がけた。

渡辺 幸平　わたなべ・こうへい
陶工

[没年月日] 明治5年(1872年)
[別名等] 号=琴々堂、鶴鳴　[専門] 瀬戸焼

もとは讃岐高松藩士で、京都で鋳銅の型師となった後、尾張国瀬戸に移って陶工となる。有色粘土による釉薬をかけない製法により、陶彫を制作した。

渡辺 隆　わたなべ・たかし
漆芸家

[生年月日] 昭和8年(1933年)1月8日
[没年月日] 平成16年(2004年)8月21日
[出身地] 新潟県岩船郡朝日村　[学歴] 塩野町中〔昭和23年〕卒

父・無涯に師事し、村上堆朱の伝統を受け継ぐ。昭和36年日展に初入選、以後入選を重ねた。同展会友、新潟県展委員、参与の他、新潟県工芸会顧問を務めた。
[家族] 父=渡辺無涯(漆芸家)
[師弟] 師=渡辺無涯

渡辺 武　わたなべ・たけし
漆芸家

[没年月日] 平成11年(1999年)6月29日
[出身地] 東京都文京区　[別名等] 雅号=渡辺武山　[資格] 墨田区無形文化財〔昭和62年〕　[専門] 蒔絵

昭和32年墨田区の紋章をデザイン。62年同区無形文化財に認定された。

渡辺 銅意　わたなべ・どうい
鋳物師

[生没年] 生没年不詳

初め京都、のち江戸浅草に住す。慶安年間から万治年間(1648～60年)にかけて灯籠、梵鐘、擬宝珠、花瓶などを造り、承応2年(1653年)には尾張・紀州両徳川家の日光大猷院廟に献上する銅灯台鋳造を担当した。江戸の鋳物師の巨匠として活躍し、江戸城本丸下乗橋擬宝珠、浅草観音堂内銅花瓶など多数の作品を製作した。また子の正次も鋳物師として活躍し、親子合作で「銅鯱」などを造った。

渡辺 桃船　わたなべ・とうせん
蒔絵師

[生年月日] 文化12年(1815年)
[没年月日] 没年不詳
[出生地] 江戸芝(東京都)　[別名等] 号=松風斎

15歳から松風斎了甫について蒔絵を修める。29歳で独立し、10年間、牧野儀兵衛の嘱託を続ける。刀の鞘に蒔絵を施したが、廃刀令の後は、明治11年精工社に入って輸出品の製作に携わった。6年ウィーン万博、14年第2回内国勧業博覧会に出品している。
[師弟] 師=松風斎了甫

渡辺 稟三　わたなべ・りんぞう
指物師

[生年月日] 大正3年(1914年)4月4日
[没年月日] 平成5年(1993年)7月21日
[出身地] 東京　[資格] 東京都荒川区無形文化財保持者〔平成2年〕

昭和2年岡本正道に弟子入りし、14年独立。クワ独特の木目の美しさを生かした桑物師として活躍した。

綿貫 萌春　わたぬき・ほうしゅん
　　人形作家

［生年月日］明治38年（1905年）
［没年月日］平成2年（1990年）
［出生地］埼玉県

木彫を山本瑞雲に学び、のち人形の世界へ。五味文郎などと近代人形美術会で活動しながら、日展、日本現代工芸美術展、日本伝統工芸展などに出品した。張子の技法を用い、幻想的な作風の作品を手掛けた。

分野別索引

【 陶芸 】

青木 栄五郎	3
青木 木米	4
青木 龍山	4
粟生屋 源右衛門	5
粟生屋 源兵衛	5
赤井 陶然(1代目)	5
赤井 陶然(2代目)	6
赤井 陶然(3代目)	6
赤井 陶然(4代目)	6
明石屋 初太郎	7
県 有	7
上野 喜蔵	8
浅井 一毫	9
浅蔵 五十吉	9
浅野 陽	10
朝日軒 棚吉	10
朝比奈 為之丞	11
浅見 五郎助(1代目)	11
浅見 五郎助(2代目)	11
浅見 五郎助(5代目)	11
浅見 隆三	11
東 翠明	12
安達 新兵衛	12
安達 陶仙	12
阿部 勝義	13
天野 金重	15
飴也	15
新井 謹也	15
新垣 栄三郎	15
新垣 栄徳	16
荒川 豊蔵	16
荒木 高子	16
有村 碗右衛門	17
有山 正夫	17
安藤 知山	18
飯田屋 八郎右衛門	20
家長 方親	21
五十嵐 健二	21
五十嵐 次左衛門	21
五十嵐 信平(3代目)	21
生田 和孝	22
池田 弥七	24
石黒 宗麿	27

石田 平蔵	28
石野 竜山	28
磯村 白斎	30
井田 吉六	30
井高 帰山	31
板谷 波山	31
板谷 まる	31
市川 広三	32
市川 通三	32
一元	32
市野 利雄	32
市原 峴山	33
市原 定直	34
一官	34
一空	34
伊藤 允譲	34
伊藤 圭	35
伊藤 実山	35
伊東 翠壺	35
伊東 陶山(1代目)	35
伊東 陶山(2代目)	36
伊東 陶山(3代目)	36
伊奈 長三(1代目)	37
伊奈 長三(2代目)	37
伊奈 長三(4代目)	37
伊奈 不動山	37
井上 延年	39
井上 松坪	40
井上 治男	41
井上 楊南	41
井上 良斎(1代目)	41
井上 良斎(2代目)	41
井上 良斎(3代目)	42
今泉 今右衛門(10代目)	42
今泉 今右衛門(12代目)	42
今泉 今右衛門(13代目)	43
今岡 晃久	44
今村 三之丞	44
今村 弥次兵衛	44
岩崎 新定	46
岩月 捨吉	47
岩淵 重哉	48
上田 宗品	49
上田 恒次	49
上田 直方(4代目)	49

上村 信吉	50
上村 白鷗	50
鶯谷 庄米	51
内島 北朗	52
内田 邦夫	52
内海 吉造(4代目)	53
宇野 三吾	53
宇野 宗甕(1代目)	53
宇野 仁松(1代目)	54
宇野 仁松(3代目)	54
梅田 正弘	54
梅村 鉱二	55
有来 新兵衛	55
浦上 善次	55
浦川 一斎	55
浦野 乾哉	56
雲林院 文造(11代目)	57
雲林院 文蔵(16代目)	58
永楽 回全	58
永楽 正全	58
永楽 即全	58
永楽 得全	59
永楽 保全	59
永楽 和全	59
江口 秀山	59
江崎 一生	59
大饗 五郎左衛門	62
大饗 仁堂(1代目)	63
大饗 仁堂(2代目)	63
大江 文象	64
大喜 豊助	65
大喜 嘉助	65
大蔵 清七	66
大迫 みきお	66
大塩 昭山(3代目)	66
大塩 正人	67
大島 黄谷	67
太田 熊雄	68
太田 博明	69
大塚 啓三郎	69
大野 孝晴	74
大橋 秋二	74
大橋 桃之輔	75
大樋 勘兵衛(4代目)	75
大樋 勘兵衛(5代目)	75
大樋 長左衛門(1代目)	75
大樋 長左衛門(9代目)	76
大森 照成	76

大森 光彦	76	加藤 賢司	103	加藤 紋右衛門(5代目)	114
岡田 久太	78	加藤 幸兵衛(5代目)	104	加藤 紋右衛門(6代目)	114
尾形 乾山	78	加藤 五助(1代目)	104	金ケ江 和隆	116
尾形 周平	79	加藤 五助(4代目)	104	金重 宗四郎	118
岡田 仙舟	79	加藤 五助(5代目)	104	金重 素山	118
岡部 嶺男	80	加藤 五郎	104	金重 陶陽	119
岡本 欣三	80	加藤 作助(1代目)	105	金重 道明	119
岡本 静太郎	81	加藤 作助(2代目)	105	兼田 三左衛門(7代目)	119
小川 久右衛門	81	加藤 作助(4代目)	105	叶 敏	121
小川 半助	82	加藤 繁十	105	叶 光夫	121
奥磯 栄麓	83	加藤 繁十(2代目)	105	上出 喜山(3代目)	123
奥川 忠右衛門(1代目)	83	加藤 重右衛門	105	亀井 半二	123
奥田 頴川	83	加藤 重吉(1代目)	106	亀井 味楽	123
奥田 陶器夫	84	加藤 重吉(2代目)	106	加守田 章二	124
奥田 木白	84	加藤 周左衛門(3代目)	106	唐杉 涛光	125
奥田 康博	84	加藤 周兵衛(1代目)	106	河合 卯之助	125
奥村 松山	86	加藤 周兵衛(2代目)	106	河合 栄之助	125
小倉 千尋	87	加藤 春宇	106	河井 寛次郎	125
尾崎 治良右衛門	88	加藤 春暁	107	川合 修二	126
小野 元立	89	加藤 春二(2代目)	107	河合 瑞豊	126
尾野 敏郎	90	加藤 春岱	107	河合 誓徳	126
小野 珀子	90	加藤 春丹	107	河井 武一	127
鍵屋 喜兵衛	93	加藤 春鼎(2代目)	107	河合 紀	127
鶴亭	93	加藤 舜陶	108	川喜田 半泥子(1代目)	128
神楽岡 文山	93	加藤 春珉	108	川尻 一寛	129
籠橋 休兵衛	94	加藤 鈢	108	川澄 喜太郎	130
梶山 関山	96	加藤 新七	109	川瀬 竹翁	130
賀集 三平	97	加藤 助三郎	109	川瀬 竹春(2代目)	130
賀集 珉平	97	加藤 菁山	109	川浪 竹山	130
梶原 菊三郎	97	加藤 善治(1代目)	109	河原 徳立	131
嘉介	98	加藤 善治(2代目)	109	川原 芳工	131
加田 半六	98	加藤 善治(3代目)	109	河村 熹太郎	132
片岡 二光	98	加藤 滝川	110	川村 賢次	132
勝尾 青龍洞	99	加藤 卓男	110	河村 蜻山	132
勝目 正範	100	加藤 辰之助	111	河村 碩山	133
加藤 偉三	101	加藤 達美	111	河本 五郎	133
加藤 巌	101	加藤 民吉	111	川本 治兵衛(1代目)	133
加藤 英一	102	加藤 唐九郎	112	川本 治兵衛(2代目)	133
加藤 景秋	102	加藤 唐左衛門(4代目)	112	川本 惣吉	134
加藤 景貞	102	加藤 唐三郎(30代目)	112	川本 禎二	134
加藤 景延	102	加藤 唐三郎	112	川本 半助(4代目)	134
加藤 景久	102	加藤 陶仙	112	川本 半助(5代目)	134
加藤 景正	102	加藤 友太郎	113	川本 半助(6代目)	134
加藤 華仙	103	加藤 土師萌	113	川本 桝吉(1代目)	135
加藤 勘六(1代目)	103	加藤 平八	113	川本 桝吉(2代目)	135
加藤 勘六(2代目)	103	加藤 杢左衛門(2代目)	114	川本 利吉	135
加藤 溪山(1代目)	103	加藤 杢左衛門(3代目)	114	河本 礫亭	135
加藤 溪山(2代目)	103	加藤 元男	114	幹山 伝七	135

菊山 当年男 ………	138	
岸 雪圃 ……………	139	
岸 伝蔵 ……………	139	
紀太 理兵衛(1代目)	140	
紀太 理兵衛(3代目)	140	
紀太 理兵衛(4代目)	140	
北大路 魯山人 ……	140	
北川 伊平 …………	141	
北島 栄助 …………	142	
北出 塔次郎 ………	142	
北野 七左衛門 ……	143	
北村 与三右衛門 …	144	
吉向 治兵衛 ………	144	
城戸 徳蔵 …………	145	
木村 一陽 …………	145	
木村 一郎 …………	145	
木村 宗得(16代目) ·	146	
木村 平八郎 ………	147	
久兵衛 ………………	147	
久楽(1代目) ………	147	
久楽(2代目) ………	148	
巨関 …………………	148	
清水 九兵衛 ………	149	
清水 七兵衛 ………	150	
清水 石僊 …………	150	
清水 六兵衛(1代目)	150	
清水 六兵衛(2代目)	150	
清水 六兵衛(3代目)	150	
清水 六兵衛(4代目)	150	
清水 六兵衛(5代目)	151	
清水 六兵衛(6代目)	151	
金海 …………………	152	
錦光山(2代目) ……	152	
錦光山(6代目) ……	152	
錦光山(7代目) ……	152	
欽古堂 亀祐 ………	152	
金城 次郎 …………	153	
草場 茂也 …………	154	
楠部 弥弌 …………	155	
九谷 庄三 …………	155	
口石 長三 …………	155	
欅田 幸吉 …………	155	
欅田 善九郎 ………	156	
久野 正伯 …………	157	
久野 道也 …………	157	
久保 祖舜 …………	158	
熊谷 紅陽 …………	159	
熊倉 順吉 …………	159	

熊沢 輝雄 …………	160	
倉崎 権兵衛 ………	160	
倉谷 渓司 …………	160	
栗田 征夫 …………	160	
黒井 一楽 …………	161	
黒田 光良 …………	162	
玄斎 …………………	163	
原子 光生 …………	163	
乾哉 …………………	164	
鯉江 高司 …………	164	
鯉江 方寿 …………	164	
高貴 …………………	167	
高鶴 夏山 …………	167	
光存 …………………	167	
合田 好道 …………	168	
河野 通介 …………	168	
神山 賢一 …………	169	
高麗𥑮 ………………	169	
越谷 喜明 …………	170	
古館 忠兵衛 ………	171	
後藤 才次郎 ………	172	
後藤 省吾 …………	173	
小道二 ………………	174	
小西 陶古(1代目) …	175	
小橋川 永昌 ………	175	
小橋川 源慶 ………	175	
小橋川 仁王 ………	175	
小林 末三 …………	176	
小森 忍 ……………	180	
小山 冨士夫 ………	180	
小山 文三郎 ………	180	
五郎八 ………………	181	
近藤 悠三 …………	181	
近藤 豊 ……………	182	
斎藤 実堯 …………	183	
佐伯 孫三郎 ………	184	
坂 高麗左衛門(1代目)	184	
坂 高麗左衛門(9代目)	184	
坂 高麗左衛門(11代目)		
………………………	184	
坂 高麗左衛門(12代目)		
………………………	185	
坂 新兵衛 …………	185	
坂井 岱平 …………	185	
酒井田 柿右衛門(1代目) …………	185	
酒井田 柿右衛門(11代目) …………	186	

酒井田 柿右衛門(12代目) …………	186	
酒井田 柿右衛門(13代目) …………	186	
酒井田 渋右衛門 …	187	
阪上 節介 …………	187	
坂倉 新兵衛(12代目)	188	
坂倉 新兵衛(14代目)	188	
坂本 晴蔵 …………	188	
相良 清左衛門 ……	188	
崎山 利兵衛 ………	189	
佐久間 藤太郎 ……	189	
佐々木 二六(1代目)	191	
佐々木 二六(3代目)	191	
笹山 友山 …………	192	
佐藤 灼山 …………	193	
佐藤 忠雄 …………	194	
里中 英人 …………	195	
沢田 犉 ……………	196	
沢田 舜山 …………	196	
沢田 宗山 …………	197	
沢田 痴陶人 ………	197	
沢田 由治 …………	197	
三文字屋 九右衛門	198	
自然斎 ………………	200	
篠田 義一 …………	201	
篠原 能孝 …………	201	
柴田 一光 …………	201	
柴田 善平 …………	202	
島岡 達三 …………	203	
清水 卯一 …………	205	
清水 美山 …………	206	
清水 勇助 …………	207	
下沢 土泡 …………	207	
下田 生素 …………	208	
松風 栄一 …………	211	
庄米 …………………	212	
祥瑞 五郎太夫 ……	212	
白井 孝一 …………	212	
白井 半七(1代目) …	212	
白井 半七(2代目) …	212	
白井 半七(9代目) …	213	
菅 蒼圃 ……………	215	
杉江 寿門 …………	216	
杉江 淳平 …………	216	
杉野 土佐右衛門 …	216	
鈴木 黄哉 …………	219	
鈴木 治 ……………	219	

鈴木 清	220	竹本 隼太	246	寺尾 市四郎	271
鈴木 健司	220	田代 清治右衛門	246	寺尾 恍示	271
鈴木 青児	221	伊達 幸太郎	248	戸出 政志	273
鈴木 青々	221	館林 源右衛門(6代目)	248	東郷 寿勝	273
鈴木 八郎	222	田中 一米	249	道楽	273
鈴木 利助	223	田中 宗慶	249	徳右衛門	274
須田 菁華(1代目)	224	田中 陶山	250	徳田 百吉	274
諏訪 蘇山(1代目)	226	田中 友三郎	250	徳田 八十吉(1代目)	275
諏訪 蘇山(2代目)	226	谷井 直方	251	徳田 八十吉(3代目)	275
諏訪 蘇山(3代目)	226	谷口 良三	251	徳見 知敬	276
清風 与平(1代目)	227	田原 陶兵衛(12代目)	252	徳力 牧之助	276
清風 与平(2代目)	227	玉水 弥兵衛	253	徳力 孫三郎	276
清風 与平(3代目)	227	田村 雲渓(1代目)	253	戸沢 弁司	276
瀬島 熊助	228	田村 金星	253	利岡 光仙(1代目)	277
瀬戸 浩	228	田村 耕一	254	利岡 光仙(3代目)	277
瀬戸助	228	田村 吾川	254	戸島 一彦	277
宗四郎	229	田村 権左右衛門	254	戸田 柳造	277
宗伯	230	田原 友助	255	土肥 刀泉	278
副田 喜左衛門(1代目)	230	俵 萠子	255	富永 源六	279
副田 杢兵衛	230	丹山 青海	255	富本 憲吉	279
曽我 竹山	230	丹山 陸郎	255	友田 安清	280
曽我 徳丸	231	近田 精治	256	中尾 米吉	283
帯山 与兵衛(1代目)	232	千村 鷲湖	257	長岡 住右衛門(1代目)	283
帯山 与兵衛(9代目)	232	長寿	258	長岡 住右衛門(2代目)	283
大眉	232	陳 元贇	259	長岡 住右衛門(3代目)	284
高江洲 育男	233	沈 寿官(12代目)	259	長岡 住右衛門(4代目)	284
高取 静山	235	塚谷 竹軒	261	長岡 住右衛門(5代目)	284
高取 八蔵	235	塚原 芥山	261	中川 伊作	284
高橋 一智	236	塚本 快示	261	中川 二作	286
高橋 道八(1代目)	238	塚本 乾也	262	長倉 三朗	286
高橋 道八(2代目)	238	月形 那比古	262	中里 末太郎	286
高橋 道八(3代目)	238	辻 一堂	263	中里 太郎右衛門(1代目)	286
高橋 道八(4代目)	239	辻 勝蔵	263	中里 逢庵	286
高橋 道八(7代目)	239	辻 協	263	中里 無庵	287
高橋 楽斎(3代目)	239	辻 鉦二郎	263	中里 安吉郎	287
高原 五郎七	240	辻 晋六	263	永沢 永信(3代目)	287
高松 七郎	240	辻 清明	263	中島 均	288
高谷 晴治	241	辻 毅彦	264	永末 吉右衛門	288
高柳 快堂	241	辻 常陸(14代目)	264	中庭 茂三	290
滝 一夫	241	土谷 一光(2代目)	267	永原 雲永房則	291
滝川 鉦一	241	土屋 善四郎(1代目)	267	永原 英造	292
滝田 椿渓	241	土屋 善四郎(2代目)	268	永原 与蔵(1代目)	292
竹内 吟秋	243	津根 蛟人	268	長町 天道	292
武内 晴二郎	243	出口 尚江	269	中村 秋塘	293
武腰 善平	244	手代木 幸右衛門	269	中村 翠恒	293
竹田 有恒	244	寺 利郎	270	中村 陶吉	296
武田 喜平	245	寺池 陶烁	270	中村 道年(2代目)	296
武田 秀平	245	寺内 信一	271		

中村 道年(3代目)	296	深海 竹治	336	松田 華山(4代目)	362
中村 梅山	297	深海 平左衛門	336	松林 長兵衛	363
中村 六郎	297	深川 栄左衛門(8代目)	336	松林 豊斎(14代目)	364
仲村渠 致元	298	深川 忠次	336	松林 松之助	364
柳楽 泰久	298	深海 宗伝	337	松原 新助	364
成井 立歩	301	福田 憲史	338	松村 九助	365
成瀬 誠志	301	福田 力三郎	338	松村 八次郎	365
鳴海 要	302	福地 三松	338	松村 弥平太	365
西浦 円治(3代目)	303	福田 宗実	338	松本 雅亮	365
西田 潤	304	福原 達朗	338	松本 佐吉(2代目)	366
西村 善五郎(1代目)	306	藤沢 栗山	340	松本 佐平	366
西村 宗雲	306	藤田 龍峰(1代目)	341	松本 佩山(1代目)	366
西村 宗善	307	藤田 龍峰(2代目)	341	丸田 正美	367
西村 宗全	307	藤村 時雄	342	万右衛門	367
西村 宗筌	307	藤村 与兵衛	342	万年 三郎	367
西村 徳泉(3代目)	308	藤本 陶津(1代目)	342	三浦 乾也	367
西村 了全	308	藤本 陶津(2代目)	342	三浦 小平二	368
沼波 弄山	309	藤本 能道	342	三浦 常山	368
納富 介次郎	310	藤原 啓	343	三浦 小平	369
野崎 佐吉	312	藤原 建	343	三浦 竹軒	369
野々村 仁清	312	藤原 銕造	344	三浦 竹泉	369
硲 伊之助	315	藤原 雄	344	水川 陶影	370
橘爪 彩子	315	藤原 楽山(1代目)	345	水越 与三兵衛(1代目)	370
長谷川 兵夫	317	藤原 楽山(2代目)	345	水越 与三兵衛(2代目)	370
畑中 宗兵衛	318	舩木 道忠	345	水野 銀治	371
服部 杏圃	318	船木 与次兵衛	346	水野 愚陶	371
服部 香蓮	318	船橋 玄悦	346	水野 源左衛門	371
浜田 庄司	319	古瀬 堯三(3代目)	347	水野 佐紀	372
浜田 義徳	320	古谷 道生	347	水野 瀬戸右衛門	372
林 景正	321	別所 吉兵衛	348	水野 梅寿	372
林 泥平	322	宝山 文蔵(1代目)	348	南 汎	375
林 平八郎	323	朴 正意	349	宮川 香山(1代目)	376
林 沐雨	323	朴 正官	349	宮川 香山(2代目)	376
原 呉山	323	朴 平意	349	宮城 勝臣	377
原 照夫	324	堀川 光山	352	宮下 善寿	378
針生 乾馬(3代目)	324	本阿弥 光悦	353	宮永 東山(1代目)	379
春名 繁春	325	本阿弥 光甫	353	宮永 東山(2代目)	379
板東 陶光	326	本多 貞吉	354	宮之原 謙	379
樋口 富蔵	327	前田 正範	357	宮林 宣	379
肥後 新造	327	真葛 長造	357	三輪 栄造	381
久田 吉之助	328	正木 文京	358	三輪 休雪(1代目)	381
日根野 作三	329	真清水 蔵六(1代目)	358	三輪 休和	381
平岡 利兵衛	330	真清水 蔵六(2代目)	359	三輪 雪山	382
平田 通典	331	松井 康成	360	向井 和平(2代目)	383
平野 敏三	333	松尾 徳助	361	牟田 久次	383
牝小路 又左衛門	335	松崎 仙石	362	村上 正典	385
武一 勇次郎	335	松下 三光(1代目)	362	村瀬 美香	386
深海 墨之助	335	松田 華山(3代目)	362	村田 英晤	386

441

村田 金次郎	386	横萩 一光(2代目)	415	稲川 尚子	38
村田 元	386	吉賀 大眉	417	井上 伊兵衛	39
村田 弘道	386	好川 恒方	417	井上 伝	40
村山 一壺	387	吉田 明	418	井上 富夫	41
茂右衛門	388	吉田 実	420	上野 清二	49
茂山	388	与那覇 朝大	422	上野 為二	50
森 市松	389	米沢 蘇峰	423	鵜飼 菁	51
森 一正	389	楽 一入	424	牛島 ノシ	51
森 香洲	390	楽 覚入	425	内田 秀一	52
森 正洋	390	楽 慶入	425	遠藤 虚籟	61
森 有節	391	楽 弘入	425	大城 広四郎	67
森田 久右衛門	392	楽 左入	425	大城 志津子	67
森野 嘉光	393	楽 常慶	426	大坪 重周	70
森本 助左衛門(1代目)	393	楽 惺入	426	大橋 豊久	74
八木 一艸	395	楽 宗入	426	小川 善三郎	82
八木 一夫	395	楽 旦入	426	小倉 建亮	87
安井 如苞	396	楽 長次郎	426	小合 友之助	87
保田 勝久	396	楽 長入	427	小野塚 キイ	90
安田 茂郎	397	楽 道入	427	海部 ハナ	91
安原 喜明	397	楽 得入	427	梶山 伸	97
藪 明山	399	楽 了入	427	春日井 秀大	97
藪 六右衛門	399	李 参平	428	金田 昇	120
矢部 富右衛門	399	李 勺光	428	鎌倉 芳太郎	122
山内 春樹	399	リーチ, バーナード	428	川上 桂司	127
山岡 三秋	401	若林 寿山	430	河口 三千子	128
山口 貞次郎	402	若藤 源治郎	430	川島 甚兵衛(2代目)	129
山口 照次	403	涌井 辰雄	430	河辺 篤寿	131
山口 縫造	403	涌井 弥兵衛	430	菅野 暎子	136
山崎 光洋	404	ワグネル, ゴットフリート	431	木内 綾	136
山崎 信為	404	和気 亀亭(4代目)	431	岸田 竹史	139
山崎 平内	404	和沢 含山	431	岸本 景春	139
山下 豊蔵	405	和田 重太郎	432	喜田 寅蔵	139
山田 寒山	406	和太 守卑良	432	北川 伊兵衛	141
山田 常山(1代目)	406	渡辺 幸平	433	喜多川 平八	141
山田 常山(3代目)	406			喜多川 平朗	142
山田 喆	407			来野 月乙	143
山田 朝春	407	【 染織 】		木村 雨山	145
山田 光	407			木村 梅	146
山田 稔	408	青木 滋芳	3	木村 州宏	146
大和 松緑	408	安達 直次	12	清原 千代	149
山中 忠左衛門	409	天野 房義	15	楠田 撫泉	154
山村 松庵	409	井浦 深泉	20	桐谷 天香	151
山本 正年	412	伊砂 利彦	24	久保田 一竹	158
山本 陶秀	412	石塚 国保	27	熊谷 好博子	159
山本 与興	413	石原 種	28	栗山 文次郎	161
山本 柳吉	414	稲垣 稔次郎	38	暮田 延美	161
横石 臥牛	415			久呂田 明功	162
横萩 一光(1代目)	415			黒田 タツ	162

甲田 栄佑 ………… 167	土田 友湖（9代目）… 267	満田 弥三右衛門 …… 373
河野 鉄朗 ………… 168	土田 友湖（10代目）… 267	皆川 月華 ………… 374
九重 年支子 ……… 169	土田 友湖（11代目）… 267	皆川 泰蔵 ………… 374
児玉 博 …………… 171	土屋 佐吉 ………… 267	宮島 勇 …………… 378
小林 清 …………… 176	寺石 正作 ………… 271	三輪 ミトリ ……… 382
小林 正和 ………… 177	道明 新兵衛（6代目）… 273	宗広 力三 ………… 384
小宮 康助 ………… 179	渡嘉敷 貞子 ……… 274	村上 道太郎 ……… 385
小山 もと子 ……… 181	鳥巣 水子 ………… 281	村上 元彦 ………… 385
小山 保家 ………… 181	中 儀延 …………… 282	村下 信吉 ………… 386
斎藤 宇兵衛 ……… 183	中内 節 …………… 283	元井 三門里 ……… 389
佐倉 常七 ………… 190	永川 勝治 ………… 284	本野 東一 ………… 389
桜井 霞洞 ………… 190	中島 秀吉 ………… 288	元橋 音治郎 ……… 389
桜井 勇次郎 ……… 190	中村 勝馬 ………… 292	森 露子 …………… 390
佐藤 もとい ……… 194	中村 光哉 ………… 293	森口 華弘 ………… 392
佐野 猛夫 ………… 196	中村 鵬生 ………… 297	森山 富吉 ………… 393
渋江 終吉 ………… 203	中村 勇二郎 ……… 297	森山 トヨノ ……… 394
清水 幸太郎 ……… 206	南部 芳松 ………… 302	森山 虎雄（1代目）… 394
城 秀男 …………… 209	西嶋 武司 ………… 304	矢加部 アキ ……… 394
城ノ口 みゑ ……… 211	西出 宗生 ………… 305	矢加部 六郎 ……… 395
城間 栄喜 ………… 213	二科 十朗 ………… 305	柳 悦孝 …………… 399
菅沼 政蔵 ………… 215	西村 治兵衛 ……… 306	山岡 古都 ………… 400
鈴鹿 雄次郎 ……… 219	西村 総左衛門 …… 306	山鹿 清華 ………… 401
鈴木 金蔵 ………… 220	野上 隆 …………… 310	山岸 堅二 ………… 402
鈴田 照次 ………… 224	野口 真造 ………… 311	山口 伊太郎 ……… 402
芹沢 銈介 ………… 229	野口 彦兵衛 ……… 311	山口 通恵 ………… 403
髙木 敏子 ………… 233	野原 カメ ………… 313	山口 安次郎 ……… 403
髙久 空木 ………… 234	箸尾 清 …………… 315	山崎 鶴亀 ………… 404
髙澤 英子 ………… 234	羽田 登喜男 ……… 317	山下 め由 ………… 405
髙田 義男 ………… 234	般若 侑弘 ………… 326	山下 八百子 ……… 405
田口 育子 ………… 242	日下田 博 ………… 327	山田 栄一 ………… 405
龍村 徳 …………… 247	平野 利太郎 ……… 333	山田 貢 …………… 407
龍村 平蔵（1代目）… 247	広川 青五 ………… 334	由水 十久 ………… 414
龍村 平蔵（2代目）… 247	広川 松五郎 ……… 334	柚原 恒蔵 ………… 414
伊達 弥助 ………… 248	広瀬 治助 ………… 334	横山 嘉兵衛 ……… 416
田畑 喜八（3代目）… 252	深見 重助（13代目）… 336	吉田 たすく ……… 419
田畑 喜八（4代目）… 252	古庄 理一郎 ……… 347	吉田 忠七 ………… 419
玉置 びん ………… 252	北条 きの ………… 349	四本 貴資 ………… 421
千葉 あやの ……… 257	細井 順子 ………… 349	与那嶺 貞 ………… 422
千葉 よしの ……… 257	堀部 久次郎 ……… 353	六谷 梅軒 ………… 428
中堂 憲一 ………… 258	毎田 仁郎 ………… 355	鷲頭 ヨシ ………… 431
土田 友湖（1代目）… 265	前原 利男 ………… 357	
土田 友湖（2代目）… 266	増井 和 …………… 359	
土田 友湖（3代目）… 266	松枝 玉記 ………… 361	【 漆芸 】
土田 友湖（4代目）… 266	松枝 一 …………… 361	
土田 友湖（5代目）… 266	松原 定吉 ………… 364	青貝 長兵衛 ………… 3
土田 友湖（6代目）… 266	松原 利男 ………… 365	青山 勘四郎 ………… 5
土田 友湖（7代目）… 266	松原 八光 ………… 365	明石 朴景 …………… 6
土田 友湖（8代目）… 266	水野 博 …………… 372	

443

漆芸

赤地 友哉	6
赤塚 自得	7
赤塚 平左衛門（6代目）	8
浅野 惣三郎	10
新敷 孝弘	12
安倍 郁二	13
飯塚 桃葉	19
五十嵐 喜三郎	21
五十嵐 信斎	21
五十嵐 随歩	22
五十嵐 太兵衛	22
五十嵐 道甫（1代目）	22
池田 源兵衛	23
池田 源兵衛	23
池田 泰真	23
池田 八郎	24
石井 吉次郎	25
石井 勇助（1代目）	26
石井 勇助（2代目）	26
石岡 庄寿郎	26
石橋 荘次郎	28
石村 春荘	28
磯井 如真	29
磯谷 利右衛門	29
磯矢 阿伎良	30
磯矢 完山	30
伊藤 隆一	37
井波 喜六斎	39
井上 僊智	40
入山 白翁	45
植松 包美	50
植松 抱民	50
梅原 半助	54
榎本 宗五	60
江馬 長閑	60
円野 武宗	61
大垣 昌訓	64
太田 喜久太郎	68
大西 忠夫	73
大橋 庄兵衛	74
大村 玉山	76
岡田 章人	77
尾形 光琳	78
小川 松民	81
小川 破笠	82
小口 正二	84
奥村 霞城	84
小関 伊佐美	88

音丸 耕堂	89
小野 爲郎	90
小原 治五右衛門（14代目）	90
鍵野 爲吉	93
梶 芳蔵	95
梶川 久次郎	95
梶川 彦兵衛	95
梶川 文龍斎	95
梶山 重次郎	96
片岡 華江	98
角 偉三郎	101
金井 清吉	116
神坂 雪佳	122
神坂 祐吉	122
亀井 直斎	123
河合 秀甫	126
川之辺 一朝	130
川俣 芳洲	132
北村 大通	144
紀 助正	145
木村 表斎	147
刑部 太郎	148
清川 守光	148
清野 如眠	148
清原 英之助	148
金城 一国斎（1代目）	153
金城 一国斎（3代目）	153
金城 一国斎（5代目）	153
空願	154
久保 金平	158
栗本 幸阿弥	161
栗本 宗清	161
黒田 乾吉	162
黒田 辰秋	163
幸阿弥 宗正	164
幸阿弥 宗伯	164
幸阿弥 長晏	165
幸阿弥 長救	165
幸阿弥 長玄	165
幸阿弥 長重	165
幸阿弥 長清	165
幸阿弥 長善	166
幸阿弥 長法	166
幸阿弥 長房	166
幸阿弥 道清	166
幸阿弥 道長	166
幸阿弥 良清	167

迎田 秋悦	168
河面 冬山	169
越田 宗次郎	170
後藤 太平	173
古波蔵 良州	175
古満 寛哉（1代目）	177
古満 寛哉（2代目）	178
古満 休意	178
古満 休伯	178
古満 巨柳	178
小松 芳光	179
近藤 道恵	181
酒井 巨山	185
佐々木 英	190
佐々木 高保	190
佐治 賢使	192
佐藤 陽雲	194
佐野 長寛	196
沢田 宗沢	197
椎原 市太夫	198
塩多 慶四郎	198
塩見 政誠	199
治五右衛門（1代目）	200
治五右衛門（11代目）	200
治五右衛門（12代目）	200
笹田 月暁	201
篠井 秀次（1代目）	201
柴田 真哉	202
柴田 是真	202
柴田 令哉	203
芝山 宗一	203
島野 三秋	204
清水 嘉門	206
清水 柳景	207
春慶	209
盛阿弥（1代目）	209
庄司 竹真	210
白山 松哉	213
城倉 可成	213
新村 長閑子	214
菅原 精造	215
杉林 古香	216
鈴木 嘉助	219
鈴木 治三郎	220
鈴木 素興	221
鈴木 多喜雄	221
鈴木 表朔（1代目）	222
鈴木 表朔（2代目）	222

444

須藤 八十八	………	225	長野 横笛	…………	290	藤田 清正	…………	341
青海 勘七	………	226	中原 末恒	…………	292	藤林 昌吉	…………	342
青海 源兵衛	……	226	中村 宗哲(1代目)	…	294	藤原 貞経	…………	344
清兵衛	…………	227	中村 宗哲(2代目)	…	294	二木 成抱	…………	345
杣田 光正	………	231	中村 宗哲(3代目)	…	294	舟掛 宗四郎	………	345
平 助永	…………	233	中村 宗哲(4代目)	…	294	船橋 舟珉	…………	346
高井 白陽	………	233	中村 宗哲(5代目)	…	294	法阿	………………	348
高田 茂三郎	……	234	中村 宗哲(6代目)	…	295	本阿弥 光悦	………	353
高中 惣六	………	235	中村 宗哲(7代目)	…	295	本間 琢華	…………	355
高野 松山	………	235	中村 宗哲(8代目)	…	295	前 大峰	…………	355
高橋 節郎	………	237	中村 宗哲(9代目)	…	295	前田 千代松	………	357
田口 善国	………	242	中村 宗哲(10代目)	…	295	蒔絵師源三郎	……	357
武石 勇	…………	243	中村 宗哲(11代目)	…	295	増村 益城	…………	360
竹園 自耕	………	244	中村 宗哲(12代目)	…	296	松枝 不入	…………	361
竹中 微風	………	245	中村 富栄	…………	296	松田 権六	…………	363
田付 栄助	………	246	中山 江民	…………	298	松波 保真	…………	363
田付 長兵衛	……	246	中山 胡民	…………	298	三浦 明峰	…………	369
田付 寿秀	………	247	名木 広行	…………	298	三上 栄次郎	………	369
田所 芳哉	………	249	奈良 貞利	…………	300	三上 勝三	…………	369
田中 稲月(2代目)	…	249	奈良 雪勝	…………	301	三木 清	…………	370
玉楮 象谷	………	253	難波 仁斎	…………	302	水内 杏平	…………	370
谷田 忠兵衛	……	256	西塚 栄治	…………	304	水野 源六	…………	371
中条 峰雄	………	257	西村 彦兵衛	………	308	三田村 自芳	………	372
筑城 良太郎	……	259	漆部造 弟麻呂	……	310	三田村 秀芳	………	372
堆朱 伝次郎	……	259	野路 善鏡	…………	314	三好 貞三	…………	380
堆朱 楊成(1代目)	…	260	橋本 市蔵(1代目)	…	315	武蔵川 建三	………	383
堆朱 楊成(18代目)	..	260	橋本 市蔵(2代目)	…	316	村田 吉生	…………	387
堆朱 楊成(19代目)	…	260	長谷川 重美	………	316	望月 半山	…………	388
堆朱 楊成(20代目)	…	260	服部 正時	…………	319	森 夜潮	…………	391
堆朱 養清	………	260	羽田 五郎	…………	319	守屋 松亭	…………	393
辻 光典	…………	264	原 羊遊斎	…………	324	保井 抱中	…………	396
辻村 松華	………	265	張間 喜一	…………	325	安原 機芳	…………	397
土田 宗悦	………	265	張間 麻佐緒	………	325	山打 三九郎	………	399
鶴田 和三郎	……	268	番浦 省吾	…………	325	山崎 覚太郎	………	403
寺井 直次	………	270	比嘉 乗昌	…………	326	山科 宗甫	…………	405
照井 蔵人	………	272	東端 真筰	…………	326	山田 常嘉	…………	406
天野 わかの	……	272	飛来 一閑(15代目)	…	327	山永 光甫	…………	409
堂本 漆軒	………	273	菱田 房貞	…………	328	山本 春正(1代目)	…	410
富樫 光成	………	274	人見 城民	…………	329	山本 春正(2代目)	…	411
徳山 嘉明	………	276	飛来 一閑	…………	330	山本 春正(3代目)	…	411
百々 玉翁	………	277	平石 晃祥	…………	330	山本 春正(4代目)	…	411
百々 玉泉	………	278	広江 紋次郎	………	334	山本 春正(5代目)	…	411
鳥羽 鐐一	………	278	福岡 縫太郎	………	337	山本 春正(6代目)	…	411
富田 幸七	………	279	福沢 健一	…………	337	山本 春正(7代目)	…	411
中大路 茂永	……	283	福蔵	………………	337	山本 春正(8代目)	…	412
中大路 茂房	……	283	藤井 観文	…………	339	山本 利兵衛(1代目)	·	413
中川 哲哉	………	285	藤川 黒斎	…………	340	山本 利兵衛(2代目)	·	413
永田 友治	………	289	藤重 藤厳	…………	340	山本 利兵衛(3代目)	·	413

山本 利兵衛(4代目)	·	413
山本 利兵衛(5代目)	·	413
横山 幸文	…………	417
吉田 源十郎	…………	418
吉田 醇一郎	…………	418
吉田 楳堂	…………	419
六角 紫水	…………	429
六角 大壤	…………	429
渡部 儀右衛門	…………	432
渡辺 喜三郎	…………	432
渡辺 喜三郎(6代目)	·	433
渡辺 隆	…………	433
渡辺 武	…………	433
渡辺 桃船	…………	433

【 金工 】

会田 富康	…………	3
青 家次	…………	3
浅田 家彦	…………	9
安部 由蔵	…………	14
天国	…………	14
天田 貞吉	…………	14
荒木 東明	…………	17
有江 金太郎	…………	17
有国	…………	17
粟田口 国綱	…………	18
粟田口 吉光	…………	18
飯田 助左衛門	…………	20
池田 逸堂	…………	22
池田 重治郎	…………	23
伊佐地 勉可	…………	25
石井 昭房	…………	25
石井 修理亮	…………	25
石井 昌人	…………	25
石黒 政常(1代目)	…………	27
石黒 英一	…………	27
一宮 長常	…………	33
市橋 敏雄	…………	33
伊藤 幸三郎	…………	35
伊藤 鏮一	…………	37
井上 真改	…………	40
今泉 俊光	…………	43
岩井 平之丞	…………	45
岩本 昆寛(6代目)	…………	48
岩本 清左衛門	…………	48

上田 郁夫	…………	49
魚住 為楽(1代目)	…………	51
魚住 幸兵	…………	51
内山 一夫	…………	52
埋忠 明寿	…………	54
海野 清	…………	56
海野 勝珉	…………	56
海野 建夫	…………	57
海野 珉乗	…………	57
海野 盛寿	…………	57
海野 美盛(2代目)	…………	57
江里 佐代子	…………	60
及川 鉄	…………	62
老子 次右衛門(7代目)	…………	62
大江 宣秀	…………	64
大角 勲	…………	65
大木 秀春	…………	65
大国 柏斎	…………	65
大島 如雲	…………	67
大須賀 喬	…………	67
大隅 俊平	…………	68
太田 左近	…………	68
大塚 秀之丞	…………	70
大月 光興	…………	70
大西 浄久	…………	71
大西 浄元	…………	71
大西 浄元	…………	71
大西 浄玄	…………	71
大西 浄玄	…………	71
大西 浄寿	…………	71
大西 浄心	…………	72
大西 浄清	…………	72
大西 浄雪	…………	72
大西 浄頓	…………	72
大西 浄入	…………	72
大西 浄本	…………	72
大西 浄林	…………	73
大西 定林	…………	73
大森 英秀	…………	76
岡崎 雪声	…………	77
岡田 和美	…………	77
岡田 雪峨	…………	79
岡部 覚弥	…………	79
岡部 達男	…………	80
奥平 了保	…………	84
尾崎 直政	…………	88
長船 長光(1代目)	…………	88

小田部 庄右衛門(36代目)	…………	88
越智 健三	…………	88
小野 光敬	…………	89
香川 勝広	…………	92
角谷 一圭	…………	93
景長	…………	94
景光	…………	94
可西 泰三	…………	94
鹿島 一谷	…………	96
鹿島 一布	…………	96
勝木 盛定	…………	99
月山 貞一(2代目)	…………	99
月山 貞一(1代目)	·	100
月山 貞勝	…………	100
勝光	…………	100
桂 光春	…………	101
加藤 宗厳	…………	110
香取 秀真	…………	115
香取 正彦	…………	115
金岡 宗幸	…………	116
金沢 専治	…………	116
金森 映井智	…………	117
金家 五郎三郎(1代目)	…………	117
金家	…………	117
金子 孫六	…………	118
兼定	…………	118
金重	…………	118
包永	…………	120
包平	…………	120
兼光	…………	120
兼元	…………	121
加納 夏雄	…………	121
釜本 晟平	…………	122
神吉 寿平(1代目)	…………	123
亀倉 蒲舟	…………	123
亀女	…………	124
鴨 政雄	…………	124
鴨下 春明	…………	124
唐物 久兵衛	…………	125
河村 若芝	…………	132
菊地 熊治	…………	138
菊地 序克	…………	138
岸沢 武雄	…………	139
喜田川 宗典	…………	141
北川 北仙	…………	142
北原 千鹿	…………	143
北原 三佳	…………	143

北村 静香	144	真景	195	染川 鉄之助	231
亀文堂 正平	145	真恒	195	染谷 知信	232
木村 芳雨	147	真光	195	大明京	233
久怡	147	真守	195	高綱	235
清人	149	真守	195	高橋 因幡	236
金道	154	左 行秀	196	高橋 介州	236
国包(1代目)	155	椎名 吉次	198	高橋 敬典	236
国貞(1代目)	156	四方 龍文(1代目)	199	高橋 貞次	237
国俊	156	四方 龍文(2代目)	199	高平	240
国俊	156	四方 龍文(3代目)	199	高村 豊周	240
国広	156	四方 龍文(6代目)	199	竹内 英輔	243
国光	156	四方 龍文(7代目)	199	立松 山城	249
国光	156	志津 兼氏	200	田中 清寿	249
国宗(1代目)	157	篠崎 保平	200	田中 宗継	250
国行	157	柴田 長一郎	202	田辺 保平	251
国行	157	柴田 政太郎	202	谷口 幸珉	251
国吉	157	清水 亀蔵	205	胤吉	251
栗原 彦三郎	160	清水 甚五郎	206	為次	254
小泉 仁左衛門(9代目)	164	清水 直乗	206	遅塚 久則	256
郷 義弘	168	下間 庄兵衛(1代目)	208	長義	258
小島 兼道	170	下間 庄兵衛(2代目)	208	帖佐 美行	258
五条 兼永	171	下間 庄兵衛(3代目)	208	塚田 秀鏡	260
五条 国永	171	正阿弥 勝義	209	槻尾 宗一	262
後藤 一乗	171	定秀	210	辻 与次郎	264
後藤 学	172	正田 章次郎	210	津田 信夫	265
後藤 顕乗	172	正田 治郎右衛門(28代目)	210	津田 助広(2代目)	265
後藤 光乗	172	正田 利一郎	211	土屋 安親(1代目)	268
後藤 少斎	173	須賀 松園(2代目)	214	綱俊(2代目)	268
後藤 乗真	173	須賀 松園(3代目)	215	恒次	268
後藤 通乗	173	杉浦 行宗	215	手柄山 正繁	269
後藤 程乗	174	杉浦 乗意	215	鉄元堂 正楽	270
後藤 徳乗	174	杉田 禾堂	216	寺西 宗山	272
後藤 祐乗	174	助真	217	俊長	277
小林 尚珉	176	助綱	217	富木 伊助	278
小宮 四郎国光	180	助延	218	朝忠	280
是一(8代目)	181	助則	218	友成	280
斎田 梅亭	182	助平	218	倫光	280
早乙女 家貞	184	祐平	218	豊川 光長(2代目)	280
坂倉 源次郎	187	助光	218	豊田 勝秋	280
鷺谷 義忠(4代目)	189	助宗	218	内藤 四郎	281
桜岡 三四郎	190	鈴木 長吉	221	内藤 春治	281
佐々木 象堂	191	鈴木 文吾	222	直胤	282
佐々木 宗彦	191	鈴木 盛久(13代目)	222	中川 紹益(1代目)	285
貞次	192	鈴木 盛久(14代目)	223	中川 浄益(6代目)	285
貞次	192	鈴木 安族	223	中川 浄益(7代目)	285
定利	192	隅谷 正峯	225	中川 浄益(10代目)	285
貞宗	192	関谷 四郎	228	中川 浄益(11代目)	285
佐藤 吉房	194			中島 兼吉	288

447

長曽禰 虎徹	289	繁慶	326	宮崎 寒雉	377
中田 兼秀	289	菱田 安彦	328	宮崎 彦九郎	377
中野 恵祥	290	肥前 忠吉(1代目)	328	宮田 藍堂	378
長野 垤志	291	肥前 忠吉(2代目)	328	宮田 藍堂(3代目)	378
名越 家昌	299	肥前 忠吉(3代目)	328	宮本 包則	379
名越 三昌	299	一柳 友善(1代目)	329	三善 長道	380
名越 三典	299	平井 千葉	330	武藤 金悦	383
名越 善正	299	平田 彦三	332	宗近	383
名越 弥七郎	299	平田 宗幸	332	村上 如竹	385
波平 行安	300	平野 吉兵衛(2代目)	333	村越 道守	385
奈良 利輝	301	平松 宏春	334	村田 整珉	386
奈良 利寿	301	藤代 松雄	340	村正	387
南紀 重国(1代目)	302	藤村 国俊	342	村松 万三郎	387
南部 勝進	302	藤原 兼房(23代目)	343	守家	391
二唐 広	303	船越 春珉	346	盛光	393
西垣 勘四郎(1代目)	303	船田 一琴	346	主水正 正清	394
西垣 勘四郎(2代目)	303	法華三郎 信房(8代目)	350	康継	397
西沢 吉太郎(8代目)	304	堀 浄政	350	安綱	397
西出 大三	304	堀 浄知	350	安代	398
西村 九兵衛	305	堀 山城(1代目)	351	矢田部 通寿	398
西村 道仁	307	堀 山城(2代目)	351	柳川 直政	398
西村 道冶	307	堀 山城(3代目)	351	山浦 清麿	400
西村 道爺	308	堀 山城(5代目)	351	山浦 真雄	400
西村 道弥	308	堀 山城(8代目)	351	山尾 侶延	400
西村 敏彦	308	堀井 胤次	352	山川 孝次	401
二橋 美衡	309	堀江 興成	352	山下 恒雄	404
根来 実三	310	堀川 次男	353	山田 宗光	408
信家	313	本阿弥 光遜	353	山田 宗美	408
信田 洋	313	本阿弥 光甫	353	山室 百世	410
信房	313	本阿弥 日洲	354	山本 安曇	410
則重	314	本荘 義胤(1代目)	354	山本 八郎	412
則房	314	本間 琢斎	355	山脇 洋二	414
則宗	314	正恒	358	行光	414
萩谷 勝平	314	正宗	358	横倉 嘉山	415
橋本 一至(1代目)	316	増田 三男	359	横谷 宗珉	416
蓮田 修吾郎	316	丸谷 端堂	367	横山 弥左衛門孝茂	417
長谷川 一望斎	316	丸山 不忘	367	横山 弥左衛門孝純	417
畠 春斎(2代目)	317	水谷 美三	371	吉田 至永	418
秦 蔵六(1代目)	317	三井 安蘇夫	373	芳武 茂介	420
秦 蔵六(2代目)	317	三井 義夫	373	吉野 竹治	420
畠山 三代喜	318	光忠	373	吉平	421
浜 達也	319	光世	374	吉房	421
浜野 矩随(1代目)	320	三根 暁	375	米田 昭	423
浜野 矩随(2代目)	320	三村 昌弘	375	米光 光正	424
浜野 政随(1代目)	320	宮入 行平	375	若林 彦一郎	430
浜野 政随(2代目)	320	宮口 一寛斎	377	脇中 芳男	430
林 又七	323	宮坂 房衛	377	和田 一真	432
原 安民	324			和田 国次	432

渡辺 銅意	433		珠徳	208		秋山 平十郎	9
			生野 祥雲斎	211		阿部 なを	13
【 木竹 】			杉村 満	217		天野 可淡	14
			鈴木 旭松斎(1代目)	220		一田 正七郎(1代目)	32
			須田 桑月	224		市橋 とし子	33
			須田 桑翠	224		井上 和彦	40
青峰 重倫	5		竹内 碧外	244		今村 繁子	44
秋山 逸生	8		田辺 一竹斎	250		井村 嘉代子	44
浅瀬 善也	9		田辺 竹雲斎(1代目)	250		大江 宇兵衛	63
芦田 真七	11		天下一喜兵衛	272		大江 定橘	63
油田 治雄	13		仲 伊市	282		大江 忠兵衛	63
天川 七兵衛	14		中台 瑞真	289		大江 巳之助(4代目)	64
飯塚 小玕斎	19		中西 一順	290		大西 重太郎	70
飯塚 鳳斎(2代目)	19		西川 宗悦	303		大林 蘇乃	75
飯塚 琅玕斎	19		西村 荘一郎	306		岡本 玉水	80
飯田 広斎	20		羽淵 宗印	319		小川 セイ	82
池田 作美(1代目)	23		早川 謙之輔	320		置鮎 与市	83
一阿弥	32		早川 尚古斎(1代目)	321		小椋 久太郎	86
伊藤 松次	36		早川 尚古斎(3代目)	321		貝賀 金蔵	91
稲木 東千里	38		早川 尚古斎(4代目)	321		鹿児島 寿蔵	94
井上 猪治	39		林 尚月斎	322		片岡 光春	98
岩尾 光雲斎	45		林 二郎	322		金林 真多呂(1代目)	117
岩木 裕軒	46		早見 頓斎	323		川上 南甫	128
仰木 政斎	62		氷見 晃堂	329		川崎 プッペ	129
太田 芝山	69		平沼 浄	333		久保 佐四郎	158
太田 光則	69		宝来 甚四郎	349		黒川 市五郎	161
大野 昭和斎	73		細田 育宏	350		小島 与一	170
加藤 内匠	111		甫竹	350		後藤 久美	174
門田 二篁	114		前田 桑明	356		小松 康城	179
川北 浩一	128		前田 竹房斎(1代目)	356		五味 文郎	179
川崎 幽玄	129		前田 竹房斎(2代目)	356		斎藤 悦子	183
木内 喜八	136		前田 南斉	357		相良 清左衛門	188
木内 省古	137		三好 木屑(1代目)	380		佐久間 実	189
木内 半古	137		三好 木屑軒也二	380		佐久間 八重女	189
木村 熊治郎	146		三好 美明	381		佐藤 丑蔵	193
草薙 重一	154		八木沢 啓造	396		佐藤 佐志馬	193
久保 竹外	158		山岸 盛	402		清水 隆慶	207
黒田 正玄(1代目)	162		山根 寛斎	409		下口 宗美	207
黒田 辰秋	163		横山 一夢	416		杉浦 那智子	216
小林 如泥	176		横山 白汀	416		鐸木 能子	223
駒沢 宗源	178		渡辺 稟三	433		諏訪 重雄	225
駒沢 利斎(4代目)	178					高橋 忠蔵	238
駒沢 利斎(7代目)	178		【 人形 】			高浜 かの子	239
斉藤 文石	183					竹田 縫殿之助	245
堺谷 哲郎	187					玉屋 庄兵衛(7代目)	253
阪口 宗雲斎	187		青戸 慧	5		土本 悠子	267
佐藤 竹邑斎	194		赤井 みさよ	6		鶴巻 三郎	269
島袋 信次	205					天狗久	272

その他			分野別索引			美術家人名事典 工芸篇		
天狗弁	……	272	安部 栄四郎	……	13	奥村 吉五郎	……	85
戸畑 恵	……	278	安部井 櫟堂	……	14	奥村 吉次郎	……	85
中 武久	……	282	淡島 雅吉	……	17	奥村 吉次郎	……	85
中島 三郎	……	288	安藤 重寿	……	18	奥村 吉兵衛	……	85
中野 親夫	……	290	安藤 重兵衛	……	18	奥村 吉兵衛	……	85
中ノ子 勝美	……	291	伊阿弥	……	18	奥村 吉兵衛	……	86
中ノ子 タミ	……	291	生島 藤七	……	22	奥村 吉兵衛	……	86
中村 衍涯	……	292	石井 康治	……	25	奥村 吉兵衛	……	86
西頭 哲三郎	……	305	石井 方二	……	26	奥村 吉兵衛	……	86
野口 三四呂	……	311	石川 光明	……	26	奥村 吉兵衛	……	86
野口 園生	……	311	伊志良 不説	……	29	桶村 正夫	……	87
野口 光彦	……	312	井関 宗信	……	29	小尾 悠希生	……	91
野口 明豊	……	312	磯崎 眠亀	……	29	生水 幹一	……	91
原 米洲	……	324	伊藤 一広	……	34	懐玉斎 正次	……	91
原田 嘉平	……	324	稲葉 七穂(2代目)	……	39	各務 鉱三	……	92
平田 郷陽(1代目)	……	331	井上 稔夫	……	41	加賀屋 久兵衛	……	92
平田 郷陽(2代目)	……	331	入江 長八	……	44	柿谷 誠	……	92
平田 陽光	……	332	入江 美法	……	45	梶 佐太郎	……	95
平中 歳子	……	332	岩城 倉之助	……	45	梶 常吉	……	95
平野 善次郎	……	333	岩城 滝次郎	……	45	梶田 恵	……	95
樋渡 瓦風	……	335	岩崎 狂雲	……	46	上総屋 留三郎	……	98
樋渡 ヨシ	……	335	岩田 糸子	……	46	片山 行雄	……	99
藤 和人	……	339	岩田 藤七	……	47	嘉長	……	99
古野 一春	……	347	岩田 久利	……	47	勝 公彦	……	99
堀 柳女	……	351	岩野 市兵衛(8代目)	……	47	金児 禎三	……	117
マサコ・ムトー	……	358	岩野 平三郎(1代目)	……	48	金田 兼次郎	……	119
松本 喜三郎	……	366	岩野 平三郎(2代目)	……	48	神坂 雪佳	……	122
宮内 フサ	……	376	内山 興正	……	52	河上 伝次郎	……	127
村岡 菊治	……	384	内山 光弘	……	53	川口 文左衛門	……	128
面竹 正太郎	……	388	瓜生 啓一	……	56	川出 柴太郎	……	130
面屋 庄三	……	388	江崎 栄造	……	60	基永師	……	137
盛 秀太郎	……	390	延均師	……	61	菊池 一男	……	137
森川 杜園	……	392	遠藤 忠雄	……	61	菊池 五介	……	138
安本 亀八(1代目)	……	398	扇田 泰彦	……	62	岸 光景	……	138
安本 亀八(2代目)	……	398	大出 常吉	……	63	木村 祥刀	……	146
山川 永徳斎(3代目)	……	401	大久保 婦久子	……	66	久味	……	147
由良(3代目)	……	415	太田 比古象	……	69	久保田 保一	……	159
萬屋 仁兵衛(1代目)	……	424	太田 良治郎	……	69	桑原 浜子	……	163
和賀 仙人	……	429	大伴 二三弥	……	70	康吉	……	167
綿貫 萌春	……	434	大野 貢	……	74	小柴 外一	……	170
			大庭 一晃	……	74	後藤 俊太郎	……	172
			大平 可楽	……	76	後藤 清吉郎	……	173
【 その他 】			岡 行蔵	……	77	後藤 省吾	……	173
			岡本 一太郎	……	80	小林 愛竹	……	175
相原 三有楽	……	3	小川 卯平	……	81	小林 章男	……	175
旭 玉山	……	10	小川 勝男	……	81	小林 菊一郎	……	176
朝日 明堂	……	10	小川 喜数	……	83	小林 平一	……	177
			奥村 吉右衛門	……	85	昆布 一夫	……	182

財福師	…	183	チカップ 美恵子	…	256	逸見 東洋	…	348
佐伯 春峰	…	184	珍慶(2代目)	…	259	細野 実	…	350
佐々 文夫	…	193	塚本 貝助	…	262	堀井 清司	…	352
佐藤 潤四郎	…	193	塚本 儀三郎	…	262	堀尾 卓司	…	352
塩塚 豊枝	…	198	月岡 勝三郎(2代目)	…	262	本田 与三郎	…	354
柴崎 重行	…	201	寺内 洪	…	271	増田 宗介	…	360
志布 正治	…	203	常盤木 隆正	…	274	松井 道珍	…	361
島田 孫市	…	204	富木 庄兵衛	…	279	松方 ミエ	…	362
島田 満子	…	204	中尾 宗言	…	283	松下 一身	…	362
赤鶴	…	208	中川 耕山	…	284	松田 喜代次	…	362
捨目師	…	208	中野 常次郎	…	290	御手洗 佑美	…	373
春若	…	209	中村 貞雄	…	293	三橋 鎌山	…	374
将李 魚成	…	212	名倉 鳳山(4代目)	…	299	宮地 允則	…	377
新村 和憲	…	214	名定 一呂	…	300	明珍 信家	…	380
杉村 キナラブック	…	217	濤川 惣助	…	300	明道 長次郎	…	380
杉山 裏白	…	217	並河 靖之	…	300	弥勒	…	381
鈴木 磯吉	…	219	二宮 桃亭	…	309	向井 一太郎	…	382
諏訪 重雄	…	225	沼田 一雅	…	309	村上 九郎作	…	384
是閑 吉満	…	228	野崎 比彩映	…	312	村田 比呂乎	…	386
増阿弥 久次	…	229	野村 正二	…	313	桃井 英升	…	389
相馬 貞三	…	230	服部 唯三郎	…	319	森 如野	…	391
相馬 羊堂	…	230	林 喜兵衛	…	321	森崎 昌弘	…	392
園田 湖城	…	231	林 小伝治	…	322	森下 一雄	…	392
園田 武利	…	231	林 谷五郎	…	322	安江 孝明	…	396
大進房	…	232	播磨屋 清兵衛	…	325	山尾 光侶	…	400
髙井 宏子	…	233	日野 厚	…	329	山口 善造	…	402
滝沢 政蔵	…	241	平田 道仁	…	331	山田 寒山	…	406
田口 逸所	…	242	平塚 茂兵衛	…	332	山中 篤一	…	409
宅間 裕	…	242	福島 親之	…	337	山室 光子	…	410
武居 星華	…	243	福地 復一	…	338	吉田 丈夫	…	418
竹内 清九郎	…	243	福来石 王兵衛	…	339	吉田 文之	…	419
竹内 忠兵衛	…	244	藤井 達吉	…	339	吉原 昭夫	…	421
武智 光春	…	245	藤田 喬平	…	340	吉村 周山	…	421
竹林 薫風	…	246	藤原 孚石(1代目)	…	344	米沢 弘正	…	423
建部 宗由	…	246	降旗 正男	…	347	米沢 弘安	…	423
立川 善太郎	…	248	文蔵	…	348			

美術家人名事典 工芸篇 ―古今の名工2000人

2010年7月26日 第1刷発行

発　行　者／大高利夫
編集・発行／日外アソシエーツ株式会社
　　　　　　〒143-8550 東京都大田区大森北1-23-8　第3下川ビル
　　　　　　電話(03)3763-5241(代表)　FAX(03)3764-0845
　　　　　　URL http://www.nichigai.co.jp/
発　売　元／株式会社紀伊國屋書店
　　　　　　〒163-8636 東京都新宿区新宿3-17-7
　　　　　　電話(03)3354-0131(代表)
　　　　　　ホールセール部(営業)　電話(03)6910-0519

　　　　　　電算漢字処理／日外アソシエーツ株式会社
　　　　　　印刷・製本／光写真印刷株式会社

不許複製・禁無断転載　　　〈中性紙H-三菱書籍用紙イエロー使用〉
〈落丁・乱丁本はお取り替えいたします〉
ISBN978-4-8169-2266-4　　Printed in Japan, 2010

本書はデジタルデータでご利用いただくことができます。詳細はお問い合わせください。

美術家人名事典 ―古今・日本の物故画家3500人
A5・730頁　定価14,910円（本体14,200円）　2009.2刊
日本の絵画史上に大きな足跡を残した画家・版画家3,500人を収録。仏教絵画、やまと絵、水墨画、浮世絵、近代絵画など各分野を網羅。生没年、経歴、受賞歴、代表作などのプロフィールがわかる。

西洋絵画 名作レファレンス事典
Ⅰ 中世〜19世紀中葉
A5・520頁　定価12,600円（本体12,000円）　2009.9刊
Ⅱ 印象派〜現代
A5・520頁　定価12,600円（本体12,000円）　2009.10刊

美術全集に収載されているヨーロッパの名画を画家名から調べられるインデックス。絵画史上の画家300人の人名見出しのもと、4,000作品を一覧。収載美術全集名、図版番号、各美術全集で使用されている邦題などを明記。

最新 美術・デザイン賞事典 2003-2009
A5・660頁　定価19,950円（本体19,000円）　2010.6刊
洋画・日本画・版画・書、彫刻、陶芸、写真、デザイン、イラスト、広告、建築、漫画など、美術・デザインに関わる賞320賞を収録。賞の概要と受賞者・受賞理由などがわかる。「受賞者名索引」により個人の受賞歴を一覧できる。

128年間の6万点を収録した初の総目録
展覧会カタログ総覧
東京国立近代美術館、横浜美術館、国立西洋美術館、東京都写真美術館、東京国立博物館、東京都江戸東京博物館 監修
B5・2分冊　セット定価52,500円（本体50,000円）　2009.1刊
明治期から現在までに国内で開催された、主要な展覧会のカタログ（絵画・彫刻・工芸・写真・書・歴史など）6万点を体系的に分類、テーマ・分野ごとに一覧できる目録。カタログの書誌情報と展覧会の会期・会場・主催、また実際の閲覧に直接役立つカタログの所蔵先も記載。

データベースカンパニー
日外アソシエーツ
〒143-8550　東京都大田区大森北 1-23-8
TEL.(03)3763-5241　FAX.(03)3764-0845　http://www.nichigai.co.jp/